LLYDAW –
EI LLÊN A'I LLWYBRAU

Gwyn Griffiths

Argraffiad cyntaf—2000

ISBN 1 85902 822 5

Mae Gwyn Griffiths wedi datgan ei hawl dan Ddeddf Hawlfraint, Dyluniadau a Phatentau 1988 i gael ei gydnabod fel awdur y llyfr hwn.

Cedwir pob hawl. Ni chaniateir atgynhyrchu unrhyw ran o'r cyhoeddiad hwn, na'i gadw mewn cyfundrefn adferadwy, na'i drosglwyddo mewn unrhyw ddull na thrwy unrhyw gyfrwng, electronig, electrostatig, tâp magnetig, mecanyddol, ffotogopïo, recordio nac fel arall, heb ganiatâd ymlaen llaw gan y cyhoeddwyr, Gwasg Gomer, Llandysul, Ceredigion, Cymru.

Dymuna'r cyhoeddwyr gydnabod cymorth Cyngor Llyfrau Cymru.

Argraffwyd yng Nghymru gan
Wasg Gomer, Llandysul, Ceredigion

CYNNWYS

Rhagymadrodd vi

Pennod 1
Roscoff a'r Cyffiniau 1

Pennod 2
Bro Tangi Malmanche 19

Pennod 3
Penrhyn Morgat-Crozon 39

Pennod 4
Bryniau a Choedydd Huelgoat 62

Pennod 5
O Gwmpas y Morbihan 76

Pennod 6
O gwmpas Rennes 107

Pennod 7
Tu hwnt i Nantes 149

Pennod 8
Y Corsydd a'r Caeau Halen 165

Pennod 9
Diwrnod yn Nantes 177

Pennod 10
Paimpol a Saint-Brieuc 186

Pennod 11
Anatole Le Braz a gorllewin Tregór 214

Pennod 12
Morlaix a Souvestre 229

Mynegai 237

RHAGYMADRODD

Aeth dros ugain mlynedd ers cyhoeddi *Crwydro Llydaw*, a mwy ers i mi ei sgrifennu. Newidiodd Llydaw lawer iawn yn y cyfnod oddi ar hynny, er gwell ar y cyfan. Mae mwy o raen ar wlad a thref. Mae ei ffyniant economaidd yn amlwg. Mae'r diwylliant yn fwy amlwg, mae'r ymwelydd yn fwy ymwybodol nag erioed o fod yn Llydaw ac mae delwedd Llydaw yn fwy sicr. Pan oeddwn yn sgrifennu *Crwydro Llydaw* roedd yn bwnc llosg nad oedd y *Conseil Regional de Bretagne* (Cyngor Rhanbarthol Llydaw), rhan o'r gyfundrefn newydd o gynghorau rhanbarthol Ffrainc, yn cynnwys rhan dde-ddwyreiniol y wlad, sef ardal Nantes (Naoned). Erys hwnnw'n bwnc llosg o hyd. Ac eto, llawenydd canfod yn y darn hwnnw, nad yw bellach yn rhan o uned weinyddol Llydaw, fod sefydliadau fel amgueddfeydd a swyddfeydd ymwelwyr yn cyhoeddi mai i Lydaw y maent yn perthyn. Mae'r faner *Gwenn ha Du* yn chwifio mewn mannau na fuaswn fyth dragwyddol wedi breuddwydio ei gweld ugain mlynedd yn ôl.

Un rheswm am y gwelliannau hyn yw ffyniant economaidd y wlad o'i gymharu a gweddill Ffrainc. Mae Llydaw yn gyfystyr â llwyddiant. Ac i'r Llydawiaid eu hunain y mae'r clod. Byddaf yn sôn fel y bu i'r ffermwyr gydweithio i sefydlu *Brittany Ferries* ac effaith y cwmni ar economi Llydaw. Mae rhwydwaith o ffyrdd yn cysylltu pob rhan o'r wlad. 'Wn i ddim sut ydych chi Gymry'n medru dioddef y fath rwydwaith o ffyrdd ag sydd gennych chi.' Dyna eiriau a glywais gan lawer o Lydawiaid tra oeddwn ar fy nheithiau ddiwedd Awst a Medi 1997.

Mae gwleidyddiaeth Llydaw yn wahanol iawn i'r hyn ydyw yng Nghymru. Ni lwyddodd yr un blaid genedlaethol i greu llwyfan iddi'i hun. Tua 400 yw aelodaeth yr U.D.B. (*Union Démocratique Bretonne*), plaid genedlaethol y chwith; mae aelodaeth y *Parti pour l'Organisation de la Bretagne* (gynt yr M.O.B.) tua 100 ac *Emgann*, gyda pholisi o annibyniaeth lwyr, tua 50. Weithiau ceir cynrychiolaeth o'r UDB ar rai o'r cynghorau lleol, ond ar sail cynnwys yr ymgeiswyr ar restr gyfun y sosialwyr. Nid oes cynrychiolydd o unrhyw blaid genedlaethol ar *Conseil Regional de Bretagne*. Yn nhermau chwith a de, mae gan y dde ar hyn o bryd fwyafrif o un sedd ar y cyngor. Mae rhaniadau de a chwith yn ddwfn yn Llydaw – fel ag yng ngweddill Ffrainc, ac mae hyn yn un rheswm pam na ellir corlannu cenedlaetholwyr o'r chwith a'r dde o fewn yr un blaid. Darganfûm mai comiwnydd yw maer Auray (An Alre yn Llydaweg). Lai na deng milltir i ffwrdd y ganed Jean-Marie le Pen, arweinydd y ffasgwyr yn Ffrainc. Mae gwleidyddiaeth yn bwnc dyrys.

Mae'r Llydaweg ar drai difrifol ac mae'n anodd gwybod beth yw'r feddyginiaeth. Gorymdeithiodd 3,000 drwy Rennes (Roazhon) ddechrau 1998 yn galw eto ar i'r Llydaweg gael ei lle yn yr ysgolion – mae'r ymgyrch wedi bod yn mynd ymlaen ers dros ganrif. Mae llywodraeth ganolog Ffrainc, er ei bod wedi datganoli llawer o rym i'r 26 o gynghorau rhanbarthol, yn dal gafael ar addysg ac mae hyn yn egluro methiant gwleidyddion Llydaw i sicrhau chwarae teg i'r Llydaweg mewn addysg. Mae gan y cynghorau rhanbarth, er enghraifft, gyfrifoldeb dros adeiladau'r ysgolion, ond ddim dros yr hyn a ddysgir ynddynt!

Ychydig o Lydaweg sydd ar y radio a phrin ei bod o gwbl ar deledu. Ac eto mae mynd ar weithgareddau sy'n gysylltiedig â'r iaith – mae'r *Fest Noz* yn fwy poblogaidd nag erioed. Mae'r grwpiau gorau'n defnyddio'r iaith ac yn tynnu eu hysbrydoliaeth o'r hen ganeuon a'r hen rythmau. Ewch heibio i siop sy'n gwerthu recordiau yn unrhyw ran o Lydaw ac fe glywch y Llydaweg yn llifo allan drwy'r drysau. Mae'r iaith yn cael ei defnyddio ar fwydydd a gwirodydd – fel arf hyrwyddo a marchnata. Rydych yn Llydaw, ac os oes rhaid gwrando'n astud i'w chlywed ar y stryd y mae'r iaith i'w gweld ar bot jam, ar botel seidir, ac fel arwydd ar far neu gaffi.

Mae cyhoeddi llyfrau'n faes diddorol yn Llydaw. Hyd yn oed yn y Llydaweg lle nad yw'r cymhorthdal yn cymharu â'r hyn a roddir tuag at gyhoeddi yn y Gymraeg maent rywsut yn llwyddo'n wyrthiol. Ond mae cyhoeddi yn Ffrangeg am Lydaw yn rhagori o lawer ar yr hyn a wneir yn Saesneg am Gymru. Mae gennym lawer i'w ddysgu oddi wrth y Llydawiaid. Byddaf yn sôn llawer am lenorion Llydaw yn y gyfrol. Er bod llawer o astudio a dysgu Llydaweg yng Nghymru, tybiaf bod anwybodaeth yn ein plith am gyfraniad Llydawiaid i lenyddiaeth Ffrangeg a llenyddiaeth fyd eang. Byddaf hefyd yn sôn am arlunwyr a cherflunwyr, y rhain eto yn chwilio dyfnderoedd eu cenedligrwydd am ysbrydoliaeth. Mae Llydaw yn genedl sydd yn ymfalchïo mewn bod yn hen ac yn fodern. Archwilio'r enigma hwn oedd un o brofiadau difyr fy nhaith.

Caf y teimlad yn fynych ein bod ni Gymry yn euog o edrych i lawr ein trwynau ar y Llydawiaid. Hwyrach am nad ydynt wedi llwyddo i gadw'u hiaith a datblygu eu llên i'r un graddau ag yr ydym ni. I genedl fel y Cymry y mae iaith yn symbol mor sylfaenol o arwahanrwydd a chenedligrwydd, mae methu gwarchod iaith yn warth yn ein golwg. Ceisiaf ddangos y rhesymau dros y methiant hwnnw yn Llydaw – er nad yw'r frwydr ar ben, o bell ffordd.

Yng Nghymru rydym wedi llwyddo i gadw rhai pethau a berthyn i'n gorffennol. Llwyddodd Llydaw, hefyd, ond nid yr un pethau a gadwodd y ddwy genedl. Lle y mae Cymru'n dlawd, mae Llydaw'n gyfoethog – a lle mae Cymru'n gyfoethog mae Llydaw'n dlawd. O osod pethau yn y glorian buaswn yn tybio ei bod yn disgyn ar ochr Llydaw. Er hwyrach na ddaw'r darllenwyr i'r un casgliad.

Nid yw'r gyfrol hon yn debyg o gwbl i *Crwydro Llydaw*. Os ydych am bortread manwl o Lydaw, ei saint a'i chwedlau, pwt am bob tref a phentref, arhoswch gyda honno. Er ei bod allan o brint, ac yr oedd allan o brint o fewn dwy flynedd i'w chyhoeddi, mae'n bosib ei benthyca o lyfrgelloedd. Gwn – diolch i'r adroddiadau a ddaw wrth y corff sy'n trefnu bod awduron yn cael tâl am lyfrau a fenthycir – bod darllen mawr arni o hyd, er fy mod yn gwaredu wrth feddwl ym mha gyflwr y mae'r llyfrau hynny erbyn hyn. Yn hon rwy'n ceisio cyflwyno darlun sy'n ystod letach, fwy cyffredinol o Lydaw. A cheisio plymio'n ddyfnach.

Mae i'r gyfrol hon, fel gyda phob cyfrol daith, elfen hunan-gofiannol gref, gan fy mod yn tynnu ar brofiadau blynyddoedd o ymweld â Llydaw, siarad gyda Llydawiaid ac, ambell dro, cydweithio gyda nhw. Gobeithio y bydd yn gyfraniad i well dealltwriaeth o'n chwaer genedl. Ac y bydd iddi roi mwynhad. Bu'r chwilota'n brofiad melys a chefais gwmni Gwen, fy ngwraig, a fu'n rhyfeddol o amyneddgar a'i chamera wrth law i wneud cyfraniad ymarferol werthfawr i'r llyfr. Nid gwaith hawdd yw gorfod dioddef rhywun fel fi ar y fath daith.

Gwyn Griffiths

Pennod 1

Roscoff a'r Cyffiniau

Mae Roscoff fel ail gartref i mi. Pan gerddaf drwy Dregaron, y dref agosaf i'r lle'm ganed, byddaf yn ffodus i gyfarfod ag un wyneb cyfarwydd. Fel arall yn llwyr yn Roscoff – Rosko yn Llydaweg. François Danielou a'i frawd neu gefnder yn cael glasiad ganol bore yng nghaffi Tŷ Pierre, neu'r Chez Janie, bar yr Hotel du Centre. Cyfarfod Olivier Olivier ar ei ffordd i siopa ar ei feic. Y wraig mewn iechyd gweddol, meddai wrthyf, oni bai am hen beswch. Treuliodd Olivier ddarn helaeth o'i oes yn gwerthu winwns yn Hwlffordd a godre Sir Benfro. Gwraig ganol oed yn gwthio baban hyd y stryd ac yn aros i ddweud 'Degemar mad'. Am eiliad fedra i ddim cofio pwy yw hi. Madame Keriven, wrth gwrs! 'Arswyd rydych chi'n edrych yn iau bob dydd. Hei, fe weles i lun ohonoch chi yn *Ar Men* rai misoedd yn ôl.' Roedd hi wedi'i phlesio. Yn blentyn arferai fynd i Hull gyda'i rhieni, gwerthwyr winwns rhwng y ddau ryfel. 'Pan ddown i 'nôl i Lydaw roeddwn i'n gorfod ail ddysgu Ffrangeg,' meddai wrthyf mewn cyfweliad radio un tro. 'Llydaweg oedd iaith y tŷ a'r storws a Saesneg oedd iaith y stryd. A wedi chwe mis yn Lloegr roeddwn i'n gorfod ail-ddysgu Ffrangeg!'

Yn 1993 a 1994 ymwelwn yn gyson â Roscoff a dod yn gyfaill agos i fois y beics a'r winwns. Yr oeddwn – ar funud wan – wedi awgrymu i guradur Canolfan Hanes â Diwylliant Pontypridd, Brian Davies, y buasai arddangosfa yn darlunio bywyd a hanes 'Sioni Winwns' yn syniad da. Cytunodd Brian gyda sydynrwydd anesmwyth. 'Fe gawn ni'r Cyngor Amgueddfeydd yng Nghymru i dalu ac fe drefnan nhw i'r arddangosfa fynd ar daith o gwmpas Cymru wedyn,' meddai. 'A Phrydain,' meddwn innau. 'A falle cawn ni arian wrth Brittany Ferries . . .' Yn hwyrach yr un dydd yr oeddwn yn ffonio Bernard Le Nail, Cyfarwyddwr yr *Institut Culturel de Bretagne* (*Skol Uhel ar Vro* yw'r teitl Llydaweg). Mater arall oedd dan sylw ond ar ddiwedd ein sgwrs soniais am y prosiect Sionis. Aeth y ffôn yn dawel am eiliad. 'Be sy? Ti'n dal yna?' meddwn gan feddwl fod heddlu Ffrainc neu rywun wedi'n datgysylltu'n ddamweiniol. 'Ga i fod yn gyd-gynhyrchydd?' holodd Bernard. 'Fe leiciwn i gael arddangosfa deithiol fel'na ar gyfer Llydaw.' Ymhen tridiau roedd Brian a minnau ar y cwch nos o Portsmouth i St Malo i gyfarfod Bernard yn *Galerie Gwen et Dodik* a chinio mawr wedyn i roi'r byd yn ei le. A chynhadledd i'r Wasg. Mae Bernard yn dda am hel y Wasg ynghyd ond ei fod e wedi heglu o 'na cyn iddyn nhw gyrraedd gan adael i Brian a minnau berswadio gohebwyr – merched ifanc i gyd – y *Ouest-France*, *Le Télégramme* a'r wythnosolyn lleol fod

Madeleine Le Guerch – asiant y Sionis.

miloedd o ddynion Roscoff yn mynd i Brydain am chwe mis bob blwyddyn i werthu winwns. Doedden nhw ddim am ein credu ni. Fe allai Roscoff a St Malo fod ar blanedau gwahanol o ran a wyddai'r merched hyn. Ond llwyddwyd i'w darbwyllo ac fe ges y toriadau – lluniau a chwbl – o'r papurau gan Bernard dair wythnos yn ddiweddarach. Yr oeddwn yn ôl yn Llydaw, yn Roscoff y tro hwn, a'r prosiect wedi'i gychwyn.

* * *

Dyna oedd wythnosau cynhyrfus. Roeddwn wedi cysylltu â Madeleine Le Guerch, cyfeilles a gyfarfûm gyntaf yn yr Ŵyl Ffilmiau Celtaidd ym Mangor ddiwedd yr wythdegau. Cyfarfod Madeleine a Bernard yn y Chez Janie am ddeg a chael ei bod hi fel arfer wedi trefnu popeth. 'Bydd y Maer, Michel Morvan, yn eich cwrdd 'mhen hanner awr yn neuadd y dref, wedyn byddwn yn mynd am ginio a wedyn yn ôl i neuadd y dref erbyn tri. Rwyf wedi rhoi nodyn yn y papurau yn dweud eich bod chi yma i hel defnydd ar gyfer arddangosfa am y Sionis a'ch bod am gwrdd â lot o Sionis ac am iddyn nhw ddod â lluniau ac unrhyw ddogfennau gyda nhw. Mae'r Maer yn darparu gwin a chwrw felly bydd pawb yno.' Mae Neuadd y Dref (yr *Hotel de Ville*) yn Roscoff yn gyfuniad chwaethus o'r hen a'r newydd. Hen furiau a hen gerrig a phren newydd a ffenestri mawr sy'n cyfleu gofod a goleuni a sirioldeb. Aethom i mewn i stafell fawr a'i llond o gynghorwyr a phwysigion y dref – a'r wasg – a Michel Morvan y Maer yn cadeirio. Gwnes fy ngorau i amlinellu'r prosiect – arddangosfa ar gyfer Canolfan Hanes Pontypridd ac i deithio Cymru wedyn – a mynegodd Bernard ei awydd i gael fersiwn Ffrangeg/Lydewig o'r arddangosfa i deithio o gwmpas Llydaw. Dywedais y medrem wneud y gwaith yn hawdd yng Nghymru – o gael help gyda'r cyfieithu wrth gwrs! Cafwyd amryw syniadau gwyllt a brwd. Roedd un person am sefydlu tafarn Wyddelig a chael yr arddangosfa yno! Daeth y cyfarfod i ben yn sydyn am fod y Maer yn gorfod mynd i gyfarfod arall dros ginio. 'Ond rwyf am barhau gyda'n trafodaeth,' sibrydodd wrth Bernard a minnau. 'Dewch i'r Hotel Brittany – ar unwaith.' Ras i ben arall y dref. Erbyn i ni gyrraedd roedd y Maer ar ganol sgwrs gyda gohebydd *Le Figaro*. Dywedodd wrth rywun am roi diod i ni ac wedi dau wydraid o siampaen daeth draw atom. 'Clywch, rwy i wedi bod yn meddwl. Dydyn ni ddim am arddangosfa deithiol. Fe ddylid cael amgueddfa barhaol i'r Sionis,' meddai. Soniodd am Gapel Santes Ann ar yr hen gei wrth ymyl y Swyddfa Dwristaidd ac aeth Bernard, Madeleine a minnau am ginio a chnoi cil ar benderfyniad sydyn y Maer. Aeth Bernard yn ôl i Rennes (Roazhon) a'm gadael i a Madeleine i wynebu'r Sionis. Am dri yr oedd neuadd y dref yn llawn a'r byrddau dan orchudd o luniau a dogfennau. Bûm i'n brysur gyda'r papurau a'r Sionis yn brysur gyda'r diodydd. Cafodd y prosiect gychwyn carlamus.

Tros yr wythnosau a'r misoedd wedyn bûm yn ymwelydd cyson â Roscoff a'r cyffiniau. Taith dros nos o Plymouth i Roscoff, diwrnod yn Llydaw, dychwelyd ar y cwch hwyr a chyrraedd adref ganol bore trannoeth. Rhoi trefn ar y deunydd a sgrifennu'r hanes ar gyfer cyfres o baneli fu'r drefn am y misoedd nesaf. Brian Davies a gopïodd y lluniau a'r Cyngor Amgueddfeydd a gynlluniodd y paneli. Yn Roscoff roedd Madeleine a Madame Patricia Chapalain, perchennog yr Hotel Brittany a dirprwy faer cyngor y dref, yn sicrhau trefn a chymorth. Agorwyd yr arddangosfa ym Mhontypridd ddechrau Medi, daeth chwech o gynrychiolwyr o Gyngor Tref Roscoff i'r agoriad a chafwyd penwythnos llawen yn rhuthro o dderbyniad i amgueddfa i ddrama. Patricia oedd yr arweinydd swyddogol. Ac addas. Bu ei thad, Monsieur Grall, yn Sioni a chanddo ei gwmni yn Bute Street, Caerdydd. Ef fu'n gyfrifol am un o'r cyntaf – os nad y cyntaf – o ddegau o drefniadau gefeillio rhwng trefi yng Nghymru a Llydaw; sef yr un rhwng Penarth a Saint-Pol-de-Léon. Medrai Gymraeg a bu'n gyfrifol am deledu Llydaweg FR3 yn Rennes am gyfnod. Darparwyd fersiwn Ffrangeg/Llydaweg o'r paneli fyddai'n ganolog i'r amgueddfa yn Roscoff.

Gwnaed y cyfiethiad Llydaweg gan Naig Rozmor, un o feirdd cyfoes Llydaw. Llwyddwyd i orffen y gwaith ac agorwyd *La Maison des Johnnies* y Sadwrn cyn Sulgwyn 1994 gyda gorymdaith o Sionis a beics a winwns a cherddoriaeth a dawnswyr ac areithiau gan gynrychiolwyr o Gyngor Taf-Elai a Chyngor Tref Roscoff. A chriw teledu o BBC Cymru a ffotograffwyr a newyddiadurwyr rif y gwlith. Erbyn diwedd 1998 yr oedd yr amgueddfa fach yn orlawn a'r gwaith o'i symud i adeilad mwy wedi dechrau. Bu gweithio gydag arweinwyr lleol yn Llydaw a Chymru a gweld sut mae'r drefn leol yn gweithio yn agoriad llygad, a gweld y gwahaniaeth yn ansawdd a dawn y rhai sy'n arwain mewn llywodraeth leol mewn dwy gymuned.

* * *

Cyfarfûm a Mademoiselle Madeleine Le Guerch pan oedd yr Ŵyl Ffilmiau Celtaidd ym Mangor ddiwedd yr wythdegau. Y

Un o hen dai urddasol Roscoff.

flwyddyn ganlynol yr oedd yr Ŵyl yn Roscoff ac yr oedd hi ac amryw eraill, gan gynnwys Morvan y Maer, trosodd i'n gwahodd i'r Ŵyl nesaf. Yr oeddwn wedi trefnu cyfarfod gŵr â'r enw soniarus Jacques Yves Le Touze – cyfarwyddwr y cylchgrawn *Dalc'homp Soñj* – a rhoi copi iddo o'm llyfr *Goodbye Johnny Onions*. Ond bob dro y byddwn yn galw yn stondin Roscoff yn holi amdano yr oedd wedi mynd i Gaernarfon, neu i ddringo'r Wyddfa, neu i benrhyn Llyn neu am dro o gwmpas Ynys Môn. Yn y diwedd dywedais wrth y wraig ganol oed drwsiadus â gwallt perffaith: 'Drychwch, wnewch chi roi copi o'r llyfr yma iddo fe, os byddwch chi mor garedig.'

Edrychodd ar y llun ar glawr y llyfr. 'Rwy'n adnabod y dynion yna, beth yw'r llyfr 'ma?' meddai gyda diddordeb amlwg. 'Rhywbeth bach wnes i sgrifennu'n ddiweddar,' atebais wedi synnu gan mor uniongyrchol ei hymateb. Ond roedd Madeleine Le Guerch – buan y deuthum i wybod ei henw – a'i thrwyn yn y gyfrol ac yn troi tudalennau'n bwrpasol. Yn sydyn ebychodd. 'Ie, *d'accord*, iawn. Joseph, Pierre . . .' 'Y?' meddwn innau, wedi'm syfrdanu – a'm plesio – gan ymateb y wraig soffistigedig. 'Mae'n iawn, mae fy enw i ynddo,' meddai gyda thinc o foddhad. 'Maddeuwch i mi, ond dwy i ddim yn cofio . . .' meddwn. 'Teulu'r Le Guerch,' atebodd, 'Ein teulu ni am bedair cenhedlaeth oedd asiantwyr y Sionis fel rych chi'n dweud yn y llyfr. 'Dwy i ddim yn cofio siarad â chi, 'chwaith. Ond, dyna fe, rwy'n cyfarfod llawer o bobl . . .'

Y gwir oedd nad oedden ni wedi cyfarfod. Yr oeddwn wedi darllen am yr asiants mewn llawysgrif, nas cyhoeddwyd, o hanes Roscoff ac wedi ychwanegu mymryn o liw wedi'i godi o nofel Ffrangeg *Johnny de Roscoff* gan Yves-Marie Rudel. Ond rhaid 'mod i wedi taro'n agos i'r marc. Dyna gychwyn ein cyfeillgarwch. Ychydig fisoedd wedyn yr oeddwn am wneud rhaglen radio Saesneg ar Sioni Winwns. Ffoniais Madeleine a daeth â chriw o hen Sionis wedi ymddeol at ei gilydd i'r *Chez Janie* i mi i'w recordio. Ardderchog – nes i'r peiriant recordio dorri a gan eu bod yn ddydd Gŵyl doedd unlle ar agor i'w gywiro. Cefais fy nghyfeirio at orsaf radio gymunedol o'r enw Radio Paradis, rywle rhwng Saint-Pol-de-Léon (Kastell Paol yn Llydaweg) a Morlaix (Montroulez). Wedi crwydro milltiroedd a holi amryw sylweddolais mai Radio Paradis oedd y bws deulawr mewn cae ar ymyl y ffordd gydag alsatian (ki-bleiz – ci blaidd – yn Llydaweg) chwyrn wedi'i glymu ger y drws, coeden afalau un ochr a thomen ddrewllyd yr ochr arall. Dywedais fy mod o'r BBC a bod fy mheiriant recordio wedi torri a bod gen i raglen ar ei hanner ac . . . Roedd y ddau ddyn ifanc hirwallt, hipïaidd yn amlwg yn ei hystyried yn fraint cael ymwelydd o'r BBC a mawr oedd eu croeso. Bron na foes-ymgryment gan gymaint yr anrhydedd. Ond doedd dim peiriannau recordio ganddynt – dim ond chwarae recordiau a siarad oedden nhw'n wneud. A symud cyn lleied ag oedd yn bosib gan fod hynny'n pery i'r nodwydd sboncio a chrafu'r ddisgen. 'Ond os yw Monsieur am *aperitif* bach . . .' Yn y diwedd ymadawais a phrynu peiriant recordio cyffredin a chwblhau'r rhaglen.

Yr oedd Radio Cymru wedi dweud y buasen nhw hefyd yn hoffi rhaglen ond heb gynnig tâl na hatling at fy nghostau. Dim ond i mi ddod o hyd i Sioni (neu Siani) a fedrai Gymraeg. Yr oeddwn rai blynyddoedd ynghynt tra oeddwn yn ymchwilio ar gyfer fy nghyfrol Gymraeg ar y Sionis – *Y Shonis Olaf* – wedi canfod tad a mab, Joseph a Michel Olivier, oedd yn byw mewn pentref bach o'r enw Mecheroux ar gyrion Santec, y ddau yn rhugl eu Cymraeg. Bu'r ddau yn Sionis yng Nghastell Newydd Emlyn. Erbyn hyn roedd Joseph a'i wraig wedi marw a gwraig Michel wedi rhedeg bant gyda rhyw ddyn arall a dim ond fe a'r ast ddu ar ôl. Roedd yn barod i siarad â mi ar yr amod mod i'n dod a llwyth da o gwrw gen i. Roeddwn wedi'i rybuddio ymlaen llaw nad oedd tâl i fod. Felly y recordiwyd y rhaglen i fynych dincian Michel yn agor potel ar ôl potel o'r cwrw. Gan fy mod wedi gorfod golygu a thynhau tipyn ar sgwrsio Michel roedd sŵn tincian agor y poteli yn enbyd o fynych.

Sebastian Prigent, Marie Josie a Thérèse yn *La Maison des Johnnies* – yn y cefndir mae llun Marie Le Goff, mam Thérèse.

Holais Madeleine a oedd hi'n adnabod rhywun arall a fedrai Gymraeg ac aeth â mi i Santec, cartref Marie Le Goff, ei merch Therèse a'r mab-yng-nghyfraith Sebastien Prigent. Arferai'r teulu hwn fynd i werthu winwns yn Llanelli a'r cyffiniau. Roedd yr wyres, Marie-Josie, yno hefyd. Siaradai Marie Le Goff Gymraeg pur fywiog wedi'i gymysgu'n lliwgar gyda thipyn o Lydaweg, yn enwedig pan oedd geiriau'r ddwy iaith yn debyg. Gorffennodd y cyfweliad drwy ganu 'Hen Fenyw Fach Cydweli'. Gwnes gyfweliad Saesneg, hefyd, gyda Marie-Josie a fu'n mynychu'r Ysgol Babyddol yn Llanelli tra oedd y teulu'n gweithio yno. Siaradai mewn cyfuniad hudolus o acenion Llydaw a Llanelli am ddyddiau cyn-Thatcher, pan fyddai plant yn cael llaeth ganol bore. Fel arfer, heb yn wybod i mi, yr oedd Madeleine wedi gwahodd y wasg a dyna'r tro cyntaf i mi gyfarfod Alan Guivarch, gohebydd lleol y *Ouest-France*, cartwnydd campus a chymeriad. Dros y blynyddoedd bûm yn ymwelydd cyson â chartref Marie a dod yn ffrind agos i'r teulu. Gwelais Marie Le Goff am y tro olaf pan euthum gyda Rhys Lewis – Llydaw-garwr pybyr arall – i wneud rhaglen i S4C dan y teitl *Sioni Winwns*. Roeddem i fod i'w chyf-weld ond wedi i ni gyrraedd Roscoff cawsom y newydd fod Marie Le Goff wedi marw oriau cyn i ni lanio. 'Rydw i am i ti ofyn am ganiatâd i ni ffilmio'r angladd. Maen nhw'n ystyried ti fel un o'r teulu,' meddai Rhys. 'A rydw i wedi sicrhau tei ddu i ti fynd i'r angladd.' Fel petai hynny o gysur mawr.

Fore trannoeth am naw roeddwn i yno a daeth Therèse i'r drws, fy nghofleidio a'm gwahodd i'r tŷ. I'r gegin fawr ac yno ar ei heistedd yn y gwely yr oedd corff Marie Le Goff. Y drefn wedyn oedd sgwrs – un bob ochr i droed y gwely – a barhaodd am tua deng munud yn hel atgofion amdani cyn mynd trwodd i'r gegin fach am gwpwl o frandis go ddwfn. Wedyn cyflwynais neges Rhys. Doedd dim problem a felly y cofnodwyd diwedd pennod yn hanes y Sioni Winwns. Yn ei anerchiad dywedodd yr offeiriad fod Marie mor enwog yng Nghymru fel pan glywyd am ei marwolaeth i'r BBC anfon criw ffilmio i Lydaw ar unwaith!

Ond yn ôl at Madeleine Le Guerch. Pan gyfarfûm a hi yng Nghaernarfon roedd hi'n ddirprwy-faer Roscoff ac yn fuan wedi fy ymweliad trafferthus i recordio'r rhaglenni radio hynny adnewyddwyd ein cysylltiad yng Ngŵyl Ffilmiau Roscoff. Cefais groeso lawer mwy tywysogaidd nag a haeddai fy statws yn y byd darlledu. Wrth fynd o ddarlith i ffilm i dderbyniad cawn fy machu'n bur fynych gan Madeleine neu Madame Bernadette Lacerre, un arall o'r criw Roscofaidd a ddaethai i Fangor. Bob tro y byddai angen rhywun i fod yn serchog wrth siaradwr gwadd neu berson pwysig a neb wrth law fe glywn lais y naill neu'r llall: 'I want to introduce you to Gwyn, a famous English author ('Welsh, Bernadette, Welsh – and I am not famous'), who 'as written a wonderful 'istory of Roscoff and our famous Johnny Onion men.' Nes y deuai rhywun pwysig i'r cylch a gadael llonydd i mi.

Gŵr Bernadette oedd cyfarwyddwr Amgueddfa a Laborty Môr Sefydliad Bioleg Roscoff a gychwynnwyd ym 1872, un o brif atyniadau Roscoff a sefydliad ymchwil sy'n rhan o Brifysgol y Sorbonne ym Mharis. Fe dalodd y cymwynasau bach i Madeleine ar eu canfed dros y blynyddoedd. Megis pan aeth *Pobol y Cwm* i Roscoff i wneud stori am Cwmderi'n gefeillio gyda thref ddychmygol Douarnevez. Roedd hi wedi sicrhau a threfnu llefydd ffilmio mewn bore i'r cyfarwyddwr Robin Rollinson. Euthum innau trosodd i sicrhau tipyn o gyhoeddusrwydd i *Pobol y Cwm* yn y wasg leol a mynd ddiwrnod o flaen pawb. Ar fore Sul roedd Madeleine wedi cael prif ddynion y ddau bapur dyddiol yn y dref – Remy Sanquer o *Le Telegramme* ac Alan Guivarch o'r *Ouest-France* – i'r *Chez Janie* am sgwrs ac amlinelliad o beth ac ymhle roedd popeth i ddigwydd gydol yr wythnos. Roedd Katell Keineg – bellach yn gantores ryngwladol adnabyddus – yn rhan o'r cast y dyddiau hynny, ac fel merch Paol Keineg, y dramodydd a'r bardd Llydewig o Quimerc'h, cafodd sylw mawr a rhaglen hanner awr ar Radio Breiz Izel.

Bob tro y bydda i yn Roscoff bydd Madeleine a minnau'n mynd allan o leiaf unwaith am bryd gyda'n gilydd. Hi fydd yn dewis y lle oherwydd mae hi'n nabod perchennog, rheolwr neu chef pob tŷ bwyta yn y dref. 'Roedd ei dad yn Sioni' neu 'Roedd ei ewythr yn ffermwr' neu'n llongwr. Fel asiant i'r Sionis ac i ddau o gwmnïau llongau Caerdydd yn Roscoff mae Madeleine yn adnabod pawb. Roedd gan ei thad a'i thad-cu fusnes allforio llysiau, a drws nesa i'r storws roedd gan ei mam-gu, a'i mam wedyn, gaffi. A nhw oedd asiantau'r Sionis. 'Gweithwyr ar y tir oedd y Sionis,' meddai Madeleine, 'ac mi fydden nhw'n poeni am bethau fel trefniadau tollau, a chael tŷ neu storws yn barod ar eu cyfer wedi iddyn nhw gyrraedd Prydain.' Ei thad a adeiladodd y *Café Ty Pierre* ac mae hi ei hun yn archif byw o hanes lleol a chymdeithasol yr ardal. Ychydig o Lydaweg sydd ganddi, er mwy nag y mae'n ei gyfaddef rwy'n amau. Soniai fel yr arferai mam Michel Olivier – y Sioni Cymraeg oedd yn mynd i Gastell Newydd Emlyn – ddod ati. 'Dydw i ddim eisiau siarad â ti, dwyt ti ddim yn medru Llydaweg. Ble mae dy fam?' fyddai mam Michel yn ei ddweud, achos fel y cofia innau doedd hi ddim yn siarad llawer o Ffrangeg. 'Wel, mae'n ddrwg gen i, dyw hi ddim adre heddiw,' atebai Madeleine. 'Beth rwy'n mynd i wneud 'te?' holai Mme Olivier. 'Wedyn fe fyddwn i'n siarad Ffrangeg a Mme Olivier yn siarad Llydaweg. Roedden ni'n gwneud yn burion fel'ny,' meddai Madeleine. Yn ddiddorol, ni fedrai Joseph na Michel Olivier frawddeg o Saesneg, ond roedd eu Cymraeg yn ardderchog. 'Y Llydaw â'r Cymraeg gorau glywais i erioed,' meddai Twm Morys wrthyf wedi i mi gyflwyno'r ddau i'w gilydd. 'I mi, Michel yw'r ail orau,' ymffrostiais innau. 'Roeddwn i'n 'nabod ei dad!'

Ond sôn roeddwn am Madeleine. Daw â llu o atgofion am ei hymweliadau â Chaerdydd pan oedd hi'n asiant llongau ac asiant Sionis yn Roscoff. Byddai'n ymweld â Chymru unwaith y flwyddyn – cyfuniad o waith a gwyliau. Mynd i weld rhyw Mr Walford a rhyw Mr Care a'r teulu Lovering – yr unig gwmni sydd hyd heddiw'n allforio glo o borthladd Caerdydd. 'I ni hi oedd *La reine du chou-fleur* – brenhines y blodfresych,' meddai

Hen borthladd Roscoff.

Criw o hen Sionis ar y cei yn Roscoff: Claude Tanguy ac Oliver Creignou (yr Alban), Olivier Olivier (Hwlffordd), Jean-Marie Roignant (Caernarfon, a'r Alban wedyn), Madeleine Le Guerch, Sebastian Prigent (Llanelli). Yr awdur yn y cefn.

Yr awdur gyda Michel Oliver, y Sioni 'Cymraeg' fyddai'n mynd i Gastell Newydd Emlyn.

Arthur Lovering wrthyf un tro. Rwy'n amau ei bod hi'n glòs iawn at un o'r brodyr Lovering – wn i ddim p'un. 'Wedi i mi gydio ym musnes y teulu wedi'r rhyfel – roeddwn i tua 21 ar y pryd – fe ês i Gaerdydd a mynd i weld Mr Walford o'r *Walford Lines*. Fe ddwedes wrtho, 'Dydw i ddim ond yn cael hanner eich busnes chi yn Roscoff.' 'Pam? Faint ych chi eisie?' atebodd yntau. 'Dwy i eisie'r cwbwl,' atebais innau. 'Wel, gan bod chi wedi dod bob cam i 'ngweld i, fe gewch chi'r cwbl,' atebodd yntau. A dyna sut y des i'n brif asiant llongau Roscoff,' meddai Madeleine. Fe wnaeth yr un peth gyda Mr Care ac ar sail un ymweliad roedd hi wedi dyblu'r ochr honno o fusnes y teulu. Byddai'r ymweliadau hyn yn gyfle i ymweld ag ochr arall ei busnes – Sionis. Yn ystod y rhyfel dinistriwyd llynges Ffrainc bron yn gyfan gwbl ac yr oedd llogi llongau i fynd â'r winwns trosodd i Brydain yn broblem i Madeleine. Y drefn gyda Chaerdydd a phorthladdoedd y de oedd dod â winwns i Gymru a mynd â glo 'nôl i Lydaw. 'Fe fyddwn i'n llogi unrhyw longau y medrwn ni eu cael,' meddai Madeleine. 'Rhai mawr o'r Iseldiroedd i fynd i'r Alban a Gogledd Lloegr a rhai bach i fynd i Dde Lloegr, De Cymru a Phorthmadog. Roeddwn i'n dal i ddefnyddio llongau hwyliau yn 1952.' Un ohonyn nhw oedd y *Mad Atao* o Paimpol (Pempoull yn Llydaweg) sydd i'w gweld o hyd yn yr hen borthladd ar gyrion dwyreiniol ardal Tregor. Fe'i hadeiladwyd o fewn dwy flynedd i gychwyn yr ail ryfel ac fe'i defnyddir hyd heddiw fel llong hyfforddi.

'Y tro cyntaf i mi gyrraedd Caerdydd fe es ar goll yn llwyr rywle yn Stryd y Frenhines,' meddai Madeleine. 'Roeddwn i wedi colli'r cyfeiriadau oedd gen i a wyddwn i ddim beth i'w wneud. Yna fe ddaeth dyn ata i a meddai, yn Ffrangeg, 'Rwy'n nabod chi, rych chi o Roscoff.' Un o'r gwerthwyr winwns. Fues i ddim balchach o weld neb erioed. Aeth â fi nôl i'r storws yn Bute Street a dweud wrtho i ble rown i.' Roedd yn amlwg fod cwrdd â bechgyn y winwns yng Nghaerdydd yn un o ddigwyddiadau'r flwyddyn i Madeleine. Allan ar y sbri a rhialtwch mawr! 'Rwy'n cofio – roeddwn i'n aros gyda theulu un o gwmnïau llongau Caerdydd – cael reid yn ôl i Ddinas Powys mewn lorri ddeg tunnell am dri o'r gloch y bore a'r gyrrwr yn mynnu mynd â mi at y drws. Cul-de-sac cul yn Ninas Powys a'r gyrrwr yn methu troi 'nôl na bacio lawr y stryd, y golau ym mhob lloftt a phawb yn y ffenestri! *Oh la, la*, sôn am ddwyn gwarth ar fy enw da!'

*   *   *

Haf eleni mae Madeleine yn gwella 'rôl torri migwrn. Ond mae'n dal yn sionc ac yn mynd i nofio i'r môr bob dydd. Mae rhywbeth ynglŷn â menywod y parthau hyn. Gwelaf Naig Rozmor yn mynd heibio ar ei beic, er ei bod yn agos i 75 oed. Dydw i ddim yn ei hadnabod yn ddigon da i weiddi arni er i ni gyfarfod unwaith neu ddwy. Cafodd ei geni yn Saint-Pol-de-Léon ond bellach mae'n byw yn Roscoff lle mae'n sgrifennu straeon, dramâu a cherddi serch – reit feiddgar, weithiau – yn yr hen iaith. Yn ei barddoniaeth y mae gogoniant ei hawen ac enillodd ei chyfrol o farddoniaeth a gyhoeddwyd yn 1977 wobr *Unvaniezh Skrivagnerien Vreizh* (Undeb Sgrifenwyr Llydaw). Ys dywedodd y diweddar Yann Bouessel du Bourg, 'Mae Naig Rozmor yn prancio drwy'i hiaith fel eboles ar fore o wanwyn, fel un o'r tylwyth teg yn hau blodau gwyllt i'r gwynt ... ei chân am symlrwydd bywyd, ei lawenydd bob dydd, ei dristwch, a'i boen, a'i ofid. Pan ddethly ddefodau cariad, gorfoledd y cnawd, yn ddi-atal a di-orchudd, gydag angerdd agored nas gwelwyd gynt yn ein llenyddiaeth – dyna pryd y daw i binacl ei hawen.'

Gosberau – Naig Rozmor

Pan fydd drwm fy nydd,
Pan ddaw gwynt y môr i ddidrugaredd
                        gornio'r drws,
Pan flinaf frwydro ffawd,
Ceisiaf felyster dy freichiau cryf
I'm gwasgu'n dynn.

Rhyngom, ni raid wrth eiriau,
Dim ond edrychiad, neu gyffyrddiad oediog

Dy law am fy llaw
Ac egyr i ni'n dau baradwys ddisglair
Am fod fy nghalon wrth dy galon
Yn trechu'r tywllwch.

Yna, O wyrth!
Y byd a saif rhag troi,
Y cloc ei daro,
Yr adar ganu
A'r corwynt ben-blyga wrth y drws
I sain salmau gosberau'n cariad.

Pan aeth hi i'r ysgol yn saith oed ni fedrai air o Ffrangeg. Ei dymuniad oedd bod yn athrawes ond daeth rhyfel, priododd a theithiodd y byd gyda'i llongwr a'i phlant. Yn awr mae Anne Corre (ei henw iawn) yn byw yn Rozmor, enw'r tŷ yn un â'i henw barddol. Y gyfrol ddiweddaraf a gyhoeddwyd o'i gwaith – cyfrol hardd ac ynddi ddarluniau cain – oedd drama am y Sionis.

* * *

Yn Nhŷ Mari Stuart yn Roscoff mae oriel gelf M. Barazer – arlunydd sy'n sugno'i ysbrydoliaeth o arfordir ac ynysoedd ei fro. Ef hefyd yw ceidwad a pherchenog yr oriel. Mae ganddo wallt du, du ac y mae golwg lem ar ei wyneb tenau ac ymddengys yn rhy drwsiadus a thaclus i fod yn arlunydd. Ond mae'n fy adnabod – cyfarfu'r ddau ohonom droeon yn ystod y gwaith o sefydlu *La Maison des Johnnies* – ac mae'n groesawus ac yn eiddgar am sgwrs. Heddiw siaradwn am Tristan Corbière, y bardd a dreuliodd gyfnod o'i fywyd byr yn y dref ac y dathlwyd can mlynedd a hanner ei eni yn 1995. Mae'r gornel yma o Roscoff yn Fari Stuart i gyd – mae hyd yn oed y Pizzeria gyferbyn yn cynnal ei henw a nodir y fan lle dywedir iddi roi ei throed gyntaf ar dir Ffrainc (!) yn 1548 ar ei ffordd i Morlaix (Montroulez) a gall pob plentyn ysgol ddweud wrthych p'un yw'r twr lle'r hoffai syllu allan i'r môr. Mae gwesty'r Talabardon wrth i chi ddod at yr eglwys. Bu Ambrose Bebb yn aros yma – yng nghyfnod tad-cu y perchennog presennol, mae'n debyg. Bu'r gwesty yn nwylo'r un teulu am bedair cenhedlaeth – meddai Madeleine. Mae'n un o westai moethus y dref ac unwaith yn unig yr arhosais yno – ychydig nosweithiau pan es yno gyda Rhys Lewis ac S4C, neu ryw gwmni annibynnol – yn talu. Fuaswn i byth yn medru fforddio fel arall!

Ar ganol sgwâr Roscoff mae'r eglwys, seintwar Notre-Dame de Croaz Baz (Croes y Pastwn). Mae'r twr ysblennydd, a adeiladwyd tua 1550, yn enghraifft gynnar o bensaernïaeth y Dadeni Llydewig. Mae'r clochdy fel cynifer o rai Llydewig eraill wedi'i addurno â galerïau a thyrau – mor gyfoethog ei addurniadau nes dwyn i'm cof rai o adeiladau Portiwgal. Mae'r eglwys ei hun yn arddull y Gothig Gorwych ac y mae'r cerfiadau ar ei muriau allanol yn ein hatgoffa o gysylltiadau Roscoff â masnach – a morladron. Mae dau ganon ffug o garreg yn uchel yn y twr a'u hanel tua'r môr – rhybudd i'r Sais dichellgar fu'n elyn, a phartner, dros ganrifoedd cythryblus. Ers yr unfed ganrif ar bymtheg hawliodd Roscoff fwy a mwy o dir oddi wrth y dyfroedd a chodwyd rhes o adeiladau cadarn rhwng yr eglwys a'r môr. Un ohonynt yw'r Talabardon, felly nid yw'r ddau ganon mwyach yn bygwth ymwelwyr estron wrth iddynt hwylio tua'r hen borthladd. Llenwyd llawer o'r cei ym mhen arall yr hen borthladd, hefyd, i sicrhau maes parcio i ymwelwyr Awst.

Soniais am Amgueddfa a Labordy Môr Roscoff. Saif ar y sgwar tu hwnt i'r eglwys, y *Place Lacaze-Duthiers*, a enwyd ar ôl syflaenydd y labordy ymchwil. Dywed Madeleine – pwy arall? – wrthyf fod tri o'r rhai fu'n gweithio'n dawel ddyfal yno am ddeng mlynedd ar hugain newydd dderbyn Gwobr Nobel am ymchwil i gancr. Mae gerddi lliwgar y ganolfan yn dyst i hinsawdd gynnes ardal Roscoff a thu mewn gwelir pob math o'r angenfilod hyll a rhyfedd sy'n llechi ymysg y creigiau a'r pyllau a gynhesir gan ffrwd y ceufor (gulf stream) ac a gysgodir rhag brath yr Iwerydd gan y dorch ynysoedd o gylch y penrhyn.

Yn un o'r tai sy'n rhan o'r Labordy y treuliodd Tristan Corbière ran o'i fywyd byr a daeth amryw i'w weld, yn eu plith Alexandre Dumas (y tad), pan oedd hwnnw'n paratoi ei *Grand Dictionnaire de Cuisine* a gyhoeddwyd

Dwy lechen i gofio Trstan Corbière.

yn 1873. Ganwyd Corbière ar Orffennaf 18, 1845, yn Coat-Congar, Ploujean, ger Morlaix. Ar y pryd roedd ei fam yn ferch ddeunaw oed a'i dad Edouard yn 52 ac wedi mwynhau gyrfa lwyddiannus yn y llynges fasnach, ac yna'n newyddiadurwr rhyddfrydig ac yn awdur nofelau poblogaidd am fywyd morwyr a'r môr. Ganed Edouard Corbière yn Brest yn 1793 a bu farw yn Morlaix yn 1875. Yn wahanol i'w fab enwocach roedd yn ŵr egnïol, iach. A dysgedig. Sgrifennodd tua dwsin o nofelau ond yn anhaeddiannol, dybia i, aeth hyd yn oed ei gampwaith, Le Négrier (Y Llong Gaethweision), yn angof. Gresyn, oherwydd yr oedd yn feistr ar y grefft, a'i sgrifennu'n gyforiog o brofiad a gwybodaeth a haedda glod petai ond am gychwyn genre y nofel forwrol. Mae Roscoff, o leiaf, wedi enwi stryd ar ei ôl!

Ond y mab, Tristan, a gafodd barch a bri ac â Roscoff y cysylltir ei enw er mai ger Morlaix y ganwyd ef. Bu Le Négrier yn ddylanwad cryf arno a buasai wedi dymuno bod yn forwr fel ei dad. Enwodd ei gwch yn Le Négrier ac yn ystod ei flynyddoedd yn Roscoff ei bleser mwyaf oedd bwrw i'r môr mewn tywydd mawr. Cyn ei fod yn 15 oed dioddefai o'r crydcymalau. Dioddefai hefyd o losg-eira ac fe'i symudwyd o'r ysgol breswyl yn Saint-Brieuc (San Brieg) i ysgol yn Nantes (Naoned) fel y medrai letya gydag ewythr oedd yn feddyg. Ddwy flynedd yn ddiweddarach yr oedd yn amlwg yn dioddef o'r darfodedigaeth. Rhoddodd y gorau i'w addysg ac aeth ef a'i fam i Provence ond heb fawr wellad. Yr oedd gan y teulu dŷ gwyliau yn Roscoff ac awgrymodd yr ewythr ei fod yn mynd i fyw yno yng ngolwg y môr. Symudodd yno yn 1863 i'r tŷ sylweddol yn Place Lacaze-Duthiers sydd, fel y dywedais, yn rhan o'r Amgueddfa a'r Labordy Môr. Bryd hynny, tebyg ei bod yn bosib cael golwg glir o'r tonnau ac Ile de Batz (Enez Vaz) oedd yn gymaint atyniad iddo. Yr oedd mor gysurus ymysg llongwyr Llydaw – a'i llysenwodd yn An Ankou (Yr Angau) – ag ydoedd ymysg y criw arlunwyr o Baris yn nhŷ bwyta Le Gad. Hoffai chwarae triciau nad oeddynt bob amser wrth fodd trigolion Roscoff a thynnu lluniau a chartwnau – roedd ganddo ddawn fel cartwnydd a bwriadwyd cyhoeddi cyfrol ohonynt yn 1872, ond aethant ar goll. Teithiodd i'r Eidal yn 1869. Ar Awst 27, 1871, aeth i bardwn, neu bererindod, enwog Sainte Anne-de-la-Palud (Santez Anna-ar-Palud), pentref glanmor ger Plounevez-Porzay. Yr adeg honno, yn ddiau, y lluniodd ei gerdd 'La Rapsode Foraine et Le Pardon de Sainte-Anne', un o'i weithiau gorau, sy'n feirniadaeth finiog nid yn gymaint ar gyfeddach a miri'r ŵyl ag ar yr amgylchiad crefyddol ei hun. Ceir cyfieithad o ran sylweddol ohoni yn y gyfrol Beirdd Simbolaidd Ffrainc gan Euros Bowen (Gwasg Prifysgol Cymru, 1980). Un o'i gerddi gorau eraill yw 'Au Vieux Roscoff' (I'r Hen Roscoff, neu'r Roskogoz).

> Ffau'r herwyr, hen nythle'r
> Lladron môr! – yn y corwynt,
> Cwsg drymgwsg dy ithfaen
> Ar seleri lle gorwedd rhith y tonnau ...
>
> Dy ganon haearn mewn llewyg,
> Ar ei fol mewn llwch,
> Tyllog dan lach lloer Gaeaf ...
> Huna dy gwsg rhydlyd.
> Rhua, hen chwyrnwr, ar y gwynt,
> Tro dy drwyn lloerig
> At gi Lloegr! ... tania dy ergydion
> O frigau eithin.

Mae llawer mwy o benillion i'w ddarlun o hen dref falch, wrthryfelgar Roscoff. Tref yn byw – bryd hynny – ar ei hatgofion, a'i hen ogoniant. Bu farw Corbière ar ddydd Gŵyl Ddewi, 1875, yn naw ar hugain oed, ddwy flynedd wedi cyhoeddi ei unig gyfrol *Les Amours Jaunes* ('Cariadon Gwyrdroëdig' dybiaf yw'r cyfieithad gorau o'r teitl gan fod yn y Ffrangeg lu o awgrymiadau: *jaunes* = melyn, lliw'r cwcwallt, lliw'r clefyd melyn). Bu farw ei dad chwe mis yn ddiweddarach a chladdwyd y ddau ochr yn ochr yn Saint-Martin-des-Champs, ar gyrion Morlaix. Bu farw ei fam yn 1891. Talodd Tristan Corbière, neu ei dad, am gyhoeddi'r gyfrol o gerddi ond heb lwyddiant. Cafodd dri adolygiad, a'r tri yn angharedig. Yn 1883 ar noson aeafol, gofynnodd Paul Verlaine i Léo Trézenik a Charles Morice ddarllen y gyfrol i gyd iddo. 'O'r dechrau i'r diwedd, ni fu ball ar ei chwerthin,' sgrifennodd Morice, 'ac yn y darnau mwyaf teimladwy yr oedd ei chwerthin yn tarfu arnom; chwarddai yn ei ddagrau.' Verlaine ddaeth â gwaith Corbière i'r amlwg drwy ei gynnwys fel y cyntaf o'i driawd o *Les Poètes Maudits* (Y Beirdd Gwrthodedig) yn 1884. Traethawd Verlaine ynghyd â'r detholiad o gerddi Corbière, wedi eu cynnwys yn yr un gyfrol â gweithiau Arthur Rimbaud a Stephane Mallarmé, a achubodd ei farddoniaeth rhag difancoll. Er ei anuniongrededd a'i ddirmyg o ramantiaeth yr oedd ei gariad at Lydaw a'i edmygedd o'i morwyr yn ddiffuant. Cariad yw nodwedd amlycaf ei gerddi *Armor* er bod ynddynt dinc chwedloniaeth ei genedl – Angau a'i gerbyd gwichlyd, cri'r dall, y wraig yn golchi dillad y meirw . . .

Dylanwadodd ar T. S. Eliot. Ac o ystyried cymaint fu dylanwad Eliot ar farddoniaeth yr ugeinfed ganrif, fe welir pwysigrwydd Corbière. Ym marn Ezra Pound, ef oedd bardd mwyaf ei gyfnod. Gwyrdrowyd ei olwg o Lydaw gan ei boenau corfforol a bu i'r darlun a luniodd gyfrannu at y ddelwedd ehangach o'i wlad. Ond ni ellir amau na fwriodd Llydaw a'i chwedloniaeth ei hud trosto.

*   *   *

Rwy'n prysuro tua Saint-Pol-de-Léon a sefydlwyd gan Peilyn, y mynach o Gymro. Bu ymgiprys am bwysigrwydd rhwng Roscoff a Saint-Pol dros y blynyddoedd. Gan Saint-Pol mae'r Eglwys Gadeiriol (neu gyn-Eglwys Gadeiriol er y Chwyldro) a rhwng mawredd Normanaidd yr adeilad a cheinder tal twr y *Kreizker* (Canol y dref) mae tyrau'r dref uwchlaw'r caeau meirch ysgall (artichokes) yn eich tynnu o filltiroedd ati. Ond harddwch oerach na chynhesrwydd agos atoch Roscoff yw harddwch Saint-Pol. Gwnes gamgymeriad. Mae'n ddydd Mawrth, dydd marchnad, a lle fel arfer byddai digon o le i barcio o flaen yr Eglwys Gadeiriol, heddiw mae'n anobeithiol. Chwiliaf am le i lawr y Rue Général Leclerc ac yn wir dyma gar yn troi allan o'm blaen a gadael cornel fach berffaith i mi yn union o flaen siop lyfrau Librairie Autret. Anhygoel! Dyma fi ar drothwy drws fy nghyfaill Monsieur Autret – wn i ddim ei enw cyntaf er fy mod yn ei ystyried yn un o'm cyfeillion. Mae bob amser yn brysur, neu wedi blino oherwydd ei fod yn brysur. Heddiw mae'n brysur, yn flin ac wedi blino. Mae'n fy ngweld yn dod drwy'r drws: 'Pfwff! Sut wyt ti. Na, na rwyn brysur. Pryd alli di alw, 'to? Pryd ti'n mynd 'nôl?' 'Dwy'n dweud dim, dim ond gwenu, ac mae'n ymlacio. A dweud y gwir mae'n deneuach na phan welais i e'r llynedd. Rwy'n gwenieithu gan ddweud ei fod yn edrych yn dda – fe ddylwn innau deneuo, beth bynnag. 'Pfwff. Haf prysur, fel lladd nadredd. 'Sgen i ond un copi o dy lyfr di ar ôl. 'Sgen ti ragor?' 'Jyst beth own ni am ei glywed,' meddwn innau'n llawen. 'Llond cist y car!'

'*D'accord, d'accord*! Dere â dwsin!' *Goodbye Johnny Onions* yw'r llyfr dan sylw ac er bod y Sionis a'u teuluoedd wedi hen ddiwallu'u hanghenion mae llif cyson o Saeson, a rhai Cymry, yn galw yn ei siop drwy'r tymor gwyliau. Lwc bod y car yn union tu allan i'r drws. Tra bod Autret yn gwneud y gwaith papur ac yn cyfrif arian i 'nhalu – sefyllfa'r bunt yn golygi 'mod i'n gwneud yn dda y tro hwn – caf olwg o gwmpas y siop. Pan ddeuthum i'w adnabod gyntaf ddeng mlynedd yn ôl roedd newydd gychwyn y busnes a heb arwydd y tu allan.

Mae'n siop fawr ac ynddi ddewis eang o lyfrau Llydaweg o bob math, llyfrau Ffrangeg moethus am Lydaw a nofelau poblogaidd. Mae'n amlwg bod y siop yn gwerthu llawer o lyfrau ysgol. Athro ysgol oedd ef ei hunan cyn iddo gychwyn ei siop lyfrau. Mae'n ŵr byr a chanddo wallt du a barf fer o'i locsyn i'w ên, ond heb fwstás. Roedd Gafin, ffrind Gildas fy mab hynaf, sy'n ymddiddori mewn cerddoriaeth Lydewig, wedi gofyn i mi brynu copi o'r *Barzaz Breiz* iddo. Nid oes gan Autret gopi sy'n cynnwys y gerddoriaeth felly rwy'n ystyried prynu cyfrol o ganeuon a genir gan Yann-Fanch Kemener (Jean-François Quemener yn Ffrangeg). Fe gaiff Gafin fenthyg fy nghopi i o'r *Barzaz Breiz* a gan fod record gynta Kemener gen i yn y tŷ fe gaiff fenthyg honno hefyd i fynd gyda'r llyfr er fod y gyfrol yn lled ddrud – tua £25 yn ein prisiau ni. Daw Autret â'r arian i mi ac rwy'n gofyn iddo gadw copi o lyfr Kemener nes dof i heibio ar fy ffordd adre ymhen mis. Fawr o angen dweud hynny, gan fod ganddo bentwr ohonynt. Pam na fynn bentwr tebyg o'm llyfr i? Ffarweliwn.

*   *   *

Fe ddywedodd y diwinydd a'r llenor o Tréguier (Landreger yn Llydaweg), Ernest Renan, nad oedd y Llydawr yn fentrus, nad oedd wrth reddf yn fasnachwr. Pan gyll y call fe gyll ymhell. Os bu creadur yn unlle sy'n fentrus, yn barod i gyd-weithio a chanddo ddawn i farchnata a gwerthu, y Llydawr yw hwnnw. I lawr y ffordd o siop lyfrau Autret a pharhau nes bod allan o'r dref. Ar y chwith, mewn ardal o'r enw Kerisnel, fe welir arwydd y SICA (*Société d'Initiative de Coopération Agricole*). Mewn safle a'i drem dros yr aber sy'n arwain i Morlaix ceir swyddfeydd modern, chwaethus ymysg coed a gerddi. Dyna ganolfan y SICA. Gŵr o ardal Plougoulm yw Gerard Roue, rhugl ei Lydaweg, ac yn medru peth Cymraeg. Mae'n bennaeth cysylltiadau cyhoeddus SICA ac yn briod â merch o fro gwinllannoedd de Ffrainc – pobl annibynnol llai parod i gyd-weithredu â'i gilydd. Felly mae ganddo wybodaeth sy'n ei alluogi i gymharu llwyddiant Llydaw â'r de lle ceir y pentrefi gweigion a'r erwau meithion heb enaid i'w weld. I rywun a fu'n mynd a dod i Lydaw am dros ddeng mlynedd ar hugain bu'r newidiadau yn wefreiddiol.

Roedd Llydaw y canol oesoedd yn wlad gyfoethog – ei llynges cyn gryfed â llynges Ffrainc a llynges Lloegr – ac mae arwyddion y cyfoeth hwnnw cyn glired yn y gorllewin ag unlle. Oedwch o gwmpas canol Saint-Pol ac ystyriwch yn unig geinder a chyfoeth yr Eglwys Gadeiriol a'r *Kreizker*. Ond dioddefodd Llydaw o effeithiau'r Chwyldro Ffrengig. Difethwyd llynges Ffrainc ac roedd Prydain yn rheoli'r moroedd a gorllewin Llydaw, a arferai fasnachu dros y môr, bellach ar ei phen ei hun. Roedd y ffyrdd yn wael a Pharis a gweddill Ffrainc ymhell. Dros ganrifoedd bu Roscoff yn borthladd masnach i halen o dde-ddwyrain Llydaw, llysiau o'r wlad gyfagos a nwyddau eraill fel hemp, llin a chotwm ymysg ei hallforion a choed ymhlith y mewnforion. Yr oedd y porthladd yn ferw o fywyd. Peidiodd y masnachu ac yn dilyn y chwyldro rhwng 1791 a 1815, aeth sefyllfa o ffyniant yn dlodi truenus. Yr oedd y sefyllfa wedi gwella mymryn pan aeth y Sioni Winwns cyntaf, Henri Olivier, â'i lwyth i Plymouth yn 1828 a chychwyn stori o galedi a rhamant a gyffyrddodd â phob Prydeiniwr, yn arbennig yn y blynyddoedd rhwng y ddau ryfel. Ni fu gwelliant ym mywyd cefn gwlad y Llydawyr. Daeth dau Ryfel Byd, a'r cyntaf yn lladd chwarter miliwn o'i gwŷr ieuanc ym mlodau'u bywydau.

Ond daeth newidiadau yn sgil yr Ail Ryfel. Offeiriaid fu'n garcharion rhyfel yn yr Almaen ac eraill wedi byw drwy brofiadau ysgytwol yn dychwelyd gyda syniadau newydd. Sefydlwyd y *Jeunesse Agricole Chrétien*, mudiad Cristnogol i amaethwyr ifanc yn pregethu cydweithrediad. Mudiad a gafodd dderbyniad brwd yn yr ardaloedd lle'r oedd yr Eglwys Babyddol o hyd yn gryf. Un o'r bobl ifanc a ymunodd â'r mudiad oedd Alexis Gourvennec – mab tyddynnwr o gyffiniau Morlaix a adawodd yr ysgol yn 15 oed i weithio ar y ffermydd. Gwelai beth oedd yn digwydd. Am bob kilo o flodfresych a werthid am ugain ceiniog byddai'r ffermwr yn lwcus o gael dimai. Roedd yr asiantau yn y canol yn bachu'r cwbl. Yn 1960 galwodd Gourvennec y ffermwyr at ei gilydd a'u perswadio i beidio mynd â'u cynnyrch at yr asiantwyr oedd yn pesgi yn y pentrefi ond i ddod â'r cwbl i Saint-Pol. Hynny a wnaed a chymerodd y ffermwyr i'w dwylo eu hunain y cyfrifoldeb o werthu'r cynnyrch. Sefydlwyd y SICA a dechreuodd y ffermwyr gael cyfran deg o bris eu cynnyrch. Pan gafwyd cnwd mawr o feirch ysgall y flwyddyn ganlynol a'r prisiau'n syrthio eto cymerodd Gourvennec gamre gwahanol. Wedi galw ar y Llywodraeth yn Paris i ymyrryd – a hwythau'n gwrthod – ymosodwyd ar eu swyddfeydd ym Morlaix. Cymerwyd Gourvennec a'r arweinwyr eraill i'r ddalfa a sbardunwyd cyfres o brotestiadau ledled Llydaw. Lladdwyd un dyn a niweidiwyd deg ar hugain mewn brwydr gyda'r heddlu yn Pontivi; rhwystrwyd trafnidiaeth gan ffermwyr a'u tractors ar draws y ffyrdd, torrwyd gwifrau ffôn. Bythefnos yn ddiweddarach rhyddhawyd Gourvennec a'i gyd-arweinwyr a daeth torf enfawr ynghyd i'w croesawu. Rhuthrwyd deddf drwy'r senedd i ganiatau i'r ffermwyr eu hunain, farchnata'u cynnyrch a gwneud y SICA yn sefydliad cyfreithiol, swyddogol.

Mae'r gerddi, y swyddfeydd a'r farchnad electroneg fodern yn fyd gwahanol i ddyddiau tanllyd y chwedegau. 'Rydyn ni wedi troi grym yr archfarchnadoedd i'n melin ni'n hunain,' meddai Gerard wrthyf. 'Gynnon ni mae'r llysiau a rhaid iddyn nhw gystadlu â'i gilydd amdanyn nhw – a chystadlu gyda phrynwyr yng ngweddill Ewrop hefyd. Felly mae'n ffermwyr ni'n cael y prisiau gorau. A thrwy'r cysylltiadau electronig fe wyddom beth yw prisiau'r farchnad ar draws Ewrop gyfan.'

Daw'r ffermwyr â'u llysiau i'r stordai yn y pentrefi, daw'r prynwyr i archwilio'r cynnyrch yn gynnar yn y bore cyn mynd i bencadlys a marchnad electroneg SICA erbyn naw. Yno mae'r prynwyr, dau i bob desg, pob un a theliffon yn ei law. Gwelir rhif y llwyth sydd i'w werthu ar sgrin ym mhen blaen y stafell ac yna mae'r cloc yn cychwyn. Mae'r pris yn cychwyn ar bwynt uchel ac yn gostwng – dull 'Dutch Auction' – a phan bwysir botwm gan un o'r prynwyr, mae'r cloc yn stopio. Cofnodir enw'r prynwr gan y system, ymddengys rhif llwyth arall yn syth ac mae'r cloc yn ailgychwyn. I fod yn fanwl ceir dau rif ym mhen blaen y farchnad yr un pryd, dau gloc, sy'n egluro pam fod dau brynwr wrth bob desg – un i bob arwerthiant. Hon yw'r system fwyaf modern yn Ffrainc ac o fewn yr awr mae popeth wedi'i werthu.

Mae Gerard yn mynd â mi i fferm ar ymyl Mespaul. 'Fe wyddom ni beth yw prisiau'r farchnad ar draws Ewrop ond rydyn ni hefyd yn chwilio marchnadoedd newydd ac yn cynghori'n haelodau am gnydau a llysiau newydd,' meddai. 'Rydyn ni wedi darganfod bod pobol Groeg a Sbaen yn hoff o'r marchysgall, a fedran nhw mo'u tyfu yn yr haf oherwydd y sychder. Rydyn ni'n medru'u tyfu drwy'r haf ond bod y llysieuyn a dyfir gennym ni yn rhy fawr i'w chwaeth nhw. Nawr mae'n ffermwyr ni'n tyfu marchysgall llai o faint. A mae gennym ni ddwy farchnad newydd sylweddol i'n ffermwyr.'

Dros y blynyddoedd perswadiodd SICA y ffermwyr i dyfu letys *iceberg* a blodau – ac allforio tiwlips i Amsterdam, hyd yn oed! Clywais, nid gan Gerard, fod ffermwyr eraill yn Ffrainc yn eiddigeddus o lwyddiant Llydaw a'r modd y mae'n ehangu ac yn cystadlu â nhw.

Yn Mespaul daw'r tractors yn ddyfal drwy'r dydd â'r blodfresych i flaen y storfa enfawr. Mae criw bach o ddynion yn eu pacio, a rhoddir arwyddair marchnata y *Prince de Bretagne* ar bob bocs. I gefn y storfa daw'r loriau enfawr – llawer ohonynt yn loriau lleol – i gludo'r llysiau yn y bocsys i bob cornel o Ewrop. Mae un yma o'r Weriniaeth Czech a'r enw Kafka yn fawr ar ei hochr. Un arall o'r Iseldiroedd. Prin bod y ffyrdd bychain yn ddigonol i'r angenfilod hyn, ond dydyn ni ddim ymhell o'r heol gyflym sy'n cysylltu Brest â Morlaix a Ffrainc a gweddill Ewrop. 'Dim ond 120 sy'n gweithio i'r SICA,' meddai Gerard. Ond mae ei dylanwad yn enfawr.

Awn am sgwrs â Gilbert Guillou, ffermwr ifanc sy'n tyfu blodfresych a winwns ac sy'n canmol y SICA. 'Mae'n ein rhyddhau i ffermio gan wybod bod y gwerthu a'r marchnata mewn dwylo diogel,' meddai. 'Wrth gwrs, rydyn ni wedi colli peth rhyddid – a rhaid gochel rhag colli ein henaid. Ond o dan yr hen drefn buan y bydde ni heb enaid o gwbl i'w golli.' Aeth ias hyd fy nghefn. Ffermwr ifanc hirben, pen-galed Bro Léon, yn cywain y blodfresych, ei dractor di-ddreifar drudfawr yn llusgo fel malwen rhwng y rhychau, ac yn sôn wrthyf am gadwedigaeth yr enaid! Dyna Lydawr! Dysgais ganddo mai'r fro ffrwythlon hon, yw'r lle gorau yn Ffrainc – hwyrach yn Ewrop – i ffermwr ifanc gyda'r nesaf peth i ddim cyfalaf i gychwyn gyrfa amaethyddol. Dywedodd Michel Olivier, y Sioni Cymraeg o Mecheroux, wrthyf ei bod yn bosib i ffermwr gael bywoliaeth ar ddeng erw o dir yn yr ardal hon.

Menter gydweithredol fwyaf ac amlycaf y ffermwyr yw'r cwmni llongau *Brittany Ferries*. Fel gyda'r SICA, Alexis Gourvennec oedd y grym a'r weledigaeth a gychwynnodd y cwmni. Yr oedd wedi procio'r Llywodraeth i wella'r ffyrdd – hyd yn oed y system deliffon – yn y chwedegau. Llwyddodd hefyd i berswadio'r cyngor lleol i adeiladu glanfa ddofn ar ochr ddwyreiniol penrhyn Roscoff a chael y Llywodraeth i dalu hanner y gost. Yr oedd yn mentro popeth y byddai Prydain yn ymuno â'r farchnad gyffredin. Ond gyda'r lanfa'n barod yn 1972 pwy ddeuai â gwasanaeth llongau yno? Yn y llyfrau hanes yr oedd yr ateb ac roedd Gourvennec wedi paratoi am wasanaeth i gysylltu Roscoff â Plymouth, y ddau borthladd fu'n gychwyn i fasnach Sioni Winwns. Yn anffodus, doedd yr un cwmni am fentro. 'Rhy bell i'r gorllewin,' meddai'r cwmnïau i gyd. A dyna farn Llywodraeth Paris, er talu cyfran dda o gost adeiladu'r lanfa. Un peth oedd amdani. Galwodd Gourvennec y ffermwyr ynghyd ac egluro'i gynllun. Yr oedd am rentu hen long tanciau rhyfel i redeg gwasanaeth fyddai'n cludo lorïau'n cario llysiau trosodd i Plymouth. 'Dewch 'nôl nos 'fory gyda hynny

Un o longau Brittany Ferries.

o arian fedrwch chi fuddsoddi yn y fenter. Arian sychion,' meddai, 'Dim sieciau, nac addewidion.' Ac fe ddaethant, pob un yn cyfrannu at y cruglwyth arian papur ar y ford. Ar Ionawr 3, 1973, y diwrnod wedi i Brydain ymuno â'r Farchnad Gyffredin, hwyliodd y llong, dan ei henw newydd, *Kerisnel*, o Roscoff i Plymouth. Byddai'r lorïau llysiau'n cael eu gyrru ar y cwch yn un pen ac yna'n cael eu gyrru oddi arni y pen draw. Torrwyd ar yr amser ac ar y difrod a wneid gan y llwytho a'r dadlwytho dan yr hen drefn. Roedd y cynnyrch yn cyrraedd Covent Garden a'r marchnadoedd eraill ynghynt, yn rhatach, ac roedd colledion y daith wedi eu dileu. Buan y sylweddolwyd bod eraill am ddefnyddio'r gwasanaeth – pobl am fynd ar wyliau i Lydaw. Lorïau a llysiau un ffordd, ceir a thwristiaid y ffordd arall. Erbyn haf 1974 roedd y drafnidiaeth wyliau wedi tyfu fel y bu'n rhaid i'r cwmni gael ail gwch, y *Penn ar Bed*. Cyn diwedd y degawd roedd y cwmni wedi ychwanegu gwasanaeth i foduron yn unig rhwng Portsmouth a St Malo a gwasanaethau gydag Iwerddon a Santander yn Sbaen.

Bu'r effaith ar economi Llydaw, yn arbennig gorllewin Llydaw, yn syfrdanol. O fod yn dref fach bellennig ym mhen draw Ewrop daeth Roscoff yn ganolbwynt yr ymyl Atlantaidd. Erbyn 1986 yr oedd y cwmni wedi prynu cwmni Truckline sy'n cysylltu Portsmouth â phorthladd Caen yn Normandi. Mae'r cwmni'n darparu gwaith i 3,700 o bobl ond ni ellir cyfrif cyfanrif y swyddi a grewyd i amaethyddiaeth a'r diwydiant ymwelwyr. Un ffigwr a glywais oedd 20,000 – un arall yw 40,000! Amcangyfrifir bod rhwng saith a deng miliwn o bobl yn ymweld â Llydaw bob blwyddyn. Mae'n amhosib cael ffigwr cywir am nad oes angen llenwi ffurflen gofrestru – yr hen *fiche* – pan fyddwch yn aros mewn gwesty neu wersyll. Mae gorllewin Llydaw erbyn hyn yn ffyniannus. Hen furddunod wedi'u hailgodi a'u troi'n *gîtes* i ymwelwyr gan ddod ag incwm newydd i wraig y tŷ. Mae gan Sylvan Moal a'i gŵr fusnes tyfu tomatos ar gyrrion Roscoff, wrth ymyl hen stad Kerestat. 'Mae hyn wedi rhoi dewis a rhyddid newydd i'r gwragedd,' meddai hi. 'Ac mae rhedeg y *gîte* dros yr haf yn waith mwy cydnaws â diddordeb a greddf y menywod na bod allan yn y caeau yn helpu'r dynion.' Daw'r cynnydd yn y boblogaeth yn ystod misoedd yr haf â'i broblemau, wrth gwrs. Mae cynghorau lleol yn gorfod darparu cyfleusterau digonol ar gyfer y lluoedd: sicrhau bod y cyflenwadau dŵr yn ddigonol, clirio sbwriel ac yn y blaen. Ond mater bach yw hwn yn wyneb elw'r diwydiant ymwelwyr ar draws Llydaw.

Bellach mae'r ddau gwmni, *Brittany Ferries* a'r SICA, yn ddau gorff pur ddemocrataidd. Ond sefydlwyd y ddau drwy ddulliau tra anghyfansoddiadol. Unben asgell dde yw Gourvennec a chas ganddo undebau. Ond pan fyddai buddiannau Llydaw yn y fantol byddai ei ddynion ef a chomiwnyddion Undeb y Morwyr yn cyd-weithio'n ddigon parod. Pan geisiodd y cwmni o'r Almaen, TT Line, sefydlu gwasanaeth rhwng Southampton a St Malo, rhwystrwyd y llong rhag glanio a dechreuwyd lluchio eiddo a phobl i'r dŵr. Roedd Bonn yn gacwn ond ni chafwyd yr un ymateb wrth Valery Giscard d'Estaing. Un alwad ffôn wrth Gourvennec i fygwth reiat ac fe ddeuai'r Llywodraeth ym Mharis at ei choed mewn chwinciad. Gwell bod ar delerau da gyda'r unben Llydewig na'i darfu. Mae'r straeon amdano yn rhan o chwedloniaeth Llydaw. O dro i dro byddai'n mynd i Baris i geisio cyngor y Llywodraeth – a gweithredu'n groes i'w gyngor! 'Fe fyddaf wedi penderfynu cyn mynd,' meddai, 'ond mae'r sicrwydd bod Paris yn anghytuno â mi yn tawelu'r meddwl. Dydyn nhw ddim wedi cytuno ag un o'm syniadau i erioed ac os byth y gwnân nhw, dyna pryd fydda i'n dechrau poeni!'

Fe sgrifennodd Saunders Lewis yn ei dudalen 'Cwrs y Byd' yn *Baner ac Amserau Cymru* un tro – 'Y mae'r Llydawiaid yn ddewrach pobl na'r Cymry; nid oes arnynt gymaint o ofn angen na chymaint o ofn tlodi nac ychwaith gymaint o barch taeogaidd i swyddogion a gwŷr llwydion.' Gwir. Gwir.

Mae banciau Llydaw megis y *Crédit Mutuel de Bretagne* yn rhan o'r broses gydweithredol. Ddechrau'r 1990au gwnaed rhai newidiadau sylfaenol i gwmni *Brittany*

Ferries. Mae bron pob un o'r llongau bellach yn eiddo i gwmnïau lleol – SABEMEN, SENACAL a SENAMANCHE – ac yn rhentu'r llongau i *Brittany Ferries*. Tra bod y ffermwyr yn parhau i berchen 60 y cant o *Brittany Ferries* mae'r cwmnïau sy'n berchen y llongau hefyd yn nwylo sefydliadau sy 'nghlwm â'r diwydiant amaethyddol – y banciau, y cynghorau lleol a'r *départements* (cynghorau sir). Dydy creu gelynion ym Mharis ddim bob amser o help i *Brittany Ferries* yn enwedig pe digwyddai'r cwmni fynd i ddyfroedd trafferthus. Gwnaeth y cwmni golled yn 1995 a 1996 a phetai pethau wedi gwaethygu ni ellid bod wedi disgwyl trugaredd oddi yno, er bod Gourvennec wedi llacio'i afael personol ar yr awenau. Yn ffodus i *Brittany Ferries*, bu cryfder y bunt yn erbyn y ffranc yn 1997 yn fodd i wneud iawn am ddwy flynedd o golled gan gynifer y Prydeinwyr a ddenwyd i Lydaw yn ystod y tymor gwyliau. O gofio bod *Irish Ferries* hefyd yn defnyddio porthladd dwfn Roscoff mae'r diwydiant ymwelwyr yn cyfrannu'n sylweddol i economi Llydaw.

Soniais am effaith yr efengyl gydweithredol a bregethwyd gan y *Jeunesse Agricole Chrétien* wedi'r rhyfel. Nid SICA yw'r unig gymdeithas gydweithredol yn Llydaw. Y *coopératif* yn Landerneau (Landerne) oedd y cyntaf o'i fath yn Ffrainc. Daeth yr amrywiol welliannau economaidd law yn llaw. Mae Llydaw – ardal Roscoff a Saint-Pol i bob pwrpas – yn cynhyrchu tri-chwarter o holl farchysgall a blodfresych Ffrainc. Daw dros hanner cig moch a thyrcwn Ffrainc o Lydaw; bron hanner cyfanswm wyau a dofednod; bron draean y cig llo a bron chwarter y llaeth a chynhyrchion llaeth. Soniais fod ffermwyr Llydaw yn amhoblogaidd ymysg ffermwyr yn rhannau eraill o Ffrainc. Dechreuwyd cynhyrchu *Pâté Fois Gras* yn llwyddiannus gan ffermwyr Llydaw ac mae'r Swistir yn flin am eu bod yn cynhyrchu caws *Emmental*. Un da, hefyd. I roi'r sefyllfa mewn persbectif, chwech y cant yn unig o holl ddaear Ffrainc mae tir Llydaw yn ei gynrychioli.

*   *   *

Rwyf wedi oedi'n ormodol o gwmpas Saint-Pol a Roscoff. Ond cyn ymadael rwy'n galw yn Kerestat. Bûm yn Llydaw ddegau o weithiau cyn meddwl troi i mewn i'r hen faenor a chodi pabell. Wrth ddod oddi ar y cwch ac anelu tua'r de, fe welwch yn fuan yr arwydd *Camping Kerestat*. Cystal cyfaddef nad yw'n olygfa i'ch denu. Mae'r ffordd tua'r stad yn mynd trwy gaeau marchysgall ac i'r chwith mae tai gwydr Sylvan Moal. Ond fe ddewch i glwydi'r stad yn annisgwyl ac oddi mewn yr ydych mewn byd arall. Lleoedd unigol i garafannau a phebyll ymysg coed a pherthi ac o fynd rhagoch heibio i'r tŷ ceir golygfa o fôr ac ynysoedd a phenrhyn Periharidy. Ceidwad a pherchen y gwersyll a'r faenor yw'r Iarll d'Herbais, gŵr byr, tenau a gwydn. Daeth y teulu o ogledd Ffrainc neu Wlad Belg yn y cyfnod cyn y Chwyldro Ffrengig pan oedd Roscoff yn borthladd cosmopolitan ar arfordir gorllewin Ewrop. Brawd i'w dad-cu, meddai wrthyf, oedd Marc'heg Arvor (yntau hefyd yn Iarll d'Herbais), awdur y gân fach boblogaidd – poblogaidd yn Roscoff, o leiaf – *Paotred Rosko* (Bechgyn Roscoff) a genir ar alaw Gymreig yn ôl yr hyn ddywedir amdani ar y copi sydd gen i. Mae'n *swnio* fel can Gymreig ond er i mi ei dangos i amryw mwy gwybodus na mi, does neb eto wedi ei hadnabod. Ceir y gerdd, a chyfieithad ohoni yn *Y Shonis Olaf* (Gomer, 1981). Mae'r Iarll presennol yn hanesydd lleol gwybodus, yn medru Llydaweg yn weddol, ac – fel y mae'n f'atgoffa'n gellweirus o dro i dro – ef yw'r cyntaf o'u deulu mewn tair cenhedlaeth i wneud diwrnod o waith! Bu'n un o gapteiniaid *Brittany Ferries* am flynyddoedd a chlywodd miloedd ar filoedd y geiriau ar yr uchel-seinydd yn ein hysbysu bod 'Capten d'Herbais' yn ein croesawu ac yn dymuno taith bleserus i ni.

Mae'n hoff o weld Cymry'n gwersylla neu garafanio ar ei stad ac mae ei brisiau'n rhesymol, heb unrhyw dâl ychwanegol dan orchudd y print mân, a dŵr poeth – cynnes, o leiaf – yn y cawodydd, eto am ddim. Weithiau fe gewch *soirée* neu *fest noz* ar y safle a glasiad neu ddau yng nghwmni'r Iarll ei hun, wedyn. Y tro diwethaf y bûm yn aros yno a chael gwahoddiad i un o'i *soirées* – canu a straeon Llydaweg – yr oedd newydd ymgynnig bod yn faer Roscoff – dan faner y comiwnyddion. Dylid cofio bod meiri sosialaidd, a chomiwnyddol, yn gyffredin yn Llydaw, er nad yn nhiroedd breision Roscoff. Ni wn faint o'r bleidlais a gafodd d'Herbais a wnes i ddim holi gan fod y maer newydd – olynydd y deintydd hynaws Michel Morvan – yn bresennol! Rwy'n cofio i'r noson yng ngwersyll Kerestat fod yn hwyliog a d'Herbais yn ymffrostio bod ganddo VIP o Gymru (fi!) yn gwersylla ar ei stad! Fydd VIPs, fel y gŵyr pawb, fyth yn gwersylla.

Mae golygfa annisgwyl, fel yr awgrymais, o faes y gwersyll tua'r môr ac oddi yno ceir ffordd gul ond sydyn i'r traethau i'r gorllewin o Roscoff. Af i lawr ar hyd iddi, trwy Santec, lle bu byw Marie Le Goff, a Mecheroux, lle mae Michel y Sioni, ac i Dossen. Mae'r môr ar drai a thraeth enfawr sydd bron yn wag. Yn y pellter mae pobol ifanc yn gwibio o gwmpas y traeth ar hwyl-fyrddau gydag olwynion tanynt – difyrrwch poblogaidd yn y parthau hyn. Mae'n well gen i gerdded allan i'r Ile de Sieck (Enez Siek yn Llydaweg). Mae rhywun yn byw ac yn ffermio arni ac mae glanfa gychod yma. Ond pan fo'n drai mae'n hawdd cerdded iddi. Mae'r haul yn twymo a chryfhau'r arogleuon blodau sy'n cymysgu'n frwysgaidd yn sawr heli a gwymon. Mae ffordd gert a llwybr o gwmpas yr ynys a'r tamaris yn diferu dros y creigiau. Dywedodd Marie Le Goff wrthyf y byddai ei mam – ganrif yn ôl, mae'n rhaid, erbyn hyn – pan oedd yn ferch ifanc yn gweithio mewn ffatri sardîns ar yr ynys. 'Roedd yr oriau gwaith yn ôl y llanw,' meddai Marie. 'Roedd fy mam yn disgrifio'r gweithwyr – merched ran fwyaf – yn cerdded i'r ynys pan fyddai'n drai gan ddychwelyd ar y trai nesaf.'

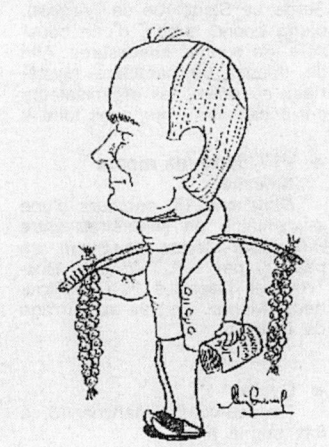

Historien des « Johnnies onions »
Gwyn Griffith est l'homme du jour

Un jour, en feuilletant par hasard un livre écrit en gallois racontant l'histoire des « Johnnies onions », ces Léonards qui partaient tous les ans vendre leurs oignons en Angleterre, Madeleine Guerc'h s'est aperçue qu'elle connaissait pratiquement toute les personnes dont les photos illustraient le bouquin.

Madeleine, ancien premier adjoint du maire de Roscoff, en fit part à l'auteur qui se trouvait à Roscoff en tant que représentant de la BBC au festival du film celtique. Depuis, Gwyn Griffith et l'ancienne responsable locale des marchands d'oignons qu'elle aidait dans toutes leurs démarches administratives, sont devenus complices dans toutes les investigations faites par l'écrivain gallois sur cette profession particulière en voie de disparition.

Gwyn s'est fait le grand expert des Johnnies. Il leur a consacré un grand nombre d'articles dans les revues anglaises et d'innombrables séquences filmées en tant que grand reporter de la BBC Wales.

« Goodbye Johnnies onions » a donc été édité en gallois et en anglais. Il se trouve en vente dans les librairies de notre région et est déjà considéré comme un livre de référence pour cette page de notre histoire éocnomique. Gwyn a accompli un travail d'une minutie extraordinaire et a consacré beaucoup de moments de son existence pour multiplier les rencontres et les interviews, consulter les documents et visiter les magasins où les marchands d'oignons entreposaient leurs marchandises de l'autre côté du channel.

À Roscoff, Gwyn n'est plus ce grand journaliste de la BBC de passage épisodiquement dans la région pour les besoins de sa profession. Il est un Roscovite à part entière qui compte autant d'amis à Roscoff qu'à Santec, et que l'on aime pour avoir su si justement parler d'une profession que tout le monde respecte.

Cartŵn o'r awdur, a phortread ohono, gan Alan Guivarch, yn y papur dyddiol *Ouest-France*.

Île de Siek, yr ynys ger Dossen gyda
Gwen yn cysgodi rhag y gwynt.

Pennod 2

Bro Tangi Malmanche

Teithiwn tua Kerlouan gan ddilyn y ffordd ger y glannau, drwy Plouescat. Weithiau byddaf yn troi tua'r môr wedi cyrraedd y dref fach yma i ymweld â theulu y Tad Albert Pleiber, ond clywais ei fod wedi dychwelyd i Sri Lanka. Dywedodd y llenor a'r cyhoeddwr Ronan Huon wrthyf fod yr hen offeiriad yn ôl gyda'i genhadaeth. Mae'n hen ŵr erbyn hyn a thybed a wêl Lydaw eto? Y tebygrwydd yw mai yn Sri Lanka y bydd farw, ymhell o'i wlad a'r iaith y mae'n ei charu a'i siarad a'i hysgrifennu pan gaiff gyfle. Bu'n aros am wythnos yn ein cartref ym Mhontypridd – chofiaf i ddim o'r flwyddyn – a bu'n rhaid mynd ag ef i ymweld â Llanilltud Fawr. Mae Illtud, Samson, Dewi, Catwg, Teilo . . . cyn bwysiced i Lydawr ag i Gymro. Mae'r ffordd hon mor gyfarwydd a heb newid llawer ers i mi ei theithio'n ddyddiol ym Medi 1979 pan fûm yn gwneud gwaith ymchwil ar gyfer *Y Shonis Olaf*. Cawsom fenthyg carafán a defnydd tŷ haf am fis cyfan yn Kerlouan, eiddo fy nghyfaill Robert Simon, gemydd ac atgyweiriwr clociau yn Plabennec. I'w haelioni ef y mae'r diolch i mi orffen y gyfrol. Heibio i arfordir corsiog Goulven a dyma ni yn Kerlouan. 'Ble arhoswn ni heno?' gofynnaf. Mae Gwen yn cysgu fel y gwna hi'n arferol yn y car a does dim ateb. Penderfynaf fynd i'r swyddfa ymwelwyr yn Kerlouan ond caf drafferth dod o hyd iddi. Wedi cael fy nghyfeirio'n ôl a blaen o swyddfa'r Maer i'r llyfrgell deallaf mai'r llyfrgell yw'r swyddfa ymwelwyr. Ond bydd ar gau tan hanner awr wedi pedwar. Awn ymlaen tua Guisseny (Gwiseni yn Llydaweg) a chofiaf i ni letya rai blynyddoedd yn ôl ar fferm ychydig eto i'r gorllewin. Perthnasau i Kristina a Derek Stockley sy'n byw ger Ynys-y-bŵl. Mae Kristina'n athrawes Ffrangeg yn Ysgol Cwm Rhymni ond cyn priodi a symud i Gymru yr oedd yn un o bileri cwmni theatr *Strollad 'Ar Vro Bagan'* ac yn olygydd y comic Llydaweg *Wanig ha Wenig* – Kristina Roudaut oedd ei henw bryd hynny. Ond beth yw enw'r fferm, enw'r perchennog a sut mae ei chyrraedd? 'Mi fydd yn ganolog i grwydro'r aberoedd a bro'r Pagan ac i daro i Brest,' meddwn. Mae Gwen ar ddihun am funud. Brest – tref fawr a siopau. Cytuna – a dychwelyd i'w thrymgwsg. Rwy'n cofio y byddem yn troi i'r chwith wedi cyrraedd pentref Guisseny a chadw i fynd yn syth. Felly troi i'r chwith, ac ymlaen ac yn sydyn dyma arwydd *Ferme/Auberge* ar gefndir fel meillionen bedair deilen a blodyn coch yn tyfu o'r canol. Mae'n flodyn o ryw fath, rwy'n siŵr, ond na wn i amdano yn fy anwybodaeth fotanegol. Rwy'n siŵr ein bod ar y ffordd iawn. Rhagor o arwyddion, a minnau'n eu dilyn a dyma ni ar y lôn sy'n arwain tua'r fferm. 'Hei, rwy'n cofio'r lle yma,' meddai Gwen, gan ddeffro'n sydyn. 'A finne, nawr!' atebaf yn sych. Rwy'n parcio ger y swyddfa ac yn edrych yn ofalus ar y blwch llythyrau – Jeanne et Pierre Le Gall, Keraloret! Wrth gwrs, wrth gwrs! Sut medrwn i anghofio. Mae lle yma ac fe gawn yr union yr un stafell ag a gawsom bum, chwe blynedd yn ôl. Mae Pierre yn falch ein bod wedi ein plesio ond nid yw'n ein cofio ac nid wyf yn manylu. 'Oes modd cael swper?' 'Ddim tan naw, mae arna i ofn,' ymddiheura Pierre, 'mae'n noson *kig ha farz* a nifer o'n cymdogion wedi bwcio. Ond fyddech chi'n fodlon aros tan naw . . .?' Rydym yn derbyn y cynnig yn frwd. Cawsom frecwast mawr yng ngwesty *La Résidence* yn Roscoff a dim wedyn. Fe wnawn gyfiawnder â'r *kig ha farz* – erbyn naw byddwn wedi bod heb fwyd am ddeuddeg awr!

* * *

Awn am dro yn y car tua Guisseny a cherdded llwybr y glannau. Ar drai, mae'r môr ymhell yn yr aberoedd ac felly mae ar y funud hon. Mae'r tai haf yr ochr draw, ochr Kerlouan o'r aber. Cofiaf gerdded yn dyrfa ar draws yr aber un prynhawn Sul i ffair geffylau Guisseny. Daeth y llanw i mewn a bu raid i ddau ohonom ymbil am lifft i Kerlouan i 'nôl ceir i gludo gweddill y cerddwyr adref. Beth tybed yw hanes y criw llawen a'r wynebau gwingoch y bûm yn chwarae *pétanque* gyda nhw ar brynhawniau Sul? A'r ffermwyr y byddwn yn mynd allan i bysgota gyda nhw ben bore a dod i fyny'r aber pan oedd y niwl yn toddi yng ngwres y bore, a 'mysedd yn goch a chrynedig o dynnu'r leiniau â'r bachau bach. A *kig ha farz* mam-yng-nghyfraith Robert Simon – ys gwn pa fath o *kig ha farz* gawn ni gan Jeanne a Pierre? Hon yw ardal chwedlonol y rhai fu'n twyllo'r morwyr a'u llongau a'u denu tua'r creigiau, ac arfordir sy'n gymysgfa o gerrig a naddwyd ac a lyfnhawyd yn ffurfiau sinistr gan dreigl iâ hen oesoedd cyn-hanes. A thu hwnt i'r aber mae traethau fel Neizh Vran a chreigiau fel ellyn i hollti'r llongau boliog a fethodd eu llwybrau mewn niwl neu ddrycin.

Mae Sezni, arwr *Ar Baganiz*, drama Tangi Malmanche, yn amddiffyn arfer trigolion yr ardal o ysbeilio'r llongau a fwriwyd ar y traethau yn yr hen amser. Clywais straeon tebyg am Borth Tywyn a Gŵyr y Bwyelli Bach. Ymwelais â Hartland ar arfordir gogleddol Cernyw a Dyfnaint, ardal arall yr adroddir hanesion am arferion anwar y trigolion, ac ar ddiwrnod pan fo cymylau llwythog yn duo'r wlad, hawdd eu credu. Ond Malmanche (1875–1953), llenor mwyaf Llydaw ddechrau'r ugeinfed ganrif, a'i obsesiwn â thraddodiadau ei fro, yw'r unig un, hyd y gwn, fu'n lladmerydd gŵyr y wreca.

> Sezni: O na ddeue'r brenin yma ganol gaea pan fydd storm yn 'i hanterth. Deued e i gribo'r traeth yn y ddrycin, pan fo'r plant a'r gwragedd yn llefen yn y tŷ. Deued i flasu'r bara llwyd wedi'i grasu ar dân dom ac eithin. Deued i weld rhoi'r meirw yn y tir heb styllen yn arch. Croeso i'ch brenin gefnu ar 'i balas gwych a'i chware cardie 'da'i fenwod i ddweud pam nad oes gennym ni hawl ar y llonge fwriwyd ar y traethe gan y storom . . .

Mewn plwyfi cyfagos mae tiroedd da a choed a phorthladdoedd i ddiogelu cychod y pysgotwyr. Faint o wir sydd i'r straeon am y tanau a'r lampau'n fflachio ar ben y creigiau? Pan oeddwn yn lletya yn Wdig, Abergwaun, ddechrau'r chwedegau, byddai Eileen Lewis yn sôn am ei thad – capten llong – yn seiadu hyd doriad gwawr gyda Dewi Emrys. 'Odi chi'n cofio *Pwll Deri*?' Yn ôl Miss Lewis, cyfeiriad cudd at wreca sydd yn y cwpled am yr 'hen gropin eithin / (Yn) allwish sofrins lawr dros y dibyn'. Yn ôl Tangi Malmanche roedd yr arfer o wreca yn gyffredin hyd holl arfordir Ewrop yn y canol oesoedd ac er i amryw wledydd ei wahardd parhaodd yn fyw – yn arbennig lle roedd tlodi. Ceir cyfeiriadau yn *Ar Baganiz* at Gyfraith y Môr (y *Lagan*) y credai pobl Bro'r Pagan iddi ddod yn arbennig iddyn nhw oddi wrth Dduw drwy law Moses! Am gyfieithad ohoni gweler *Dramâu o'r Llydaweg* (Christopher Davies, 1982). Ac os oes gennych ddiddordeb yn y modd y coleddwyd credoau paganaidd gan yr Eglwys Babyddol, a phwysigrwydd hunan-barch ac enw da yn *psyche* y Llydawr, mae hon yn ddrama i'w hastudio. Clywais ddweud – ac y mae *Ar Baganiz* yn cadarnhau hyn – fod hunan-barch ac enw da yn bwysicach i'r Llydawr na chadwedigaeth ei enaid – er pwysiced hwnnw.

Oedd y bobl yn anwar? Ddim mwy na phobloedd unlle arall goelia i. Gwelwn farbareiddiwch heddiw yn yr hen Iwgoslafia, gwelsom farbareiddiwch yr Ewropeaid – y Sbaenwyr, yr Iseldirwyr, yr Almaenwyr, a'r Eingl-Sacsoniaid – wrth oresgyn cyfandiroedd America a rhannau helaeth o'r byd dros y pum canrif ddiwethaf. Barbareiddiwch yr Americaniaid yn Vietnam ac America Ladin. Ac fel yr atgoffwyd fi gan Jacques Gury, athro mewn llenyddiaeth gymharol yn Rennes, doedd dim angen coelcerth na lampau i ddenu'r *Amoco Cadiz* i'w thranc ar greigiau Plougerneau (Plougerne) ar Fawrth 16, 1978.' Dyna un o'r trychinebau ecolegol gwaethaf erioed, 70 miliwn o alwyni o olew amrwd dros 100 milltir o arfordir. A'r sarhad eithaf, y Barnwr McGarr ffroenuchel yn Chicago, yn dweud bod yr hyn a geisiau'r Llydawyr yn afresymol gan benderfynu – ddeng mlynedd union yn ddiweddarach – ar 85 miliwn dolar o iawndal. Aeth 65 miliwn yn syth i goffrau lluoedd arfog Ffrainc yn dâl am eu cyfraniad nhw i lanhau'r arfordir! I filwyr am wneud, unwaith yn eu bywydau, ddiwrnod o waith defnyddiol a gonest! Weddill yr amser mae'r llywodraeth yn fodlon eu cynnal a'u cadw ar draul y pwrs cyhoeddus. Nid aeth yr un ddimai i lawer o'r pysgotwyr a gollodd eu bywoliaeth. Difethwyd 30,000 o adar y môr, gwelyau wystrys, gwymon, a mygwyd 230,000 tunnell o grancod, cimychiaid a physgod.

Ar y llaw arall, beth am stori'r *Corrèze* a aeth i drafferth ar yr un creigiau ym mis Tachwedd, 1927, hanner canrif ynghynt? Diflannodd estyll y dec ac ystlys y llong, trawstiau, 500 metr o raff, 800 o sachau gweigion, sigarennau a thybaco, bwydydd, angorau, dillad sbâr y criw a'r capten! A hynny er bod Prif Ynad, y tollmyn a chriw'r llong yn bresennol! Mae dwy ochr i bob stori.

Mae'r gwymon yn dew dros y traeth gwyn ond does neb yn 'gwymona' heno. Nawr ac eilwaith mae'r haul yn hollti'r cymylau nes tynnu'r sawr yn drwm o'r eithin a'r rhedyn o'n cwmpas. Wrth i'r gwyll ymledu mae'r rhes o gerrig o'n blaenau'n ymddangos fwyfwy fel rhes o eliffantod a'u pennau mewn cafnau bwyd a'u penolau tuag atom. Cofiaf wersylla draw yn Kerlouan a chofio'r tywyllwch dudew nas profais ers dyddiau plentyndod a'r blac-owt. Gwich gwifren bigog yn y clawdd a brig y pinwydd ymysg y sêr. Does ryfedd fod gan Lydawiaid ddychymyg.

*   *   *

Naw o'r gloch a phryd i dorri'r ympryd. Cerddoriaeth Lydewig yn gefndir a chawl llysiau gwerinol a faint a fynnem ohono i gychwyn. Wedyn y *kig ha farz*. Dau fath o *farz* – yr un gwenith du yn frau a'r gwyn yn sgwâr twt fel teisen. Darnau mawr o gig moch, yn fraster i gyd, a choes mochyn hefyd, hanner bresychen wedi'i berwi'n gyfan, a moron mawr. Clirio'r cwbl a darn mawr o gaws gafr lleol ar ei ôl. Mae Pierre yn gadael y plataid caws ar y bwrdd gyda ni – peth peryglus. Dywed rywbeth wrthyf nad wyf yn ei ddeall – rhywbeth am 'direc'. Wedyn rwy'n sylweddoli mai cyfeirio at 'Derek' roedd e. Roedd ein cymydog yng Nghymru, Derek – sef ei frawd-yng-nghyfraith – wedi galw ac wedi adnabod ein car. Sylweddoli wedyn bod mab Derek a Kristina, Aneurin Karadog, hefyd yn gweini ymysg y byrddau. Mae'n ddisgybl yn Ysgol Rhydfelen ac yn rhugl yn ei bedair iaith. Mae plant yn newid cymaint o gwmpas y pymtheg oed a ninnau heb ei adnabod. Cawn her i gêm o dennis bwrdd drannoeth.

*   *   *

Mae fferm Keraloret yn lle diddorol – yr ystyr yw caer y gwahanglwyfion. *Lovr* yw'r gair Llydaweg am wahanglwyf. Enw un o gaeau'r fferm, a ddefnyddir fel gwersyll pebyll, yw *Maez al Loret* ac y mae carreg fedd ac arni'r enw Pirc'hirin – un o'r gwahanglwyfion mae'n debyg – wedi'i gosod yng nghornel y rhan hynaf o'r ffermdy. Mae yma lyn bychan – nid llyn naturiol gan fod y tir yn is na'r dŵr ar un ochr – ac arno dair hwyaden, un wen, un ddu a gwyn ac un odidog las a brown. O gwmpas y llyn mae llwybr, a phont ar draws y ffrwd sy'n llifo o'r llyn – Pont ar Bellec (Pont yr Offeiriad) ac i'r fan hon y deuai'r offeiriad i weini cymun i'r gwahanglwyfion. Daw stori Tangi Malmanche, *La Tour de Plomb*, i gof. Malmanche ar ei fwyaf gothig yn adrodd stori am fachgen sy'n cael ei wthio, yn groes i'w ewyllys, i'r offeiriadaeth gan falchder ei fam ac yn disgyn o un weithred bechadurus i'r nesaf. Y waethaf oedd caru gyda phutain – lleian o'r un fro ag ef a aeth ar ddisberod – yn nhŵr plwm Eglwys Gadeiriol Quimper (Kemper) a rhoi'r tŵr ar dân. (Nid gan danbeidrwydd ei serch ond drwy gynnau tân i gadw'n gynnes.) Mae'r Diafol yn ymddangos ar ben yr Eglwys Gadeiriol yn y stori, hefyd. O hynny ymlaen y mae byd a bywyd y bachgen yn chwalu wrth iddo gael ei boeni gan y drychiolaethau mwyaf erchyll. Ond mae'n methu cefnu ar yr Eglwys a'i ofalaeth olaf oedd ymysg y *Kakous*, gwahanglwyfion a gafodd wellhad, neu blant gwahanglwyfion. Mae'r stori, fel holl weithiau Tangi Malmanche, yn stôr o wybodaeth am hen arferion a chwedlau gwerin.

'Yr oeddynt,' medd storïwr *La Tour de Plomb* am y *Kakous*, 'yn bobl union, gonest ac yn weithwyr caled. Eu cynhaliaeth oedd crefftau nad oedd a wnelont â bwyd na gwneud dillad i eraill . . . O ganlyniad fe aethant yn wneuthurwyr rhaffau, hawl a roddwyd iddynt drwy orchymyn y Brenin.' Dywed Derek wrthyf eu bod hefyd yn wneuthurwyr casgenni.

Yn ôl stori Malmanche ni chaniateid iddynt fynediad i'r eglwys a byddai'r offeiriad yn eu bendithio o falconi'r tŵr. Mae'n ffaith, gyda llaw, i Dŵr Plwm Eglwys Gadeiriol Quimper gael ei losgi ar Chwefror 1, 1620, ac yn ôl stori a gasglwyd gan François-Marie Luzel ac a gyhoeddwyd yn y gyfrol *Veillées Bretonnes* (Hwyrnosau Llydaw), 'ymddangosodd diafol erchyll ac ofnadwy ar do eglwys gadeiriol Quimper Corentin ar y dydd cyntaf o Chwefror, 1620'. Yr oedd Malmanche, gyda'i fanylder gwybodus, yn clymu ei storïau wrth chwedlau a digwyddiadau hanesyddol. Am y *Kakous*, erbyn hynny roeddynt yn rhydd i fynd a dod fel y mynnent. Ond gwell ganddynt oedd cadw ar wahân, a byw yn ôl eu harferion a'u defodau cyfrin eu hunain.

Yn ôl stori *La Tour de Plomb*: 'Ni fyddent mwyach yn gwisgo dillad gwahanglwyfion, casog â llawes goch ar y dde a llawes las ar y chwith; ond yr oeddynt yn parhau i wisgo croes goch fechan ar y fraich dde, fel pe baent yn ymfalchïo mewn arfbais a etifeddwyd oddi wrth eu tadau. Nid oedd ganddynt gywilydd o'u nam. Fuasai neb o'r tu allan, hyd yn oed y crwydryn mwyaf truenus, yn priodi merch o blith y *Kakous*; ac fe fuasai'r ferch hithau'n ystyried priodi gŵr bonheddig fel bradychiad o'i thras.'

A ninnau yn ardal Tangi Malmanche tybed ai Keraloret gyda'r llyn a'r bont oedd yn meddwl yr awdur wrth ddirwyn ei stori frawychus i'w phen? Ardaloedd eraill yw'r rhai a enwir ganddo – ond pwy a ŵyr? Y capeli bychain o gwmpas Plabennec, gyda'u hesgyrndai, roes fin i'w ddychymyg. Penglog yn un ohonynt 'lefarodd' wrtho stori *La Tour de Plomb*. Penglog arall 'adroddodd' hanes *Kou Le Corbeau* iddo. Rhyfedd – ac erchyll weithiau – oedd dychymyg Tangi Malmanche. Ond adlewyrchiad ydoedd o ddychymyg, chwedloniaeth a chredoau ei bobl.

Mae'r gwenoliaid yn hedfan yn isel uwch y llyn, arwydd o law yn Llydaw a Chymru, er bod yr haul yn machlud gan fwrw ymyl oren i'r cymylau. Yfory cawn fentro ymhellach drwy fro Tangi Malmanche.

* * *

Mae graen ar y teulu Simon. Robert a'i briod a lliw haul a golwg iach tu hwnt arnynt. 'Ti'n bwyta'n dda,' meddai gyda phwniad beirniadol i'm bol sydd wedi lledu'n sylweddol yn ystod ein dyddiau yn Keraloret. Nid yn unig y mae'r pryd nos yno'n enfawr ond mae'r brecwast yn cynnwys danteithion annisgwyl fel dwy neu dair sleisen fras o gig moch wedi'i fygu. A gan fod yn well gan Gwen gadw at y bara a'r *croissants* . . . Y mae sylw Robert yn un digon teg. Yn swyddogol, meddai, mae wedi ymddeol a Gaelle y ferch hynaf yn rhedeg y busnes. Rwy'n ei chofio yn ferch un ar bymtheg oed aeddfed a chyfrifol ei ffordd. Mae dros ugain mlynedd ers hynny. Priododd i deulu y Goasduff – mab cyn-aelod seneddol y rhanbarth a chyn-faer y dref – ac er bod ganddi ddau o blant tua'r deg oed a'u bod yn helpu ei gŵr i redeg dwy fferm ieir, y naill yn Plabennec a'r llall yn Chateaulin (Kastellin), mae'i gwedd a'i hosgo cyn ifanced heddiw â phan gofiaf hi gyntaf. Bu Yolande, yr ail ferch, yn ddarlithydd yn yr Unol Daleithiau, ond dychwelodd ag Americanwr yn ŵr a'r ddau yn byw a gweithio ym Mharis. Mae Raoul, y mab, yn beiriannydd yn Alsas. Cawn de yn y fflat uwchben y siop gyferbyn â'r eglwys. Mae gan y Llydawyr well chwaeth a synnwyr o'u hanes na ni. Mae hen beiriant trwsio clociau yng nghanol y siop, sy'n rhoi cymeriad i'r stafell a chysylltiad â chyfnod o'r blaen. Teulu tlawd oedd teulu Robert ond drwy'i grefft a gwaith caled creodd fusnes llewyrchus a rhoi'r cyfle gorau i'w blant. Mae'n hanesydd lleol da, fel llawer o Lydawyr eraill rwy'n eu hadnabod. Raoul, er hynny, yw'r unig un o'r plant a fedr Lydaweg ac y mae ef wedi ymgartrefu ymhell i ffwrdd. Mae Robert, sy'n enedigol o Ploudaniel, yn medru'r iaith yn rhugl a dywed wrthyf fod Raoul wedi'i dysgu yn bennaf drwy weithio ar y ffermydd yn ystod gwyliau ysgol. Mae tipyn o feirniadu ar faeres bresennol Plabennec sy'n gwrthod darparu adeilad ar gyfer Ysgol Diwan. Ei dadl hi yw bod digon o ysgolion 'preifat' – hynny yw Pabyddol – yn y dref yn barod heb sefydlu un arall ac ychwanegu at y gystadleuaeth. Ac mae'r ysgolion hynny yn dysgu peth Llydaweg, ta p'un! Mae protest wedi'i threfnu ar gyfer y dydd Llun nesaf.

Ffarweliwn a throi tua Guisseny a Keraloret. Ond rhaid troi oddi ar y ffordd am Locmaria a'r *Manoir du Rest* (Maner ar Rest yn Llydaweg). Yn y *Manoir du Rest*, ymysg gweision a morynion ei fam-gu ar ochr ei dad, Marie Le Bescond de Coatpont, y dysgodd Tangi Malmanche ei Lydaweg. Fe'i ganed yn Saint Omer, Normandi, ar Fedi 7, 1875, ac yn Courbevoie, ger Paris, y bu farw. Roedd ei fam yn hanu o Strasbourg a'i dad yn gomisiynydd y Llynges yn Brest. Felly ni fu ei gyfnod o fyw yn Llydaw yn hir, ond gwnaeth yr ardal hon argraff fawr arno. Locmaria (Kermaria) oedd un o'i hoff 'gapeli'. 'Capel' yw'r term am eglwys fechan sy'n perthyn i fam eglwys – ond ni wn am eglwys blwyf yn unlle yng Nghymru i gymharu â hwn. Mae'r tŵr yn null y dadeni (unfed ganrif ar bymtheg) yn gampwaith o geinder. Yng nghanol godidowgrwydd mewnol ac allanol 'capel' Locmaria syndod canfod mai llawr pridd sydd iddo. Nid oeddwn wedi sylwi ar hyn pan fûm yma yn Awst 1975 yn gwrando darlithiau gan Keranforest ac eraill adeg dathlu canmlwyddiant geni Malmanche. Heddiw mae paratoadau'r pardwn ar waith. Y gwin a'r cwrw'n cyrraedd ac olion cinio'r gweithwyr yn y gangell – bara, menyn, *pâté* a photel win ar ei hanner. Mae poster yn cyhoeddi y bydd *kig ha farz* ar ôl yr offeren.

Awn i grwydro ymhellach hyd y lôn goediog, nes cyrraedd y *Manoir du Rest*. Gwn yn iawn ei fod yn blasty preifat, ond ni chaiff hynny fy rhwystro, a gyrraf yn syth rhwng y coed tal at y tŷ. Mae gŵr canol-oed yn paentio'r gatiau. Gofynnaf – gan ffugio 'mod i ar goll – ai dyma'r faenor lle treuliodd y dramodydd enwog Tangi Malmanche flynyddoedd ei ieuenctid. Mae'n rhoi'r brws o'r neilltu ac yn ateb 'ie'. Mae'n hynod gyfeillgar a sgwrsiwn am ysbaid dda. Dywed wrthyf mai ef yw'r perchennog ond nid yw'n fy ngwahodd i mewn i weld yr adeilad syber, nodweddiadol o faenordai Llydewig y ddeunawfed ganrif. Mae'n gyfarwydd â gwaith Malmanche – y fersiynau Ffrangeg, hwyrach. Sgrifennodd Malmanche bron y cwbl o'i waith yn y ddwy iaith gan eithrio'r gyfres o straeon sy'n cynnwys *La Tour du Plomb* a *Kou Le Corbeau* y cyfeiriais atynt eisoes a rhai gweithiau nas cyhoeddwyd. Mae'r gŵr hynaws yn gofyn a wn am y *Moulin du Rest* sef y felin lle dysgodd Malmanche chwedlau'r fro gan Marie Rous, gwraig uniaith Lydaweg. Dywedaf i mi fod yno unwaith a chael croeso gan un o'i disgynyddion ond y tro diwethaf y bûm yno gwelais gar Almaenig wrth y drws a wnes i ddim galw. Mae'n cadarnhau fod yr hen deulu, bellach, wedi ymadael. Mae'n falch bod Cymry'n ymddiddori yng ngwaith Tangi Malmanche; dywed wrthyf i'w ferch dreulio peth amser yng Nghaerdydd a ffarweliwn ar delerau da.

Bu teulu Ronan Caouissin (Ronan Caerleon oedd ei enw barddol) yn allweddol yn y gwaith o ailgodi un arall o hoff 'gapeli' Tangi Malmanche, 'capel' Landouzan, ger Le Drennec (Dreineg) yn 1969. Yr oedd Keranforest, erthyglwr diwyd yn *Le Télégramme*, papur dyddiol Brest, wedi dadlau a gresynu at yr esgeuluso a welodd wrth i gynifer o gapeli, ffermdai, maenordai bychain, colomendai a chofebau ddadfeilio ar draws Breiz Izel – y Llydaw Lydewig orllewinol. Bu ei brocio dyfal yn drobwynt yn hanes gorllewin Llydaw. Achubwyd Landouzan drwy ymdrechion Ronan a Jorda Caouissin a sefydlodd gymdeithas cyfeillion y capel. Ysbrydolwyd eraill a heddiw gwelir y capeli bychain sy'n gymaint rhan o dirwedd gorllewin Llydaw a'r perthi, y deri a'r creigiau, unwaith eto'n addurn naturiol i'w broydd. Mae gair o ganmoliaeth am unwaith yn ddyledus am fymryn o arweiniad gan Lywodraeth Ffrainc. Pan ddaeth Charles de Gaulle yn Arlywydd Ffrainc yn 1958 penododd y nofelydd, yr athronydd a'r beirniad celf André Malraux yn Weinidog dros Faterion Diwylliannol. Ei weithred gyntaf ef oedd sicrhau adnewyddu Eglwys Gadeiriol adfeiliedig Saint-Brieuc a oedd ar fin dathlu ei phumed canrif. Nid oedd yn weithred gymeradwy gan bawb. Buasai'n well gan lawer yn Llydaw weld defnyddio'r arian i ailgodi'r iaith. 'Mae'n haws ailgodi adeilad nag ailgodi iaith,' fel y clywais droeon. Ar y llaw arall, os mai dyma'r unig gynnig rydych chi'n debyg o'i gael prin y medrwch ei wrthod. Gwir, mae gan Lydaw ei heglwysi a'i chadeirlannau coeth, ond y capeli diarffordd yn y cilfachau tangnefeddus neu yn nannedd drycin môr – y nhw yw gogoniant y wlad. Soniais lawer yn *Crwydro Llydaw* am y saint a ddaeth o Gymru a Chernyw ac Iwerddon ac ymsefydlu yn Llydaw. Ni ddaeth Cristnogaeth Llydaw yn llwyr dan ddylanwad Rhufain hyd y ddeuddegfed ganrif, yn ôl a sgrifennodd Ernest Renan yn ei *Souvenirs d'enfance et de jeunesse* (Atgofion plentyndod a ieuenctid).

Ychwanegodd: 'Ni chymerasai lawer i'r Llydawyr ddod yn Brotestaniaid fel eu brodyr y Cymry. Yn yr ail ganrif ar bymtheg ymdreiddiwyd Llydaw yn llwyr gan arferion y Jeswitiaid a ffurfiau o Dduwioldeb oedd yn gyffredin yng ngweddill y byd. Hyd hynny bu gan grefydd Llydaw ei nodweddion ei hun, yn fwyaf arbennig sant-addoliaeth. O'r holl nodweddion Llydewig gwerth sôn amdanynt yr hynotaf yw traddodiadau'r saint lleol. O gerdded y wlad y mae un peth sy'n taro'r teithiwr ar unwaith. Ar y cyfan nid yw'r eglwysi plwyf, lle cynhelir gwasanaethau'r Sul, yn wahanol i rai gwledydd eraill. Ond yn y bröydd gwledig nid yw'n anghyffredin canfod deg neu bymtheg o gapeli o fewn un plwyf, y mwyafrif ohonynt yn ddim amgen na chutiau bychain gydag un drws a ffenestr, wedi eu cysegru i ryw sant nad yw ei enw yn hysbys yng ngweddill gwledydd cred. Mae'r saint hyn, y cyfrwn eu henwau fesul cannoedd, oll yn dyddio o'r bumed a'r chweched ganrif; hynny yw, o gyfnod y mewnfudo. Mae'r mwyafrif yn bersonau a fu byw, ond a wisgwyd gan draddodiad mewn rhwydwaith ysblennydd o chwedloniaeth. Mae'r chwedlau hyn, yn eu symlrwydd cyntefig, yn drysorfa o fytholeg a dychymyg Celtaidd. Ac ni chofnodwyd hyd yn oed eu henwau i gyd!'

Ni fynnai'r offeiriaid annog y ffurfiau poblogaith hynafol hyn o addoliad. Dim ond eu goddef a phe medrent, buasent yn eu hatal yn gyfan gwbl, yn y gred mai goroesi a wnaent o oes arall llai uniongred. Yr ateb, gryfed yw gafael y saint y cysegrwyd y capeli hyn iddynt, yw cydsynio a chynnal offeren ynddynt unwaith y flwyddyn. Ond ni chyfeirir atynt yn yr eglwysi plwyf. Troi eu golygon i'r ffordd arall wnâi'r offeiriad a gadael i'r werin fynd iddynt i addoli yn eu dull eu hunain a cheisio gwellhad i'w hanwylderau o'r ffynhonnau sydd mor aml wrth ymyl, neu'n rhan o'r hen gapeli. Ble cewch chi wybodaeth am y saint Celtaidd hyn? Ateb Ernest Renan yn ei *Souvenirs* – ac yr oedd y gyfrol yn cael ei chyhoeddi gyntaf yn 1883 – oedd annog ei ddarllenwyr i fynd o gapel i gapel, sgwrsio gyda'r trigolion, 'ac os credant y medrant ymddiried ynoch fe adroddant wrthych, rywle rhwng difrif a chwarae, y straeon rhyfeddol, ac o'r chwedlau hyn ryw ddydd fe gaiff mytholeg gymharol a hanes fedi cynhaeaf toreithiog.' Yr oedd Renan yn poeni bryd hynny fod y chwedlau yn mynd i ddifancoll. Cafwyd casgliadau a llyfrau fel eiddo Joseph Chardronnet – *Le Livre d'Or des Saints de Bretagne* – ers hynny. Ac eto, gan mlynedd yn ddiweddarach – diolch i sgyrsiau gyda Thérèse Prigent o Santec, Cecile Milin o Brest, Robert Simon o Plabennec a llawer tebyg iddynt – canfûm fod llawer o'r chwedlau a'r baledi am seintiau Celtaidd Llydaw yn fyw o hyd ar lafar gwlad, heb eu casglu.

Nid awn i Landouzan heddiw ac mae Ronan Caerleon yn ei fedd, felly ni alwn yn Le

Drennec chwaith. Awn rhagom tua Saint-Jean-Balanant (Sant-Yann-Balanant), a godwyd yn y bymthegfed ganrif. Mae'n un o gapeli hynotaf yr ardal, yn rhyfedd am ei diffyg cydbwysedd i'r sawl sy'n gyfarwydd â phensaernïaeth symetrig eglwysi gorllewin Llydaw. Mae'r llawr yn dywodlyd, mwy amrwd nag un Locmaria hyd yn oed ac y mae ffynnon fawr, orchuddiedig wrth ochr y capel. Yr oedd Sant-Yann-Balanant, fel y saint i gyd, yn feddyg – fel y gweddai i Sant Marchogion Caersalem. Wedi dydd o grwydro eglwysi, cynifer wedi eu hadnewyddu yn lled ddiweddar, meddyliais am Gymru a'n diffyg parch i'n hanes a'n hen adeiladau. A phan geisir codi llais deuwn wyneb yn wyneb â barbareiddiwch Cadw – yr enw mwyaf amhriodol a roddwyd i unrhyw gorff erioed. Parchwn bobl Llydaw am gydio yn y cyfle a gwneud yr hyn sydd ei angen – a'i wneud eu hunain. Ac i feddwl bod yn Llydaw rai sy'n tybio ein bod yn ffodus cael corff o'r enw Cadw i warchod ein hetifeddiaeth a'n treftadaeth!

* * *

Mae stafell fwyta Keraloret ar gau ac mae Gwen a minnau'n mynd allan am grempog gyda Celine Habasque, myfyrwraig y bûm dros y misoedd diwethaf yn cadw llygad ar ei thraethawd ymchwil i Brifysgol Brest. Awn i gwrdd â hi a'i chwaer yn Guisseny ac yna i'w tŷ ym mhentref Curnic bum munud o'r dref. Mae'r ffordd dros forglawdd – tebyg i Gob Porthmadog ond ei fod yn llai – ac mae llyn ac arno nifer o hwyaid a darn o gors yng ngwaelod gardd eu rhieni. Mae'n dŷ modern, ci du serchog wrth y drws, ac ar y muriau tu mewn nifer o ddarluniau brodwaith o olygfeydd a gwisgoedd Llydaw – gwaith eu mam. Doeddwn i ddim yn gwybod beth i'w ddisgwyl er i ni lythyru'n gyson am flwyddyn. Mae Celine yn fach ac yn dwt, ac yn groeso i gyd. Mae'i chwaer, sydd yr un mor fywiog a llawen, yn gynllunydd dillad mewn ffatri leol. Mae'r rhieni yn swil ac yn annwyl ac yn falch o'u merched dawnus. Maen nhw'n siarad Llydaweg yn rhugl ond yn swil o'i defnyddio yng ngŵydd dieithriaid. I ddechrau mae Celine yn dweud nad yw'n medru'r iaith, ond wedi i mi siarad ychydig Lydaweg gyda'i rhieni mae hi'n ymuno – a chywiro fy nhreigliadau. Mae'n cyfaddef wedyn y byddai bob amser yn siarad Llydaweg gyda'i mamgu. Mae'r tad wedi cael triniaeth i'r galon yn ddiweddar ac yn gorfod mynd i'r gwely'n gynnar a'r fam yn codi'n gynnar i weithio ar fferm flodau Monsieur Prigent yn Kerlouan.

Wedi'r *aperitif* a sgwrs awn ein tri, Gwen, Celine a minnau, i'r bwyty crempog yn Kerlouan sy'n llawn, ac eithrio un bwrdd – wedi'i neilltuo i ni. Mae'r lle'n llawn a Llydaweg i'w glywed ar amryw fyrddau. Dywedodd Derek fod llawer o Lydaweg i'w glywed yn y caffis yn Kerlouan am mai dim ond hen bobl sydd ar ôl yn yr ardal. Cawn botelaid o seidr fferm, yr un fflat, a bwyta'n dda. Rwy'n falch gweld y defnydd a wneir o'r Llydaweg ar enwau bwydydd a diodydd. Enw Llydaweg sydd ar y seidr, *Chistr Ar Roue* (Seidr y Brenin). Mae popeth yn Llydaw fel pe bai i'r gwrthwyneb i Gymru. Erbyn hyn fe geir mwy o arwyddion ffordd dwyieithog, ond nid cynifer ag a geir yng Nghymru. Anaml y ceir dwyieithrwydd yn y siopau mawr fel a geir yn archfarchnadoedd Cymru. Ond mae llawer o gynnyrch a werthir yn y siopau – yn duniau a phecynnau o bob math – ac enwau Llydaweg iddynt. Mae delwedd Llydaw yn amlycach – darlun sy'n cyfleu bro, patrymau Celtaidd, llun o eglwys, darn o wlad, map . . . A heno mae cerddoriaeth Lydaweg yn y cefndir.

Byddaf yn gwylltio pan ddarllenaf erthygl mewn papur Cymraeg sy'n dweud rhywbeth fel: 'Bûm yn Llydaw am dair wythnos ac ni chlywais air o'r iaith, dim ond pwt bach wrth boetsian gyda'r radio wrth ddisgwyl mynd ar y fferi i ddod adref. Ac roedd hwnnw rhwng dwy record – un Saesneg ac un Ffrangeg.' Rwy'n siŵr bod llawer o ymwelwyr yn dweud yr un peth am Gymru. Treuliais ddiwrnod yn Aberaeron, ac un yn y Borth ddechrau Awst ac ni chlywais air o Gymraeg yn y naill le na'r llall. Gwn nad oedd fy mhrofiad yn adlewyrchu'n dêg sefyllfa'r iaith yng Ngheredigion – ond dyna fy mhrofiad serch hynny . . .

Mae Celine yn chwilio am waith ym Mhrydain am flwyddyn er mwyn gwella'i Saesneg. Ceisiais ei helpu ond dim lwc. Digon hawdd cael gwaith di-dâl, ond mae'n gorfod ei chynnal ei hun. Llwyddais i gael gwaith – a chyflog – i ferch o Gymru oedd am dreulio cyfnod yn Llydaw yn gwella'i Ffrangeg. Ond ym Mhrydain yr ydym yn ynysig ac yn amharod i helpu. Does neb yn gweld y gall buddsoddi fel hyn feithrin cysylltiadau a dwyn ffrwyth yn y dyfodol. Ar hyn o bryd mae Celine yn gweithio i gwmni lleol sy'n gwneud hufen iâ i gwmni Tesco. Mae gan y Llydawiaid fysedd ym mhob briwes!

Hen dŷ'r tollmyn yn Meneham.

Un o'r llu capeli bach yn nannedd gwynt y môr.

Ffarweliwn â'r tŷ crempog ac er ei bod yn tywyllu awn at y môr a phentref Meneham, neu Menez-ham. Mae rhai cychod pysgota yn y porthladd pitw. Rhwng y traeth a'r twyni mae pentyrrau o'r cerrig llyfnion a ddaeth yma gyda'r iâ a chael eu gadael wedi i'r hinsawdd gynhesu a thoddi'r rhew. Rhwng dwy garreg enfawr mae hen dŷ'r tollmyn, er rwy'n tybio mai yr olaf i'w ddefnyddio – heblaw cariadon – oedd yr Almaenwyr adeg y rhyfel. Saif y pentre pysgota rhwng y cerrig enfawr sy'n gysgod rhag gwynt y gogledd ac erwau corsiog Goulven. Pan fûm yma o'r blaen, tua chwe blynedd yn ôl, yr oedd pobl yn y tai ond does neb i'w weld ar hyn o bryd.

'Mae gwaith adnewyddu'r pentre wedi'i atal dros dro,' meddai Celine. 'Mae'n debyg fod y cwmni wedi mynd yn brin o arian.' Ond fe fentraf y daw'r arian o rywle ac fe â'r gwaith rhagddo. Fydd y Llydawiaid byth yn gadael i bentre mor nodedig â hwn fynd a'i ben iddo. Mae'n tywyllu ac yng ngolau'r car oedwn am funud i edmygu 'capel' bach Kroazou, gyda saith o groesau bach tewion o'i gwmpas. 'Capel' bach, ddywedais i? Y lleiaf yn Finistere (Penn ar Bed).

*   *   *

Bore annifyr. Trwy lwc cawsom wahoddiad i alw ar Derek a Kristina tua hanner dydd am *apéritif*. Mae'n diwal y glaw ac ni chymerais ddigon o sylw o'r cyfarwyddiadau. Rwy'n brofiadol mewn colli fy ffordd yn y parthau hyn. Y tro diwethaf i ni letya yn Keraloret gwelsom gyfeiriad at ffynnon Gildas a phenderfynu mynd yno ar bererindod. Gadawyd y car mewn cilfan ger y llwybr a chychwyn cerdded. Buom yn cerdded am ysbaid dda a chyrraedd y ffynnon – a rhyfeddod o ffynnon ithfaen addurniedig oedd hi. Taith gwerth y drafferth. Wedi sgwrs gyda hen Lydawes yn dod â'r gwartheg adre i'w godro aethom yn ôl am ein llety, ond gan benderfynu mynd ar hyd ffordd arall i Keraloret; wedi i ni ddod at y ffermdy, aeth Gwen tuag ato ac es innau i 'nôl y car. Ond fedrwn i yn fy myw ddod o hyd i'r car! O'r diwedd, a minnau wedi cerdded milltiroedd, eglurais fy mhicil wrth ffermwr ac aeth ef â mi yn ei gar at ffynnon Gildas a gadael i mi ailgerdded y llwybr a arweiniai i'r fan lle gadewais fy nghar. Roedd yn dywyll erbyn i mi gyrraedd yn ôl i Keraloret a Gwen fel picwnen am 'mod i wedi mynd ag allwedd y stafell yn fy mhoced; doedd neb adref yn y fferm a bu raid iddi eistedd ar garreg y drws am awr nes i Jeanne a Pierre ddychwelyd!

Fel y dywedais, mae'n ardal dwyllodrus a llawer o'r ffyrdd yn debyg i'w gilydd. Ond gan ein bod yn agos i fferm flodau M. Prigent rwy'n mynd i'w dderbynfa a daw'r perchennog ei hun i'n cyfeirio i Kelorn, cartref Derek a Kristina. Mae un *apéritif* yn mynd yn ddau, a'r ddau yn ginio a chawn berfformiad egnïol gan Aneurin Karadog a Hefin Mabon, y naill ar y *bombard* a'r llall ar y ffliwt, cyn mynd i grwydro'r ardal. Awn i bentref bach Kersavater gyda chalfaria gefn yn gefn – sef bod cerflun o Grist a'r ddau leidr yn wynebu'r ddwy ffordd. Anghyffredin – unigryw – medd Derek. Ond nid yw hynny'n gywir, rwyf wedi gweld sawl un debyg mewn ardaloedd eraill. Yn y pentre hwn y ganed tad Kristina ac mae hi'n dechrau sgwrsio gyda dau hen lanc, Jan Pi Kerboul ac Erwan An Nif Fave. Rwy'n dotio cymaint at fersiwn Lydaweg eu henwau ac yn mynnu cael y sillafiad. Mae nhw'n disgrifio'u hunain fel helwyr – helwyr cwningod, hwyaid gwyllt, ysgyfarnogod, llwynogod. Mae un ohonyn nhw'n dangos i Kristina ble safai'r tŷ lle ganed ei thad – roedd hi'n tybio mai mewn tŷ mewn rhes o hen dai to gwellt sydd bellach yn adfeilion y ganed ef. Ond nid felly, yn ôl y

Kristina a'r ddau Lydawr yn Kersavater.

ddau Lydawr; roedd rhes arall o dai gyferbyn a does dim ôl o'r rheini. Bu farw tad Kristina yn 1990 ac er y gwyddai ym mha bentref y ganwyd ef wyddai hi ddim ym mha dŷ. Dadleua'r ddau hen ŵr ynglŷn â phwy oedd yn byw yn y tai eraill. Cawn wahoddiad i dŷ un ohonyn nhw a daw potel win allan. Yr arfer yw rhoi dyrnaid o newid mân ar y ford, a dyrnaid eto pan ail-lenwir y gwydrau. Dywed Kristina na fuasai wedi breuddwydio holi'r ddau oni bai bod criw ohonom. Ond mae'n falch iddi wneud.

* * *

Mae'r tywydd yn ddiflas eto ac wedi sawl ymdrech rwy'n llwyddo cael Ronan Huon ar y ffôn. Mae Huon yn un o gewri'r mudiad iaith – bardd, llenor, golygydd, cyhoeddwr. Rwy'n meddwl y byd ohono. Yr unig dro i ni gyfarfod dywedodd, a swniai'n ddiffuant, 'ond rydych chi mor ifanc'. Cyfrannais ambell erthygl i'w gylchgrawn *Al Liamm* yn y gorffennol a chofiaf adolygiad caredig ynddo i'm cyfrol *Crwydro Llydaw* gan ei fab Tudual. Yn ffodus rydym wedi cychwyn yn gynnar o Keraloret ac er i ni gyrraedd Brest o fewn hanner awr cawn drafferth dod o hyd i'r *Rue de Verdun*. Awn o gwmpas y castell sawl gwaith – digon o weithiau i fedru gwerthfawrogi ei furiau sylweddol pe buaswn yn yr hwyl i wneud hynny – ac ar hyd ffordd glan y môr. Wedi holi sawl un deuwn o hyd iddi. Hawdd wedyn dod o hyd i *Gwaremm ar Groaz* yn *Venelle Poulbriquen*. Cyrhaeddwn ben y ffordd i'r funud ac mae Ronan yno'n disgwyl amdanom. 'Poeni byddech chi'n cael trafferth dod o hyd i'r tŷ,' meddai. Yr anhawster oedd dod o hyd i'r *Rue de Verdun*, roedd yn ddigon hawdd dod o hyd i'r stryd fach wedyn! Mae Brest yn hen le mawr ac ni fedraf dynnu ato er i mi dreulio amser yma yn y gorffennol. Cawn groeso i'w ryfeddu. Gan iddo gael ei eni yn 1922 yn Saint-Omer, Picardy, mae'n rhaid ei fod yn 75 oed ond fuaswn i byth yn tybio hynny. Dysgodd Lydaweg ar aelwyd ei fam-gu yn Morlaix (Montroulez) lle symudodd i fyw ac yntau'n dal yn blentyn bychan. Gŵr tenau, byr, iach, pur foel yn gwisgo sbectol. Hawdd deall pam y cyfeirir ato fel 'y bytholwyrdd Ronan Huon'. Fel llawer yn y mudiad iaith yn Llydaw, athro Saesneg ydoedd o ran galwedigaeth. Bu am gyfnod yn Abertawe ac mae'n medru peth Cymraeg. Athro yn y dydd, cyhoeddwr a sgrifennwr gyda'r nos. Gweithiwr diarbed, ond un sy'n mwynhau bywyd. Mae'n adnabod amryw o Gymry drwy'r gwersyll Llydaweg – *Kamp Etrekeltiek ar Vrezhonegerien* – a sefydlwyd ganddo ef ac eraill hanner canrif yn ôl. (Daeth rhai Cymry i'r dathliadau hanner canmlwyddiant yn 1997).

Mae lawnt yn disgyn ar lechwedd o'r stydi – annisgwyl a ninnau yng nghanol Brest – a choeden geirios Tsieineaidd tu allan i'r ffenest. 'Am y tro cyntaf erioed cawsom gnwd o ffrwythau arni eleni,' meddai. Mae cerddoriaeth glasurol yn gefndir tawel yn yr ystafell ac amryw o luniau gwreiddiol ar y muriau – rhai o waith Tudual ac un gan yr arlunydd a'r llenor Langleiz (Xavier de Langlais). Mae'n gyffredin canfod bod cynifer o Lydawyr yn gweithio mewn sawl cyfrwng o'r celfyddydau. Mae Tudual Huon yn sgrifennwr ac yn arlunydd. 'Dechreuodd drwy wneud cartwnau,' meddai Ronan, 'wedyn bu'n gweithio ar y cylchgrawn *Yod Kerc'h* (Uwd Ceirch – cylchgrawn oedd yn efelychiad amrwd o *Lol*). Doedd ei fam ddim yn hapus iawn ei fod yn gysylltiedig â'r fath gyhoeddiad.' Ond mae'n amlwg nad oedd ots gan Ronan.

Y mae Ronan Huon yn ddiamau yn ŵr dewr yn ogystal â gweithgar. Sefydlodd gylchgrawn o'r enw *Tir na N-og* yn 1945 ond fe'i gwaharddwyd gan yr awdurdodau. Ychydig yn ddiweddarach sefydlodd Per Denez *Al Liamm* (Y Ddolen) gyda'r nod o greu cylchgrawn fyddai'n cysylltu'r gwledydd Celtaidd ac ymhen dim o dro unwyd y ddau gan barhau i arddel y ddau enw a bu Ronan yn olygydd arno am dros hanner canrif. Cyhoeddir pum rhifyn y flwyddyn a bu'n fforwm amhrisiadwy i sgrifenwyr Llydaweg hen ac ifanc dros y blynyddoedd. Yn 1950 dechreuodd gyhoeddi llyfrau ac mae cloriau rhai o'r cyfrolau cynnar – a ddyluniwyd gan

Langleiz yn ysblennydd. Cychwynnodd Ronan pan oedd yr iaith a'r diwylliant Llydewig ar bwynt isel iawn. Roedd llywodraeth Ffrainc yn eu bwriadol bardduo a'u herlid am i garfan fach o genedlaetholwyr – tua 80 i gyd – ymffurfio'n gatrawd i ymladd ochr yn ochr â'r Almaenwyr yn yr Ail Ryfel. Cysylltwyd yr iaith a'r diwylliant â chydweithredu gyda'r Almaenwyr. Siniciaeth y Ffrancod ar ei waethaf. Ac yntau'n ŵr ifanc, di-brofiad rhoddodd ei ysgwydd i gynnal traddodiad llên ei wlad ac mae'n parhau i wneud hynny gyda gwên a chwilfrydedd ym mhawb a phopeth. Siaradwn am Anjela Duval a fu farw yn 1981. Bu byw'n dlawd ar ei thyddyn yng ngogledd Llydaw, chafodd hi fawr o ysgol ac ni ddechreuodd farddoni nes ei bod yn hanner cant. *Al Liamm* – gwasg Ronan Huon – a cyhoeddodd ei chyfrol *Kan an Douar* yn 1973. Cyhoeddodd gyfrolau Llydaweg o waith bron bob un o lenorion pwysicaf Llydaw – Abeozen, Roparz Hemon, Youenn Drezen, Jarl Priel, Maodez Glanndour, Tangi Malmanche, Per-Jakez Helias . . . Diddorol clywed ei farn am Helias, y gŵr a gafodd amlygrwydd byd-eang ar sail ei gyfrol o atgofion pentyndod – *Le Cheval d'Orgueil*. 'Mae ei waith yn atgofus,' meddai Ronan. 'Mae'n well gen i sgrifenwyr sy'n ymdrin â bywyd heddiw a'u golwg tua'r dyfodol. Ond mae ei Lydaweg yn dda ac yn syml. Nid oedd ei wraig na'i blant yn siarad Llydaweg, ac nid oedd yn ei defnyddio lawer o ddydd i ddydd felly rwy'n meddwl bod ei iaith wedi aros mewn oes a aeth heibio. Sy'n rhan o'i swyn, wrth gwrs.' Gwn beth mae'n ei feddwl. Mae gennyf berthnasau wedi ymadael â Chymru ers deugain mlynedd a thorri'r cysylltiad bob dydd â'r iaith. Maent yn ei medru yn rhugl ond gyda geirfa ac ymadroddion sydd heb newid ers iddyn nhw adael Cymru. Caf flas ar glywed hen eiriau a dywediadau a anghofiais i – a minnau'n defnyddio'r iaith bob dydd, yn fy ngwaith ac ar yr aelwyd.

Diddorol canfod bod Helias yn gyfaill i Eugène Guillevic, y bardd a aned yn Carnac (Karnag) yn 1907 ac a fu farw yn Ebrill (1997). Er cael ei eni yn Llydaw, ac er cymaint yr ysbrydolwyd ef gan y meini a'r wlad o gwmpas Carnac, treuliodd y rhan fwyaf o'i oes yn Alsace. Yr oedd y ddau o gyffelyb anian, yn sosialwyr, a chyfieithodd Helias nifer o gerddi Guillevic i'r Llydaweg.

Mae Ronan yn rhoi copi o *Un Dornad Plu* (Dyrnaid o Blu) cyfrol newydd – ddwyieithog, Llydaweg/Saesneg – o farddoniaeth Youenn Gwernig i mi. Rwy'n ei longyfarch ar ddiwyg y gyfrol a'r dewis o ddarlun haniaethol ar y clawr. 'Llun o waith Youenn,' meddai. 'Fe'i gwelais ar y wal yn ei dŷ ac awgrymais ein bod yn ei ddefnyddio.' Mor syml â hyn'na. Mae'r cawr o Huelgoat yn ffefryn ganddo. Ni ellir cyhuddo rhywun a dreuliodd flynyddoedd yn Efrog Newydd a sugno ysbrydoliaeth o'i brofiadau yno o edrych tua'r gorffennol. 'Rwyf am geisio mynd i'w weld yn ystod y dyddiau nesaf,' meddwn. 'Da iawn. Ond cofiwch nad yw mewn iechyd rhy dda,' meddai Ronan.

Awn i drafod rhai gwŷr llên fu'n gysylltiedig â Brest. Un oedd Louis Hemon a aned yn Rue Voltaire yn 1880. Teulu o Quimper oedd ei rieni a'i dad yn Arolygydd Ysgolion. O safbwynt addysg cafodd bob cyfle ond enaid aflonydd oedd Louis Hemon. Bu am gyfnod yn gweithio fel newyddiadurwr i *Vélo*, papur am fyd y campau. Yn 1903 aeth i Lundain a chrafu byw yn y dociau ac ymysg Gwyddelod Stepney. Deuthum o hyd i gyfrol o'i straeon byrion, *My Fair Lady*, wedi'i chyfieithu i'r Saesneg a'i chyhoeddi yn Efrog Newydd, sy'n ddarlun llawn cydymdeimlad o gymeriadau a bywyd dosbarth gweithiol Llundain. Sgrifennodd straeon enwocach megis *Battling Malone* ond y gwaith a'i hanfarwolodd oedd *Maria Chapdelaine*, nofel am wladychwyr yn y Ganada Ffrengig. Fe'i cyfieithwyd i'r Gymraeg, gyda llaw, dan y teitl *Ar Gŵr y Goedwig*, gan John Edwards (Cymdeithas Lyfrau Ceredigion, 1956). Sgrifennodd *Maria Chapdelaine* pan oedd yn was fferm yn nyffryn Peribonka rhwng 1911 a 1913. Yna ar Orffennaf 8, 1913, ger lle o'r enw Chapleau, yn nhalaith Ontario, yr oedd yn cerdded ar hyd y rheilffordd pan ddaeth trên o'r tu ôl iddo a'i ladd. Roedd yn 33 oed. Fe'i claddwyd ym mynwent yr Eglwys

Babyddol heb garreg i nodi ei fedd er bod cofgolofn iddo yn y dref. Gwerthwyd hawlfraint y nofel gan ei weddw am 1,500 ffranc a phan gyhoeddwyd hi gyntaf dair blynedd wedi marw Hemon ni chafodd fawr o lwyddiant. Ond yn 1921 prynwyd yr hawlfraint gan Editions Bernard Grasset, Paris, am 2,000 ffranc. Dros nos daeth y nofel yn llwyddiant aruthrol gan wneud ffortiwn i'r cyhoeddwr. Ond ni chafodd ei weddw, er ei thlodi, yr un ddimai.

Y mae stori ddifyr sy'n cysylltu Hemon yn anuniongyrchol â Chymru. Gan T. Llew Jones y'i cefais. Un o ddirgelion Canada fu cwpled a naddwyd ar borth Y Tŵr Heddwch yn Ottawa:

> 'All's well, for over there among his peers
> A Happy Warrior sleeps.'

Mae'r syniad o'r 'rhyfelwr bodlon' wedi'i fenthyg oddi wrth Wordsworth, ond nid ef piau'r cwpled. Y pensaer, John Pearson, a ddewisodd y geiriau ond ni chofiai ble cafodd hyd iddynt. Yn y diwedd cyfaddefodd gŵr a'i galwai ei hun yn John Ceredigion Jones mai ef oedd awdur y cwpled ond na chyfaddefodd hynny ynghynt am fod rhywrai – yn ddigon teg, mae'n debyg – wedi dweud mai sothach oedd y gerdd. Yr oedd ganddo brawf – copi o'r gerdd gyflawn wedi'i hargraffu yn y *Calgary Albertan* yn 1921. O ganlyniad cafodd John Ceredigion Jones $8 yn dâl am y defnydd a wnaed o'r cwpled. Un o frodyr y Cilie a ymfudodd i Ogledd America yn gynnar yn ei oes oedd John Ceredigion Jones – galwai ei hun yn John Tydu Jones hefyd. Yr oedd fel gweddill y teulu yn englynwr campus a chyfansoddodd englynion Saesneg crefftus, hefyd. Mewn erthygl yn *Yr Enfys* (ni wn pa rifyn – cefais lungopi ohoni gan T. Llew Jones) dywedai newyddiadurwr o'r enw J. E. Belliveau i John Ceredigion Jones gael ei gladdu – ei esgidiau am ei draed – mewn ardal o'r enw Sultan yn Algoma, 30 milltir o Chapleau, yn 1950. Roedd yn 64 oed. Cafodd ei eni ar Ddydd Gŵyl Ddewi, 1883, dair blynedd cyn Louis Hemon.

Mae erthygl Belliveau yn gorffen: 'Ac felly, yn Algoma bell, ymhell o fwrlwm a phrysurdeb Canada, mewn rhan o Ontario Seisnig a boblogir yn bennaf gan siaradwyr Ffrangeg, gorwedd, heb fod ymhell oddi wrth ei gilydd, ddau ŵr aflonydd sy'n cynrychioli dau ddiwylliant llenyddol Canada. Sgrifennodd un lyfr yn Ffrangeg a ddaeth yn glasur; sgrifennodd y llall un cymal clasurol mewn cerdd Saesneg. Gyda'i gilydd maent yn rhan o chwedl newydd Canada.'

Hwyrach bod Belliveau yn rhamantu mymryn. Fe ramantaf innau. Dau Frython oeddynt – un wedi'i fagu ar bentir gorllewin Llydaw a'r llall ar lan Bae Ceredigion.

I'r sawl sy'n ymddiddori mewn Celtiaeth, mae enw Roparz Hemon yn fwy cyfarwydd nag un Louis Hemon. Ganwyd Roparz Hemon (Louis Nemo oedd ei enw bedydd) yn 32, rue Louis Pasteur (stryd a ddinistriwyd yn y rhyfel), Brest, yn 1900. Yn 25 oed sefydlodd y cylchgrawn a'r mudiad llenyddol *Gwalarn*. Ei nod oedd dyrchafu llên Llydaw o'i gwreiddiau gwerinol gwledig a'i llusgo i'r ugeinfed ganrif. Codi ansawdd deallusol llên Llydaw. Yn ystod yr Ail Ryfel, pan gafodd y Llydaweg fwy o raff dan yr Almaenwyr nag o dan Lywodraeth Ffrainc bu'n gyfrifol am wasanaeth radio Llydaweg yn Rennes. Wedi i'r Almaenwyr gilio fe'i cymerwyd i'r ddalfa a'i gyhuddo o gydweithredu gyda'r gelyn. Bu yng ngharchar am flwyddyn cyn y prawf ac ofnwyd y buasai'n cael ei ddienyddio, neu ei ddedfrydu i garchar am oes. Ond daeth hanes yr erlid i glustiau Dyfnallt (Owen) ac ef, drwy *Baner ac Amserau Cymru*, a dynnodd sylw Cymru i'r hyn oedd yn digwydd yn Llydaw. O wythnos i wythnos torrodd stori'r erlid, y carcharu ac erchylterau'r gwersylloedd-carchar lle cedwid y Llydawiaid tra oeddent yn disgwyl eu prawf. Dechreuodd llythyrau o Lydaw ymddangos yn y papur, lawer ohonynt yn ddi-enw, a bron i gyd yn tystio bod pethau ofnadwy yn digwydd i'r Llydawiaid. Pan ddaeth achos Roparz Hemon gerbron yr oedd myfyriwr ifanc yn y gyfraith o'r enw Dewi Watkin Powell (Y Barnwr Powell wedyn) yn y llys fel gohebydd ifanc ar ran *Baner ac Amserau Cymru*. Kate Roberts a'i phriod, Morris Williams, sef perchenogion y papur, oedd wedi ei anfon a thalu ei gostau. Swm sylweddol bryd hynny. Pan sylweddolwyd bod gohebydd 'tramor' yno aeth cynnwrf drwy'r llys ac yr oedd yn amlwg, yn ôl tystiolaeth Per Denez flynyddoedd yn ddiweddarach, na wyddent beth i'w wneud. Gohiriwyd yr achos a phan ail-gynhaliwyd ef yn ddiweddarach cafodd Hemon ei ryddhau a'i unig gosb oedd colli hawliau dinasyddiaeth am ddeng mlynedd. Aeth yn fuan wedyn i Ddulyn ac yno y bu hyd ei farw yn 1978. Fe'i cydnabyddir fel un o feirdd mwyaf Llydaw, ac fel nofelydd, awdur straeon byrion a dramodydd toreithiog a hefyd awdur geiriaduron a llyfrau gramadeg. Cyfieithwyd un o'i nofelau i'r Gymraeg gan Zonia Bowen ac un arall gan Rita Williams. Cyfieithwyd amryw o'i straeon byrion i'r Gymraeg, hefyd.

Gŵr arall o Brest oedd y bardd a'r llawfeddyg Victor Segalen. Fe'i ganed yn 1878 a daethpwyd o hyd i'w gorff dan dderwen ar un o lwybrau Huelgoat ym Mai, 1919. Wrth ei ymyl roedd copi o ddrama Shakespeare, *King Lear* (Y Brenin Llyr). Nid yn unig yr oedd yn feddyg, roedd yn gyfansoddwr ac yn gyfaill i Debussy, yn fardd – fel y dywedais – a nofelydd, archaeolegwr, teithiwr ac ar un adeg yn ei fywyd byr, bu hefyd yn gyhoeddwr. Ei swydd gyntaf fel llawfeddyg morwrol oedd ar long oedd yn hwylio i Tahiti. Ar ei gyfle cyntaf ymwelodd â Marquisas a'i obaith oedd cyfarfod Paul Gauguin, ond wedi cyrraedd ynys Hiva-Oa darganfu fod yr arlunydd yn farw ers tri mis. Wedi dychwelyd i Lydaw sgrifennodd ei gyfrol gyntaf, *Les Immemoriaux*, cerdd ryddiaith yn galaru am baradwys Polynesia. Wedi hynny bu'n gyfieithydd yn China. Yn China a Tibet canfu yr hyn oedd yn gydnaws â'i awen a'i natur a dengys ei waith ei fod yn un o'r Gorllewinwyr prin hynny a ddeallai draddodiadau a diwylliant y Tseineiaid. Yn Huelgoat, gartref yn ei wlad enedigol, ymddengys iddo orwedd i lawr, wedi colli'r egni a'r awydd i fyw.

Llenor diddorol arall a anwyd yn Brest oedd Emile Masson (1869-1923), llenor Llydewig arall oedd yn athro Saesneg. Tra oedd yn Pontivy bu'n dysgu Saesneg drwy gyfrwng y Llydaweg – syniad call gan mai Llydaweg oedd iaith gyntaf ei ddisgyblion – ond heb fod wrth fodd yr awdurdodau. Yr oedd yn sosialydd, yn drwm dan ddylanwad William Morris, a chyfieithodd rai o weithiau Morris i'r Ffrangeg. Yn ôl y bywgraffiadau dywedir iddo briodi Saesnes o'r enw Mary Gilpin, ond yn ôl Jacques Gury sy'n paratoi llyfr arno, Cymraes oedd hi. Ar y llaw arall, mae'n bosib iawn mai Albanes oedd hi. Diddorol sylwi cymaint yr sgrifennwyd amdano: *Emile Masson: Les Bretons et le Socialisme* gan J. Y. Guiomar; *Al liberterien hag ar brezoneg* gan Fanch Broudig ac erthygl Jacques Gury; *Emile Masson, un prophete pour notre temps* yn *Cahiers de l'Iroise*.

Brodor o Brest yw Henri Queffelec (1910-1992), a sgrifennodd amryw nofelau yn Ffrangeg gyda Llydaw a'i hynysoedd yn gefndir iddynt. Ganwyd iddo fab Yann sydd hefyd yn nofelydd ac yn feirniad llenyddol llwyddiannus yn Llydaw. Un arall a aned yn Brest yw'r hanesydd a'r offeiriad Joseph Chardronnet – awdur *Le Livre d'Or des Saints de Bretagne*, cyfrol ddifyr, ddefnyddiol ac ynddi lawer o wybodaeth am y saint o Gymru.

Mae sgwrs Ronan yn troi at ymweliad Jack Kerouac â Brest, pan ddaeth yma i chwilio'i achau. Un o Ganada Ffrengig oedd Jean-Louis Lebris de Kerouac – dyna'i enw llawn – ac o dras Lydewig. Yn ei gyfrol *Satori in Paris* a sgrifennwyd tua 1966 mae Kerouac yn cyrraedd Brest ac yn ceisio cysylltu â phob un o'r enw Lebris – mae'r llyfr ffôn yn llawn ohonynt! Yn ei plith mae Lebris y siop lyfrau sydd yn y *Rue de Siam*. Mewn gwesty yn y *Rue de Siam* y bu Kerouac yn lletya ac aeth – er nad yw'n dweud hynny yn ei lyfr, neu o leiaf dwy'i ddim yn credu ei fod oherwydd mae Kerouac yn sgrifennu'n rhy garlamus a blêr i mi chwilota'n fanwl – i weld Monsieur Lebris y siop lyfrau. Mae Ronan yn awgrymu fy mod yn ymweld â'r siop. 'Mae'r siop yna o hyd a hwyrach bod Monsieur Lebris yno, ond mae wedi hanner ymddeol ac yn byw mewn tŷ o'r enw Kerouac yn Plougastel y rhan fwyaf o'r amser,' meddai Ronan. 'Rwy'n cofio cwrdd â Lebris y diwrnod hwnnw ac yntau'n dweud wrthyf, 'Wyddoch chi pwy oedd yn y siop bore 'ma – Jack Kerouac!' Fe gaech chi bob croeso petaech chi'n mynd i'w weld yn Plougastel.' Ceisiaf edrych yn frwd ond gan wybod na fyddaf i'n debyg o fynd. Rwyf wedi arfer colli fy ffordd yn Brest, heddiw ac yn y gorffennol, ac ni theimlaf ormod o frwdfrydedd dros chwilota rhagor yn *Rue de Siam* nac yn Plougastel.

Mewn tŷ mawr yn Kerangoff, un o faestrefi Brest, ac iddo olygfa dros y *Rade de Brest*, y ganed nofelydd a llenor a brofodd, ers yr Ail Ryfel Byd, ymhlith y mwyaf dylanwadol yn Ffrainc. 'Yr oeddem yn y wlad bryd hynny,' meddai Alain Robbe-Grillet a aned yno yn 1922. Dinistriwyd y tŷ adeg y rhyfel ac er i'r teulu ei ailadeiladu erbyn hyn mae wedi'i amgylchynu mewn stad o dai. Cyfeirir at Robbe-Grillet fel 'tad' y *nouveau roman* – y nofel newydd – ffurf sy'n anelu at agwedd fwy goddrychol at fywyd, at fyfyrdod o'r meddwl dan bwysau neu yng ngafael obsesiwn neu ffantasi. Adwaith i'r pwyslais a roddai Zola a Sartre ar sgrifennu gwleidyddol ac iddo safbwyntiau moesol. Mae ei weithiau'n seicolegol iawn, heb gynllun na stori. Er iddo fyw mewn amryw wledydd gan gynnwys Martinique a Guadeloupe gan ddefnyddio'i brofiadau yno yn gefndir i'w nofelau, megis ei nofel *La Jalousie* (Cenfigen), mae bro ei febyd yr un mor amlwg yn ei waith. Mae ei fro enedigol a'r ynysoedd oddi ar arfordir Llydaw yn ganolog i'w nofel *Le Voyeur* – mae'n trin ei obsesiynau erotig yn agored ynddi, hefyd. Barn ei fam amdani oedd: 'Rwy'n credu ei fod yn llyfr arbennig, ond buasai'n well gen i petai rhywun heblaw fy mab i wedi'i sgrifennu!'

Yr oedd ei rieni'n bobl ryfedd. Yn ei hunangofiant, *Le miroir qui revient* (Y drych sy'n dychwelyd), mae'n eu disgrifio fel anarchiaid asgell dde eithafol, gwrth-Iddewig. 'Rwy'n meddwl bod eu gwrth-Iddewiaeth o fath cyffredin yn Ffrainc,' meddai. 'Heb fod yn filwriaethus (buasai bradychu Iddew i'r Almaenwyr neu i lywodraeth Vichy yn ffiaidd yn eu golwg); nac yn grefyddol (nid y duw a groeshoeliwyd ganddyn *nhw* oedd ein duw ni); ddim yn drahaus (fel y Rwsiaid); ddim yn obsesiwn (fel yn *Celine*); heb fod yn elyniaethus 'chwaith (gallai llyfrau Iddewon fod yn gynhyrfus i'w darllen a'r bobl yn ddymunol i'w hadnabod).' Na, yr oedd yn

rhywbeth i'w wneud â rhyw gonsýrn am drefn foesol yr oedd ynddi amheuaeth ddofn o bob ffurf o ryng-genedlaetholdeb.

Sonia yn ei atgofion am dri o'i gyfeillion, sgrifenwyr asgell chwith fu'n amlwg yn y gwrthsafiad, yn synnu gweld darlun mawr o Petain mewn lle amlwg yn nhŷ ei rieni a hynny flynyddoedd wedi'r rhyfel! 'Rwy'n gweld,' meddai un ohonynt, Jean Davignaud, 'eich bod wedi cadw'r llun o'r Marshal.' 'Ddim o gwbl,' atebodd tad Robbe-Grillet, 'Wnes i ddim o'i gadw, fe'i rhoddais i fyny'n fwriadol y diwrnod yr aeth y milwyr Americanaidd i mewn i Baris.' Roeddynt yn casáu Saeson, hefyd. Yr oedd propaganda Almaenig ar dir diogel pan gloddiai yn ddigywilydd yng nghwythïen wrth-Seisnig gynhenid y Ffrancod! 'Pe gellid cynnal refferendwm ar y pwynt, buasai'r Ffrancwyr yn barod i daflu'r Saeson allan o'r Farchnad Gyffredin!' Mae dadansoddiad Alain Robbe-Grillet o agweddau gwleidyddol ei rieni yn egluro rywfaint ar agweddau'r Ffrancwyr yn ystod yr Ail Ryfel.

Agweddau Ffrengig sydd yma, yn hytrach na rhai Llydewig. Er gwaethaf y disgrifiadau o'r wlad, y teithiau cerdded fyddai'n parhau am ddyddiau ac yn dilyn yr arfordir bob cam o Brignogan i'r *Pointe du Raz* ac yna'r cyfeirio at chwedlau Llydewig, erbyn cyrraedd ei rieni – yr oedd y cyndeidiau yn amlwg yn Llydawyr – nid oedd llawer o'r enaid Llydewig yn perthyn i rieni egsentrig y llenor a'r cynhyrchydd ffilmiau enwog.

*   *   *

Yng nghwmni Ronan Huon amhosib peidio trafod y sefyllfa gyhoeddi yn Llydaw a gwn fod amryw'n poeni am dynged cyhoeddi yn y Llydaweg wedi dyddiau Ronan a rhai tebyg iddo. Mae cyhoeddi yn Llydaw i'r gwrthwyneb i'r hyn ydyw yng Nghymru. I gychwyn, cyhoeddir llawer o lyfrau am Lydaw yn y Ffrangeg. Nid oes gennym ni yng Nghymru ddiwydiant cyhoeddi Saesneg cyffelyb. Ni, y Cymry, sydd ar ei hôl hi. Prif gyhoeddwr Llydaw yn y Ffrangeg yw *Edilarge* sy'n rhan o gwmni'r papur dyddiol *Ouest-France*. Cwmni arall llwyddiannus yw *Le Chasse-Marée*, sy'n cyhoeddi cylchgrawn o'r un enw am y môr a'i hanes, a chylchgrawn arall o'r enw *Ar Men*, sydd eto yn ymwneud â hanes a diwylliant Llydaw. Sylfaen menter cyhoeddi llyfrau *Le Chasse-Marée* yw cylchrediad y ddau gylchgrawn – y naill tua 50,000 a'r llall tua 30,000. Mae'r ffigurau hyn yn syfrdanol pan ystyriwn gylchrediad y ddau brif gylchgrawn Saesneg eu hiaith yng Nghymru, *Planet* (1,200) a *New Welsh Review* (750). A chofiwn mai dau gylchgrawn ymysg amryw yw *Le Chasse-Marée* ac *Ar Men*. Mae gweld y llwythi amrywiol o lyfrau Ffrangeg graenus, lliwgar am Lydaw ym mhob siop lyfrau a phapurau yn tynnu dŵr o ddannedd Cymro sy'n ymwybodol o dlodi'r cyffelyb arlwy Saesneg am Gymru. Diddorol mai Llydaw – ar ôl yr *Île de France* (sef rhanbarth Paris) – yw prif ranbarth Ffrainc ym myd cyhoeddi. Effaith bellach yw y cyhoeddir llyfrau am Lydaw mewn ieithoedd Ewropeaidd y tu hwnt i ffiniau Ffrainc.

Mae gan Ffrainc drefn deg o ddosbarthu papurau a chylchgronau. Un dosbarthwr sydd – yn eiddo i'r Llywodraeth a chwmni cyhoeddi Hachette – a rhaid parchu dymuniadau'r cyhoeddwyr. Ni oddefir sefyllfa lle gall cwmni fel W. H. Smith wrthod dosbarthu papur neu gylchgrawn 'am fod y cylchrediad yn fychan' – a defnyddio'r esgus dros wrthod arddangos cylchgronau a phapurau'r asgell chwith er yn rhoi chwarae teg i gylchgronau lleiafrifol y dde. Rhaid i'r gwerthwr, hefyd, arddangos papur neu gylchgrawn yn ei siop, os mai dyna ddymuniad y cyhoeddwr. Dros y blynyddoedd rwyf wedi taro ar gyhoeddiadau diddorol ac esoterig mewn siopau yn Llydaw na fuaswn, yng Nghymru, yn disgwyl dod o hyd iddynt ond mewn siopau arbenigol. O ystyried mai 10,000 sy'n tanysgrifio i *Ar Men* a bod y gweddill yn brynwyr hap a damwain fe welir mor bwysig yw arddangos papur neu gylchgrawn os yw'r cyhoeddwr i gyrraedd gwerthiant teilwng. Rwy'n byw ym Mhontypridd sy'n dref fawr ond rhaid i mi fynd i Gaerdydd neu Ferthyr i gael siop ac ynddi ddewis teilwng o lyfrau Cymraeg, a llyfrau am Gymru. Tir diffaith yw cymoedd y Rhondda – er i rai siopau ail-law agor yno'n ddiweddar – a Chynon, hefyd, ac adlewyrchir hynny yng ngwerthiant cylchgronau fel *Planet*.

Mae'r dewis o lyfrau Cymraeg, ar y llaw arall, yn rhagori ar y dewis o lyfrau Llydaweg. Tua 80 o deitlau Llydaweg newydd a gyhoeddir yn flynyddol – sy'n cymharu â sefyllfa'r Gymraeg ganol y chwedegau. Dau gwmni, rwy'n meddwl, sy'n cyflogi staff – un ohonynt yw *An Here* sy'n arbenigo mewn llyfrau plant. I'r gweddill, fel Ronan Huon, llafur cariad yw'r gwaith ac, fel y dywedais, ar ôl ei ddyddiau ef, a rhai tebyg, rhaid poeni am y dyfodol? Mae pobl ifanc am deithio ac ehangu profiadau ac nid teg bod y gwaith yn parhau i ddibynnu ar wirfoddolwyr sy'n rhoi yn ddi-ddiwedd o'i hamser a'u harian dros yr iaith. Rhoddir rhywfaint o gymhorthdal am gyhoeddi llyfr Llydaweg ond nid yw'n cymharu â'r hyn a geir am gyhoeddi llyfr Cymraeg. Felly, er bod gan y Llydawyr Ffrangeg eu hiaith well cyfle i ddysgu am eu gwlad a'i thraddodiadau na'r Cymry di-Gymraeg, prin yw'r arlwy yn eu hiaith eu hunain. Mae dros gant o gwmnïau cyhoeddi yn Llydaw – rhai yn cyhoeddi yn y Llydaweg, rhai yn y Ffrangeg a rhai yn y ddwy iaith – ond i'r rhan fwyaf ohonynt busnes un person rhan-amser sy'n cyhoeddi dyrnaid o deitlau'r flwyddyn ydyw. Y syndod yw graen a chwaeth yr hyn a gyhoeddir ganddynt. Mae dyled Llydaw yn enfawr i Ronan Huon a'i debyg – y rhai sy'n cynnal y fflam mewn cyfnod a welodd niferoedd siaradwyr yr iaith yn disgyn yn drychinebus.

* * *

Rhyfeddaf at agosatrwydd tref fawr fel Brest at y wlad. Yn y canol mae arwyddion sy'n ein cyfeirio at Plabennec a Le Conquet. Nid oes filltiroedd o faestrefi cyn eich bod yn ôl yn y wlad. Awn tua Le Conquet (Konk-Leon yn Llydaweg). Daw'r gair Konk, medd y gwybodusion, o'r Lladin *concha* sef cragen a cheir yr enw ar lawer man yn Llydaw lle ceir bae crwn fel dysgl neu gragen. Mae'n gyfle i ymweld â phenrhyn Saint-Mathieu (Loc Maze Penn-ar-Bed), ardderchog o le gyda'r hwyr pan fo'r goleudai yn fflachio yn eu trefn. Yng nghanol adfeilion mynachlog Saint-Mathieu saif goleudy sydd ynddo'i hun yn dipyn o ryfeddod i'r ymwelydd. Soniais yn *Crwydro Llydaw* am y gramadegydd Ar Gonideg a'i waith yn archwilio gwreiddiau'r Llydaweg drwy fynd yn ôl i'w gwreiddiau Brythoneg a Cheltaidd – y gŵr a arbedodd y Llydaweg rhag difancoll. Ychydig i'r gogledd o Saint-Mathieu y mae Lochrist lle ganed a lle claddwyd Ar Gonideg a lle ceir cofeb a rhan o'r arysgrifen arni yn Gymraeg.

Rheswm arall dros gyfeirio tua Le Conquet yw bod cyfaill arall yn treulio'i haf yma, Goulven Guilcher, athro yn un o Brifysgolion Paris. Sgrifennodd ataf rai blynyddoedd yn ôl yn ceisio erthygl ar Sioni Winwns (o na chawn ddianc rhag hwn!) i rifyn o gylchgrawn yr oedd yn ei olygu, *Revue Français de Civilisation Britannique*. Dim tâl – yn naturiol! – ond apeliodd at fy ego drwy ddweud yn yr un gwynt iddo gael addewid am erthyglau i'r un rhifyn gan Asa Briggs a Jack Simmons. Gwyddwn yn dda am yr Athro Briggs, hanesydd swyddogol y BBC, ond yr oedd enw'r Athro Simmons yn ddieithr i mi. Darganfûm yn fuan mai ef yw'r awdurdod pennaf ar hanes rheilffyrdd a thrafnidiaeth a'i fod yn ymddiddori'n fawr yn ogystal yn y Sioni Winwns – a bûm yn llythyra ag yntau wedi hynny. Yn *Rue Theodore Botrel* y mae Goulven yn treulio rhai o fisoedd yr haf, yn hen gartre'r teulu, o fewn tafliad carreg da i'r môr. Heddiw mae'r tŷ ynghlo ac mae'n amlwg wedi dychwelyd i Baris neu tua'r deau i Provençe. Yr oedd ei dad, André Guilcher, yn ddaearegwr ac yn ddaearyddwr, a chofiaf fod rhai o stafelloedd y tŷ yn llawn cerrig a mapiau a thrugareddau diddorol. Yr oedd hefyd yn frwd dros y Llydaweg a chofiaf stori drist – nid an-nodweddiadol o gyfnod wedi'r rhyfel – a ddywedodd Goulven wrthyf. 'Yr oedd fy nhad,' meddai, 'yn brynwr mawr o gylchgronau a llyfrau Llydaweg. Wedi'r 'rhyddhad' a dechrau'r erlid ar genedlaetholwyr a'r rheini fu'n bleidiol i'r iaith a'i diwylliant dinistriodd fy nhad ei lyfrgell Lydaweg rhag ofn y buasai yntau'n cael ei gyhuddo o 'gydweithredu'. Gwariodd ffortiwn wedi hynny yn ceisio ail-greu yr hyn a ddinistriodd.' Doedd dim trugaredd i genedlaetholwyr na chefnogwyr yr iaith a diwylliant Llydaw yn y blynyddoedd hynny. Llwyddodd yr awdurdodau Ffrengig i wenwyno meddyliau cenhedlaeth gyfan a gwneud yr iaith yn wrthrych casineb a dirmyg. Mae'r stori'n dangos dewrder Ronan Huon, yn ŵr ifanc yn cychwyn cylchgrawn a chwmni cyhoeddi yn nannedd y gorthrwm. A'r un modd Per Denez ac eraill oedd yn ifanc y pryd hwnnw.

Dim lwc a dim sgwrs gyda Goulven, felly. Penderfynu bod gennym ddigon o amser i droi am Saint-Renan (Lokournan Leon) ac oddi yno'n ôl tua Brest. A ninnau yn Guilers, bron ar gyrrion y dref, deuwn at *Chateau de Keroual* yng nghanol coedwig a gyda rhodfa rhwng coed tâl yn arwain ato. Nid ydym am ymweld â gweddillion hen blasty nodedig, 'chwaith, dim ond munud i ystyried ei gysylltiadau. Yma y magwyd Louise Renée de Penancoet de Keroual (1649-1734). Treuliodd ei blynyddoedd cynnar yma cyn manteisio ar ei harddwch anghyffredin i ddod ymlaen yn rhyfeddol yn y byd. Heddiw mae haneswyr, os ydynt yn cofio amdani o gwbl, yn cyfeirio'n ddilornus ati fel ysbiwraig ar ran Louis XIV yn llys Charles II yn Lloegr. Fel y dywedais, ystyrid hi yn ferch o harddwch rhyfeddol. Am gyfnod bu'n gweini ar dduges Orléans, sef chwaer-yng-nghyfraith Louis XIV. Ar gais Louis – a oedd yn ymwybodol iawn o'i harddwch ac yn credu'n sicr y buasai yr un môr ddeniadol i Charles – cytunodd i fynd gyda Duges Orleans i lys Charles II yn Lloegr. Roedd Louis wedi barnu'n gywir. Ymhen dim o dro roedd Charles dros ei ben a'i glustiau mewn cariad â hi a hithau yn feistres arno ymhob ystyr. Mae'n debyg iddi gadw Charles draw am flwyddyn gyfan – gan bery i'w nwydau fynd yn wylltach fyth – nes iddi yn y diwedd ei rhoi ei hun yn llwyr iddo. Er nad oedd hi'n boblogaidd gan rai yn llys Charles – ei feistresi eraill yn eu plith – yr oedd Louise drwy ei deallusrwydd a'i chlyfrwch yn gymaint â'i harddwch, erbyn 1683 mewn sefyllfa lle dywedid mai hi, *La Belle Bretonne*, oedd yn llywodraethu. 'Louise had only to ask, and to have. She was, for the moment, the veritable ruler of England, and her power none could gainsay.' Dyna eiriau Mrs Colquhoun Grant, a sgrifennodd gofiant llawn cydymdeimlad tuag ati yn dwyn y teitl *Brittany to Whitehall* (John Long, Llundain, 1909). Ac yng ngeiriau haneswraig arall, Dorothy Senior, mewn bywgraffiad o Charles II, ceir y geiriau 'Charles was supreme – therefore the Duchess of Portsmouth (sef Louise), who ruled him, was virtually Queen of England.' (*The Gay King*, Stanley Paul, Llundain, 1909.)

Trwyddi hi, a'i chysylltiad agos â Louis drwy y llys-genhadon Ffrengig, Courtin a Barrillon wedi hynny, nid oedd Charles ddim amgen na phwped Brenin Ffrainc. Yn ôl Mrs Grant roedd Lloegr oll yn erbyn y 'Ffrances' ac ystyrid mai hi oedd 'the curse of the country'. Eto, oherwydd ei rheolaeth ar Charles, ei chof, ei deallusrwydd a'i gwybodaeth o ddulliau ac ystrywiau diplomyddiaeth, ni phylodd ei grym. Yr oedd hi, wrth gwrs, yn Babyddes ac yr oedd Charles yn dawel fach o'r un tueddiadau. Louise de Keroualle a lwyddodd i gael gwared o'r Esgobion Seisnig a threfnu i offeiriad Pabyddol – o'r enw Hudlestone – roi iddo'r gollyngdod a ddymunai. Yn ôl dogfennau Barrillon – *Affaires Etrangères* – hi a ymbiliodd arno i geisio offeiriad Pabyddol i fynd at ei wely. Dyma, yn ôl Barrillon, yr hyn a ddywedodd Louise wrtho: 'Mae gennyf gyfrinach fawr i'w hymddiried i chi. Mae Brenin Lloegr y funud hon ar ei wely angau ac o'i gwmpas mae esgobion Eglwys y wlad hon, ond yn ei galon Pabydd yw, ac ni chaiff gysur yn y ffydd Brotestannaidd. Does neb yn siarad ag ef am ddifrifoldeb ei gyflwr nac yn siarad ag ef am ei Dduw. Ni fedraf, yn weddus, fynd i'w stafell am fod y Frenhines yno ran fwyaf yr amser. Mae Dug Efrog (James) wedi'i feddiannu'n llwyr â'i faterion ei hun, ac nid yw'n poeni am gydwybod ei frawd. Eto, rwy'n ymbil arnoch i fynd ato, mae ef o'r un ffydd, ac erfyn arno o leiaf i achub enaid y Brenin.' A dyna a fu er y dywedir, pan fu farw Charles, mai enw'r actores Nell Gwynn oedd ar ei wefusau. 'Na fydded i Nelly druan lwgu,' oedd y geiriau olaf a lefarodd wrth ei frawd James (James II wedyn).

Yr oedd Charles ymhell cyn hynny (yn 1673) wedi anrhydeddu Louise â'r teitl Duges Portsmouth a chafodd yr anrhydedd o fod yn Dduges Aubigny yn Ffrainc gan Louis XIV rai misoedd wedyn o fewn yr un flwyddyn. Ganwyd mab angyfreithlon iddynt yn 1672 – Charles Lennox – a gafodd y teitl Dug Richmond, a'r teitl Dug Lennox yn yr Alban, gan Charles. Roedd Louise, felly, yn hen famgu – drwy wyth cenhedlaeth – i Diana, tywysoges Cymru. Ymysg ei chyfeillion mynwesol oedd y Barwn, a'r Barnwr, Jeffreys a anwyd yn Acton Park, ger Wrecsam. Barnwr enwog am ei greulondeb a'i frwdfrydedd dros ddedfrydu carcharion i'r crocbren.

Yn 1674, yn fuan wedi i Louise gael ei anrhydeddu â'r teitl Duges Portsmouth, anfonodd wahoddiad i'w chwaer Henriette Mauricette de Penancoet, i ymuno â hi yn Llundain. Mwy eto o genfigen tuag at Louise, yn enwedig pan roddodd Charles lwfans o £600 y flwyddyn iddi yn syth. Heblaw hynny, nid oedd Henriette hanner mor hardd â'i chwaer. Priododd Philip, seithfed Iarll Penfro, meddwyn a feddai dymer creulon. Er rhyddhad i bawb – yn arbennig Henriette – bu farw'r Iarll yn 1683 a dychwelodd i Lydaw yn llawer mwy ysblennydd a chyfoethog na phan aeth oddi yno. Roedd ganddi un ferch, Charlotte, ond hyd y gwyddom arhosodd hi yn Lloegr. Yn y man trefnodd Louise iddi briodi John Jeffreys, mab ei hen gyfaill y barnwr (bellach yr Arglwydd) Jeffreys. Un disglair, ond gwyllt, oedd John a llwyddodd i wario'i etifeddiaeth yn rhwydd. Ond ni lwyddodd i ysbeilio ffortiwn ei wraig.

Wrth i Louise, wedi marw Charles II, raddol golli gafael ar y grym fu ganddi yn Lloegr aeth i fyw yn Aubigny. Ehangodd ei stad yng ngorllewin Llydaw ac o gwmpas Brest. Mynn rhai iddi farw'n dlawd. Mae'n wir ei bod, fel llawer o uchelwyr, yn brin o arian parod ac ni oedai i atgoffa Louis XIV os byddai ei phensiwn yn hwyr, neu fod ganddi ryw ddyled anodd i'w thalu. Ac yn ddioed byddai yntau'n ymateb yn hael. Yn Hydref, 1734, aeth i Baris i weld ei meddygon ac yno, ar Dachwedd 14, bu farw yn 85 oed. 'Ni lwyddodd yr un ddynes erioed i gadw ei swyn mor hwyr i'w bywyd,' meddai Voltaire. 'Yn ddeg a thrigain yr oedd yn hardd o hyd, ei chorff yn urddasol a'i hwyneb yn ddilychwin.' Wedi marw Louis XIV cafodd nodded Philippe, Dug Orléans. Dywedir iddi dderbyn diolch Eglwys Rufain am ddwyn Charles II i'r wir grefydd fel y bu iddo farw ym mreintiau'r Eglwys honno.

Yn ei henaint, a hithau mwyach o ddim perygl i neb, cafodd barch ac anrhydedd. Ond nid felly y bu y rhan fwyaf o'i bywyd yn Llundain. Ceir disgrifiad o'r gystadleuaeth rhyngddi a Nell Gwynn am sylw'r brenin mewn llythyr oddi wrth yr enwog Madame Sévigné at ei merch, Marquise de Grignan, dyddiedig Medi 11, 1675. Roedd y foneddiges yn sgut am sgandal – ond tebyg bod cymaint o genfigen ag o wirionedd yn ei geiriau.

'Yn Lloegr, ni fethodd Kéroualle yr un nod. Roedd hi am fod yn feistres y Brenin; y

Merch yng ngwisg nodweddiadol Bro'r Bigoudenn.

Chateau de Keroual dros ganrif yn ôl.
Mae ei do wedi syrthio ond mae Cyngor
Brest yn ei adfer ar hyn o bryd.

Louise Renée de penancoet de Keroual.

mae. Mae e'n cysgu gyda hi bron bob nos ac mae pawb yn y llys yn gwybod hynny; mae ganddi fab sydd newydd gael ei arddel a dwy ddugaeth wedi'u cyflwyno iddo. Mae'n crynhoi ffortiwn, mae'n pery bod pawb, hyd ei gallu, yn ei hofni a'i pharchu, ond nid oedd wedi rhag-weld dod ar draws actores ifanc [Nell Gwynn] sydd wedi swyno'r brenin yn llwyr... Mae e'n rhannu ei sylw, ei amser a'i iechyd rhwng y ddwy. Mae'r actores mor ffroenuchel tuag at Dduges Portsmouth. Mae'n ei herio, yn tynnu wynebau arni, yn ymosod arni ac yn fynych yn llwyddo i dynnu'r brenin oddi wrthi ac yn ymffrostio yn ei ffafrau. Mae hi'n ifanc, yn wyllt, yn haerllug, yn ddigywilydd ac yn ddifyr, mae'n canu, dawnsio ac yn arfer ei chrefft yn agored. Mae ganddi hithau fab gan y brenin ac yn awyddus iddo gael ei arddel.' Dyma fel y mae'n rhesymu: 'Mae'r Dduges hon,' meddai, 'yn honni ei bod yn perthyn i bawb yn Ffrainc: cyn gynted ag y mae unrhyw un o fri yn marw mae hi'n galaru. Felly, os oes ganddi gystal cysylltiadau pam mai putain yw hi? Fe ddylai farw o gywilydd. Fi? Dyna fy nghrefft, yr unig beth rydw i'n dda iddo. Mae'r brenin yn fy nghadw, felly am y tro rwy'n eiddo iddo fe. A gan ei fod wedi rhoi mab i mi, rwyf am iddo ei arddel, ac rwy'n siŵr y gwna, oherwydd mae'r brenin yn fy ngharu gymaint â'r fenyw Portsmouth.' Mae'r greadures yma'n cael blaenoriaeth, mae'n aflonyddu ac yn pery trallod i'r Dduges. Mae'n rhyfedd fel y mae cymeriadau fel y rhain yn ddifyrrwch i mi. Penderfynais na fedrwn anfon dim gwell i chi o Orléans. O leiaf mae i gyd yn wir.'

Nid oes amheuaeth na swynwyd y brenin gan Nell Gwynn, ynghyd â hanner dwsin o fenywod eraill, ond doedd yr un ohonyn nhw'n cymharu â Louise mewn grym a dylanwad ar Charles nac ar lywodraeth gwlad.

Syrthiodd y rhan helaethaf o faenordy Keroual, ond saif y ddau dwr bob ochr i'r fynedfa. Defnyddir un ohonynt fel man cyfarfod ac ymarfer cwmni drama. Mae colomendy godidog yng nghanol un rhan o'r stâd. Er nad yw ar agor i'r cyhoedd mae i mi bob amser groeso i ymweld â'r lle – am fy mod o Gymru – a'r cysylltiad â'r Dywysoges Diana!

*   *   *

Awn yn ôl trwy Saint-Renan i gyfeiriad y môr ac ymuno â ffordd yr aberoedd yn Lampaul-Ploudalmezeau ac i lawr y traeth a thwyni Treompan ac astudio'r *Blockhaus* sydd ar y traeth ers cyfnod y rhyfel. Fe'i gorchuddiwyd â graffiti a'i droi ar ei ochr ac mae bron yn llawn tywod. Mae gennyf ddiddordeb yn y rhain ers blynyddoedd. Gwelais ffilm ddogfen ddoniol amdanynt gan Lydawr o'r enw Jean-Pierre Le Bihan un tro. Teitl y ffilm oedd *Beton Désarmé*. Bu Le Bihan yn astudio'r amddiffynfeydd concrid o Norwy i Wlad y Basg i weld pa ddefnydd a wneid ohonynt wedi i heddwch ddychwelyd. Rhoddodd sylw amlwg i'r rheini sydd ar ôl ar draethau Llydaw a Normandi. Roedd y defnydd ohonynt yn amrywio o ysbyty i fridfa gwyddau. Roedd un wedi gorchuddio'r hacrwch â cherrig glan môr a'i addasu'n dŷ haf – ac yn cynnwys seler win! Un arall yn *bier keller*. Dangoswyd *blockhaus* yn cael ei addasu'n ysbyty. 'Ydych chi'n siŵr nad oedd a wnelo'r Ffrancwyr ddim oll ag adeiladu hwn?' holai un o'r peirianwyr suful yn bryderus. Wedi cael sicrwydd mai gwaith yr Almaenwyr a neb arall ydoedd diflannodd y pryder o'i wyneb.

Yr oeddwn wedi gobeithio y byddai'r llanw allan er mwyn croesi i *L'Ile Carn* (Enez Karn) gyda'i charn nodedig a chromlechi a godwyd bedair mil o flynyddoedd Cyn Crist. Ond roedd y llanw i mewn a'r dydd yn tynnu'i draed ato. Yfory bydd yn rhaid symud ymlaen.

Pennod 3

Penrhyn Morgat-Crozon

Ychydig bellter sydd rhwng arfordiroedd de a gogledd Llydaw. Ar ei gulaf tua 65 milltir, ar ei letaf tua 95 milltir. Siwrne fer, felly, sydd gennym wrth ffarwelio â Keraloret – ac nid yw'n fwriad gennym gyrraedd arfordir y de chwaith. Dychwelwn i un o'm hoff fannau, penrhyn Morgat-Crozon (Morgad a Kraon, neu Craozon – yr un gair â Creuddyn – yw'r ffurfiau Llydewig). Drwy hen dref Le Faou (Ar Faou) hyd ddarn o'r aber sy'n arwain tua Brest, ar draws pont Terenez. I'r dde, fel y teithiwn, mae abaty Landevennec, ei hinsawdd fwyn, dangnefeddus a'i llyfrgell odidog o hen lyfrau a llawysgrifau. Ond heddiw nid oedwn nes gweld arwydd amgueddfa Ysgol Tregarvan.

Byddaf yn gwylltio pan glywaf rai Cymry'n swnian fod Llydaw yn 'jyst un blydi amgueddfa fawr'. Ac fe glywais rai Llydawyr eu hunain yn dweud fod braidd yn ormod ohonynt. Ffwlbri! Nid mannau denu twristiaid yw amgueddfeydd ond lle i chi a minnau weld ein hunain yn nrych ein gorffennol, a chydio mewn offer a thaclau fu yn nwylo ein tadau a'n mamau. A phan glywaf am staff Sain Ffagan yn mynd i Disneyworld i weld sut mae rhedeg Amgueddfa Werin... Mwy buddiol fuasai iddynt fynd o gwmpas Llydaw a gweld pobl yn defnyddio amgueddfa i blymio dyfnderoedd eu gorffennol, i fysedu eu gwreiddiau eu hunain. Fe'i gwelais â'm llygaid fy hun pan ges y fraint – a braint ydoedd – o fod yn rhan o sefydlu amgueddfa'r Sionis, *La Maison des Johnnies*, yn Roscoff. Pobl leol yn dweud wrthyf ymhen blwyddyn eu bod yn ymweld â'r lle yn wythnosol, fel mynd i'r Eglwys. Ennyd i gofio'r hen bobol, hen gydweithwyr, ffordd o fyw a berthynai iddyn nhw a'u hynafiaid. Ni sylweddolais ar y pryd yr hyn yr oeddwn yn ei wneud. Pobl yn rhoi trysorau i gyfoethogi'r lle, nes bod y capel bach o fewn dwy flynedd yn rhy fach a'r cyngor tref yn gorfod chwilio adeilad mwy. Lle i'r bobl yw amgueddfa ac os yw'r staff yn ddeallus a chydwybodol fe ddaw'r twristiaid. Bonws yw twristiaid yng nghyswllt amgueddfa, nid pobl i'w denu gan gimics byd Disney a pharciau thema.

Daw geiriau'r bardd June Jordan, Americanes ddu, filwriaethus i'm cof: 'Take me into the museum and show me myself, show me my people, show me soul America. If you cannot show me myself, if you cannot teach my people what they want to know – and they need to know the truth, and they need to know that nothing is more important than human life – if you cannot show and teach these things, then why shouldn't I attack the temples of America and blow them up?' Waw! Mae amgueddfeydd bychain niferus Llydaw wrth reddf yn gwybod y wers yna.

Cafodd Iorwerth Peate weledigaeth fawr a phwysig. Yr un adeg ag yr oedd ef yn dilyn y patrwm a sefydlwyd yn Sweden yr oedd Georges-Henri Rivière yn torri ei gwys yn Ffrainc. Diau ei fod yntau yn dilyn patrwm, sef gweledigaeth Frédéric Mistral (1830-1914), y bardd a'r ieithegwr o Provence. Sgrifennai Mistral yn iaith Provence ac yr oedd yn poeni am ddiflaniad yr iaith a thraddodiadau'r rhan honno o Ffrainc yn wyneb natur ganolog y wladwriaeth. Cychwynnodd y *Museon Arlaten* yn Arles yn 1896. Yn 1904 derbyniodd Mistral y Wobr Nobel am Lenyddiaeth ac â'r arian a ddaeth gyda'r anrhydedd prynodd yr Hôtel de Castellane-Laval i fod yn gartref i amgueddfa werin i adlewyrchu crefftau, cerddoriaeth, gwisgoedd, hanes, iaith ac arferion Provence. Yr un oedd nod Peate a Rivière ond iddynt ymgyrraedd ato drwy wahanol ffyrdd.

Gweledigaeth Peate oedd symud yr adeiladau a'r crefftwyr i un man. Gweledigaeth Rivière oedd eu gadael lle roeddynt a'u troi'n amgueddfeydd bychain yn eu cymunedau cynhenid. Cynllun llai trawiadol, ond ddim gronyn yn llai effeithiol. Datblygodd gyfundrefn o amgueddfeydd hanes ac ethnoleg a enwyd wedyn yn *ecomusées*. Cynsail yr *ecomusées*, goelia i, yw honno a sefydlwyd gan Frédéric Mistral yn Arles. Nid pob amgueddfa fach yn Llydaw sy'n rhan o'r gyfundrefn ond mae'r dylanwad yn amlwg ynddynt oll.

Y rhain yw un rheswm pam fod Llydawiaid yn fwy hyddysg yn eu hanes lleol na ni Gymry. Maen nhw'n deall pwrpas a bodolaeth amgueddfa. Mae gan bob tref yn Llydaw amgueddfa – yng Nghymru nid oes amgueddfa gan ddinas Caerdydd, hyd yn oed. Sefydliadau cenedlaethol – a'n gwaredo – yw'r Amgueddfa Genedlaethol, y (ddiweddar) Amgueddfa Diwydiant a Môr, a Sain Ffagan. Sy'n dwyn i gof ddiffiniad rhyw Sais o amgueddfa fel 'a depository of curiosities that more often than not includes the director'.

Y mae Llydaw, heb os, yn denu twrist mwy deallus a diwylliedig nag a welaf o gwmpas Cymru. Mae Ffrancwyr yn fwy eiddgar a brwd pan fyddant ar wyliau na'r 'lager louts' Seisnig – a diau bod rhywfaint o arferion gwaethaf ein cymydog agosaf yn ein cynhysgaeth ninnau Gymry. Ni wn a yw hyn yn rhywbeth a gaiff ei feithrin mewn cartref ac ysgol ond fel y dywed Loic Le Guillouzer, darlithydd yn Lannion (Lanuon), wrthyf: 'Fe elli di adnabod twristiaid o Saeson o bell – nhw yw'r rhai 'bored'.' Gallaf dystio o brofiad i wirionedd hyn. Ewch a chriw o Ffrancwyr o gwmpas tref neu amgueddfa neu stiwdio deledu ac y maent a'u trwynau ym mhopeth a phobman. Ewch â chriw o Saeson ac maen nhw'n 'bored'. Nid oes air Ffrangeg, Llydaweg na Chymraeg sy'n cyfleu union liw y geiriau 'boring' a 'bored'. Gair Saesneg am gyflwr Seisnig. Ledled Ffrainc tybiaf fod pobl yn fwy ymwybodol o'u hanes lleol a chymdeithasol na ni – ni welaf yr agweddau ffroenuchel a welaf yng Nghymru. 'Brehinoedd sy'n bwysig,' meddai Margaret Thatcher un tro gan annog athrawon hanes i anghofio hanes cymdeithasol ac ymroi i bwnio dyddiadau am frenhinoedd i bennau plant bach. Ac wrth ddweud hynny yr oedd yn lleisio barn llawer o haneswyr Lloegr a'u cynffonwyr Cymreig. Ai y defnydd a wna'r Llydawr cyffredin o'i amgueddfa leol a rydd iddo'r cydymdeimlad a'r ddealltwriaeth o hanes cymdeithasol ei fro sydd mor brin yng Nghymru? Ai gweledigaeth Georges-Henri Rivière ynteu a oedd yr ymdeimlad o orffennol a hanes yno eisoes? P'un ddaeth gyntaf, y cyw neu'r wy? Beth bynnag, os na adroddir hanes drwy chwedl a chân ar aelwydydd Llydaw mwyach – mae'r amgueddfeydd yno i'w gyflwyno.

Ond heb fwy o falu, dyma ni yn amgueddfa Tregarvan – hen ysgol wledig ar groesffordd. Tu allan cewch chwarae gemau traddodiadol ffald yr ysgol Lydewig ac mae tai bach sy'n edrych yn union fel tai bach fy hen ysgol gynradd, Ysgol Castell Flemish ger Tregaron. Yr unig wahaniaeth yw bod dŵr yn y toiledau hyn, yn wahanol i'r rhai pan oeddwn i'n fychan. Mae hen ysgol Tregarvan yn sylweddol – yr oedd fflat i'r prifathro uwchben yr ysgol, sy'n sicrhau digonedd o le i amgueddfa. Mae yma stafell ddosbarth gyda'i desgiau trwsgl yn rhesi a llechen ar bob un a chroeso i chi 'ymuno' yn y wers a dysgu sgrifennu'n gain a chywrain. Mae'r *sabot* (glocsen) yma, fersiwn Llydaw o'r 'Welsh Not', ac a ddefnyddid yn llawer mwy diweddar. Mae ystafelloedd eraill yn dangos cyfnodau yn hanes addysg, yr ysgolion Pabyddol, ysgolion y wladwriaeth, twf yr ysgolion Llydaweg eu hiaith – ysgolion Diwan. Mae Gwen yn prynu pecyn o hen daclau sgrifennu – pen ac inc – gan mai addysg yw thema gwaith ei dosbarth am y tymor nesaf ac mae wedi methu dod o hyd i daclau o'r fath yng Nghaerdydd.

Does yna yr un tŷ ger yr ysgol, mae bron yn union fel yr ysgol gynradd y bûm i ynddi ac rwy'n teimlo'n hen. Ces eistedd eto wrth ddesg a daeth yr atgofion yn ôl, a theimlais eto hen ofnau a chynnwrf a llawenydd plentyndod er 'mod i'n bell o Ysgol Castell.

* * *

Ond rwyf am ail-fyw profiadau eraill, mwy diweddar, ac felly i lawr y penrhyn hir. Clywais ddweud mai dyma un o'r darnau salaf o heol yn Llydaw ac oherwydd hynny mae llawer o bwysigion cefnog Paris yn berchen tai yng nghudd ymysg y pinwydd a'r cilfachau gyda'r traethau bychain. Rhy anghyfleus i dynnwyr lluniau a newyddiadurwyr fynd i chwilio amdanynt i lawr yna.

Cofiaf D. J. Williams, Abergwaun, mewn llythyr yn y papur lleol yn cyhuddo rhywun oedd wedi ennyn ei lid o fod â 'mentaliti boisgowtaidd'. Hyderaf na fuasai neb o'm cydnabod mwyaf dirmygus yn fy nghyhuddo o feddu'r fath fentaliti. Ond hyd yn oed yn awr, dipyn dros fy hanner cant, rwy'n hoff o godi pabell. Pan af dramor fe rof babell yng nghist y car ac weithiau, os nad yw'r tywydd yn dda, fe fydd yno ar ddiwedd y daith heb ei hagor. Ond os yw'r tywydd yn dda . . . Hoffaf ffurf luniaidd y babell, y cynfas yn ddifrychau, y rhaffau'n tynnu'n dynn gyda gwnïad y cynfas. Mwynhau cawod drom pan na ddaw'r un diferyn i amharu ar fy niddosrwydd a gweld y babell yn crasu wedyn dan haul twym a'r cynfas yn llyfnach eto wedi'r drin. Ni fu'r daith hon yn eithriad ac am fod y tywydd yn dda aethom tua gwersyll *Le Bouis* sydd fymryn tu hwnt i Morgat. Mae hen berchen y gwersyll wedi marw ers blynyddoedd ond mae ei weddw, Madame Cornac, yn byw mewn bwthyn gerllaw a byddwn ninnau, fel llu o hen gwsmeriaid ffyddlon yn galw i'w gweld am sgwrs a chroeso. Fel ei gŵr gynt, mae'n medru Llydaweg, ac mae'n sôn am blant y fferm gyferbyn sy'n mynd i'r Ysgol Diwan yn Crozon 'ac yn siarad gwell Llydaweg na ni'.

Erbyn hyn Sais o'r enw Mike Ebsworth a Virginie ei wraig, o dde Ffrainc, yw perchenogion y gwersyll. Cofiaf Virginie yn ferch yn ei harddegau yn gwersylla gyda'i thad a'i mam yn *Le Bouis* yn y saithdegau. Yr adeg honno roedd y pebyll mawr a'r gwersyllwyr yn gymysgfa o'r ifanc a'r canol oed. Erbyn heddiw pebyll bychain yw bron y cwbl a'r gwersyllwyr yn ddieithriad – heblaw ni – yn ifanc. Nid wyf mor hapus bod baner Llydaw wedi'i disodli gan faner yr Undeb Ewropeaidd ac na chaf ymarfer fy Llydaweg yn siop a swyddfa'r gwersyll, ond mae rhai arferion sy'n anodd eu torri. 'Ga i chwilio am gornel glyd a chysgodol?' meddwn wrth Mike. 'Mae ll-ll-lle yn y c-c-c-cae b-b-b-bach pellaf,' medd Mike sydd ag atal dweud na chlywais ei debyg ers dyddiau Joe Jones, Cwmni Recordiau'r Cambrian. Mae'n gwybod fy mod yn hoffi'r caeau bach gyda'u perthi uchel.

Pan ddeuem yma gyda'r plant yn y saithdegau a dechrau'r wythdegau roedd gennym babell gadarn. Mae hi gennym ni o hyd ond yr unig ddefnydd wneir ohoni bellach yw gan y plant wythnos yr Eisteddfod Genedlaethol lle mae angen rhywbeth cadarnach na'r cyffredin. Ond rai blynyddoedd yn ôl – mewn arwerthiant pebyll – prynais un ysgafn, fwy gosgeiddig ond tebyg o ran maint. Nid un i herio storm a glaw taranau tywydd Eisteddfod Genedlaethol ond digonol i hinsawdd Provence, Sbaen neu Portiwgal. Ac i wersyll *Le Bouis* a'i berthi a'i gloddiau clyd.

Hoffaf dreulio wythnos neu fwy mewn pabell, a phan fyddaf yn ei thynnu i lawr a'i rhoi yn y car a syllu ar y mymryn cysgod ar y ddaear gwn ymhen dim y bydd glaw a heulwen wedi dileu pob argoel i mi fod yno erioed. Felly yr hoffwn feddwl y bydd hi wedi fy nyddiau ar y ddaear, y mymryn o gysgod a fwriais yn diflannu gyda mi. Mae i wersylla ei fanteision eraill. Ni fedraf ddygymod â diogi llwyr ac mae gwersylla yn caniatáu i mi dwtian a phoetsian. Mae ychydig lestri i'w golchi – mae mynd i'r gawod neu'r tŷ bach yn orchwyl. Ar un adeg pan oedd y plant yn fabanod, roedd angen golchi cewynnau a defnyddio rhaffau'r babell fel lein ddillad. Gyda'r hen babell roedd un rhaff o flaen y drws yn hawdd baglu trosti. Yr hyn a wnawn wedyn oedd gosod y babell, y drws at y clawdd a'r rhaff wedi'i chlymu i goeden i'w defnyddio fel lein ddillad hefyd. Gwell cael dilledyn gwlyb yn eich wyneb na chrafu'ch coes ar y rhaff wrth fynd i'r tŷ bach am dri y bore.

Ac am dri y bore mae'n lleuad lawn, y caeau fel golau ddydd ond am gysgodion trwm y perthi. Mymryn o naws llwydrew i hela ysgryd bach trwof a'm gwâl yn fwy pleserus fyth 'rôl dychwelyd. Mae'r llanw'n uchel a'r tonnau'n crafu'r graean yn y pellter. Oni bai am hynny, a chwyrnu rhythmig cymydog y tu hwnt i'r clawdd mae'r wlad fel y bedd dan leuad Fedi.

Mae'n fore niwlog ond mae gwraig y siop fara ym mhentre Morgat yn fy sicrhau y bydd yn codi'n fuan ac y dylswn wneud yn fawr o'r diwrnod braf gan y bydd yn bwrw glaw 'fory. Hi yw ein Sian Lloyd – mae hi gystal proffwyd ond heb fod mor dlws. Mae llu o draethau ar y penrhyn ac rwy'n eu 'nabod bob un – Morgat, Portzig, Goulien, Lost Marc'h. Canmolais Lost Marc'h (cynffon y march) yn fawr yn *Crwydro Llydaw* ac aeth llu o'm cydgenedl yno i brofi cynhesrwydd a thangnefedd y traeth diarffordd. Ond rhwng sgrifennu a chyhoeddi'r llyfr daeth y lle'n gyrchfan boblogaidd i rai a hoffant ymdrochi a thorheulo'n noethlymun. 'Ych-a-fi,' meddai cydweithwraig a aeth gyda'i gŵr i Lydaw gyda'm cyfrol dan ei chesail, 'cyfeirio ni i'r traeth yna. Roedd y gŵr yn 'disgusted', yn dweud bod ti'n hen ddyn budur.' 'Hei, whare teg, dydw i ddim yn hen eto,' protestiais yn flin, 'a phan sgrifennais i'r llyfr yna doedd yna ddim pyrcod ar gyfyl y lle.' 'Hei, lle da yw'r Lost Marc'h yna,' meddai cyfaill arall llai uniongyrchol gyda fflach awgrymog yn ei lygad, 'Fe fydden ni'n mynd yno bob dydd . . . i hela cregin gleision, wrth gwrs.' Un o'r pethau od am y traeth arbennig hwn yw bod ffrwd fach yn rhedeg i lawr ei ganol. Un ochr i'r ffrwd yr arfer bellach yw bod yn fronnoeth – yr ochr arall, yn gwbl noeth. Dylswn nodi na wn am unrhyw draeth arall yn Llydaw lle goddefir y fath arferion aflednais. Ar y clogwyn uwch y traeth mae cylch cerrig sy'n llawer mwy diddorol nag arferion yr ymdrochwyr islaw.

Heddiw awn tua chilfach glyd rhwng *Pointe de Dinan* a thraeth Goulien. Gadael y car yn y man lle bydd cerddwyr i drwyn Dinan yn arfer parcio a dilyn llwybr y glannau. Nid llwybr rhwng perthi ydyw hwn, ond llwybr sy'n torri drwy'r trwch drain ac eithin a choed eirin duon bach. Penrhyn gwyllt dan orchudd amrywiol liwiau melyn yr eithin a'r grug – cymysgfa o borffor ac aur tywyll. A'r môr yn ychwanegu ei lesni at afradlonedd o liwiau. Mae'r pinwydd bron anobeithio, yn wastad gordeddog yn llusgo byw dan bwysau drycinoedd gaeaf. Wedi cerdded tua hanner milltir mae tro yn y llwybr ac er nad yw'n amlwg y mae llwybr bach tua'r chwith a grisiau amrwd i'n cilfach gudd. Heddiw cerddwn ar gerrig duon, wedi'u llyfnu'n wastad gan oged llanw a thrai miliynau o flynyddoedd, yn osgoi'r pyllau bas a'u sildod yn gwibio am eu bywydau rhag ein cysgodion. Mae anemoni'r môr a'u cegau'n agored a'u chwipiau breichiau yn chwilio am dameidiau a'r gwymon yn grimp yn yr haul. Cyn diwedd y prynhawn caf nofio'n braf lathenni uwchben y creigiau hyn a bydd dim sôn am byllau bas na gwymon. Mae'r newid i amgylchedd a golygfa'r gilfach hon rhwng trai a llanw yn rhyfeddod dyddiol i mi. Tua'r môr mae tir i'w weld i bob cyfeiriad – yn bell ac agos, oherwydd un bae hanner cylch yw hwn i gyd sy'n cynnwys traeth enfawr Goulien o'r lle gellir cerdded bob cam i'r ffordd sy'n cysylltu Crozon a Camaret (Kameled yn Llydaweg). Ond nid erwau o draeth sy'n fy nenu i heddiw ond ogofâu enfawr trwyn Dinan.

Pan fo'r môr yn isel gellir cerdded hyd y lan, dringo'r creigiau mewn mannau ac i'r ogofâu anferthol – ogofâu'r tylwyth teg fel y cyfeirir atynt yn lleol ond tybiaf ei bod yn fwy o ogofâu'r cewri. Mae'r gwymon fel mydylau dros y creigiau. Buasai ffermwyr Roscoff yn llawenhau o weld y fath gynhaeaf ond does dim modd i gert na threilar gyrraedd y traethau hyn. Dim ond llwybr bregus at ddyrnaid o gychod pysgota yn y bae sydd yng nghesail y trwyn. Mae'r llanw allan mor bell nes bod rhimyn o dywod i'r pedwar plentyn sy'n chwarae ar ei ymyl. Rwyf wedi cyrraedd pigyn cyntaf y trwyn er gorfod dringo rhywfaint o'r graig i osgoi'r tonnau sy'n sglafaethu am fy sodlau. Mae maint y cregin gleision yn brawf nad oes llawer yn mentro mor bell â hyn o gwmpas y trwyn. 'Rôl crafangu a chwysu rwyf dan y bont naturiol rhwng y tir a'r hyn a elwir yn 'gastell' Dinan.

Pointe de Dinan, yr ogof drwy'r graig ac un o'r traethau bach cyfagos.

Uwchben mae dau neu dri yn cerdded dros y bont. Tybed fedra i ddringo'r graig i fyny i'r castell? Rhof gynnig arni a diolch byth mae rhywun wedi dyrnu darnau o haearn i'r garreg yn y mannau peryclaf i helpu gwallgofion fel fi. Cyrhaeddaf ben y graig yn haws nag a dybiais a cherdded yn ôl a blaen dros y 'bont' – does dim canllawiau ac mae mor uchel a chul, ac ar ôl y dringo a'r cerdded rwy'n teimlo ychydig yn benysgafn a'm coesau'n wan gan flinder. Mae'r 'castell' yn graig naturiol, tri-phwynt, wedi'i naddu fel hanner cafn a haenau'r creigiau'n amlwg. I'r ochr ogleddol mae'r môr yn las a llonydd, i'r deau mae'r cesyg gwynion yn taro'n glaerwyn ar y creigiau. Ymhell allan ar y môr, mor bell nes eu bod yn llonydd, mae'r llongau hwyliau. Tua'r gogledd-orllewin gwelaf y *Pointe de Penhir* a'r *Tas de Pois* (y teisi pys neu Ar Berniou Pez yn Llydaweg) fel pe baent yn hwylio'n drefnus ymaith o'r tir.

Tua'r deau gwelaf yr *Île de Sein* (Enez Sun). Disgrifiwyd ei stormydd gaeafol yn odidog gan Henri Queffelec yn ei nofel *Un recteur de l'Île de Sein*. Methir cael offeiriad i weithio yn y plwyf caled gyda'i drigolion cyfrwys lled-baganaidd. Mae un o'r pysgotwyr yn cymryd y gwaith gan lwyddo'n arwrol, er pob anhawster a gwrthwynebiad, i ddwyn y bobl at Dduw. A chael ei gydnabod yn y diwedd fel gwir reithor yr ynys gan yr esgob. 'Ar nosweithiau'r dymestl,' medd y nofel, 'credai'r ynyswyr fod eneidiau'r rhai a foddwyd yn wylo yn y tonnau, eu bod yn hofran uwch y dyfroedd, yn dringo i'r lan ac yn dyrnu ar y ffenestri.' Gwelaf *Pointe du Raz* (Beg ar Raz yn Llydaweg) ac yno yn ei gysgod mae'r *Baie des Trépassés* – bae y meirw, neu Bae an Anaon yn Llydaweg. Ar Ddygwyl y Meirw, yn ôl y llenor a'r casglwr Emill Souvestre, fe glywir ei hocheneidiau ym Mae an Anaon. Gwelir ysbrydion y morwyr a foddwyd, ac eraill a aethant yn ysglyfaeth i'r môr yn nofio ar frig pob ton fel ewyn gwyn ac yno bob blwyddyn cyfarfyddant y rhai a garent ar y ddaear. 'Ar frig pob ton ceir enaid, a phan gyfarfyddant clywir cri isel, hir, ac wrth eu rhwygo ar wahân eto cynhydda artaith yr ocheneidiau, a bydd y teithiwr ar ei ffordd yn ymswyno ac yn adrodd wrtho'i hun weddïau'r meirw,' meddai Souvestre.

> Oernadau'r Raz, cerrynt a ladd,
> Tyllau trwst uffern
> A dychryn traeth y meirw!
> Ac eto blodeua'r eithin melyn ar y twyn
> Lle heda'r ceiliogod rhedyn ar esgyll gwyrdd
> Rhag galar llongddrylliadau!
> Ac yng nghesail y pant mae'r llyn bach yn hepian cysgu
> Lle mae'r heidiau ieir dŵr yn nofio'n ysgafn a rhwydd
> Rhwng ynysoedd persawrus blodau gwynion lili'r dŵr.

Felly y canodd yr offeiriad Maodez Glanndour yn ei gerdd *Beg ar Raz*. Gallasai fod wedi canu'n debyg i'r man lle safaf innau'r funud hon. Mae'r môr ar drai o hyd felly penderfynaf ddychwelyd at y dŵr ar hyd yr un llwybr ag a ddringais hanner awr yn ôl a cheisio cyrraedd yr ogofâu mawr. Wedi cyrraedd y gwaelod eisteddaf i gael fy ngwynt ataf a syllu ar gribau'r graig fel cefnau dreigiau. Mae'r don yn llipa, yn llusgo ychydig raean yn ôl gyda hi cyn crynhoi i ymosod yn ddigalon eto ar y garreg lle rwy'n eistedd. Mae'r Korrigan – neu'r tylwyth teg – sydd, yn ôl traddodiad, yn trigo yn yr ogofâu o dan y 'castell' yn swnio'n fwy cyfeillgar na'r traeth lle mae eneidiau'r meirw yn codi angor am y byd a ddaw. Ond mae aruthredd yr ogofâu yn frawychus. Ac yn dân i ddychymyg. Yma, yn ôl y gwybodusion, y gosododd Wagner, wedi pigo ymysg fersiwn hanner chwedl, hanner nofel Gottfried von Strassburg (1210 O.C.), *Tristan und Isolt*, ei opera enwog. Nid yw'r darlun o Ogof y Cariadon mewn safle gwyllt ar ochr y mynydd yn cyfateb i ddarlun Gottfried. Er hynny, mae'r ogofâu yn fy atgoffa o'r darlun yn fersiwn Ynys yr Iâ, *Tristrams saga ok Isondar*, yr unig fersiwn cyflawn a erys o'r chwedl fel y cyflwynwyd hi gan Thomas o Lydaw (tua 1160) ac a gyfieithwyd i Islandeg gan fynach o'r enw y Brawd Robert.

> Cododd Trystan gyda'r wawr a marchogodd ymaith yn ddirgel. Llwyddodd i groesi'r afon ac yn fuan wedyn daeth i gastell y cawr.

Parchodd y cawr y cyfamod rhyngddynt, gan roi i Drystan grefftwyr ac offer yn union yn ôl ei addewid. Lle'r oedd y goedwig dewaf, yr oedd craig fawr wedi'i thyllu'n wag, ei thyllu a'i cherfio'n berffaith. Yr oedd bwa o graig yn ei chanol wedi'i haddurno a'i cherfio gan ddail ac adar ac anifeiliaid. Ac ym mhob pen o'r bwa roedd ffigurau rhyfedd o fath na fedrai neb a drigai yno fod wedi creu dim tebyg. Yr oedd y gell wedi'i chynllunio fel na fedrai undyn byw fynd i mewn nac allan ond ar drai. Ar yr adeg honno gellid cerdded i mewn ac allan yn droedsych.

Oddi ar *Île de Sein* dywedir bod ysbryd llong yn rhag-weld trychineb. Y chwedl yw bod y *Bag-noz* (y cwch nos) yn ymddangos pan fo'r dydd yn hel ei draed ato a phan fo llong yn ddigon anffodus i hwylio'n rhy agos ato clywir y sgrechiadau a'r ymbil mwyaf erchyll gan eneidiau'r morwyr y mae eu cyrff o hyd ar waelod y môr. Mewn rhannau o dde Penfro credir bod pobl yn marw wedi i'r penllanw droi a bod yr eneidiau yn myned ymaith gyda'r trai. Yn Llydaw mae'r *Ankou* (Angau) yn hel eneidiau'r meirw. Ond ar lan y môr mae'r angau yn berson arall, *Yannig an Aod.* Mae'r môr yn fod byw. Ac er ei gryndod a'i ymchwydd yn ystod y dydd, mae'n cysgu'n drwm. Wrth i'r haul suddo i'r mor a'i gynhesu mae'r dyfroedd yn ymysgwyd a daw'r môr-forynion ag ellyllon i'r wyneb gan ryddhau'r tymhestloedd. Mae clychau Ker Ys – fersiwn Llydaw o Chwedl Cantre'r Gwaelod – a'r dinasoedd eraill a foddwyd yn canu a daw Yannig an Aod i grwydro'r traethau. Ef, medd rhai, yw ysbryd yr oesau a fu yn ceisio gwneud iawn am bechod erchyll a gyflawnodd, neu'n ceisio gorffen tasg na chwblhaodd. I eraill ef yw *Ankou*'r morwyr sy'n codi o gerrig llyfnion y traeth, y cerrig sy'n dal eneidiau'r rhai a foddwyd amser maith yn ôl. Yr eneidiau sy'n siffrwd wrth i'r môr eu cymryd eilwaith i'w gôl pan dry'r trai'n llanw, gan siarad mewn iaith mor glir â'n heiddo ni – ond nas deallwn. Yn 1910 yr oedd Anatole Le Braz yn taeru na wyddai am unlle ar arfordir Llydaw lle na chredid ym modolaeth Yannig an Aod. 'Weithiau y mae'n gawr, weithiau'n gorrach. Weithiau mae'n gwisgo het morwr, weithiau het cantel lydan . . . ei waith yw crwydro'r traethau, ei sgrechiadau'n rybudd i bysgotwyr a fu allan yn rhy hir a chael eu dal yn annisgwyl gan y gwyll . . . uwchlaw popeth ein rhybuddio a wna.'

Mae'r llanw'n troi a'r môr yn dechrau dod i mewn a rhaid i mi frysio os wyf i fynd drwy'r ogofâu ac allan i'r traeth yr ochr arall. Wrth gyrraedd yr ogof mae'r sianeli eisoes yn llawn a'r gwymon yn wlyb a llithrig ar wyneb y dŵr. Rhaid nofio. Mae'r dŵr yn llifo un ffordd ac rwy'n nofio'n wyllt rhag cael fy nhynnu'n ôl ac allan i'r môr, mae'r gwymon yn lapio o 'nghwmpas, yna mae llif y dŵr yn newid ac rwy'n cael fy ngharjo fel corcyn trwodd i'r ogof. Mae'n oer a llaith a dŵr yn diferu o'r to uchel ac mae lliwiau'r creigiau y tu mewn yn gyfoeth o las a gwyrdd – yn drwm a thywyll, yn ysgafn a golau. Rwy'n diosg fy sgidiau ysgafn a thywallt y dŵr ohonynt a thynnu 'nghrys a cheisio gwasgu hwnnw'n sych hefyd cyn cerdded yn ofalus dros y cerrig mawr llyfn. Llyfnach nag a feddyliais – ar wastad fy nghefn! Maen nhw'n dweud os ydych wedi ymlacio'n llwyr wrth syrthio na chewch niwed. Ches i ddim amser i feddwl na thynhau'r un gewyn. Ac rwy'n ddianaf, heb boen na briw. Diolch byth. Petawn wedi cael niwed buasai'n wyrth petai rhywun wedi dod o hyd i mi. Be mae rhywun yn fy oed i yn ei wneud yn crwydro'r ogofâu hyn fel rhyw lefnyn yn ei arddegau? Ond rwy'n ddiogel, gwisgaf fy sgidiau a cherdded allan i gynhesrwydd yr haul ar draws y traeth gyda'i raean poenus i'r llwybr yr ochr draw. Rwyf wedi sylwi ar y llwybr a gweld pobl yn cerdded ar hyd iddo. Ond ni wyddwn fod y darn gwaelod mor anodd i'w ddringo. Mae'r llwybr uwch y creigiau yn nefoedd wedi'r holl grafangu a nofio a dringo. Dim awel ond gwres yr haul i sychu 'nillad nes bod rhyw flinder bendigedig yn treiddio trwof, ac yn ôl â mi i'r traeth bach lle cychwynnais. Mae Gwen yno wedi darllen llyfr cyfan ac yn dechrau meddwl ble roeddwn i. Mae'r llanw'n dod i mewn a'r pryfetach yn sboncio i fyny o flaen y don a deryn bach brown ac ambell bluen wen a phig cyhyd â'i gynffon yn cael cinio mawr. Rhaid dychwelyd yn llwythog at gar fel ffwrn yng ngwres yr haul.

* * *

Penrhyn Morgat-Crozon yw'r Llydaw wyllt, y Llydaw nas dofwyd, y Llydaw gudd. Mae pentre Morgat yn eithriad. Mae coed ar gefndir cysgodol i'r traeth ac ymysg y rhai a roddodd anfarwoldeb i'r lle yr oedd yr arlunwyr Henri Rivière a Maxime Maufra. Yma hefyd y bu'r athronydd Emile Chartier – a sgrifennai dan yr enw Alain – ac yma y sgrifennodd *Les Entretiens au bord de la mer*. Ond i adnewyddu corff ac enaid rhaid wrth gysur gwyllt y penrhyn. Heddiw, rwyf am fynd i chwilio am bentref Kerdreux. Ddeng mlynedd ar hugain yn ôl bûm yn gwersylla am ddim – *au sauvage* – ymysg y twyni rhwng Kerdreux a'r môr, a thynnu dŵr o ffynnon fach. Un bore wrth fynd i nôl dŵr roedd gwiber yno yn torri syched. Gadawaf Gwen i gael lliw haul ymysg y creigiau ym mhen pellaf traeth Lost Marc'h. Mae'r traeth yn eang a llyfn a'r tonnau'n torri'n wyn a chyson ar drai pell. Mae arwydd yn rhybuddio bod y traeth yn lle peryglus i ymdrochwyr. Wn i ddim pam, oherwydd mae'r traeth yn wastad a buasai'n rhaid i rywun fod yn nofiwr llipa i fynd i drafferthion yma. Mae yma lwybrau i fyny'r creigiau a llwybrau uwchben y traeth i'w cerdded a'u harchwilio. Mae dau *blockhaus* Almaenig yn cysylltu â'i gilydd uwchben y man lle mae traeth Kerdreux a thraeth Lost Marc'h yn uno a'i gilydd. Trueni bod pobl yn eu defnyddio fel toiledau oherwydd maen nhw'n llefydd chwarae da i blant. Rhaid sicrhau eu diogelwch wrth gwrs – yr unig berygl yw iddyn nhw ddymchwel yn y twyni ansefydlog – ond fel adeiladau maen nhw'n ymddangos fel pe baent am bara byth. Mae'r darn hwn o arfordir yn fy atgoffa yn ddifeth o '*Le Plage*' (Y Traeth) un o straeon Alain Robbe-Grillet.

'Ac eithrio'r tri phlentyn, mae'r traeth hir yn wag. Mae'r rhimyn lled lydan o dywod yn llyfn, heb greigiau na phyllau, a dim ond y mymryn lleiaf o oriwaered rhwng y creigiau serth a'r môr.

'Mae'n ddiwrnod braf. Mae'r haul yn goleuo'r tywod melyn a'i olau ffyrnig, syth. Mae'r wybren yn ddi-gwmwl. Nid oes wynt 'chwaith. Mae'r dŵr yn las a thawel, heb ond yr ymchwydd lleiaf o'r môr agored, er bod y traeth cyhyd â'r gorwel ar drugaredd y tonnau.

'Yna, yn gyson, ac yn yr un man, cwyd ton sydyn ychydig lathenni o'r traeth a thorri'n syth, bob tro ar yr un llinell. Ni cheir ymdeimlad o ddŵr yn llifo, o drai a llanw; i'r gwrthwyneb, mae fel petai'r holl symud yn digwydd yn yr un man. Mae ymchwydd y dŵr i gychwyn yn creu pant bach ar ochr y tir, ac mae'r don yn cilio mymryn, gyda murmur treigl y graean; yna mae'n ffrwydro, ac yn lledu fel llaeth dros y llechwedd; ni wna ond ad-ennill y tir a gollodd. Dim ond ar eithriadau prin y mae'n codi fymryn yn uwch ac am funud yn dwyn lleithder i rai modfeddi ychwanegol.

'Ac mae popeth yn llonydd eto; y môr, yn llyfn a glas, yn aros yn yr unfan ar y tywod melyn ar hyd y traeth lle mae'r plant yn cerdded ...'

Cerddaf ymlaen ar hyd y llwybr dros y twyni; mae'r llwybr yn torri dros glogwyn serth. Rwy'n cadw'r môr mewn golwg drwy'r adeg ond does dim golwg o bentre Kerdreux. Islaw gwelaf fae bychan a chilfach; fedra i ddim cofio gweld y naill na'r llall o'r blaen. Rhaid 'mod i wedi methu'r llwybr tua Kerdreux ac rwy'n troi am yn ôl. Y tro hwn dilynaf ffordd uniongyrchol heb ddilyn ymyl y twyni a'r cilfachau. Mae'r llwybrau'n awr yn lledu'n lonydd caregog. Mae sgwariau o dir a chloddiau cerrig sychion o'u cwmpas. Bu yma werinwyr rywdro yn palu'r tir a phalu chwedlau o ddychymyg mwy ffrwythlon na'r erwau hyn. Mae'r caeau bach sgwâr wedi'u hailfeddiannu gan dwmpathau blin o eithin. Eraill yn glytwaith o rug ac eithin mân ac yn awr ac eilwaith, ceir perth o fanadl a'i sawr yn gryf yn y gwres. Rwyf wedi cerdded y lôn lychlyd am awr dda a dyma lôn yn troi tua'r môr. Cystal dilyn hon. Rhyfeddod, ar ôl yr holl gerdded; rwyf yng nghanol pentref Kerdreux. Rwyf wrth ymyl tŷ, cartref rhywun, ond fe allai o ran ei faint fod yn neuadd bentref, neu ysgol. Rwy'n ei gofio oherwydd fe'i gwelais lawer tro o'r blaen. Medraf ddilyn y llwybr yn awr, i lawr i'r man lle'r arferwn wersylla, y ffynnon, y lle golchi dillad cymunedol ac o fewn hanner awr rwy'n ôl ar draeth Lost Marc'h gyda Gwen. Rwyf wedi cerdded milltiroedd ac wedi bod i ffwrdd am oriau ond dyw Gwen yn poeni dim.

*   *   *

Yn Crozon y mae'r siopau llyfrau, dwy neu dair o rai da iawn, a siop hen bethau. Mae marchnad fach yma bob bore ac un fawr unwaith yr wythnos gyda danteithion, gwinoedd rhad, caws gafr lleol, mefus o Plougastel, pysgod a wystrys a chigoedd o bob math a stondinau dillad a chrefftau'n llenwi'r ddau faes parcio. Ar y ffordd tua Camaret medrwch weld nifer o adeiladau wedi'u claddu bron dan y ddaear. Yma cedwir arfau niwclear llongau tanfor Ffrainc a sefydliadau militaraidd eraill. Ond dydyn ni ddim i fod i wybod am bethau o'r fath.

Rwy'n dal yn hoff o Camaret er ei bod yn llai o borthladd pysgota ac yn fwy o dref ymwelwyr nag yr oedd pan arferwn ddod yma gyntaf. Mae yma ddewis o dai bwyta da a chofiwch y byddwch yn talu am yr olygfa wrth lowcian *Muscadet* a phigo'ch platiad o ffrwythau môr. Rhowch dro o gwmpas tai bwyta'r strydoedd cefn cyn penderfynu. Ar eich ffordd allan o'r dre tua thrwyn Penhir oedwch am ennyd i sylwi ar gylch cerrig Lagatyar. Ddiwedd y ddeunawfed ganrif yr oedd 700 o feini ar y safle, bellach nid erys ond 143. Bu'r ardal yn gyrchfan i arlunwyr ac mewn maenordy bychan neo-gothig o'r enw *Manoir de Coecilian*, sydd bellach yn adfail, gyferbyn â meini Lagatyar y treuliodd y bardd o Provence, Saint-Pol-Roux (neu Pierre-Paul Roux), flynyddoedd olaf ei fywyd. Fe'i ganed yn 1861 a daeth i'r amlwg gyntaf fel un o'r mwyaf lliwgar o feirdd simbolaidd Ffrainc. Yn y cyfnod cyn y Rhyfel Cyntaf yr oedd yn ffigur amlwg yng nghylchoedd llên Paris ac mae stori amdano un noson yn neidio o'i sedd yn y theatr ac i ymyl beirniad llenyddol enwog a swnllyd gyda'r geiriau: 'Syr, oni roddwch y gorau i'ch brefiadau aflafar byddaf yn disgyn eto, y tro nesaf gyda 'mhwysau nid ansylweddol, ar eich pen.' Er llawenydd i'w ffrindiau ni chlywyd smic oddi wrth y beirniad enwog weddill y noson. Ni wn a effeithiodd y weithred honno ar ei yrfa ond beirniadwyd ei waith yn ffyrnig a honnwyd bod ei ddrama *La Dame a la Faulx* yn amherfformadwy. Ciliodd i Camaret ond daliodd i sgrifennu a chyhoeddwyd tair cyfrol o'i gerddi rhyddiaith, *Les Reposoirs de la Procession*. Dychwelodd ei waith i fri diolch i André Breton a'r Swrealeiddwyr. 'O blith y rhai sy'n fyw o hyd ef yw unig wir ragflaenydd y mudiad cyfoes,' meddai Breton amdano un tro.

'Pysgotwyr Camaret' – Saint-Pol-Roux

Datgelant yr ynysoedd bychain sy'n gimychiaid.

Mae'r pysgotwyr yn byw eu dychymyg heb wybod. Mae bywyd y syml yn fynych yn ddychymyg byw.

I rai, mae'r Dychymyg yn ddi-ymwybod.
Mewn eraill caiff ei deneuo gan chymorth allanol neu ychydig fyfyrdod.
Mewn eraill fe'i cyflawnir heb yn wybod, yn goncrid, uniongyrchol.

Daw'r dychymyg hwn ohono'i hun; daw'r llall o ymdrech. Ffrwydra hwn ohono'i hun. Rhaid tanio'r llall.
Weithiau rhoddir dychymyg – ni raid ond ei gymryd.
Bryd arall mae'n Wlad yr Addewid, i fynd iddi o reidrwydd drwy fil o anawsterau.
Fel y mae awel o'r tu mewn ac awel o'r tu allan, mae dychymyg o'r tu mewn a dychymyg o'r tu allan.
Mae dychymyg sy'n drwm, yn astrus.
Weithiau mae'r dychymyg yn codi fel aderyn trwsgl sy'n gorfod corddi'r awyr â'i adenydd i roi sail iddo, i greu gwaddol, ac yna godi.
Mae'r ail Ddychymyg yn codi o lawr i lawr neu gan ffrwydriadau byr adenydd fel ehedydd.

Mae dychymyg fel saeth yn gadael a chyrraedd yr un pryd.

Dyma wynepryd proffwydoliaeth.
Proffwydoliaeth sylwedd.
Arluniaeth proffwydoliaeth.

Yn 1940 rhuthrodd milwr Almaenig meddw i'r maenordy yn Camaret, gan saethu Saint-Pol-Roux, treisio a niweidio'i ferch Divine yn ddifrifol, lladd y forwyn a rhoi'r tŷ ar dân. Bu farw'r bardd ychydig ddyddiau'n ddiweddarach yn yr ysbyty yn Brest. Ceir plac yn nodi lle bu farw yn yr ysbyty ond mae'r maenordy yn adfail. Yn y dref mae stryd wedi'i henwi ar ei ôl a cheir cofgolofn fechan iddo ar y sgwâr. Cyflwynodd Jean Bruller (a sgrifennai dan yr enw 'Vercors') ei nofel enwog am y gorthrwm, *Le Silence de la Mer* (Mudandod y Môr), a gyhoeddwyd yn ddirgel ym Mharis yn 1942 'I goffadwriaeth Saint-Pol-Roux, y bardd a lofruddiwyd'. Nofel ydyw sy'n annog y Ffrancod i beidio cyfathrebu gyda'r gelyn, i'w hanwybyddu, ac osgoi siarad â nhw oni bai bod yr Almaenwyr yn gyntaf yn siarad â nhw. Bu farw Divine yn hen wraig yn 1994.

Fwy neu lai i'r gogledd o Camaret mae Roscanvel ac ymhellach eto i'r gogledd y *Pointe des Espagnols* a enwyd ar ôl byddin o Sbaenwyr a adeiladodd gaer yma yn 1594 a'i hamddiffyn yn arwrol nes i'r Marsialydd d'Aumont gael gwared ohonyn nhw. Mae'r *Rade de Brest* – aber amryw o afonydd – yn lloches ddigonol i lynges gyflawn. Dyma bencadlys morwrol Ffrainc, canolfan ei grym militaraidd. Yn y bae rhwng Roscanvel a'i *Île Longue* mae dwy graig, y lleiaf a'r agosaf i'r tir yw'r *Île des Morts* a'r llall yr *Île Trébéron*. Ceir stori am y ddwy graig, gan y casglwr chwedlau gwerin a'r nofelydd o Morlaix, Emile Souvestre (1806-1854). Bu Souvestre am gyfnod yn newyddiadurwr yn Brest.

'Yn ddiffrwyth ac yn noeth, saif y ddwy ynys fel gwylwyr o graig, wedi'u gosod i warchod y tir rhag y môr sy'n dwrdio a rhuo o'u cwmpas. Ond er eu bod eu hunain yn amddifad o harddwch mae ganddynt olygfa sydd, i raddau, yn gwneud iawn am eu diffrwythdra eu hunain. Oddi ar eu clogwyni serth medrwch weld, yn ymestyn tua'r de, fae Lanveoc, wedi'i gwmpasu gan dyfiant tywyll a chrablyd ac i'r gogledd, Roscanvel, a'i llwyni cysgodol a'i meindyrau tal, yn codi'n uchel gan ddisgleirio yn yr heulwen; tu hwnt, y *Pointe des Espagnoles*, yn bigau arfog; ac i'r deau ceir cipolwg o Brest, ei cheiri a'i hamddiffynfeydd, a'r hwyliau gwynion yn llenwi'r harbwr.'

Un adeg, yn ôl y stori, yr oedd Ynys Treberon yn ysbyty heintiau ac ar yr ynys arall – *Île des Morts*, a enwyd am mai yno, un adeg, y cleddid y meirw – y cedwid arfau llynges Brest. Roedd un teulu bach yn byw ar ynys Treberon a chyfaill iddynt a'i fab yn gwarchod Ynys y Meirw. Does neb byth yn ymweld ag Ynys Treberon na'r ysbyty ond un diwrnod mae llong yn cyrraedd sy'n llawn dioddefwyr y pla melyn. Mae un o'r merched bach yn dal y clefyd, ac i geisio achub bywyd y ferch arall a'i chadw rhag yr haint mae'r tad yn ei chario o un ynys i'r llall pan fo'r llanw'n isel. Mae'r stori'n drist a disgrifiadol gyfoethog. Mae pob rhan o'r penrhyn yn haeddu ymweliad ac nid yw'r darn gogleddol hwn yn eithriad. Mae hen lwybrau'r tollmyn yn eich gwahodd.

*　　　*　　　*

Fel y proffwydodd ein Sian Lloyd yn y siop yn Morgat mae'n bwrw glaw mân ac nid lle i sefyllian o'i gwmpas pan fo'n wlyb yw pabell. 'Awn tua Quimper (Kemper yn Llydaweg),' awgrymaf ac y mae Gwen wrth ei bodd. Mae Quimper yn hardd a caffis yn agos i'r afon, a lle bwyta hen-ffasiwn lle ceir y *Cous-cous* gorau yn y byd a siop lyfrau Geltaidd *Ar Bed Keltiek* gyferbyn yr Eglwys Gadeiriol a digon o siopau eraill sy'n gwerthu dillad a phethau wrth fodd Gwen. Ond mae arnaf chwant galw am ginio yn yr *Auberge du Stang* mewn lle o'r enw Langolen oddi ar y brif-ffordd ychydig cyn cyrraedd Quimper. Sut mae perswadio Gwen bod hyn yn syniad da? Mae hi'n gwybod 'mod i a Monsieur Queré, y *patron*, yn ffrindiau a'i fod yn hael gyda'i win ac yn llwythwr di-ail o blatiau am bris o 45 ffranc yr un – y cwbl lot yn gynwysiedig. Mae hefyd yn gwmnïwr llawen, yn hoff o gantorion Cymreig – onid fi roddodd iddo gryno-ddisgiau Dafydd Iwan, Meic Stevens, Sian James? – yn syml mae'n hen fachan ardderchog. Moduro'n hamddenol ar hyd y ffordd ddeuol a'r glaw mân yn dal i ddisgyn a'r sychwyr yn mynd yn ddibaid. 'Gwen?' 'Y?' Os nad yw'n gyrru mae Gwen yn cysgu. 'Mae hi bron yn hanner dydd, ac mae hi'n bwrw o hyd, ac mae parcio'n broblem yn Quimper ...' 'Mae digon o le i barcio bob amser yn Quimper ...' 'Ond mae'n rhaid talu ...' (Ces fy ngeni yn Sir Aberteifi!) 'Be ti'n awgrymu ..?' 'Meddwl falle y buase'n syniad i ni alw yn Langolen am bryd bach a wedyn bwrw 'mlaen i Quimper ...' 'Lle dy ffrind di, ti'n feddwl, a mi fyddi di'n yfed litr o win bob diferyn dy hunan a mi fyddwn ni yna am y prynhawn a fe fydd yn rhaid i fi yrru o'na ...' Ac ati, ac ati. Erbyn cyrraedd y groesffordd ger Briec mae hi wedi cytuno â fy syniad a lawr â ni hyd ddyffryn coediog Odet a'i thiroedd pori bras drwy ddau neu dri o bentrefi bychain nes gweld yr arwydd Langolen. Mae'r *Auberge du Stang* ar y dde cyn cyrraedd Langolen.

Y tro cyntaf y bûm yno roedd nifer o ffermwyr ffraeth o Ddyffryn Clwyd a Dyffryn Ceiriog yn mwynhau sesh ac yn dysgu sut mae'r Llydawyr yn ymdopi â chrefft Alun Mabon yn yr Ewrob newydd. Os rwyn cofio'n iawn mae Langolen a Llangollen wedi'u gefeillio – ond gan fod cynifer o drefi yng Nghymru wedi'u gefeillio â rhywle yn Llydaw mae'n gamp eu cofio i gyd. Dro arall roeddwn wedi prynu pâr o glocsiau mewn arwerthiant meth-dalwr yn Saint-Pol-de-Léon a phenderfynais eu gwisgo er anrhydedd i'm cyfaill. Queré (neu Kere) yw crydd ond roeddwn wedi tybio – heb edrych yn fy ngeiriadur – mai clocsiwr oedd yr ystyr. Eglurodd M. Queré fy nghamgymeriad yn foesgar a ches sarhad ychwanegol pan sigais fy migwrn ar y ffordd allan. Effaith y gwin a gwadnau cul y clocsiau.

Ond dyma ni yn glyd o'r glaw, y litr o win coch wedi cyrraedd, glasiad i Gwen a'r gweddill i mi. Mae cymdeithas dda yma bob amser cinio. Byrddaid o weithwyr y banc, y *Crédit Agricole de Bretagne*, mewn siwtiau, a byrddaid o weithwyr o'r fferm frithyllod yn llai parchus a mwy swnllyd ac yn siarad Llydaweg. Merch ifanc yn gweini, darnau o lysiau amrwd i ddechrau, amrywiaeth o gigoedd parod – selsig a chig moch – wedyn, yna cyw iâr a thatw, caws neu bwdin i orffen. Ar ganol y pryd daw Monsieur Queré i mewn a chroeso mawr a digon o sgwrs ac mae'n rhoi llyfr yn anrheg i mi, llyfr hanes Lotei, tref fechan yng nghyffiniau Chateaulin (Kastellin). Bydd o ddefnydd i mi gan y byddaf yn ymweld â'r ardal yn ystod y daith ac rwy'n bwriadu chwilio am y man lle ganed y nofelydd a'r llenor Jakez Riou. Rwy'n protestio ei fod yn rhy garedig o lawer. 'Na, na, pleser yw profi'r mwynhad a gaiff y derbynydd,' meddai'r gŵr pen moel, barfog. Mae'n ceisio'n cael i ddod yn ôl heno – mae Bagad Briec yn cyfarfod yma – ond er mor braf fuasai hynny nid yw'n bosib. Wedi llawer ffarwél ac ysgwyd llaw awn tua Quimper.

* * *

Mae Quimper yn dref sylweddol a gyda'r meysydd parcio eang tu hwnt i'r afon mae'r canol yn gyfleus. A hithau'n hydref a'r haul yn torri trwy'r cymylau gan erlid y glaw mae arogleuon coed castan yn gryf. Croeswn y bont at Eglwys Gadeiriol Sant Corentin â'i phensaernïaeth Gothig nodweddiadol Lydewig a'i chydbwysedd pleserus. Mae ôl penseiri Normandi yn ogystal â chrefft dwylo Llydewig arni. Er gwaethaf fandaliaeth brwydrau'r canrifoedd – gwnaed difrod i bob porth ond un yn ystod y Chwyldro Ffrengig – bu yma gynnal a chadw a gofal. Ceir ffenestri lliw o'r bymthegfed ganrif yn y gangell, ceir pedwar beddrod o'r un ganrif a phulpud a godwyd yn 1679. Mae'r tu mewn yn symffoni o ithfaen aeddfed a'r allor euraidd yn bwrw'i lliw o dan ei gorchudd. Disgrifiodd Ernest Renan, mewn darn o ryddiaith o'r enw *La Double Prière*, y gweddïau'n cael eu llafarganu yn y Llydaweg yma, y dynion un ochr i'r eil a'r gwragedd yr ochr arall. Mae siop *Ar Bed Keltiek* gyferbyn â'r eglwys ond nid yw Gweltaz – y perchennog – yma. Mae ganddo siop yn Brest i ofalu ar ei hôl ac un yn Lorient (An Oriant) hefyd. Caf syndod o weld bod dau o'm llyfrau ar werth yma – y ddau allan o brint ers blynyddoedd – a chaf fy nhemtio i'w prynu. Rhaid nad oes llawer o fynd ar lyfrau Cymraeg yma, ddim fy rhai i, beth bynnag.

Quimpes, yr afon Odet a dau dŵr yr Eglwys Gadeiriol yn y pellter.

Mae llawer o lyfrau am Iwerddon yma. Pam nad oes yma fwy o ddeunydd am Gymru? Cefais sgwrs un tro gyda pherchennog siop sy'n gwerthu darluniau a phosteri Llydewig, siop a saif ar lan yr afon yn Quimper. Yr oedd yn achwyn na fedrai gael deunydd o Gymru. 'Rwy'n hoff o ganu corawl Cymreig ac rwyf wedi siarad â Huw Jones o Sain a chyfarfod Dafydd Iwan. Rwy'n methu'n lân cael casetiau i'w gwerthu ganddyn nhw – rhywbeth ynglŷn ag amheuaeth am anfon bomiau drwy'r post,' meddai wrthyf. A minnau bron cael haint o glywed y fath stori a'r fath golli cyfle. Gwn fod Gweltaz yn mynd i Gymru a buaswn yn disgwyl mwy o ddeunydd o Gymru yn ei siop yntau. Gresyn bod cyn lleied am Gymru mewn siop Geltaidd mor ardderchog.

Tref i ddilyn eich trwyn ynddi yw Quimper, tref i flasu'r awyrgylch yn hytrach na chwilio'r llecynnau twristaidd. Mae yma strydoedd godidog fel y *Rue Kereon* (Stryd y Cryddion), a'i naws o hyd yn ganol oesol, mae'r tŷ harddaf yn y dref yn *Rue du Salle* gyda'i drawstiau a'i leoedd tân cerfiedig – a chrempog da, gan mai dyna a gewch yno nawr. Un o gynhyrchion enwog Quimper yw ei chrochenwaith. Mae siop odidog gan y ffatri rownd y gornel o siop Gweltaz ac mae siop arall ar y *Quai de l'Odet* lle medrwch weld a phrynu'r crochenwaith hardd. Ger y cei yn Locmaria – lle daw'r llongau pleser, mae'r pontydd yn y ffordd wedyn – saif ffatri Henriot a sefydlwyd yn y dref yn 1690 gan ŵr o Provence o'r enw J. B. Bousquet gan ddwyn delwedd y dref i bob cornel o Lydaw, a Llydaw i lawer cwr o'r byd. Cerddwch i lawr ar hyd glan yr afon, y *Quai de l'Odet*, nes cyrraedd y *Palais de Justice*, croeswch yno a cherdded ychydig ymhellach i lawr ac fe welwch adeiladau'r ffatri. Ac y mae yma amgueddfa sy'n adlewyrchu pob agwedd o fywyd Llydaw mewn crochenwaith dros dair canrif, *Musée de la faïence Jules Verlingue*.

Mae'r curadur a sylfaenydd yr amgueddfa, Bernard Verlingue, yn ŵr parod ei gymwynas. Bu'n garedig iawn yn benthyg nifer o ddarnau i mi ar gyfer arddangosfa am Lydaw y bûm yn ei pharatoi i Ganolfan Hanes a Threftadaeth Pontypridd a Chyngor yr Amgueddfeydd yng Nghymru yn 1998. Mae'r ffatri wedi newid dwylo deirgwaith ers ei sefydlu a bu yn nwylo teulu Jules Verlingue, yn enedigol o Boulogne, hyd 1983 pan brynwyd y gwaith gan Americanwr a'i wreiddiau yn yr Iseldiroedd. Ŵyr i Jules Verlingue yw Bernard. Gweld pob math o ddarnau – yn blatiau, cerfluniau, darnau a grewyd i nodi digwyddiadau o bwys, yn cwmpasu tair canrif – yn stordy'r ffatri roddodd iddo'r syniad o sefydlu amgueddfa. Dros y canrifoedd bu rhai o arlunwyr a cherflunwyr amlycaf Llydaw yn gweithio yn y ffatri, a'u gweithiau'n cael eu hatgynhyrchu, pob un yn unigol â llaw.

Ymysg y darnau a fenthyciodd i mi roedd y cerflun gwreiddiol ar gyfer cofeb i'r rhai a laddwyd yn Rhyfel Mawr 1914-1918 yn ardal Plozevet, draw ym mro'r Bigouden, gwaith y cerflunydd René Quillevic (1879-1969) o Plouhinec. Byddai cerfiwr, neu gerfwyr, lleol wedyn yn copïo'r gwaith gwreiddiol mewn ithfaen. Yn Llydaw, yn wahanol i lawer gwlad, fe geir cofebau sy'n gydnaws â'r fro a'i phobl. Mae un Plozevet yn gerflun o hen ŵr lleol a gollodd bedwar mab a dau fab-yng-nghyfraith yn y rhyfel. Mae'n arwr yn ei fro, yr hen ŵr sy'n brwydro byw gyda'i dorcalon. Collodd Llydaw chwarter miliwn o wŷr ifanc – allan o boblogaeth o ychydig dros dair miliwn – yn y rhyfel erchyll hwnnw. Yn Llydaw priodwyd crefft a galar gwerin i gofio'r golled. Yn un o stordai'r amgueddfa gwelais hefyd gerflun gwreiddiol François Renaud ar gyfer *La Douleur*, y gofeb a welir yn Tréguier: gwraig yn eistedd mewn anobaith ar ochr y ffordd. Un arall oedd cerflun o wragedd yng ngwisg bro'r *Bigouden*; saif y gofeb orffenedig yn Pont-l'Abbé. Rhyfedd gweld platiau a luniwyd i goffáu'r Chwyldro Ffrengig cyn i amser bylu'r cof am gynnwrf – ac erchylltra – y cyfnod. Mae'r saint yma, a'r werin yn eu gwisgoedd traddodiadol yn ffigurau cywrain neu'n ddarluniau ar blatiau ysblennydd.

Pan ymwelais â'r amgueddfa yr oedd Bernard Verlingue yn paratoi ar gyfer arddangosfa o waith yr Albanwr Gaudy sy'n byw ac yn gweithio yn Llydaw. Eisteddwn yn swyddfa'r curadur tanllyd yn syllu ar yr afon a'r llong – sy'n mynd ag ymwelwyr i fyny ac i lawr yr aber – wrth angor yr ochr draw a gwrando'n fud ar ei frwdfrydedd parablus. Heblaw yr arddangosfa o waith Gaudy sy'n cael ei pharatoi mae ganddo arddangosfa ar fin mynd i Rennes o waith nifer o gerflunwyr oedd yn rhan o gymdeithas a elwid *Ar Seiz Breur* (Y Saith Brawd). Cefais ddarlith ganddo yn y man a'r lle. Nid oeddynt yn frodyr ac roedd mwy na saith ohonynt. Tueddir eu hystyried fel cymdeithas o arlunwyr a cherflunwyr, am mai dau arlunydd oedd y sylfaenwyr. Un oedd Jeanne Malivel (1895-1926) o Loudéac a'r llall oedd René-

Yr awdur gyda Bernard Velingue yn edmygu cerflun o waith René Quillevic.

Yves Creston (1898-1964) a aned yn Saint-Nazaire. Fel y daeth dadeni llên dan ysbrydoliaeth Roparz Hemon a'r mudiad a'r cylchgrawn *Gwalarn* felly y cafodd Llydaw ddadeni celfyddyd gain dan arweiniad *Ar Seiz Breur*. Yn wir, sefydlwyd cymdeithas *Ar Seiz Breur* yn Rennes yn 1923, ddwy flynedd cyn i Roparz Hemon sefydlu *Gwalarn*. 'Os yw celf i gael bri rhyng-genedlaethol mae'n rhaid iddo yn gyntaf fod yn genedlaethol, i fod yn fynegiant o fro, o hil.' Dyna farn Quillivic, geiriau sy'n crisialu nod a chredo'r gymdeithas. Yr oedd arlunwyr fel Xavier de Langlais a Pierre Péron yn aelodau, ond hefyd sgrifenwyr fel Abeozen a Youenn Drezen a'r cyfansoddwr Paul Le Flem. Chwalwyd y gymdeithas wedi'r rhyfel, cyfnod yr erlid ar Lydawyr gwlatgar a gyhuddwyd o gydweithio â'r Almaenwyr. Rhaid cofio bod yr aelodau yn cynnwys artistiaid gwleidyddol eithafol ar y dde a'r chwith – fel Herry Caouissin a Yann Sohier. Pardduwyd enw'r gymdeithas ac nid arddangoswyd eu gwaith hyd yn awr. Ond er gwaethaf hynny bu dylanwad y gymdeithas yn barhaol. Diogelwyd llawer o gynnyrch arlunwyr a cherflunwyr oedd yn aelodau o *Ar Seiz Breur* yn ffatri grochenwaith Quimper, a diolch i Bernard Verlingue, maent eto yno i'w gweld a'u mwynhau.

Brin hanner canllath o fynedfa'r amgueddfa mae tŷ bwyta serchog a dymunol Christian – *Restau á vins*. Dydw i ddim yn adnabod Christian ond mae'r merched sy'n gweini wrth y byrddau plaen yn rhoi i'w cwsmeriaid sylw a difrifoldeb llwyr. Yma mae'n bosib cael pryd sydyn a blasus a, rhag ofn bod digwyddiadau o'r fath o ddiddordeb, yma y cyfarfu Arlywydd Ffrainc, Jacques Chirac, ag arweinwyr diwylliannol Llydaw pan ddaeth i Finistère ym Mai, 1996. Ar y pryd mynegodd ei fod – mewn egwyddor – o blaid arwyddo Siartr Ieithoedd Rhanbarthol a Lleiafrifol Ewrop a'i fod o blaid unaniaeth 'rhanbarthau' Ffrainc. Ddwy flynedd yn ddiweddarach ni welir unrhyw arwydd bod Ffrainc – na Phrydain, o ran hynny – yn nes at arwyddo'r Siartr.

Ar un o'r tai gyferbyn â'r Eglwys Gadeiriol yn agos i siop *Ar Bed Keltiek* mae plac yn nodi mai yma y ganed Max Jacob (1876-1944). Roedd ei rieni yn cadw siop yn y *Rue du Parc* – un o brif strydoedd siopa Quimper. Yr oedd yn gymeriad anarferol – Iddew Llydewig a droes yn Babydd. Dechreuodd arlunio a barddoni yn yr ysgol ac fe'i disgrifiwyd fel cymeriad deublyg – weithiau yn cadw ato'i hun, bryd arall yn ddifyrrwr llon a dawnus. Yn ugain oed aeth i Paris a rhwng 1896 a 1911 bu'n crafu byw fel arlunydd. Yma eto yr un oedd patrwm ei fywyd – weithiau'n ganolog yn y criw swnllyd o gwmpas yr arlunydd Picasso a'r bardd Guillaume Apollinaire yn Montmartre – bryd arall yn ddi-fynd a thawel. Bu'n cyd-fyw gyda Picasso, y ddau ar lwgu bryd hynny, a daeth yn ffrindiau gyda Jean Cocteau, Diego Rivera, yr arlunydd o Fecsico, a Marevna, arlunwraig o Rwsia a ddaeth i amlygrwydd yn hwyr yn yr wythdegau. Honai Jacob iddo weld Iesu Grist ar ddau achlysur yn ei fywyd, digwyddiadau a gafodd effaith ysgytwol arno. Y tro cyntaf oedd ar Fedi 22, 1909, a thrannoeth daeth cyhoeddwr i'w weld yn gofyn caniatâd i gyhoeddi cyfrol o'i lenyddiaeth wedi'i dylunio gan Picasso. Ymddangosodd y gyfrol, *Saint Matorel*, yn 1911 a'i dynnu o'i dlodi. Wedi'r weledigaeth o Grist yr oedd am gofleidio Cristnogaeth a chael ei fedyddio ond oherwydd ei fywyd anghyson, yn gwyro'n wyllt rhwng pechod ac edifeiriwch, roedd ei ffrindiau'n amau ei ddiffuantrwydd. Ond wedi gweld Crist yr eilwaith yn Rhagfyr 1914 ymroes i gael ei dderbyn gan yr Eglwys Babyddol a'r tro hwn fe'i derbyniwyd ac fe'i bedyddiwyd – a Picasso'n dad bedydd.

Er ei ymdrechion fel arlunydd deilliodd ei lwyddiannau cynnar o lenydda. Ar ôl *Saint Matorel* cyhoeddodd ar ei gost ei hun yn 1916 *Le Carnet à Dés* (Y Cwpan Dis), dilyniant o gerddi rhyddiaith fu'n un o fannau cychwyn barddoniaeth fodern yr ugeinfed ganrif. Bu ei ffresni a'i wreiddioldeb yn ysbrydoliaeth i feirdd iau – André Breton, Aragon, Cocteau. Fel arlunydd a sgrifennwr, roedd Jacob yn un o sylfaenwyr y mudiad swreal. Ni thorrodd ei gysylltiadau â Llydaw, 'chwaith. Yn 1911 cyhoeddodd *La Côte*, parodi o *Barzaz-Breiz*

Villemarqué, ond sy'n brawf ei fod yn gyfarwydd â hen chwedlau a chaneuon Llydaw. Sgrifennodd nofel am fywyd yn Quimper, *Le Terrain Bouchaballe*, yn 1922 a thrwy ei fywyd darluniodd gymeriadau a bywyd bob dydd yn Quimper mewn arddull oedd yn graddol ogwyddo tuag at giwbistiaeth. Dywedid bod ganddo hen gist Lydewig ac i hon y taflai bytiau o farddoniaeth a'u tynnu allan wedyn i'w defnyddio yn ei gerddi swreal. Yn 1921, cefnodd ar ei fywyd bohemaidd, cyfun-rywiol a mynd i fyw i fynachlog Saint-Benoit-sur-Loire. Yn nhangnefedd y fynachlog gyda'i defodau crefyddol manwl troes i sgrifennu cerddi syml, clir gan gynnwys atgofion am ei blentyndod yn Llydaw, fel y rheini yn *Les Poèmes de Morvan le Gaelique* a gyhoeddwyd wedi'i farw.

'Quimper fwyn'

Quimper fwyn, nyth eiddew fy mhlentyndod,
Ymyl coed llwyfen a chreigiau,
Mwyn yw gwedd y wyneb
A welaf: drych o ffawydd a chelyn . . .
Mam neu forwyn, ar gefndir dail
Yn gwnïo'r brodwaith i'r plygion
Heb ofni llechwedd cilfachau
Am fod cylchoedd yn ddiogelwch rhag camre gwag . . .
Yn y gwaelod, Odet a'i mynych bontydd haearn,
A'i bwrlwm diddiwedd.
Ar gylch disglair lleda Odet -
Gwyliaf rhwng bysedd y coed
Fochau'r hwyliau mawr, euraidd yn yr haul
Tra o dan ein traed, yn gwanu'r prysgwydd
Y tair-mast gul, drom ym mreuddwyd Duw.

Yn 1928 aeth eto i Baris i fwynhau cyfnod o foethusrwydd bohemaidd. Dychwelodd i'r fynachlog yn 1936 ac yno y bu yn gweini'r Offeren fore a byw bywyd o ostyngeiddrwydd a gweddi nes ei garcharu yn 1944. Er 1940 fe'i gorfodwyd i wisgo seren felen Dafydd ac o un i un diflannodd ei deulu i garchar-wersylloedd yr Almaen. Bu ei frawd a'i chwaer farw yn Auschwitz. Fe'i cipiwyd yntau i'r ddalfa gan heddlu Ffrainc yn Chwefror 1944. Bu farw ddeng niwrnod yn ddiweddarach yn Drancy, carchar-wersyll yng ngogledd Ffrainc dan reolaeth yr awdurdodau Ffrengig. Y bwriad oedd ei anfon, fel ei frawd

Gwragedd y Bigoudenn mewn Pardon.

a'i chwaer, oddi yno i Auschwitz. Yn 1976, canmlwyddiant ei eni, ailenwyd cwrt bychan oddi ar *Rue du Parc* yn *Cour Jacob* ac enwyd y brif bont ar draws afon Odet, sy'n cysylltu'r *Quai de l'Odet* â'r *Allées de Locmaria*, yn *Pont Max-Jacob*. Ceir arddangosfa o'i ddarluniau yn y *Musée des Beax-Arts* yn Quimper, lawer ohonynt wedi'u hysbrydoli gan wisgoedd a golygfeydd bro ei febyd.

Yn rhif 2, *rue du Quai*, ar Chwefror 17, 1781, ganed René-Theophile Hyacinthe Laennec. Ef ddyfeisiodd y stethosgôp a choffeir ei enw ym Mharis gydag ysbyty enwog a chapel, Sainte-Marie-de-Laennec, wedi'u henwi ar ei ôl; ceir cofeb iddo yn *Square de la Charité*, Paris, ynghyd ag amryw gofgolofnau ac ysbyty wedi'i henwi ar ei ôl yn Quimper. Deuthum o hyd i gerflun ben ac ysgwyddau ohono yntau yn stordy y *Musée de la Faïence* a chael benthyg hwn hefyd ar gyfer arddangosfa ym Mhontypridd. Cerflun wedi'i lunio i nodi canmlwyddiant marw Laennec yn 1826 a gwaith aelod arall o gymdeithas *Ar Seiz Breur*, sef Georges Robin (1904-1928). Dywedodd yr Abad Yann-Vari Perrot amdano: 'Kristen eus ar re genta, Breizad penn-kil-ha-troad.' (Cristion ymhlith y gorau, Llydawr o'i gorun i'w sawdl.) Yr oedd hefyd yn Gelt brwd ac yn ogystal â'r Llydaweg medrai Gymraeg yn ddigon da i ddarllen y Beibl ynddi. Ymhlith y papurau a adawodd ar ei ôl roedd nifer o lythyrau at ei dad a'i denantiaid wedi'u hysgrifennu yn Llydaweg ac yr oedd yn gyfaill agos i'r gramadegydd, Ar Gonideg (Le Gonidec).

Astudiai guriadau calon ei gleifion a chymharu'r hyn a glywai â'r hyn a ddarganfu wrth archwilio'u cyrff wedi iddynt farw. Byddai'n rowlio darn o bapur yn silindr i gryfhau sŵn y curiadau. Cafodd y syniad o lunio silindr pren i'r un pwrpas ar ôl gweld plant yn crafu peg â phîn ac yn gwrando ar y sŵn y pen arall. Daethpwyd ag un o'r stethosgopau cyntaf i Brydain gan Doctor Thomas Davies a anwyd yng Nghaerfyrddin yn 1792 ac a fu'n un o fyfyrwyr Laennec ym Mharis. Gwelais un o stethosgopau gwreiddiol Laennec sy'n eiddo i feddyg yn Ffynnon Tâf ac roedd yn dal i'w ddefnyddio yn 1992!

Roedd caredigrwydd Laennec i'r milwyr clwyfedig o Lydaw – llawer ohonynt heb air o Ffrangeg – adeg rhyfeloedd Napoleon yn rhan o'r chwedloniaeth a dyfodd o'i gwmpas. Yr oedd yn awdur un o'r llyfrau pwysicaf yn hanes meddygaeth, *De l'auscultation mediate*, sy'n disgrifio'i ddulliau a'r hyn a ddysgodd o wrando curiadau'r galon. Penodwyd Laennec i Gadair Feddygol y *Collège de France* ac yn ffisigwr yr *Hôpital de la charité* yn 1823. Ond bywyd byr a gafodd. Ym mis Mai 1826 ac yntau'n dioddef o anhwylder y frest dychwelodd i Lydaw a bu farw yn Kerlouanec, ger Douarnenez, ar Awst 13, yn 45 oed. Cafodd yrfa ddisglair, ond oherwydd yr eiddigedd hwnnw sy'n nodwedd o'r agwedd tuag at wŷr dysgedig ni chafodd y gydnabyddiaeth a haeddai nes iddo farw. Fel y dywedais, daeth y Doctor Thomas Davies ag un o'i stethosgopau cyntaf i Brydain yn 1821 a threuliodd y gŵr o Gaerfyrddin weddill ei oes yn pregethu efengyl Laennec i'w fyfyrwyr a meddygon eraill.

*   *   *

Mae marchnad dan-do fendigedig yn Quimper a mannau difyr – fel stondin lyfrau ail-law – yn yr awyr agored. Fedra i byth ymwrthod â'r temtasiynau hyn a beth wela i ond copi o *Lettres de mon moulin* (Llythyrau o fy melin) gan Alphonse Daudet. Dair blynedd yn ôl treuliais bythefnos yn Provence a dod ar draws amgueddfa Daudet yn nyffryn yr Ardèche. Creiriau amaethyddol, wrth reswm, a hanes y diwydiant sidan yn yr ardal. A hanes teulu Daudet ar ochr ei fam oedd yn hanu o'r dyffryn, ynghyd â rhai o'i lawysgrifau. Prynais gopi o gyfrol o anturiaethau Tartarin o Tarascon – dychanol, doniol a charlamus, buasent yn gwneud cyfres gomedi deledu ragorol – ond ni phrynais gopi o'i 'lythyrau' y pryd hwnnw, a bu'n edifar gennyf. Deuthum ar draws straeon o'r gyfrol mewn blodeugerddi Ffrangeg wedi hynny a chael fy swyno. A dyma fi'n dod o hyd i'r llyfr. Af yn ôl i'm pabell i ddarllen y straeon. Yr oedd yn fwriad gan Daudet i brynu adfail o felin wynt y gwyddai amdani yn Provence – ond wnaeth e ddim. Fe af yn ôl i'm pabell a sgrifennu erthyglau 'Nodion o fy Mhabell' ar batrwm Daudet... Rwy'n dal dan ddylanwad gwin Monsieur Queré, fe galliaf yn y man... Bu Daudet yn Llydaw droeon a disgrifiodd ei ymweliad ag *Île de Houat* a'r golygfeydd o arfordir deheuol Llydaw yn ystod y daith, seiniau clychau'r eglwysi, a'r arogleuon yn *Memoires d'un homme de lettres*, a chynaeafu gwymon ar lan y môr yn ei *Les Contes du lundi*. Mab i Alphonse Daudet oedd Leon Daudet, ffasgydd enwog, newyddiadurwr disglair a chyfrannwr i'r papur asgell dde eithafol, *l'Action Française* ac un o arweinwyr y blaid wleidyddol oedd yn gysylltiedig â'r papur. (Yr oedd Ambrose Bebb, yn ei gyfnod ym Mharis yn y dauddegau, yn edmygwr mawr o Leon Daudet.) Yn ôl cyfeillion yn Provence nid oedd Alphonse Daudet yn ymwneud â gwleidyddiaeth ac yn sicr nid oedd yn coleddu syniadau Leon. Mae yn y stondin bentyrrau o hen rifynnau o *Ar Men*, y cychgrawn Ffrangeg ei iaith am Lydaw y soniais amdano eisoes. Arwydd o'i boblogrwydd yw'r pris uchel a ofynnir amdanynt. Mae'n bryd cael coffi bach – du a dau lwmp o siwgr – i fwrw ymaith ludded gwin y cyfaill Queré. Awn i gaffi/tŷ bwyta ychydig uwchlaw'r farchnad. Diddorol. Mae'n llawn lluniau o Per-Jakez Helias. Rwyf wedi cael cyngor i ymweld â siop hen lyfrau *Au Large*, rhif 16, *Rue Marc Sangnier*. Gofynnaf yn y caffi ble mae'r siop ond does neb yn gwybod. Mae rhywun yn mynd i 'nôl map o'r dref ac o'r diwedd deuwn o hyd i'r stryd sydd yng nghanol ystad fechan o dai ar gyffiniau Kerfeunteun. Er nad oes llawer o amser gennym awn i chwilio amdani ac o'r diwedd dod o hyd iddi a mwynhau sgwrs gyda Danièle Goasdoue sydd gyda'i gŵr Jean-Jacques yn berchen y siop. Mae'n siop dda hefyd, hen lyfrau a llawysgrifau, llyfrau Llydaweg, llyfrau Ffrangeg a rhai llyfrau Saesneg hyd yn oed am Lydaw. Prynaf dri neu bedwar o lyfrau Llydaweg gweddol rad a chydiaf mewn cyfrol wedi ei phrisio tua £600. Hefyd gwelaf gopi o waith Laennec – mewn dwy gyfrol – *De l'auscultation mediate*. Mae'r rhain hefyd yn llawer rhy ddrud i mi.

Beth bynnag, nid oes gennyf wybodaeth o'r pwnc na diddordeb ynddo. Mae'n rhy hwyr heddiw ond yfory, hwyrach, awn tua Bro ar Vigoudenned ac oddi yna yn ôl tua chanol Llydaw.

*   *   *

Tynnu'r babell i lawr. Trwy lwc mae'n heulog a medrwn ei phacio'n sych ac os nad ydym am ei defnyddio weddill yr haf fe all fynd i ben draw'r garej tan y flwyddyn nesaf. Yn ôl yr un ffordd â ddoe cyn troi at y ffordd sy'n nes i'r arfordir, drwy Plounevez-Porzay sydd gerllaw i bentref Sainte-Anne-Le-Palud (Santez Anna ar Palud) lle cynhelir y Pardwn enwog ar y Sul olaf yn Awst. Heddiw nid wyf am aros yn Douarnenez. Yma mae cartref Per Denez ond rwyf wedi methu trefnu i alw am sgwrs. Rwyf wedi cyfarfod droeon â'r cawr hwn – dyn bychan ydyw, ond cawr llenyddol a chawr yn y frwydr dros ei genedl – yng Nghymru ac yn ei wlad ei hun, a braf fuasai ei gyfarfod eto. Hwyrach y daw cyfle arall cyn ffarwelio â Llydaw. Bûm yma rai blynyddoedd yn ôl i dreulio diwrnod yng Ngŵyl Sinema Douarnenez. Ymddengys yn ŵyl fychan ond mae'n denu sylw eang. Yn ôl y *Ouest-France* yr oedd 50 o newyddiadurwyr yn bresennol gyda chynrychiolwyr o bob un o bapurau Paris. Pan gofiwn nad oes un o bapurau Llundain yn dod i'r Eisteddfod Genedlaethol a champ denu un neu ddau i noson olaf Canwr y Byd, Caerdydd... A doedden nhw ddim wedi 'nghyfri i, yno i sgrifennu adroddiadau i *Y Cymro* a'r *Morning Star*! Mae tocyn y wasg yn hwylus i gael mynd ble y mynnoch, heb dalu!

Mae'r ŵyl yn neilltuo traean da o'i hamser i ffilmiau a wnaed gan wledydd, cymunedau neu ddiwylliannau lleiafrifol, anghofiedig. Yn y gorffennol mae'r ŵyl wedi canolbwyntio ar ffilmiau a wnaed gan Inuit yr Arctig, Americaniaid duon a brodorion gwreiddiol Awstralia. Tro Cymru oedd hi yn 1998. Tro y Touareg a'r Berberiaid oedd hi pan fûm i yno. Nhw oedd trigolion darn helaeth o Ogledd Affrica cyn dyfod yr Arabiaid, y Tyrciaid, y Groegiaid a'r Rhufeiniaid. Heddiw ni cheir ond gweddillion eu diwylliant ar draws bob gwlad o'r Aifft i Morocco. Dangoswyd rhai ffilmiau o Iwerddon a ffilm ysblennydd a chyhyrog am y sipsiwn o'r enw *Latcho Drom* oedd yn cynnwys cyfraniadau o'r India, Twrci, Romania, Hwngaria, Slovacia, Ffrainc a Sbaen. Er mai gŵyl sinema y gelwir hi, roedd y cyfraniadau Llydewig yn ddogfennol yn hytrach na ffuglennol. Nid yw hyn yn syndod, o gofio cyn lleied o gyfle sydd i ddangos ffilmiau ar deledu Llydaw nac yn y sinemâu. Ond gan mai dyma'r cyfle cyntaf i ddangos llawer ohonynt yr oeddynt yn amserol a diddorol. Soniais eisoes am *Beton Desarmé* am yr amddiffynfeydd Almaenaidd sy'n greithiau – creithiau diddorol, er hynny – ar draethau Llydaw. Cofiaf ffilm arbennig, *Le Village au Cimetière* gan Tierry Compain, cyfarwyddwr Llydewig sydd ag obsesiwn â thema marwolaeth. Roedd y ffilm am bobl – menywod yn bennaf – mewn pentref ger Perros-Guirec yn paratoi'r fynwent am Ddydd Gŵyl y Meirw. Roedden nhw'n casglu'r graean oddi ar y beddau, eu rhoi mewn bwcedi o ddŵr a'u hysgwyd nes bod cerrig yn lân, sgwrio'r cerrig beddau, ailbaentio'r enwau a siarad a siarad – rhai yn Ffrangeg, rhai yn Llydaweg. Atgofion am anwyliaid ac am eu tynged anochel hwythau. 'Na, does gen i ddim ofn marw, dim ond ofn diodde.' Ffilm na ellid dychmygu ei gwneud yn ein byd antiseptig yng Nghymru a Lloegr. Ffilm arall, *Une Vie Saline*, am un o gasglwyr halen olaf ardal y Guerande (Gwenrann). Joseph Pereon, ei wallt yn wyn a'i ruddiau'n goch, yn sboncio'n droednoeth ymysg y 'caeau' halen gan barablu'i atgofion a'i straeon bymtheg i'r dwsin. Cofiaf hefyd am *Korneg Koz*, stori am ganwr acordion ar ei ffordd adref ar ôl difyrru'r gwesteion mewn priodas ac yn syrthio i hafn, ffau blaidd newynog. Heb fodd i ddianc mae'n gwneud yr unig beth y medrai feddwl amdano, canu'r acordion. Er syndod, mae'r blaidd yn gwrando, ac mae'r gŵr yn dal i ganu'r offeryn drwy'r nos, nes daw rhywun i'w achub yn y bore. Cerddoriaeth, golygfeydd a stori gynhyrfus, syml.

Ar un adeg dywedid bod sawr sardîns fel cwmwl dros Douarnenez. Nid yw felly yn awr, ond mae hen longau hwyliau yn y bae. Sylwais mai yr unig blaid wleidyddol â swyddfa yn y stryd fawr oedd y Blaid Gomiwnyddol ac ar y pryd comiwnydd oedd maer y dref, er iddo golli ei sedd yn etholiadau'r flwyddyn wedyn. Aethom am ginio yn griw llawen, yn ein plith newyddiadurwraig o *L'Humanité*, papur dyddiol Comiwnyddol Ffrainc. Y ddau ohonom yn falch cyfarfod 'cymrawd' yn sgriblo i gyffelyb bapur.

Mae'n demtasiwn mynd ymlaen tuag Audierne (Gwaien yn Llydaweg, sef enw'r afon y mae'r porthladd yn swatio yn ei chesail). Mae'n borthladd pysgota – tiwna a physgod cregin – a thref ymwelwyr gwyliau fel ei gilydd. Yma, yn 1923, ganed y nofelydd a'r storïwr byrion Youenn Olier ac un o'r rhai ynghyd â Per Denez, Ronan Huon a'r diweddar Arzel Even (enw barddol Jean Piette, a fu'n gweithio yn y Fridfa Blanhigion yng Ngogerddan, ger Aberystwyth), fu'n cynnal ac yn arwain y genhedlaeth o feirdd a llenorion Llydaweg wedi'r rhyfel.

Yr wyf am fynd tua Pouldreuzic (Pouldruzig yn Llydaweg) pentre a ddaeth yn fyd-enwog diolch i gyfrol hunangofiannol Per-Jakez Helias *Le Cheval d'Orgueil* (Y March Balchder). Yn ei gyfrol mae'n sôn am ddarllen hen rifynnau o'r papur *La Dépêche de Brest* am y flwyddyn 1924 ac yn darllen am angladd Anatole France a digwyddiadau mawr y dydd. 'Ond yng nghymuned Pouldreuzic ymddengys nad oedd dim yn digwydd. Heblaw hynny sut y buasai unrhyw ddarllenydd yn dod i wybod nad oedd pobl y pentre dinod hwn yn siarad yr un iaith â honno yn y papur?' Dyna gyfnod y mudo

Y llechen ar y tŷ lle ganed Per-Jakez Helias.

Y tŷ yn Pouldreuzic lle ganed Per-Jakez Helias.

mawr o'r ardal pan lwythai'r teuluoedd eu heiddo ar y gert a throi tua'r Dordogne heb ddwy geiniog i dincian yn eu pocedi.

''Ble mae'r Dordogne yna, Tad-cu?' 'Mae tu hwnt i Nantes,' atebodd Alain Le Goff. 'Ond pam mynd yno?' 'Am fod yno fwy o le.' Cyn belled ag y gwelwn i, nid oeddem yn brin o le.' Mae'r wlad heddiw'n raenus ac anodd cysoni'r hyn a welaf gyda disgrifiadau Helias o'r tlodi, o deuluoedd yn cilio mewn cywilydd dan gysgod nos. Ond mae hefyd yn gyfrol am hunan-barch a balchder – deubeth sy'n sylfaenol yng nghymeriad y Llydawiaid – am foddhad mewn gwaith dan amgylchiadau creulon gan awdur oedd yn adnabod pobl gyffredin, eu harferion a'u teimladau. Cymdeithas yn goresgyn ei dioddefaint drwy gyd-ddioddef. Ond yn y dauddegau roedd tlodi yn gwmwl parhaus:

'Gallai llongddrylliad, afiechyd, salwch ar ddyn neu anifail, tân yn y lloft stabl, cynhaeaf gwael, cyflogwr rhy galed neu un o ddigwyddiadau anffodus dyddiol bywyd eich bwrw ar y stryd, eich gorfodi i gardota o ddrws i ddrws, gweddi ar eich min a'ch llygaid ynghau rhag y cywilydd. Weithiau byddai'r dynion yn dewis eu crogi eu hunain ac yr oedd bob amser raff yn y sgubor ar gyfer hynny. Gwell oedd gan y menywod foddi ac yr oedd ffynnon o flaen y tŷ a'r lle golchi dillad ym mhen draw'r cae. Gymaint yr obsesiwn â thlodi bron na ddisgwyliwn ei gyfarfod ar y ffordd, fel gast denau, ei chot yn arw, ei dannedd melyn noeth: Gast y Byd. Yn dawel a chyfrwys, byddai'n neidio arnoch yn ddirybudd – dyna'r gwaethaf.'

Yr oedd Helias yn disgrifio Llydaw pan oedd hi y dlotaf o ranbarthau Ffrainc. Heddiw, hi yw'r fwyaf ffyniannus. Yn wir, ers cyhoeddi *Le Cheval d'Orgueil* gyntaf yn 1975, mae Llydaw, yn economaidd, wedi cerdded ymhell. Wrth grwydro o gwmpas capel Penhors a ddisgrifir mor fyw gan yr awdur ar ddydd y Pardwn blynyddol, rwy'n dyfalu a fedrai Helias – ac yntau mor llawdrwm o weld disodli'r hen gymdeithas werinol gan ddatblygiadau modern – anghymeradwyo'r hyn a ddigwyddodd i'w fro? Nid oedd pawb o'i gyd-Lydawyr mor frwd ynglŷn â'i gyfrol – yn ei chyhuddo o fod yn rhy fasnachol, yn rhy rwydd ei weledigaeth o'r dyfodol. Lluniodd y bardd a'r newyddiadurwr Xavier Grall (1930-1981) ysgrif dan y teitl '*Le Cheval Couché*' (y march gorweddog) gan ddadlau nad oedd march balch Helias ddim amgen na chreadur taeog yn ymgreinio gerbron y goresgynwyr.

Bu farw Helias yn 1996 a chofiaf ein bod yn gadael Llydaw wedi gwyliau byr y dydd wedi ei farw a thudalen flaen y *Ouest-France* wedi'i neilltuo'n gyfan iddo. Adnewyddwyd capel Penhors gyda'r gofal nodweddiadol Lydewig, ac mae ei ddrws ar agor. Fe'i codwyd yn yr unfed ganrif ar bymtheg, gyda rhai nodweddion rhamantaidd ac mae cydbwysedd ei gynllun yn berffaith, gwaith sy'n dyst i ganrifoedd o berffeithio celfyddyd Llydaw. O'r tu mewn clywaf sŵn y gwynt a'r môr ac mae sawr y gwair o'r cae tu hwnt i ffiniau'r eglwys – yr un hen sawr er mai byrnau crwn sydd yma yn lle ystodiau a mydylau. Ar y ffordd oddi yno rwy'n galw yn y swyddfa ymwelwyr. Mae heb agor ond mae rhywun yn fy nghyfeirio tuag at y tŷ lle ganed Helias, tŷ bychan yn y stryd ar y ffordd tua Quimper, ac mae'n wag. Mae plac ar y wal yn nodi mai yma y ganed y bardd, y llenor, y dramodydd a'r darlledwr a sgrifennodd yn y Llydaweg a'r Ffrangeg a dod â phentref bach dinod ar arfordir gorllewinol bro'r *bigoudenn* i sylw'r byd. Does fawr neb o gwmpas ac nid oes un cap les uchel i bery i mi ruthro am fy nghamera – dylswn fod wedi dod yma ar ddydd gŵyl. Yn y chwedegau cofiaf weld gwragedd yn y parthau hyn yn trin y tir a'u genau ymwthgar yn cadw'r rhuban dan yr ên yn dynn a'r capiau'n syth yn nannedd gwynt y môr. Mae'r byd yn newid.

Awn yn ôl tua Pont-l'Abbé (Pont-an-Abad yn Llydaweg) sy'n rhoi esgus i mi sôn am un o lenorion mawr Llydaw, Youenn Drezen, a anwyd yma yn 1899 ac a fu farw yn 1972. Ei waith enwocaf, a'r gorau yn ôl y gwybodusion, yw'r nofel *Itroun Varia Garmez*, am grydd – Paol Tirili – a cherfiwr carreg dawnus sy'n gwneud cerflun o'r Forwyn Fair ar gyfer eglwys Garmez yn y pentre. Gwelir mai bro'r Bigoudenn yw ei ysbrydoliaeth. Yn gefndir i'r nofel mae tlodi a thrafferthion cymdeithasol oherwydd newyn a diweithdra, a thwf cenedlaetholdeb Llydaw a mudiad y *Gwenn ha Du*. Bu Drezen ei hun yn rhan o'r frwydr genedlaethol. Nodwedd arall o'r nofel yw dilema'r offeiriaid – a ddylent gefnogi brwydr y werin i wella'i hamgylchiadau? Wedyn dyna *Sizhun ar Breur Arturo* (Wythnos y Brawd Arturo), ei nofel – hunangofiannol, hwyrach – am Lydawr ifanc mewn athrofa Babyddol yn Sbaen sy'n syrthio mewn cariad ac yn penderfynu cefnu ar yrfa offeiriadol. Pan oedd llywodraeth Ffrainc yn llym dros gadw gwlad ac eglwys ar wahân arferid anfon plant deallus o ardaloedd Pabyddol i athrofeydd tramor, yn arbennig Sbaen a Gwlad Belg. Anfonwyd Youenn Drezen yn blentyn deg oed i athrofa yng Ngwlad y Basg. Un o ddyletswyddau'r bachgen yn y nofel oedd sgubo a glanhau'r eglwys bob prynhawn am wythnos. Ond ar yr un pryd ag y byddai ef yn dechrau ei waith deuai merch i'r eglwys. Maen nhw'n siarad ac mae'r bachgen yn sylweddoli ei fod yn hoffi'r ferch ormod i fynd rhagddo â'i yrfa. Cefnu ar yr eglwys wnaeth Drezen, hefyd, a dewis gyrfa dyn papur newydd.

Ond hwyrach mai ei waith godidocaf yw'r stori fer '*An Dour en-dro d'an Inizi*' (Y Dŵr o Gylch yr Ynysoedd) sy'n gyforiog o naws ac awyrgylch Llydaw. Stori serch garlamus a mentrus, nid am werinwyr tlawd ond am Lydawyr cyfoethog â thŷ wrth y môr ac yn ymfalchïo yn eu hiaith, eu traddodiadau a'u Celtiaeth. Er iddi gael ei chyhoeddi gyntaf yn y cylchgrawn *Gwalarn* yn 1932, mae'n feiddgar hyd yn oed wrth safonau heddiw. Cafodd Youenn Drezen ei garcharu ar ôl y rhyfel – am garu'i iaith ac yr oedd caru iaith yn gyfystyr â chydweithio gyda'r Almaenwyr. Fe'i gwaharddwyd rhag dilyn ei grefft fel newyddiadurwr, dirywiodd ei iechyd a bu raid iddo dreulio cyfnodau mewn ysbytai. Mae gan Ffrainc lawer i gywilyddio o'i blegid oherwydd yr hyn a wnaeth wedi'r rhyfel er difetha iaith Llydaw.

Crwydro ychydig o gwmpas Pont-l'Abbé a gweld siop hen bethau anhygoel, ond ei bod ar gau ac ar werth. Llawer o blatiau a chreadigaethau ffatri Henriot yn y ffenestr.

Yna mynd i mewn i siop Le Minor, rhif 3, *Quai Saint-Laurent*, a chael sgwrs gyda Gildas Le Minor, y perchennog. Nid siop, 'chwaith, yn gymaint â ffatri – neu weithdy. Dyma un o'r lleoedd lle gwneir y baneri hardd a welir yng ngorymdeithiau (*pardon*) y saint. Mae un ar gyfer Saint-Lenon newydd ei gorffen ganddo ac mae hi'n odidog. Mae ganddo arddangosfa fach o frodwaith cain ardal y *Bigoudenn* yn y siop – ac mae'n gwerthu amrywiaeth o lestri, creadigaethau Quimper a Pornic yn eu plith. Pan oedd y plant yn fach arferwn brynu *kabig* (math o *duffle-coat*) Lydewig bob blwyddyn ac roeddynt yn gwisgo'n anhygoel o dda. Un o greadigaethau Le Minor yw'r *kabig*. Fy uchelgais oedd prynu un i Gwen, ond doedd byth ddigon o arian ar ôl gennym. Mae Monsieur Le Minor yn adnabod Cymru'n bur dda ac mae pentref ychydig filltiroedd i ffwrdd yn paratoi i efeillio gydag Abergwaun ac mae e'n brysur gyda'r trefniadau. Mae'n ŵr croesawus a hynaws a chaiff f'addewid y byddaf yn chwilio am grefftwyr o Gymru fyddai'n barod i ddod i Lydaw i fod yn rhan o ffair grefftau i'w chynnal yn Pont-l'Abbé ddiwedd 1998. Tipyn o gamp – ond fe wnaf fy ngorau.

*   *   *

Oni fedrwn ni byth adael pen draw Llydaw? Penderfynu treulio noson yn un o'r gwestai 'otomatig' rhad ar gyrion Quimper. Mae'r rhataf oll, y *Formule 1*, yn llawn, felly ceisiwn aros yn y *B & B Hotel* sydd drws nesaf iddi. Rwy'n mwynhau profi pethau newydd ac mae hwn yn brofiad newydd. Dim derbynfa a neb i'ch croesawu. Mynd at beiriant tebyg i'r 'twll-yn-y-wal' sydd tu allan i'r banciau. Rhoi fy ngherdyn plastig i mewn ac yna daw rhes o gyfarwyddiadau ac ymholiadau, ac wedi pwyso sawl botwm gan fynegi ein hawydd i dreulio noson yma a'n bod am ddau frecwast, un i mi ac un i Gwen, a thalu 'mlaen llaw, daw darn o bapur allan, ac arno res o rifau ar y gwaelod, yn dweud wrthym fod ystafell 31 ar ein cyfer. Awn â'r car i gefn yr adeilad a pharcio'n union y tu allan i'r stafell. Wrth ochr y drws mae blwch botymau ac wedi pwyso'n rhifau a gawsom ar y darn papur mae'r drws yn agor. I mewn â ni. Sylfaenol iawn. Gwely digon cyfforddus, bwrdd a chadair, a set deledu. Stafell molchi/tŷ bach gyda chawod hwylus a thaclus – oni bai eich bod yn dew. 'Rwyf wedi rhyfeddu at y fath otomeiddiwch. Yn y gorffennol yr ydym wedi bwrw noson yn y *Novotel*, un arall o'r gwestai sydd ar y ffordd o gwmpas Quimper, lle moethus a gweddol ddrud. Yn ddiddorol, mae llawer o'r gwestai yma o gwmpas trefi lled fawr fel Quimper, yn agos i'w gilydd a'r prisiau'n amrywio'n fawr. Mae'r *B & B Hotel* yn ddrutach na'r *Formule 1*. Mae'r *Formule 1* yn iawn am noson, hefyd. Rhaid mynd o'ch stafell am dŷ bach neu gawod – stafelloedd diddorol sy'n cael eu diheintio'n llwyr wedi i chi eu defnyddio – ond gwestai cyn laned â phìn mewn papur ac am 139 ffranc am stafell i ddau (neu dri) am noson sut medrwch chi gwyno? O gwmpas y trefi mawr fe gewch westai eraill, drutach nes cyrraedd y brig rywle o gwmpas y *Novotel*. Un peth rwyf wedi sylwi arno eisoes. Nid ydynt bob amser y llefydd mwyaf cyfleus a gan eu bod ar ymyl ffordd ddeuol mae'n hawdd mynd ar goll ac unwaith bu raid i mi fynd ar siwrne ddeng milltir oherwydd i mi gymryd y ffordd anghywir a gorfod dal i fynd am bum milltir cyn gallu troi'n ôl.

Cael noson dda o gwsg ac edrych ymlaen am frecwast yn gymaint am y profiad ag am y bwyd. Mae'n glawio ychydig ond mae'r adeilad yn ymarferol a medrwn gerdded o'i gwmpas gan barhau yn y cysgod ac i'r stafell fwyta. Am y tro cyntaf dyma ni'n cyfarfod ag aelod o staff y gwesty. Mae'n gofyn am rif ein hystafell – yr ydym wedi talu am y lletty a'r brecwast â'n plastig y noson cynt. Beth petai'r lle ddim wrth ein boddau? Sut fuasem yn cael ein harian yn ôl, tybed? A ninnau wedi archebu a thalu am stafell heb ei gweld! Mae amryw o bobl yma eisoes, yn eistedd wrth fwrdd hir yn erbyn y wal sy'n amgylchynu'r stafell. Mae dewis o frecwast yma – buffet. Creision ŷd, bara menyn a jam, coffi a siocled a dŵr poeth (i wneud te) o beiriant a deubeth tan gaead sy'n cael eu cadw'n gynnes. Nid oes derfyn i fy chwilfrydedd a chodaf y caead cyntaf a gweld selsigau bychain, y rhai hynny sy'n cael eu berwi, nid eu ffrïo. Dan y caead arall mae rhywbeth sy'n edrych yn debyg i'r hyn a gynhyrchid gan lo bach yn dioddef o'r clefyd rhydd. Traddu oedd ein gair ni am y peth, 'slawer dydd. Wrth fyfyrio ar yr hyn a dybiwn oedd yn wy wedi'i sgramblo sylwais fod amryw lygaid yn y stafell yn fy ngwylio'n ofalus. 'Ydy e, neu nad ydy e'n mynd i fentro?' Mae un o'r menywod yn gwenu arnaf, ond fedra i ddim dirnad ai rhybudd sy yn ei gwên neu anogaeth i fentro'r gymysgfa ddiddorol. Sylwaf nad oes neb eto wedi cymryd llwyaid. Cymeraf ddarn o fara, menyn a jam mefus. Mae Gwen yn dewis y coffi llaeth ac yn gosod y cwpan yn y lle anghywir a gwneud llanast. Daw rheolwr y gwesty fel mellten o'r tu ôl i'w ddesg, stopio'r llif a dangos iddi ble y dylai osod ei chwpan. Ac wedi gwgu – eto – mae'n dychwelyd i'w sedd. Dydw i ddim yn hoffi golwg y coffi llaeth ac rwy'n dewis y coffi du a rhoi diferyn o laeth ynddo o'r jŵg ar stondin y creision yd. Mae Gwen, ar ôl blasu ei choffi hi a fy un innau, yn cytuno i mi wneud dewis call. Mae peiriant tostio bara yma hefyd, a bara sleis ar ei gyfer. Ond mae un ferch yn cymryd darn o dorth *baguette*, ei dorri'n ofalus ar ei hyd, gwasgu'r ddeuddarn yn fflat a rhoi'r rheini yn y tostiwr. Er ein bod i gyd yn eistedd yn agos at ein gilydd does neb yn siarad, dim ond â'u cydnabod. Ond mae ymddygiad pawb, fel y ferch gyda'r *baguette* a'r tostiwr – gawn ni ddweud . . . yn ddilyffethair ddigon. Rwyf wrth fy modd yn eu gwylio. Cofiaf y chwedegau a'r saithdegau pan oedd teuluoedd yn gwersylla mewn pebyll mawr. Mewn un gwersyll byddai'r gwragedd yn rhuthro i stafell molchi'r dynion gyda'u malwyr coffi trydan. Dim ond yn lle molchi'r dynion roedd plygiau trydan – ar gyfer eillio – a doedd menywod Ffrainc ddim yn gweld pam na ddylent eu defnyddio a chael coffi 'run fath â gartre. Penderfynaf roi cynnig ar un selsig fach a llwyaid o'r wy scrambledig. Nid yw'n ddrwg, ond mae'n wahanol i'r hyn rwy'n gyfarwydd ag ef. Tybed a oes yna ryw bowdwr ar gyfer gwneud y cyfryw fwyd – neu ai fel hyn y dylai edrych a blasu? Diddorol. Wedi 'ngweld i'n bwyta'r peth mae rhywun arall yn rhoi cynnig arno.

Penderfynu mynd tua Chateaulin a wedyn i Lothey (Lotei) i chwilio'r man lle ganed Jakez Riou, un arall o lenorion mawr Llydaw. Yr oedd Youenn Drezen a Jakez Riou yn gyfeillion, y ddau wedi'u geni yr un flwyddyn (1899), wedi mynd i'r un athrofa yng Ngwlad y Basg, a'r ddau – yn ôl yr hanes – wedi bodio'r un copi o'r *Barzaz Breiz* a adawyd ar ôl gan offeiriaid a orfodwyd i fynd i'r Rhyfel yn 1914. Cefnodd Riou yntau ar yr offeiriadaeth ac, fel Youenn Drezen, aeth i newyddiadura a bu'r ddau'n gweithio i'r un papurau nes marw Riou yn ŵr ifanc yn 1937. Mae Riou yn ddiguro am ei ddisgrifiadau o fro a chloddiau a chaeau ac am ei gydymdeimlad â chymeriadau anffodus cymdeithas. Mae'n blasu rhin enwau coed a llysiau, adar a blodau, mae'n arogli sawr tymhorau, blodau'r coed afalau wrth iddi nosi, sawr y gwair, sawr daear ffrwythlon. Ac eto yng nghanol hyn i gyd mae pobl yn crafu byw ac yn marw yn ddirwgnach dlawd. Cofiaf un o'i straeon am ddyn sydd, o dipyn i beth, drwy un anffawd ar ôl y llall, yn colli'r cwbl. Ac yna'n mynd yn dawel ac yn ei grogi ei hun. Stori iasol o gynnil. Cyfieithwyd amryw o'i straeon i'r Gymraeg a'u cyhoeddi yn y gyfres *Storïau Tramor*, ac un nofel, *An Ti Satanazet* (Diawl yn y Tŷ), a gyfieithwyd gan yr Athro J. E. Caerwyn Williams.

Ceisiais ddod o hyd i fan ei eni o'r blaen – soniais am fy ymdrech aflwyddiannus yn *Crwydro Llydaw* – ond methais oherwydd fod ffordd newydd yn cael ei thorri ar draws y wlad. Y ffordd o Brest i Quimper, siŵr o fod, ond ches i fawr o lwc. Wna i ddim methu'r tro hwn. Trwy dref Chateaulin ac afon Aulne yn llifo drwy ei chanol ac er mor braf fuasai aros a cherdded ychydig dan y coed o boptu'r afon awn tua hen bentref Lothey. Mae'n amlwg bod yna dipyn o ffermio ffatri yn y parthau hyn ac arogleuon annifyr yn dod o ambell fferm. Cofio'n sydyn bod gan ein cyfeilles yn Plabennec, Gaelle a'i gŵr, fferm dwrcis a dofednod rywle y ffordd yma. P'un tybed? Cyrhaeddwn Lothey, anwybyddwn y *Rue Jakez Riou* a phenderfynu mynd yn syth i ofyn. I swyddfa'r Maer, felly. Mae gennyf gryn brofiad o weithwyr llywodraeth leol yn

Llydaw a chystal cyfaddef, maen nhw fwy gwybodus a pharotach eu cymwynas na'r rheini y dof ar eu traws yng Nghymru. 'Jakez Riou? Wrth gwrs. Cymerwch y ffordd tua Pleyben, trowch i'r dde ar ben y ffordd, wedyn i'r chwith. A lawr â chi i Kerhoas.'

Bant â ni. Ond does dim arwydd yn dweud p'un yw ffordd Pleyben; awn i'r dde. Yn sydyn daw car y tu ôl i ni gan canu corn. Y ddynes o swyddfa'r maer, wedi cofio nad oes arwydd i'n cyfeirio tua Pleyben ac wedi dod ar ein holau. Angyles yn wir ac mae hi'n ein harwain nes cyrraedd Kerhoas cyn sgrialu'n ôl i'w swyddfa. Dim ond dau neu dri thŷ sydd yma; cnocio ar un, dim ateb. Tybiaf, wrth olwg yr ail, mae tŷ haf yw. Felly af i fyny llwybr at y trydydd. Hen Citroen Ami 8 yn rhydu yn yr ardd a chi yn cyfarth yn y tŷ. Cnocio, a'r cyfarth yn ffyrnigo. Rwy'n anesmwytho, ond mae sŵn cyffro a daw dyn cymharol ifanc â mwstás a bol potiwr i'r drws. Dywedaf fy neges ac awn i lawr y llwybr ac mae'n dangos hen furddyn tu hwnt i glawdd ei ardd. 'Dyna fe, fan'na ganed Jakez Riou. Wrth gwrs, aeth y teulu wedyn i fyw i hen bentre Lothey.' Mae'r pentre hwnnw, sy'n dipyn llai na'r Lothey lle mae swyddfa'r Maer, filltir neu ddwy ymhellach. Ond rwyf wedi cyrraedd y fan a'r eiddew ar yr hen furiau. Ac o gwmpas Kerhoas, ydynt, mae'r adar yn canu ac mae'r wlad yn dawel ac mae 'na gae gwair sy'n arogleuo a rhesi o goed bedw yn y pellter.

Mae'r caeau'n fwy nag yr oedden nhw yn amser Jakez Riou, y cloddiau wedi'u gwasgar, a mwy o gnydau india corn na dim arall. Doedd dim india corn yn Llydaw yn amser Jakez. Dyma un peth sy'n difetha ardaloedd amaethyddol Llydaw – yr erwau diddiwedd o india corn – heblaw bod yn hyll rwy'n ofni y bydd yn niweidiol i'r tir yn y pen draw. Lle gynt byddai'r ffermwyr yn lladd gwair a thyfu maip yn fwyd i'r gwartheg yn y gaeaf maen nhw'n awr yn tyfu math arbennig o india corn. Fe'i datblygwyd ar gyfer hinsawdd oerach na'r arferol, wedyn fe'i torrir yn fân a'i gadw yn y seilos erbyn y gaeaf. Clywais fod ffermwyr yn ei dyfu am ei fod yn llai trafferthus na chnydau eraill. Ond drwy roi'r gorau i dyfu amrywiaeth o gnydau yn eu tro maent mewn perygl o flino'r tir. Clywais hefyd fod ffermwyr yn defnyddio chwynladdwr sy'n cynnwys *atrazyne* er mwyn cael cnydau gwell a bod hwnnw'n llygru'r dŵr a difetha bywyd gwyllt. Rhywbeth arall sy'n drist yw bod, ymysg y gymuned amaethyddol yn Llydaw, fel yng Nghymru, gyfartaledd uchel o hunanladdiad. Y banciau yn cynnig benthyciadau a ffermwyr yn mynd yn fethdalwyr am na fedrant ad-dalu'r arian.

Heno, fe fyddwn yn aros mewn ffermdy arall, yng nghyffiniau Berrien, heb fod ymhell o Huelgoat. Wedi wythnos o wersylla a noson mewn gwesty otomatig rwy'n edrych ymlaen at rai dyddiau o gysur gwerinol.

Pennod 4

Bryniau a Choedydd Huelgoat

Rhaid torri'r daith tua'r gogledd yn Pleyben (Pleiben) gyda'r eglwys a'r *enclos paroissal*, gemau pensaernïol odidoced â dim hyd yn oed yn Llydaw. Y mae'r arfer o godi croesau yn Llydaw mor hen â mewnlifiad y Brythoniaid – torri croesau ar y meini hirion a throi'n Gristnogol hen wrthrychau paganaidd. Wedyn daeth yr arfer o godi croesau yn addurn i ffynhonnau y tybid fod iddynt rinweddau meddygol, llawer o'r rhain eto'n hen wrthrychau addoliad. Codwyd croesau ar ochr y ffordd i gadw'r Diafol draw, fel arwydd o benyd, i ehangu tir cysegredig, a mannau i deithiwr orffwys a myfyrio ennyd. Erbyn diwedd yr Oesoedd Canol yr oedd y croesau wedi datblygu'n Galfarïau cywrain, cymhleth. Yr hynaf a'r fwyaf trawiadol o'r rhai cynnar yw un Tronoen, ger Saint-Jean-Trolimon (Sant-Yann-Drolimon), a godwyd tua 1450. Gyrrwn heibio iddi ddoe ym mro'r *Bigoudenn* a'i gweld ymysg y twyni wedi aros yn ddigyfnewid, oni bai am greithiau tywydd, am dros 500 mlynedd. Campwaith, mewn bro o gampweithiau, yw calfaria Pleyben hithau. Arferid tybio iddi gael ei chodi yn 1650 am fod y dyddiad hwnnw wedi'i gerfio arni. Ond yr oedd hyn yn ddryswch am fod y llu cymeriadau o gwmpas gwaelod y galfaria mewn gwisgoedd o'r bymthegfed ganrif. Erbyn heddiw cydnabyddir fod rhyw waith adnewyddu wedi'i wneud iddi yn 1650 ond bod dyddiad ei chodi yn debycach o fod tua 1555. Ceir yr enw Yves Ozanne wedi'i gerfio dan olygfa'r Swper Olaf. Mae uchder y galfaria yn ei gwneud yn amhosib ei gwerthfawrogi'n llawn. Saif y Groes ar y pegwn uchaf, yr angylion yn costreli gwaed Crist. Mae Mair a Ioan dan y Groes. Mae Croesau'r ddau leidr wedi'u gosod fymryn am yn ôl, y ddau mewn ing ac artaith. Mae eu tynged wedi'i selio ac angel yn barod i gymryd enaid y naill i faddeuant tragwyddol a diafol yn paratoi i fynd â'r llall i'w fythol ddamnedigaeth. Gwelir claddedigaeth Crist ar ochr allanol llwyfan dwyreiniol y Galfaria, ac ar yr ochr fewnol saif Crist gerbron Peilat. Mae'r Atgyfodiad ar yr ochr orllewinol ac ar yr ochr ddeheuol, rywbeth anghyffredin, sef yr Iesu yn disgyn i Uffern i achub eneidiau Adda ac Efa. Mae godre'r Galfaria yn darlunio bywyd Crist o'i Eni i'r Dioddefaint. Nid yw'r Doethion mewn gwisgoedd dwyreiniol! Dyma ffordd glasurol Llydaw o ddysgu hanes Crist i'w gwerin, sef cyflwyno'r hanes mewn darlun a cherflun, mewn pren a charreg. Mae maint y Galfaria yn syfrdanol, hyd yn oed os gwelsoch lun ohoni, ac mae mynd otani drwy'r hyn sy'n borth buddugoliaeth yn brofiad cynhyrfus – hyd yn oed i bagan! Yn ychwanegol at hyn mae porth i fynd i mewn i'r fynwent; sylwch hefyd ar yr esgyrndy Gothig ysblennydd a godwyd yn 1550 – un o'r rhai hynaf yn Llydaw. Hyd ddechrau'r ganrif hon arferid claddu'r cyrff mewn beddau ac iddynt brydles saith mlynedd. Pan ddeuai'r brydles i ben, oni fedrai'r teulu dalu am ei hadnewyddu byddent yn codi'r corff ac yn ei fwrw i'r esgyrndy. Yno y byddai'r esgyrn, hwyrach am ganrif, nes y byddai'n orlawn ac yna ail-gleddid yr holl esgyrn mewn bedd mawr cymunedol. Yn yr esgyrndai hyn, gyda'r penglogau'n 'siarad' ag ef, y cafodd Tangi Malmanche ei ysbrydoliaeth am ddwy o'i straeon.

Hen hefyd yw'r Eglwys, wedi'i chodi o gwmpas 1564, gyda dau dŵr trawiadol, y naill yn gain a Gothig a'r llall yn fwy gweddus a pharchus. Mae yna ddigon i ddenu'r sawl sy'n ymddiddori mewn pensaernïaeth. Ni wnaf ond cyfeirio at y clochdy yn null y Dadeni – fe'i cychwynnwyd yn 1588 a'i orffen yn 1642 – patrwm i nifer o dyrau eraill yn yr ardal. Yma yr ydych yng nghanol pensaernïaeth y Dadeni Llydewig – sy'n nodweddiadol o gynifer o eglwysi Dyffryn Elorn, fel Guimiliau (Gwimilio), Saint Thégonnec (Sant-Tegoneg), Lampaul ac, wrth gwrs, Pleyben.

*   *   *

Roeddwn wedi ffonio ddoe i sicrhau llety rywle yng nghyffiniau Berrien a theithiwn yn gysurus yn y sicrwydd bod stafell a gwely yn ein haros. Ond – yn annibendod y car rwyf wedi colli'r cyfeiriad, y rhif ffôn a'r cwbl fedra i gofio yw enw'r perchennog. Gofynnaf i ddwy wraig ganol oed, ddiwylliedig yr olwg – mae pawb yn ddiwylliedig yn Llydaw – a wyddent am Ferme-Auberge Monsieur Berthou. Wrth gwrs, wrth gwrs, mae pawb yn adnabod Yves Berthou, cerddor, pencampwr y fagbîb, piler yr achos... Diolch, ond fe wnawn hepgor y ddarlith, jyst eisiau gwybod ble mae'n byw... Aha! Ddim mor hawdd, pwyll! Mae'n gymhleth. Chwys oer a phanics. Mae'n galw ar wraig ddiwylliedig arall a chawn ein cyfarwyddo tua Porz-Kloz, Tredudon-le-Moine. Roeddwn i'n tybio bod y fferm yn agos i Berrien. Teithio drwy'r bryniau – Mynyddoedd Arrée – am tua saith kilometr, rhagor o chwys oer a phanics. Gweundir, fforestydd a thir pori a dim arwydd o ffermdy M. Berthou. Cyrraedd pentre bychan a gweld gwerinwr deallus a diwylliedig arall. 'Wyddoch chi am ffermdy Aotrou Berthou?' 'Dyna fe, rydych chi wedi cyrraedd!' Am ryddhad; parcio o flaen ffermdy hynafol, yn gymeriad i gyd. Daw un o'r meibion i'n cyfarfod a'n tywys i'n stafell. 'Ddrwg gen i, dyw'r stafell fwyta ddim ar agor heno.' Damo, a minnau ar glemio. 'Fedri di awgrymu rhywle?' 'Mae tŷ bwyta yn Plouneour-Menez. Tua saith kilometr yn syth i fyny ffor'na.' Pam fod pobman saith kilometr o ble rydych chi? Mae saith yn rhif cyfrin Celtaidd – dyna pam – ond mae gobaith am wledd yn gwneud i mi deimlo'n well ar unwaith. Dros ffordd fynyddig – *Route de Résistance* – a chreigiau Mynyddoedd Arrée'n brigo drwy'r eithin a'r grug ar y chwith. I'r dde mae gwyrddni a chaeau clytiog a gwlad sy'n ymestyn, don ar ôl ton, i'r pellter a bae Morlaix. Islaw mae capel neu ddau wedi'u hanner cuddio yn y coed. Mae fel petaem ymysg bryniau uchel – onid yn wir fynyddoedd – ond nid ydym uwchlaw 1,000 troedfedd. Cyrhaeddwn Plouneour-Menez ac mae'r lle fel y bedd. Does dim awydd arna i i werthfawrogi'r eglwys a adeiladwyd rhwng 1651 a 1684 gyda'r tŵr uchel na'r reredos gyda'i ddarluniau o burdan na'r pwlpud, y ddau wedi'u creu yn yr ail ganrif ar bymtheg. Pwysicach o lawer yw ble mae'r tŷ bwyta. Parciwn y car ger yr eglwys a cherdded o gwmpas y dref – neu bentref – a mwy mewn gobaith na dim arall awn i mewn i'r unig westy. Mae hwn fel y bedd, hefyd! 'Ydych chi'n gwneud bwyd ..?' 'Wrth gwrs, wrth gwrs.' Does neb yn y stafell fwyta a dim ond un bwrdd wedi'i osod yn y canol. Yn union fel petaen nhw'n aros amdanon ni. Nos yfory mae *kig ha farz* a chantores wadd. Pawb yn ymprydio am nos yfory, 'falle.

*   *   *

Ar y ffordd yn ôl i Porz-Kloz mae'n ddigon golau i weld y gofeb i'r gwrthsafiad. Tredudon-le-Moine – pentre cynta'r *résistance* yn Ffrainc. Tebyg bod pentrefi eraill am hawlio'r un anrhydedd. Pwnc astrus yw'r rhyfel yn Llydaw. Ni fu gweithred fwy sinicaidd ffiaidd gan unrhyw genedl na pharddu Llydaw gan Ffrainc wedi'r Ail Ryfel. Gwir, fe ymunodd cenedlaetholwyr o Lydawyr i ymladd ochr yn ochr â'r Almaenwyr. Tua 80 ohonynt. Bu'n ddigon o esgus i'r Ffrancwyr erlid llenorion Llydaweg a charedigion yr iaith – a chenedlaetholwyr yn arbennig. Hyd heddiw gwelir parhau'r ddelwedd o siaradwyr Llydaweg fel bradwyr a gydweithiodd gyda'r gelyn. Rai blynyddoedd yn ôl cofiaf Aled Eurig, o HTV bryd hynny, yn gwneud dwy raglen oedd yn cynnal y myth. Wrth i mi sgrifennu'r geiriau hyn mae ffilm ddogfen gan Marie Helia ac Olivier Bourbeillon o'r enw *Bzh... des Bretons, des Bretagnes* yn cael ei dangos mewn gwyliau ffilm ac ar fin ei darlledu ar deledu Ffrainc – ac yn parhau'r myth.

Ystyriwn rai ffeithiau dadleunol. Yn ystod y rhyfel ymunodd 30,000 â'r *Milice* Ffrengig – y gwrth-*resistance* – yng nghyffiniau Paris a Lyon yn unig! 80 oedd yn y *Milice* Llydewig – neu Bezen Perrot fel y'i gelwid ar ôl yr abad Yann-Vari Perrot a ddienyddiwyd gan ŵr o'r enw Jean Thépaut yn enw'r *résistance* a'r Blaid Gomiwnyddol ar ddydd Sul, Rhagfyr 12, 1943. Mae amheuaeth a gydweithiodd Perrot o gwbl gyda'r Almaenwyr – yn sicr ni haeddodd gael ei ddienyddio. Roedd pennaeth y Gestapo yn Ffrainc, Helmut Knochen, yn ei amddiffyn ei hun ym Medi 1954, drwy ddweud nad y 2,000 o Almaenwyr dan ei arweinyddiaeth ef a gadwodd drefn yn Ffrainc yn ystod y rhyfel – gwnaed ei waith brwnt gan heddlu a chyfundrefn gyfreithiol Ffrainc. Dyma ei union eiriau: '*Ce n'est pas avec les 2,000 agents dont je disposais que j'aurais pu tenir la France entière. C'est parce que la police, la gendarmerie et la justice françaises m'ont aidé que j'ai pu accomplir la tâche qui m'avait été fixée.*' Y gwir cas oedd fod mwy o Ffrancwyr nag o Natsïaid Almaenig yn y Gestapo yn Ffrainc. Bu'r ymladd mwyaf ffiaidd ac atgas yn Ffrainc rhwng y *Maquis* (y gwrthsafiad) a *Milice* Vichy yn y coedwigoedd. Roedd hi'n rhyfel cartref yn Ffrainc. Llw y *Milice* oedd: 'Tyngaf i ymladd democratiaeth, y gwrthryfel Gaullistaidd a'r gwahanglwyf Iddewig . . .' Roedd pobl yn anfon llythyrau di-enw i'r awdurdodau Ffrengig ac Almaenig yn bradychu eu cymdogion o fod yn y *résistance* neu eu bod yn Iddewon. A'r heddlu a'r awdurdodau Ffrengig yn cyflawni gwaith ffiaidd yr Almaenwyr gyda brwdfrydedd. Soniais mewn pennod flaenorol am y nofelydd Vercors, awdur *Le Silence de la Mer* (Mudandod y Môr). Un arall o'i nofelau am gyfnod y gorthrwm oedd *L'Imprimerie de Verdun* (Argraffdy Verdun) sy'n ddarlun ofnadwy o Ffrancwyr a ymladdodd yn y Rhyfel Mawr (1914-1918) yn byw dan gysgod y gelyn tra bod Ffrancwyr eraill – na wnaethant ddim oll yn y rhyfel hwnnw – yn achub cyfle i ymgyfoethogi ac erlid Iddewon diniwed.

"'Fe ddaethon nhw i 'ngweithdy i echdoe – na dridiau yn ôl. Y fath gyflafan! Gwasgar fy llythrennau plwm dros y lle a damsang arnynt. Ac i beth? Y mwynhad o ddinistrio, dyna i gyd.'

'Pwy? Y *Krauts*?'

'Nage, wrth gwrs! . . . Fe wedson nhw wrtha i, 'Dere 'mlaen! Ti, roeddet ti ym mrwydr Verdun!' Dim ond llancie oedden nhw. Fe ddwedes i wrthyn nhw, 'Be sy wnelo Verdun â chi?' Fe wylltion nhw'n gacwn. 'Rydyn ni'n gwasanaethu'r cadlywydd [Petain]!' 'A finne,' meddwn. A medden nhw, 'Dyw hi ddim yn ymddangos felly! Ble mae'r Iddew? . . .'"

Ac mewn man arall yn y nofel:

"'Ai y *Fritzes* a'i daliodd e?' holodd Vendresse.

'Dim o'r fath beth.'

'Ffrancwyr?'

'Wrth gwrs. Heblaw hynny roedd wedi sefydlu busnes dda. Mae rhywun bob amser yn medru elwa o hynny.''

Ac yn niwedd y stori mae'r Ffrancwr fu'n erlid yr Iddewon yn cael ei garcharu – am dridiau. Mae rhai bobl barchus wedi tystio o blaid ei ffyddlondeb. Beth bynnag, roedd yn rhy werthfawr!

Y *Police Nationale Française* a gymerodd y bardd, y llenor a'r arlunydd Max Jacob i'r ddalfa yn 1944 a'i gludo i'r gwersyll yn Drancy ger Paris – a'r gwersyll hwnnw'n cael ei weinyddu gan y *Gendarmes Française*. Yno bu farw tra oedd yn disgwyl cael ei gludo i Auschwitz lle bu farw aelodau eraill ei deulu. Ceir ffeithiau diddorol am Drancy ac ymdriniaeth ddeifiol o fel y bu i'r Ffrancwyr gydweithio â'r Almaenwyr mewn nofel dditectif â'r teitl *Meurtres pour mémoire* (Mwrdradau er cof) gan Didier Daeninckx a gyhoeddwyd yn 1984. Mae'r nofel yn sôn am 3,000 o Iddewon yn cael eu trosglwyddo drwy wersyll-garchar Drancy bob wythnos o Awst 20, 1940, hyd y rhyddhad. Cyfanswm o 78,853 ar eu ffordd i Auschwitz. Bu pob un ond 2,190 farw. Mae'r nofel yn ymdrin â llofruddiaeth anesboniadwy dau hanesydd, tad a mab, y tad yn 1961 a'r mab yn 1982. Y rheswm dros y lladd oedd i'r tad ddechrau sgrifennu llyfr am ardal Drancy o gyfnod cynhanes hyd heddiw. Wedi bod wrthi am flynyddoedd daeth i gyfnod yr Ail Ryfel Byd a chanfod y bu gwersyll carcharion yno. Tra oedd yn ymchwilio i hanes y gwersyll y cafodd ei lofruddio. Daeth ei fab ar draws y gwaith a phenderfynu ceisio gorffen y llyfr – a llofruddiwyd yntau. Roedd ymchwil y ddau wedi mynd â nhw'n rhy agos at wironeddau anghysurus iawn.

Tra roedd pobl Denmarc yn mentro'u bywydau i helpu Iddewon i ddianc i Sweden niwtral yr oedd y Ffrancwyr yn cynorthwyo'r Natsïaid – yn frwd. Pwynt gwerth cofio amdano ynglŷn â *Le Silence de la Mer* yw'r broses boenus araf o argraffu'r nofel ar ran Vercors a'i *Editions de Minuit* (Cyhoeddiadau Ganol Nos). O ran hyd, nid yw amgen na stori fer – ond am na fedrai'r argraffydd ymddiried yn ei weithwyr byddai perchennog yr argraffdy yn mynd i'r gwaith ganol nos i'w chysodi ei hunan, gwaith a gymerodd fisoedd iddo. Arwyddocaol.

Ond medrai Llydaw ymfalchïo yn ei gwrthsafwyr. Fel y dywedais mae Tredudon-le-Moine yn honni bod yn bentref cyntaf y gwrthsafiad yn Ffrainc. Yr oedd ardal Huelgoat yn gadarnle'r gwrthsafiad. Ac felly Llydaw yn gyffredinol. Hwyliodd gwŷr *Île de Sein* (Enez Sun) i Brydain mewn ymateb i gais y Cadfridog Charles de Gaulle i barhau'r frwydr am Ffrainc Rydd. Pan welodd mor dila fu'r ymateb o weddill ei wlad dywedodd: '*Je ne savais pas que l'Île de Sein était la moitié de la France.*' (Wyddwn i ddim fod Ynys Sun gymaint â hanner Ffrainc.) Dywedodd y Cadfridog Americanaidd George Patton i waith y *Maquis* Llydewig fyrhau cyrch St Malo o fis. Yn ôl Henri Michel (*Histoire de la Résistance*, Presses Universitaires de France, 1950) llwyddodd y *Maquis* Llydewig i garcharu 20,000 o filwyr Almaenig ac yr oeddynt bron rhyddhau Llydaw i gyd cyn i'r Americanwyr gyrraedd yn Awst 1944. Cofiwn fod Llydaw yn drwm dan droed yr Almaen oherwydd ei safle ddaearyddol allweddol a phwysigrwydd porthladdoedd Brest a Saint-Nazaire. Ar Fawrth 28, 1942, ymosododd 611 o gomandos o Ganada a Phrydain ar ddociau'r llongau tanfor yn Saint-Nazaire. Hwyliwyd y *Campbeltown* – hen long ryfel wedi'i llenwi â ffrwydron – yn syth at ddorau'r dociau Normandie a'u dinistrio. Un agwedd o'r stori na sonnir amdani yn y llyfrau hanes yw i nifer o'r comandos ddianc diolch i drigolion Saint-Nazaire – pobl gyffredin a gollodd eu bywydau oherwydd eu dewrder ar ôl hynny. Synnwyd Winston Churchill a de Gaulle gan wrhydri'r Llydawiaid a bu hyn yn allweddol i'r Cadfridog Ffrengig yn ei ymwneud â Churchill weddill y rhyfel. Clywais ddweud fod gan de Gaulle dipyn o olwg o'r Llydawiaid. Ceisiodd annerch torf yn Quimper yn Llydaweg unwaith er na ddeallwyd gair a ddywedodd! Honodd rhywun wrthyf mai oherwydd de Gaulle nad oes yn Llydaw yr un heol lle mae'n rhaid talu i yrru arni. A hynny oherwydd rhan Llydaw yn ymateb i'w alwad yn 1940 a'r hyn a gyflawnwyd gan y *Maquis* yn ystod y blynyddoedd du. Yr oedd ganddo, gyda llaw, ewythr o'r un enw a ymddiddorai yn y diwylliant Celtaidd ac a farddonai yn Llydaweg.

Eto, nid achubwyd y Llydawiaid rhag yr erlid a'r treialon melltigedig yn Rennes (Roazhon) yn 1944. Hwyrach nad oedd gan de Gaulle ddewis yn y cyfnod byr rhwng 1944 a 1946 pan fu'n arweinydd dros-dro ar Lywodraeth Ffrainc. Creodd y myth fod Ffrancwyr yn y bon o'i plaid ef a'i gefnogwyr alltud a bod ei bobl wedi brwydro'n ddewr dan sawdl y Natsïaid. Nid oedd hynny'n wir. Fel y ddau lofrudd yn y nofel *Meurtres pour mémoire* gan Didier Daeninckx cafodd swyddogion a biwrocratiaid Llywodraeth Vichy lonydd i besgi dan y Bedwaredd a'r Bumed Weriniaeth. Yr oedd de Gaulle am ailsefydlu gwladwriaeth a threfn cyn gynted â phosib. Aeth llawer cownt heb ei setlo ac erys y gwenwyn yn y cnawd. Yng ngeiriau Alain Robbe-Grillet yn ei hunangofiant, *Le miroir qui revient*, darluniwyd Ffrainc fel cenedl arwrol unfrydol ei safiad yn erbyn grym y gorchfygwyr. Daeth awgrym o agwedd newydd wedyn: nid oedd Ffrainc ddim amgen na chenedl o gachgwn yn barod i fradychu'r Iddewon am grwstyn o fara du. Dywed yn yr un gyfrol fod darlun o'r Marshal Pétain yn amlwg mewn pedwar cartref ar bymtheg allan o bob ugain. Gwelsom Maurice Papon yn 1997, hen ddyn styfnig diedifar 87 oed, yn cyfiawnhau ei ran yn erlid yr Iddewon yn Vichy. Â'i law ei hun dedfrydodd 1,560 i farwolaeth. ('Dim ond gwneud fy nyletswydd.') Mae'r dogfennau'n bod ac yn dyst i'w weithredoedd. Yn union yr un fath â'r biwrocrat brwd a'r llofrudd Veillut a'i gydweithiwr Lécussan yn y nofel *Meurtres pour mémoire*. Roedd Iddewon Ffrainc yn credu eu bod yn fwy diogel yn y Ffrainc oedd dan lywodraeth yr Almaen na'r rhan oedd dan lywodraeth Vichy! Ac eto wedi'r rhyfel yr oedd Papon, yr uchel swyddog hwn yn Llywodraeth Vichy, yn dringo'n uwch ac yn uwch – yn aelod seneddol, yn bennaeth yr heddlu ym Mharis ac yn weinidog dan yr Arlywydd Valery Giscard d'Estaing. Tra roedd llenorion Llydaweg fel Youenn Drezen yn dioddef carchar, y cyn-Archdderwydd Taldir yn cael ei alltudio i dde Ffrainc a Roparz Hemon yn colli ei ddinasyddiaeth. Wnaeth Papon a'i debyg ddim yn y gwrthsafiad – nes gweld y rhod yn troi a'r Almaen yn colli'r rhyfel. Fedrai'r Llydawyr ddim eu hamddiffyn eu hunain – nid oeddynt yn genedl rydd. Manteisiwyd ar weithredoedd yr ychydig – y *Milice* Perrot – i bardduo cenedl a darnio iaith, cenedl a dwylliant. Erbyn diwedd 1944 yr oedd 3,000 o Lydawyr mewn gwersylloedd-carchar dan amheuaeth o gydweithio â'r Almaenwyr. Erlynwyd rhai cannoedd ac o'r rhain dienyddiwyd wyth. Eto yr oedd Ffrainc yn parhau, yn 1950, i erlid a chymryd i'r ddalfa Lydawyr dan amheuaeth o gydweithio â'r Almaen. Diddorol mai yn Ffrainc – gwlad yn anad unlle lle mae iaith yn gyfystyr â chenedligrwydd, '*Ma patrie, la langue française*' – y gweithredwyd mor ffiaidd sinigaidd i ddileu iaith cenedl arall. Heddiw mae pobl yn Llydaw yn galw am ryddhau papurau cyfrinachol cyfnod y rhyfel i weld pa anghyfiawnderau a wnaed. Aeth hanner canrif heibio, ond does dim argoel ohonynt. Do, fe gydweithiodd yr ychydig â'r Almaenwyr a hwyrach nad oedd dwylo'r Abad Perrot yn gwbl lân – er y dengys cyfrol Thierry Guidet *Qui a tué Yann-Vari Perrot?* (Pwy laddodd Yann-Vari Perrot?) na haeddai gael ei ddienyddio. Gyda rhan o'i dŷ wedi'i feddiannu gan yr Almaenwyr roedd yn amhosib iddo'u hosgoi. Erys y ffaith mai ychydig o Lydawyr a gydweithiodd â'r Almaenwyr – cenedlaetholwyr y dde eithafol. Rhoddwyd cyfle i Ffrainc erlid a dial ar genedl gyfan hyd y dydd heddiw. Chawn ni byth wybod y gwir nes y rhyddheir papurau'r cyfnod gan lywodraeth Ffrainc.

Wyddom ni ddim 'chwaith pa ran oedd gan yr Americanwyr yn y cynllwyn. Un o gynllwynion rhyfedd yr Unol Daleithau wedi'r rhyfel oedd riwcritio Natsïaid i'w defnyddio yn y frwydr yn erbyn gwrth-ffasgiaid a gwledydd comiwnyddol. Dihangodd rhai dan amgylchiadau amheus, rhyddhawyd eraill am 'ymddwyn yn dda'. Un o'r enwocaf yn Ffrainc oedd Klaus Barbie – 'bwtsiwr Lyon' – a fu'n gyfrifol am lu o droseddau ond a gafodd ei riwcritio wedyn gan yr Americanwyr gyda chyfrifoldeb dros sbïo ar y Ffrancwyr! Pan nad oedd o ddefnydd pellach yn Ffrainc fe'i symudwyd i America Ladin. Fy rheswm dros gyfeirio at Barbie yw ei fod yn rhan o batrwm a ddefnyddiai'r Americanwyr ar ddiwedd y rhyfel. Bwrw llwch i lygaid pawb drwy lusgo miloedd o bobl ddiniwed – fwy neu lai – i'r ddalfa ar gyhuddiadau pitw a chipio'r bwystfilod gwaethaf ymaith yn yr anhrefn. Ai dyna un o'r rhesymau tros dreialon Rennes?

*   *   *

Medraf syllu drwy'r dydd o fy stafell yn Porz-Kloz. Mae gwneuthuriad muriau'r ffermdy gyferbyn yn glytwaith o gerrig o bob maint a siâp. Cerrig enfawr afrosgo o gwmpas ffenestri bychain a thros y drysau. Syml, cyntefig, urddasol, cadarn, symetrig berffaith – mae'r Llydawiaid wedi'u magu ymysg celfyddyd a miliynau o flynyddoedd o hanes o'u cwmpas, i'w cyffwrdd, i'w anadlu, i'w blasu. Does ryfedd bod y bobl hyn yn medru trafod enaid ac etifeddiaeth wrth drin maip. Ein brecwast cyntaf yma. Coed yn clecian yn y lle tân mawr a chrempog, sudd afal – pawb drosto'i hun – ar ford hir wrth y drws. Rwy'n bachu dwy grempog a rhoi mêl arnyn nhw wrth ddisgwyl y galwyni coffi. Does unlle fel y ffermydd Llydewig am fwyd. Mae grisiau'n arwain i fyny i lyfrgell gyda chadeiriau esmwyth yn y llofft. Diwylliant hefyd.

Chwiliaf yn y llyfr ffôn am rif Youenn Gwernig a'i gael yn ddidrafferth. Mae ffôn yn ein stafell wely yma. Buasai'n well bod heb un oherwydd y demtasiwn i'w defnyddio drwy'r amser a chrynhoi bil anferth. Rwy'n poeni ychydig am fod pawb yn dweud wrthyf nad yw ei iechyd yn dda. Ond mae Youenn yn ateb ac yn siarad yn glir er yn bwyllog. Trefnaf fynd i'w weld ganol y bore. Rwyf wedi ei gyfarfod o'r blaen. Unwaith mewn *fest-noz* yn Morgat pan oeddwn wedi gobeithio clywed Meic Stevens. Roedd enw'r gŵr o Solfach mewn print pitw ar waelod y poster tra roedd enw'r cawr o Huelgoat mewn print bras ar y brig. Ni chyrhaeddodd Meic o gwbl ond cefais sgwrs gyda Youenn. Cyfarfûm ag ef wedyn yn y gwyliau ffilm Celtaidd pan oedd ef yn gynhyrchydd rhaglenni Llydaweg gydag FR3 a minnau'n gweithio i BBC Cymru a llawer noson bu'r ddau ohonom yn cynnal y bar tan berfeddion. Bûm yn ei gartref yn Locmaria-Berrien o'r blaen a thybiwn y buaswn yn medru dod o hyd iddo'n ddi-drafferth. Ond nawr 'mod i yn y pentref does gen i ddim syniad ble i fynd. Mae fan y postmon tu allan i'r caffi a mewn a mi i holi a chaf y wybod yn fanwl ble mae'r cawr yn byw. Ac y mae'n gawr. Rwyf i ddwy fodfedd dros ddwylath ac er nad yw Youenn mor gadarn ar ei draed ag y bu, ac yn crymu mymryn mae'n dalach na mi yn ei grys siaced steil coedwigwyr Canada. Hawdd gallasai fod yn un ohonyn nhw gyda'r ysgwyddau yna. Mae yna lawer amdano sy'n Americanaidd. Mae'n siarad Saesneg gydag acen Americanaidd oherwydd bu'n byw am 12 mlynedd yn Efrog Newydd. Mae ei gyfrol ddiweddaraf, *Un Dornad Plu*, yn fy llaw. 'Ble cest ti hon'na?' meddai. Dywedaf gelwydd digywilydd. 'Mae hi ar werth yn y siopau i gyd.' 'Yn Huelgoat?' 'Ydy.' Mae hynny'n wir; o leiaf, gwelais gopi wrth brynu papur yn Huelgoat ar fy ffordd. Y gwir, wrth gwrs, yw 'mod i wedi cael y copi gan y cyhoeddwr Ronan Huon. Doeddwn i ddim am gyfaddef 'mod i heb dalu amdano.

Mae'n arllwys paned o goffi du fel triog i mi. Mae'n ymddiheuro am siarad yn araf. Pwysau gwaed wedi effeithio ar ei ymennydd, nid strôc chwaith, meddai. 'Mae'r meddwl yn iawn – y peiriant, y lleferydd, ddim yn gweithio bob amser.' Mae'n wir iddo fyw braidd yn wyllt tra oedd yn Efrog Newydd a hwyrach i hynny adael ei ôl arno, hefyd. Awn ni ddim i fanylu am hynny.

Ganwyd Youenn Gwernig yn Scaer yn 1925. Roedd ei dad yn gweithio yn y felin bapur leol ac wedi i honno gau bu'n tyfu llysiau a Youenn yn mynd gyda'i fam i'w gwerthu yn y farchnad. Llydaweg oedd iaith yr aelwyd. 'Fe gei di ddigon o amser i ddysgu Ffrangeg,' dyna fyddai ei dad yn ei ddweud wrtho. 'Doedd Mam-gu ddim yn siarad Ffrangeg ac fe fyddwn i a fy chwaer a 'mrawd hynaf bob un yn ei dro yn darllen pennod o *Buhez ar Zent* (Buchedd y Saint) iddi bob nos. Fel'ny dysges i ddarllen Llydaweg ac fe ddysges i sgrifennu drwy gyrsiau post *Skol Ober* Marc'harid Gourlaouenn.'

Yr oedd yn mwynhau Ffrangeg yn yr ysgol a dechreuodd farddoni yn yr iaith yn gynnar. Aeth i goleg celf wedyn. Ond lle diflas oedd Llydaw yn y pumdegau ac yn 1957 ac yntau'n 32 oed ymfudodd i Efrog Newydd. Dilyn llawer o'i gyd-genedl, yn eu plith ei chwaer. 'Gwaith? Rywbeth gawn i. Golchi llestri, gweini wrth y byrddau. Wedyn fe ges i gyfle ar rywbeth yr oeddwn wedi fy hyfforddi i'w wneud, turnio mewn ffatri oedd yn atgynhyrchu dodrefn arddull Louis XV. A phedair awr ar y 'subway' bob dydd i fynd a dod i'r gwaith. Digon o amser i ddarllen a meddwl.'

Yn Efrog Newydd y dechreuodd lenydda – ac yn Llydaweg y sgrifennai – barddoniaeth, storïau byrion yn cael eu hanfon yn gyson i *Al Liamm*, cylchgrawn Ronan Huon. Yr oedd yn dod i sylw gwŷr llên Llydaw. Yn 1965 cyfarfu â'r bardd, y nofelydd a chroniclwr isddiwylliant Americanaidd y pumdegau, Jack Kerouac. 'Yr oeddwn i'n adnabod nifer o'r criw yna, Burroughs, Ginsberg ... ond Kerouac oedd fy nghyfaill. Bûm yn aros yn ei gartref yn Lowell, Massachusetts. O'r tro cynta i ni gwrdd rown i'n teimlo ein bod ni'n dau ar yr un donfedd.'

Teulu Ffrangeg eu hiaith o Ganada a symudodd i'r Unol Daleithau oedd y Kerouacs ac yr oedd Jack yn ymfalchïo yn ei dras Llydewig. Ond yr oedd yn fwy cymhleth na hynny hyd yn oed. Roedd ei gyndeidiau wedi cymysgu â brodorion gwreiddiol cyfandir gogledd America ac roedd gwaed llwythau'r Mohawk a'r Caughnawaga yng ngwythiennau Kerouac hefyd – 'one strange solitary crazy Catholic mystic' fel y'i disgrifiodd ei hun. Kerouac fu'n gyfrifol fod Youenn yn sgrifennu barddoniaeth yn Saesneg yn ogystal ag yn y Llydaweg. 'Fe ofynnodd i mi un diwrnod, 'Wnei di ddim sgrifennu dy farddoniaeth yn Saesneg, mae gen i awydd darllen dy waith di'. A fel'ny y sgrifennais i *An Diri Dir* (Y Grisiau Dur) iddo a dechrau sgrifennu yn Saesneg yn ogystal â Llydaweg.' Arlliw Efrog Newydd sydd i lawer o'i waith, golwg galed ar fywyd a marwolaeth yn y ddinas fawr. A thynerwch, hefyd. Daw mwy o'r tynerwch i'r amlwg wrth siarad ag ef. 'Fe fyddwn i'n mynd i gapel Cymraeg yn y Bronx, ti'n gwybod 'ny? Chofia i ddim enw'r gweinidog, rhywbeth Owen, a roedd yno ganu da. Roeddwn i'n mynd i glywed yr emynau.' Roedd yna lawer o Wyddelod yn y Bronx hefyd a mi fedra i ddychmygu'r cawr rhadlon yn cymysgu'n hawdd gyda phobl o bob tras. Fe wellodd bywyd o dipyn i beth, Suzig ei wraig yn gweithio, a rhyngddynt medrent gael rhai moethau a darparu'n weddol ar gyfer eu tair merch, Annaig, Mari-Loeiza a Gwenola. Ond pan fu raid i fam Suzig gael triniaeth lawfeddygol buan y diflannodd yr arian a gynilwyd. Yn 1965 dychwelodd Suzig, ei mam a'r plant i Lydaw. Arhosodd Youenn yno tan 1969 ac wedi talu'i ddyledion i gyd dychwelodd i'w wlad cyn dloted â'r dydd y cyrhaeddodd. Ond yr oedd, diolch i'w lenydda, yn ffigur adnabyddus yn yr hen wlad. Yr oedd bywyd newydd yno. Roedd Alan Stivell a Glenmor yn tynnu'r Llydawiaid o anobaith y blynyddoedd wedi'r rhyfel. 'Roeddwn i wedi bod yn sgrifennu caneuon yn Efrog Newydd ond ddim yn perfformio. Dechreuodd pobol ofyn i mi ganu, ac fe feddyliais innau – pam lai?' Magodd hyder, daliodd ati ac yr oedd gyrfa arall yn agor o'i flaen. Cafodd gyfrifoldeb am raglenni teledu Llydaweg FR3 – nad yw'n swydd mor wych â hynny o gofio cyn lleied o deledu sydd yn yr iaith. Yr unig gysur yw bod teledu Ffrainc yn gyffredinol yn stwff sâl a'r unig beth mae llawer o'm ffrindiau i'n ei wylio yw'r rasys beics. Falle 'mod i dan gam-argraff ond mae'n ffaith mai dwy awr y dydd ar gyfartaledd mae pobl Ffrainc yn eu treulio o flaen y teledu. Sydd dipyn is na'r cyfartaledd ym Mhrydain lle mae pobl hŷn er enghraifft, yn gwylio'r teledu am bump awr.

'Dere i weld y gweithdy.' Awn allan i adeilad wrth ochr y tŷ. Yno y bydd am ryw bedair awr y dydd yn cerfio: seintiau Llydaw, croesau, cymeriadau. Fel cynifer o Lydawyr y

Youenn Gwernig ac un o'i gerfiadau.

mae Youenn yn ymdrin â sawl cangen o gelfyddyd. Yn dilyn ei hyfforddiant cynnar mewn Coleg Celf bu'n paentio portreadau. Mae darluniau haniaethol ar furiau ei gartref. Roedd yn sgrifennu barddoniaeth yn Ffrangeg cyn gadael yr ysgol. Mae'n gerfiwr dawnus. Yn 1980 cyhoeddwyd ei nofel *La Grande Tribu* (Y Llwyth Mawr) gan Editions Bernard Grasset, Paris. 'Fe sgrifennais *La Grande Tribu* yn wreiddiol yn Llydaweg fel cyfres o straeon byrion. Wedyn fe'u haddrefnais nhw yn nofel a'i chyfieithu i'r Ffrangeg.' Nofel am wreiddiau, am berthyn, am ymfudo. Profiadau a theimladau Ange Rosso sydd ynddi, Llydawr o dras Eidalaidd sy'n ymfudo i Efrog Newydd. Mae Ange – fel Youenn – yn siarad Llydaweg, yn canu'r fagbîb, yn rhan o'r bywyd a'r diwylliant. Ond mae ei wraig yn ei adael, mae ei gymdogion yn mynd i ffwrdd i chwilio am waith, mae ei gyfaill gorau'n cael ei ladd yn rhyfel Algeria. Yn Efrog Newydd daw wyneb yn wyneb â phroblem gwreiddiau ar awydd sylfaenol dyn i berthyn, i gael ei dderbyn, i lwyddo.

'Dyletswydd ein pobl yw gwybod a ydynt yn perthyn i Lydaw ac yn rhan ohoni, neu beidio. Os ydynt yn ddigon ffôl i adael eu hunain i gael eu denu i ddyfroedd Ffrengig dyfnion neu i ddyfroedd eraill, nid yw'n deg disgwyl i genhedloedd gweddill y byd ein hachub rhag ein difaterwch ein hunain ...'

Nid ateb hawdd yw ymfudo, a chyn gynted ag y mae'r unigolyn yn penderfynu mynd, mae'n cwrdd ag eraill o'i genedl sy'n ceisio'r cynhesrwydd nad oedd i'w gael yn ei fro a'i wlad ei hun. Fel pan ddaw Cymro a Chymro at ei gilydd mewn gwlad estron a theimlo eu bod yn perthyn, felly'r Llydawyr. Yr un stori. Yn gynnil, eironig mae'n cyfleu ymateb y Celt oddi cartref i adfyd, cyflwyno arddull a naws y Llydaweg yn y Ffrangeg. Cafodd wobr am *La Grande Tribu* ac yn 1996 cafodd y *Priz Langleiz* am ei farddoniaeth yn y Llydaweg. Fel petai hynny i gyd ddim yn ddigon, mae'n ganwr sy'n sgrifennu a chyfansoddi ei ganeuon ei hun. Ymddangosodd ei gryno ddisg ddiwethaf – ei bedwaredd – yn 1994.

Awn i'r gweithdy ac i'r ardd lysiau – dylanwad cynnar ei dad. Y tro diwethaf y bûm yma roedd wedi cael cnwd da o afalau a bwriadai wneud seidr. Y dyfodol? 'Rwyf am gyhoeddi cyfrol o *haiku*, penillion tair llinell yn yr arddull Siapaneaidd, a'u darlunio nhw fy hunan. Fy nod yw cyfrol dairieithog – Llydaweg, Ffrangeg a Saesneg. Mae gen i un broblem. Dydy *Al Liamm* ddim yn cyhoeddi yn Ffrangeg. Ond mae'n rhaid i mi orffen sgrifennu'r cerddi yn gyntaf. Rwy'n anelu at gant, mor belled rwy i wedi sgrifennu trigain.'

Ffarweliaf â'r cawr rhadlon. Tybed a wnawn ni gwrdd eto? Mae canol pentre Locmaria-Berrien yn wag a dwy dderwen simsan, gau, ger yr eglwys a sŵn sguthan yn y berth islaw. I fyny'r lôn mae Youenn yn mynd rhagddo â'i waith yn fodlon gan fyw ei fywyd i'r ymylon.

*   *   *

O Locmaria-Berrien dychwelwn i Huelgoat. 'Sdim amser heddiw i grwydro'r llwybrau i gyd. Mynyddoedd o gerrig, rhyw oes iâ wedi gadael ei bwystfilod fel ag ym mro'r Pagan. Ond yn lle ei bod ar lan y môr, yma maent ymysg coedwig na wn am ei thebyg. Na, mae coedwig Cranou, ger y ffordd rhwng Le Faou (Ar Faou) a Sizun yn odidocach. Dyna beth ydyw coedwig – hen dderw cnotiog, canghennog, yn lledu'n ogoneddus i bob man. Dyw'r coed o gwmpas Huelgoat ddim yn ffôl a medrwch ddisgyn i Ogof y Diafol – ar lwybr o ganol y dref, heb angen chwilio na cherdded fawr ddim i ddod o hyd iddi. Y mae'r llyn yn un o ogoniannau'r dref a'r ardal. Ond gyda'r cerrig llyfnion rhyfeddol mae yma wlad ffrwythlon i ddychymyg – a fu'r Llydawr erioed yn brin o hwnnw. Soniais am Ogof y Diafol, mae yma gegin y Forwyn Fair, melin, carreg siglo sy'n rhoi atebion i'ch cwestiynau. Ganllath neu ddau i'r goedwig oddi ar y ffordd sy'n arwain tua Carhaix (Karaez) mae Ogof Arthur, ac yno mae'n cysgu nes y daw'r alwad i arwain Llydaw i ryddid. Fymryn eto i'r gogledd mae Gwersyll Arthur. Roedd Arthur yn fyw ac yn iach ganrifoedd wedi i'r gwersyll hwn gael ei godi – hen gaer o gyfnod y Galiaid – ydyw... Ond ta waeth. Dychwelyd i'r dref i gael arian o'r 'twll yn y

Y meini yng nghoedwig Huelgoat.

wal'. Mae mynd i Lydaw wedi newid cymaint – dim hen drafferthion gyda sieciau teithwyr a newid arian. Dim ond mynd at y twll yn wal y banc fel petawn i gartre. Rhoddaf fy mhig i mewn yn yr eglwys sydd yn y *Rue des Croix* gyda'r paneli lliwgar yn y gangell.

Mae gennym rywle arall i anelu ato. I Berrien, y tro hwn, neu Krann-Vihan i fod yn fanwl. Dydy Krann-Vihan ddim ar y map, mae'n rhy 'vihan' i hynny, er bod gen i fap mawr a manwl. Mae Bev Newman wedi dweud wrtha i os ydw i'n dod o Berrien i droi wrth yr archfarchnad sydd ychydig y tu allan i Huelgoat. Ond rwy'n dod o gyfeiriad Huelgoat, ac os yw'r lle'n nes at Huelgoat na Berrien, pam mai Berrien yw'r cyfeiriad? Beth bynnag, wedi holi sawl un, gan gynnwys postmones – rwy'n gwneud arfer o holi postmyn – mae postmones yn newid. Mae'n dweud 'Oh, la, la' (wir!) a rowlio'i llygaid fel petawn i wedi gofyn ble mae Ynys Afallon. Yna mae'n pwyntio at ddyrnaid o dai lai na chanllath i ffwrdd a dweud – 'un o'r rheina yw e'. Pam yr 'Oh, la, la' tybed? Ganllath neu beidio, ac er bod Bev wedi addo gadael ei char allan ar y ffordd – pa blydi ffordd? – rydyn ni ar goll eto. Holi gyrrwr lorri – dim syniad, er ei fod e'n byw yma! 'Tŷ Lan Tangi, hwnnw yw e!' Dim clem eto, wedyn fflach o oleuni, 'Tŷ *brawd* Lan Tangi, chi'n feddwl!' Ymlaen, rownd y gornel a dyna ni, car Bev, y gath, a'r Muscadet yn yr iâ.

Ymfudodd Bev, trefnydd/diwtor Mudiad Addysg y Gweithwyr, o Bontypridd ychydig ddyddiau ar ôl i mi gychwyn fy nhaith o gwmpas Llydaw. Bu mewn cariad â Llydaw ers blynyddoedd. Bu'n canu'r ffidil mewn grwp o'r enw 'Diawled y Mynydd' – tipyn o wyneb gan fod yn Llydaw grŵp da iawn o'r enw 'Diaouled ar Menez' – oedd yn canu yn Gymraeg, Llydaweg a Saesneg. Chwarae teg, roedden nhw'n grŵp eitha da. Nawr mae hi mewn cariad â Lan, hefyd, ac wedi dod i fyw i berfeddion gorllewin Llydaw. Mae Bev yn bencampwraig ar hudo arian o bocedi Ewrop a synnwn i ddim na fydd i o help mawr i Lan a'i gyfeillion. Mae Lan newydd gyhoeddi cyfrol o farddoniaeth, mae'n sgrifennwr storïau byrion ac mae ef a Mich Beyer, Yann-Fulub Dupuy a (y diweddar erbyn hyn) Herve Kerrain yn rhedeg *Roudour*, cymdeithas gydweithredol sy'n trefnu dosbarthiadau dwys dysgu Llydaweg i oedolion. Maen nhw'n annibynnol, ddim yn derbyn cymorth ariannol o unlle – felly mae hi yn Llydaw – ond gan fod y cyrsiau cystal maen nhw'n llwyddiannus. Maent yn cynnal y cyrsiau dwys sy'n parhau am wythnos ar y tro mewn gwahanol ganolfannau ledled Llydaw. Mynd â'r cyrsiau i'r lle mae'r galw. Mae'r cyrsiau bob amser yn llawn, ond hyd yn oed wedyn mae *Roudour* mewn trafferthion ariannol.

Braf gweld Bev – a'r gath – wedi setlo. Mae Christian Le Bras wedi cyrraedd o'n blaenau. Mae Christian yn gyfieithydd – mae'n gorffen addasu nofel o waith Roparz Hemon i'r Ffrangeg – ac yn gweithio ym myd ffilm a theledu. Ond does dim llawer o waith teledu i'w gael yn Llydaw. Mae'n adnabod llawer yn y byd teledu yn Iwerddon a'r Alban ond ddim yng Nghymru. Mae'n ganmoliaethus iawn o S4C ac o arweiniad y sianel Gymraeg yn y maes digidol. Cytunaf fod hwn yn gynllun doeth er nad yw'n boblogaidd gan y cwmnïau annibynnol yn y maes. Mae'n tybio hefyd y dylai'r Cymry arwain y ffordd i sefydlu sianel i leiafrifoedd fyddai'n darlledu oddi ar un o loerennau Astra. Yn od iawn sgrifennais erthygl yn fuan wedi cychwyn S4C yn awgrymu hyn – dan ffugenw, wrth gwrs; buasai'r BBC am fy ngwaed pe gwyddent – ac fe'i cyhoeddwyd yn y cylchgrawn *Breizh*. Fy syniad oedd llogi sianel ar Astra – oedd ar fin cychwyn bryd hynny – a bod y cenhedloedd bychain yn cyfrannu rhaglenni i'w darlledu arni. Stwff gweledol, wrth gwrs, dawns a chân, chwaraeon, cerddoriaeth roc ac ati. Cymru, Gwlad y Basg, Catalunya a Iwerddon ddylai arwain am fod ganddynt gyfundrefnau darlledu cryf. Ond buasai'n siop ffenest i Lydaw gyda'i chyfoeth o gerddoriaeth a chelfyddyd. Cofiaf godi'r pwynt, gan ffugio diniweidrwydd, mewn cynhadledd wedi hynny. 'Beth sydd a wnelo hyn â Mrs Jones Llanrug – dyna ydw i eisiau gwybod,' oedd ymateb swta Owen Edwards, Prifweithredwr S4C ar y pryd. Codwyd y syniad gan Pat Chalmers, Rheolwr BBC yr Alban, yn yr Ŵyl Ffilmiau Celtaidd yng Nghaerdydd. Wfftio'r syniad wnaeth y gwybodusion y tro hwnnw hefyd a gwridodd pob modfedd ohonof wrth i Bernard Le Nail – nad yw'n medru sibrwd – droi o'r sedd o'm blaen a dweud, 'dyna beth oedd gen ti yn yr erthygl yna. Dwed rywbeth!'

Cawsom drin a thrafod a chytuno i gydweithio ar ddau neu dri o brosiectau a byddai Bev yn cael y pres o goffrau Ewrop . . . Mae Christian yn poeni am economi Llydaw a minnau'n ei gweld yn llewyrchus. Mae tebygrwydd y collir swyddi yn Brest wrth i lywodraeth Ffrainc grebachu ei sefydliadau militaraidd. Trafodwn yr holl efeillio sy'n digwydd rhwng trefi yng Nghymru a Llydaw. Fy nheimlad i, ar sail mymryn o brofiad gyda threfniant anffurfiol rhwng Plabennec a Llanilltud Faerdref flynyddoedd yn ôl, oedd fod y Cymry am gael hwyl ac amser da a chip ar y diwylliant tra bod y Llydawyr a'u llygaid ar gysylltiadau masnach a busnes. Mae'n tybio y gall hyn fod yn wir, ond rydym yn croesawu'r datblygiad ac yn ffyddiog y dylai fod yn fuddiol i'r ddwy genedl. Mae gennym lawer i'w ddysgu oddi wrth ein gilydd. Sôn am Plabennec, o diar mi, mae'n amlwg fod y dref fach honno yn ennyn dicter fy ffrindiau. Y maer yn gwrthod adeilad i ysgol Diwan a'r beirniadu am y ffatrïoedd ffermio yma ymhobman. A minnau'n adnabod rhai o deulu'r Goasduff. Mae'n debyg bod cyfartaledd uchel o ddŵr Llydaw – a Ffrainc o ran hynny – o answdd amheus a'r ffermwyr yn cael y bai. Nid eich bod yn debyg o fynd yn sâl ar ôl ei yfed nawr ac yn y man ond fe all oes o'i yfed fod yn ddrwg i chi. Mae pobl y cyfandir yn fwy effro na ni i beryglon o'r fath. Mae Christian yn digalonni am wleidyddiaeth yr ardal. Naill ai mae'r bobl yn hen neu yn gweithio i ryw ffermwr mawr – mae angen gwaed newydd a radicaliaeth. Roeddwn i'n meddwl bod Huelgoat yn llawn comiwnyddion – dyna ddwedodd Lan wrthyf – ond af i ddim ar drywydd y sgyfarnog yna. Beth bynnag, mae dŵr Porz-Kloz yn iawn, yn ôl Christian, a'r perchennog yn fachgen ardderchog hefyd. Trefnodd ŵyl *bagad* lwyddiannus yn Abaty Le Releq yn ddiweddar. Taith fach am goffi a gwydraid bach o rywbeth yn Plouneour-Menez a dyma ni wedi blino'n lân ac yn barod am swper. Swper yn Porz-Kloz heno.

*   *   *

Darn o gig gafr i swper wedi'i osod yng nghanol y ford a rhyddid i Gwen a minnau i'w rannu rhyngom. Dydy Gwen ddim eisiau llawer ac mae'n flasus, ond wn i ddim tebyg i be chwaith. Meddwl am y Mab Afradlon – 'Ond ni roddaist i mi erioed fynn gafr i wneuthur yn llawen gyda'm cyfeillion.' Neu rywbeth i'r perwyl. Daw Yves Berthou i mewn wrth i ni orffen bwyta a rhoi cân ar y fagbîb. Ydym, rydym yn Llydaw, reit i wala. Pan ddown am frecwast mae cerddoriaeth Lydewig yn gefndir sionc, felly gyda swper ac yn awr, cerddoriaeth fyw. Mae Saeson o Rydychen yn aros yma ac yn benderfynol o dynnu sgwrs â ni. Maen nhw'n amlwg yn ymwelwyr cyson â Chymru – newydd fod yn Arthog a Machynlleth. Angen dychymyg a gweledigaeth i adnabod y llefydd o'u hynganiad nhw! Ond mae nhw'n ddigon annwyl ac yn gwneud yr un smonach o enwau

Llydewig. Wedi swper awn i'r llyfrgell a dod ar draws pentwr o'r cylchgrawn sgleiniog *Maisons Coté Ouest* a dod o hyd i erthygl yn un ohonynt am Sioni Winwns a'r amgueddfa yn Roscoff wedi ei sgrifennu *avec la collaboration de Gwyn Griffiths, auteur de 'Goodbye, Johnny Onions'* . . . Ymchwyddo gan falchder – balchder cyn cwymp fel y dywed y Sais. Gweld, hefyd, ar y tudalen nesaf hysbyseb fawr, Dŵr Tŷ Nant. Teimlo plwc bach o . . . na, dwli, dydw i ddim wedi bod yn Llydaw ond am bythefnos, ond gyda'r holl ruthro a theithio, rwy'n dechrau teimlo fel petawn i wedi bod yma ers misoedd. Yn awr, esmwyth gwsg, cwsg cig gafr ys dywed yr hen air! Ond, ow! Diffyg traul trybeilig am oriau. Fûm i ddim cynddrwg ers i mi fwyta sgod a sglod yng Nghaerfyrddin ym mis Tachwedd, 1975, a theimlo fel petawn i wedi llyncu bricsen. Chwydu fel ci a heb yfed diferyn o gwrw. Wnes i ddim chwydu ar ôl y cig gafr ond roeddwn i'n teimlo'n anghysurus a Gwen yn amlwg yr un fath – os nad cynddrwg. Wnaeth hi ddim bwyta cymaint â mi. Ar y llaw arall wnaeth hi ddim yfed cymaint o'r gwin 'chwaith. Trafodaeth dawel dros frecwast gyda'r Saeson o Rydychen – nhw hefyd wedi dioddef noson o droi a throsi. Cymharu yr hyn fuon ni'n ei fwyta a'i yfed. Nid yr un gwin, nid yr un pwdin, y gŵr, fel finnau wedi yfed mwy o win na'r wraig, ac yntau fel finnau wedi bwyta'r rhan helaethaf o'r cig gafr. Ac ef, fel finnau, oedd y pennaf dioddefwr. Y casgliad – y cig gafr. 'Ond ni roddaist i mi fynn gafr erioed i wneuthur yn llawen . . . ' Fe ddylai fod yn ddiolchgar. Ac efallai y dylwn innau ymfalchïo llai o weld fy enw mewn cylchgronau sgleiniog Ffrengig. Y diffyg traul oedd fy nghosb.

*   *   *

Rhyfedd fel y daw gwellhad drwy hanner galwyn o goffi ac ychydig eiriau o Lydaweg gan Hervelina – rwyf newydd ddarganfod mai dyna enw cyntaf Madame Berthou – a llwyth o fara ffres a mêl. Rwy'n barod i grwydro a chwilio rhagor o ryfeddodau ardal Mynyddoedd Arrée a'r Parc Armorique (Park an Arvorig). Mae arfordir Llydaw yn odidog ond ni ddylid anwybyddu canol y wlad. Soniais eisoes am rai o amgueddfeydd Llydaw. Mae ardal mynyddoedd Arrée yn frith ohonynt. Dyna amgueddfa'r wlad, *Musée des Champs* yn Saint-Segal. Lle wrth fodd crwt o ganol Ceredigion a welodd newidiadau'r pumdegau. Llai o geffylau'n troedio'r tir coch ac yn cywain i'r ydlan. Daeth y tractor bach, y trydan a'r teliffon i'r mannau anghysbell. Yr un modd Llydaw. Daeth cynnydd, ac os oedd gwaith dyn yn ysgafnach, yr oedd llai o'i angen hefyd. Cefnodd pobl yn llu ar y wlad wrth i'r ffermydd fynd yn fwy. Rwyf wrth fy modd yn crwydro'r amgueddfeydd yma – gweld hen beiriant dyrnu, malwr, nithiwr, sgwdwr, rhaca stôl. Mor debyg i'r rhai a gofiaf yn blentyn. Wrth gwrs, maen nhw i'w gweld yn Sain Ffagan, ond lle mae Llydaw yn rhagori yw bod yr amgueddfeydd yn y wlad lle y dylent fod, yn eu hamgylchfyd, yn addysgu pobl am hanes eu hardal nhw'u hunain a chyfrannu at economi'r fro. Offer wedi'i gasglu o'r ffermydd a'r caeau lle'u defnyddiwyd, o'r ffermydd a'r caeau wrth ddrws yr amgueddfa. Cyfeiriais eisoes at weledigaeth Georges-Henri Rivière yn sefydlu cyfundrefn yr *ecomusées*. Cychwynnodd y traddodiad o recordio atgofion a chaneuon, hefyd, ac ymysg ei weithwyr yn y maes yr oedd yr Abad Falc'hun a Per-Jakez Helias. Hefyd, cofnodi'r hen gyfnod, mewn cyfrwng arall, yr oedd yr arlunydd a sylfaenydd *Ar Seiz Breur*, René-Yves Creston. Amgueddfa odidog yw pentre melinau Kerouat ger Commana. Tai yn llawn dodrefn Llydewig a melinau'n dal i droi ymysg coed a chaeau gwenith. Wedyn mae Ty Cornec ger Saint-Rivoal, ffermdy nodweddiadol Lydewig, grisiau y tu allan i fynd i'r llofft a rhan ohono, fel y tŷ hir Cymreig, ar gyfer yr anifeiliaid. Mae'n ddiddorol, er nad cystal â'r lleill. Medrwch brynu tocyn mynedfa i un amgueddfa neu medrwch dalu dwbwl y pris a chael tocyn i ymweld ag amryw. A moduro'n hamddenol o un i'r llall.

Heddiw, awn i ymweld â mannau sy'n newydd i ni. Cychwyn yn Le Cloitre Saint Thégonnec – mae gen i awydd ymweld ag amgueddfa'r bleiddiaid. Yr unig amgueddfa yn Ffrainc wedi ei neilltuo i'r blaidd. Y ffordd orau i egluro safle'r amgueddfa yw dilyn y ffordd o Huelgoat am Morlaix a throi ymaith wrth yr arwydd Le Cloitre Saint Thégonnec. Mae ar gau. Mae eraill am fynd i mewn, hefyd, ac yn siomedig. Mae'r arwydd ar y drws yn aneglur – hynny yw, mae'n dweud fod y lle ar agor bob dydd yn ystod y tymor gwyliau. Ond a ydyw'n dymor gwyliau ar hyn o bryd? Awn tua swyddfa'r Maer i holi. Mae rhyw wraig rhyfeddol o garedig yn dweud nad yw'r amgueddfa ar agor, ond mae'n siŵr y medr hi ddod o hyd i'r dyn sy'n gyfrifol amdani a chan ein bod ni wedi dod bob cam o Gymru, fe fydd yn siŵr o agor y lle i ni. Dim problem. Mae'n codi'r ffôn – dim ateb. Mae'n rhoi cynnig ar rif arall – dim ateb eto. 'Rhoswch funud, fe a' i chwilio'. I ffwrdd â hi o gwmpas y pentre, gan holi hwn a'r llall. Mae sawl un wedi'i weld o fewn yr ugain munud diwethaf – ond i ble'r aeth. Amau bod y dyn wedi diflannu i ryw dafarn. Yn y diwedd rhaid rhoi'r gorau iddi ac mae'r wraig yn swyddfa'r Maer mor edifeiriol. Rwy'n teimlo mor ddiolchgar iddi am ei hymdrech a mor flin wrthyf fy hunan am achosi trafferth ac rwy'n addo dychwelyd ddydd Sul. Mae'r lle yn bendant ar agor ddydd Sul. Mae pawb mor barod eu cymwynas. Y wraig yn swyddfa'r Maer, yn arbennig. Awn am dro o gwmpas y pentre ac edmygu cerflun mawr o fleiddiaid. Ar ddarn o dir gyferbyn yr amgueddfa mae gweithwyr â'r Jac Codi Baw yn gosod cerfluniau o bennau mawr wedi'u gwneud o farmor du. Dydw i ddim yn eu hoffi. Rwy'n hoffi fy Llydaw yn Llydewig, heb lol fel hyn. Mae Gwen yn dweud eu bod yn debyg i'r pennau ar Easter Island. Fuodd hi erioed ar Easter Island, am wn i, a gan nad yw'r amgueddfa ar agor a bod y ddynes ddymunol wedi dychwelyd i glydwch swyddfa'r Maer, penderfynaf beidio holi rhagor. Gallwn ofyn i un o fechgyn y Jac Codi Baw . . . rywbryd eto.

Yn ôl hyd y lonydd culion i gyfeiriad Plouneour-Menez. Ar y ffordd mae abaty Le Relecq, neu hynny sy'n weddill ohoni. Yma bu canolfan y Brodyr Gwynion yn Llydaw. Fe'i sefydlwyd yn 1132, yn ôl yr haneswyr, ond dywed traddodiad mai yma y bu'r frwydr olaf rhwng y teyrn Comorre a Judual yn y flwyddyn 555 a threngodd Comorre heb fod ymhell o'r fan hon. Enwyd y lle yn Relecq (creiriau – neu esgyrn yn y cyswllt yma) am mai yma y bu farw Comorre ac o goffadwriaeth i'r lleill a fu farw yn y frwydr. Yr hoelen olaf yn arch yr adeilad gyda'i fwau Rhufeinig oedd y Chwyldro Ffrengig ac ymadawodd y prior olaf i gymryd swydd weinyddol yng nghanol Ffrainc yn 1800. Dinistriwyd llawer ohoni ond mae gwaith adnewyddu yma o hyd. Saif y pyrth ysblennydd ymysg y coed derw a sycamor a'r tu mewn gwelir o hyd y grisiau i stafell wely'r mynaich. Mae'r cadeiriau'n dyst y bu yma ŵyl ddiwylliannol yn ystod Awst ac mae dwy wraig yn cynnau canhwyllau. Cofiaf i Bev ddweud iddi ddod yma gyda ffrindiau wedi iddi dywyllu un noson a cheisio cynnau cannwyll. Methodd, ac aeth ias a theimlad drwg drwyddi. Yr oedd hi wedi clywed stori y bu'r Knights' Templars yma hefyd, nad yw'n amhosib gan iddynt adael eu hôl mewn llawer man yn Llydaw.

Ymlaen i Plouneour-Menez a dilyn y ffordd sy'n arwain i Brasparts. Aros a dringo i ben Montagne Saint-Michel (Menez Mikael), y trydydd pegwn uchaf yn Llydaw (1,238 troedfedd uwch y môr). Bron nad yw'n bosib gyrru'r car i'w ben, ond rhaid cerdded ychydig. Ar ei ben mae capel, yn ôl traddodiad, i warchod eneidiau'r ymadawedig sy'n crwydro'r corsydd. Clywais iddo gael ei ddadgysegru gan yr Eglwys Babyddol am i rywrai gynnal defodau Satanaidd yma. Mae golygfa eang dros gors Yeun Elez a chronfa ddŵr Saint-Michel a'r bryniau'n grwn o'n cwmpas ac mae llwybrau'n mynd i bob cyfeiriad a minnau am eu cerdded nhw bob un. Yeun Elez – Cors Elez, Elez yn dod o'r un gair, mae'n debyg, â'r gair Saesneg 'hell'. Felly ydy enw'r pentre Brennilis yn golygu Bryn Eglwys, neuCed Bryn Uffern? Cwestiwn diddorol! Ychydig o ôl pobl sydd yma, ac eithrio'r tai o gwmpas y llyn, ambell bentre bach, ambell ffermdy. Yma, eto, fel ar lan y môr, y mae arwyddion y bu'r Almaenwyr yn cadw'u llygaid dros y fro o'r adeiladau sment.

Mewn ffermdy wrth droed Menez Mikael mae'r *Maison des Artisans* (Ti Artizaned

Vreizh). Ceir yma gyfoeth o waith llaw – darluniau, crochenwaith, gwaith gwydr, crefft y gwehydd, dillad... Y cwbl o Lydaw, gwaith crefftwyr lleol. Eto, ble rydyn ni Gymry? Mae celfyddyd a chrefft yn ddiwylliant byw, ffordd arall o weithio, o fyw a chreu sy'n caniatáu i ni ddarganfod drosodd a throsodd yr hen, hen werthoedd. Dengys bwysigrwydd parhad a datblygiad crefft o genhedlaeth i genhedlaeth, mewn antur gelfyddydol. Crefft a chelfyddyd yn camu rhagddynt i greadigaethau artistig. Y naill yn cynnal traddodiadau drwy brofiad a gwybodaeth gan drosglwyddo treftadaeth y crefftwr o oes i oes. Y llall yn defnyddio'r traddodiad i ddehongli'r presennol a'i gymhwyso i'r dyfodol, a chyfoethogi a chyflwyno treftadaeth yr un pryd.

Tua Brasparts, ond nid i oedi yma. Gwn am yr esgyrndy gyda'i ddau gerflun o'r Ankou (Angau) a'r cerfiadau dieflig ac erchyll ar borth yr eglwys. Nid awn tua Huelgoat, chwaith, er godidoced capel (capel? mae'n eglwys anferthol) Saint-Herbot, nawddsant milfeddygon. Mae rhyfeddodau pensaernïol ym mhobman yn Llydaw. Mae'r tŵr sgwâr wedi'i seilio ar un o dyrau Eglwys Gadeiriol Quimper. Ychydig oddi ar yr un ffordd mae pentre Plouye, sy'n enwog am mai Cymro o Ferthyr, Bernard Walters (Byn, i'w ffrindiau), sy'n cadw'r dafarn yno – Tavarn Ty Elize. Os ydych am gipolwg ar Gymru'r chwedegau a chythraul o sesh, ewch yno ar bob cyfrif. Hen recordiau Dafydd Iwan, posteri Plaid Cymru o'r cyfnod, rhyw wyth gwahanol math o gwrw, gan gynnwys cwrw Caroff o Morlaix, llawr pridd, a llyfr ymwelwyr sydd fel llyfr 'Pwy 'dy pwy' yng Nghymru. Dos o'm hôl i, Satan. Ni chei fy nhemtio a'm harwain ar ddisberod eleni...

Na, rwyf am gymryd y ffordd yn ôl tua'r llyn. 'Ni wêl y llygad ddim ond aruthr fawnog gorslyd, siglennog,' meddai Ambrose Bebb amdani yn *Pererindodau*, 'ac ni theimla'r galon ddim ond bygythiol olygon iasol daeardir a reibiwyd ac a felltithiwyd. I mi a ddygwyd i fyny wrth ymyl Cors Caron, a ŵyr am ei gwedd greithiog a thruenus yn y gaeaf ac a gâr glywed annaearol leferydd ei hingoedd yn y gwanwyn cynnar, yr oedd hagrwch gerwin ac anserchog yr olygfa newydd hon ar ganol haf yn dorcalonnus, ac yn llawn drygargoel. Yn sicr i chwi, ni welais erioed le mor wallgofus ddieithr a dolurus.' Yng nghanol y gors, mwy deniadol i'm llygad i nag i Bebb, y mae siglen a elwir yn Youdig lle roedd porth y Purdan ac yn yr hen amser arferid dod â chyrff pobl ddrwg i'w bwrw i'r gors ddu. Gwneid hynny i gyfeiliant llafarganu gŵr a fedrai fwrw allan gythreuliaid. Stori arall yw bod y dewin hwn yn troi'r meirw yn gŵn bychain duon a'u llygaid fel gwreichion. Ac wedi iddi dywyllu bydd *Kannerezed an noz* (gwragedd golchi'r nos), ysbrydion y damnedig, yn cerdded y corsydd. Mae eu bodolaeth yn cael ei reoli gan rythmau uffernol a phenyd pob un yw golchi ei hamdo hyd dragwyddoldeb. Os digwydd i deithiwr gael cais am gymorth gan un ohonynt fe'i cynghorir i gydsynio, gan nad yw'r Diafol fyth ymhell yn tincian darnau aur i demtio'r trachwantus.

I ddychwelyd i'n byd modern ni. Yn 1966 codwyd Atomfa Niwcliar ar lan y gronfa gan ddefnyddio'i dŵr i oeri'r pwerdy. Bu'r datblygiad yn hwb i economi ardal o ddiweithdra ac fe'i croesawyd yn lleol. Yna yn 1985 caewyd y pwerdy, ergyd oedd yn waeth am fod yr ardal wedi cynefino â chyfnod o ffyniant cymharol. Dyma pryd y daeth gweledigaeth hen wraig â gobaith newydd i'r ardal. Yr oedd Annick Le Lan, drwy gyfrwng carreg a llechen, wedi creu model o'r pentref ac o weithdai'r crefftwyr a'r ffermydd o gwmpas y llyn cyn dyfodiad yr atomfa. Gyda'r model yn ganolbwynt datblygodd hi a'i theulu amgueddfa leol sy'n gysylltiedig â'r fferm gan ddenu ymwelwyr a dwyn gwaith eto i'r fro. Mewn adeilad sydd fel sgubor fodern, gwelir hen offer fferm, dodrefn Llydewig a modelau o du mewn tai nodweddiadol o'r cylch, gan gynnwys hanes datblygiad y *gwele-kloz* (gwely cwpwrdd), a welir o hyd yn ffermydd a thyddynnod Llydaw.

Pennaf gogoniant yr *Expo du Youdig*, fel y'i gelwir, yw'r casgliad o wisgoedd o bob rhan o'r wlad. Nid un wisg Lydewig sydd – ond llawer. Yn y cychwyn nid oeddynt yn

Llydewig o gwbl. Addasiad yw gwisg y dynion o'r hyn oedd yn gyffredin yng nghyfnod teyrnasiad Louis XV tra bod capanau'r gwragedd yn ddatblygiad o'r hyn yr arferai menywod y trefi ei wisgo rhwng y bymthegfed a'r ddeunawfed ganrif. Ond bu newid a datblygiad yng ngwisg merched Llydaw. Yn ardaloedd Penmarc'h a Pont-l'Abbé defnyddiai'r merched y patrymau â welsent ar y meini hirion a'r beddrodau megalithig i addurno'u gwaith les. Pa rym hynafol oedd ar waith? Pa ymdeimlad cenedlaethol oedd yn cyniwair yn eu gwythiennau? Erys y ffaith iddo ddigwydd. Nid yw capiau merched Bro Leon yn hen – ddim hŷn na diwedd y ddeunawfed ganrif. Dyfais ddiweddar – er syndod, rwy'n siŵr – yw capiau tal y *Bigoudenn*. Hyd 1900 nid oeddynt yn bod. Datblygodd yr arfer yn y cyfnod rhwng 1905 a 1910. Mae yma bwnc ymchwil diddorol i rywun, sef astudiaethau gwerin cyfoes. Beth sy'n peri bod ffasiynau merched yn mynd i un cyfeiriad neu i gyfeiriad arall? Prawf, beth bynng, na ddeilliodd pob chwiw ffasiwn o Baris.

Rwyf wedi cyrraedd yn hwyr ac mae mab-yng-nghyfraith Annick Le Lan mewn llawn hwyl, cap pysgotwr ardal Douarnenez am ei ben, ei lygaid yn fflachio wrth adrodd hanes yr ardal. 'Ydych chi'n gyfarwydd â straeon *Légendes de la Mort*, llyfr Anatole Le Braz?' holodd mewn llais oedd yn peri i ias ddiferu i lawr ein cefnau. Ydym, bawb. 'Ydych chi'n coelio'r straeon am rag-weld marwolaethau?' Dydyn ni ddim mor siŵr. 'Rwy'n nabod pobol sydd wedi gweld y drychiolaethau hyn, ac mae nhw'n bobol eirwir na fuaswn i byth yn amau eu gair, ac os ydyn **nhw**'n credu . . .' Daw holl rythmau'r Ffrangeg yn rhaeadr o'i enau ac mae pob un – dros ugain ohonom – yn dal ar bob gair.

Sylwaf y trefnir teithiau o gwmpas yr ardal yn ystod Gorffennaf ac Awst gyda nosweithiau o ddawnsio a cherddoriaeth a phryd o fwyd hanner dydd – *kig ha farz* ddydd Sadwrn a chrempog ddydd Mercher. Chwarter milltir i'r gogledd o Brennilis mae cromlech Ti ar Boudiked (Ty'r Tylwyth Teg) – y gromlech fwyaf yn Cornouaille (Bro Gerne). Buaswn yn dwlu treulio diwrnod yn clywed chwedlau'r ardal yn cael eu hadrodd ym mro'u cynefin. Ond rhaid troi'n ôl am swper yn Porz-kloz. Golwython cig oen heno. Mae'r tân coed yn clecian pan gerddwn i'r stafell fwyta ac mae rhai o'n cyd-westeion wedi bod yno ers amser. Daw Yves i mewn â gradell rwyllog a'i gosod ar y tân ac yna mae'n gosod y darnau cig arni i'w rhostio yn y man a'r lle. Wedi diwrnod o grwydro'r bryniau pa well croeso na'r tanllwyth a'n swper yn rhostio arno? A noson o gwsg esmwyth – heb ddiffyg traul cig gafr y noson cynt. Yfory, rhaid ffarwelio â'r bryniau a'r rhostiroedd a'r croeso Llydewig 'a greiz kalon'.

Pennod 5

O Gwmpas y Morbihan

Rwyf am ymweld â mannau diddorol yn rhanbarth, neu sir, y Morbihan. Mae angen lletgy canolog ond ble cawn un cystal â'r un ger Huelgoat? O Fynyddoedd Arrée am y Mynyddoedd Du. Trown tua'r de-ddwyrain am Carhaix (Karaez) drwy wlad y ffyrdd isel rhwng cloddiau uchel, gwlad â'i ffermdai o'r golwg, heb ond ambell lechen las yn fflachio rhwng y deri. Tua Le Faouet (Ar Faouez), tref a enwyd ar ôl yr holl goed ffawydd. Gwlad werdd i esmwytho llygad ac enaid. Trysor Le Faouet yw ei marchnad. To mawr ar bileri ithfaen a phren cerfiedig a chloc mewn tŵr pren yn goron. Ochr bellaf y sgwâr mae cofgolofn i Corentin Corre, awyrennwr lleol a laddwyd mewn brwydr awyr yn 1918 – roedd yn 18 oed. Trown tua Scaer ac wedi ychydig filltiroedd cyrhaeddwn *Auberge de Kerizac*. Dydyn ni ddim wedi ffonio, dim ond gobeithio bod yma le. Dilyn yr arwyddion a'r lonydd culion, heibio hen bopty a tho tyweirch iddo nes cyrraedd ffald y fferm. Mae yma sawl *gite* ac rwy'n amau fod pobl yn byw yn barhaol yn un ohonynt. Cnocio droeon a dim ateb. Holi rhywun yn un o'r *gites* ac mae hi'n mynd at un o'r tai a gweiddi. Gweld pen yn un o ffenestri'r llofft ac ymhen ychydig daw Madame Bernadette Le Meur i lawr, ein sicrhau fod ganddi le ar ein cyfer a chawn *gite* i ni ein hunain – am bris gwely a brecwast. Diwedd y tymor gwyliau. Mae set deledu yn y gegin, ond wnawn ni ddim gwylio honno. Ydy, mae'n bosib cael pryd nos ac mae croeso twym-galon. Rwy'n sylweddoli bod cymdeithas o berchenogion yr *Auberges* a'u bod i gyd yn adnabod ei gilydd. Gwell byhafio.

*   *   *

Y popty ger Kerizac.

Yn Roscoff y gwylanod sy'n gloc larwm. Yn Kerizac y ceiliogod sy'n cyflawni'r ddyletswydd foreol gyda'u caniad cyntaf yr eiliad y gwelir rhimyn golau i'r bryniau. Gorweddaf yn fodlon yn gwrando ar eu steddfod gylch, gan wybod na fydd angen codi am oriau, a gadael i'w canu gyffroi atgofion plentyndod. Codi o'r diwedd. Arswyd, mae'r llofft yma'n gyfyng. Fedra i ddim sefyll yn syth. Sut fuasai un o faintioli Youenn Gwernig yn ymdopi? Tu allan mae'r haul yn taro'r popty gyda'i do tyweirch ac yn anwesu muriau carreg y tai. Medraf syllu ar grefft y muriau am oriau. Y conglfeini wedi'u naddu'n sgwâr a'r cerrig rhyngddynt o bob maint a siâp, heb unffurfiaeth ond cyfanwaith perffaith. Mae'r haul yn goleuo'r sycamor a'r deri ac yn dyfnhau copr y goeden geirios. Rhai hardd yw'r coed ceirios Tsieineaidd. Ni welais goeden Ronan Huon yn ei gogoniant am nad oedd yn heulog ond mae'r bore hwn yn rhoi ffrâm a dyfnder i'r goeden yn Kerizac.

Mae pedwar o ddarluniau ar furiau'r stafell fwyta, dau ohonynt yn enfawr, darluniau cyfoes sy'n portreadu golygfeydd a bywyd yr ardal. Gwaith arlunydd lleol. Nid yw ei enw'n gyfarwydd i mi, mae wedi marw ac oni bai am un llun nid wy'n ei hoffi. Ond nid dyna'r pwynt. Ble bynnag yr ewch chi yn Llydaw – a chyn cyrraedd, pan rowch droed ar long *Brittany Ferries* – gwelwch waith arlunwyr a cherflunwyr Llydaw. Fe'u gwerthfawrogir a'u noddi. Yma mewn ffermdy diarffordd gyda'r bara, y mêl a'r crempog mae celfyddyd o'n cwmpas.

Dyma galon Llydaw, lle daeth yr Ymerawdwr Louis (Louis Addfwyn, Louis Dduwiol, mab Siarlymaen), yn 818 i gystwyo'r Brenin Morvan a thawelu'r Llydawyr am ddegawd neu ddau. Bro i'w cherdded, i'w beicio, bro i dynnu'r enwair o gist y car, i geisio allwedd capel diarffordd a chael eich dallu gan odidowgrwydd ffenestr neu ddarlun neu gerflun. O ychydig yr ydym o fewn ffiniau sir y Morbihan, ar gyrion Gwened a Bro Gerne a heb fod ymhell o'r Côtes d'Armor. Bro rhwng Argoed ac Armor.

Wedi brecwast gwych cychwyn am Le Faouet ac yna i gyfeiriad Saint-Fiacre (Sant Fiakr). Fel y newidiodd pethau. Bu ugain mlynedd ers i mi fod yn y capel hwn o'r blaen – mae'n debycach i eglwys blwyf sylweddol, ond capel yn Llydaw. Cofiaf sylwi fod ôl lleithder ar gornel sgrîn y grog, ond mae'r broblem wedi'i datrys erbyn hyn. Tro diwethaf bu raid benthyg allwedd o dŷ cyfagos. Heddiw mae'r drws yn agored a digon o amser i syllu ar y ffenestri a'r pulpud a sgrîn y grog sy'n un o geinderau celfyddyd Llydaw. Gwnaeth Curnow Vosper (arlunydd Salem) ddarlun o Lydawyr mewn gweddi yn yr eglwys hon ac y mae un o'r ffenestri lliw yn y cefndir – mae'r darlun yn Amgueddfa Castell Cyfarthfa, Merthyr Tudful. Tu allan, mae'r tŵr triphlyg nodweddiadol Lydewig. Ble bynnag yr awn mae ôl adnewyddu a gofal. Mae llai o fynychu lle o addoliad yn Llydaw fel ym mhobman arall. Ond mae'r adeiladau, beth bynnag am eu pwrpas gwreiddiol, yn cael mwy o barch a gofal. A'r crefyddwyr a'r gwrth-glerigwyr yn cydweithio i'w cynnal. Fe glywch am y maer o gomiwnydd yn cydweithio'n dawel gyda'r offeiriad plwyf i warchod y trysorau hyn – fersiwn Llydaw o fyd *Don Camillo* Giovanni Guareschi neu *Monsignor Quixote* Graham Greene. Yn gyhoeddus, wrth gwrs, dydyn nhw ddim yn siarad ond pan ddisgyn llenni'r nos . . . Mae adnewyddu eglwys neu gapel yn dwyn credinwyr ac anghredinwyr at ei gilydd. Wrth fynd tua chapel Saint-Fiacre mae gweithdy crefftwr sy'n gweithio mewn haearn a gyferbyn â'r porth mae popty sy'n union yr un fath â'r un yn Kerizac. Mae'r dyddiad 1882 arno.

Awn i Querrien, dros Bont Skluz – ffordd droellog drwy ddyffryn coediog, rhamantus Isole i Mellac. Rwyf am ymweld â'r *Manoir de Kernault* (Maner Kernod). O gwmpas y faenor mae sawl derwen ar lawr – grym tymhestloedd – a'r mes yn crensian dan draed a llyn pysgod gerllaw a hwyaid lliwgar arno. Dywedwyd wrthyf fod y faenor, a ddefnyddir hefyd fel canolfan astudiaethau llafar, yn cynnwys arddangosfa o fywyd a gwaith Théodore Hersart de la Villemarqué (Kervarker fel y'i galwai ei hun yn Llydaweg). Anghywir. Aeth yr arddangosfa oddi yno ddwy flynedd yn ôl ond mae merch y siop – dydy hi ddiwrnod dros ddeunaw oed, rwy'n siŵr – yn tywallt gwybodaeth arnaf. Mae'n dweud wrthyf yn union ym mhle mae Nizon a'r faenor lle treuliodd Villemarqué ei blentyndod a'i ieuenctid. Rwy'n canmol ei gwybodaeth ac mae'n ateb, gyda balchder, 'Fel Villemarqué, rwy inne'n dod o ardal Pont-aven.' Wedi'r croeso a'r llifeiriant gwybodaeth dangoswn ein gwerthfawrogiad drwy brynu llyfr neu ddau, un oedd wedi'i baratoi ar gyfer yr arddangosfa ddwy flynedd ynghynt. Prynwn docynnau i fynd o gwmpas y faenor. Cychwynnwyd yr adeiladu yn 1450 a gyda'i gwrt caeedig mae'n nodweddiadol o faenordai Llydewig y bymthegfed a'r unfed ganrif ar bymtheg. Gwnaed newidiadau dros y blynyddoedd i ychwanegu at gysur yr adeilad ac i ddilyn y ffasiwn. Mae arddangosfa o wisgoedd ac o waith les, patrymau o bob math, les mewn dillad traddodiadol a les Llydewig mewn gwisgoedd cyfoes. Llusgwn fel malwod o stafell i stafell i gyfeiliant ebychiadau o syndod a gwerthfawrogiad Gwen. Diolch byth fod y lle'n cau am saith neu ddown ni byth oddi yma – mae'n ganol y bore eisoes a minnau am ymweld â mannau eraill. Mae yma dri thapestri, un o ganol yr unfed ganrif ar bymtheg sy'n darlunio golygfa o'r Hen Destament a dau o ganol y ganrif ganlynol o Fflandrys. Buont yn y llofft am ganrifoedd a neb yn cofio na malio amdanynt. Yng nghwrt y faenor mae sgubor, ei muriau o bren, a adeiladwyd tua 1620. Dyma'r unig enghraifft o'r fath adeiladwaith yn Finistère (Pen ar Bed) – ydyn, rydyn ni wedi croesi 'nôl i Finistère – ac mae'n dyst i gyfoeth y perchennog. Bydd y gwaith yn cychwyn yn fuan i adnewyddu'r ysgubor i'r hyn ydoedd yn wreiddiol. Mae siop *Merenn Vihan* yma ond nid yw ar agor yn y bore. Rwy'n hoffi'r enw. Cinio bach yw'r cyfieithad manwl ond ei ystyr yw 'te bach'. Byddai gwragedd a morynion ffermydd fy mhlentyndod yn cael 'te bach' tua thri y prynhawn cyn gwneud 'te mawr' i'r dynion erbyn pedwar.

Awn i Quimperlé (Kemper-elle, sef Cymer afon Elle) a pharcio wrth yr afon. Gadawaf Gwen i fwynhau coffi'r Hotel Brizeux a dringaf un o'r hen ffyrdd grisiog, y *Rue T. de la Villemarqué – Membre de l'Institut*, at Eglwys Sant Mihangel. Mae yna *Rue de la Villemarqué*, hefyd. Ei hen enw oedd *Rue aux Fevres*. Mae pobl Quimperlé yn hoff o newid enwau strydoedd. Aeth *Rue des Vaisseaux* yn *Rue Jacques Cartier*. Mae eglwys Mihangel wedi'i chlymu i'r adeiladau o'i chwmpas, ei bwtresi'n cysylltu â'r tai sy'n cwtsio yn ei chysgod. Ar y ffordd i fyny mae siop fach sy'n gwerthu ffrwythau a brecwast i ffyddloniaid yr Offeren gynnar ac mae llun y diweddar Glenmor yn y ffenest. Mae siop arall sy'n gwerthu llestri Quimper. Mae'r eglwys a'r *Place Saint-Michel* o'i blaen yn dal y llygad. Adeiladwyd corff yr eglwys yn y drydedd ganrif ar ddeg a'r gangell yn y bymthegfed. Ei gogoniant yw'r porth gogleddol, gyda'i gerfluniau o'r apostolion, a'r tŵr sgwâr, er iddo golli ei feindwr plwm i wneud bwledi adeg y Chwyldro Ffrengig. Yn ôl at yr afon i ymweld ag Eglwys *Sainte-Croix* (y Groes Sanctaidd). Adeiladwyd yr eglwys, sydd yn yr arddull Rufeinig, yn 1083 ond bu raid ei hailadeiladu pan syrthiodd y tŵr canol. Gwnaed hynny gyda gofal – gormod o ofal medd rhai – yn y blynyddoedd rhwng 1864 a 1868.

Deuthum yma am mai dyma fro enedigol Villemarqué (1815-1895). Nid ym maenor bresennol Keransquer a saif ychydig y tu allan i'r dref y ganed ef. Codwyd yr adeilad presennol tua 1850 wrth ymyl yr hen faenor. *Manoir du Plessis* rhwng Pont-aven a phentre Nizon oedd y dylanwad mwyaf arno. Awn am y gorllewin, rhwng perllannau afalau yn plygu dan gynhaeaf trwm, tua Pont-aven. Wyddoch chi mai Sant Teilo ddysgodd y Llydawyr sut i wneud seidr? Am y tro awn drwy'r dref i fyny'r rhiw gan ddilyn y ffordd am Rosporden. Cyn gadael Pont-aven mae arwyddion i'n cyfeirio at y *Bois d'Amour* a chapel Tremalo. Dilyn y lôn drwy'r coed castan i ben y ffordd. Tua'r dde mae'r *Manoir du Plessis* lle treuliodd Villemarqué a'i frawd eu plentyndod yn chwarae gyda phlant gwerin y fro a dysgu Llydaweg. Roedd gan y fam, Ursule Feydeau de Vaugien, flas at chwedlau a chaneuon Llydaw a gwnaeth lawer i ennyn

Villemarqué.

diddordeb ei mab. Ymlaen â mi at gatiau'r faenor. Mae arwydd yn fy rhybuddio ei fod yn lle preifat. A dweud y gwir does dim i ddweud mai dyma Faenor Plessis. Edrychaf ar y blwch llythyrau – pethau defnyddiol yw'r rhain – ac mae'r enw yn dweud Villemarqué. Cerddaf yn dalog i mewn. Mae ffenestri'r prif adeilad yn gaeedig ac mae pâr mewn tipyn o oed yn glanhau un o'r tai gyferbyn. 'Be chi'n moyn?' holodd y dyn yn flin. 'Ai dyma'r lle y bu'r casglwr enwog Villemarqué yn byw?' holais. 'Ie, ac mae'n lle preifat,' atebodd yn sarrug. Ymddiheurais yn daeog a diflannu – ar ôl tynnu llun neu ddau gyda fy nghamera wedi i'r dyn blin droi ei gefn.

Mam Villemarqué oedd y gyntaf yn y teulu i gasglu baledi a chaneuon. Yr oedd hi'n adnabod llysiau, gwyddai am eu rhinweddau meddyginiaethol a byddai pobl yr ardal yn dod ati am gyngor a chymorth. Tâl y tlodion fyddai adrodd baledi neu ganeuon gwerin a byddai hithau'n eu cofnodi a'u cadw. Dyna gychwyn y *Barzaz Breiz*, casgliad enwog ei mab, a gyhoeddwyd gyntaf yn 1839. Cafwyd ailargraffiad o fewn dwy flynedd a buan yr oedd yn cael sylw led-led Ewrop. Fe'i cyfieithwyd i nifer o brif ieithoedd y cyfandir. I'r Ffrangeg, gan i Villemarqué eu cyfieithu yn syth i'r iaith honno ac yn Ffrangeg y mae'r cyflwyniadau a'r ôl-nodiadau. Troednodiadau mewn print mân ar waelod y dalennau yw'r cerddi Llydaweg gwreiddiol. Buan y cyfieithwyd y casgliad i'r Almaeneg a Phwyleg a chafwyd fersiwn Saesneg, gan y llenor toreithiog Tom Taylor, yn 1865. O ddarllen llyfrau taith a sgrifennwyd gan Saeson cyfoethog pan oedd Llydaw'n gyrchfan ffasiynol – rhwng 1880 a 1920 – fe welir mor ddefnyddiol fu'r *Barzaz Breiz* i besgi cyfrolau mawr yn gyfrolau enfawr.

Daeth Villemarqué i Eisteddfod Cymreigyddion y Fenni yn 1838 – nid oedd ond 23 oed ond gwnaeth argraff fawr. Cafodd gymeradwyaeth am gerdd a luniodd ar gyfer yr amgylchiad – *Kan-Aouen Eisteddvod* – cymysgfa o Gymraeg a Llydaweg. Dotiodd y Cymry o glywed cynifer o eiriau a ddeallent mewn cerdd 'Lydaweg'. Mewn gwirionedd rhywbeth tebyg fu ymateb Llydawiaid i'r gerdd, deall geiriau hwnt ac yma ond heb ddeall ei hystyr. Ceir copi ohoni yn *Pererindodau* Ambrose Bebb ynghyd â disgrifiad o'r amgylchiad. Derbyniwyd Villemarqué yn aelod o Orsedd Beirdd Ynys Prydain a dewisodd Bardd Nizon yn enw barddol. Bu'n amlwg yn nhrefniadaeth yr ymweliad ond y ddau allweddol oedd Thomas Price (Carnhuanawc) a François-Alexis Rio. Soniaf fwy amdanyn nhw yn nes ymlaen. Cafodd wythnos ddifyr o Eisteddfota a chyfle i gyfarfod â nifer o Gymry amlwg a pharchus – yn eu plith Arglwyddes Llanofer. A phwy a wyr na chyfarfu â Maria Jane Williams, Aberpergwm, a gyhoeddodd ei chasgliad hithau o ganeuon gwerin Morgannwg a Gwent tua'r un cyfnod. Wedyn treuliodd wythnosau yng nghartref y Fonesig Charlotte Guest ym Merthyr Tudful. Gwnaeth hi argraff fawr arno ond brawychwyd ef gan y ffwrneisi uffernol oedd yn goleuo'r wlad ddydd a nos. Cafodd amser i gyfieithu *Mabinogion* Charlotte Guest i'r Ffrangeg. Fe'u cyhoeddwyd yn 1842 dan y teitl *Contes populaires des anciens Bretons*, heb gydnabod mai cyfieithiadau o waith Charlotte Guest oedden nhw!

Y Manoir du Plessis, lle treuliodd Villemarqué gyfnodau o'i blentyndod.

Gatiau'r faenor.

Cafodd y *Barzaz Breiz* effaith syfrdanol ar unwaith. Yr oedd casglu llên gwerin eisoes wedi cychwyn yn Ewrop. Bu'r brodyr Grimm yn yr Almaen yn cyhoeddi casgliadau er 1812, cyhoeddodd Walter Scott ei gasgliad *Minstrelsy of the Scottish Border* yn 1823 a chafodd y gyfrol ei chyfieithu i'r Ffrangeg ugain mlynedd yn ddiweddarach. Roedd Elias Lonnrot yn casglu yn y Ffindir. Yn Llydaw, hefyd, roedd amryw wedi dechrau casglu. Aymar de Blois (1760-1852) a fu'n gapten llongau'r brenin ac a anwyd yn Ploujean, ger Morlaix, oedd y cyntaf i ymddiddori yn yr hen gerddi Cymraeg ac i gyfieithu rhai ohonynt i'r Llydaweg. Cymdoges i de Blois yn Ploujean oedd Madame Barbe-Emilie de Saint-Prix a gofnododd ganeuon traddodiadol o 1820, ac wedi hynny, yng ngyffiniau Callac. Casglwr arall oedd Joseph-François de Kergariou (1779-1849) a gladdodd ei hun mewn astudiaethau archaeolegol a chasglu hen ganeuon ar ôl ymddeol o wasanaeth Napoleon. Casglodd cyfreithiwr o Lannion, Jean-Marie de Penguern (1807-1856), 600 o ganeuon. Mae'r rhain yn Llyfrgell Genedlaethol Ffrainc, Paris, naw cyfrol ohonynt. Yna daeth Emile Souvestre (1806-1854), yn enedigol o Morlaix ond a fu'n newyddiadurwr yn Brest. Yr oedd yn nofelydd, yn ddramodydd ac yn gasglwr chwedlau a bu ei gysylltiadau ym Mharis o help iddo boblogeiddio'i gasgliadau. Un arall oedd Elvire de Cerny (1818-1899), yn enedigol o Roscoff ac yna wedi ei magu yn Rennes, a byw ar ôl priodi yn Saint-Suliac, ger Dinan. Ymysg ei chasgliadau hi o chwedlau gwerin oedd *Saint-Suliac et ses traditions* a gyhoeddwyd yn 1861 a *Contes et legendes de Bretagne* oedd yn cynnwys straeon o ddyffryn Rance a Plougasnou yn ardal Tregor. Yn nwyrain Llydaw – Breiz Uhel – roedd Adolphe Orain (1834-1918) yn casglu.

Ond yn 1839 torrodd y *Barzaz Breiz* fel seren lachar ar draws ffurfafen Llydaw. Pan oedd ond yn 19 oed dywedid mai uchelgais Villemarqué oedd sgrifennu hanes llên Llydaw. Yr oedd ganddo sail i adeiladu arno, casgliad ei fam. Aeth ati i gofnodi caneuon gwerin Nizon a'r cyffiniau. Teithiodd yn ddyfal rhwng 1835 a 1837 yn ôl a blaen drwy Bro Gerne. Ar gychwyn haf 1837 yr oedd 300 tudalen o'i lyfr nodiadau yn llawn o ganeuon a nodiadau – rhai ar bynciau annisgwyl – am y *Chouans*, Myrddin, *An Tri Manac'h Ruz* (Y Tri Mynach Coch). Detholodd y cerddi i dair prif adran: caneuon hanesyddol, caneuon serch, a chaneuon cysegredig. Roedd rhai caneuon yn amrwd, ac yn ôl arfer yr oes, bu Villemarqué'n eu tacluso, eu twtio, ac ail-sgrifennu ambell un. Mae Donatien Laurent, a ddarganfu lyfrau nodiadau gwreiddiol Villemarqué, yn cydnabod iddo 'wella' yr hyn a gasglodd ond nad oedd yn gwneud mwy na'r hyn a wnâi eraill a welsant ogoniant llên gwerin. Yr hyn sy'n bwysig oedd i Laurent ddarganfod fod y cerddi wedi'u casglu o ffynhonellau gwerin. Ni ellid gwadu hynny. Ond ar ôl casglu bu Villemarqué yn chwilota drwy hanes ei wlad i ddod o hyd i ddigwyddiadau a chymeriadau i ffitio'r cerddi. Ac maent yn byrlymu o genedlaetholdeb. Dyna fwriad Villemarqué, fel y dengys ei gyflwyniad:

> Y dynion sy'n ddigon hen i fod yn dystion i ymdrechion olaf Llydaw am ryddid yn erbyn awdurdod y Brenin; y rheini a amddiffynnodd yr eglwysi a'u cartrefi yn erbyn gormes y Chwyldro; y rheini a wrthsafodd orthrwm imperialaidd; y rheini a ad-dalwyd am eu haberth gan weinidogion di-ddiolch yr Adfer, ad-dalu ffyddlondeb gyda drwgdybiaeth, yn rhwygo o'u dwylo arfau'n goch gan waed a dywalltwyd dros y frenhiniaeth; y lluoedd anfodlon, a fradychwyd yn eu gobeithion yn aflonydd dan iau'r drefn newydd, a gadwodd yn fyw yr hen ysbryd gwladgarol yng nghalonnau'r werin fynyddig drwy eu straeon traddodiadol, eu sgyrsiau beunyddiol, eu caneon cenedlaethol.

Canmolwyd y gyfrol i'r cymylau. Yn ôl George Sand ym 1852 roedd *Le Tribut de Nominoe* (*Drouk-kinnig Neumenoiou*) yn rhagori ar yr *Iliad*. Aeth rhagddi i ddweud fod darllen y farddoniaeth yn gwneud iddi hi, Ffrances gyffredin, deimlo fel corrach ger y cewri Llydewig hyn! Bu gwaith Villemarqué yn ysbrydoliaeth. Ymhlith y rhai a daniwyd ganddo oedd François Marie Luzel – An Uhel (1821-1895) a Paul Sebillot (1843-1918). Soniaf yn nes ymlaen am gyfraniad arbennig

Luzel. Yr oedd Sebillot, a oedd yn hanu fel Luzel o ogledd Llydaw, yn gasglwr ac ymchwilydd eang ei ddiddordebau. Ef a ddiffiniodd ffin ddwyreiniol yr iaith, gwnaeth arolwg yn 1886 o nifer ei siaradwyr – 1,200,000. Yn ogystal â'i waith yn cofnodi llên gwerin yr oedd yn arlunydd ac ymddiddorai mewn gwisgoedd traddodiadol. Roedd Llydaw, drwy ddylanwad Villemarqué, yn arloesi mewn casglu llên gwerin a bu dylanwad Sebillot, hefyd, yn drwm ar weddill Ffrainc. Wedi darllen ffrwyth llafur Sebillot bu Albert Meyrac yn casglu straeon, cerddi, hen arferion a chofnodi gwisgoedd yn yr Ardennes – y Llydawr a sgrifennodd y rhagair i'w *Traditions, coutumes, légendes et contes des Ardennes*. Diau i'w ddylanwad sbarduno Jean-François Blade i gasglu 'mêl gwyllt' Gasconi a'i gostreli yn ei gyfrol *Poésies et contes populaires de la Gascogne*. Daeth eraill. Soniaf eto am Anatole Le Braz (1859-1925) a oedd yn ŵr eang ei ddylanwad ar droad y ganrif.

Anatole Le Braz.

Dychwelaf at Villemarqué. Tua 1867, pan gyhoeddwyd argraffiad newydd o'r *Barzaz Breiz*, y dechreuodd y dadlau. Fe'i beirniadwyd gan d'Arbois de Jubainville a P. Meyer o ymgolli'n ormodol yn yr hanesyddol a'r esthetig ar draul casglu a chofnodi gwyddonol. Ar Hydref 17, 1867, gwahoddwyd ef i gyflwyno'i ddogfennau i'w hastudio yng Nghyngres Geltaidd Ryngwladol Saint-Brieuc. Gwrthododd. Bu'r trafod yn foneddigaidd nes i Ar Men, archifydd Finistère, yn y modd mwyaf diflewyn-ar-dafod, gyhuddo Villemarqué o ffugio'r cwbl. Ymunodd y casglwr mawr arall, Luzel, yn y ddadl a bwrw mwy o amheuon ar ddilysrwydd gwaith Villemarqué.

Am ganrif bu'r *Barzaz Breiz* yn destun dadlau ffyrnig. Ar Fedi 14, 1964, aeth myfyriwr ymchwil, Donatien Laurent, i ymweld â Pierre de la Villemarqué, gorwyr i'r casglwr. Mewn hen gwpwrdd ym maenor Keransquer, daethant o hyd i gyfrolau o nodiadau, ffrwyth ymchwil a myfyrdod Villemarqué. Wedi deng mlynedd o bori ynddynt daeth Laurent o hyd i'r llyfr oedd yn cynnwys yr hyn a gasglwyd rhwng y blynyddoedd 1835 a 1840 a phrofi bod craidd yr hyn sydd yn y *Barzaz Breiz*, a'i ffynonellau'n, ddilys.

Yr oedd gan Villemarqué gymhellion gwleidyddol dros yr hyn a wnaeth. Dyrchafai'r Derwyddon a cheisio creu'r argraff fod y Llydawyr yn rhagori ar y Ffrancwyr. Mynnai ddangos bod Llydaw wedi dioddef o law Ffrainc. Drwy fân newidiadau i'r cerddi a trwy ddefnyddio ambell hen air o darddiad Cymreig ceisiodd roi'r argraff eu bod yn hŷn nag yr oeddynt. Uchelwr a Brenhinwr oedd Villemarqué. Ond uwchlaw popeth, yr oedd yn wladgarwr ac yn genedlaetholwr. Hiraethai am yr hen ddyddiau, am weld Llydaw annibynnol gyda'i senedd fel yn y dyddiau cyn y Chwyldro. Yr oedd yn y *Barzaz Breiz* ddeunydd i ddyrchafu balchder pobl yn eu hanes eu hunain, i sbarduno awydd am annibyniaeth. Yr oedd yr hen ysgolion Pabyddol wedi eu disodli gan ysgolion y wladwriaeth. Daethpwyd ag athrawon o rannau eraill o Ffrainc, ac yr oedd ansawdd hynny o addysg gynradd oedd ar gael yn druenus.

Ar gychwyn y Chwyldro yn 1789 yr oedd pawb – yn arbennig y Llydawyr – yn tybio bod gwawr euraidd ar dorri. Nid felly y bu. Cymerwyd tiroedd y pendefigion ond nis trosglwyddwyd i'r werin. Fe'u meddiannwyd gan ddosbarth newydd dinesig, y *bourgeoisie*. Nhw, nawr, oedd yn rheoli. Cyn y Chwyldro yr oedd Ffrainc yn wladwriaeth o nifer o genhedloedd ethnig – Llydaw yn y gorllewin, y Basgiaid a'r amrywiol grwpiau sy'n siarad y gwahanol ieithoedd Oc yn y de, Almaenwyr yn y dwyrain a'r Fflemingiaid yn y gogledd. Yn ôl y *bourgeoisie* newydd roedd angen 'rhyddhau' y bobloedd hyn o hualau plwyfoldeb. Ffrangeg oedd iaith y 'rhyddid' a'r undod newydd hwn. Ni fedrai Ffrainc fod yn genedl ethnig – ond medrai'r bobl benderfynu bod yn Ffrengig o ddewis, hyd yn oed os byddai'n rhaid eu gorfodi i ddewis! Nid oedd llwyddiant cyfrol fel y *Barzaz Breiz* yn gyfraniad at undod. Na geiriau clodforus George Sand a'i thebyg. Daeth y *bourgeoisie*, y dosbarth newydd oedd wrth y llyw, i ystyried y Llydaweg yn arf pendefigaeth Llydaw i gynnal eu grym dros y wlad. Ac aethpwyd ati i geisio lladd yr iaith Lydaweg drwy ddulliau tebyg i'r hyn a ddefnyddiwyd yng Nghymru. Y *Welsh Not* yng Nghymru, y *Sabot* (y glocsen) yn Llydaw. Ond oherwydd anhrefn cyffredinol y gyfundrefn ni chafodd llawer o blant Llydaw yn y ganrif ddiwethaf addysg o gwbl; bu methiant y cynllun yn fodd sicrhau parhad yr iaith a chymdeithas unieithog Lydaweg drwy'r ganrif ddiwethaf. Prin y cafodd yr ysgolfeistr Ffrangeg eu dwylo ar y plant o gwbl a bu'n rhaid aros hyd y ganrif hon i weld y polisi'n dwyn ffrwyth.

Er y dadlau am ddilysrwydd y *Barzaz Breiz* ni ellir amau ei apêl na'i ddylanwad. Soniais am Youenn Drezen a Jakez Riou yn cael ysbrydoliaeth ohono yn yr athrofa yng Ngwlad y Basg. Cofiaf fab i ffrindiau o Brest yn aros gyda ni a dechrau ei ddarllen un min nos. Chawsom ni brin air oddi wrtho, dim ond ebychiadau o syndod a brwdfrydedd am dridiau. Mae gweld argraffiadau newydd cyson yn brawf o barhad ei apêl – ac mae'r defnydd a wneir ohono gan Alan Stivell yn hwb parhaus i boblogrwydd y gwaith. Yn wyneb dylanwad y gyfrol yn y ganrif ddiwethaf hawdd deall pam mai gweriniaethwyr oedd ffyrnicaf eu beirniadaeth. Roedd Luzel, er ei fod yn fab i ffermwr cefnog o ardal Tregor, yn weriniaethwr tanbaid, agored, a chafodd nawdd y llywodraeth i gasglu llên gwerin ei wlad rhwng 1867 a 1869. I ddod o hyd i ddeunydd fuasai'n tanseilio dylanwad Villemarqué? Mae'n bosib.

*   *   *

Mae enw Villemarqué a'r *Barzaz Breiz* – dyna'r *Rue du Barzaz Breiz* – yn amlwg ym mhentref Nizon. Mae yma gyfle i droi at gangen arall o'r celfyddydau. Fel y dywedais droeon mae holl ganghennau celf yn gwau i'w gilydd yn Llydaw. Bu Paul Gauguin yma'n paentio'r *Pieta* (ei Grist Gwyrdd, Crist yn cael ei dynnu i lawr o'r Groes). Y Galfaria wrth eglwys Nizon oedd ei ysbrydoliaeth a'r un yw canolbwynt y Galfaria a chanolbwynt darlun Gauguin. A charreg gnotiog y Groes yn troi'n goeden gnotiog yn ei ddarlun. Ychwanegodd gefndir arfordirol i'r darlun a gosod Llydawes ym mlaen y llun. Wedyn dyna gapel Tremalo ger y *Manoir du Plessis*. O fewn y capel tlws a godwyd yn yr unfed ganrif ar bymtheg ceir cerflun pren o Grist ar y Groes. Hwn a gopïwyd gan Gauguin yn ei ddarlun *Le Christ Jaune* (Y Crist Melyn). Wrth ddod i mewn i'r capel drwy ddrws yr ochr mae'r cerflun tâl, cul yn syth o 'mlaen. Does neb o gwmpas. Mae llond car wedi ymadael a gŵr ifanc a merch o'r Almaen yn cael picnic y tu allan ym môn y clawdd wrth ymyl eu beic modur. Rwy'n ddigon haerllug i dynnu fy nghamera allan ond heb ddefnyddio'r fflach. Pwysaf yn erbyn y piler a rhoi pedair eiliad i'r peiriant yn y gobaith y bydd hynny'n ddigon yn y golau gwan. Bu'r calfarïau a'r cerfluniau'n agoriad llygad i Gauguin, gan roi iddo weledigaeth o gelfyddyd syml, synthetig, a ddaeth i'w phinacl yn ei gyfnod yn ynysoedd y de. Anodd credu fy mod, mewn capel diarffordd, tawel, ymysg y coed, yn syllu ar gerflun a ysbrydolodd ddarlun mor enwog, mor debyg i'r darlun. Gwaith hen grefftwyr Llydaw, wedi'u creu ers canrifoedd, yn ysbrydoli ysgol o gelfyddyd a newidiodd gwrs arlunio'n canrif ni. Faint o newid welwyd yma ers dyddiau Gauguin ganrif a mwy yn ôl? Dim llawer yma uwchben Pont-Aven ar gyrion y *Bois d'Amour*. Awn i lawr i'r dref, lle bu llawer o newid ers dyddiau Gauguin a'i gyfeillion.

Er ei bod yn ddiwedd Awst mae Pont-Aven yn llawn ymwelwyr. Un adeg adroddid rhigwm am y dref:

> Pont-Aven, ville de renom –
> quatorze moulins, quinze maisons.

(Pont-Aven, tref o fri, 14 melin, 15 tŷ.) Erbyn hyn mae'n orlawn o stiwdios ac orielau arlunwyr, bron pob adeilad yn y canol a phob yn ail dŷ wedyn. Mae'r *Pension Glouanec* yn siop bapurau a llyfrau – *Maison de la Presse*. Siop dda, hefyd. Yn uchel ar fur y siop mae llechen sy'n rhestri'r arlunwyr fu'n lletya yma, enw Paul Gauguin ar y brig, wedyn Emile Bernard, Charles Laval, Paul Serusier, Paul Ranson, Edouard Vuillard, Pierre Bonnard, Maurice Denis, Ernest de Chamaillard – rhof y gorau i ddarllen y rhestr rhag cael y bendro neu gric yn fy ngwegil. Pam na fuasai'r llechen yn is? Y drws nesa mae'r *Galerie La Belle Angèle*, sy'n arbenigo mewn darluniau o Indonesia. Yma y bu byw Angèle Satre, gwrthrych *La Belle Angèle*, un arall o bortreadau enwog Gauguin. Ni phlesiwyd Madame Satre gan y llun – na'r enw a roddodd Gauguin arno. Nid oedd Angele yn *belle* a wnaeth Gauguin ddim i gelu ei thrwyn mawr, ei bochau coch a'i hymarweddiad parchus digymeriad. A phe na bai hynny'n ddigon ceir ar y silff wrth ei hochr gerflun o fwystfil bach maleisus. Cynhyrfodd hwnnw Madame Satre yn fwy na'r portread diweniaith ohoni hi. Gwrthododd gael y darlun yn ei thŷ. Ddwy flynedd yn ddiweddarach fe'i prynwyd gan Degas a bellach mae yn y *Louvre* ym Mharis. Dengys y darlun hwn, y *Pieta* a'r Crist Melyn gymaint fu dyled y *Fauves* ('yr anifeiliaid gwyllt', llysenw a gafodd yr arlunwyr hyn ar sail eu harddull – un ohonynt oedd Matisse), a hyd yn oed yr arlunwyr haniaethol, i Gauguin. Wn i ddim a oes cysur mewn cydnabyddiaeth ar ôl marwolaeth. Ond doedd cael ei waith wedi'i wrthod gan Madame Angèle Satre – a ddaeth wedyn yn faeres Pont-Aven – ddim yn ei blesio. Gwrthodwyd ei *La Vision Après le Sermon* (Y weledigaeth wedi'r bregeth) gan ddau offeiriad yn Pont-Aven – bellach mae'r darlun yn eiddo Oriel Genedlaethol yr Alban, yng Nghaeredin.

Saif Pont-Aven lle lleda Aven o'i ffrwd greigiog yn ei chwm coediog yn aber llydan. Mae'n dlws yma, canghennau'n llifo i'r afon ymysg olion hen felinau dŵr a thai ithfaen a godwyd i bara byth. Gellir awgrymu llawer rheswm dros apêl Pont-Aven i'r arlunwyr. Y lliwiau a'r awyr glir, y golygfeydd, gwisgoedd y bobl, y merched gosgeiddig, y chwedlau a'r traddodiadau gwerin. Bu'r dref yn atynfa i arlunwyr cyn amser Gauguin – Saeson ac Americaniaid cyfoethog a di-ddawn. Y cyntaf oedd Robert Wylie (1839-1877) arlunydd a aned ar Ynys Manaw a ddaeth yn guradur academi Philadelphia. Bu'n teithio Llydaw yn 1864 a 1865 ac arhosodd yn Pont-Aven yn 1866 a denu ei gyfeillion yma. Nid oedd yn gwbl ddi-ddawn gan mai ef oedd yr arlunydd cyntaf o America i arddangos darlun yn y *Salon de Paris* – darlun o'r enw *Sorcière bretonne*. Ac yma y bu farw, yn ddyn ifanc 38 oed.

Ond yr hyn oedd yn bwysig i Gauguin oedd bod Pont-Aven yn lle rhad i fyw ynddo. Yn Pont-Aven, yn ôl yr hanes, prynid menyn am bris llaeth, a chyw am bris wy. Ac i Gauguin, ar ei gythlwng a chyn dloted â llygoden eglwys nid oedd ystyriaeth bwysicach. Awgrymwyd iddo geisio lletty gyda Marie-Jeanne Glouanec, ac os cymerai Mademoiselle ffansi ato hwyrach na fyddai angen iddo dalu o gwbl. Gyda benthyciad gan Edgar Degas yn ei boced daeth Gauguin i Pont-Aven am y tro cyntaf yn 1886. Cyfarfu ag Emile Bernard ond ni wnaeth y naill unrhyw argraff ar y llall. Dychwelodd i'r Pension Glouanec yn 1888 a'r tro hwn roedd y dafarn yn llawn arlunwyr – dwy garfan ohonynt. Y garfan academig, Americanwyr ac aelodau'r *École Julian* a lysenwid y *pompiers* (di-awen), a charfan Gauguin: Bernard, Laval, Moret, Emile Schuffenecker a Chamaillard. Ym 1888 daeth Gauguin ac Emile Bernard ynghyd â chael trafodaeth bwysig, trin syniadau ac arddulliau newydd – 'synthetistiaeth' a 'rhaniadaeth'. O Pont-Aven y tarddodd pob mudiad ac arddull ddarluniadol hanner cyntaf yr ugeinfed ganrif yn Ffrainc. Soniais am y *Fauves* a'r haniaethwyr. Mae tirluniau Bonnard yn drwm dan ddylanwad Gauguin, felly hefyd weithiau Serusier a Denis, ysgol y Ciwbiaid, y swrealwyr, y mynegiadwyr. 'Gauguin,' meddai'r critig Ffrengig Bernard Dorival, 'yw alpha'r gelfyddyd gyfoes.' Ac roedd Pont-Aven yn ganolog i'w waith a'i weledigaeth.

Mae Amgueddfa Gauguin yn neuadd y dref yn cynnwys arddangosfa o weithiau yr *École*

Y tŷ lle lletyai Gauguin a'i gyfeillion yn Pont-Aven.

de Pont-Aven ond wedi crwydro'r orielau bychain, a phrynu posteri ac oedi am goffi cawsom ein digalonni gan nifer y bobl oedd yn disgwyl mynd i mewn.

Ni ellir ymweld â Pont-Aven heb grybwyll y bardd Théodore Botrel (1868-1925). Fe'i ganwyd yn Dinan, perchir ei enw yn Paimpol oherwydd ei gerdd 'La Paimpolaise', ond Pont-Aven a elwodd fwyaf o'i waith. Daeth yma yn 1903 i ddifyrru'r gwesteion yn stafell fwyta'r *Hotel des Voyageurs*. Cafodd y digwyddiad effaith arno ef a'r dref. Mab gof oedd Botrel ac er dangos addewid fel plentyn, oherwydd tlodi'r teulu ni chafodd fwrw 'mlaen â'i addysg. Ef oedd y cyntaf o'r teulu i fedru darllen ac ysgrifennu. Cafodd ei brentisio i wneuthurwr cloeon ond ni hoffai'r gwaith. Pan oedd yn bymtheg synnwyd ei rieni pan adroddodd gerdd o'i waith – cerdd a fynegodd ei fwriad i ddefnyddio'i awen i amddiffyn y werin a'r tlawd. Nid trueni oedd ei deimladau at y tlawd, ond edmygedd.

Gweithiodd i gwmni'r rheilffyrdd a phan oedd yn 28 canodd am y tro cyntaf mewn cabaret yn un o faestrefi Paris. Cafodd dderbyniad cwrtais. Rai dyddiau'n ddiweddarach mentrodd ganu rhai o'i gyfansoddiadau ei hun, yn eu plith '*Fanchette*' a '*La Paimpolaise*', a chododd y gynulleidfa fel un gŵr i'w gymeradwyo. Ddwy flynedd yn ddiweddarach, yn 1898, gwobrwywyd ei *Chansons de Chez Nous* gan yr Academi Ffrengig. Caneuon Ffrangeg oeddynt am Lydaw, wedi'u gosod ar alawon poblogaidd. Cyhoeddwyd cyfrolau eraill o'i waith. Daeth yn ôl i Lydaw – yn rhannol oherwydd ei iechyd, yn rhannol o gariad at ei fro – ac aeth i fyw i Port-Blanc (Porz Gwenn). Yno daeth dan ddylanwad Anatole Le Braz. Ar yr un pryd yr oedd eu ganeuon yn cael eu canu gan bysgotwyr o Lydaw hyd lannau Ynys yr Iâ a Newfoundland. Yr oedd ei boblogrwydd yn aruthrol. Pan ymwelodd gyntaf â Pont-Aven cafodd ei swyno gan gynhesrwydd a lliw y dref a'r ardal. Yr oedd yn gynhesach na Port-Blanc. A'r croeso yr un mor gynnes. Ef a drefnodd y *Fête des Fleurs d'Ajoncs* (Gŵyl Blodau'r Eithin) gyntaf yn 1904 – gŵyl seciwlar a gynhelir yn flynyddol ar Sul cyntaf Awst. Daeth i fyw yn Pont-Aven yn 1912 a pharaodd i hybu a phoblogeiddio'r *Fête des Fleurs d'Ajoncs*. Gyda'i lais swynol a'i ganeuon poblogaidd denai dorfeydd mawr i'r ŵyl. Yr oedd yn boblogaidd ledled Ffrainc a Canada, Tunisia, Gwlad Belg, Y Swistir – ble bynnag y siaredid Ffrangeg. Yng nghyfnod y rhyfel cyntaf canodd i'r milwyr ar faes y frwydr. Bu farw yn 1926 wedi oes o ddifyrru a chanu. Mae ei fedd ym mynwent Pont-Aven a saif y tŷ lle bu'n byw, Ker-Botrel, uwch y bont yng nghanol y dref. Clywais ei ddisgrifio fel W. H. Davies Llydaw. Cyffredin oedd ei awen yn ôl safonau heddiw a'r ddelwedd a greodd o Lydaw yn ystrydebol. Eto roedd ei gerddi'n denu pobl i Lydaw, cododd hunan-barch y Llydawyr, a'u dysgu i ymfalchïo yn eu gwisg, eu dawnsiau, eu chwedlau a'u harferion. Dyma a ddywedai Loeiz Herrieu (1879-1953), bardd, llenor, golygydd a chyhoeddwr amdano yn ei sgwrs gydag Ambrose Bebb a ddyfynnir yn *Dydd-Lyfr Pythefnos*: 'Yr oeddwn i tua dwy-ar-bymtheg oed pan glywais Botrel yn canu rhai o'i gerddi am Lydaw . . . ac er mai cerddi mewn Ffrangeg oeddynt, rywfodd dyma nhw'n dechrau deffro . . . rhywbeth oedd heb ei ddeffro . . . ac yn gwneud i mi feddwl a mi fy hun: 'Beth? Y mae yna'r fath beth â Llydaw . . . fy ngwlad i . . . fy mhobl i . . . fy iaith . . .' Ac yn y ffordd honno y denwyd fi at Lydaweg . . . a'r holl ddeffro Llydewig . . . Dechreuais ysgrifennu Llydaweg . . . Llydaweg Morbihan . . .'

Ar y mur, ym mhen arall y sgwâr, mae llechen yn coffáu Julia Guillou (1848-1927), un arall a gyfrannodd i boblogrwydd Pont-Aven. Merch melinydd o'r ardal a aeth yn forwyn yn Concarneau (Konkerne). Doedd dim ffyrdd a cherddodd bob cam ar hyd y lonydd geirwon. Dychwelodd ymhen deng mlynedd a synnu canfod bod ffordd drwy'r dref erbyn hyn. Gofynnodd y ddynes oedd yn berchen yr *Hôtel des Voyageurs* i Julia ofalu am y lle tra roedd hi i ffwrdd ar fusnes. Ond pan ddychwelodd, crogodd y feistres ei hun yng nghwrt y gwesty. Roedd Julia eisoes yn boblogaidd gyda'r cwsmeriaid, arlunwyr gan mwyaf, a gydag addewidion y byddent yn hysbysebu enw da'r gwesty, a benthyciad gan hen ffermwr lleol, yn 1871, a hithau ond 23 oed, prynodd yr *Hôtel des Voyageurs*. Newidiodd le gwerinol yn westy cyfforddus ac yn gyrchfan arlunwyr – amaturiaid gan mwyaf – o Brydain a'r Unol Daleithiau. Yma, yn 1913, y paratodd yr arlunydd Llydewig, J. J. Lemordant, y darlun ar nenfwd auditorium theatr Rennes – darlun o ddawnswyr Llydewig gosgeiddig wedi'u cyfuno â chynllun cyhyrog a lliwiau cynnes – un o'r goreuon yn Ffrainc. Roedd yr *Hôtel des Voyageurs* yn rhy ddrud i Gauguin a'i griw ond am hanner canrif bu Mademoiselle Julia yng nghanol bywyd Pont-Aven ac mae'r garreg sy'n ei choffáu yn cyfeirio at ei chroeso i'r Saeson a'r Americaniaid. Hyd y gwn, yr arlunydd enwocaf fu'n lletya yma oedd Renoir. A bu Robert Wylie, a gychwynnodd ffasiwn y Saeson ac Americaniaid i ddod i Pont-Aven, yn lletya yn y gwesty hefyd. Collodd Julia ei hiechyd yn 1914 ond bu byw hyd 1927 gyda'i nith Madame Jacob yn rhedeg y gwesty.

Rai blynyddoedd yn ôl cefais yn anrheg hen gopi o'r nofel *The Face of Clay* gan H. A. Vachell. Yn ei ddydd yr oedd Vachell yn nofelydd poblogaidd ac mae *The Face of Clay*, sydd wedi'i chyflwyno i Julia Guillou, yn bortread diddorol o Pont-Aven ar droad y

Théodore Botrel.

ganrif. Rwy'n amau mai Julia oedd sail un o brif gymeriadau'r nofel, Mademoiselle Yvonne, gyda'i gwesty llawn arlunwyr a'u darluniau ar y muriau. Mae yma Americanwyr yn y stori ac mae'r disgrifiad o stiwdio prif gymeriad y stori – Michael Ossory – wedi ei lleoli mewn ffermdy hynafol ar yr hen ffordd i Concarneau. Ar y ffordd honno y saif Maenor Levazen – adeilad a godwyd ddiwedd yr unfed ganrif ar bymtheg. Bu stiwdio gan Gauguin yno. Yn y stori mae merch yn syrthio mewn cariad â'r arlunydd, yn ei ddilyn i Baris ac yna'n ei lladd ei hun wedi canfod nad yw ef yn ei charu hi. Mae hen gariad i'r arlunydd – cantores opera – yn dychwelyd i'r fro ac yn ceisio dod i wraidd y stori. Ond prif atyniad y nofel yw'r portread o'r dref, y trigolion lleol a'i pherthynas â'r arlunwyr. Dengys, hefyd, mor ffasiynol oedd Llydaw ymysg Saeson ac Americaniaid lled gyfoethog ddiwedd y ganrif ddiwethaf a chwarter cyntaf y ganrif bresennol. Sais oedd Vachell, ond pan gyhoeddwyd y nofel yn 1906 yr oedd yn byw yn California ac mae'n siŵr i'w waith ddenu mwy o Americanwyr i Lydaw. Sgrifennwyd llawer am Lydaw gan Americanwyr a Saeson rhwng 1880 a 1920. Yn eu mysg roedd yr Americanes Blanche Willis Howard a bortreadodd Pont-Aven a Concarneau yn ei nofel *Guenn*. Erbyn 1889 yr oedd Pont-Aven yn orlawn o dwristiaid ac ym Mehefin y flwyddyn honno, symudodd Gauguin yn ddiamynedd i Le Pouldu (Ar Pouldu).

*   *   *

Rwy'n tindroi yn y modd mwyaf dibwrpas. Gwell fuasai mynd yn syth i'r deau o Quimperlé drwy goedwig Carnoet i Le Pouldu yn hytrach na gyrru draw i Pont-Aven ac yn ôl hyd y ffordd lai deniadol yma. Ond mae yma berllannau afalau a daw pwt o un o gerddi Botrel i gof:

> Ni chenais, Lydaw, i'th dderw pendefigaidd
> Dy boplys balch, na'th goedydd castan iraidd:
> Fe ofna'm telyn gewri'r gwastadeddau
> A cheidw'i Chân i'r distadl goed afalau.

Mae Le Pouldu yn brysur yn yr haf – mor brysur nes bod system un-ffordd i'r drafnidiaeth. Y Sul olaf yn Awst, dyna'r dydd i ymweld â Le Pouldu, dydd Gŵyl y Gwymonwyr. Dydd pan welir y certi llawn

Maison Marie Henry, gynt yn dafarn y morwyr – a llety i Gauguin a'i griw.

Certi yng Ngwyl y Gwymonwyr yn Le Pouldu.

gwymon ar y prom, y strodur a'r mwnci wedi'u gosod ar y siafft a'r ceffylau – ie, ceffylau, ar ddydd gŵyl – yn dwyn blewyn glas ymysg y twyni. Y cribinau gwymon ar lawr neu ar y llwythi. Bydd y casglwyr a'u teuluoedd o gwmpas y byrddau cinio, yr hen a'r ifanc yng ngwisgoedd y fro. Ar y traeth fe welwch lwythi o wymon heb eu cynaeafu ac ôl certi a thraed ceffylau yn y tywod. A'r ferch hufen iâ yn ei chaban tu allan i'r *Café de la Plage* mewn gwisg Lydewig a baner Llydaw uwch ei stondin. Mae aroglau gwymon yn gryf wrth i ni gerdded uwchben y traeth ac i fyny tua *Place Gauguin*. Mae Gwen yn penderfynu cael hufen iâ ac eistedd uwch y traeth. Rwyf innau am gerdded i fyny tua *Maison Marie Henry*.

Fe welais yr arwydd ar y sgwâr ac fel teithiwr da rwyf am weld lle bu Gauguin yn lletya wedi iddo flino ar dwristiaid ac amaturiaid cefnog Pont-Aven. Ychydig ffordd o'r sgwâr mae arwydd yn cyfeirio tua'r dde. Gan fod lôn fach yn arwain oddi ar y ffordd yn y fan honno rwy'n ei chanlyn. Heibio i berllan afalau arall, arwydd 'preifat' a rhybudd bod yno gi rheibus, ac ymlaen nes dod i ben y ffordd. Os af i'r dde byddaf yn ôl lle cychwynnais, felly fe drof i'r chwith. I lawr at y môr ac wele arwydd 'preifat' eto a rhybudd o gi newynog arall. Cerddaf yn ôl yn ofalus gan edrych i bob twll a chornel. Rwy'n teimlo awydd holi crwydriaid dibwrpas tebyg i mi ond mae rhywbeth yn gwneud i mi beidio. Diolch byth am ras ymataliol. Rwy 'nôl ar y ffordd fawr ac yn gweld bod yr arwydd yn cyfeirio'n syth at dŷ bychan ar ben y rhes. Tafarn y morwyr a gedwid gan Marie Henry – neu Marie Poupée, fel y gelwid hi. Yma y lletyai Gauguin ac yn ôl yr wybodaeth y tu allan bu Serusier yn aros yma a'r Ellmynwr Jacob Meyer de Haan – disgyblion Gauguin bob un. Yn anffodus, mae ar gau ac ni chaf fynd i mewn.

Yr oedd Serusier yn aelod o'r *École Julian* a gredai y dylai celfyddyd yr arlunydd gael ei hysgaru oddi wrth fywyd bob dydd a'i seilio ar yr arddull glasurol. Glynu at y garfan honno a chadw'n ddigon pell oddi wrth Gauguin a wnaeth Paul Serusier yn Pont-Aven drwy gydol haf 1888. Yr oedd Serusier yn ddyn ifanc a gafodd addysg ardderchog, yn uchelgeisiol a chanddo ddiddordeb ysol mewn arlunio. Yr oedd yn arlunydd ond heb fod yn arbennig o ddawnus. Ond yr oedd yn athro ac yn feirniad ysbrydoledig. Pan welodd *La Vision Après le Sermon* fe'i hysbrydolwyd gan wreiddioldeb a grym y gwaith. Gŵr ifanc 23 oed oedd Serusier, ac er ei fod yn fachgen hyderus ni feiddiai gael ei sarhau gan Gauguin. Emile Bernard, dyn digon croendew i anwybyddu pob sarhad ac un a eilunaddolai Gauguin, a ddaeth â'r ddau at ei gilydd. Ym Medi, 1888, y llwyddodd a bu'r ddau'n sgwrsio'n hir. Trannoeth aeth Serusier, Bernard a Laval i arlunio i'r *Bois d'Amour*. Ymunodd Gauguin â nhw a than ei gyfarwyddyd manwl, ar glawr bocs sigârs, paentiodd Serusier olygfa o'r coed, gwaith a alwodd *Le Talisman*. Roedd yn waith neilltuol o haniaethol. Y bore hwnnw oedd man cychwyn arlunio haniaethol. Ond Serusier yn unig a ddeallodd ei arwyddocâd. Aeth i Baris yn danbaid dros y syniadaeth newydd a tharo hoelen yn syniadau'r *École Julian* a'r argraffiadwyr (*impressionists*).

Ym Mehefin 1889, gyda Pont-Aven bellach yn rhy dwristaidd a phoblogaidd, y daeth Gauguin yma i dawelwch Le Pouldu. Yr oedd unigrwydd man lle na welai ond ambell bysgotwr ac arfordir noeth yn gydnaws â'i natur a'r gwaith a fynnai ei wneud. Ond yr oedd yno bobl pan deimlai'r angen am gwmni – Mademoiselle Marie Henry, yn fawr a chroesawus, cyn garediced wrtho â Marie-Jeanne Gloannec yn Pont-Aven. A'r cymeriad rhyfedd Jacob Meyer de Haan o'r Iseldiroedd. Roedd Haan yn berchen ffatri fiscedi ond gadawodd y lle, cymryd pensiwn bychan iddo'i hun a mynd i ddilyn Gauguin. Yr oedd yn arlunydd galluog ac yr oedd hynny wrth fodd Gauguin. Pwysig hefyd oedd gallu Haan i yfed llond bol heb syrthio'n feddw ar y llawr a'i allu i dalu biliau Gauguin pan fyddai raid. Heblaw hynny, roedd Haan yn ddyn arbennig o hyll, yn fychan ac yn afluniaidd. Gyda'i hoffter o wrthgyferbynnu – cofiwn ei ddarlun o *La Belle Angèle* gyda'r anghenfil bach wrth ei hysgwydd – byddai Gauguin yn ei gynnwys mewn darluniau ochr yn ochr â merched siapus â wynebau tlws. A rhoddai foddhad i Gauguin, yntau'n dal a chryf, i gydgerdded yng nghwmni'r corrach hyll. Ac yr oedd Serusier yma. Hefyd Laval. Wedyn yr oedd Armand Seguin, bargyfreithiwr o Concarneau a roddodd y gorau i'w waith. Bargyfreithiwr arall a roddodd y gorau i'w swydd am byth i arlunio oedd Ernest de Chamaillard o Quimper a gwnaeth gŵr o'r Swistir, Charles Filiger, yr un modd. Bu pob un o'r tri olaf farw yn Llydaw heb geiniog i'w henw. Ond yr haf hwnnw yn 1889 doedd dim ymhellach o feddwl yr un ohonynt na'r posibilrwydd o fethiant. Byw bywyd caled, ymdrochi yn y môr yn fynych, mwynhau cerddoriaeth – roedd Gauguin yn gitarydd da – siarad yn ddibaid, yfed a smocio'n drwm a dilyn eu harweinydd disglair. Yn Pont-Aven roedd ei edmygwyr yn trin a thrafod ei syniadau. Ac yn Le Pouldu, gyda'i ddisgyblion o'i gwmpas, roedd yntau'n paentio golygfeydd a thirluniau godidog. Ddiwedd y flwyddyn, yn oer a diflas, roedd yn ôl ym Mharis. Yn ynysoedd môr y de, wedi hynny, cyrhaeddodd uchelfannau harddwch a pherffeithrwydd. Ond yn Le Pouldu a Pont-Aven, ymysg gwerin Llydaw a gwaith hen grefftwyr oesau a fu y darganfu Gauguin y nerth a'r ysbrydoliaeth a roes gyfeiriad newydd i'w weithiau ei hun a choelaid o syniadau newydd i gelfyddyd gwledydd y gorllewin.

Awn yn ôl i swyddfa groeso'r dref a phrynu poster sy'n hysbysebu Gŵyl y Gwymonwyr. Mae prynu poster yn ffordd rad o gael llun diddorol a chan fod pobl Llydaw gystal arlunwyr a dylunwyr fe wna addurn da i'n cartref.

Dychwelyd yn hamddenol drwy goedwig Carnoet, drwy Quimperlé i fyny'r dyffrynnoedd, oedi i ryfeddu at gapel di-do sy'n cael ei adnewyddu ger Lanvenegen, ac i Kerizac. Holais am y capel bach di-do a dywedodd rhywun yn y stafell fwyta mai capel Saint-Quijeau ydoedd, ond nid oedd yn ymddangos yn rhy siŵr. Yfory byddwn yn bwrw ymlaen â'n taith.

*   *   *

Penderfynu y tro hwn na fydd amser i fynd o gwmpas Lorient (An Oriant), Carnac (Karnag), y Morbihan ac Auray (An Alre). A dyna esgus dros sôn am daith drwy'r fro rai misoedd yn gynharach. Yn dilyn gwyliau'r Pasg (1997) cefais wahoddiad – fel un sy'n dysgu Cymraeg i Oedolion yn achlysurol – i dreulio wythnos mewn cwrs tiwtoriaid yn Auray. Profiad amheuthun oedd wythnos heb orfod gwneud fy nhrefniadau fy hun – dim ond mynd i'r darlithoedd, gwrando a mwynhau, dysgu a chymdeithasu ymysg athrawon a thiwtoriaid o sawl rhan o Ewrop, o'r Ffindir i Wlad y Basg, a draw i wlad y Sorbiaid yn yr hen Almaen Ddwyreiniol Gomiwnyddol.

Mynd bob cam ar y trên i ddechrau. Profiad newydd. Trên o Gaerdydd i Lundain ac o Lundain i Baris ar yr Eurostar. Mitterand soniodd am y trên yn ffrwtian drwy wastatir Lloegr drwy'r twnnel ac yna – PAW! – fel mellten i Baris ac eithrio'r saib yn Lille. Y metro ar draws Paris a mellten arall o daith ar y TGV i Auray gydag un saib yn Rennes. Criw o Gymru – Bev Newman, Gareth 'Traws' Jones a minnau o Bontypridd yn cyfarfod Jeremy Evas o Goleg y Brifysgol, Caerdydd, a dau arall o staff Cymdeithas Addysg y Gweithwyr, Robin Cain a Cyril Jones. Bu'r daith yn gychwyn da i'r wythnos. I ddechrau, cyfle i adnabod Cyril, Bardd Coron Eisteddfod Aberystwyth. Dau Gardi o ganol y sir ac o gyffelyb genhedlaeth, Cyril wedi mynd i Ysgol Uwchradd Aberaeron a minnau i Ysgol Uwchradd Tregaron. A'r ddau ohonom yn meddwl y byd o John Roderick Rees. Y fi am mai ef oedd fy athro Cymraeg swyddogol yn Nhregaron, Cyril am mai John Roderick oedd ei athro barddol answyddogol.

Cynhaliwyd y gynhadledd yng ngwesty'r *YFF* – rhywbeth rhwng y *B & B Hotel* a'r *Novotel* a brofais yn Quimper. Safai ger ffordd ddeuol brysur yn gyfleus i'r ffordd fawr sy'n cysylltu Brest a Nantes (Naoned yn Llydaweg). Archfarchnad ar draws y ffordd ac un arall wrth ochr y gwesty er bod maes parcio anferthol rhyngom. Cyfle i brynu cwrw rhad a *Pastis* a phethau o'r fath i gynnal yr ysbryd gyda'r hwyr. Roedd tyrfa dda o Lydawyr, yn eu plith

Daniel Carre, athro Llydaweg yn Lorient a threfnydd lleol y cwrs. Eglurodd mai dyma'r gwesty rhataf y medrai ei gael ar ein cyfer mewn ardal ddrud oherwydd pwysigrwydd y diwydiant gwyliau. Tua saith milltir oeddem o Carnac (Karnag). Beth bynnag, roedd y gwesty'n glyd a chysurus, y bwyd yn ardderchog a'r perchennog yn siarad Llydaweg. Un noson daeth ef a'i wraig i weini arnom yn eu gwisgoedd traddodiadol. Ymysg y Llydawiaid oedd Ghislaine a fedrai Gymraeg wedi blwyddyn yn dysgu yn Ysgol Dyffryn Teifi ac yn canu gyda Chôr Crymych; Philippe o Pontivy (Pondi); Catherine Pasco hefyd o Pontivy sy'n fam i grugyn o blant ac yn briod â ffermwr ac maen nhw'n gwneud seidr ar y fferm ac yn dysgu'r plant gartref gan nad ydynt yn cael Llydaweg yn yr ysgol; Lan Tangi y bardd o Huelgoat ac un o drefnwyr *Roudour*, y gymdeithas gydweithredol dysgu Llydaweg i oedolion, a Mireille a oedd yn mynnu cywiro fy Llydaweg. Yr oedd Catherine, Ghislaine a Mireille yn gantoresau hyfryd ac yn canu caneuon gwerin, doniol, direidus, bywiog, hwyliog – a hir. Cantores gampus arall oedd y swynol Maire Sine Campbell o Ynys Skye ac yr oedd Martin o lwyth y Sorbiaid yntau'n gantwr digon dechau hefyd.

Yr oedd ein gwesty tuag ugain munud o gerdded o ran uchaf Auray – sef y rhan lle roedd *Le Pub Donegal*, poblogaidd gan y criw gan ei fod ar agor yn hwyr iawn, iawn. Er wn i ddim pam fod y lle mor boblogaidd gan y trigolion lleol gyda'r cwrw a'r Guinness mor ddrud. Ond mae'n lle da am ddawns a chân ac yno y dechreuodd ac y gorffennodd fy ngyrfa aflwyddiannus fel hanner deuawd Cerdd Dant. Yr hanner arall oedd Cyril, a gweddill y criw yn mwmian yr alaw. Y sylw caredicaf a gawsom oedd gan un o ferched y dafarn – na chlywsai Gerdd Dant o'r blaen – oedd ein bod yn amlwg yn canu dan gryn deimlad. Cawsom wahoddiad i Neuadd y Dref, ar ymyl y *Place de la République*, i gwrdd â'r Maer ac yfed lot o'i siampaen dan lygad Benjamin Franklin. Yr oeddwn wedi dotio at y ffaith mai Comiwnydd oedd y Maer a ninnau mewn ardal lewyrchus a ffyniannus. Heblaw hynny onid oeddem o fewn ychydig filltiroedd i La Trinité, y pentref pysgota lle ganed Jean-Marie Le Pen, arweinydd fersiwn Ffrainc o'r Ffrynt Genedlaethol. Dywedais wrth Lan Tangi mor braf oedd dod wyneb yn wyneb â Maer oedd yn Gomiwnydd ac mai yr unig un a gyfarfûm i erioed oedd Annie Powell a fu'n Faer Rhondda. P'run bynnag, nid yr un peth yw Maer wedi'i ddewis dan y drefn 'pawb yn ei dro' yng Nghymru, â Maer etholedig yn Llydaw. Yr unig sylw wnaeth Lan oedd rhywbeth i'r perwyl bod 'y blydi lot yn Gomiwnyddion yn Huelgoat a bod hynny fawr o help 'chwaith'. Mae pwynt diddorol yma. Soniais yn y bennod gyntaf am ddylanwad y *Jeunesse Agricole Chrétien* a ysgogodd amaethwyr Llydaw i gydweithio yn y blynyddoedd wedi'r rhyfel. Bu llwyddiant mwyaf y mudiad yn y rhannau hynny o Lydaw lle'r oedd yr eglwys Babyddol gryfaf. Erbyn hyn, mae'r hen ardaloedd Pabyddol geidwadol yn fwy blaengar na'r ardaloedd traddodiadol weriniaethol – megis Huelgoat lle mae'r Blaid Gomiwnyddol yn gryf. Beth bynnag, dan wres y funud, euthum i siop bapurau a cheisio prynu *l'Humanité*. Ymddiheurodd y siopwr nad oedd copi ar ôl ganddo ac awgrymodd fy mod yn mynd i'r siop bapurau yn yr orsaf. 'Dydy bois y rheilffyrdd yn darllen dim byd arall,' fe'm sicrhaodd.

Cefais ambell orig i chwilota'r strydoedd a'r siopau llyfrau a phapurau. Cip ar y farchnad bysgod. I fyny'r *Rue du Lait* tuag eglwys fach ryfedd Sant Gildas, cymysgfa od o bensaernïaeth y Dadeni a'r Gothig a chlochdy tal, cul. Ben arall y sgwâr mae'r *Rue du Père Eternel* a'r ffordd sy'n arwain at eglwys o'r un enw â ffordd sy'n mynd â chi allan i'r wlad. Wrth ymyl yr eglwys mae'r *Promenade de Loc* a adeiladwyd ar seiliau hen gastell a ddinistriwyd yn 1558 – erys rhai olion o hyd – ac oddi yma mae llwybr i lawr at yr afon a'r porthladd. Neu fe allwch fynd i lawr i'r porthladd o ran uchaf y dref ar hyd y ffordd gul, serth a'r hen dai bob ochr. Pa ffordd bynnag yr ewch rhaid croesi'r bont gyda'i phedwar bwa i borthladd Saint-Goustan gyda'r caffis croesawus â lle i eistedd y tu mewn a'r tu allan. Gyferbyn â'r un y buom ni'n gwsmeriaid da iddo – cyn ymlwybro tua'r *Le Pub Donegal* – roedd llechen yn nodi mai yma y glaniodd Benjamin Franklin ar Ragfyr 4, 1776. Y darlun ohono ef fu'n cadw llygad arnom tra buom yn slotian gyda'r Maer. Ar ddamwain y daeth Franklin yma. Yr oedd yr hen ŵr 70 oed ar ei ffordd i Nantes (Naoned) i geisio cymorth brenin Ffrainc yn erbyn Lloegr yn Rhyfel Annibyniaeth America ond bu storm a chafodd ei long ei chwythu oddi ar ei chwrs a bu raid wrth loches yn Auray. Ar ddamwain, bu gan Auray ran yn y stori.

Mae Auray'n gyfle da i sôn eto am Loeiz Herrieu (1879-1953) – y bardd, y llenor, y golygydd a'r cyhoeddwr. A ffermwr ar ben hynny. Cyfeiriais ato yng nghyswllt Théodore Botrel, ond haedda sylw pellach. Fe'i ganed ar fferm fach ger Caudan, i'r gogledd o Lanester ac i'r gorllewin o Hennebont, yn 1879. Fel eraill o'i flaen ac ar ei ôl, dioddefodd sarhad y *sabot* (y glocsen) am siarad Llydaweg yn yr ysgol. Yr un drefn â'r Welsh Not yng Nghymru. Darllenais yn un lle bod Herrieu yn ei drydedd flwyddyn yn yr ysgol gynradd wedi cael ei orfodi i wisgo'r *sabot* ac iddo fynd adref a phenderfynu gwneud hynny a fedrai i gynnal a hybu'r iaith a thafodiaith unigryw Gwened. Ond yn *Dyddlyfr Pythefnos* mae Ambrose Bebb yn ei ddyfynnu'n dweud mai clywed Botrel yn canu a'i denodd at y Llydaweg.

Tueddir i anwybyddu tafodiaith Gwened – sef tafodiaith Loeiz Herrieu – er bod iaith a diwylliant Gwened, gyda'i henwau lleol a dogfennau hanesyddol, yn tystio i ddylanwadau hen Geltiaid y Cyfandir, yn ogystal â dylanwad y Brythoniaid, ar boblogaeth y rhan hon o Lydaw. Cyn dyfodiad y Rhufeiniaid, y Veneti a lywodraethai'r ardal hon o Lydaw – llwyth o forwyr a masnachwyr galluog. A bu sawl sgarmes rhyngddynt cyn i'r Rhufeiniaid eu trechu. Ymysg llenorion a ddefnyddiodd dafodiaith Gwened, y pwysicaf oedd Yann-Ber Kalloc'h – bardd mwyaf Llydaw yn hanner cyntaf y ganrif hon. Fe'i ganed ar Île de Groix (Enez Groe) yn 1888 ac fe'i lladdwyd yn y rhyfel ym mis Ebrill 1917 yn Urvillers. Un gyfrol a sgrifennodd, sef cyfrol o farddoniaeth o'r enw *Ar En Deulin* a'i chyhoeddi wedi ei farw gan Loeiz Herrieu.

Yn *Dydd-Lyfr Pythefnos* mae Ambrose Bebb yn sôn am ei sgwrs gydag Herrieu a chyfeillgarwch Kalloc'h a Herrieu. 'Roedd e'n gyfaill mawr imi,' meddai Herrieu am Kalloc'h. 'I *Dihunamb* y dechreuodd ysgrifennu ... myfi'n hŷn nag ef ... a chymerai ei ddysgu gennyf a'i gywiro ... Wedyn, mi gesglais ei waith ... a'i gyhoeddi.' (Cyhoeddwyd y gyfrol yn 1935.) *Dinhunamb* (Dihunwn) oedd y cylchgrawn llenyddol a gychwynnodd Loeiz Herrieu a'i olygu rhwng y blynyddoedd 1905 a 1944 gan roi llwyfan i farddoniaeth a llenyddiaeth yn nhafodiaith Gwened. Mae'n werth nodi i'r gramadegwyr, rhai fel Le Gonidec, a fu'n safoni iaith lenyddol Llydaw, ddibynnu'n helaeth ar dafodiaith Bro Leon – gogledd-orllewin Llydaw – a thafodieithoedd Tregor a Cornouaille (Kerne) i raddau llai, ond gan anwybyddu tafodiaith Gwened. Tebyg i'r hyn a wnaeth John Morris-Jones yn anwybyddu tafodieithoedd y de wrth safoni orgraff y Gymraeg.

Yn ogystal â chyhoeddi a golygi *Dihunamb* cyhoeddoedd lyfrau a sgrifennodd amryw lyfrynnau a chyfrol o farddoniaeth, *Dasson ur Galon* (hwyrach mai Hwb y Galon fuasai'r cyfieithad mwyaf addas ohono – y galon yn llamu gan lawenydd neu deimlad). Yr oedd ar ganol dangos y llawysgrif i Ambrose Bebb pan seiniwyd seiren y rhyfel – 'trywanu'r awyr yn erchyll gan oer chwibanogl *sirène*, yn hwtian ... a chwyrnellu ... a chwyrlïo'n llaes, hir ddolef gwynfannus, alarus, llawn griddfannau diddiwedd,' meddai Bebb. Ond ni chyhoeddwyd y gyfrol tan 1957, bedair blynedd wedi ei farw. Cerddi wedi eu rhannu i gyfnodau ei fywyd – ieuenctid, neu *De Gourz er Bleu* (pan egyr y blodau); canol oed, *De Gourz er Freh* (pan aeddfeda'r ffrwyth); henaint, *De Goueh en Deil* (pan gwymp y dail). Bywyd, o asbri ieuenctid i hel chwedlau wrth ddisgwyl y diwedd:

> Yn nhymor hardd y blodau
> Ar drothwy'r cyfnos,
> Pan fo'r banadl mewn blodau
> Y carwn farw;
> A disgyn i nos dywyll
> Gyffyrddus, i'm bedd,
> Pan welir yr haul yn machlud
> Tu hwnt i'r mynydd ...

Fel llawer o lenorion gwladgarol Llydaw dioddefodd Herrieu yn dilyn y Rhyfel pan aeth yn ysglyfaeth i'r *Résistance* – neu rai a honnent berthyn i'r *Résistance*. Clywais hanesyn gan athro ysgol o ardal Baud – gŵr nad oes gennyf reswm dros amau ei air – ynglŷn â Herrieu. Byddai swyddog o Almaenwr, ysgolhaig Celtaidd â wyddai am Herrieu, yn ymweld ag ef yn achlysurol i drafod iaith, llenyddiaeth a diwylliant Llydaw. Byddai'n gwneud hyn yn agored yn ei wisg filwrol. Aeth hyn ymlaen am ysbaid go dda, ond cyn gynted ag y ciliodd yr Almaenwyr, yr oedd y *Résistance* yn cyrraedd drws blaen y tŷ fferm yr un pryd ag yr oedd Herrieu yn dianc drwy ddrws y cefn. Sarnwyd ei lyfrgell yn dipiau. Mae Robin Chapman yn *Dawn Dweud – W. Ambrose Bebb* yn sôn am y *Résistance* yn hel y teulu o'r fferm cyn ei hysbeilio. Mae'n wybyddys iddo adael ei fferm a'i deulu a threulio misoedd yn Quimperlé, wedyn yn Quimper, gan gadw o'r golwg drwy'r adeg. Yn y diwedd aeth i fyw i Auray ac yno y bu hyd ei farw ar Fai 22, 1953. Dioddefodd ei deulu yn yr erlid cyffredinol ar y Llydawiaid er na chymerwyd ef i'r ddalfa na'i roi ar brawf.

Yn 1974 cyhoeddwyd *Kamdro En Ankeu*, detholion o ddyddiadur Llydaweg a gadwodd Loeiz Herrieu drwy gydol y Rhyfel Byd

Meini hir a bedrodd ym mro Carnac.

Cyntaf – mae'n cychwyn ar Orffennaf 29, 1914, ac yn mynd drwy frwydrau Champagne a'r Somme, drwy'r rhyfel i'r diwedd. Mae'r gyfrol yn cynnwys nifer o ddarluniau pensel a dynnodd o feysydd y gyflafan yn y blynyddoedd hynny. Yn niwedd y gyfrol dyfynnir dau eirda yn canmol ei wrhydri hunanfeddiannol yng ngwres y brwydrau. Ie, yr un Loeiz Herrieu ag y ceisiodd y *Résistance* ei ladd wrth i'r Almaenwyr gilio. 'Bûm drwy'r Rhyfel o'r blaen o'r dechrau i'r diwedd; a bûm yn y fyddin am lawer blwyddyn cyn hynny ... cyfran helaeth o'm hoes,' meddai wrth Ambrose Bebb.

*   *   *

Collais y trip i Carnac (Karnag) ar yr unig brynhawn rhydd oedd gennym oherwydd yr oedd Bernard Le Nail wedi trefnu dod i 'ngweld. Yr oedd y Llydawiaid yn awyddus i fynd â ni i Carnac er mwyn dringo dros y gwifrau a osodwyd i gadw pobl draw. Clywais i hynny gael ei gyflawni heb drafferth na helynt. Aeth y lle'n fwy poblogaidd fyth ers i mi fod yn yr ardal ddiwethaf ac mae pryder rhesymol am y dinistr a achosir gan lawer o bobl yn dringo dros y cerrig ac yn codi stondinau. Daeth y gweinyddwyr diwylliant o Baris, hel y stondinwyr a'r marchnatwyr oddi yno a chodi'r ffensys. Gwir bod eisiau gwneud rhywbeth, ond ni ddangosodd gwŷr Paris ddoethineb, 'chwaith. Ni thrafodwyd yr angen i ddiogelu a gwarchod y milltiroedd meithion o gerrig a chromlechi, a gwylltiwyd y bobl leol. A chafodd rhai – pobl o bant, gan mwyaf – ryddid i wneud pethau nas caniatawyd i'r brodorion a gwaethygodd y ffrwgwd. Codwyd llwyfan di-chwaeth a hyll fel y medrai ymwelwyr gael golygfa dda o'r lle, ac fe'i tynnwyd i lawr. Ni wna'r Llydawiaid ddioddef y di-chwaeth. Hefyd, mae Carnac y math o le sy'n denu crancs. Clywais am fws yn cyrraedd o Wlad Belg, deg ar hugain o bobl yn dod allan wedi gwisgo mewn cobanau, yn cerdded mewn cylch ymysg y meini gan lafarganu ryw ffregod ryfedd, yna 'nôl â nhw i'r bws ac ymadael.

Wedi dwcud hyn'na mae Carnac yn un o ryfeddodau'r byd. Hyd yn oed os dywedodd Gustave Flaubert: 'Sgrifennwyd mwy o sothach am Carnac nag sydd yno o gerrig.' Cyfeirio at yr holl ddyfalu yr oedd. Ar y darn hwn o dir ceir mwy o feini hirion a beddrodau nag unman yn y byd. Dros weundir a rhos tystia'r cerrig mud i drefn a gweithgarwch dyn filoedd o flynyddoedd yn ôl. Tybir iddynt gael eu codi yn ail hanner yr Oes Neolithig – 2,800 i 2,300 Cyn Crist. O'r 6,000 o feini hirion a gofnodwyd ar dir Ffrainc, ceir dros eu hanner yn rhanbarth y Morbihan a'r mwyafrif llethol ohonynt rhwng Vannes (Gwened) a Lorient (An Oriant). Ger Le Menec, hanner milltir i'r gogledd o Carnac, ceir 1,000 o feini hirion wedi'u gosod mewn un ar ddeg o resi cyfochrog; yna, o barhau i gyfeiriad Auray, mae Kermario, gyda 1,000 o feini hirion, rai ohonynt yn ugain troedfedd o uchder; yna fe ddewch i Kerlescan gyda 500 o gerrig gan gynnwys cylch cerrig o 39 o feini hirion. Ychydig y tu allan i'r dre tua'r gogledd-ddwyrain mae claddfa fawr Saint-Michel, a grewyd tua 3,000 Cyn Crist, gyda'r capel bach wedi'i adeiladu uwchben y bryncyn. Ymdrech arall i ddad-baganeiddio'r pentwr rhyfeddol. Filltir yn unig oddi yma, ger Plouharnel, mae cromlech Runesto, filltir eto ar y chwith i ffordd y N168 mae cromlech Mane Kerioned. Ganllath ymhellach ymlaen mae llwybr i'r dde yn mynd â chi i lawr at gromlech Keriaval gyda'i dwy siambr gladdu ar yr ochr. Ger pentre bychan Crucuny mae claddfa sylweddol arall gyda maen hir ar ei phen. Dilynwch y D781 ac ychydig cyn cyrraedd Erdeven (o'r gair Llydaweg 'tevenn' sy'n golygi twyn) mae rhesi Kerzhero gyda 1,130 o feini hirion sydd cyn hardded ag unrhyw res a welwch yn unlle. Mae Erdeven gyda'i thraethau a'i thwyni yn lle da am wyliau – heb anghofio traeth Kerminihi a fu'n gyrchfan noethlymunwyr nes iddynt gael trafferthion gyda'r cyngor lleol a sylw mawr gan y cyfryngau. Dydy noethlymunwyr traeth Lost Marc'h ger Morgat-Crozon ddim yn cael trafferthion felly.

Bardd Carnac, yn anad neb, yw Eugène Guillevic. Fc'i ganwyd yma yn 1907 ond symudodd y teulu i ranbarth Alsace pan oedd yn blentyn ifanc. Yr oedd ei dad yn gweithio mewn rhan o'r gwasanaeth sifil yn gysylltiedig â'r heddlu. Er hynny parhaodd cysylltiad y teulu â Carnac – roedd rhai o'r teulu yn forwyr ac yn parhau i fyw yma – ac mae'r ardal gyda'i thraethau, ei meini a'i chladdfeydd yn ei hanfod:

> Yn dod atom o'r gorwel
> Yn gwbl agored,
>
> Yn dod fel ogof
> O gyfrinachau mwll.
>
> Yn dy anadl
> Mae cyn-hanes
> Yn ludiog, chwyslyd,
>
> A chlewtan ieuenctid i'r wyneb
> Yn peri cilio'r
> Gwaed i gyd.

Yr oedd yn sosialydd, sgrifennodd gerddi cignoeth am Ryfel Sbaen. Mae natur ac amgylchfyd yn sylfaenol i'w waith ac mae'n defnyddio'r arfau a hogodd i wasanaethu natur i ail-ddiffinio natur dyn a'i ddyheadau. Mae ganddo ddawn ymatal, i sgrifennu'n gynnil am gyrff, a gwaed, y cnawd yn pydru (fel mewn cerdd o'i eiddo am *Yr Esgyrndy*), marwolaeth a phoen. Gall ddisgrifio'n ddadansoddol ddiemosiwn wrthrychau a digwyddiadau erchyll. Fel bardd mae ei statws yn Ewropeaidd a'i waith wedi'i gyfieithu i amryw ieithoedd. Cyhoeddwyd cyfieithiadau Saesneg o'i waith yn yr Unol Daleithau ond nid yw ar gael ym Mhrydain. Bu farw yn Ebrill 1997.

Pan ymwelais â Carnac wrth baratoi fy nghyfrol *Crwydro Llydaw* gwnaeth Amgueddfa James Miln Le Rouzic argraff arnaf. Safai ar y ffordd sy'n arwain i La Trinité. Yn 1984, oherwydd ei phoblogrwydd a'r cynnydd yn y trugareddau sydd yno i'w harddangos, cafodd ei hailgartrefi mewn adeilad yn y *Place de la Chapelle*. Mae poblogrwydd yr amgueddfa yn rhyfeddol. Mae ymysg y dwsin o amgueddfeydd lleol mwyaf poblogaidd yn Ffrainc gydag o gwmpas 50,000 yn ymweld â hi bob blwyddyn.

Albanwr a anwyd yn swydd Forfar yn 1819 oedd James Miln. Cafodd fywyd cynhyrfus – a phroffidiol. Bu'n swyddog yn llynges Prydain ac wedi hynny yn fasnachwr yn India a China. Yn 1873 aeth i Carnac gyda'r bwriad o dreulio ychydig wythnosau yn astudio archaeoleg yno. Bu yno'n cloddio am saith mlynedd a gadawodd bopeth i Carnac – dyna fu cychwyn yr Amgueddfa. Yn 1880 dychwelodd i'w wlad enedigol lle bu farw bron yn syth. Ei ddisgybl enwog oedd bachgen lleol o'r enw Zacherie Le Rouzic. Dysgodd Le Rouzic wrth Miln ac wedi i'r Albanwr ddychwelyd i'w wlad parhaodd y Llydawr gyda'r gwaith. Yn deilwng iawn, mae ei enw yntau'n rhan o enw'r amgueddfa, *Musée préhistorique J. Miln / Z. le Rouzic*.

Bu cryn ddadlau ynglŷn â gwraidd yr enw Carnac – neu Karnag. Gallasai darddu o'r gair Llydaweg 'karn' ('carn' yn Gymraeg, 'cairn' yn yr Alban) sef tomen o gerrig ar ffurf beddrod neu gladdfa gyn-Gristnogol. Awgrymwyd hefyd bod â wnelo'r gair â 'carn', sef troed buwch, am mai nawddsant eglwys Carnac yw Cornely, nawddsant gwartheg ac anifeiliaid corniog. Ceir cerflun ohono gydag ych ar bob ochr iddo uwch porth gorllewinol yr eglwys. Ac ar Fedi 13 cynhelir pardwn yr anifeiliaid corniog pan ddaw'r amaethwyr â gwartheg yn bererinion gerbron yr eglwys. Awgrymir, hefyd, bod cysylltiad rhwng yr enw Carnac a Carnac-Rouffiac yn Lot yn rhanbarth Saone-et-Loire a'r Karnac sydd yn yr Aifft – un o'r safleoedd archaeolegol cyfoethocaf yn y byd. Yn ôl Fanch Gourvil, mae'r enwau hyn i gyd yn tarddu o lwyth Celtaidd cyn-Rufeinig o'r enw Carni yng ngogledd-ddwyrain yr Eidal lle ceir tref o'r enw Carnago. Sgrifennais ddigon ar y pwnc yn *Crwydro Llydaw*, felly rwy'n ymatal rhag ailadrodd.

*   *   *

Un noson wedi lludded academig y dydd cawsom fymryn o gynnwrf. Daeth si bod Madame Corinne Lepage, Gweinidog yr Amgylchedd yn Llywodraeth Ffrainc, yn agor canolfan chwaraeon yn Auray ac yn dod am lymaid a sgwrs gyda'r wasg leol i'r gwesty lle'r oeddem ni, eithafwyr a gwerin leiafrifol, yn llechu. Aeth y neges drwy'r gwesty fel tân. Gyda Ffrainc – er gwaethaf hanner-addewidion Chirac yn Quimper ddeunaw mis ynghynt – o hyd heb arwyddo'r Siarter Ewropeaidd i Ieithoedd Llai eu Defnydd – a'r un modd Brydain o ran hynny – aeth y Llydawyr ati i lunio deiseb i'w chyflwyno i'r foneddiges. Wel, gyda chamerâu teledu a'r wasg yn bresennol – man a man rhoi cynnig arni. Ac wrth iddi baratoi i dynnu'r drafodaeth i'w therfyn cerddodd dirprwyaeth o'r gynhadledd ymlaen a chyflwyno'r ddeiseb iddi. Gyda chynifer o genhedloedd bychain wedi'i arwyddo – sef pawb oedd yn y gynhadledd – fe ddylai wneud argraff. Fe'i derbyniwyd yn rasol gan Madame Lepage ac addawodd y byddai'n trosglwyddo'r ddeiseb a neges y cynadleddwyr i'r adran briodol yn y Llywodraeth – dyna maen nhw'n ddweud bob amser. Wedyn bu'n sgwrsio yn ein plith am beth amser. Bodlonodd i gael ei holi gan un o gynrychiolwyr Ynys Manaw oedd yn digwydd bod yn gweithio'n rhan-amser i Radio Manx ac yn digwydd bod a pheiriant recordio yn ei boced. Gwnaed y cyfweliad yn Saesneg gan mai dim ond 579 o siaradwyr Manaweg sydd yna drwy'r byd a doedd Madame ddim yn un ohonyn nhw. Gwenodd i gael tynnu ei llun gan ffotograffydd swyddogol *Y Cymro* (fi!) ac aeth criw ohonom i lunio stori i'w ffonio i bapurau newydd yng Nghymru a Lloegr – a chreu hafog â bil ffôn Bev Newman. Roedd Jeremy Evas wedi dotio – 'Fedrwch chi ddychmygu Stephen Dorrell neu Michael Howard yn dod i ganol criw fel hyn heb feindars?' (Roedd hyn cyn i Ron Davies sefydlu'r arfer o grwydro o gwmpas meysydd Eisteddfod yr Urdd a'r Eisteddfod Genedlaethol ar ei ben ei hun a galw am baned gyda Chymdeithas yr Iaith. Na chrwydro Comin Clapham o ran hynny.)

A ninnau'n teimlo i ni wneud diwrnod da o waith – cael tipyn o hwyl, beth bynnag aethom i fwynhau noson yn *Le Donegal*. Roedd grŵp o'r enw *l'Ange Vert* yn cynnal noson yno – grŵp da hefyd, er nad oedd neb o'r Llydawiaid wedi clywed amdano. Mae fy nghlustiau braidd yn sensitif i grwpiau roc o ba genedl bynnag y dônt ac er nad yw'r *Le Donegal* yn fawr ac er bod sŵn y *biniou* yn mynd trwy'r mwg baco a'r mwrllwch fel llif beiriant drwy styllen, o lechu y tu ôl i un o'r pileri medrwn ddioddef y gerddoriaeth yn burion. Er mai enw Ffrangeg oedd i'r grwp, cyn pen fawr o dro yr oedd y caneuon i gyd yn Llydaweg. A gyda Lan Tangi, y bardd Llydaweg yn ein plith, yn arwain roedd pawb yn dawnsio i gyfeiliant y band. Er bod dawnsiau Llydaw yn ymddangos yn llyfn a digynnwrf maent yn gosod straen ar y migyrnau a chyhyrau isaf y coesau. Ar ben hynny maen nhw'n ddiddiwedd, y gerddoriaeth byth a beunydd yn awgrymu fod y ddawns ar fin gorffen – ond, na, fe gyflyma'r rhythm a chynhydda'r desibels a ffwrdd â chi eto, ac ymlaen ac ymlaen yn dragywydd. Trannoeth yr oedd mynd i lawr y grisiau am frecwast yn arteithiol.

* * *

Ar ein noson olaf – swyddogol – trefnwyd ymweliad â Thy Crempog *Er Velin* mewn hen felin wrth ymyl llyn ger pentref Brec'h. Dechreuwyd gydag *apéritif* oedd yn gymysgfa o'r wirod Lydewig *Al Lambig* a rhywbeth arall – seidr hwyrach ond dydw i ddim yn siŵr. Roedd y ddarpariaeth yn hael a'r ddiod yn sipian yn hyfryd wrth ymyl y llyn a'r haul yn machlud yn goch yn y coed. I mewn i'r Ty Crempog am bryd da a digon o seidr ac wedi hynny y *Fest Noz*. Bûm mewn llawer *Fest Noz* yn fy nydd. Rhai mawr mewn neuaddau a rhai bychain, anffurfiol. Anffurfiol oedd hon. Roedd un o aelodau'r gynhadledd, Catherine Pasco, wedi dod â'i gŵr a'r plant a rhagor o blant o'r ysgol Diwan a rhoi pawb mewn hwyliau noson fawr. Ac mae Catherine yn gantores Lydewig o safon. Felly, hefyd, Ghislaine. Daeth un arall o'r cynadleddwyr, Mireille, â chriw o ferched braf a swynol i'n difyrru. Fel y dywedodd Daniel Carre gyda chryn foddhad – 'Fel y gwelwch, mae ein diwylliant gwerin yn fyw ac yn iach ac yn datblygu drwy'r amser.' Cawsom gân ar ôl cân – caneuon gwerin lleol, doniol, chwareus.

Eos arall y noson oedd Odile Paraire. Y gresyn oedd bod yn rhaid i'r gweddill ohonom ymateb a thra roedd Martin y Sorb yn gwneud yn iawn, a Lander Angiano o Wlad y Basg, ac roedd Mairie Sine Campbell o Ynys Skye cyn abled â'r merched o Lydaw, nid oeddem ni Gymry ar yr un blaned. Trawyd 'Moliannwn' yn rhy uchel i'r mwyafrif ohonom er, neu hwyrach oherwydd, bod Ghislaine, cyn-aelod o Gôr Crymych, yn canu gyda ni. Mentrwyd eto ar ddeuawd Cerdd Dant, Cyril a minnau, *Melin Trefin* gan ein bod yn *Er Velin*, ac – er cywilydd – *Sospan Fach* ac *Y Gwcw*. Cytunwyd yn unfrydol na fuasem yn mynd ar gyfyl y fath gynhadledd eto heb o leiaf fis o ymarfer cyn ymadael â Chymru. Mae cenhedloedd eraill yn disgwyl perfformiadau caboledig gennym – oherwydd enw da ein corau mawr, mae'n debyg. A gyda'r dawnsio diddiwedd, weithiau i gyfeiliant offeryn, weithiau i gyfeiliant *Kan ha Diskan*, cafwyd noson fawr yr wythnos.

Yn gynnar drannoeth yr oedd rhai o'r cynadleddwyr yn ffarwelio. Fel gyda phob cynhadledd dda bu'r drefniadaeth yn ardderchog, oni bai am y ffaith fod rhai wedi cyrraedd ddiwrnod yn gynnar a rhai, felly, yn ymadael ddiwrnod yn hwyr! Cawsom gynnig taith o gwmpas yr ardal gan un o gantoresau swynol y noson, Odile Paraire, ac fe dderbyniwyd ei chynnig yn frwd. Ond i ddechrau, ben bore trannoeth, roeddwn wedi addo cyfweliad i ohebydd y *Ouest France* . . .

*   *   *

Manteisiais ar fy ymweliad ag Auray i gychwyn gwaith ar arddangosfa am Lydaw yr oeddwn yn ei pharatoi ar gyfer Amgueddfa Pontypridd. Y rheswm dros yr arddangosfa oedd dau-canmlwyddiant geni François-Alexis Rio (1797-1874). Fe'i ganwyd yn Port Louis (Porz Loeiz), tref fechan tu hwnt i'r aber ac i'r deau o Lorient (An Oriant). Masnachwr oedd ei dad ac roedd ei fam yn enedigol o *Île d'Artz* (Enez Arz), un o ynysoedd ceufor y Morbihan. Bu farw'r tad, Marc Rio, pan oedd François yn blentyn a dioddefodd y teulu gryn dlodi. Er hynny, cafodd addysg dda, ac er mai dymuniad ei fam oedd iddo fynd yn offeiriad dewisodd bod yn athro.

Fel Llydawyr eraill yn y cyfnod yr oedd yn gefnogol i'r frenhiniaeth, neu o leiaf yn erbyn y drefn or-ganolig a ddaeth yn sgil y Chwyldro. Yn ystod 'can niwrnod' ail deyrnasiad Napoleon bu'n flaenllaw ymysg nifer o wŷr ieuanc a ymunodd yn y gwrthryfel bychan – *La Petite Chouannerie* – yn Redon. Wedi hynny bu'n athro yng Ngholeg Vannes (Gwened) ac wedyn yng Ngholeg Louis Le Grand ym Mharis.

Yn 1830 aeth i'r Eidal i astudio darluniau a chelfyddyd Cristnogol. Yn Rhufain cyfarfu â Frances Bunsen, priod llysgennad Prussia a chwaer Augusta Hall – sef Arglwyddes Llanofer. Fel ei chwaer, roedd Frances yn frwd dros ddiwylliant Cymru a chymerodd ddiddordeb yn y Llydawr ifanc. Anogodd ef i fynd i'r Fenni i gyfarfod â'r Arglwyddes ac i astudio a chymharu'r ddwy iaith a'r ddau ddiwylliant. Aeth Rio yno yn 1833 a derbyn croeso cynnes Llanofer. Yno hefyd daeth i gysylltiad â theulu Llys Llanarth – teulu Pabyddol o dras pendefigaidd – a syrthio mewn cariad â'r ferch, Appollonia. Ni chafodd y Llydawr tlawd groeso mawr i ddechrau a dychwelodd i Lydaw yn benisel. Ond derbyniodd lythyr annisgwyl oddi wrth Arglwyddes Llanofer yn ei annog i ddod eto i Gymru – fe gâi well croeso'r tro hwn. Aeth ar ei union â phriododd y ddau ddiwedd 1833. Daeth teulu Llanarth â Rio i gysylltiad â 'Mudiad Rhydychen', gan gynnwys William Ewart Gladstone, prif weinidog Prydain yn ddiweddarach. Daeth y ddau'n gyfeillion agos a dywedai Gladstone mai Rio oedd y Ffrancwr mwyaf nodedig a gyfarfu erioed. Un arall â gyfarfu ag ef droeon a chanddi edmygedd mawr ohono oedd Mary Shelley, awdures *Frankenstein* a gwraig Shelley'r bardd.

Yn y Fenni y cyfarfu â'r Parchedig Thomas Price (Carnhuanawc). Yr oedd Carnhuawnawc eisoes yn ymddiddori yn Llydaw a bu'n allweddol yn cael y Beibl wedi'i gyfieithu i'r Llydaweg. Dadleuodd yn ofer am gymorth ariannol gan y Feibl Gymdeithas ac fe lwyddodd yn achos y Testament Newydd

Llydaweg a gyhoeddwyd yn 1827. Gwahoddwyd Rio i ymaelodi â Chymreigyddion y Fenni yn Ionawr 1834 a daeth ef a Carnhuanawc yn gyfeillion agos. O'i cyfeillgarwch tyfodd y syniad o wahodd cynrychiolaeth o Lydaw i ymweld â phumed Eisteddfod Cymreigyddion y Fenni yn 1838. Villemarqué oedd arweinydd y ddirprwyaeth. Cafodd nawdd a 'gorchymyn' y *Ministère de l'Instruction publique* i fynd i Gymru i astudio'i hiaith a'i llenyddiaeth a darllen y llawysgrifau Cymraeg yn llyfrgell Coleg yr Iesu, Rhydychen. Tybiai pawb bod Villemarqué yn yr Eisteddfod fel cynrychiolydd swyddogol y Brenin Louis-Philippe! Cafwyd gorymdeithiau lliwgar a seremonïau di-ri gyda Villemarqué yng ngwisg draddodiadol gwŷr Cornouaille (Bro Gerne) ac Apollonia Rio yng ngwisg draddodiadol gwragedd *Île d'Artz* (Enez Arz).

Dychwelodd Rio i'r cyfandir tua 1850. Yr oedd celfyddyd grefyddol wedi mynd â'i fryd fwyfwy erbyn hyn a rhoddir iddo'r clod o ddarganfod Celfyddyd Gynnar yr Eidal a bu ei frwdfrydedd a'i erthyglau'n symbyliad i boblogeiddio'r hyn a elwid yr arddull Pre-Raphaelite yn Lloegr. Cyhoeddwyd ei waith mawr, *L'Art Chrétien*, mewn pedair cyfrol ym Mharis yn 1867 a'i ail-argraffu yn 1874. Bu farw yn Paris ar Orffennaf 16, 1874, ac fe'i claddwyd ar *Île d'Artz*. Yn ôl Daniel Carre daeth dirprwyaeth o Gymry i *Île d'Artz* i ymweld â'i fedd ddechrau'r ganrif.

O safbwynt diwylliant ac ysbryd yr oedd yn ŵr o dueddiadau Ewropeaidd, yn rhugl mewn sawl iaith ac ni phylodd ei gariad at Gymru a Llydaw. Gwnaeth gyfraniad wrth ail-greu'r ddolen rhwng Cymru a Llydaw ac, yn ôl Carnhuanawc, i Rio y mae'r diolch am gynnau diddordeb yn iaith a llên Cymru ar y cyfandir ganol y ganrif ddiwethaf.

Methiant fu'r cais i godi cofeb i Francois-Alexis Rio yn Port Louis ar achlysur daucanmlwyddiant ei eni. 'Twpsyn ar y diawl yw'r maer sy 'da ni ar hyn o bryd,' eglurodd un o drigolion y dref wrthyf.

Er bod fy nghoesau – a 'mhen – yn brifo ar ôl y *Fest Noz* rhaid oedd wynebu gohebydd y *Ouest-France* i egluro fy nghynlluniau am arddangosfa. Bachgen brwd a chawsom sgwrs dda ac ymddangosodd ei adroddiad call a chytbwys – mwy o glod iddo ef nag i mi – y Llun canlynol. Holodd fi am bapurau a chyfnodolion y bûm yn sgrifennu iddynt ac er i mi enwi un neu ddau a dybiais fuasai'n ennyn ei ddiddordeb, yr unig un a dynnodd ei sylw oedd y *Morning Star*. 'A!' meddai, 'roedd George Orwell yn sgrifennu i hwnnw.' 'Wrth gwrs, ond mai *Daily Worker* oedd ei enw bryd hynny,' atebais innau. Tybed a oes gyda'r *Western Mail* ohebydd lleol a fedrai enwi rhywun fu'n sgrifennu i *L'Humanité*? Tynnodd fy llun a ffarweliodd y ddau ohonom a minnau'n ffyddiog bod y wasg ranbarthol ddyddiol yn Ffrainc yn fwy gwybodus a swmpus na dim a geir ym Mhrydain nac yng Nghymru.

*   *   *

Wedi taro – yn feddyliol o leiaf – i Port Louis, af ar draws yr aber am funud i Lorient (An Oriant yn Llydaweg). Mae'n dref fawr ac yn gartref gŵyl Ryng-Geltaidd enfawr sy'n para pythefnos ddiwedd Gorffennaf a dechrau Awst – er nad ydym ni Gymry'n gefnogol iawn iddi. Oherwydd bod yr Eisteddfod yr un adeg, mae'n debyg. Sefydlwyd Lorient – y dref, nid yr ŵyl – yn 1666 er bu yma bentref cyn hynny. Yn 1719 sefydlwyd y dref yn bencadlys y *Compagnie des Indes* Ffrengig a grewyd gan y Cardinal Richelieu. O hynny ymlaen bu Lorient yn ddibynnol ar fasnach dramor a gwelir olion ffyniant y cyfnod yn yr ardaloedd o gwmpas. Ganol y ddeunawfed ganrif dechreuodd Ffrainc golli ei threfedigaethau a daeth trai ar fasnach Lorient. Yn 1769 gwladolwyd Lorient a thalwyd tua £50,000 o iawndal i gyfranddalwyr y *Compagnie des Indes* – sy'n awgrymu nad oedd erbyn hynny lawer o werth i'r cwmni. Difrodwyd y dref yn yr Ail Ryfel a gan i nythaid o Almaenwyr ddal gafael ar y dref hyd Mai 8, 1945, parhaodd yr ymladd a'r cyrchoedd yn hwy nag yn unlle arall yn Llydaw ac ymhell ar ôl 'D-Day'.

O gymryd y ffordd i'r gogledd o Lorient, y D 769, a wedyn y ffordd i'r gorllewin, y D 22, fe ddowch i bentre Arzano. Pentref ger afon Scorff, lle mae'r afon yn ffin rhwng y Morbihan a Finistère (Penn-ar-bed). Saif mewn man lle mae'r afon bron yn troelli'n gylch crwn. Bro nodweddiadol o'r Lydaw Lydewig y tu hwnt i olwg y môr – mae yma afon a choedwig, gwaun a rhos. A bro magwraeth y bardd Auguste Brizeux. Fe'i ganed yn Lorient ar Fedi 12, 1803, ac yr oedd mymryn o waed Gwyddelig yn ei wythiennau. Petai wedi aros yn y dref y tebyg yw na fuasai wedi ymddiddori yn y diwylliant Llydewig a Cheltaidd a hwyrach na fuasai ef ei hun o ddiddordeb i neb. Ond drwy ffawd cafodd ei fagu a'i addysgu gan ei ewythr, yr Abad Lenir, yn Arzano – ceir llechen ddwyieithog yn y festri i goffáu cysylltiad Brizeux â'r lle. Roedd yr Abad yn ŵr eang ei ddiwylliant ac yn athro wrth reddf. Wedi dod i oed, ni threuliodd Brizeux lawer o'i fywyd yn Llydaw ond ymadawodd wedi ymdrwytho yn ei hanes a'i chwedloniaeth ac yn awdurdod ar yr iaith a'i llên. Treuliodd flynyddoedd yn Fflandrys, Paris, yn Marseilles a Montpellier, ac yn yr Eidal. Dotiai at yr Eidal, gan feddwi ar ei chelfyddyd, ei heulwen a'i lliw a'i goleuni. Taniwyd ei ysgolheictod a'i awen gan danbeidrwydd y wlad – ond heb oeri gwres ei gariad at Lydaw. Dychwelai o ddinasoedd coeth yr Eidal a'i ddychymyg ar dân gan ddysg a hanes Rhufain, yn feddw gan harddwch y wlad, ond gyda'i gariad at ei fro enedigol yn gadarnach o'r herwydd.

> Ond pan flasaf eto ym mro fy ngeni,
> Sawr yr eithin ar y gweundir llwm,
> A gwylio trai a llanw'r mor
> A'r pinwydd tenau'n siglo yn y gwynt
> Ffarwél, i'r marmor ac i'r llennyrch oren!
> Caiff arwyr Groeg a Rhufain fynd yn angof . . .

Dychwel i'r cynfyd a chanu am frwydro'r bleiddiaid yn y fforestydd a'i ddymuniad oedd cael ei gladdu mewn cilfach gudd yn nyffryn Scorff:

> Plennwch ar fy medd hen dderwen drist;
> Fe gana'r eos o'i changhennau du;
> 'Marw fu'n garchar bardd yn y fan hon
> A garai'i wlad – a denu eraill ati.

Ni wireddwyd ei ddymuniad. Bu farw Brizeux yn Montpellier yn 1858 a'i hawlio gan Lorient. Drwy danysgrifiad cyhoeddus cludwyd ei gorff i fynwent ei dref enedigol, a chodi cofgolofn uwch ei fedd. Os cyfrannodd i gadw ynghynn y fflam Lydewig, a haeddu cael ei gofio yn llenyddiaeth Ffrainc, i'w flynyddoedd cynnar yn Arzano y bo'r diolch. Fe'i cofir yn bennaf am ddwy gyfrol Ffrangeg – *Marie*, sef teitl ei gerdd enwocaf, cerdd i gariad ieuenctid na fynnai fynd yn angof, a *Les Bretons*. Sgrifennodd gyfrol o farddoniaeth yn Llydaweg, hefyd, sef *Telenn Arvor* a chasgliad o ddiarebion, *Furnez Breizh*, a dyrnaid o lyfrynnau eraill.

*   *   *

Ar ddydd olaf fy arhosiad yn Auray – 'rôl ffarwelio â gohebydd y *Ouest-France* – daeth Odile Paraire i'n tywys ar daith o gwmpas y fro. Tri ohonom dderbyniodd y cynnig ac aeth â ni tua'r gorllewin o Auray, i Aber Etel a cherdded ar draws y bont gyda'r gwynt cryf o Fae Biscay yn crychu'r dŵr otanom.

Yna tua'r twyni ger penrhyn Erdeven. Draw tua'r de-orllewin gwelem *Île de Groix* (Enez Groe) lle ganed y bardd Yann-Ber Kalloc'h. Ym mlwyddyn dathlu dau canmlwyddiant Glaniad y Ffrancod a gwrhydri Jemeima Nicholas yn Abergwaun difyr clywed stori debyg gan Odile am Île de Groix. Yn 1703 yr oedd y Sais, Syr George Rooke, wedi penderfynu mai tipyn o hwyl fuasai ymosod ar yr ynys. Gyda holl rym Llynges Lloegr at ei wasanaeth hwyliodd tua'r ynys fach. Pan welsant y llongau ar y gorwel brawychwyd y gwragedd. Roedd eu gwŷr ar y môr yn pysgota. Rhuthrodd y menywod i'r eglwys, at yr unig ddyn ar yr ynys, y Rheithor Uzel. Wedi gair o weddi a galw ar Sant Tudy, nawddsant yr ynys, am arweiniad, gorchmynnodd y gwragedd i frysio adre a gwisgo dillad dynion – dim ots beth, dim ond bod trywsusau am eu coesau a chapanau ar eu pennau. Wedyn dywedodd wrthynt am gasglu ynghyd bob buddai gorddi a'u cludo i fannau amlwg uwchben y clogwyni – Quilhuit, Kerloret, Kernedan, Moustero – troi pob buddai i

Yr arfordir ger penrhyn Erdeven.

wynebu llynges Lloegr a bod cynifer â phosib i ymgasglu y tu ôl i bob buddai. Gweithiodd yr ystryw yn odidog. Tybiodd y llyngesydd mai magnelau oedd y buddeiau a bod yr ynyswyr wedi cael rhybudd o'i fwriadau a'u bod wedi paratoi am ymosodiad. A diflannodd llynges nerthol Lloegr dros y gorwel.

'Nôl am Belz gydag ysgerbydau hen longau ar y glannau ac ar hyd y lonydd coediog am Auray. Dim amser i oedi ar y ffordd ond gwelsom arwyddion tua chuddfan y Brenhinwr a'r gwrthryfelwr Georges Cadoudal. Ganed Cadoudal yn 1771, yn y faenor ym mhentre bychan Kerleano sydd tua milltir i'r de-orllewin o ganol Auray. Nid yw'n hawdd dod o hyd iddo – ewch i gyfeiriad Carnac a throwch i'r chwith ger y safle saethu (Stade de tir). Mae'r faenor heddiw yn fwy urddasol ac yn uwch nag yn nyddiau Cadoudal. Ac mae'r coed enfawr yn parhau i amgylchynu'r capel lle gorwedd gweddillion Cadoudal a'i gydwrthryfelwr yn erbyn y Llywodraeth Weriniaethol, Mercier La Vendée.

Soniais eisoes fod y Llydawiaid wedi croesawu'r Chwyldro Ffrengig yn y dechrau ac ychydig o wrthwynebiad fu i rannu'r wlad yn bum *département*. Ond pan ymyrrodd cynulliad cenedlaethol Ffrainc mewn materion crefyddol bu gwrthwynebiad chwyrn yn Llydaw a thorrodd y rhyfel cartref yn 1793 – er na fu mor ffyrnig ag yn Anjou a'r Vendée, yr ardal tu hwnt i ffiniau Llydaw ac i'r deau o Nantes (Naoned). Y rhannau o Lydaw oedd ffyrnicaf eu gwrthwynebiad i'r Llywodraeth Weriniaethol oedd dwyrain y wlad – ardal Fougères yn arbennig – a'r Morbihan. Rhanedig a llai agored eu gwrthryfel oedd rhannau eraill o Lydaw.

Yr oedd llawer o uchelwyr Ffrainc – a Llydawiaid yn eu plith – wedi dianc i Loegr a'r Almaen pan ddechreuodd y Chwyldro. Ym Mehefin a Gorffennaf 1795 glaniodd 8,000 o'r alltudion hyn ar benrhyn y Quiberon (Kiberen) wedi eu cludo yno gan lynges Lloegr dan arweiniad Syr Borlase Warren. Yr oedd y *Chouans*, y gwrth-weriniaethwyr, gyda Georges Cadoudal yn eu plith, yn disgwyl amdanynt. Pan laniodd yr alltudion aeth Cadoudal i'w cyfarfod ond methwyd cysylltu'n effeithiol, bu anghytuno a diffyg cydweithio. Y bwriad oedd rhoi ergyd farwol i'r Chwyldro ac i'r Llywodraeth Weriniaethol. Roedd Lazare Hoche, arweinydd ifanc y Gweriniaethwyr, wedi sefydlu gwersyll yn Sainte-Barbe, ger Plouharnel, ac oherwydd anhrefn y Brenhinwyr a diffygion eu harweinwyr cafodd fuddugoliaeth hawdd a chafodd yr alltudion eu hymlid ar hyd penrhyn Quiberon. Gyda bidogau'r Gweriniaethwyr o'u holau a'r môr o'u blaenau ceisiodd cannoedd ddianc yn ôl i longau Warren. Boddwyd llawer gan i'r morwyr o Saeson eu rhwystro rhag dychwelyd i'r llongau. Bu eraill farw o ludded. Er hynny dywedir i Warren hwylio ymaith gyda 1,200 o filwyr Brenhinol a 2,400 o bobl leol. Pan ildiodd Sombreuil, cadfridog y Brenhinwyr, roedd 1,200 o'i filwyr a 192 o'i swyddogion wedi'u lladd. Dienyddiwyd dros 200 o garcharorion mewn maes ar lan yr afon ger Brec'h a elwir heddiw yn *Champ des Martyrs* a 550 arall yn Vannes (Gwened), Quiberon a Port-Louis. Yr oedd Warren yn ddyn dewr ond doedd e fawr o arweinydd milwrol na llyngesydd. Ei ddyletswydd oedd dod â'r Brenhinwyr alltud i Lydaw ac yr oedd William Pitt (yr ieuengaf) wedi darparu'r llongau ar gyfer y daith. Diau na fwriadai'r Prif Weinidog Prydeinig ymyrryd yn rhyfel cartref Ffrainc, ond dyna a wnaeth drwy gynorthwyo'r Brenhinwyr.

Yr oedd Cadoudal yn feistr ar frwydro *guerrilla* ac yn dilyn methiant cyrch 1795 ymunodd â'r gwrthryfelwyr Brenhinol yn y Vendée. Cafodd ei ddal a'i garcharu ond llwyddodd i ddianc. Bu yn Lloegr amryw o weithiau ac mae'n siŵr iddo gael cymorth ariannol gan lywodraeth Prydain. Wedi mwy o erlid crefyddol, arweiniodd wrthryfel arall yn 1797. O dipyn i beth dirywiodd y gwrthryfel yn Llydaw i fod yn ddim amgen nag esgusodion dros ladrata ac ysbeilio. Bu Cadoudal yn trafod heddwch gyda Napoleon ond methwyd dod i gyfaddawd a dihangodd y Llydawr i Lundain. Dychwelodd i Ffrainc yn 1803 a chael ei garcharu bron ar unwaith. Fe'i dienyddiwyd ar Fehefin 10, 1804. Dywedid ei fod yn nodweddiadol o'r Llydawyr, styfnig hyd y diwedd. Gallasai fod wedi aros yn Llundain ac achub ei groen – ond nid un felly mohono. Yr oedd ganddo frawd iau, Julien, a anwyd yn 1775 ac a fu hefyd yn rhan o wrthryfel y *Chouans*. Yn 1800 yr oedd y Cadfridog Brune wedi cyhoeddi cadoediad ac wrth i Julian Cadoudal ddychwelyd i gartre'r teulu yn Kerleano fe'i daliwyd a'i fwrw i garchar. Fe'i llofruddiwyd gan yr heddlu yn Brec'h ar Chwefror 10, 1801. Roedd yn fardd Llydaweg ac ar y noson cyn ei lofruddio cyfansoddodd gerdd, *Sonenn Mari*, cerdd a adnabyddir hefyd fel *Kan-bale Juluan Kadoudal* (Ymdeithgan Juluan Kadoudal).

Hyfryd crwydro'r ardal yng nghwmni rhywun mor wybodus o'i chysylltiadau hanesyddol. Mae'r enw *Chouan*, mae'n debyg, yn tarddu o'r dynwarediad o gri tylluan a ddefnyddid fel arwydd neu rybudd gan y Brenhinwyr. *Chat-huant* yw'r gair Ffrangeg am y dylluan frech. Yr oeddwn wedi tybio mai rhywbeth fel 'tw-whit-tw-hw' oedd galwad y *Chouans*. Nid felly yn ôl Odile, a rhoddodd ddynwarediad byddarol o sgrech y dylluan. Dilyn ffordd y *Chouans* – arwydd lliw coch, y Groes ar y galon, i'n cyfarwyddo.

Croes, a chapel bach ger Brec'h.

Yr oedd Odile wedi trefnu noson gymdeithasol ar ein cyfer. Neu yn hytrach yr oedd *yn* trefnu noson gymdeithasol ar ein cyfer. Stopio'r car o weld rhywun roedd hi'n ei adnabod – 'dowch draw heno am *apéritif* a sgwrs tua saith'. Sgwrsiai am addysg ddwyieithog yn yr ardal. Bu ei mab yn ysgol gynradd Diwan yn Auray ond erbyn hyn roedd yn yr ysgol uwch ac roedd hi'n anfodlon ar y ddarpariaeth yno er bod ei Lydaweg llafar cystal â'r eiddo plant yn nosbarthiadau uchaf yr ysgol. Cawsom oedi ennyd i weld yr adeilad coffa i'r rheini a ddienyddiwyd yn y *Champ des Martyrs* (maes y merthyron). Am dros ugain mlynedd bu cyrff y rhai a ddienyddiwyd yn naear y

Champ des Martyrs ond yn 1828 gwnaed beddrod marmor ar gyfer eu gweddillion a chodwyd capel hefyd i'w coffáu, y ddau wedi eu cynllunio gan Augustin Caristie.

Roedd brwdfrydedd Odile yn ddiddiwedd ac aeth â ni i Amgueddfa Saint-Degan, sydd rhwng y *Champ des Martyrs* a'i chartref yn Brec'h. Roedd yr amgueddfa wedi cau erbyn i ni gyrraedd, ond pa ots? Cafodd fenthyg yr allweddi a chawsom weld y lle i gyd, y tŷ a'r tai allan, y cwbl yn perthyn i'r un fferm. Synnu eto mor debyg yw'r offer i'r hyn a gofiaf yn fy mhlentyndod ddiwedd y pedwardegau a dechrau'r pumdegau. Amgueddfa arall dan y gyfundrefn *ecomusée* ac yn cael ei threfnu'n wirfoddol gan bwyllgor lleol.

Ymunodd gweddill y criw â ni yng nghartref Odile a daeth rhai o'i ffrindiau hithau. Yn eu plith Francis Hubert, athro wedi ymddeol a phibydd o dras sy'n gwneud ei offerynnau ei hun. Cawsom berfformiad ganddo ar y *bombard*, yr offeryn sy'n debyg i obo bychan ond sy'n gwneud sŵn tebycach i drwmped. Os bu offeryn a all hollti muriau Jericho, heb sôn am glustiau tyner pobl nad ydynt Lydawiaid, y *bombard* yw hwnnw. Cafwyd yr adwaith mwyaf sydyn oddi wrth dair cath oedd yn mwytho nythaid o rai bach yng nghornel y stafell. Ar sain y nodyn cyntaf gan y *bombard* sbonciodd y tair o'r fasged, rhuthro i ganol y llawr ac eistedd yn rhes gan rythu ar y cerddor. Ni symudodd yr un ohonynt nes iddo orffen, ac wedyn dychwelyd at y cathod bach. Buaswn wedi rhoi ffortiwn i wybod beth oedd yn eu meddyliau.

Yr oedd curadur amgueddfa Saint-Degan yno a golygydd y papur bro. Yn Ffrangeg roedd y mwyafrif o'r erthyglau ac ychydig o Lydaweg. Ond roedd yn cynnwys gwybodaeth am draddodiadau ac arferion a chwedl leol wedi'i haddasu ar gyfer y plant.

Wedi i'r ymwelwyr lleol ymadael am eu swper buom yn trafod cathod. Roedd gan amryw ohonom gath – cathod a ymwelodd â'r milfeddyg rywbryd i sicrhau na fyddent yn cynhyrchu rhagor o'u rhywogaeth – felly roeddem yn awyddus i glywed barn Odile ar bwnc dyrus atal cenhedlu cathod. 'Mae'n amlwg eu bod nhw'n mwynhau'r broses, felly rwy'n gadael iddyn nhw,' oedd sylw Odile. 'Ond beth am yr holl gathod bach?' 'Fe fydda i'n caniatáu iddyn nhw gadw un yr un,' atebodd Odile. 'A beth sy'n digwydd i'r cathod bach eraill?' Yr oeddwn yn awr yn disgwyl clywed rhywbeth am fwcedaid o ddŵr a boddi. Fel'ny roedden ni'n gwneud gartref 'slawer dydd. 'Fe fydda i'n cael clorofform oddi wrth y fferyllydd ac maen nhw'n marw'n dawel a diboen,' atebodd Odile. 'Fe fydda i'n gwerthu'r cathod rwy'n gadw – deg ffranc, efallai, digon i wneud yn siŵr bod y bobl yn eu gwerthfawrogi ddigon i ofalu'n iawn amdanyn nhw.'

Roedd Connie Jensen o Denmarc, oedd hefyd yn berchen cath, am wybod sut oedd Odile yn dewis pa gath fach i'w chadw. 'Fe fydda i'n cadw'r un berta,' atebodd Odile. 'Dydw i ddim yn meddwl bod hyn'na'n ddemocrataidd iawn,' oedd sylw Connie. Mae'r Daniaid yn genedl ddemocrataidd, bendith arnynt, ond fedrwn i yn fy myw weld sut gellid bod yn ddemocrataidd wrth benderfynu tynged cathod bach. Roedd pawb yn amlwg o'r farn mai taw pia hi er i ni drafod y pwnc yn nes ymlaen, yn absenoldeb Connie ac Odile. Aethom i drafod gwleidyddiaeth yr ardal. Mae ardal sy'n ethol comiwnydd yn faer ac yn coffáu Cadoudal mor anrhydeddus yn dangos rhyw eciwmeniaeth ganmoladwy.

Yn La Trinité, lai na deng milltir i ffwrdd, yn fab i bysgotwr, y ganed arweinydd presennol asgell dde ffasgaidd Ffrainc, Jean-Marie Le Penn. 'Roedd fy mam wedi bod yn ei fagu ar ei glin,' meddai Odile. Aeth pawb yn fud. 'Trueni na fuase hi wedi gadael iddo syrthio,' meddai rhywun. 'Falle mai dyna ddigwyddodd,' meddai Gareth 'Traws', 'a mai dyna effeithiodd arno.' A rhoddwyd y gorau i drafod difrifol ac ymroi i ganu.

Rai misoedd wedyn euthum eto i Brec'h i ymweld â Francis Hubert y tro hwn. Tŷ mawr a gardd eang o'i gwmpas a llond y tŷ o offerynnau cerdd traddodiadol Llydaw. Yr oedd ei dad a'i dad-cu yn canu'r *bombard* a'r fagbîb a dangosodd ddarluniau ohonynt yn cystadlu mewn gwyliau yn Llydaw a rhannau eraill o Ffrainc. Mae Francis hefyd wedi etifeddu dawn ei dad i drin pren ac yr oedd ei weithdy yn y seler yn llawn darnau o goed ac offerynnau ar eu hanner. Telyn fach Lydewig i fyny yn y llofft a llyfrgell dda o lyfrau. Galwodd Odile – oedd mewn cynhadledd ar hanes a mytholeg Llydaw yn Auray – ac yr oedd yn edrych ymlaen at ganu mewn cystadleuaeth o ganu gwerin Llydaweg drannoeth. Nid oes ball ar egni a brwdfrydedd y bobl ddiwylliedig hyn.

*   *   *

Nid yw Auray ymhell o geufor y Morbihan ac mae'r afon Auray yn llifo i mewn iddo. Darn arall yng nghlytwaith godidog arfordir Llydaw. O fewn darn o fôr 38 milltir sgwâr fe gewch 125 milltir o arfordir. Yn ôl traddodiad lleol mae yna o fewn y ceufor fwy o ynysoedd nag sydd yna o ddyddiau mewn blwyddyn – er mai tua deugain sy'n ynysoedd yng ngwir ystyr y gair. Creigiau yn y môr yw'r gweddill. I ymweld â'r ynysoedd hyn dylid dewis diwrnod heulog, clir oherwydd maent yn gorwedd yn isel yn y dŵr, y trai a'r llanw'n gryf a'r cerrynt yn beryglus. Heblaw am stormydd ffyrnicaf y gaeaf mae'r 'môr bychan', er hynny, yn dawel a llyfn.

Vannes (Gwened yn Llydaweg) yw'r brif dref ar lannau'r Morbihan. O adael Vannes tua'r ynysoedd daw i gof frwydrau'r Rhufeiniaid yn erbyn llwyth y Veneti, yn y flwyddyn 56 Cyn Crist. 'Y Veneti yw'r llwyth cryfaf o dipyn ar yr arfordir hwn,' meddai Iwl Cesar yn *Gorchfygiad Gâl*. 'Ganddynt hwy y mae'r llynges fwyaf, ac yn y llongau hyn y maent yn masnachu â Phrydain; maent yn rhagori ar y llwythau eraill mewn gwybodaeth a phrofiad o fordwyo; a chan fod yr arfordir yn agored i ffyrnigrwydd y môr heb ond ychydig o borthladdoedd a'r rheini dan reolaeth y Veneti, gorfodant bawb sy'n hwylio'r dyfroedd i dalu toll iddynt.' Cafodd Cesar drafferth ofnadwy i goncro'r Veneti a bu'n rhaid iddo ddod yno'n bersonol i ysbrydoli ei filwyr. Gan ddefnyddio'u llongau hwyliau, gyda'u gwaelod bas, yn ddeheuig medrai'r Veneti ddianc neu ymosod fel bo angen. Yn sgil gwaelod fflat y llongau medrent fynd i fyny'r traethau a gadael llongau dwfn y Rhufeiniaid mewn trafferthion ymhell o'u gafael. Byddent yn gwau ymysg ynysoedd y Morbihan, lle'r oedd digon o fwyd ar eu cyfer, a gadael i'r llanw olchi'r Rhufeiniaid i ffwrdd. Yn y diwedd bu raid i Cesar alw ynghyd ei lynges anferthol a bu brwydr enfawr. Hyd yn oed wedyn mae'n bosib y buasai'r Veneti wedi dianc gyda'r gwynt oni bai i'r gwynt ostegu'n sydyn a'u gadael yn ysglyfaeth i'r Rhufeiniaid

Vannes, prif dref y Morbihan.

didrugaredd. Er mwyn sicrhau cydweithrediad y llwythau eraill yr oedd Cesar am wneud esiampl o'r Veneti. Torrodd yddfau aelodau eu Cyngor a gwerthu'r lleill yn gaethweision.

O gymryd y cwch o Vannes, yr ynys gyntaf o unrhyw faint sydd i'w gweld ar y daith yw Conleau. A dweud y gwir, mae'n bosib cerdded allan iddi er ei bod, gyda'i phinwydd a'r tai crand yn swatio yn eu mysg, yn ymddangos yn ynysig. Mae sarn neu lain – 'causeway' – yn cysylltu Conleau â'r tir. Hwyrach i hwn fod yn un o'r rhai a adeiladwyd gan Cesar yn ei frwydr hir i drechu'r Veneti – yn sicr fe adeiladodd rai i Gavrinis, Coulabre a Goalabre ac mae eu holion yna o hyd. Yr un modd gellwch gerdded allan i ynys Sene. Mae'r daith bleser yn mynd â chi heibio i ynysoedd pitw Boedic a Bouete ac yna dewch wyneb yn wyneb â'r *Île d'Artz* (Enez Arz – ynys Arth). Soniais eisoes mai oddi yma y daeth Anne Drelan, mam François-Alexis Rio a byddai Rio'n treulio'i wyliau ysgol yma gyda'i fam-gu a'i dad-cu. Ac yma y claddwyd ef. Erbyn hyn mae'r ynys yn hafan i bobl sydd wedi ymddeol gyda'i gerddi a'i tai hardd.

'Weithiau ar Enez Arz,' meddai Emile Souvestre yn *Les Derniers Bretons* (Y Llydawyr olaf), 'fe wêl y preswylwyr wragedd gwynion mawrion, sy'n dod o'r ynysoedd cyfagos, neu o'r tir mawr gan gerdded ar draws y dŵr, neu eistedd ar geulannau'r afonydd. Yma fe'u gwelir yn cerdded hwnt ac yma yn drist a myfyrgar, yn crensian y graean mân dan eu traed noethion, neu'n rhwygo'n ddarnau y blodau a bigwyd ganddynt o'r twyni. Y gwragedd hyn yw ysbrydion plant yr ynys a briodasant mewn broydd estron a marw ymhell o'u cartrefi annwyl, ac sy'n dychwelyd i geisio maddeuant eu rhieni.'

Yn yr Oesoedd Canol roedd yr ynys yn eiddo i Abaty Saint-Gildas-de-Rhuys a saif eglwys a godwyd yn y drydedd ganrif ar ddeg ar ei phegwn deheuol – mae rhannau ohoni yn y dull pensaernïol Rhufeinig ond bu tipyn o newid arni dros y canrifoedd.

Eto, dywedir ei bod, un adeg yn bosib cerdded o *Île d'Artz* i *Île aux Moines* (Enez-Menec'h yn Llydaweg). Mae chwedl bod gŵr ifanc, uchelwr, o *Île d'Artz* wedi syrthio mewn cariad â merch pysgotwr, merch anghyffredin o hardd. I osgoi'r gwarth a ddeuai yn sgil y fath uniad anghymharus carcharwyd y gŵr ifanc ym mynachlog *Île aux Moines*. Nid yn unig yr oedd y ferch yn hardd ond yr oedd ganddi hefyd lais fel eos a bob nos cerddai ar draws y sarn i ganu dan ffenestr ei chariad. Gyda nwydau'r pendefig ifanc ar dân penderfynodd yr abad nad oedd ganddo ddewis ond galw ar ryferthwy uffernol y Morbihan. Trannoeth, rhwng y ddwy ynys, roedd môr stormus a bwriodd y ferch ei hun i ferw'r tonnau. Yn ôl y chwedl fe glyw'r morwyr hi'n canu'r hen ganeuon wrth iddyn nhw rwyfo rhwng *Île d'Artz* ac *Île aux Moines*. Ni fu ymyrryd â llwybrau serch o fudd i'r ynys. Dirywiodd y fynachlog ac nid erys ond yr enw – ynys y mynaich – yn gofadail i'w gorffennol. Un peth a erys yw harddwch anghymarol merched yr ynys ac, o ran hynny, ferched yr ynysoedd eraill. Merched anarferol o dal ac o bryd tywyllach na'r Llydawiaid arferol. A gadwodd ynysoedd ceufor y Morbihan nodweddion yr hen Veneti, neu bobloedd eraill a drigai yn Llydaw cyn dyfodiad y Brythoniaid o Gymru a Chernyw?

Yn y man lle mae'r ceufor yn uno ag aber Auray, saif ynys fechan Gavr'inis. Gellir ei gweld o amryw fannau heb fynd ar unrhyw gwch pleser. Lokmariaker, er enghraifft, ar y penrhyn union i'r deau o Auray. Rhyfeddod o safle cyn-hanes yw Lokmariaker gyda'r *Table des Marchands* enwog. *En Daul Varchan* yw'r ffurf Lydaweg leol o'r enw gan awgrymu y bu yma gam-gyfieithu o'r Llydaweg i'r Ffrangeg ac mae rhywbeth fel Bwrdd y Marchogaethau nid Bwrdd y Marchnatwyr oedd yr ystyr. Awgrymir hynny gan y darlun o grwper ceffyl wedi'i gerfio y tu mewn i'r gromlech. Pan fûm o gwmpas yr ardal ddiwethaf yr oedd archaeolegwyr yn archwilio'r safle ac wedi'i chloddio'n drylwyr. Ond sôn yr oeddwn am Gavr'inis. Ynys yr afr – gan i mi ddechrau dyfalu ystyr enwau? Hwyrach. Ond clywais awgrym y cymysgwyd 'gavr' a 'carv' – sef carw. Beth bynnag, y mae ar yr ynys siambr gladdu nad oes ei thebyg unlle yn Ewrop - cromlechi unigryw eu haddurniadau caboledig. Mae 23 o'r 29 o gerrig ochr y gladdfa wedi'u gorchuddio â cherfiadau. Mae'r holl themâu addurniadol yma – delwau, seirff, bwyelli, ffyn bugail – a bwâu'n cydgysylltu ag esgyrn pysgod. Beddrod megalithig cystal ag unrhyw un yn Ewrop – oriel o batrymau cyntefig. Does neb yn byw ar yr ynys a'r ffordd i fynd yno yw ar gwch o bentref pysgota Larmor-Baden yn hytrach nag o Vannes. Os cewch y cyfle, ewch yno ar bob cyfrif.

*   *   *

Y tu hwnt i'r culfor sy'n cysylltu ceufor y Morbihan â'r môr mawr mae penrhyn Rhuys (Ledenez Ruiz yn Llydaweg). Yng nghanol y penrhyn mae tref fechan Sarzeau (Sarzhaw yn Llydaweg) lle ganed y nofelydd a'r dramodydd, Alain René Le Sage (1668-1747). Yn Vannes mae ei gofeb, yn y *Promenade de la Rabine*, i lawr yn y porthladd. Ei gysylltiad â Vannes oedd mai yn y *Collège Jules-Simon*, yn y *Place Maurice-Marchais*, gyferbyn â neuadd y dref, y cafodd ei addysg. Saif y tŷ lle ganed Le Sage tua 200 llath o eglwys Sarzeau, un o'r tai sy'n rhoi i'r dref ei naws hynafol. Pan aned Alain René yr oedd yn dŷ newydd mewn darn o wlad â'i thir yn dywodlyd a'r hin yn ddigon cynnes i dyfu grawnwin a sicrhau hafau cyforiog o lwyni blodeuog.

Y cwbl a ddywedodd Auguste-Pierre Segalen amdano yn ei gyfrol ddefnyddiol *Géographie Littéraire de Bretagne* 'Il naquit à Sarzeau et fit ses études à Vannes. Son oeuvre, théâtrale et romanesque, est considerable, mais la Bretagne en est pratiquement absente.' Tybiaf fod yr ystyr yn ddigon clir heb i mi ei gyfieithu! Mae Llydaw, i bob pwrpas, yn absennol o'i waith. Bu ei waith, er hynny, o bwys a dylanwad eang er iddo i raddau fynd yn angof erbyn heddiw. Mae'n haeddu gwell. Clywais ddweud mai ei nofel *Histoire de Gil Blas de Santillane* (Hanes Gil Blas o Santillane) yw'r llyfr Ffrangeg a werthodd fwyaf erioed. Cyhoeddwyd 200 o argraffiadau o'r nofel a bron yr un nifer o gyfieithiadau.

Yr oedd yn fab i Claude Le Sage, cyfreithiwr a chofrestrydd y Llys Brenhinol yn ardal Rhuys. Enw morwynol ei fam oedd Jeanne Brenugat – gyda'r fath enw rhaid ei bod yn Llydawes! Y mae awgrym na fu ei dad yn ofalus o fuddiannau ei unig fab. Beth bynnag, bu farw'r tad pan oedd Alain René yn ifanc a'i fam yn fuan wedyn gan ei adael yn amddifad ac ar drugaredd perthynas. Diflannodd ei etifeddiaeth diolch i flerwch neu anonestrwydd yr un fu'n gyfrifol amdano. Bu raid i Alain René ymroi i ennill ei damaid drwy sgrifennu. Bu'n ffodus i gael yr Abad de Lyonne yn noddwr. Yn ogystal â'i gynnal rhoddodd yr Abad wersi Sbaeneg i Le Sage a rhoi gwaith iddo i gyfieithu nofelau o'r iaith i'r Ffrangeg. Bu'r tasgau'n agoriad llygad i Le Sage. Wrth gyfieithu'r nofelau Sbaeneg yr oedd yn crynhoi deunydd fyddai'n gefndir amhrisiadwy i *Gil Blas*. Daeth ag elfen bicarésg y nofel Sbaenaidd i lenyddiaeth Ffrainc. Ni fu Le Sage erioed yn Sbaen ac eto mae'r darlun a'r disgrifiadau o'r wlad, ei moesau a'i harferion mor gywir nes y tybid mai addasiad neu gyfieithad o nofel Spaeneg yw'r gwaith. O ran ffurf, arddull a lleoliad mae *Gil Blas* a'i nofel enwog arall *Le Diable Boiteux* (Y Diafol Cloff) yn atgoffa'r darllenydd o *Don Quixote* ac o'r nofel yn y Gatalaneg, *Tirant Lo Blanc*, gan Joanot Martorell, a gyhoeddwyd gyntaf yn 1490. Fel Cervantes a Martorell yr oedd Le Sage yn sgrifennwr bywiog, hwyliog ac yn ddychanwr miniog.

Yn ogystal â bod yn nofelydd llwyddiannus yr oedd hefyd yn ddramodydd a'i waith enwocaf oedd *Turcaret*, drama yn dychan pobl sy'n ymwneud ag arian a chyfoeth – gallasai fod yn amserol heddiw. Ceir nifer o straeon amdano. Cyhoeddwyd *Le Diable Boiteux* yn 1707. Yr oedd llwyddiant y nofel yn ysgubol – ei dychan mor finiog a chyfrwys, ei sgrifennu mor gain a bywiog – nes prin y medrai'r cyhoeddwr ddarparu digon o gopïau i ddiwallu'r galw. Ymddangosodd naw argraffiad yn y saith mis cyntaf. Un Sadwrn cyrhaeddodd dau fonheddwr siop lyfrau yr un pryd – a dim ond un copi o'r llyfr oedd ar ôl. Aeth yn ddadlau. Yn y diwedd aeth y ddau allan i'r stryd, tynnu eu cleddyfau ac ymladd hyd angau am y copi olaf o'r llyfr! Y fath anrhydedd i awdur! Torrodd gwys newydd yn llenyddiaeth Ffrainc, cwys a efelychwyd yn ei thro gan sgrifenwyr Saesneg. Yn ôl George

Saintsbury yr oedd dylanwad Le Sage yn fwy y tu allan i'r byd Ffrengig nag yn Ffrainc. 'Ei gyndadau llenyddol,' yn ôl Saintsbury, 'oedd y Sbaenwyr. Ei ddilynwyr oedd y Saeson.' Wn i ddim. Yn ddi-ddadl, fe adawodd ei ôl ar lenyddiaeth Ffrainc ac os mai *Gil Blas* yw'r llyfr Ffrangeg a werthodd fwyaf erioed, mae'n rhaid i'w ddylanwad ar lên Ffrainc fod yn fawr. Mae ei nofelau yn canolbwyntio ar brofiadau gŵr ifanc, hynaws a golygus sy'n profi cyfres o anturiaethau ac, er gwaethaf ei isel dras a'r gymdeithas gynhenid lygredig o'i gwmpas, mae'n goresgyn pob anhawster ac yn dod i fwynhau dedwyddwch a breintiau'r byd. Yr oedd yn darparu dihangfa lenyddol gan osgoi yr annhebygol a hynny heb dramgwyddo na pheri anghysur i ddwy garfan ei ddarllenwyr, sef y dosbarth uchaf a'i hyder mewn pendefigaeth gynhenid, barhaol, a'r *bourgeois* a'u bryd ar ddringo'r ysgol gymdeithasol.

* * *

Gŵr a wnaeth gymwynasau lu â Llydaw oedd yr arlunydd, y bardd a'r llenor Xavier de Langlais (Langleiz oedd y ffurf Lydaweg â ddefnyddiai) a aned yn Sarzeau yn 1906. Yn dilyn cyhoeddi *Crwydro Llydaw* yn 1977 cofiaf adolygiad hael i'r gyfrol gan Zonia Bowen yn *Y Faner*. Rhoddodd ambell bwt o feirniadaeth, wrth gwrs, a gair o gerydd haeddiannol. 'Buaswn . . . wedi hoffi gweld rhyw gyfeiriad at yr arlunydd talentog Langleiz . . . sydd yn fy marn i yn deilwng o gael ei ystyried ymysg arlunwyr mawr y byd,' meddai. Nid wyf yn ddigon o feirniad celfyddyd i farnu a oedd Mrs Bowen yn euog o ormodiaith ai peidio, ond yr oedd yn neilltuol amryddawn ym myd arlunio yn ogystal ag mewn canghennau eraill o gelfyddyd. Mae i'w bortreadau o ferched ddyfnderoedd o fyfyrdod a harddwch tangnefeddus. Ond fel dylunydd a darluniwr llyfrau yr oedd yn unigryw. Gwelir ei waith mewn cynifer o lyfrau Llydaweg a llyfrau am Lydaw. Cyd-weithiodd gyda Ronan Huon – rwyf bron yn siŵr mai Langlais a gynlluniodd y logo campus i'r cylchgrawn *Al Liamm*. Ef, Ronan Huon a Vefa de Bellaing a sefydlodd y *Kamp Etrekeltiek ar Vrezhonegerien* yn 1948, y gwersyll rhyng-Geltaidd i siaradwyr Llydaweg a barhaodd yn ddi-dor bellach am hanner canrif. Gweithred ddewr oedd cychwyn y fath wersyll i hybu'r iaith yn nannedd gormes diwedd y rhyfel. Cydweithiodd cyn hynny gyda Roparz Hemon yn nyddiau cynnar *Gwalarn* ac roedd hefyd yn aelod o gymdeithas *Ar Seiz Breur*.

Nid Llydaweg oedd iaith y cartref – roedd y teulu o dras bonheddig – ond roedd ganddo ewythr, brawd i'w dad, a fu'n faer Sarzeau, ac yr oedd ef mewn cysylltiad agos â'r Llydaw Lydewig amaethyddol. Drwy ddylanwad yr ewythr agorwyd ei lygaid i iaith ei wlad a llwyddodd i'w dysgu yng nghwmni garddwr y teulu a gwerin y fro. Ni fodlonodd ar hynny, ond ymroi i gynefino â'r iaith lenyddol a phan aeth yn fyfyriwr i Baris ac i'r Sorbonne, dywedai mai y Llydaweg oedd ei gydymaith ar ei deithiau dyddiol ar y métro. Darllenodd a gwirionodd ar yr hen chwedlau Arthuraidd a'r addasiadau canoloesol ohonynt. Yn ogystal â sgrifennu cerddi a dramâu yn y Llydaweg, sgrifennodd nofelau yn Llydaweg ac yn Ffrangeg. Ceir cyfres ohonynt wedi'u hysbrydoli gan y chwedlau Arthuraidd – *Le Roman de la Table Ronde*. Ef ei hun a ddarluniodd gloriau a llythrennau cain y cyfrolau. Sgrifennodd fersiwn o chwedl Trystan ac Esyllt – *Tristan hag Izold*, a gyhoeddwyd gan Al Liamm yn 1958 – gwaith nodedig arall am ei ddylunio. Tybiaf ei bod yn bennaf seiliedig ar y stori fel yr adroddwyd hi gan y llenor Ffrengig Joseph Bédier. Gresyn na chaem fersiwn Gymraeg o chwedl fu'n gymaint dylanwad ar lên y cyfandir. Un arall o'i weithiau oedd cyfrol ar dechneg arlunio mewn olew, *La Technique de la Peinture à l'Huile*, a gyhoeddwyd yn 1959 ac a gyfieithwyd i'r Siapanaeg – ac ennill gwobr yn y wlad honno. Soniais eisoes am ddyddiadur rhyfel Loeiz Herrieu, *Kamdro en Ankeu*. Langlais a sgrifennodd ragair y gyfrol gan ychwanegu darluniau o'i eiddo ei hun at ddarluniau Herrieu. Bu farw ar Fehefin 14, 1975, yn 69 oed ac fe'i claddwyd ym mynwent ei dref enedigol.

* * *

Ni ellid ymweld â'r penrhyn hwn heb gyfeirio at dref Saint-Gildas-de-Rhuys (Lokeltaz yn Llydaweg). Yma y sefydlodd Gildas y croniclwr, a roddodd i ni'r ffynhonnell gynharaf o hanes Ynys Prydain wedi i'r Rhufeiniaid gilio. Ysgrifennwyd dwy 'fuchedd' i Gildas, un gan fynach anhysbys ym Mynachlog Sant Gildas yma ar benrhyn Rhuys a'r llall gan Caradog o Lancarfan. Mae'n debyg mai ar lannau afon Clyde y cafodd ei eni, tua'r flwyddyn 493. Nid yw'r bucheddau'n glir ar y mater hwn. Cafodd ei addysgu gan Illtud, yn ôl pob tebyg ar Ynys Byr, lle'r oedd yn gydfyfyriwr â dau y mae eu henwau'n gysegredig yn Llydaw, Samson o Dol a Peilyn (Saint-Pol-de-Leon). Yn ôl ffynhonnell arall, Buchedd Peilyn, yr oedd Dewi Sant hefyd yn gydoeswr ag ef yn yr un ysgol. Bu yn Iwerddon ac ar bererindod i Rufain. Tua 540 y cwblhaodd ei gronicl enwog *De Excido Brittaniae*. Wedi hynny y daeth i Lydaw gan ymsefydlu yn gyntaf ar ynys Houat. Ond gynifer oedd ei ddilynwyr buan yr aeth yr ynys yn rhy gyfyng a phan gafodd gynnig tir ar benrhyn Rhuys gan Waroc'h, Iarll Vannes, fe'i derbyniodd. Dywed traddodiad iddo farw tua 570. Fel gyda holl saint Llydaw tyfodd llwyth o chwedlau amdano. Un ohonynt yw honno amdano'n brwydro yn erbyn sarff anferthol, ymgorfforiad o'r Diafol. Cuddiodd Gildas nodwydd mewn pellen o gortyn a'i thaflu i'r sarff – ond gan gadw un pen o'r cortyn yn ei law. Wrth i'r sarff geisio llyncu'r bellen aeth y nodwydd yn sownd yn ei gwddf. Neidiodd Gildas ar gefn ei geffyl a chan ddal yn dynn yn y cortyn llusgodd y sarff bob cam i'r *Pointe du Grand-Mont* ac annog ei geffyl i neidio oddi yno i ynys Houat. Ar ganol y naid gollyngodd y cortyn a gadael y sarff i foddi yn y dyfroedd. Gwae chi rhag amau'r chwedl – mae ôl carn y ceffyl i'w weld hyd heddiw ar y graig ar y *Pointe du Grand-Mont*!

Mae enw Saint-Gildas-de-Rhuys yn enwocach, er hynny, am gysylltiad y fynachlog â Pierre Abelard, yr athronydd a'r diwinydd. A chariad Heloise. Soniaf fwy am y ddau ar ôl cyrraedd ardal Clisson, tu hwnt i Nantes (Naoned). Bu Abelard am ddeng mlynedd yn abad mynachlog Sant Gildas – deng mlynedd o anobaith ac uffern. Wedi iddo wneud Heloise yn feichiog bu ewythr y ferch yn gyfrifol am ei sbaddu. Wedi hynny y daeth i Saint-Gildas-de-Rhuys. Buan y canfu bod y mynachod yn griw anwar ac annheyrngar. Yn ei anobaith sgrifennodd at gyfaill – neu hwyrach mai llythyr agored ydoedd yn y gobaith y byddai eraill yn ei ddarllen. Beth bynnag ei fwriad, dyma a sgrifennodd yn ei *Historia calamitatum*:

> Roedd y wlad yn wyllt ac ni fedraf yr iaith (tebyg na fedrai Abelard Lydaweg), mae'r trigolion yn filain a barbaraidd, y mynaich tu hwnt i reolaeth ac yn byw bywyd afradlon, sy'n wybyddys i bawb. Fel un yn rhuthro am y clogwyn mewn arswyd rhag y cleddyf sydd uwch ei ben, a'r funud y mae'n dianc rhag un marwolaeth, daw wyneb yn wyneb ag un arall . . .

Ceisiodd ddod â threfn i'r fynachlog ac i'r wlad o'i hamgylch. Ond yn ofer. Yr unig ymateb a gafodd wrth y mynachod oedd sarhad a gwrthryfel. Ceisiwyd fwy nag unwaith i'w wenwyno, yn ôl ei dystiolaeth ei hun yn yr *Historia calamitatum*. Yna yn 1132 wedi ymdrech aflwyddiannus arall i'w ladd gan y mynachod – a'r mân arglwyddi lleol yn ddiau yn eu helpu – dihangodd oddi yno. Yn fuan wedi iddo ddianc o'r fynachlog yr ysgrifennodd yr *Historia*, sy'n ffurf ar lythyr i gyfaill nas enwir. Hwyrach mai ffurf o gonfensiwn llenyddol yw'r llythyr ac y bwriadai Abelard iddo gael ei gopïo a'i ddarllen gan lawer i gyfiawnhau ei weithred yn dianc o'r fynachlog a dychwelyd i fod yn athro. Beth bynnag am hynny, ceir ynddo ddarlun manwl o'i fywyd yn y blynyddoedd rhwng 1119 a 1132. Daeth copi o'r llythyr i ddwylo Heloise gan gychwyn y gyfres o lythyrau serch rhwng y ddau sydd ymysg ceinion llên y canrifoedd.

Dirywiodd y fynachlog nes i Urdd y Benedictiaid ei hadnewyddu yn 1649. Buont yno tan y Chwyldro Ffrengig. Cafodd ei hail-adeiladu yn y ddeunawfed ganrif, a bellach defnyddir yr adeilad fel gwesty.

Pennod 6

O gwmpas Rennes

Daeth yn bryd troi tua'r dwyrain. O Le Faouet – rydym yn ôl yma ar ffiniau gogleddol y Morbihan – cyfeirio tua'r gogledd-ddwyrain i Rostrenen, i gael teithio ar hyd y ffordd sy'n dilyn y gamlas o Brest i Rennes. Gwlad o ffawydd a derw ac afonydd grisial weithiau'n crynhoi'n byllau llonydd ac aur eithin a banadl yn aerwy amdanynt. Mae Rostrenen yn berffaith os ydych am grwydro'r ardal hon. I'r de-ddwyrain o'r dref mae *Le Miniou*; o'i gopa gellir gwerthfawrogi'r fro yn ei chyfanrwydd. Ond rydym am fwrw 'mlaen tua Rennes (Roazhon) ac mae'r siwrnai – ar fap – i'w gweld yn faith. Nid yw hyn yn wir am ei bod yn ffordd dda. Mae arwyddion ar hyd y ffordd yn ein cymell i oedi am bryd neu bicnic ar lan y gamlas. O'r diwedd, a hithau tuag un o'r gloch, â'r demtasiwn yn drech na ni a thrown oddi ar y ffordd filltir neu ddwy wedi mynd drwy bentre Gouarec ac o fewn golwg adfeilion mynachlog Bon-Repos. Roedd Alain (y trydydd), Iarll rhanbarth Rohan, yn gysgwr gwael. Un diwrnod, ar ôl bod yn hela yng nghoedwig Quenecan – oedd yn llawer mwy bryd hynny nag ydyw heddiw – gorweddodd ar lan yr afon a chysgodd. Cysgodd yn hir ac yn drwm ac wedi deffro teimlai'n well nag a deimlasai ers blynyddoedd. Cododd ar ei draed a chyhoeddi'n uchel, 'Quel bon repos', ac fel arwydd o'i werthfawrogiad, sefydlodd fynachlog Sistersaidd Bon-Repos yn 1184 'yn orffwysfan eneidiau ac eneidiau ein plant'. Ailadeiladwyd y fynachlog yn 1780 ond erbyn 1851 – diolch i'r Chwyldro Ffrengig – bu'n wag a dros y deng mlynedd ar hugain nesaf cafodd ei fandaleiddio'n llwyr. Am ffranc gellid prynu llond cert o gerrig wedi'u cerfio'n gain – sy'n egluro pam fod drysau a ffenestri sawl tyddyn a maenor wedi'u haddurno'n hyfryd, er nad oes, ar y cyfan, arbenigrwydd i adeiladau'r ardal. Aeth y delwau i eglwys Plelauff, y paneli pren cerfiedig i eglwys Quillic. Ni saif ond adfeilion lluniaidd ymysg y coed rhwng y ffordd ac afon Blavet – yma mae'r afon a'r gamlas yn un. O gwmpas yr adfeilion a hen safle'r clwysty ceir adeiladau fferm, fferm gadarn a'i hadeiladwaith o'r ddeunawfed ganrif, dybia i.

Y gamlas ger Bon-Repos.

Gyrrwn dros y bont sy'n croesi'r gamlas a pharcio o flaen y *Café de l'Abbaye* lle medrwn eistedd, tu allan i fwynhau gwydraid a brechdan. Mae'r eiddew bron â gorchuddio muriau ac arwydd y caffi ond gwelaf bod to llechi newydd i'r adeilad. Mae llwybr wrth ochr y gamlas a dau hen ŵr yn hamddena ar ei hyd. Mae'n ddistaw, er bod y maes parcio mawr yn awgrymu y bydd y lle'n llawn ymwelwyr ddiwedd Gorffennaf a dechrau Awst. Yma mae'r afon yn lledu gan ymgolli yn llyn Guerledan. I'r de mae coedwig Quenecan, un o'r darnau sylweddol a erys o'r goedwig a orchuddiai canol Llydaw un amser. Lle bynnag y ceir mynachlog yn Llydaw bron yn ddieithriad fe geir coedwig hefyd. Yn y Canol Oesoedd y mynachod oedd y torwyr coed mwyaf diwyd. Yr oeddynt yn amaethwyr gwybodus a phrofiadol ond roedd yn gas ganddyn nhw'r bobl oedd yn byw yn y coedwigoedd – y coedwigwyr, y gwneuthurwyr clocsiau, y llosgwyr golosg a'r toddwyr haearn crau. Roedd trigolion y goedwig yn anwybyddu dysgeidiaeth yr eglwys. Hefyd, roeddent yn dlawd a heb ddim i'w gyfrannu at gyfoethogi'r eglwysi a'r mynachlogydd. Taenwyd straeon amdanynt, beirniadwyd eu harferion a daeth pobl gyffredin i ofni 'pobl y goedwig'. Dywedid y medrent, ymysg pethau eraill, reoli bleiddiaid. Y ffordd hawsaf o gael gwared ohonynt oedd difa eu hamgylchfyd – torri'r coedwigoedd. Er hynny, roedd pobl yn parhau i fyw yn y goedwig ddechrau'r ganrif hon. Darluniwyd hwy wrth eu gwaith gan amryw o artistiaid ar droad y ganrif. Ceir darlun o un o'u cutiau ac un arall o'r gwneuthurwyr clocsiau wrth eu gwaith gan Curnow Vosper. Ni fynnai'r mynaich dorri'r coedwigoedd i gyd a chedwid darnau ar gyrrion y mynachlogydd i harddu'r wlad a rhwyddino hwyl yr helfa. Dywedai Abelard mai'r unig beth oedd yn denu ei fynachod ef o'u gwelau yn y bore oedd udo'r cŵn a sain y corn hela! Felly, ble bynnag y gwelwch ddarn sylweddol o goedwig, gallwch fentro bod adfeilion hen fynachlog, neu gwfaint, rywle'n y cyffiniau.

Mae stori ddifyr am gwmni o Ben-y-graig, Rhondda, fu yma am rai misoedd yn adeiladu rheilffordd o *Mur-de-Bretagne* ac o gylch y llyn i hybu'r diwydiant ymwelwyr. Mae'r stori'n hollol wir; gwelais boster yn hysbysebu'r rheilffordd yn nhafarn y Turberville ym Mhen-y-graig. Roedd rhyw ddyn cyfoethog wedi prynu'r trac, yr injan a'r cerbydau yn Colorado a dod â nhw i Lydaw. Yn anffodus, rai misoedd wedi gorffen y gwaith, gosododd rhywrai ffrwydron dan y trac a difetha'r prosiect. Yn ôl fy nghyfeillion ym Mhen-y-graig nid Llydawyr fu'n gyfrifol am yr anfadwaith ond gwŷr o Wlad y Basg a chanddynt bwyth i'w ad-dalu i'r gŵr cyfoethog fu'n ariannu'r cynllun.

Pe bawn yn dilyn y ffordd i'r deau o'r lle'r eisteddwn – fe fûm yma o'r blaen – fe ddeuwn yn fuan iawn i bentre Perret lle mae'r capel bach â'r enw swynol, *Guir Mane* (Gwyry'r Mynydd) a'r llyn, *Étang des Salles*. Ar y llaw arall, petawn yn croesi'r bont, mynd ar draws y ffordd fawr buaswn yn dilyn cwm cul â ffrydiau, gloyw, bywiog – cwm hudolus, cwm tylwyth teg. Ond rwy'n ddiog ac eisteddwn yn nhangnefedd y gamlas, yn edmygu'r bont fwaog a'r cychod segur dan geulan o dderi a bedw. Adeiladwyd y gamlas gan Napoleon i sicrhau cysylltiad rhwng Brest a Nantes (Naoned) pan oedd llynges Prydain yn bygwth arfordir deheuol Llydaw. Er i'r syniad am gamlas gael ei grybwyll yn yr ail ganrif ar bymtheg ni orffennwyd y gwaith tan 1842 ac erbyn hynny, â heddwch yn teyrnasu eto, nid oedd ei hangen. A phan ddaeth y rheilffyrdd nid oedd reswm pellach dros ei bodolaeth. Yna, rhwng 1923 a 1929 adeiladwyd argae a phwerdy trydan Guerledan, a thorrwyd y gamlas. Mae'n siŵr ei bod yn gythgam o ddarn anodd o gamlas oherwydd mewn darn wyth milltir roedd 18 o lifddorau. Un o'r llyfrau taith difyrraf a ddarllenais oedd *A Vagabond Voyage Through Brittany* gan Mrs Lewis Chase. Cafodd Mrs Chase daith braf ar hyd camlesi Llydaw yn lled-orwedd mewn cwch a dynnid gan ei gŵr (Mr Lewis Chase, mae'n debyg, ond fel 'Himself' y cyfeiriai Mrs Chase ato) a rhaff am ei ganol wedi'i chysylltu â'r cwch. Mae'n antur y buasai Paul Theroux yn falch o'i disgrifio. Gwnaeth Mr a Mrs Lewis Chase eu taith egsentrig yn 1914 cyn codi'r argae. Yr oedd y llifddorau mor agos at ei gilydd ar y darn hwn o'r gamlas, yn ôl Mrs Chase, fel y byddai'r ceidwaid yn cerdded gyda nhw ac yn eu gollwng drwy dri neu bedwar llifddor ar y tro. Byddai 'Himself' yn cael sgwrs â'r ceidwad gan daflu ambell bwt o wybodaeth flasus i'w wraig oedd yn ei mwynhau ei hun yn y cwch. 'Fe laddodd y dyn yma faedd gwyllt fan'na y llynedd, roedd yn pwyso 213 pwys – roedd y stori yn y papurau i gyd – dywedid bod y cig yn arbennig o flasus, ond chafodd e ond ychydig iawn ohono; bu'n rhaid iddo roi'r baedd i'w feistr.' Ac felly ymlaen gyda disgrifiadau o'r creigiau, a'r bryniau'n dringo'n uwch ac yn uwch wrth i'r afon droelli'n ddyfnach drwy ganol coedwig Quenecan. Heddiw buasai'r daith yn amhosib er i'r diwydiant gwyliau ddwyn bywyd newydd i'r gamlas. Felly cawn anadlu'r tawelwch a'r tangnefedd, bwyta'r frechdan, yfed y cwrw ac annog ci nwydus y caffi i fynd i ymhél â choes rhywun arall.

A phendroni. Cofio *Le perchoir du perroquet* (Clwyd y parot), nofel Michel Rio, y llenor o Vannes (Gwened). Nofel ddirdynnol am offeiriad Pabyddol a boenydiwyd yn America Ladin oherwydd ei gydymdeimlad â'r tlodion. Dull poblogaidd o boenydio yn Ne America, sy'n egluro teitl y nofel, yw 'clwyd y parot' lle hongir y carcharor ben i waered ar bolyn rhwng dau fwrdd fel bod holl bwysau ei gorff ar ei arddyrnau ac yn peri bod y weithred o anadlu ynddo'i hun yn artaith. *Pau da arara* yw'r enw Sbaeneg ar y teclyn erchyll ac yr oedd yn un o hoff daclau arteithio cyfundrefn Augusto Pinochet yn Chile, hefyd. Wedi ei ryddhau mae'r offeiriad yn ceisio gwellhad yn nhawelwch mynachlog yn Llydaw. Un bore Sul gofynnir iddo draddodi'r bregeth ac mae'n creu cynnwrf drwy herio agwedd yr eglwys at ddyrchafiad poen a dioddefaint. Sut y cysonir artaith, a pha fodd mae ymdrin â chof sy'n gwrthod ymddihatru o'r profiadau hynny, wyneb yn wyneb ag amwysedd cysurus y geiriau sy'n dyrchafu a rhamanteiddio poenau'r Groes? Cofiaf gyfrol C. S. Lewis, *The Problem Of Pain*, sy'n honni egluro athroniaeth Cristnogaeth ar bwnc poen, pam fod dioddef yn llesol i ddeall ac ennyn trugaredd at ddioddefaint eraill. Gwaith a luniwyd yng nghysur y tŵr ifori academig. Gymaint mwy grymus a chignoeth yw Michel Rio na'r C. S. Lewis hunanfodlon. Poenydir yr Offeiriad Joachim, prif gymeriad *Le perchoir du perroquet*, gan filwr sy'n proffesu'r un grefydd ag yntau, yr un poenydiwr sy'n ei rwystro rhag rhyddhad hunanladdiad – am y buasai hynny'n damnio enaid yr offeiriad.

Portreadir Joachim a'r Abad yn crwydro o gwmpas y Fynachlog wrth iddynt ddilyn llwybrau'r gamlas gan drafod ac ymresymu pregeth yr offeiriad. Mae'r disgrifiadau o goed a muriau a chamlas yn debyg i'r darn hwn o wlad, ond mae yn y nofel hefyd ddarn o arfordir. Yma yr ydym yng nghanol Llydaw ymhell o'r môr. Hwyrach mai rhywle arall oedd ym meddwl Rio. Ond fel y tystia ei hun, mae ei wreiddiau 'ym mhridd barddol y Llydaw geltaidd'. Y noson wedi ei sgwrs â'r Abad mae'r offeiriad yn cerdded tua'r clogwyn, y dyfnder – a gollyngdod. Er mai o America Ladin y daw'r offeiriad, mae hunanladdiad diwedd y nofel yn hynod Lydewig.

*   *   *

Mae'r ffordd tua Mur-de-Bretagne yn esmwytho'r llygad wrth i ni adael dyffryn Blavet wedi bwrw sawl cip ar lyn Guerledan a choedwig Quenecan ar y dde. Yr ydym mewn bro boblogaidd i ymwelwyr – ond ddim yn niwedd yr haf. Mae'r ffordd yn mynd yn llai diddorol wrth i ni yrru tua Loudéac (Loudieg yn Llydaweg). Erwau o'r india corn. Yn y blynyddoedd a fu roedd y tir o gwmpas y dref hon yn addas i dyfu llin. Yn ôl y sgrifennwr a'r casglwr chwedlau O. L. Aubert, yr oedd y blodau gleision yn gweddnewid y caeau yn llynnoedd gleision nes eu bod fel drych i'r awyr. Llin a ddefnyddid i gynhyrchu lliain o ansawdd arbennig. Ond ni pharhaodd y llewyrch hwnnw ac am flynyddoedd bu Loudéac yn brif dref un o ardaloedd tlotaf Llydaw. Erbyn hyn mae wedi ad-ennill ei hen bwysigrwydd ond gyda'i gwreiddiau o hyd yn y tir. Ceir amryw ffatrïoedd o'i chwmpas, un yn prosesi cig moch, un arall yn cynhyrchu bwydydd anifeiliaid.

Dyma dref enedigol Yann Sohier (1901-1935). Yr oedd yn fab i blismon yn y dref a gweithiodd dros gael y Llydaweg i'r ysgolion yn y cyfnod rhwng y ddau ryfel. Bu'n ysgolfeistr yn Plourivo ger Paimpol a'i gyfraniad mwyaf oedd sefydlu *Ar Falz* (Y Cryman), cylchgrawn asgell chwith yn darparu deunydd yn y Llydaweg i athrawon. Fel yr awgryma'r enw, ynghyd â'r ffaith ei fod yn fynych yn sgrifennu dan yr enw Yann ar Ruz (Yann Goch), yr oedd yn sosialydd. Un o'i gyfeillion oedd Marcel Cachin – oedd yn enedigol o Paimpol ac a fu am ddeugain mlynedd yn gyfarwyddwr y papur dyddiol comiwnyddol *L'Humanité*. Wedi cyngres gyntaf *Breiz Atao* yn 1927 penderfynodd na ddylid gadael yr iaith yn iaith yr offeiriaid. Ond er budd y Llydaweg yr oedd yn barod i gydweithio â phobl o bob lliw gwleidyddol. Un arall o'i gyfeillion agos oedd yr Abad Perrot. Bu farw'n ŵr ifanc o wenwyniad y gwaed.

Fel un a dreuliodd flynyddoedd yn moduro o gwmpas Cymru rwy'n eiddigeddus o ffyrdd Llydaw. Mae rhwydwaith o ffyrdd i'ch cysylltu â phobman (ac eithrio penrhyn Morgat-Crozon) ac rwy'n moduro'n chwim tua Rennes (Roazhon) fydd yn ganolfan i'm crwydro am rai dyddiau. Mae Bernard Le Nail (yn fynych bydd yn defnyddio'r ffurf Lydaweg ar ei enw, Bernez An Nailh) wedi'n gwahodd i dreulio dyddiau gydag ef a'i deulu. Addawodd anfon llythyr aton ni yn Keriziac i egluro ble roedd e'n byw. Ond ddaeth y llythyr ddim, felly rhaid oedi mewn gorsaf betrol, llenwi'r tanc petrol, prynu map a ffonio Bernard. Yn ffodus mae e yn ei swyddfa ac mae'n egluro'n fanwl y ffordd i'w gartref, sy'n ymddangos yn frawychus o agos i ganol y ddinas. Yn ôl i'r car gyda'r map a'r cyfarwyddiadau a'u rhoi yn nwylo diogel Gwen sydd â'r cyfrifoldeb o ddarllen y ddau ar yr un pryd â'm cyfarwyddo tua chartref Bernard a Jacqueline. Popeth yn dda a'r traffig yn dawel ac amser i daro cip ar y coedwigoedd i'r dde a'r chwith. Cawn ymweld â'r rhain y dyddiau nesaf.

Yna, cyrraedd y ffordd sydd o amgylch Rennes. A minnau wedi bod yn crwydro gan bwyll bach ar hyd a lled Llydaw am wythnosau a heb fod yn unlle prysurach na Brest, yr oedd Rennes yn fyd arall. Lorïau mawr yn rhuo heibio ddwywaith cyflymach na mi. Haul diwedd y prynhawn yn disgleirio'n syth yn ein llygaid a ninnau'n methu gweld yr arwyddion. A'r arwyddion y medrem eu gweld yn golygu dim i ni. Gall y drafnidiaeth o gwmpas trefi a dinasoedd Llydaw – ac y mae'n wir am Ffrainc yn gyffredinol – fod yn ysgytwad. Un funud, hamddena ar hyd ffyrdd gwledig, yna, ar gyrion tref fawr, cewch eich bwrw i ganol llif gwallgof o drafnidiaeth sy'n bygwth eich dwyn i ebargofiant. Maen nhw'n gwybod ble mae nhw am fynd! Dydw i ddim! Yna, a minnau'n dechrau chwysu chwartiau rwy'n gweld yr arwydd yr oedd Bernard wedi dweud wrthyf am gadw llygad amdano. Yn anffodus rwyf yn y drydedd lôn o'r ffordd bedair lôn. Yr oeddwn wedi bod yn moduro yn y lôn ganol pan ymddangosodd lôn arall i'r dde o rywle a rhaid torri trosodd i honno ac mae pawb ar bob ochr yn gyrru'n gyflymach na mi, yn ddiamynedd a bygythiol. Dyma uffern. Rhoi arwydd a mentro bwrw tua'r dde gan obeithio'r gorau. Lladdwyd 3,500 o bobl mewn damweiniau ffordd ym Mhrydain yn 1996 – y ffigurau am Ffrainc dros yr un cyfnod oedd 9,000, a hynny er bod poblogaeth Ffrainc fymryn yn llai na phoblogaeth Prydain a thiriogaeth Ffrainc yn llawer mwy na Phrydain . . . A gan nad yw'r Llydaw wledig yn orlawn o gerbydau mae'n rhaid bod lleoedd fel Paris yn ofnadwy am ddamweiniau. A beth am Rennes . . . O yffarn dân! Rhyw syniadau fel'na sy'n mynd trwy fy meddwl wrth i mi geisio amseru fy symudiad i'r dde rhwng dwy lorri enfawr a allai ein gwasgu fel gwybedyn. Llwyddo rywsut i ddianc o'r Gehena heb niwed ac, o ryfeddod, yr ydym yn nesu at ganol y ddinas ac mae'r drafnidiaeth wedi ymdawelu yn fendigedig. Rwy'n ddiogel a'r panics wedi diflannu. Rydym ar goll, ond does wahaniaeth am hynny. Aros i astudio'r map gyda'n gilydd a gweld, wedi hir graffu, y stryd fechan lle mae tŷ Bernard. Rydym ni'n ddigon agos ato a dweud y gwir, er bod rhaid gwau drwy nifer o strydoedd bychain i'w gyrraedd.

Bernard Le Nail a'i blant Donatien, Aziliz a Marie.

Cyrhaeddwn yn hwyr, ond roedden nhw hefyd yn hwyr ac yn ddiau yn falch na ddaethom ni ar yr amser a bennwyd. Croeso mawr a'r tri phlentyn bach newydd gyrraedd o'r ysgol gynradd Diwan – Marie, Donatien ac Aziliz. Bernard yw cyfarwyddwr yr *Institut Culturel de Bretagne* (*Skol Uhel ar Vro* yw'r enw Llydaweg a ddefnyddir), corff sy'n cyfateb yn fras i Gyngor Celfyddydau Cymru. Mae Bernard yn enedigol o Nantes (Naoned) ac fel llawer o Lydawiaid wedi dysgu Llydaweg fel ail iaith. 'Dechreuodd fy niddordeb pan ddarllenais lyfr gan Yann Fouéré a dod ar draws cyfeiriad at yr holl Lydawyr a laddwyd – chwarter miliwn i gyd – yn ymladd dros Ffrainc yn y rhyfel cyntaf,' meddai. 'Deuthum i ymddiddori mewn cerddoriaeth Lydewig a dysgu chwarae'r fagbib. Wedyn dechreuais ddysgu'r iaith drwy ddosbarthiadau *Skol Ober* Marc'harid Gourlaouen – dysgu Llydaweg drwy lythyr. Un fechan, ddi-nod yr olwg oedd hi – fuase neb yn sylwi arni o gwbl mewn tyrfa, ac eto roedd y fenyw fach yna wedi cyflawni gwyrthiau; synnwn i ddim na ddysgodd hi filoedd o oedolion i siarad a darllen ac ysgrifennu Llydaweg. Fe wnaeth gyfraniad enfawr i'r iaith.' O'i chartref yn Douarnenez gweithiodd yn uniongyrchol gyda'i dysgwyr ac yn ogystal trefnodd dîm o athrawon gwirfoddol i'w helpu. Fe'i ganed yn Douarnenez ar Chwefror 3, 1902, ac yno hefyd y bu farw ar y dydd olaf o Fai, 1987. Ofnadwy o drist, ond nodweddiadol, oedd penderfyniad offeiriad plwyf Douarnenez i wrthod ei dymuniad olaf sef cynnal yr offeren yn ei hiaith ei hun yn ei hangladd.

Mae gwybodaeth Bernard o Lydaw, fel y gellid disgwyl, yn anferthol. Mae hefyd yn wybodus am bopeth dan haul. Treuliodd gyfnod ei wasanaeth milwrol, sy'n orfodol hyd heddiw yn Ffrainc, fel athro gwirfoddol yn Mecsico. Mae'r drefn yn Ffrainc yn caniatáu i chi wneud eich gwasanaeth yn un o'r lluoedd arfog neu dreulio cyfnod ychydig yn hwy – i fyny hyd at ddwy flynedd – yn gwneud gwaith cymdeithasol. Mae'r hyn a olygir gan waith cymdeithasol, yn ôl a ddeallaf, yn weddol hyblyg. Mae ei ofid am yr iaith yn pwyso'n drwm arno ac iddo ef mae

Cymru yn nefoedd. Mae ei wraig Jacqueline, sy'n llyfrgellydd ac yn awdurdod ar lyfrau plant Llydaweg a Ffrangeg, yn fwy optimistaidd. Fe'i ganed hi ar fferm heb fod ymhell o Rennes – nad yw'n rhan o'r Llydaw Lydaweg ei hiaith – felly dysgu'r iaith y mae hithau. Mae hi'n llyfrgellydd yn *Chartres de Bretagne*, tref fechan newydd ar gyrion Rennes a ail godwyd wedi'r rhyfel. 'Roedd y Saeson (Prydain mae'n debyg ond gan fod lle i fwrw bai fe gytunwn i'w galw'n Saeson!) wedi ceisio bomio nythle Almaenig ac wedi methu'r nod a dinistrio'r dref,' meddai Jacqueline.

Mae Jacqueline yn cytuno â mi fod hyder newydd yn cerdded drwy Lydaw er mor fregus yw'r iaith. 'Pan ddechreuais weithio yn y llyfrgell yn Chartres ychydig iawn o lyfrau am Lydaw oedd ar y silffoedd ac fe fûm i'n ychwanegu atynt yn ara bach,' meddai. 'Erbyn hyn mae gennym adran dda o lyfrau am Lydaw, ond yn fwy calonogol yw eu poblogrwydd – a hynny ymysg yr hen a'r ifanc. Mae diddordeb mawr yn y diwylliant Llydewig – mae cerddoriaeth Lydewig, yn arbennig y canu roc a gwerin, wedi cael effaith. Nid gwrthryfela yn erbyn Ffrainc yw e ond rhyw deimlad bod ganddon ni rywbeth ychwanegol, mae gan bobl ddiddordeb yn eu diwylliant ac maen nhw'n falch o'r arwahanrwydd hwnnw. Ac mae cynnydd i'w weld yn ysgolion Diwan. Yr ydym newydd gael canlyniadau *baccalauréate* y disgyblion cyntaf a aeth drwy system Diwan ac roedd y llwyddiant yn gant y cant. Mae hyn'na wedi rhoi hyder i'r mudiad iaith – er ei fod yn ei fabandod. Flwyddyn neu ddwy yn ôl roedd rhieni ifanc yn gwneud hwyl am fy mhen i a Bernard yn anfon ein plant i ysgol Diwan – nawr mae rhai ohonyn nhw hefyd yn anfon eu plant i ysgol Diwan!'

Mae Bernard, sy'n wybodus – mwy gwybodus na llawer o Gymry'r gorllewin a'r gogledd – am lwyddiant syfrdanol y mudiad ysgolion Cymraeg yn y de-ddwyrain yn mynnu cymharu Llydaw â Chymru ac mae e'n llawer mwy digalon. Wrth gwrs bod y gostyngiad mewn siaradwyr Llydaweg o 1,200,000 yn y 1930au i ryw 250,000 heddiw – a'r rheini ar y cyfan yn hen bobl – yn frawychus. Amcangyfrif, ar sail ymchwil gan unigolion, yw'r ffigurau hyn gan nad yw'r cyfrifiad yn Ffrainc erioed wedi ceisio'r wybodaeth. Hanner cant o blant sydd yn ysgol Diwan yn Rennes a thri ohonynt yn canu caneuon Llydaweg i ni y funud hon mewn dinas â'i phoblogaeth yn chwarter miliwn. Piso dryw yn y môr? Ac eto, ac eto, mae'n cytuno bod ysbryd newydd ar gerdded drwy Lydaw. 'Fu'r mudiad diwylliannol Llydewig erioed cyn gryfed,' meddai. 'Mae Llydawyr o bob haen o gymdeithas yn dangos eu cefnogaeth – yn farnwyr, yn ffermwyr ac yn fyfyrwyr.' Mae clywed yr iaith yn cael ei chanu wrth gerdded heibio siop recordiau fawr yn Rennes neu Nantes yn wefr. Ni fuaswn yn breuddwydio clywed llais Dafydd Iwan wrth gerdded heibio Virgin Records yng Nghaerdydd. Ond mae lleisiau Alan Stivell a pherfformwyr Llydaweg eraill yn llifo'n gyson o siopau cyffelyb mewn trefi a dinasoedd yn Llydaw. Mae gweld y Llydaweg ar focsys bisgedi a phecynnau cigoedd a photeli gwirod yn llawenydd i mi. Rwy'n teimlo bod cronfa o ewyllys da tuag at yr iaith o dan yr wyneb a phan gloddir digon o ffynhonnau pwy ŵyr na all lifo eto dros y tir. Ond sut i gloddio'r ffynhonnau yn nannedd gwrthwynebiad gwladwriaeth a gyhoeddodd gynifer o weithiau nad oes le i unrhyw iaith ond Ffrangeg o fewn ffiniau Ffrainc? Ymddengys ymdrechion Diwan yn bitw ar y funud. Eto mudiad pitw oedd Mudiad Ysgolion Cymraeg ddeugain mlynedd yn ôl. Rwy'n cofio llai na deugain o blant yn cael eu haddysg drwy gyfrwng y Gymraeg ym Mhontypridd – heddiw, bymtheg mlynedd ar hugain yn ddiweddarach, mae traean plant y dref yn cael eu haddysgu yn y Gymraeg. Un ysgol gynradd Gymraeg oedd yng Nghaerdydd, heddiw mae hanner dwsin – bydd deg mewn dim o amser. Mae gwyrthiau'n bosib.

Mae iaith yn storfa wybodaeth am arferion, tirwedd, daearyddiaeth, traddodiadau a diwylliant. 'Eich iaith yw eich cartref', fel y dywedodd Petur Gunnarsson, y bardd o Ynys yr Iâ. 'Stafell mewn gwesty yw iaith estron lle gallwch deimlo'n gysurus ynddi dros dro, ond byth yn yr un modd ag y teimlwch gartref.' Pan ddisodlir iaith gan iaith arall mae geiriau fu'n gymwys i gyflwyno gwybodaeth a theimladau a phrofiadau yn diflannu – pan gollir iaith a foldiwyd gan natur a chymeriad pobl unigryw dros filoedd o flynyddoedd pwy wyr y drwg a wneir, pa drysorau a gollir. Pam fod ieithoedd yn marw? Ac mae ieithoedd yn cael eu difa ynghynt o lawer na rhywogaethau o blanhigion neu anifeiliaid neu adar. Pan fo rhywogaeth arbennig o fyd natur mewn perygl fe wneir pob ymdrech i'w achub. Ond mae ieithoedd yn marw'n ddyddiol – ieithoedd hen genhedloedd gwreiddiol gogledd America, ieithoedd y *bushmen* yn neheudir Affrica – a neb yn malio taten. Difaterwch sy'n gyfrifol, meddai Gunnarsson, gan awgrymu mai siaradwyr yr iaith sydd ar fai. Yn achos Llydaw buaswn yn dadlau nad dyna'r gwir. Difrodir iaith gan bobl a sefydliadau. Yn gyffredinol mae iaith yn marw pan roddir y gymuned sy'n ei siarad yn y fath sefyllfa lle na werthfawrogir ei hadnoddau diwylliannol. Pan na chewch swydd am eich bod yn siarad iaith arbennig a'ch gwybodaeth o iaith y mwyafrif yn annigonol fe gewch eich gwthio i gylch economaidd sy'n cyfyngu ar eich cyfle. A phan ddywed y fam, 'Mae medru'r iaith yn llesteirio dyfodol fy mhlentyn felly dydw i ddim yn mynd i'w throsglwyddo iddo' – mae dydd ei thranc yn nesu. Fe gyrhaeddwyd y pwynt yna yn hanes llu o famau Llydaw – ond ni ddaeth y tranc eto.

Mae problem arall yn wynebu'r Llydaweg. Y Gymraeg yw ein arwahanrwydd a'n harbenigrwydd ni Gymry. Oni bai bod ein hiaith yn fyw ac yn cael ei harfer gan nifer sylweddol o'n poblogaeth ni fuasai gennym S4C, fuasai'r BBC yng Nghaerydd ddim amgen na bws deulawr Radio Paradis a welais ger Saint-Pol-de-Leon. Ni fuasai'r fath beth yn bod â chwmni HTV. Ni fuasai gennym Lyfrgell nac Amgueddfa Genedlaethol. Ni fuasai sôn am Gynulliad. Mae Llydaw yn wahanol. Er iddi gael ei huno â Ffrainc, hyd at y Chwyldro Ffrengig yr oedd ganddi ryw lun o Senedd. Mae arbenigrwydd y wlad yn amlwg mewn pensaernïaeth, gwisg, dawnsiau, bwydydd – a iaith. Un nod arwahanrwydd ymysg amryw yw iaith i'r Llydawyr. Heblaw hynny, cyfieithwyd cymaint o lên gwerin Llydaw i'r Ffrangeg yn gynnar. Roedd y *Barzaz Breiz* yn ddwyieithog o'r cychwyn, ac roedd Luzel, Le Braz, Souvestre ac eraill yn cyhoeddi ffrwyth eu casgliadau yn Ffrangeg ganrif a mwy yn ôl. Wrth i fwy a mwy o bobl Llydaw beidio arfer yr iaith yr oedd llwyth o ddiwylliant a thraddodiadau eu gwlad yn eu disgwyl yn yr iaith estron. Mae'r sefyllfa yng Nghymru yn fwy cymhleth am na fu cymaint o gyfieithu o'r Gymraeg i'r Saesneg. Soniodd hanesydd wrthyf am sgwrs a gafodd â Saesnes a gomisiynwyd gan un o brif gyhoeddwyr Llundain i sgrifennu cyfrol ar agwedd arbennig ar fywyd y Celtiaid. Cyfeiriodd hi at amryw ffynonellau. 'Diolch yn fawr,' meddai hithau, 'ble fedra i 'u cael nhw yn Saesneg?' 'Dydyn nhw ddim ar gael yn Saesneg,' atebodd yntau. 'Felly dydyn nhw dda i ddim i mi,' atebodd y Saesnes. 'Mae'n siŵr y gallech gael rhywun i'ch helpu; wedi'r cwbl mae'r gweithiau hyn yn bwrw goleuni gwahanol a hwyrach mwy cywir ar y pwnc,' dadleuai yntau. 'Hwyrach,' meddai'r Saesnes, 'ond os nad ydyn nhw ar gael yn y Saesneg nid fy mhroblem i yw honno.' Prawf o'r angen i agor drysau ein diwylliant i eraill. Petai ond i ddylanwadu ar academwyr sarhaus a diog. Gwaetha'r modd, maen nhw'n ddylanwadol.

*   *   *

Bore Sadwrn heulog a Gwen a minnau yn mynd i siopa dros Jacqueline ym marchnad y *Place des Lices* yn Rennes. Dyma'r man lle ymrysonai'r marchogion a lle câi drwgweithredwyr eu dienyddio yn y dyddiau a fu. Ar fore Sadwrn heulog mae'r lle yn ogoneddus. Mae rhan o'r farchnad dan do, ond mae'r rhan fwyaf ohoni'n llifo drwy'r strydoedd. Môr o stondinau blodau mewn un stryd, llysiau mewn stryd arall, cywion a chigoedd o bob math yn rhostio nes 'mod i'n glafoerio o chwant bwyd. Cigoedd parod a physgod mewn mannau eraill. Fûm i erioed yn y fath farchnad. Gweld dau ddyn ifanc, y naill a chanddo wallt crop a thatŵs a'r llall â

Hen dai yn ninas Rennes.

sbectol, barf a gwallt hir yn gwerthu'r *Action Française*. Ni wyddwn bod y papur asgell-dde eithafol yn fyw o hyd. Nis gwelais ar werth mewn siop bapurau – gwaharddwyd cyhoeddiadau fu'n gefnogol i'r Alaenwyr wedi'r rhyfel a hwyrach bod y gwaharddiad yn parhau. Rai misoedd ynghynt bûm yn darllen *Lloffion o Ddyddiaduron 1920-1926 Ambrose Bebb* a'i fynych gyfeiriadau at y papur hwnnw, a chofio'i eiriau mewn cyfrol arall lle cyfeiriai at 'ysgrifau Rabelaisaidd gan Leon Daudet, rhai Voltairaidd gan Jacques Bainville, a doethineb Groeg a Rhufain gan Charles Maurras'.

Mae gan ffermwyr lleol eu stondinau yn y farchnad ac mae bachgen yn magu cath fach ac yn ceisio'i gwerthu i mi. Awn o gwmpas y stondinau llysiau i brynu meirchysgall i Jacqueline a chyw iâr a blodau. Mae yma stondin yn gwerthu winwns coch Roscoff. Wedi gorffen siopa eisteddwn y tu allan i hen gaffi i fwynhau'r prysurdeb. Yma, rydym rhwng dau gyfnod a dau arddull bensaernïol. Hen dai gyda'u pren du a gwyn o gwmpas y sgwâr. Mae'r farchnad dan do o gyfnod llawer mwy diweddar ac yn perthyn yn besaernïol i ail hanner y bedwaredd ganrif ar bymtheg. I gyfeiriad arall ceir sgwariau eang a blociau o adeiladau taclus gydag arcêds o ithfaen a'r lloriau uchaf wedi'u gorchuddio â charreg galch. Y rheswm dros y gwahaniaethau pensaernïol mor agos i'w gilydd yw'r tân a

gychwynnodd ar Ragfyr 23, 1720, tân a losgodd am chwe niwrnod a difetha canol y ddinas. I weld sut le oedd Rennes cyn y tân ewch i *Rue Saint-Georges* ar waelod y *Place du Parlement de Bretagne* a chyfeiriwch eich camre tua rhifau 8, 10 a 12. Oherwydd pwysigrwydd Rennes fel prifddinas Llydaw, ail-adeiladwyd y canol ar orchymyn Louis XV ac ef a ddewisodd y penseiri – sef Jacques Gabriel a Jacques-Ange Gabriel, ei brifbensaer ei hun, ynghyd â Robelin, cyfarwyddwr amddiffynfeydd Llydaw – i gynllunio a goruchwylio'r gwaith. Dechreuwyd ail-adeiladu yn 1723 a'i gwblhau yn 1760.

A sôn am dân, difethwyd yn llwyr Balas Senedd Llydaw yn Rennes yn 1994. Daeth Prif Weinidog Ffrainc i Rennes a threfnodd pysgotwyr o bob rhan o Ffrainc ddod yno a chynnal gwrth-dystiad. Yn ôl a glywais torrwyd ffenestr a gollyngwyd rhai rocedi yn ystod y protestiadau. Yr eglurhad swyddogol oedd bod un o'r rocedi wedi disgyn ar y to a rhoi'r adeilad ar dân. Ond mae amheuon i'r tân gael eu gynnau o'r tu mewn, oherwydd y difrod a wnaed i'r stafelloedd. Llysoedd barn, gan gynnwys Llys Apêl, yw'r adeilad erbyn hyn ac fel y *Palais de Justice* y cyfeirir ato. Cred rhai o'm cyfeillion sy'n ddilynwyr 'athroniaeth cynllwyn', fod rhywrai o'r tu mewn wedi achub ar y cyfle i roi'r adeilad ar dân a beio'r pysgotwyr. Roedd achos yn ymwneud â llygredd ar fin cychwyn yn yr adeilad – achos yn ymwneud ag Algeria a fuasai'n niweidiol i'r Llywodraeth. Llosgwyd tomennydd o dystiolaeth a bu raid gollwng y cyhuddiadau. Chawn ni byth wybod y gwir, mae'n siŵr. Felly, a ninnau'n cerdded y sgwâr godidog o flaen y *Palais de Justice* nid oes dim i'w weld o'r hen adeilad ysblennydd ond gweithwyr a gorchuddion a dŵr yn llifo i bobman. Ceisio ail-greu'r tu allan maen nhw ar hyn o bryd – ond faint o waith sydd wedi'i wneud ac yn aros i'w wneud i'r tu mewn? Sut gellir ail-greu y tapestri sy'n cofnodi hanes Llydaw, y grisiau ysblennydd a adeiladwyd gan Jacques Gabriel, y Siambr Fawr a'r Oriel Hir . . .? Os gwir yr amheuon nad damwain oedd y tân dyma ychwanegu at restr hir camweddau Ffrainc yn erbyn Llydaw. O leiaf rwy'n ffyddiog bod yn Llydaw grefftwyr a wnânt eu gorau i adfer yr adeilad i'w hen ogoniant. Ymlaen i chwilota'r hen dai pren yn y strydoedd culion oddi ar y *Place du Parlement* – rhes o dai bwyta a chaffis, siopau hen bethau â thrawstiau cam mewn sawl lliw, brown, coch, glas, gwyrdd. Ac i sgwâr arall eang a chrand, y *Place du Théâtre et Mairie*. Un pen i'r sgwâr sylweddol mae swyddfa'r Maer, neu Neuadd y Dref, adeilad Baroque a gynlluniwyd gan Jacques-Ange Gabriel. I mewn â ni i gael map o'r ddinas – am ddim – ac i weld y gilfach wag lle un amser yr oedd cerflun o waith Jean Boucher yn darlunio'r uniad rhwng Llydaw a Ffrainc. Fe'i dadorchuddiwyd yn 1911 ac nid oedd wrth fodd y Llydawiaid o gwbl. Cynrychiolid Llydaw gan ddynes yn penlinio o flaen y cymeriad Ffrengig. Ar Awst 7, 1932, bedair canrif wedi'r uniad, dathlwyd yr achlysur pan lwyddodd rhyw wladgarwr i roi bom odano a chwythu'r cerflun yn dipiau – er boddhad i genedlaetholwyr a charwyr celfyddyd fel ei gilydd! Yn y pen arall, a'i gefn at sgwâr y senedd, mae'r theatr enwog gyda'i nenfwd o waith yr arlunydd Llydewig J. J. Lemordant.

Mae'n bryd troi'n ôl i gartref Bernard a Jacqueline – ond ble mae'r car? Fedra i ond cofio i ni ei adael mewn stryd gul ger eglwys Saint Aubin. Ffwrdd â ni heb amser i edmygu mwy ar y strydoedd cul a'r adeiladau a'r siopau hynafol. Cyrraedd y tŷ mewn pryd i helpu Jacqueline i baratoi cinio. Canmol y ddinas yn hael dros ginio, ond mae un peth sy'n gofidio'r teulu yn fawr. Mae'r Maer presennol am ddyblu maint Rennes ac am greu system drafnidiaeth métro. 'Mae'n ddyn da ac yn weinyddwr rhagorol,' meddai Jacqueline. 'Mae'n sosialydd hefyd – rwy'n siŵr y byddwch yn falch o glywed – ond rwy'n ofni ei fod yn mynd dros ben llestri gyda'r cynlluniau hyn.' Credant na fydd y ddinas yn ehangu llawer, ond yn hytrach y gwelir codi rhagor o fflatiau uchel a mwy o bobl yn byw ar bennau ei gilydd. Wrth gwrs, fel y gwyr pawb, mae fflatiau o'r fath wedi'u cynllunio a'u hadeiladu'n llawer mwy gofalus yn Ffrainc nag ym Mhrydain. Ond mae'r syniad yn fater o ofid.

*   *   *

Wedi cinio daw Bertrand Coz, un o gyhoeddwyr bychain Llydaw, am sgwrs a chawn eistedd yn yr ardd i fwynhau pob math o drafodaethau. Mae Bertrand, sy'n cyhoeddi llyfrau yn Ffrangeg, yn ddwyieithog Lydaweg a Ffrangeg, ac ambell gyfrol yn y Gallo, yr iaith Ladinaidd a siaredir yn y rhan hon o Lydaw ac sy'n perthyn yn nes i Ffrangeg y *Langue d'oil* nag i'r *Langue d'oc* a siaredir yn ne Ffrainc. Mae Bertrand yn sôn am gyhoeddi cyfrol ar Sioni Winwns, gan fanteisio ar y darluniau a gesglais ar gyfer yr arddangosfa a'r amgueddfa *La Maison des Johnnies*. Yr ydym yn cytuno fod y syniad yn un da os oes gennyf amrywiaeth ddigonol o ddarluniau. Nid yw'r gwaith o sgrifennu yn broblem, ond mae'n awyddus i gael dewis da o luniau. Rhaid i mi gael amser i feddwl. Ond cawsom orig hyfryd yn trafod a sgwrsio yng ngardd Bernard a chaf ddau lyfr yn rhodd ganddo, un o olygfeydd arfordir Finistère a'r llall yn darlunio rheilffordd Paimpol i Guingamp. Llyfrau artistig a chwaethus iawn er eu bod mewn du a gwyn.

Er ei bod yn brynhawn Sadwrn mae Jacqueline yn gweithio yn y Llyfrgell ac rydym yn cytuno y buasai'n syniad mynd o gwmpas coedwig Paimpont a rhoi cyfle i'r plant redeg yn wyllt. Bydd tri ohonom i ofalu amdanyn nhw ac rwy'n edrych ymlaen at ddefnddio'r camera a chrwydro ymysg y coedwigoedd hudolus i gofio hen chwedlau Arthur a'i farchogion a'r boneddigesau hardd.

Braf cael rhywun arall i'm gyrru a hwnnw'n adnabod y ffordd. Teithiwn i'r de-orllewin tua choedwig Paimpont, 'Coedwig Hudolus Broseliawnd' fel y gelwir hi gan nyddwyr geiriau cysylltiadau cyhoeddus y rhan hon o Lydaw. Dyma deyrnas Salomon y nawfed, un o frenhinoedd cynnar Llydaw. Prin yw olion y castell a dywedir i gerrig yr adeilad gael eu defnyddio i godi pentref Folle Pensée. Bu llawer o'r llosgwyr golosg a thoddwyr haearn crau y soniais amdanynt eisoes yn yr ardal hon yn yr ail ganrif ar bymtheg a'r ddeunawfed ganrif. Ar ochr y ffyrdd mae nifer o groesau pren yn wahanol i'r croesau a'r calfarïau cerrig sy'n nodwedd o Lydaw Lydaweg y gorllewin. 'Mae carreg adeiladu yn brin yn y rhan hon o Lydaw, ond roedd yma ddigonedd o goed, felly defnyddid y cerrig i adeiladu'r maenordai a'r cestyll,' eglura Bernard, gan ychwanegu bod llawer o dai pren yn Rennes. Sonia am ei dad-yng-nghyfraith a'i frodyr-yng-nghyfraith sy'n ffermio heb fod ymhell oddi yma. 'Mae 'nhad-yng-nghyfraith wedi ymddeol erbyn hyn ond mae'n cadw llygad ar y fferm. Ei ddiddordeb mawr yw bridio ceffylau Llydewig.' Cawn ddarlith am y brid Llydewig o geffylau. Fel y dywedais mae Bernard yn wybodus am bob math o bynciau. 'Roedd ceffylau Llydewig gan Napoleon pan ymosododd ar Rwsia, ceffylau cymharol fychain, gwydn,' meddai Bernard. 'Nhw oedd yr unig geffylau i ddod 'nôl; lladdwyd y ceffylau eraill a'u bwyta, ond nid y ceffylau o Lydaw.' Rwy'n cofio soned gan Dic Jones sy'n sôn am ei dad yn mynd i Lydaw i brynu caseg.

'Yn Llydaw, gwlei, y prynodd 'nhad 'rhen Ddeimon...' Addawaf anfon copi o'r gerdd – ynghyd â chyfieithad – i Bernard, er bod yn Llydaw ddigon o feirdd sy'n medru Cymraeg ac yn abl i wneud y gwaith. Felly, ai rhywbeth tebyg i'r cob Cymreig yw'r brid Llydewig? Mae'n amhosib penderfynu, rhaid cysylltu â Dic Jones neu John Roderick Rees. Ond yn ôl Bernard mae'r ceffyl Llydewig yn fwy o faint heddiw nag yr oedd yn nyddiau Napoleon.

Wrth gyrraedd Paimpont mae Bernard yn cyfeirio fy sylw at gof-golofn i'r milwyr lleol a gollwyd yn y rhyfel cyntaf. 'Dyma un o'r cyfrinachau mwyaf erioed,' meddai. Mae cofgolofnau rhyfel Llydaw ar y cyfan yn unigryw, wedi'u creu gan gerflunwyr a chrefftwyr lleol. Yn fynych ceir cofeb mewn ithfaen lleol nad yw'n filwrol o gwbl, fel *La Douleur* gan Francis Renaud yn Trégieur a'r hen ŵr yn Plozevet gan René Quillivic. Creadigaethau sy'n cyfleu colled a dioddefaint y bobl a'u plwyfi. Ond yn Paimpont mae cofeb o haearn, y milwr yn ei wisg a'r gwn yn ei law. 'Wedi'r rhyfel cyntaf sefydlodd Thyssen a Krupp, y ddau gwmni Almaenig oedd yn cynhyrchu arfau rhyfel, gwmni i wneud cofebau,' meddai Bernard. 'Yn Ffrainc roeddynt yn gweithredu yn enw is-gwmni ac enw Ffrengig iddo. Roedd ganddynt werthwyr yn mynd allan i'r trefi a'r pentrefi gyda chatalogs yn cynnig dewis o gofebau milwrol 'addas'. Ychydig ohonyn nhw sydd yn Llydaw ond mae llawer i'w gweld mewn rhannau eraill o Ffrainc. Mae'r syniad yn wrthun, creu arfau i ladd a dod yma wedyn i werthu cofgolofnau i goffàu'r rhai a laddwyd ganddyn nhw.' Dywed Bernard mai ychydig yn Ffrainc sy'n gwybod mai o'r Almaen y daeth y cofebau hyn. Onid wyf yn camsynied ceir un yn Brec'h, ger Auray.

Cyrhaeddwn hen fynachlog Paimpont – sydd bellach yn gyfuniad o neuadd y dref, swyddfa ymwelwyr ac eglwys blwyf. Fe'i sefydlwyd gan Sant Judicael yn y flwyddyn 645 OC. Roedd Judicael yn frenin y rhan yma o Lydaw ond rhoddodd ei goron i'w frawd iau a ymneilltuodd i fod yn fynach yn abaty Sant Meen. Cyn ei farw dywedir iddo weld y Forwyn Fair yn agos i'r fan lle heddiw saif pentref Paimpont. Gwnaeth hi i ffynnon lifo yn y fan honno – yr unig ffynnon yn y cyffiniau heb flas haearn na halen iddi – a gofynnodd i Judicael godi seintwar iddi ger y fan. Wedi cyfnod o fod yn briordy Benedictaidd daeth yn abaty yn 1211 ac felly y bu hyd y Chwyldro Ffrengig pan gafwyd gwared o'r pedwar mynach olaf. Fel y dywedais mae'r abaty bellach yn neuadd y dref a hen eglwys y fynachlog yw eglwys y plwyf. Y mae priodas yma felly chawn ni ddim mynd i mewn. Yn ystod adnewyddu'r gangell tua 1974 darganfuwyd murluniau o'r bymthegfed ganrif. Roedd rhai wedi'i difetha gan amser ond llwyddwyd i achub amryw a'u diogelu yn y festri. Ymysg nifer o ddelwau ceir un yn y gangell o Santes Monica a'i mab Sant Awstin, lle mae wyneb y fam yn cyfleu ei gofid am fywyd ofer ei mab yn ei ieuenctid.

I'r de-ddwyrain o Paimpont mae pentre bychan *Les Forges de Paimpont* lle ceir olion gwaith haearn a sefydlwyd yn yr ail ganrif ar bymtheg. Adeiladwyd un o'r ffwrneisi yn 1832 ac un o'r melinau yn 1829. Ond cerdded o gwmpas y llyn yn hamddenol yw'n bwriad ni fel y cawn weld y Fynachlog o'r ochr arall a'i darlun yn y dŵr. Rwy'n dechrau cael braw wrth wylio Donatien a'i sbectol drwchus yn carlamu a sboncio ar hyd y clawdd uwchben y llyn. Unrhyw funud nawr bydd yn rhaid neidio i mewn i'r dŵr ar ei ôl, meddyliaf. Mae Bernard, sy'n ŵr tal, esgyrnog, fel blaenwr rygbi ail reng, yn brasgamu ar hyd y llwybr sy'n troelli rhwng y deri a'r ffawydd, a'r helyg sy'n dew ger y lan. Mae'r cyfan yn dawel ond am grensian mes dan draed a chwch modur yn ffrwtian wrth ymyl yr hen abaty.

Er gwaethaf fy ofnau nid yw Donatien yn syrthio i'r llyn a chyrhaeddwn yn ôl i'r car yn ddiogel ac awn i gyfeiriad pentre *Folle Pensée*. Gadael y car a dilyn llwybr tua ffynnon Baranton. Siomedig yw'r goedwig, llawer o binwydd a'r coed derw tal sy'n nodwedd o'r parthau hyn. Hoffaf goedydd hynafol, derw cnotiog a'u canghennau'n gysgod dros y tir. Mae Bernard yn cytuno nad yw'r goedwig yr hyn ydoedd a bod cadarnach coedwigoedd, fel coedwig *Le Gavr* yn nyffryn y Loire, tra mynnaf innau roi geirda o blaid coedwig Cranou ger Le Faou. Wrth gerdded tua'r ffynnon synnwn gynifer o bobl, fel ninnau, sy'n mynd a dod i gyfeiriad Barenton. Mae'r llwybrau'n gochlyd a sylwais bod llawer o'r tai ym mhentre *Folle Pensée* wedi'u hadeiladu o'r garreg goch. Mae'r ffordd yn hwy nag a ddisgwyliem. Yn hwy nag a ddisgwyliai Bernard, hefyd – mae'n amlwg na fu'n cerdded y llwybrau hyn ers tro. Bob hyn a hyn mae'n gofyn i bobl eraill sy'n dod i'n cyfarfod faint rhagor o ffordd sydd yna, ac maen nhw i gyd yn dweud rhywbeth fel, 'dim ond mymryn bach', 'chwarter kilometr' ac yn y blaen. Mae'n rhan o chwedloniaeth fod y goedwig yn chwarae triciau â chi fel eich bod yn colli eich ffordd ymysg y llwybrau niferus. (Nid yw hynny'n syndod gan fod yr arwyddion yn brin!) Erbyn hyn mae Aziliz wedi fy mherswadio ei bod yn haeddu ei chario. Mae hi fel lwmp bach o blwm – lwmp bach o blwm siaradus. O'r diwedd gwelwn dwrr o bobl wedi crynhoi tua hanner canllath oddi wrthym. Rydym wedi cyrraedd. Yn ôl safonau Llydaw, mae'n ffynnon ddi-raen, beth bynnag am rin ei dŵr – sydd, yn ôl hanes, yn gwella anhwylderau meddyliol. Mae'r ffynnon yn enwocach am beri iddi lawio. Y chwedl yw eich bod yn cymryd ychydig ddŵr yng nghledr eich llaw a'i daflu dros y garreg sydd wrth gefn y ffynnon. Yn ôl Gwilym o Lydaw yn y ddeuddegfed ganrif 'fe godai'r dŵr hwn ac ymffurfio'n gwmwl mawr; bydd yr awyr yn atseinio gan daranau a'r ffurfafen yn duo. Camp ryfeddol ac anferthol, ond gwir, fel y tystia llawer iawn o bobl'. Ac yn 1467 yr oedd Guy de Laval, un o ddisgynyddion teulu de Montfort mewn dogfen gyfreithiol a restrai ei eiddo yn honni: 'Yn gysylltiedig â'r ffynnon mae carreg fawr o'r enw maen Barenton; a bob tro y daw'r Arglwydd de Montfort at y ddywededig ffynnon a chyda'i dwfr wlychu'r maen, faint bynnag fo gwres y dydd . . . yn sydyn ac mewn dim amser, cyn y medr y dywededig Arglwydd ddychwelyd i'w gastell yn Comper, bydd yn glawio yn yr holl fro a bydd pobman wedi dyfrhau yn dda er budd pawb.' Enw arall ar y garreg oedd Maen Myrddin. Yr oedd Awst 1835 yn gyfnod o sychder mawr ac arweiniodd offeiriad y plwyf dorf enfawr tua'r ffynnon, ei bendithio, rhoi bon ei Groes yn y dŵr a thaflu ychydig ddiferion dros y garreg. Tystiai pawb oedd yno i'r cymylau ymgasglu uwchben y dyffryn; rhuodd y taranau, fflachiodd y mellt ac arllwysodd y glaw nes bu raid i bawb ddianc adref am eu bywydau. Felly, ychydig yn bryderus, ar brynhawn braf yn nechrau Medi, bwriodd y pump ohonom ychydig ddŵr ar y garreg. Ddigwyddodd dim byd. Ond wedi i mi wneud ymchwil pellach darganfum fod yr hen garreg a arferai fod dros ben y ffynnon wedi'i chludo oddi yno i fod yn garreg aelwyd yn un o fythynnod pentref Folle Pensée. I hynny, yn ddiau y mae'r diolch i ni gyrraedd yn ôl i'r car yn sych!

Er nad yw'r goedwig yr hyn ydoedd, hawdd gweld sut y bu'n ysbrydoliaeth i ddychymyg llenorion y canol oesoedd. Tyfodd y chwedlau o Gymru a gludwyd i Lydaw ac a heuwyd ledled Ewrop gan Sieffre o Fynwy yn llwyth o lenyddiaeth a dod yn fyd-enwog. Un o gyfraniadau Llydaw oedd dwyn yr ymchwil am y Greal Sanctaidd i mewn i chwedlau Arthur. Chwedl baganaidd ydyw yn ei hanfod er ei gwisg Gristnogol – yr ymchwil am y cawg hud sy'n gwella pob aflwydd, yn dod â'r marw eto'n fyw, Pair y Dadeni, y cawg y mae Peronik yn chwilio amdano yn un o hen chwedlau enwocaf Llydaw. Y canlyniad oedd cymysgfa gyfoethog o fytholeg baganaidd, straeon tylwyth teg, dysg yr Efengylau, yn tyfu a datblygu drwy'r traddodiad llafar nes bod dim ar ôl i Chrétien de Troyes ac eraill i'w ychwanegu ond rhamant a sifalri'r marchogion, a dogn o symboliaeth. A dyna'r gwaith yn gyflawn. Yn y nawfed ganrif, roedd beirdd a storiwyr Llydewig yn adnabyddus ar draws Ewrop a thrwyddyn nhw lledaenwyd y straeon â seiliwyd yn Llydaw nes arwain at Chwedlau'r Ford Gron. Cyfieithwyd eu straeon gan feirdd Ffrengig a Saesneg-Normanaidd a'u haddasu i gynnwys gwerthoedd y marchogion a'r sifalri. Mae *Lais Marie de France* yn arbennig, a rhai o straeon Chaucer, yn brawf o barch a statws y chwedleuwyr Llydewig ac o'r sgubor lawn o ddeunydd a feddent. Rhoddasant fod i lwyth o lenyddiaeth, Arthur a Gwenhwyfar, Myrddin a Viviane, ffynnon Barenton a'r cwbl wedi'u clymu o fewn coedwig hud Broseliawnd. Mae'n debygol mai Llydawr, hefyd, oedd Sieffre o Fynwy a bod ganddo gysylltiad agos â'r Llydawyr a ddaeth trosodd i Brydain gyda Gwilym Goncwerwr. 'Mae safle Broseliawnd yn un arbennig yn hanes Llydaw,' meddai Nora Chadwick. 'Mae iddi ran warcheidiol fel caer orllewinol coedwig cyn-hanes canol Ewrop. Yn ei phlygion cadwodd hud traddodiadol y cynfyd, cyn-glasurol a chyn-Gristnogol . . . Cadw a gwasgar yr olaf o draddodiadau hud paganaidd yr hen fyd, a rhoi anadl bywyd newydd i lên yr Oesoedd Canol.'

Mae dewis o lwybrau i'w dilyn drwy'r goedwig – i'r *Val sans retour* (y dyffryn na ddychwelir ohono) a elwir hefyd yn *Val des faux amants* (dyffryn y cariadon anffyddlon). Y chwedl yw bod Morgane (neu Mor-Guen), chwaer y Brenin Arthur, wedi'i thwyllo gan un o'r marchogion ac i ddial arno defnyddiodd ei galluoedd hud i'w garcharu yn y dyffryn. A gan ei bod hi'n hardd, yn ddeniadol ac yn ffraeth doedd hi byth heb gariadon. I sicrhau na fyddai'r un ohonynt yn anffyddlon iddi carcharodd bob un yn Nyffryn y Cariadon Anffyddlon. Yno y buont nes i Lawnslod ddod a'u rhyddhau.

Mae Bernard yn ein rhybuddio ei fod am fynd â ni i adeilad tra anarferol. Mae'r wlad o gwmpas pentre Trehorenteuc yn foel a llwm a'r coed heb aildyfu wedi'r tanau fu yma yn 1976. Awn i eglwys fychan unigryw. A gan fod rhywun eisoes wedi cychwyn taith o'i chwmpas nid oes raid i ni dalu. Dywedir i eglwys Trehorenteuc gael ei hadeiladu ar safle *Butte-aux-Tombes* yn y seithfed ganrif i herio'r Derwyddon a arferai gorff-losgi ar y safle. Defnyddiwyd yr eglwys fel mynwent yn ogystal ag yn lle o addoliad. Un o'r rhai a gladdwyd tu mewn i'r eglwys oedd y Tad Henri Gillard (1901-1979), a fu'n gyfrifol am adnewyddu'r adeilad. Roedd y Tad Gillard wedi mwydro'i ben ar chwedloniaeth Arthuraidd yr ardal a chafodd gefnogaeth carcharor rhyfel o Almaenwr o'r enw Karl Rezabeck. Paentiodd Rezabeck furlun lle ymddengys rhith o'r Greal Sanctaidd ar y Ford Gorn gerbron y Marchogion. Rwyf bron yn siŵr mai copi ydyw o ddarlun gan arlunydd anhysbys sydd yn y *Bibliothèque Nationale* (Llyfrgell Genedlaethol Ffrainc). Mewn murlun arall yn yr eglwys – maent i gyd gan Rezabeck – ceir carw gwyn Broseliawnd ger ffynnon Barenton. Yn ôl traddodiad mae'r carw gwyn yn ymgorfforiad o Grist. Mae i'r carw gwyn arwyddocâd symbolaidd mewn chwedloniaeth Geltaidd – yn Llydaw a hen Geltiaeth y Cyfandir – ond wn i ddim amdano. Mewn murlun arall mae Morgane – mewn diwyg sy'n ddigywilydd ddatgelu ar y mwyaf o'i swynion benywaidd – yn gwylio codi'r Groes a Christ arni. Mae arddull y darluniau yn syml naïf, y lliwiau'n llachar ac yn annhebyg i'r hyn a welais mewn unrhyw eglwys yn Llydaw nac unlle arall. Mae gwraig ganol oed yn siarad am yr eglwys a dylanwadau'r Dadeni ar y lluniau ac mae Bernard yn gwylltio'n lân ac yn rhoi pregeth iddi am siarad lol. Mae'r ymwelwyr yn amlwg yn ystyried y ddadl yn ddiddorol ac yn tybio bod hyn oll yn ychwanegu at werth eu harian. Wedi i Bernard ymdawelu ychydig o'i dymer awn allan a sylwaf fod y sgwâr o flaen yr eglwys wedi'i henwi ar ôl y Tad Henri Gillard, felly mae'n amlwg bod gan drigolion yr ardal feddwl go uchel ohono. Dywed Bernard fod hynny'n hollol wir, er bod yr Eglwys Babyddol am ddatgysegru'r eglwys yn Trehorenteuc. 'Ond mae'r trigolion lleol yn ffyrnig yn erbyn hynny,' meddai Bernard. 'Mae'n hawdd deall eu rhesymau gan ei bod yn denu llawer o ymwelwyr – sy'n bwysig i economi ardal dlawd.'

Y mae'r diwydiant Arthuraidd yn amlwg yn fyw ac yn iach. Dywed Bernard bod yna ar ymyl y briffordd rhwng Rennes a Lorient gerflun diweddar enfawr o Caledfwlch â helm Arthuraidd, sy'n ymddangos fel petai'n harwr yn codi o'r pridd. Disgrifiodd Jean-Claude Even, hanesydd o Lannion, goedwig Broseliawnd fel 'la plus énorme tartuferie culturelle du XXe siecle'. Gan fy mod yn disgwyl bod pob darllenydd yn gyfarwydd â chomedi Molière – *Le Tartuffe* (Y Rhagrithiwr) – ni thybiaf bod angen cyfieithu'r disgrifiad. Ar ben hynny dywed Even fod coedwig Broseliawnd yn 'niweidiol i synnwyr cyffredin ac i hanes Llydaw'. Ddweda i ddim byd . . .

Cyn troi'n ôl – mor braf cael gŵr cyfarwydd wrth y llyw – mae Bernard yn mynd â ni drwy'r lonydd culion nes ein bod wrth ymyl castell Trecesson. Castell preifat, felly chawn ni ddim mynd iddo dim ond edmygu ei dyrrau cadarn a'i lun yn glir yn nŵr y llyn sydd rhyngom ag ef. Fe'i hadeiladwyd yn y bymthegfed ganrif o'r ithfaen cochliw leol, y cerrig wedi'u torri mor ofalus nes eu bod yn ymddangos o bell fel brics. Dywedir iddo gael ei godi ar safle castell hŷn, a phwy a wŷr na chlywyd ynddo ganu ac adrodd am gampau Arthur ganrifoedd yn ôl gan ddifyrwyr crwydrol? A ninnau'n edmygu ceinder y castell daeth bws a throi i mewn i'r un gilfan â ni ac allan ohono daw carfan o ymwelwyr – yr un rhai a'r un tywysydd ag a welsom ddeng munud cyn hynny yn yr eglwys yn Trehorenteuc. Awgrymaf ein bod wedi cael golwg dda ar y castell a chytuna Bernard. Does dim angen ffrae arall.

*   *   *

Dydd Sul ac rydym am adael i'r teulu ddilyn eu harfer wythnosol o fynd am ginio ar fferm rhieni Jacqueline. Ac awn ninnau am dro tua'r gogledd, i ymweld â rhai o fannau cyfarwydd i'r llenor a'r rhamantydd, y teithiwr a'r gwleidydd François-René Auguste de Chateaubriand. Mae Bernard wrth ei fodd fy mod am ddilyn trywydd Chateaubriand. Yn 1998 cofiwyd canmlwyddiant a hanner ers marw Chateaubriand – fe'i ganwyd yn St Malo ar Fedi 4, 1768, a bu farw ar Orffennaf 4, 1848. Bu ei ddylanwad ar lenyddiaeth Ffrainc yn fawr. 'Mae llenorion hyd heddiw yn dynwared ei arddull o sgrifennu,' meddai Bernard. Â rhagddo i adrodd stori newydd sbon wrthyf am Chateaubriand. 'Nid oedd yn ddyn dymunol,' meddai Bernard. 'Wedi priodi, ni bu'n byw gyda'i wraig am rai misoedd. Byddai'n mynd ar deithiau hebddi – aeth i Rufain ar ei ben ei hun, ac i America hefyd.

Doedd dim plant ganddynt. Tebyg iddo gael nifer o 'affaires' – mae ei *Mémoires d'Outre-Tombe* yn awgrymu hynny a cheir mwy nag awgrym iddo syrthio mewn cariad â merch o'r enw Charlotte Ives ac iddi hithau fod mewn cariad ag yntau – ond doedd dim sôn iddo gael plant gan un o'i gariadon 'chwaith. Ond eleni fe ddaeth Athro mewn prifysgol yn America i Baris a dweud ei fod ef yn ddisgynydd i Chateaubriand. Stori Bernard yw i Chateaubriand, yn ystod ei gyfnod tlawd

Y Chateaubriand ifanc.

yn Llundain yn y blynyddoedd wedi'r Chwyldro Ffrengig, ddod yn gyfeillgar gyda Gwyddeles, merch gyfoethog, ac iddi gael plentyn ganddo a'i enwi yn Patrick. Dywedir bod Chateaubriand wedi talu am addysg y bachgen a bod stori'r Athro o America yn cael ei chymryd o ddifrif a bod sôn am wneud profion DNA.

Beth bynnag, rydym am fwrw tua Combourg, Dol, St Malo a dychwelyd drwy Becherel. Nid yw'n daith fawr i'w chyflawni mewn diwrnod ond mae'n goelaid i sgrifennu amdani.

*   *   *

Gadael Rennes am y dydd a throi am y gogledd. Gan ei bod yn fore Sul, ychydig o drafnidiaeth sydd ar y ffordd tua St Malo. Mae Bernard wedi paratoi map bach ar ein cyfer. Dilyn y draffordd am St Malo am ugain munud a throi i'r dde, hyd ymyl coedwig Tanouarn – darn arall o'r hen goedwig gyn-oesol â orchuddiai ganol Llydaw – am Combourg. Castell Combourg, un o hen gaerau amddiffynnol dwyrain Llydaw. A'r castell a

Castell Combourg.

gofir tra pery'r iaith Ffrangeg, oherwydd ei gysylltiad a François-René de Chateaubriand.

Yr oedd Chateaubriand yn gymeriad lliwgar, cymhleth. Roedd ei oes yn pontio dwy ganrif, ei fywyd yn pontio dau gyfandir; ei anian yn danbaid ac yn dyner, swil a balch. Roedd yn Grediniwr ac yn amheuwr, yn geidwadol a rhyddfrydrig. A mwynhâi – os dyna'r gair – ystod eang o brofiadau. Gwelodd gwymp y Bastille, bu'n hela gyda Louis XVI yn Versailles, yn ciniawa gyda Washington, ymladdodd gyda'r Arglwyddi Ffrengig yn erbyn y Gweriniaethwyr a chysgodd mewn pebyll gydag Arabiaid a mewn wigwam gyda llwyth yr Huron. O ddyddiau ieuenctid hyd 1800 bu'n filwr ac yn deithiwr, rhwng 1800 ac 1814 ymroes i lenydda, ac wedi hynny i wleidydda. Llwgodd hyd lewyg tra oedd yn alltud yn Lloegr a darparodd wleddoedd ysblennydd tra oedd yn llysgennad Ffrainc mewn amryw wledydd Ewropeaidd. Fel llenor bu'n ddylanwad parhaol ar lenyddiaeth Ffrainc. Fel gwleidydd bu ganddo ran allweddol yn ail-orseddu'r Frenhiniaeth – ac yn ei dymchwel wedi hynny. Bu'n gyfrifol o'i ben a'i bastwn ei hun am ymyrraeth Ffrainc yn rhyfel cartref Sbaen i achub y Brenin Ferdinand VII rhag gwrthryfel Cortes, a hynny yn groes i ewyllys Prydain, ei Brif Weinidog a rhyddfrydwyr Ffrainc! Bu ganddo ran mewn cyfnod cynhyrfus yn hanes y byd a gadawodd gyfrol sy'n cofnodi ei fywyd a'i brofiadau – cofnod o anturiaethau dydd i ddydd ac argraffiadau un o'r llenorion mwyaf sensitif, cymhleth a huawdl a sgrifennodd mewn unrhyw iaith. Bu farw'n dlawd, yn gaeth i'r cryd cymalau, yn byw ar yr arian a gafodd yn rhagdaliad am ei atgofion. Y ddealltwriaeth oedd y byddai'r atgofion hynny'n cael eu cyhoeddi ar ôl ei farw – yn gyntaf yn benodau yn *La Presse*. Dechreuodd y *Mémoires d'outre-tombe* (Atgofion o'r tu hwnt i'r bedd) ymddangos rai misoedd wedi ei farw. Yng ngeiriau Baudelaire, mae'n gyfrol ac iddi lais 'rhannol fydol, rhannol arall-fydol'. Llais sy'n fynegiant o bersonoliaeth sydd weithiau'n eich gwylltio, weithiau'n eich cynhesu ato, ond byth, byth yn anniddorol.

Yr oedd yn rhamantydd a ymhyfrydai ym mhruddglwyf ieuenctid. Pan oedd yn alltud yn Suffolk yn 1793 syrthiodd mewn cariad â Charlotte Ives, merch offeiriad yn nhref Bungay, a hithau ag yntau. Ond yr oedd Chateaubriand eisoes yn briod a gyda'i galon ar dorri rhuthrodd yn ôl i Lundain ac, yn ôl bywgraffiad André Maurois, ailddarganfu ei Geltiaeth a phrofi 'sydynrwydd angheuol cariad' gan adlewyrchu chwedl Trystan ac Esyllt. Suddodd i bruddglwyf rhamantus – ond yr oedd balchder yn ei achub rhag anobaith. Cyfrannodd at y ddelwedd o Lydaw a'r Llydawyr fel pobl gyfrin ar goll yn niwl eu rhamantiaeth a'u hanes. Nid delwedd gywir mohoni ond fe'i hatgyfnerthir gan sgrifenwyr hyd heddiw. Yn ôl Maurois dywedodd Gwyddeles brydweddol wrth Chateaubriand ei 'fod yn gwisgo'i galon ar ei lawes'. Mam y mab tybiedig y cyfeiriais ato ynghynt?

Mae'n Fedi arnom ni'n ymweld â Combourg. Daeth Chateaubriand yma gyntaf yn 1784 ac yn y gwanwyn.

> 'Mae'r gwanwyn yn felysach yn Llydaw nag yng nghyffiniau Paris ac fe ddaw dair wythnos yn gynharach. Daw'r pum aderyn sy'n cyhoeddi ei ddyfod – y wennol, yr eurgeg, y gwcw, y sofliar a'r eos – gyda'r awelon sy'n llechu yn nghilfannau arfordir pentir Armorica [yr enw ddefnyddiai'r Rhufeiniaid am Lydaw]. Mae'r ddaear wedi'i gorchuddio gan lygaid y dydd, llysiau'r drindod, croeso'r gwanwyn, clychau'r gog, cennin Pedr, blodau'r menyn a blodau'r gwynt . . . Mae'r mannau agored dan orchudd rhedyn tal, gosgeiddig; y caeau eithin a banadl ar dân gan flodau fel ieir bach yr haf euraidd.'

Pan sgrifennodd Chateaubriand am ei ddyfod i Combourg cofiodd fel yr oedd cantrefi Fougères, Rennes, Bécherel, Dinan, St Malo a Dol wedi'u gorchuddio dan goedwig Broseliawnd. 'Heddiw,' meddai, 'dengys y wlad o hyd nodweddion ei hen gymeriad; gyda'i chloddiau o berthi uchel o gylch caeau bychain, mae'n parhau i ymddangos fel coedwig o bell.' Wrth gyfeirio trwyn y car tua Combourg mae'n argraff sy'n aros.

Rwy'n siŵr i mi weld hen ddarlun sy'n cyfleu'r syniad fod muriau castell Combourg yn codi'n syth o'r llyn. Nid yw felly yn awr a saif yr *Hotel du Lac* rhwng y llyn a'r castell.

Er hynny mae'n olygfa drawiadol, y muriau a dau dŵr gwarcheidiol yn rhybudd wrth i chi ddynesu at y dref. Mae'n Sul ac yn dawel – tebyg bod llawer o'r trigolion yn yr eglwys. Awn heibio i'r gofeb romantus sydd yng nghysgod y castell – cofeb o Chateaubriand het briodas yn ei law. Dilynwn yr arwyddion sy'n ein tywys i gefn y castell. Er gwaetha darlun Chateaubriand ohono, y tebyg yw bod bywyd yn ddigon digysur ynddo bryd hynny. Dros y canrifoedd bu gan deulu Chateaubriand le amlwg yn hanes Llydaw a Ffrainc. Y Chateaubriand cyntaf – dair cenhedlaeth ar hugain cyn François-René – oedd y barwn Brien, un o bendefigion Llydaw. Yn 1066 yr oedd Brien wrth ochr Gwilym Goncwerwr ym mrwydr Hastings. Wedi hynny adeiladodd gastell ar lan afon Chère, mewn safle i warchod y dyffryn rhwng Llydaw ac Anjou, sy'n ddaearyddol hanner ffordd rhwng Rennes a Nantes ond i'r dwyrain o'r ffordd chwim sy'n cysylltu'r ddwy ddinas heddiw. Enwyd y castell yn Chateaubriant (castell Brien), a daeth yn enw a phencadlys y teulu am ganrifoedd ac yn enw tref sylweddol. Oherwydd gwroldeb un o'r disgynyddion yn Rhyfeloedd y Groes newidiwyd arwyddair y teulu i 'Mon sang teinct la banniere de France' (Fy ngwaed sy'n staenio baner Ffrainc). Ond yn raddol – er i linach y teulu briodi aelodau o deuluoedd brenhinol Ffrainc, Lloegr, Aragon a Chiprys – diflannodd eu cyfoeth a'u safle. Y rheswm oedd y gyfraith a roddai i'r mab hynaf hawl i ddau draean o'r etifeddiaeth tra rhennid y gweddill yn gyfartal rhwng y meibion iau. Fel llawer o deuluoedd bonheddig Llydaw, roedd y teitlau'n niferus a'r cyfoeth yn brin. Suddodd llawer nes cyrraedd cyrn yr aradr a diflannodd eraill o fewn y dosbarth gweithiol.

Ceisiodd ei dad, René-Auguste de Chauteaubriand, ailgodi enw'r teulu. Ymunodd â'r llynges yn St Malo a'i brofiad cyntaf oedd hwylio i Danzig, oedd dan warchae'r Rwsiaid, i ymladd mewn brwydr enwog. Dychwelodd, wedi'i glwyfo ddwywaith, ac yn ôl *Mémoires* ei fab, cafodd waith ar long arall. Y tro hwn bu mewn llongddryiliad ger Sbaen, ymosodwyd arno gan ladron yn Galego a'i ysbeilio o'i holl eiddo. Llwyddodd i gael gwaith ar long arall a dychwelodd i Ffrainc. Wedyn aeth i India'r Gorllewin a chynilo digon o arian i gychwyn busnes llongau yn St Malo. Ychwanegodd at ei ffortiwn drwy gludo caethweision o Affrica i'w gwerthu ar ynysoedd Ffrengig y Caribî – masnach gymharol ddiogel, a ystyrid yn barchus ac a gymeradwyid ac a gefnogid gan y Brenin. Mae cofnod iddo, tra roedd yn gapten yr *Apollo* – yr oedd yn 28 oed ar y pryd – gludo 414 o gaethweision ac ni fu ond 16 ohonynt farw ar y daith. Ystyrid hynny yn llwyddiant arbennig gan y byddai rhwng 5 a 30 y cant o'r caethweision fel arfer yn marw ar y daith. Bryd hynny roedd St Malo hefyd yn ei hanterth fel nythle'r *corsaires* (môr-ladron a gâi gefnogaeth ac anogaeth y llywodraeth) a rhwng hynny a chaethweisiaeth llwyddodd René-Auguste i grynhoi ffortiwn dda. Gwariodd dros ei hanner yn prynu'r castell yn 1761 mewn cais i ddyrchafu'r teulu i'w hen ysblander. Combour oedd yr enw gwreiddiol – cyfuniad o comb, o'r un gair â cwm, ac *ora* o'r un tarddiad â goror – cwm ar y goror. 'Coedydd Combourg a'm gwnaeth yr hyn ydwyf', meddai Chateaubriand. O unigrwydd oer y castell a dirgelion y coedwigoedd o amgylch y ffrydiodd y rhamantiaeth pruddglwyfus a nodweddai gymaint o'i lenyddiaeth.

Yr oedd Chateaubriand – y tad a'r mab – yn tybio i gastell Combourg fod yn eiddo i'r teulu yn y gorffennol. Nid oedd hyn yn hollol wir: bu'n eiddo i berthnasau drwy briodas ond heb fod ar unrhyw adeg yn nwylo yr un o gyndeidiau ochr wrywaidd Chateaubriand. Hyd yn oed yn nyddiau plentyndod Chateaubriand nid oedd fawr o gysur ynddo, yn arbennig yn y gaeaf. Erbyn 1847 yr oedd Gustave Flaubert yn disgrifio'i gyflwr fel truenus. Fe'i meddiannwyd yn 1794 ym mlynyddoedd y Chwyldro a'i ddychwelyd i'r teulu ddwy flynedd yn ddiweddarach. Yn ystod y ddwy flynedd honno cafodd ei ysbeilio i'r fath raddau fel nad oedd modd byw ynddo. Parhaodd felly am 80 mlynedd hyd ddychweliad Geoffroy de Chateaubriand, wyr i Jean-Baptiste, brawd hynaf François-René, a'i adnewyddu yn 1875. Erys y castell yn eiddo i ddisgynyddion Jean-Baptiste.

I fynd tua'r castell awn i'r cefn, drwy'r siop oedd gynt yn stablau, a thrwy'r coed – coed fel ag yr oeddynt yn nyddiau Chateaubriand? Mae cynifer o fechgyn a merched yn rhedeg o gwmpas y maes eang nes 'mod i'n amau bod yma ras draws-gwlad. Ond ymarfer maen nhw. Mae pobl y cyfandir mor egnïol. Cerddwn tua'r grisiau llydan. Er mor debyg y tyrau o bell mae'n hawdd gweld pa rai gafodd eu hailadeiladu gan fod ar yr hen furiau fwy o fwsogl ac mae cerrig y darnau a adnewyddwyd yn unffurf. Yn anffodus rydym wedi cyrraedd yn llawer rhy gynnar ac nid yw'r castell ar agor i'r cyhoedd tan ddau y prynhawn. Rhaid bodloni ar grwydro'r tu allan ac edmygu'r golygfeydd. I'r dde o'r grisiau, gan sefyll a'n cefnau at y castell, mae ychydig goed. Drwy'r goedlan hon y daeth Chateaubriand am y tro cyntaf, ar Fai 14, 1777, 'y dydd cyntaf o hapusrwydd yn fy mywyd'. O'n blaenau, ychydig i'r chwith mae coedlan fwy ac er bod angen torri'r borfa, a'r gwlith heb godi, a minnau yn fy sandalau, rwy'n teimlo rheidrwydd i gerdded draw atynt. Coedlan o dderw, ffawydd, llwyf, coed sycamor, a chastan. Ai dyma'r goedlan a ganmolwyd am ei chysgod gan Madame Sévigné bron ganrif a hanner cyn dyddiau Chateaubriand? Ac y dywedodd yntau na wnaeth y blynyddoedd ond ychwanegu at eu harddwch? Tebyg mai e.

I'r deau mae'r olygfa'n dra gwahanol. Y dref, y llyn, coedwigoedd Tanouarn a Bourgouet yn rhan o stad Combourg cyn dyddiau'r Chwyldro, y pentrefi bychain gyda thyrau pigfain yr eglwysi a llechi'r maenordai'n fflachio yn yr haul. I'r de-orllewin yn glir yn yr haul mae Bécherel. Cyn nos gobeithiwn ymweld â'r dref fach hon. Yn nhŵr de-orllewinol y castell, a elwid y *Tour du Chat*, y cysgai François-René – neu geisio cysgu, gan ei fod yn arswydo rhag ysbryd un o gyn-ieirll Cambourg a grwydrai'r tŵr gyda'i gath ddu. Yr oedd gan yr iarll goes bren ac ar adegau dywedir bod y goes bren yn crwydro'r tŵr yng nghwmni'r gath – heb yr iarll! Mae'r stafell fwyta mor fawr fel y byddai ei dad, yn ôl Chateaubriand, yn cerdded yn ôl a blaen ynddi wedi swper ac, yn y gaeaf, gan mor bŵl y golau, byddai'n diflannu yn y tywyllwch.

'Combourg . . . y bobl mor wyllt â'r wlad, eu tref yn un o'r mwyaf anifeilaidd a bawlyd y gellid ei gweld yn unlle,' meddai'r Sais Arthur Young yn ei *Travels in France* pan ymwelodd â'r dref yn 1788. 'Tai o laid, dim ffenestri, a'r palmant mor friwedig nes bod yn rhwystr i deithwyr – ac eto wele gastell, a rhywun yn byw ynddo; pwy yw'r Monsieur de Chateaubriant yma, y perchennog sy'n ddigon dewr i drigo mewn lle ac ynddo'r fath fudreddi a thlodi?' (Yr oedd cyflwr y ffordd yn Combourg yn un o broblemau dyddiol Monsieur Chateaubriand.) Wrth syllu oddi yma ar y wlad o'i gwmpas pa atgasedd gwrthun oedd yn cyniwair ym mynwes yr hen fasnachwr caethweision tuag at y werin yn eu tlodi a'u trueni islaw? A pha gasineb a goleddent hwythau tuag ato yntau yn niogelwch ei gastell?

Wedi oedi am ychydig mewn siop hen bethau – a Gwen am unwaith yn ymatal rhag prynu dim – cyfeiriwn tua Dol-de-Bretagne.

* * *

Pwt o daith sy'n fy atgoffa o deithiau eraill megis drwy Normandi ac ar hyd gwaelodion dyffryn Loire. Caeau India corn, perllannoedd, pentrefi bychain a chaffis croesawus. Cyn cyrraedd Dol, gwelaf arwydd *Menhir de Champ-Dolent* – maen hir maes y dolur. Dywed traddodiad y bu brwydr enbyd yma rywbryd yn y chweched ganrif a llifodd cymaint o waed nes troi olwyn melin ddŵr a fu'n segur ers wythnosau oherwydd y sychder anarferol! Rhaid troi oddi ar y briffordd i edmygu'r garreg – tua deng troedfedd ar hugain o uchder. Ymlaen i ganol y dref. Yma eto mae'n dawel ond rhaid oedi ennyd i gael golwg ar yr Eglwys Gadeiriol. Ar un adeg hwn oedd yr adeilad Gothig mwyaf yn Llydaw. Oherwydd y brwydrau ar y gororau hyn bu raid wrth adnewyddu ac ailadeiladu cyson dros y canrifoedd. Mae'r gangell yn 300 troedfedd o hyd a'i huchder yn syfrdan. Wn i ddim beth fyddai'r effaith o fynd i fyny yna ac edrych tuag i lawr! Pa fath o bobl fu wrthi'n adeiladu'r eglwysi a'r cadeirlannau hyn? Mae'r adeilad yn fwy trawiadol o'r tu mewn nag o'r tu allan ac mae'r ffenestr ddwyreiniol a luniwyd yn y drydedd ganrif ar ddeg yn ysblennydd.

I ni Gymry, mae'r Eglwys hon o ddiddordeb arbennig gan mai Sant Samson, ail i Illtud ym mri clerigwyr Llanilltud Fawr, oedd sylfaenydd yr achos. Daeth Samson i Lydaw tua 548 gan sefydlu mynachlog yn Dol, adeilad o bren a dyfodd yn adeilad o garreg ac a ddaeth yn un o ogoniannau pensaernïol Llydaw. Oherwydd ei safle – nid yw ond deuddeng milltir o'r ffin â Normandi – profodd Dol sawl cyrch a gwarchae. Yn 1164 llwyddodd Harri'r Ail (Lloegr) i oresgyn y dref. Yn 1203 cafodd John, un arall o frenhinoedd Lloegr, loches yn y dref ac yn dâl am y croeso a'r lletygarwch llosgodd gadeirlan Samson. Rhai anniolchgar fu'r Saeson erioed. Y mynych ymosodiadau a'r ailadeiladu sy'n gyfrifol am y gwahanol arddulliau pensaernïol sy'n fwy amlwg y tu allan nag ar y tu mewn lle mae'r dylanwadau Normanaidd gliriaf.

Yn Dol, hanner ffordd rhwng St Malo a Combourg, y cafodd Chateaubriand ei addysg gynnar. Fe'i hanfonwyd yno bythefnos wedi iddo ef, ei fam a'i chwiorydd symud i Combourg at eu tad. Aeth yno'n ddagreuol ond ymgartrefodd yn hawdd a mwynhau cyfnod hapus yn yr ysgol. Offeiriaid ieuanc, hynaws a diwylliedig oedd ei athrawon ac yr oedd y prifathro ei hun, yr Abad Joseph Portier, ond 38 oed, ac yn ŵr unplyg, dysgedig. Saif y coleg, a adeiladwyd rhwng 1728 a 1737 yng nghae Saint-Jacques, y tu allan i furiau deheuol y dref ar y ffordd i Rennes. Profodd François-René fod ganddo gof da a meddwl clir, dadansoddol, a dysgai'n gyflym. Yr oedd disgyblaeth yn fwy o broblem. Un prynhawn ym Mai 1780, yn ôl yr arfer, aed â'r bechgyn am dro i weirglodd ar lan afon Guioult, hanner milltir o'r ysgol ar ffordd Dinan. Wedi rhoi rhybudd iddynt i beidio dringo'r coed ymneilltuodd yr athro i wneud ychydig o waith. Ar unwaith cychwynnodd François-René ddringo coeden uchel lle'r oedd nyth pioden. Ysbeiliodd y nyth a cheisio dringo i lawr heb dorri'r wyau. Roedd o hyd ryw hanner can troedfedd o'r ddaear pan aeth yn sownd yn y canghennau – y funud honno dychwelodd yr athro. Bu helynt ofnadwy a gwrthododd François-René dderbyn y gosb ond ar ôl ymbil yn daer – mewn Lladin – cafodd faddeuant! Bu ei wybodaeth o'r Lladin yn achos penbleth dro arall. Yr oedd wedi ffoli ar *Aeneid* Virgil ac un dydd cyfieithodd ymbiliad Lucretius i Fenws gyda'r fath angerdd nes y cipiodd yr athro y llyfr o'i ddwylo, newid pwnc y wers a throi i astudio berfau Groeg. Ymdeimlai â phrydferthwch y tu hwnt i freuddwydion ei athrawon yng ngweithiau'r hen feirdd clasurol. Dro arall, yn ei stafell wely yn y *Tour du Chat* yn Combourg fe'i cynhyrfwyd gan linellau Tibullus:

'Quam juvat inmites ventos audire cubantem
Et dominam tenero detinuisse sinu'

(Mor felys yn fy ngwely wrando bloedd y gwynt / A gwasgu f'anwylyd yn dyner yn fy mreichiau.) Fe'i cynhyrfwyd ymhellach gan bregethau adeiladol Jean-Baptiste Massillon yn *Carème* – roedd rhyddid i ddarllen y rhain – ar bwnc pechod ac edifeirwch. I François-René roedd hyfrydwch edifeirwch felysed â phechodau'r cnawd. Ac i brofi edifeirwch onid oes raid pechu yn gyntaf?

Weithiau byddai'r athrawon yn mynd â'r bechgyn i ben Mont Dol, filltir neu ddwy i'r gogledd o'r dref. Un adeg yr oedd y bryn, nad yw ond 330 troedfedd o uchder, yn ynys a gan fod ffynnon ithfaen ar ochr orllewinol y graig nid yw'n syndod i'r Mont gael ei ystyried yn gyrchfan amryw grefyddau. Credir i'r Derwyddon a chrefyddwyr cyn-hanes gynnal eu seremonïau yma a darganfuwyd esgyrn anifeiliaid sydd wedi hen ddiflannu o gyfandir Ewrop ymysg hen arfau cerrig. Cododd y Rhufeiniaid deml yma, i'r dduwies Diana efallai ond yn fwy tebygol mai teml Mithras – crefydd ddwyreiniol boblogaidd ymysg y milwyr Rhufeinig yn y drydedd ganrif O.C. – ydoedd. Adeiladodd ac ailadeiladodd y Cristnogion gapel i'r Forwyn Fair yma. Ar yr ochr ddwyreiniol fe welwch rywbeth sy'n debyg i ôl troed yn y graig – ôl troed yr Archangel Mihangel pan sboniodd oddi yma i ben Mont St Michel wrth erlid y Diafol oedd yn ceisio ffoi o'i afael. Un a garai'r entrychion oedd Mihangel, ac yntau'n goncwerwr y Diafol, y mwyaf grymus o greadigaethau Duw ac yn nawddsant Ffrainc yn yr oesoedd pan oedd paganiaeth o hyd yn berygl. O ben Mont Dol gwelir Mont St Michel tua deuddeng milltir i'r gogledd-ddwyrain fel pe bai wrth angor allan yn y môr a Mihangel a'i eglwys yn goron arni. Saif y mymryn lleiaf y tu hwnt i ffiniau Llydaw, er nad yw'r Llydawyr yn hoffi cydnabod hynny. Y mae, wedi'r cwbl, yn un o ryfeddodau pensaernïol Ewrop.

Yn ogystal â'r bensaernïaeth a'r chwedlau a dyfodd o gwmpas Mont St Michel yr oedd barddoniaeth a chân, o'r dyddiau cynnar, yn rhan o ramant y lle. Canodd William, mynach ifanc o Saint-Pair, pentref yn Normandi i'r deau o Granville, gân yn disgrifio pererindod i Mont St Michel yng nghyfnod yr Abad Robert de Torigny a oedd yn teyrnasu yno rhwng 1154 a 1186. Ceir cyfeiriad – dim ond arddeisyfiad, ond y mae yno – at Sant Mihangel ym 'Mherygl y Môr' yn *La Chanson de Roland* (Cân Rolant), un o gerddi Ffrangeg enwocaf yr Oesoedd Canol. Wrth fyfyrio ar y rhyfeddodau hyn o ben bryn Dol, a allai François-René fod amgen na rhamantydd?

Pan adawodd y Chwyldro Ffrengig Ffrainc yn ymbalfalu ar groesffordd ei dyfodol, cynigiai Chateaubriand ei waredigaeth ei hun – drwy apelio at ddyfnder isymwybod, at ffydd a gobaith, teimlad ac emosiwn. Os oedd ei athroniaeth yn ansicr ac anghyson fe'i gorchuddiodd yng nghyfoeth tapestri ei ryddiaith. Roedd y bobl wedi blino ar yr athronwyr, yr oedd gwrthryfel disglair Voltairaidd wedi dirywio'n rhigol ystrydebol; rhywbeth i'r gwan o allu ymenyddol a chyfyng eu heneidiau oedd Cristnogaeth. Yr oedd Ffrainc wedi blino ar resymu a syniadau, yr oedd am deimlo, am ymddiried... Pan dorrodd rhaeadr geiriau Chateaubriand ar wlad gyfarwydd ag oerni sgleiniog mynegiant ac amheuon sinigaidd yr hen draddodiadau clasurol, bwriwyd rheswm i'r gwynt. Cai athroniaeth a diwinyddiaeth fynd i'w crogi. Swynwyd pawb gan odidogrwydd geiriol Chateaubriand. Eto, yn ei olwg ef, y ddolen gyswllt rhwng y rhai fu'n hau a'r rhai fyddai'n medi oedd ei genhedlaeth ef – cenhedlaeth yn y canol, cenhedlaeth ddi-nod, ddibwys. Cenhedlaeth i'w hanghofio. Nid dyna'i dynged ef a pharhaodd ei ddylanwad ar lenyddiaeth Ffrainc hyd heddiw.

* * *

Rhwng Mont Dol a'r môr mae'r corsydd, *Le Marais*, tir wedi ei adfer o'r dyfroedd lle mae blas halen ar borfa'r gweirgloddiau – ac ar gig yr ŵyn fu'n ei bori. Er ei bod yn brynhawn Sul mae'r ffordd tua St Malo yn brysur ac nid wyf mor gyfarwydd a'r ffordd tua'r porthladd â'r hen dref gaerog. Ni chofiaf fod yma ond ym misoedd y gaeaf. Mae St Malo yn dipyn mwy o faint na Roscoff ac mae'n llawer gwell gennyf yrru i Plymouth na Portsmouth am gwch i Lydaw. Felly yn y tymor gwyliau defnyddiaf y fferi o Plymouth i Roscoff a thaith yn y gaeaf pan fydd angen mynd i Lydaw ar waith neu fusnes yw'r un i St Malo. Mae'n iawn pan nad oes angen bod yn effro i arwyddion a dim cerbydau gorffwyll i darfu arnoch. Ond rwy'n adnabod fy ffordd yn ddigon da i yrru'n syth am yr hen dref gyda'i muriau gwarcheidiol, drwy'r porth, troi i'r dde ac ymlaen nes ein bod y tu cefn i westy Chateaubriand. Gwn yn iawn bod maes parcio yno ac o brofiad gwn ei bod yn bosib cael lle ynddo. Ni wyr y mwyafrif o ymwelwyr amdano ac mae'n well ganddynt barcio y tu allan i'r muriau na mentro'r strydoedd culion llawn twristiaid. Unwaith eto rwy'n ffodus ac mae dau neu dri o lefydd gwag.

Braf fuasai pryd yn un o'r tai bwyta ond gydag amser yn brin bodlonwn ar frechdan sydyn a mynd i grwydro'r dref. Eto ni ellir anwybyddu yr hen Chateaubriand. Oherwydd mewn tŷ sydd bellach yn rhan o'r gwesty y ganed ef. Treuliais noson yma un tro – taith waith, nid taith wyliau, a manteisiais ar y cyfle er mwyn i mi gael ymffrostio i mi fod yno. Cofiaf ei fod yn lle drud a bod y pryd nos yn ddrud a bod fy ystafell yn foethus a'r system wres canolog yn hynafol a swnllyd. Ac er 'mod i wedi clywed bod modd llogi'r stafell lle ganed François-René, ches i ddim

cynnig ac yr oedd gen i ormod o ofn gofyn oherwydd roedd y pris eisoes bron â rhoi haint i mi. A beth bynnag rwy'n amheus o'r stori. Gwnaed llawer o ddinistr i Saint Malo gan yr Americanwyr yn 1944 ac er i ganol y dref gaerog gael ei hailadeiladu bron fel ag yr oedd ni wn a ellir bod yn bendant ynglyn â pha stafell y ganed y gŵr enwog.

Mae ychydig o arogl carffosiaeth yn y maes parcio – tybed a yw'n dod o'r gwesty moethus? Rhof y gorau i feddyliau mor annheilwng a dringo'r grisiau i gerdded o gwmpas y muriau. Nid yw'n fawr o daith i fynd o'u cwmpas i gyd ac mae amryw fannau cyfleus i fynd oddi arnynt i'r dref neu i'r traeth. Rwy'n gweld cadwyn fawr, fel cadwyn angor, un o'r rheini â darn o haearn ar draws pob dolen sydd, am ryw reswm, yn ei chryfhau. Sylwais ar un debyg pan oeddwn yn Pontaven yn gynharach. Diddorol, oherwydd i'r math yma o gadwyn gael ei dyfeisio gan gwmni Brown-Lenox ym Mhontypridd. Wn i ddim pam fod y darn haearn yn ychwanegu at gryfder y gadwyn, ond mae'n wir, a gan i Brown-Lenox roi patent ar y cynllun, y tebyg yw i'r gadwyn, fel finnau, ddod o dref ein hanthem genedlaethol – ac anthem genedlaethol Llydaw. Sylwaf ar *Galerie Gwen et Dodik*. Bûm yno un tro i gyfarfod a gynhaliwyd yn y stafell uwchben yr oriel. Mae Dodik Jegou yn enedigol o fro'r *Bigoudenn* ac yn artist mewn llestr a chrochenwaith (ceramics). Mae'n medru Llydaweg a bu'n amlwg ym mywyd diwylliannol St Malo am dros ddeugain mlynedd. Yn ogystal â'r oriel sefydlodd ganolfan gydwladol i feirdd a llenorion. Er mai dyna enw'r ganolfan mae'n agored i ddramodwyr, cerddorion ac artistiaid o Lydaw a'r byd.

Mae amgueddfa St Malo yn lle aml-lawr sy'n cynnwys pob math o wybodaeth – am yr hen sant ei hun a ddaeth, mae'n debyg, o Went er bod eraill yn mynnu iddo ddod o Iwerddon – ac am draddodiad morwrol y dref, ac amryw o agweddau eraill. A cheir llun enfawr o Chateaubriand. Mae'r amgueddfa ar gynllun tebyg i un Ynysfach, Merthyr, ond yn fwy o faint. Wedyn, oddi ar y llwybr o gwmpas y muriau, mae amgueddfa Québec ac yng nghanol y sgwâr o flaen yr amgueddfa mae cofgolofn Robert Surcouf yn rhythu'n fygythiol tua'r môr ac yn annog ei wŷr i frwydr.

Mae hanes St Malo ynghlwm â'r môr. Am dair canrif, gan gychwyn gyda Jacques Cartier yn nechrau'r ail ganrif ar bymtheg hyd Surcouf yn y bedwaredd ganrif ar bymtheg, mae'n stori o fentro ac antur, o frwydro a môr-ladron. Mae gwŷr y parthau hyn yn forwyr wrth reddf. Dywedir i Jehan Coetanlem o Morlaix (Montroulez) gyrraedd gogledd America o flaen Columbus. Beth bynnag am hynny gwŷr St Malo oedd yr ymwelwyr cyntaf ag arfordir Newfoundland ac yn eu llwybrau hwy aeth Jacques Cartier i fyny'r St Lawrence yn 1534 bron cyn belled â'r fan lle heddiw y saif Québec a rhoi seiliau ymerodraeth Ffrainc ar y cyfandir newydd. Dychwelodd y flwyddyn wedyn a hwylio i fyny cyn belled â'r fan lle saif Montreal. Yno y gwelodd am y tro cyntaf ddynion yn smygu.

'Mae gan yr Indiaid lysieuyn arbennig y byddant yn ei gynaeafu bob haf ar ôl ei sychu yn yr haul. Dynion yn unig sy'n ei ddefnyddio. Byddant yn cario ychydig ohono mewn bag bychan wedi'i glymu o gylch eu gyddfau, ac yn yr un bag mae ganddynt, hefyd, ddarn o garreg neu bren wedi'i cafnu, nid yn annhebyg i chwisl. I ddefnyddio'r chwyn yma byddant yn ei freuo, rhoi un pen yn y bibell, ei danio â cholsyn byw, anadlu'r mwg a llenwi eu cyrff ag ef nes ei fod yn dianc o'u cegau a'u trwynau fel pe bai o simnau.'

Gwnaeth Carlier gamgymeriad pan herwgipiodd ddeg o benaethiaid yr Indiaid Cochion a dod â nhw'n ôl gydag ef i Ffrainc. Pan aeth yno am y trydydd tro canfu fod y brodorion yn ddig a bygythiol a bu raid iddo hwylio am adref ar frys. Er hynny cafodd ei anrhydeddu gan frenin Ffrainc ac ymddeolodd yn barchus i faenor Portes-Cartier ger pentref St Vincent rhwng Rotheneuf a St Coulomb. Bellach mae'n gartref y *Musée Manoir de Jacques Cartier* – enghraifft anarferol o dŷ y cyfnod a darlun o fywyd un o anturiaethwyr mawr yn unfed ganrif ar bymtheg.

Yr enwocaf a'r mwyaf mentrus o forladron niferus St Malo oedd René Duguay-Trouin – ef a Jean Bart oedd yr enwocaf a mwyaf llwyddiannus o *corsaires* Ffrainc. Fe'i ganed yn 1672 mewn tŷ uchel wrth y fynedfa i *Rue Jean-de-Chatillon* – yr oedd ei dad yn ŵr cyfoethog ac yn berchen llongau. Daeth yn enwog cyn cyrraedd ei ugain oed ac yn gapten un o longau ei dad. Yr adeg honno yr oedd llynges Lloegr yn drech na llynges Ffrainc ond gwnaed iawn am y diffyg gan y môr-ladron, yn arbennig Duguay-Trouin a Jean Bart. Er bod Lloegr yn honni ei bod yn rheoli'r moroedd yr oedd Bart yn gwneud fel y mynnai yn mynd a dod drwy borthladd Dunkirk a Duguay-Trouin yr un modd yn St Malo. O fewn ychydig flynyddoedd yr oedd y môr-ladron hyn wedi ysbeilio neu suddo 1,500 o longau Lloegr a'r Iseldiroedd. Yr oedd y sefyllfa wedi mynd cynddrwg nes i lynges Lloegr ymosod ar St Malo yn Nhachwedd 1693. Am bedwar diwrnod bu holl rym morwrol Lloegr allan yn y bae yn tanio'n ddibaid tuag at y ddinas gadarn. A dim yn tycio. Un o ystrywiau'r Saeson – a fu'n llwyddiannus mewn cyrchoedd eraill – oedd llenwi hen long yn llawn ffrwydron a haearn sgrap a'i hwylio'n syth at borthladd St Malo. Yn anffodus i'r Saeson fe droes y gwynt ac aeth y llong ffrwydron ar graig a elwir y Gros-Malo. Ac yno y ffrwydrodd gydag ergyd a falodd bob ffenestr am filltiroedd. Disgynnodd dau ganon o'r awyr ar ben tas wair. Ond ni wnaed niwed i'r dref a chiliodd y Saeson a'u cribau wedi'u torri. Cafwyd cyrch arall yn 1695 a methiant fu hwnnw hefyd. Ofer pob cyrch ac ymosodiad ar St Malo y dyddiau hynny. Pan anrhydeddodd Louis XIV ef yn 1709 yr oedd Duguay-Trouin wedi meddiannu mwy na 200 o longau rhyfel a 300 o longau masnach. Does ryfedd fod y Saeson mor awyddus i ddifetha nythle'r môr-ladron yn St Malo. Enwocach fyth oedd cyrch Duguay-Trouin ar borthladd Rio de Janeiro. Gyda 17 o longau o St Malo a 7,000 o filwyr ymosodwyd yn llwyddiannus ar brifddinas Brazil. Yn anffodus i'r Llydawr, cododd storm enbyd pan oedd ar ei ffordd adref, a suddodd hanner ei fflyd a llawer o'r ysbail a'r trysorau gyda nhw.

Roedd Robert Surcouf (1773-1827) yn perthyn ar ochr ei fam i deulu Duguay-Trouin ac yn olyniaeth deilwng – os dyna'r gair addas – i'r llinach. Yr oedd ei dad am iddo ddilyn galwedigaeth barchus ond rhedodd i ffwrdd o'r coleg ac i'r môr. Dychwelodd o'i fordaith gyntaf yn llfftenant. Dwy ar bymtheg oed oedd e! Treuliodd dair blynedd yn y fasnach gaethweision yna yn 1794 dechreuodd ysbeilio llongau Lloegr. Hwyliodd tuag India mewn llong fach o'r enw *Emilie*, gyda chriw o 30 a phedwar canon. Ar ei gyrch cyntaf meddiannodd bum llong fasnach o Loegr ac un llong ryfel, y *Triton*, oedd yn cario 26 o ynnau a chriw o 150. Yr oedd yr *East India Company* yn gandryll. Ar ben hynny yr oedd y cwmnïau yswiriant yn gwrthod yswirio llongau'r cwmni ym Môr India. Cynigiodd y cwmni wobr o £10,000 am ei ddal. Ymateb Surcouf oedd cipio'r llong ryfel *Kent* ac arni 400 o ddynion a 38 o ynnau. 'Pan fyddai'n paratoi i ymosod,' meddai un o'i ddynion, 'yr oedd fel llew. Yr oedd gwreichion yn tasgu o'i ffroenau!'

Yn 1816 ac yntau wedi ymddeol, byddai'n mynd yn ddyddiol am wydr'aid a smôc a gêm o biliards gyda'i ffrindiau yng nghaffi Joseph yn y *Place Duguay-Trouin*. Un diwrnod daeth dwsin o filwyr Prwsaidd ffroenuchel i mewn. Gwthiodd un ohonynt yn erbyn Surcouf a chwyrnodd yr hen fôr-leidr a bygwth eu setlo nhw bob un. Aeth yn ffrwgwd a heriodd Surcouf y cwbl i ymladdfa. Roedd y môr ar drai ac aethant i gefn y gaer frenhinol, yr adeilad sgwâr yr olwg â baner Ffrainc yn cyhwfan uwch ei ben ac a welir ar graig fymryn i'r dde o'r man lle safaf yn awr, dan gysgod cofgolofn yr hen arwr. Fel cyllell boeth drwy fenyn torrodd cleddyf Surcouf drwy arddwrn y cyntaf, a'r un modd yr ail a'r trydydd. Cludwyd y pedwerydd ymaith gyda'i berfedd yn y golwg, ac felly nes cyrraedd yr olaf. 'Wnawn ni ei gadael hi fan'na, Monsieur?' meddai Surcouf wrth hwnnw, 'Gwell i un ohonoch fynd adref i adrodd wrth eich cyd-wladwyr fel y mae un o hen filwyr Napoleon yn ymladd!' Fel y dywedodd Voltaire, rhai gwyllt a phenboeth yw dynion St Malo!

Y *Grand Bé*, lle mae beddrod Chateaubriand.

I'r chwith o'r gaer lle bu Surcouf yn gornesta mae y *Grande Bé* (y bedd mawr, mi gredaf), craig enwog am mai arni y mae bedd Chateaubriand. Buaswn wedi hoffi cerdded allan dros y tywod am na fedraf weld y bedd na'r Groes syml sydd uwch ei ben o'r fan hon. Ond mae'r llanw'n rhy uchel felly waeth i mi heb. Mae amryw yn cerdded o gwmpas y gaer frenhinol ond does neb ar graig y *Grande Bé*. Sylwaf fod un neu ddau yn cychwyn yn ofalus tua'r graig, hyd eu pennau-gliniau yn y dŵr. Mae'n gynnes yma ar furiau'r dref ond mae'r awyr yn ddu allan dros y môr a does gen i ddim awydd aros yn rhy hir a hwyrach gael fy nal gan y glaw. Ac mae stormydd St Malo, fel ei dynion, yn medru bod yn ddigon garw. Yma yn Nhachwedd 1905 y suddodd yr *Hilda* a boddi 78 Sioni Winwns ar eu ffordd adref o Southampton.

Yr oedd y *Grande Bé* yn annwyl yng ngolwg Chateaubriand. Yma y mynnodd ei gladdu, a bron na chafodd ei eni yma hefyd. Bu haf 1768 yn stormus, difethwyd y cnydau ym mhob cornel o Lydaw ond ar y Sul, Medi 4, bu saib yn y dymestl, digon i ddenu ei fam Apolline a chriw o ffrindiau mewn cwch rhwyfo allan i'r bae. Tra roedden nhw ar y môr dechreuodd gewyr esgor Apolline a glaniwyd ar y *Grande Bé* iddi gael ennyd o orffwys. Aeth y pwl o wewyr heibio a rhwyfwyd yn ôl i'r dref. Rhuthrwyd hi i dŷ cyfeilles yn y *Rue des Juifs* ac yno, mewn stafell a'i ffenestr yn tremio ar y môr dros furiau gwarcheidiol y dref, y ganed ef. Neu dyna ddywedodd François-René, er mai prin ei fod yn dyst dibynadwy i'r digwyddiad. Ond os oedd yn gywir yn ei ddisgrifiad o'r stafell lle'i ganwyd yna yr oedd yn bosib gweld drwy'r ffenestr y fan lle dewisodd orffwys oes dda o flynyddoedd yn ddiweddarach. Dychwelodd y dymestl ac yn ôl y llenor rhamantus, y gwynt a'r glaw ar y ffenestr a suodd iddo'i hwiangerddi cyntaf.

Y mae St Malo yn ymorchesti mai yma y ganed Chateaubriand. Ond mae gan leoedd eraill hawl arno. Deuai teulu ei fam yn uwch i fyny dyffryn Rance – dyffryn a foddwyd ddechrau'r pumdegau i greu trydan. Mae'r argae bellach yn ffordd hwylus sy'n cysylltu St Malo â thref Dinard (Dinarz yn Llydaweg). Gyda'r gaeaf yn nesáu, ac Apolline yn mwynhau cymdeithasu yn ogystal â bod ganddi bedair o ferched a mab hŷn i ofalu amdanynt, anfonwyd François-René at ei fam-gu, Benigné de-Bedée yn nhref fechan Plancoet, ger Dinan. Tref farchnad ger afon Arguenon (*Ar gwenn avon*, Y wen afon) a phorthladd bach lle medrai llongau bach fynd a dod ar ben llanw. Roedd gan Madame de Bedée chwaer ddibriod ac amryw ffrindiau fyddai'n ymweld â hi'n gyson.

Wedi un braw pan ddarganfuwyd bod y fam faeth a gyflogwyd ar gyfer y baban yn hesb ac yntau ar lwgu, cafodd amser braf a digon o faldod gan lond tŷ o fenywod. Dychwelodd yn dair oed i St Malo yn gryf a graenus, ond at fam a theulu oedd yn ddieithr iddo. Ffefrynnau ei fam oedd y mab arall a'r hynaf o'r tair merch ac fe esgeulusai Lucile, yr ieuengaf o'r merched, a François-René. Daeth y ddau blentyn yn agos at ei gilydd wedi hynny yn oerfel gaeafau Combourg. Hi a morwyn y teulu oedd y rhai a roddodd gariad a gofal iddo yn ystod ei blentyndod yn St Malo. Yr oeddynt yn flynyddoedd llawen a thrist, yn ymladd a chwarae gyda'i gyfeillion a'i gefnderwyr ar y traeth yng nghysgod y muriau a chael ei anwybyddu a'i ddwrdio gan ei fam am ddifetha'i ddillad. Yr oedd François-René yn fachgen poblogaidd, annibynnol ei farn na fynnai fod 'na theyrn na chaethwas'. Bu'r fagwrfa ymladdgar ymysg bechgyn St Malo o gymorth pan anfonwyd ef i ysgol Dol wedi i'r teulu symud o Combourg.

* * *

Mor ddiddorol darllen pennod olaf *Mémoires* Chateaubriand a'i ganfod yn ymdrin â phroblemau sy'n poeni ein cymdeithas ni. Gellir dioddef gwahaniaethau rhy fawr mewn cyfoeth a chyfle tra cedwir y gwahaniaethau hynny'n ddirgel, meddai. Dychmygwch ddwylo a wnaed yn segur gan wyddoniaeth a pheiriannau. 'Pa beth a wnewch â dynoliaeth ddi-waith?' meddai. Yr oedd yn rhag-weld twf sosialaeth, ond ar yr un pryd credai na ellid cael cydraddoldeb sosialaidd heb unbennaeth. Yna, mewn geiriau a fyddai wrth fodd Margaret Thatcher, dywedodd: 'Heb eiddo yn nwylo'r unigolyn does neb yn rhydd. Nid yw eiddo yn ddim odid rhyddid.'

Mewn tŷ yn *Rue St Vincent* ger porth mawr St Malo – ceir llechen ar y wal yn nodi'r ffaith – yn agos i'r lle y ganed Chateaubriand a lai na phymtheg mlynedd ar ei ôl, y ganed gŵr enwog arall a dreuliodd ei fywyd yn gwyro rhwng gwlad ac eglwys, sef y llenor, y diwinydd a'r athronydd, Félicité-Robert de Lamennais (1782-1854). Mae enw Lamennais yn fy meddwl oherwydd, yn ystod y deuddeng mis blaenorol, cyhoeddwyd dwy gyfrol Gymraeg yn ymdrin ag Ambrose Bebb – *Lloffion o Dddyddiaduron 1920-1926* a olygwyd gan Robin Humphreys a chyfrol Robin Chapman, *W. Ambrose Bebb*, yn y gyfres *Dawn Dweud*. Yn ei *Ddyddiaduron* yn ystod Awst 1921 mae Bebb yn cyfeirio'n fynych at ei waith yn cyfieithu un o gyfrolau Lamennais, *Paroles d'un Croyant* (Geiriau Credadun), i'r Gymraeg. Fe'i cyhoeddwyd yn *Cyfres y Werin* yn Chwefror y flwyddyn ganlynol. Yn ystod y flwyddyn a aeth heibio digwyddais daro ar gopi o'r gyfrol fach mewn siop hen lyfrau. Prin y byddai gennyf yr amynedd i'w ddarllen yn yr iaith wreiddiol; mae hyd yn oed gyfieithad Cymraeg – coeth a Beiblaidd – yn gofyn am ymdrech a chanolbwyntio gofalus. Ni ddeellais ei chwarter ar y darlleniad cyntaf. 'Gwastraff amser oedd cyfieithu'r fath stwff ofergoelus i'r Gymraeg – dylai Bebb fod wedi gwneud gwell deunydd o'i ddawn,' meddai cyfaill o anffyddiwr wrthyf. Rhywbeth yn debyg oedd barn cyfaill arall, Llydawr a Phabydd selog. Yr oedd Ambrose Bebb ei hun yn cyfaddef yn ei ragymadrodd 'nid hwyrach y gwaith goreu a ysgrifennodd'. Ond er mor ddysgedig fy nghyfeillion llengar, nid wyf yn siŵr a fedraf gytuno â nhw.

Daeth theocratiaeth a rhyddfrydiaeth benben â'i gilydd yn athrylith Lamennais – a'i gydymdeimlad â democratiaeth a orfu. Gwelai fyd yn dihoeni o ddiffyg ffydd, ac iddo ef crefydd yn unig a fedrai adfer iechyd a bywyd Ffrainc dan gysgod y Chwyldro. Eglwys wedi ymddatod o'i hualau gwleidyddol, mewn cytgord â thueddiadau'r cyfnod – dyna oedd ei weledigaeth. Dylai llais yr Eglwys fod yn llais y ddynoliaeth, o dan lywodraeth y Pab. Dyna'i ddadl yn ei gyfrol *L'Essai sur l'Indifférence en matière de Religion* (Traethawd ar ddifaterwch ynglŷn â Chrefydd). Ond a oedd Pabyddiaeth ddemocrataidd yn bosib? Oedd, yn nhyb Lamennais, a dewisodd y geiriau *Dieu et Liberté* (Duw a Rhyddid) yn arwyddair i'r cyhoeddiad *L'Avenir* (Y dyfodol) a sefydlodd yn 1830. Daeth anuniongrededd y cyfnodolyn i sylw'r Pab a galwyd Lamennais a'i gefnogwyr i gyfrif yn Rhufain. Oeraidd fu'r croeso a chofnododd Lamennais eu profiadau mewn cyfrol o'r enw *Affaires de Rome*. Yng Nghylchlythyr y Pab, 1832, condemniwyd Lamennais am ei ddaliadau. Ymneilltuodd Lammenais i faenor *La Chesnaie* – hwyrach y caf gyfle i ymweld â'r faenor ar fy ffordd yn ôl i Rennes – i sgrifennu *Paroles d'un Croyant*, datguddiad ei weledigaeth. Yr oedd yn fwy o broffwyd nag o offeiriad a'r tebyg yw mai felly y'i gwelai ei hun. Mae'r teitl *Geiriau Credadun* yn y Gymraeg a'r Ffrangeg yn awgrymu rhyw uniaethu â phroffwydi'r Hen Destament a'r un modd yr arddull rythmig, salmaidd. Disgrifiodd un o'i gyfoeswyr y gwaith fel '*bonnet rouge* wedi ei phlannu ar y Groes'. Y *bonnets rouge* (*bonedou ruz* yn Llydaweg) oedd gwrthryfel y werin a gychwynnodd yn Poher a Cornouaille yn 1675 yn erbyn gorthrwm treth y llywodraeth, yr arglwyddi a'r eglwys. Torrodd Lamennais ei gysylltiad â'r eglwys. Daeth yn arweinydd y gymdeithas weriniaethol a baratodd y ffordd at Chwyldro 1848. Yn ei flynyddoedd olaf yr oedd Lamennais yn credu yng ngrym ewyllys gyffredin a'r ewyllys honno'n cyfeirio cymdeithas fel enaid yn arwain corff. Bu farw ym Mharis, ac fe'i claddwyd ymysg tlodion Père-Lachaise, heb Groes uwch ei fedd. Er gwaethaf gwrthwynebiad yr Eglwys Babyddol cafodd *Paroles d'un Croyant* effaith ysgytwol ar gyfoeswyr Lamennais, effaith a barhaodd am ugain mlynedd. Dylanwadwyd ar Victor Hugo a Balzac gan y gwaith ac mae'n siŵr y buasai'r Eglwys Babyddol wedi bod ar ei hennill petai wedi medru derbyn syniadau Lamennais. Diddorol gweld bod y gyfrol mewn print o hyd yn y Ffrangeg, a hynny mewn clawr papur.

Cafodd Félicité de Lamennais ei godi, fel y mwyafrif o Lydawyr ei gyfnod, yn Babydd a chael ei baratoi ar gyfer yr offeiriadaeth. Yr oedd ganddo frawd, Jean-Marie de Lamennais, oedd ddwy flynedd yn hŷn. Bûm yn pigo drwy'r gyfrol *A Book of Brittany* gan yr eglwyswr diwyd Sabine Baring-Gould a chanfod fod ganddo bedair tudalen a hanner am Jean-Marie a dim gair am Félicité. Nid bod enw Jean-Marie wedi mynd yn angof ac mae Baring-Gould yn cynnwys gwybodaeth amdano nas gwelais yn unlle arall. Dywedai i'r teulu roi lloches i offeiriaid adeg y Chwyldro. Un ohonynt oedd yr Esgob de Pressigny. Pan ddychwelodd yr Esgob aeth Jean-Marie ato a gofyn iddo am ei gefnogaeth i ddilyn gyrfa fel offeiriad. Dywedodd iddo weld offeiriaid yn Llydaw yn esgyn at y *guillotine* a gweld y gwaed yn llifo wrth i fwyell y dienyddiwr wneud ei gwaith. 'Ni wnaeth y fath olygfeydd ond dwysáu fy mhenderfyniad,' meddai, 'hyd yn oed, pe byddai angen, i farw dros yr achos.'

Fe'i hurddwyd yn offeiriad yn 1804, ond troes, fel ei frawd, tua chyfeiriadau eraill er nad oedd y rheiny mor chwyldroadol. Ei awydd oedd addysgu'r ifanc. Wedi'r Chwyldro dirywiodd addysg yn Ffrainc ac i geisio llenwi'r bwlch sefydlodd Jean-Marie dair urdd addysgol – mae dwy ohonynt yn bod o hyd, *Filles de la Providence* yn Saint Brieuc a'r *Frères de l'Instruction Chrétienne* yn Ploermel. Bu farw yn Ploermel, yn 1860, ac y mae cofgolofn iddo yn y dref.

Cyfeiriais at Victor Hugo. Ceir disgrifiadau o haenau is cymdeithas St Malo ganddo yn ei *Les Travailleurs de la Mer* (Llafurwyr y Môr). Nofel yw am fywyd ar ynys Guernsey ac am fasnach rhwng yr ynys a St Malo, nofel â phenllanw lleisiol y môr yn fynych yn boddi seiniau egwan y cymeriadau. Nofel am fywyd y truenus – y lletty Jacressade yn *Allée Coutanchez*, nad yw'n bod mwyach – lle ceid 'gweithwyr ym myd drygioni' lle roedd 'y natur ddynol wedi ei iselhau i wastad yr anifeilaidd'. Yno roedd hyd yn oed y tai bob ochr i'r adwy gul fel talcennau clòs yn cynllwynio anfadwaith. A chwter hyd ei chanol lle gellir ei throedio un goes bob ochr i'r ffrwd a braich yn cyffwrdd â'r ddau fur. Disgrifiad i gyfleu gweithredoedd ysgeler a lladd. Ond er bod yma bensaernïaeth a chilfachau i awgrymu gweithredoedd melltigedig oesoedd a fu, nid dyna St Malo ein hoes ni. Tref a godwyd ar hen gyfoeth, a chyfoeth newydd yn codi ohono, yn ddibynnol ar ddiwydiant hamdden, yr ymwelwyr a'u harian.

* * *

Maenor, neu ffermdy, *La Chesnaie*, lle bu Lamennais a'i ddilynwyr.

Troi yn ôl am Rennes ar hyd y ffordd gyflym ond gyda'r bwriad o ymweld â maenor *La Chesnaie* ar y ffordd. Gwn fod yn rhaid ymadael â'r briffordd ger St Pierre-de-Plesguen ac anelu tua St Solen ar hyd lôn gul. Aethom drwy goedwig Coetquen ac o'r diwedd, ar ôl ceisio cyfarwyddyd mewn amryw o bentrefi bychain, cyrraedd y faenor. Darn arall o'r Llydaw goediog ar ei gorau. Afon fach, coedydd uchel, ac yn y diwedd, gweld yr arwydd *La Chesnaie*. Er bod y lle'n amlwg yn breifat, ac yn fwy o dŷ fferm na maenor, aethom i fyny'r lôn hir i'r tŷ. Mae dwy res o goed derw bob ochr i'r lôn ac yna bwlch i fynd i mewn i ffald fawr gyda thai allan hynafol o amgylch a chastanwydden enfawr wrth y fynedfa. Yn anffodus does neb o gwmpas i sgwrsio â nhw ac y mae'n amlwg fod y teulu oddi cartref. Dyma ni, felly, wedi gweld y tŷ lle bu Félicité de Lamennais yn sgrifennu'r gyfrol a ysgytwodd seiliau'r Eglwys Babyddol a'i orfodi yntau i gefnu arni. Deallaf fod llechen yn rhywle yn nodi cysylltiad y faenor â Lamennais ond ni fedraf ei gweld o'r tu allan. Tebyg ei bod y tu mewn i'r adeilad.

*   *   *

Yn ôl tua St Pierre-de-Plesguen ac ailymuno â'r ffordd tua Rennes. Ond eto rydym am droi oddi ar y ffordd ac ymweld â thref fechan Bécherel. Un adeg safai castell Caradeuc tua milltir i'r de-orllewin; prin ei fod yn gastell 'chwaith, maenor mewn gwirionedd. Ond fe'i tynnwyd i lawr flynyddoedd yn ôl. Rwy'n cyfeirio at ei fodolaeth am mai dyma ystad Louis-René de Caradeuc de La Chalotais (1702-1785), Procwradur Cyffredinol senedd Llydaw yn Rennes am drigain mlynedd. Amddiffynnodd hawliau ac arferion traddodiadol Llydaw yn erbyn y llywodraeth ganolog ym Mharis. Ei resymau dros frwydro mor egnïol o blaid senedd Llydaw oedd diogelu buddiannau'r eglwys ac uchelwyr Llydaw. Prin bod ei lwyddiant yn cadw trethu'r werin yn is yn Llydaw nag yng ngweddill Ffrainc o ddiddordeb i'r gŵr ceidwadol a thrahaus hwn. Ond os oedd trethu'r uchelwyr yn isel byddai trethu'r werin yn is. Cafodd ei garcharu yn St Malo yn 1765 o'r lle sgrifennodd lythyrau yn amddiffyn ei hun drwy ddefnyddio priciau dannedd a huddugl. Un o'i gefnogwyr mwyaf brwd oedd mam François-René Chateaubriand. Cefnogodd Voltaire ef hefyd, gan egluro'n fanwl mai cefnogi cyfiawnder ei achos nid cymeriad y gŵr ydoedd. Ddeng mlynedd yn ddiweddarach cafodd ei adfer i'w swydd ond bu ei garchariad yn un o'r digwyddiadau a arweiniodd at y Chwyldro – ac adwaith Llydaw, yn arbennig dwyrain Llydaw, at y Chwyldro.

Saif Bécherel ar fryn a phan oedd François-René Chateaubriand yn fachgen ifanc medrai weld y pentref o gastell Combourg. Erbyn hyn mae'r dref fechan yn ennill bri ac enwogrwydd fel tref siopau hen lyfrau – y gyntaf o'i bath yn Ffrainc. Syniad a gipiwyd o'r Gelli Gandryll ac a gychwynnwyd yn 1990 gan wraig leol oedd wedi ymddeol o'i swydd fel seicoanalydd ac a fuddsoddodd ei harian i sefydlu dwy siop hen lyfrau. Fel ag yn y Gelli fe gydiodd y syniad ac erbyn hyn mae'r dref yn llawn siopau llyfrau ac orielau celf. Bob yn ail Sul drwy'r haf mae stondinau hen lyfrau yn y stryd ac mae'n lle difyr dros ben a chyfle am fargen. Ofnaf ein bod ni wedi cyrraedd ar Sul pan nad oes stondinau llyfrau allan ond y mae yma ffair geffylau a'r strydoedd yn llawn stondinau crempogau, gofaint a dom ceffylau. Ond mae'r siopau yma ac mae'n lle ardderchog os oes gennych boced ddiwaelod. Does dim a rydd fwy o fwynhad i mi na chael digon o amser i'w dreulio mewn siop lyfrau aflêr lle mae'r cwbl yn bendramwnwgl ac ar draws ei gilydd. Yno mae dod o hyd i fargeinion. Yn Bécherel mae'r siopau'n daclus ac rwy'n gweld llyfrau tu hwnt o ddiddorol – cyfrol foethus o gerddi a darluniau o waith Max Jacob. Llawer o'r darluniau o ferched yng ngwisgoedd traddodiadol Llydaw. Cyfrol o farddoniaeth Saint-Pol-Roux, y bardd a dreuliodd flynyddoedd yn Camaret – cyfrol fawr, hardd wedi'i harwyddo ganddo. Rwy'n rhy dlawd i brynu'r naill na'r llall. Cerddaf o stryd i stryd yn chwilfrydedd i gyd ac rwy'n dechrau dod o hyd i siopau rhatach ac yna gwelaf siop lyfrau Saesneg ac arni arwydd yn cyhoeddi mai dyma lysgenhadaeth swyddogol Brenin y Gelli Gandryll yn Llydaw! Ni wn ai Sais neu Gymro piau'r siop. Beth bynnag, mae'n arwydd sy'n denu gwên. Canfod y bu arddangosfa o waith yr arlunydd o Arfon, Gwilym Prichard, a Clauda Williams yn un o orielau'r dref. Gresyn fod yr arddangosfa wedi gorffen cyn i ni gyrraedd.

Daeth y diwrnod i ben gyda mi'n gyrru'n syth i fachlud yr haul a'r ffordd o gwmpas Rennes yn brysur gyda'r trigolion yn rhuthro adref wedi diwrnod yn y wlad neu ar arfordir y gogledd. Chwysfa arall wrth geisio darllen yr arwyddion a gweld ble i droi am dawelwch canol y ddinas.

*   *   *

Yn y bore rhaid ffarwelio â Bernard, Jacqueline a'r plant. Cawsom amser hyfryd ar eu haelwyd, ond prin ddigon o amser i drafod popeth. Y fi yn ceisio pob math o wybodaeth am Lydaw a Bernard yn ysu am wybod mwy a mwy am Gymru. Ond cyn ymadael a Rennes rwy'n taro i weld Jacques Gury, cyn-athro mewn Llenyddiaeth Gymharol ym Mhrifysgol Rennes. Mae'n ddyn rhyfeddol wybodus am feirdd a llenorion Llydaw, yn sgrifenwyr Ffrangeg neu Lydaweg, er nad yw'n medru Llydaweg. Ac er ei fod, mi dybiaf, yn wleidyddol ar yr asgell dde mae'n gwneud astudiaeth o waith yr ysgrifwr sosialydd, Emile Masson, gŵr a sgrifennai'n bennaf yn y Llydaweg. Os oes gan lenor neu fardd gysylltiad â Llydaw, yna mae o ddiddordeb i Jacques Gury, beth bynnag fo'i ddaliadau gwleidyddol a pha iaith bynnag y mae'n sgrifennu ynddi. Gŵr byr graenus a pheth bol canol oed hwyr, heb golli ei wallt a heb wynnu 'chwaith – mae'n bictiwr o'r Ffrancwr academig llwyddiannus yn mwynhau ymddeoliad. Mae yma ddigonedd o groeso ganddo ef a'i wraig ac mae'n falch cyfarfod rhywun o Gymru. Fe fu yng Nghymru gan ymweld ag ardal Eryri ac mae'n sôn am y pleser anghyffredin a gafodd o ymweld â Gerddi Bodnant.

Cawn ein sgwrs yn ei stydi – cysegrfa, meddai wrthyf, i hen ewythr o'r enw Philippe Bertault, offeiriad ac ysgolhaig, awdur llyfr ar Balzac a chrefydd, *Balzac et la Réligion*. Mae'n cadarnhau fy nghred i gyfrol Lamennais, *Paroles d'un Croyant*, ddylanwadu'n drwm ar Balzac. 'Gresyn na fedrodd yr eglwys dderbyn gwaith Lamennais ac iddo orfod cefnu arni,' meddai. 'Yr oedd yn cynnig Cristnogaeth newydd a allasai fod wedi rhoi cyfeiriad newydd i'r eglwys mewn adeg pan oedd mewn dybryd angen arweiniad.'

Mae tyrau'r eglwys i'w gweld o'r stydi sydd ar drydydd llawr y bloc fflatiau. Fflat eang ond heb fod yn ddigon i fod yn gartref i'r holl lyfrau sydd ganddo. 'Rhaid i mi brynu fflat arall yn yr adeilad a defnyddio honno fel llyfrgell,' meddai rhwng difrif a chwarae. 'Mae gen i gyfaill sydd wedi gwneud hynny.' Ar y ddesg o'i flaen mae *sabot*, clocsen Lydewig bren, ac ynddi mae'n cadw ei offer sgrifennu, rwlars, rwbars... Does dim prosesydd geiriau, dim hyd yn oed deipiadur yn y golwg. Wrth y mur ar yr ochr dde iddo mae cwpwrdd yn llawn hen lyfrau. Rwy'n gwneud rhyw sylw am y cwpwrdd a dywed mai dyma gwpwrdd a llyfrau ei hen ewythr. Mae'n agor drôr y ddesg a dangos llun yr ewythr a'r cwpwrdd llyfrau a'r union lyfrau'n gefndir iddo. Mae'n agor drws gwydr y cwpwrdd a thynnu ohono gopi o'r argraffiad cyntaf o *Mémoires d'outre-tombe* Chateaubriand. Dywedaf wrtho i mi fod ar drywydd Chateaubriand ddoe. 'Rwy'i wrthi'n ceisio trefnu dathliadau canrif a hanner ei farw ar hyn o bryd ac mae'n dipyn o broblem,' meddai. 'Mae St Malo yn mynnu popeth ond mae gan Dinan, Combourg a Fougères lawn cymaint o hawl arno – rydyn ni'n tueddu i anghofio Fougères ond fe briododd tair o'i chwiorydd uchelwyr o'r dref ac fe dreuliodd lawer o amser gyda nhw. Ac wrth gwrs, aeth i'r ysgol yn Dol.'

Mae'n sgwrs ni'n ddigyswllt iawn. Mae cyfeirio at Dinan yn ei atgoffa y bu'r dref honno yn arbennig, a Llydaw yn gyffredinol, yn gyrchfan boblogaidd i'r Prydeinwyr. 'Yr oedd 3,000 o Brydeinwyr – Saeson gan mwyaf – yn byw yn Dinan ddiwedd y bedwaredd ganrif ar bymtheg,' meddai. 'Roedd pobol yn medru byw'n dda yma ar ychydig o arian. Mae hyn i'w weld yn nifer y llyfrau taith a sgrifennwyd rhwng 1880 a 1920 gan Saeson ac Americanwyr. Wedi hynny fe ddaeth Cannes yn boblogaidd a dechreuodd pobl fynd yno.'

Wyddwn i ddim fod cynifer o Brydeinwyr wedi ymsefydlu yn Dinan, sy'n un o drefi caerog godidocaf Llydaw. Ond gan mor gyfleus yw'r dref i St Malo hawdd deall sut y daeth mor boblogaidd gan y Prydeinwyr. Bu'r Arglwydd Kitchener yn byw yno, ac er nad oedd yn boblogaidd gan y Ffrancwyr roedd gan bobl Dinan feddwl uchel ohono. Roedd yn rhugl ei Ffrangeg a'i ddiddordeb yn niwylliant Ffrainc yn ddilys. Treuliodd T. E. Lawrence (Tremadog ac Arabia) gyfnod yma – roedd gan y teulu gysylltiadau â'r dref – a thra roedd yn fyfyriwr bu'n astudio cestyll dwyrain Llydaw a dyffryn Loire. Lleolir y nofel *A Sensible Life* gan Mary Wesley yn Dinard sy'n dyst i'w chysylltiad hithau â'r rhan yna o Lydaw. Mae Jacques yn mynd at silff arall o lyfrau a dangos dau lyfr Saesneg am Lydaw – *A Vagabond Voyage Through Brittany* gan Mrs Lewis Chase, un o'r llyfrau taith mwyaf hwyliog a ddarllenais erioed, a *The Bretons At Home* gan Frances M. Gostling. Cyhoeddwyd y naill yn 1915 a'r llall yn 1909. Mae'n digwydd fy mod wedi darllen llyfr Frances Gostling hefyd ac mae'n gyfrol dda. Mae gan Jacques bwynt diddorol. 'Roedd y Saeson hyn yn dod i Lydaw a wedi gwneud eu hymchwil cyn dod,' meddai. 'Roedden nhw'n gyfarwydd â'r *Barzaz Breiz* – a oedd, wrth gwrs, wedi'i gyfieithu i'r Saesneg ddegawdau cyn hynny – ac â gwaith Anatole Le Braz. Nid yn unig hynny, mae Frances Gostling wedi cael Anatole Le Braz i sgrifennu rhagair i'w chyfrol a sylwch fel mae'n dweud, ar y ddalen gyntaf, dan enw'r awdures, 'Translator of *The Land of Pardons*'. Hi oedd cyfieithydd *Au Pays des Pardons* Anatole Le Braz ac mae hyn yn rhoi statws iddi, prawf o gymeradwyaeth y meistr. Yr oedd gwaith a syniadau Le Braz yn ennyn diddordeb pobl ym Mhrydain ac America. Erbyn hyn aeth ei enw'n angof y tu allan i Lydaw ond yn Hydref 1911 roedd gŵr mor amlwg â George Bernard Shaw yn ymweld â Port Blanc (Porz Guen yn Llydaweg) yn y gobaith o'i gyfarfod.'

Yn ôl Jacques Gury dyna pryd y cyfarfu Shaw ag Augustin Hamon. Fersiwn Jacques yw bod y sosialydd Shaw wedi synnu gweld enw tŷ Hamon, sef *Ty An Diaoul* (yr oedd Hamon yn anffyddiwr) a mynnu mai Hamon fyddai'r unig un â'r hawl i gyfieithu dramâu

Shaw i'r Ffrangeg. Yn ôl y bywgraffiadau Saesneg yr oedd y ddau wedi cyfarfod mewn cynhadledd sosialwyr ac yr oedd Shaw wedi ei blesio gan adroddiad papur newydd a sgrifennodd Hamon am y cyfarfod. Yn ôl y fersiwn Seisnig, roedd cais Shaw yn ysgytwad i Hamon a dadleuai nad gwaith iddo ef, peiriannydd wrth ei alwedigaeth, oedd cyfieithu dramâu. Heblaw hynny, nid oedd ei Saesneg yn arbennig o dda. 'Twt lol!' ebychodd Shaw, 'mae eich gwraig yn medru Saesneg yn ardderchog ac fe all hi eich helpu.' Ac felly bu i Augustin a Henrietta Hamon ymroi i gyfieithu holl weithiau Shaw. Yn ôl a ddarllenais ni fu dramâu Shaw yn llwyddiannus yn Ffrainc – mae'n ddadleuol ai y cyfieithu oedd ar fai, neu fod y Ffrancwyr ddim yn aeddfed i syniadau'r Gwyddel ac yn arbennig ei agwedd at ferched. Yr olaf oedd y broblem yn ôl dadansoddiad Hamon.

Sgrifennodd H. G. Wells nofel wedi'i lleoli yn Llydaw, sef *A Propos of Dolores*. Fe'i cyhoeddwyd yn 1938, sy'n golygu ei bod ymysg gweithiau diweddaraf Wells ac yn egluro pam ei bod yn amhosib dod o hyd i gopi. Mae'n ddigon hawdd dod o hyd i'w weithiau cynharaf. Beth bynnag nid yw'n un o'i gampweithiau. Mae'n sôn am ddyn a benyw ar daith drwy Lydaw ac yn ôl a ddarllenais bwriad Wells oedd sarhau ei howscipar/putain (ei ddisgrifiad ef ei hun ohoni), dynes anhydrin dros ben. Yn groes i ddisgwyliadau Wells roedd hi wrth ei bodd gyda'r nofel. Bu'r gwaith, felly, yn fethiant ym mhob ffordd.

Dychwelwn i drafod llenorion Llydaw. 'Mae sgrifenwyr y bedwaredd ganrif ar bymtheg wedi creu delwedd o Lydaw fel gwlad gysglyd, niwlog, laith. Dyna Ernest Renan a'i ddarlun o Tréguier fel lle oer a'i phobl yn llawn tristwch. Y gwir yw fod Tréguier yn borthladd prysur, bywiog lle'r oedd pobl yn gwneud arian. Hwyrach fod y tywydd fymryn yn oerach na de Llydaw, ond does dim cymaint â hynny o wahaniaeth. Wedyn dyna Victor Hugo a'i ddarlun o weddwon ar y clogwyni yn syllu'n alarus tua'r môr. A Chateaubriand gyda'i ramantiaeth drist. Hwyrach nad oedd bywyd yn Llydaw yn barti mawr o hwyl a sbri ond roedd pethau'n waeth mewn rhannau eraill o Ffrainc. O leiaf fe gawson ni Théodore Botrel a ddysgodd y Llydawiaid i fwynhau a pharchu eu traddodiadau.'

Fe fu yr Eglwys Babyddol, ychwanegodd, yn seintwar i ddiwylliant Llydaw, ond ddim mwyach. Mae Gury'n gofidio gweld un offeiriad â gofal hanner dwsin o blwyfi. Mwynheais ei chwilfrydedd am lên a llenorion Llydaw. Mae ei fab yn cynnal traddodiad y teulu – gorffennodd draethawd am radd uwch ar Malo ac mae'n awr yn cyfieithu Buchedd Malo o'r Lladin i'r Ffrangeg. Gwaetha'r modd bu'n rhaid tynnu i ben fore o wrando a sgwrsio yng nghwmni gŵr difyr, diwylliedig a rhyfeddol wybodus.

Aeth deng mlynedd ar hugain ers i mi fod yn Fougères. Wythnos y Gyngres Geltaidd – gwersylla ar gae pêl-droed y dref, wythnos o *festoù noz* a nosweithiau llawen. Alan Stivell yn y cyfnod pan oedd ar fin dod yn seren, Glenmor, Dafydd Iwan, mynd i ambell ddarlith ond treulio'r rhan fwyaf o'r dyddiau crasboeth ym mhwll nofio awyr agored y dref. Nid yw'n daith hir o Rennes i Fougères, lai nag awr yn sicr, ac wedi gadael y ffordd wyllt o gwmpas y ddinas nid oes lawer o drafnidiaeth i darfu arnom. Drwy Goedwig Rennes – mae beth pellter o'r ddinas ond dyna'r enw sydd arni – a choedwig Liffre ac ar ôl mynd drwy dref fach St Aubin drwy wlad amaethyddol agored nes cyrraedd Fougères. Mae gweld y castell yn dwyn atgofion. Cofio yfed dŵr Perrier mewn caffi yng nghysgod muriau'r castell gyda Gareth Miles – y ddau ohonom yn dioddef effeithiau rhialtwch y noson cynt. Nid oedd Perrier, nac unrhyw ddŵr potel arall, yn ffasiynol bryd hynny. Cofiaf y blas sylffwr a chofiaf y rhimyn rhwd o gylch ceg y botel ar ôl ei hagor. Tebyg nad oedd y dŵr mor boblogaidd â hynny yn Ffrainc yn 1968 – ond gwyddai Gareth amdano. Onid oedd wedi byw yn Bordeaux am flwyddyn a medrai fy sicrhau y byddai'r swigod bach pefriog yn peri i mi dorri gwynt a thawelu fy stumog ac y byddai'r sylffwr yn adnewyddu fy nerth a phery i'r dynion bach oedd yn tyllu tu mewn fy mhenglog flino a rhoi heibio eu gwaith mileinig. Ni chofiaf ddim am effaith y dŵr ond rwy'n cofio'r bregeth.

Heddiw rwyf i gyfarfod Joseph Remy, gŵr bonheddig sy'n llywydd cymdeithas dwristaidd y dref – ond ddim tan ddau o'r gloch. Mae hynny'n rhoi amser am bryd a chrwydro'r dref. Gadael y car mewn maes parcio cyfagos ac eistedd y tu allan i dŷ bwyta ar y Place Aristide Briand – gwleidydd sosialaidd o Saint-Nazaire a gafodd ambell sgarmes gyda David Lloyd George yn ystod ac wedi'r rhyfel cyntaf. Roedd un peth yn gyffredin i'r ddau – hoffter anghyffredin o ferched – ond caf sôn am Briand yn nes ymlaen. Pryd rhesymol oedd yn cynnwys cregin gleision wedi'u coginio mewn menyn a hufen, a chig oen i ddilyn. Dewisais deisen Normandi i orffen – yn rhannol am ein bod ar y ffiniau â'r rhanbarth ond yn bennaf am fy 'mod yn hoffi ei golwg, a hynny er y gallwn fod wedi dewis *far Breton*. Sylwais fod baner Llydaw, nid baner Ffrainc, uwchben y castell. Od cysylltu'r ddeubeth, ond mae iddynt arwyddocâd. Y mae delwedd Llydaw yn llawer amlycach heddiw na phan fûm yma o'r blaen.

Y mae cofgolofn ryfel nodweddiadol Lydewig ar y sgwâr – mam a'i merched yn wynebu eu colled mewn dau gerflun cefn-yng-nghefn a rhyngddynt faen hir a chroes ar ei ben. Gwaith cerflunydd lleol. Tuag ugain llathen i ffwrdd ar yr un sgwâr, ac o flaen y tŷ lle'i ganed, saif cofgolofn y Marquis Charles-Armand Tuffin La Rouërie. Mae pawb yn gyfarwydd ag enw'r Marquis Gilbert de Motier La Fayette a'i wrhydri o blaid America yn rhyfel yr annibyniaeth. Enwyd trefi ar ei ôl yn America. Ond mae Llydaw yn anfodlon na roddodd hanes a haneswyr yr un bri i La Rouërie. Ganed La Rouërie yn y tŷ mawr hanner canllath o'r swyddfa ymwelwyr ar Ebrill 14, 1751. Pan oedd yn 17 oed aeth i Baris lle bu'n byw'n afradlon – mercheta, cleddyfa, mwynhau amser da a mynd i helynt oherwydd sgarmes lle niweidiodd yn ddifrifol gefnder y brenin. Dihangodd rhag y Bastille o drwch blewyn drwy ymuno ag urdd o fynaich yn y Swistir. Ni pharhaodd hynny'n hir. Yn 1777 hwyliodd o Nantes am Ogledd America a gorfod nofio darn olaf y daith. Yr oedd y Saeson wedi suddo'r llong pan oedd o fewn dim i lanio. Buan aeth ati gyda grwp o'i gydwladwyr o Lydaw i drefnu'r Americanwyr a churo'r Saeson mewn brwydrau a chyrchoedd *guerrilla* a dod yn enwog drwy'r wlad. Fe'i dyrchafwyd yn Gyrnol gan George Washington ar Fai 10, 1778. Yr oedd wrth ochr Washington yn wynebu Cornwallis ym mrwydr Brandywine ac yr oedd eto yn ymladd ym mrwydrau Germantown, Whitemarsh, Monmouth a Camden. Erbyn hyn yr oedd 'Colonel Armand' yn arweinydd uchel ei barch. Yn 1780 cafodd ei anfon i geisio cymorth a nwyddau gan Frenin Ffrainc. Pan laniodd cafodd ei anrhydeddu gan y Brenin ac ar Fehefin 23, 1781, hwyliodd o Brest gyda thair llong yn llawn o nwyddau a swm mawr o arian yr oedd ef ei hun wedi ei fenthyg a'i gyflwyno yn ei enw ei hun i Washington. Wedyn dychwelodd i faes y gad ac yr oedd wrth ochr Lafayette yng ngwarchae Yorktown. Yna yn Nhachwedd 1778 ymddiswyddodd a dychwelodd i Lydaw. Daw ei enw eto i'r amlwg yn 1788 pan wrthwynebodd ymgais y llywodraeth Ffrengig i gwtogi hawliau senedd Llydaw a'r tro hwn fe'i taflwyd am ysbaid i'r Bastille. Yr oedd y rhwyg rhwng yr uchelwyr a'r werin yn fawr, yn Llydaw fel ag yng ngweddill Ffrainc. Yn Rennes yn 1788 y torrodd yr argae tra roedd Paris yn parhau'n dawel. Gwrthryfel yr uchelwyr oedd hwnnw a arweiniwyd gan La Chalotais ar ran Senedd Llydaw yn erbyn brenin Ffrainc ac a barhaodd hyd gychwyn y Chwyldro. Nid oedd unrhyw arlliw democrataidd i wrthryfel La Chalotais nac unrhyw ymdrech i ofalu am fuddiannau'r bobl gyffredin. Amddiffyn hen hawliau dosbarth yr uchelwyr a'r Eglwys yn Llydaw oedd ei nod ac nid oedd le i'r werin nac unrhyw ran arall o'r gymdeithas yn y ddadl. Ond pan dorrodd y gwrthryfel yn erbyn y frenhiniaeth yn Rennes yn 1788 ac y bygythiwyd Thiard, cynrychiolydd y Brenin, ymunodd pob haen o'r gymdeithas yn y frwydr, yn fonedd a gwerin, *bourgeois* ac ysgolheigion. Am rai wythnosau cafwyd undod. Ond pan

Y llechen ar y tŷ lle ganed y Marquis Charles-Armand Tuffin La Rouërie.

Y tŷ lle ganed La Rouërie.

Cofgolofn La Rouërie, a saif o flaen y tŷ lle ganed ef.

gychwynnodd y Chwyldro buan yr amlygwyd y rhaniadau. Aeth yn ddadl ar bwyntiau sylfaenol megis a ddylai'r hen ranbarthau bleidleisio'n unigol neu yn ganolog, a ddylid parhau gyda seneddau rhanbarthol. Yr oedd y *bourgeoisie* – dosbarth newydd breintiedig, cyfoethog, dylanwadol a dyfodd ar sail masnach, pobl broffesiynol a rhai o'r crefftwyr mwyaf amlwg – o blaid cynulliad canolog. Bu beirniadu – yn ddigon teg – nad oedd Senedd Llydaw ddim amgen nag 'aelwyd y bendefigaeth'. Cyhoeddodd trefi a dinasoedd mwyaf Llydaw – Rennes, Nantes, St Brieuc, Tréguier, Lannnion, Quimper, Vitré yn eu plith – eu cefnogaeth i'r Chwyldro. Roedd y bendefigaeth a'r esgobion o blaid yr hen drefn tra roedd yr offeiriad cyffredin o blaid y drefn newydd. Roedd Llydaw fel gweddill Ffrainc wedi'i rhannu rhwng eithafion o gyfoeth a thlodi. Roedd y werin wledig wedi coleddu brwdfrydedd *bourgeoisie* y trefi gan rag-weld dileu trethi, fel y degwm, oedd yn pwyso'n drwm arnynt.

Er i'r pendefigion wrthwynebu'r Chwyldro o'r cychwyn mae'n annhebyg y buasai'r rhyfel cartref a achosodd gymaint o ddinistr yn Llydaw wedi cychwyn o gwbl oni bai am ddiffyg doethineb yr Abad Sieyes. Sefydlodd Gyfansoddiad Sifil yr Offeiriadaeth – cyfansoddiad a ddileodd bedair o esgobaethau Llydaw, St Malo, Dol, Leon a Tréguier. Ac yntau wedi cychwyn ei yrfa yn rhengoedd uchaf yr eglwys fel canon Tréguier, dylai fod wedi sylweddoli na wnâi gweithred o'r fath ddim ond gwylltio'r Llydawyr. Ymysg y penderfyniadau eraill oedd troi offeiriaid plwyf yn swyddogion gwladol a rhoi'r hawl i ethol esgobion yn nwylo lleygwyr. Nid oedd hyn yn ddim ond sen ar genedl y Llydawyr a lle gynt yr oedd yr offeiriaid cyffredin o blaid y Chwyldro yn awr yr oedd yr Eglwys o'i bôn i'w brig yn y gwersyll arall. Teg dyfalu na fuasai brwydro'r gwrth-chwyldro wedi parhau am gynifer o flynyddoedd oni bai am anogaeth yr offeiriaid. Llwyddasant i ennyn y dicter a'r casineb a gysylltir â'r term 'Rhyfel Sanctaidd'. Prin y buasai dawn drefnu La Rouërie, cyfrwystra a chreulondeb Boishardy nac athrylith *guerrilla* Georges Cadoudal wedi creu a chynnal y fath arswyd drwy'r wlad oni bai am ddicter yr offeiriaid.

Erbyn 1791-1792 roedd y sefyllfa yn waeth byth. Dyma pryd y llamodd La Rouërie yn ôl i ganol y llwyfan. Gydag egni rhyfeddol rhuthrodd o gastell i gastell a hel yr arglwyddi at ei gilydd ac yn Rhagfyr 1791 yr oedd wedi ymsefydlu ac yn arwain yr *Association Bretonne* a dyfodd yn fudiad y gwrth-Chwyldro yn Llydaw. Cydnabyddir La Rouërie yn amddiffynnwr olaf rhyddid Llydaw – ond cyfaddefwn mai amddiffyn hen freintiau'r bendefigaeth Lydewig yr oedd. Ceir cyfeiriad canmoliaethus ato gan Chateaubriand yn ei *Mémoires* – yn Ionawr 1791 yr oedd y llenor wedi penderfynu bod pethau yn rhy dwym tua Pharis. 'Yr oedd yr anhrefn ar gynnydd: digon oedd enw pendefig i ennyn erledigaeth: po fwyaf cydwybodol a chymedrol eich syniadau, mwyaf tebygol ydych i ddenu amheuon ac ymosodiadau.' Felly dychwelodd i Lydaw lle cyfarfu â La Rouërie a derbyn ganddo lythyr cymeradwyaeth i'w gyflwyno i Washington gan mai bwriad Chateaubriand oedd hwylio i America. Am La Rouërie dywed Chateaubriand iddo fod mewn mwy o frwydrau na La Fayette a hudo cynifer o gantoresau opera â Dug Lauzan! Ta waeth, fe gafodd Chateaubriand y llythyr a geisiai ac ymhen rhai misoedd cyrhaeddodd America a chael croeso cynnes gan Washington. Bu farw La Rouërie o lid yr ysgyfaint ar Ionawr 30, 1793, yn St Denoual. Buasem wedi dymuno marwolaeth mwy rhamantus iddo. Beth bynnag, yr oedd wedi hau had Gwrthryfel y Chouans. Cychwynnodd y gwrthryfel ar Fawrth 19, 1793, o gwmpas Landean, tref i'r gogledd-ddwyrain o Fougères, gyda choedwig Fougères yn gysgod i bob math o gynllwynio a gweithgareddau ysgeler. Unodd y gwrthryfel fonedd a gwerin er amddiffyn y Brenin a'r offeiriaid, ansicrwydd y crefftwyr yn wyneb cwymp sydyn y farchnad frethyn a lliain, a chred y werin wledig iddynt gael eu twyllo. Yr oedd mater pwysig arall. Er colli ei hannibyniaeth pan orfodwyd y Dduges Anne i briodi Charles VIII, Brenin Ffrainc, yn Rhagfyr 1491 parhaodd Llydaw i fwynhau mesur sylweddol o hunan-lywodraeth ac yr oedd ganddi rai deddfau gwahanol i weddill Ffrainc. Nid oedd treth halen yn Llydaw, ac wrth i Lydaw golli ei hannibyniaeth yn llwyr gyda'r Chwyldro, buan iawn y darganfu'r Llydawiaid bod disgwyl iddynt hwythau 'nawr dalu treth halen. Rheswm digonol dros wrthryfela. Cychwynnodd rhyfel cartref erchyll. Yn y Vendée, y darn o wlad i'r de o aber afon Loire a thu hwnt i ffin ddeheuol Llydaw, cychwynnodd gwrthryfel arall lawn cyn ffyrniced ac yn Nhachwedd 1793 daeth y ddwy garfan ynghyd yn Fougères i gydweithio i danseilio'r drefn newydd.

Mae'n ddau o'r gloch a dyna ddigon o fyfyrio ar hen hanes Fougères. Mae Joseph Remy yn disgwyl amdanaf yn y swyddfa ymwelwyr, gŵr lled dal, cadarn, iach yr olwg a dim ond ei wallt gwyn yn dateglu ei fod dros 75 oed. Dyma ŵr sy'n ymhyfrydu ym mhob modfedd o'r dref, ei hanes a'i llenyddiaeth. Nid â heibio ddarn o fur lle mae lliw neu ffurf y cerrig yn wahanol i'r gweddill heb iddo dynnu sylw at arwyddocâd y gwahaniaeth ac adrodd pwt o stori. Tref ganoloesol a chastell ffiwdal. A'r clochdy – yr hynaf yn Llydaw – wedi ei adeiladu yn 1397, ei addasu yn yr unfed ganrif ar bymtheg pan ychwanegwyd oriel ysblennydd, ac adeiladu tŵr y gloch yn y ddeunawfed. Nid clochdy wedi ei gysylltu ag unrhyw eglwys mohono – saif bron ar ei ben ei hun. Arwydd o'r angen bod yn wyliadwrus – a symbol o rym a llwyddiant. Dyma brif dref gororau Llydaw yn y canol oesoedd a gyda'r hen dref wedi ei chau o fewn y muriau bu'n fynych yn noddfa i'r rhai hynny oedd yn byw ar y tir y tu hwnt i'w ffiniau. Ac yr oedd adegau pan oedd gwir angen nodded.

Yn ei gyfrol, *The First Casualty*, dywed Philip Knightley mai un o greadigaethau rhyfel cartref America oedd 'total war', hynny yw, lle llosgir cnydau a dinistrio tai, ysbeilio, a lladd y diniwed fel rhan o strategaeth rhyfel. 'They (y newyddiadurwyr) saw Sherman's sixty-mile-wide scorched-earth sweep as an army living off the country . . . None of them realised they were seeing an important concept – total war – in the making,' meddai Knightley. Nid yw hynny'n gywir. Yr oedd y Saeson yn feistri ar y dull hwn o ryfela ymhell

Joseph Remy ger St Jacques, y capel bach sydd ar lwybr y pererinion i Sant Iago de Compostella.

cyn hynny, fel y profwyd adeg y Rhyfel Can Mlynedd (1337-1453). 'Cymerant [y Saeson] bleser a diddanwch mewn brwydrau a chyflafan; difesur yw eu trachwant a'u heiddigedd o eiddo eraill,' meddai'r croniclwr Froissart – ac yr oedd ef yn edmygydd o ddulliau rhyfela'r Saeson. Un o gyfnodau mwyaf erchyll y Rhyfel Can Mlynedd oedd y brwydro yng nghyffiniau Mont St Michel a Fougères yn y blynyddoedd 1420-1430. Difethwyd cnydau, maluriwyd melinau, gadawyd i'r caeau dyfu'n wyllt a ffodd y trigolion o'r pentrefi. Cynyddodd niferoedd y bleiddiaid ac yn fynych doedd unlle i'r bobl ddianc am ddiogelwch ond tref a chastell Fougères.

Tra roedd Chateaubriand yn ei drydedd flwyddyn yn yr ysgol yn Dol, priododd ei ddwy chwaer hynaf uchelwyr o Fougères. Priododd Marie-Anne Iarll de Marigny a phriododd Benigné Iarll de Quebriac. Ddwy flynedd yn ddiweddarach, yn 1882, priododd ei drydedd chwaer, Julie, Iarll de Farcy. Heb yn wybod yr oedd y dyddiau erchyll yn nesáu. Yn ei *Mémoires* mae Chateaubriand yn sôn iddo, ym mhriodas Julie, gyfarfod Iarlles Trojolif, cyfnither a chyfeilles agos i La Rouërie, yr hon yn ddiweddarach 'a ddangosodd ddewrder neilltuol ar y crocbren'. Arweiniwyd fi gan Monsieur Remy ar hyd y *Rue Nationale* ac oedi am ennyd o flaen rhif 32, gwesty bychan heddiw, ond yma am ddeng mlynedd cyntaf ei phriodas y bu cartref Julie de Farcy. Mae amryw gerfiadau ar du blaen y tŷ a dywed M. Remy wrthyf fod gardd a theras hyfryd yn y cefn a golygfa nodedig i lawr dros afon a dyffryn y Nançon.

Ychydig ymhellach i lawr y stryd deuwn at amgueddfa Emmanuel de la Villéon, yr unig adeilad yn y stryd â'i du allan o bren. Pren brown – tywyll a golau – ac ôl llosg arno. La Villéon (1858-1944) oedd yr arlunydd olaf, hyd y gwyddys, i gynnal dull a thraddodiad yr argraffiadwyr (*Impressionists*) a cheir casgliad da o'i waith yn yr amgueddfa. 'Un adeg yr oedd llawer o adeiladau pren yn Fougères,' meddai M. Remy, 'ond dioddefodd y dref droeon oherwydd tanau mawr yn y ddeunawfed ganrif – yr olaf ohonynt yn 1788.

A'r amgueddfa yw un o'r ychydig adeiladau a arbedwyd rhag y tanau.' Felly nid hen dref a ganmolai Chateaubriand wrth gofio'r amserau a dreuliodd yng nghartref Julie, ond tref newydd, fodern a hardd. Sylwaf ar ddyddiadau 1768 a 1769 ar furiau rhai o'r hen dai – buasai'r rheini'n newydd iawn pan fu Chateaubriand yn aros yn nhy Julie. Mewn tŷ yn y stryd tu cefn, a enwyd bellach yn *Rue Chateaubriand*, byddai'n lletya gyda'i chwaer hynaf Marie-Anne, ac roedd stafell ar ei gyfer yno bob amser. Dylwn nodi hefyd bod rhan sylweddol o'r dref wedi'i dinistrio yn ystod yr ail ryfel pan fu'r Americanwyr a Phrydain yn tanio'n ddiofal ar y dref wrth geisio cael gwared o'r Almaenwyr rhwng Mehefin 6 a Mehefin 9, 1944. 'Lladdwyd 101 o ddynion, 120 o fenywod, 35 o blant a 24 na wyddom pwy oeddynt,' meddai M. Remy wrthyf. Yn ogystal, dinistriwyd yn llwyr yr hen dai pren yn y *Rue de la Pinterie*, y stryd sy'n cysylltu *Place Aristide Briand* a'r castell.

Awn o gwmpas eglwys St Leonard a adeiladwyd yn yr unfed ganrif ar ddeg, ac a gafodd ei hailadeiladu yn gyfan gwbl yn y blynyddoedd wedi 1380 a pharhawyd gyda gwahanol ychwanegiadau a newidiadau yn gyson hyd 1880. Yna yn ôl tua'r gogledd a thrwy'r gerddi ac edrych i lawr ar afon Nançon a mwynhau golygfa ragorol o'r castell sydd yn is na hen furiau'r dref. Golygfa, yng ngeiriau Victor Hugo, 'o'r tyrau harddaf yn y byd: fe'i gwelais dan heulwen, fe'i gwelais yn y machlud, fe'i gwelais eto dan y lloer ac ni flinaf arni; y mae'n odidog.' Heblaw bod yn fardd ac yn nofelydd yr oedd Victor Hugo yn berchen ar ddoniau eraill – cynlluniodd gargoil sydd i'w weld ar ochr ogleddol yr eglwys.

Yr oedd gan y llenor a'r bardd reswm da dros fod yn rhamantus ynglŷn â Fougères. Onid oedd Hugo yn hanner Llydawr – Llydawes o'r enw Sophie Trébuchet oedd ei fam – ac yma yn Fougères y ganwyd un fu'n feistres iddo am dros hanner canrif, Madame Juliette Drouet (1806-1883). Fel Balzac sgrifennodd Hugo yntau nofel – un well dybia i – am wrthryfel y *Chouans*, sef *Quatre-Vingt-Treize* (Naw Deg a Thri). Diddorol nodi mai

Gauvain yw enw teulu dau o gymeriadau canolog y nofel – yr henwr ar ochr y Frenhiniaeth a'r gŵr ifanc ar ochr y Weriniaeth. Gauvain oedd enw bedydd Juliette Drouet ac yr oedd ei thad – teiliwr wrth ei alwedigaeth – yn un o wrthryfelwyr y Chouans ond gan iddo farw cyn ei bod hi'n ddwyflwydd prin y cafodd Hugo gymorth gyda'i ymchwil o'r ffynhonnell yna. Mae llythyrau caru Juliette Drouet – dros ddwy fil ohonynt – wedi goroesi a chyhoeddwyd detholiad ohonynt mewn cyfrol *Mille et une Lettres d'amour à Victor Hugo*. Mae ymysg y storïau serch mwyaf rhamantus a dirdynnol ac mae'n syn na chofir amdani yn Llydaw, dim ond yma yn Fougères.

Fe'i ganed yn *Rue de Rille* ar Ebrill 10, 1806. Bu farw ei mam yn Rhagfyr yr un flwyddyn a'i thad ym Medi y flwyddyn ganlynol. Yn ôl y bywgraffiad ohoni cafodd y plentyn amddifad gartref gan ewythr, 32 oed, hen lanc o'r enw René Henri Drouet a wasanaethodd Napoleon mewn wyth ymgyrch cyn cael ei glwyfo. O ganlyniad roedd Drouet yn derbyn pensiwn a chanddo swydd fel ceidwad y glannau mewn porthladd bychan ar arfordir Llydaw. Yn ôl cyfrol fwy diweddar, hen ewythr iddi oedd Drouet a choedwigwr wrth ei alwedigaeth. Yn sicr, ychydig sy'n wybyddus am y cyfnod hwn yn ei bywyd. Mabwysiadodd y cyfenw Drouet wedi hynny. Er defnyddio'r teitl Madame ni fu'n briod erioed. Nid oedd René Henri Drouet yn berson addas iawn i ofalu am ferch ifanc; cafodd hi ei difetha'n llwyr a chael rhyddid i chwarae triwant yn ddyddiol a byw mor wyllt ag afreolus â sipsi. Ymhyfrydai weddill ei bywyd yn ei thras gwerinol ac ni anghofiodd felysder ei blynyddoedd cynnar. Roedd chwaer a chyfnither i'w hewythr yn lleianod mewn cwfaint ym Mharis, ac yn ddeg oed cafodd hithau ei hanfon yno. Ond doedd hyd yn oed awyrgylch garcharaidd y cwfaint ddim yn ddigon i gaethiwo bywiogrwydd Juliette. Llwyddodd i osgoi llawer o reolau'r cwfaint gan gynnwys cael gwersi arlunio gan ŵr o'r enw Redouté. Pan oedd yn 16 oed caniatawyd iddi ymadael. Mae'r blynyddoedd dilynol o'i hanes eto'n gymylog. Yna, yn 1825, fe'i canfuwyd ymysg disgyblion cerflunydd o'r enw James Pradier. (Mae'n debyg bod llawer o'i waith i'w weld yn amgueddfa Genefa.) Ymhen fawr o dro yr oedd hi'n feistres iddo a'r flwyddyn ganlynol ganwyd merch iddynt a enwyd yn Claire. Roedd priodi Juliette allan o'r cwestiwn i un o safle Pradier a'i unig gyfraniad iddi oedd hwb i gychwyn ei gyrfa lwyfan. Yn 1833 cafodd ran fechan y Dywysoges Négroni yn y ddrama *Lucréce Borgia* gan Victor Hugo. Roedd Hugo a'r beirniaid yn gytûn bod ei pherfformiad yn arderchog. Ychydig cyn hynny darganfu Hugo fod ei wraig wedi godinebu gyda chyfaill iddo. Fe'i siomwyd yn fawr a phan gyfarfu â Juliette syrthiodd y ddau, ben a chlustiau, mewn cariad. Cychwynnodd perthynas glòs – er hanner-dirgel – a barhaodd hyd ei marw ar Fai 11, 1883. Hi fyddai'n copïo ei ddramâu – er na chafodd, er mawr siom, ran yn yr un ohonynt ar ôl ei pherfformiad clodwiw fel y Dywysoges Négroni. Hi fyddai'n gofalu amdano, yn ei fwydo, yn dewis ei ddillad ac wrth iddo orfod dianc i wledydd eraill yn Ewrop am resymau gwleidyddol, byddai hithau'n mynd yno gydag ef, neu o'i flaen, a gwneud pob math o drefniadau ar ei ran. Bu'n byw'n agos iddo bob amser – ym Mrwsel, Jersey a Guernsey. Er hynny, nid ymwahanodd Hugo oddi wrth ei wraig a hyd yn oed wedi ei marw ni newidiodd ei berthynas â Juliette. Dros hanner canrif eu perthynas prin yr aeth diwrnod heibio pan na fyddai Hugo'n ymweld â hi yn y tŷ neu fflat a ddarperid ganddo ar ei chyfer. Er eu cyfarfodydd cyson byddai Juliette yn sgrifennu'n ddibaid ato gan dywallt ei chariad bythol angerddol. Ar y cyfan mae'r llythyrau'n anniddorol ond mae perthynas y ddau yn bwysig. Rhoddodd i Victor Hugo y cysur a'r gefnogaeth a'r cymorth ymarferol na ddeuai oddi wrth ei wraig ddi-liw, ddi-ddiwylliant. Mae'r *Rue de Rille*, lle ganed Juliette Drouet, i'r gogledd o'r castell ac yn un o strydoedd culion llwydaidd Fougères. Dinistriwyd y tŷ lle ganed hi tua'r flwyddyn 1880.

Cerddwn ar hyd y *Rue de Rille* ac oedi o flaen tŷ ac arno lechen yn nodi mai yma y bu byw Jean Guehenno. Ganed Guehenno yn

Jean Guehenno.

1890 ond cafodd ei anfon i fyw at hen fodryb mewn pentre bach ger St Germain-en-Cogles i'r gogledd-ddwyrain o Fougères. Yr oedd y tu hwnt o ddedwydd yno ond yn y dref roedd bywyd yn llawer mwy diflas. Ac yntau'n fab i grydd caredig, rhyddfrydig, bu'n rhaid iddo roi'r gorau i'w addysg pan drawyd ei dad yn wael. Ac yntau ond yn 14 oed aeth i weithio mewn ffatri gwneud sgidiau a phrofi cyni gaeaf enbyd 1906-1907 pan aeth y gwneuthurwyr sgidiau ar streic. Wedi hynny cafodd gyfle i fynd i goleg hyfforddi athrawon – un o'r colegau *normale* fel y gelwid hwy yn Ffrainc. Roedd yn berwi o ddicter at yr annhegwch a ddioddefai'r gweithwyr a phobl gyffredin a throes i lenydda ac, ynghyd ag André Gide ac André Chamson, yr oedd yn un o sylfaenwyr y cylchgrawn wythnosol *Vendredi* yn y cyfnod rhwng y ddau ryfel. Yn 1944 cyhoeddwyd cyfrol o'i waith am fywyd yn Ffrainc dan ormes yr Almaenwyr, *Dans la Prison* (Yng ngharchar), gan *Editions de Minuit* (Cyhoeddiadau Ganol-nos), y wasg gudd a sefydlwyd gan Vercors (Jean Bruller). Cyfeiriais ati eisoes – a thebyg y gwnaf eto. Wedi i Ffrainc gael ei goresgyn ailgychwynnodd amryw o artistiaid a llenorion Ffrainc gyhoeddi yn 1940 a 1941 – yn eu plith Colette, Jean Cocteau, Georges Simenon a Jean Giraudoux. I Guehenno a Vercors yr oedd hyn yn wrthun. Cawsant eu profi'n gywir gan i'r Almaenwyr wneud propaganda o'r ffaith i'r llenorion hynny barhau i sgrifennu a chyhoeddi. Cododd gweithiau Vercors a Guehenno hyder y Ffrancwyr yn ogystal â'u gorfodi i ystyried agweddau athronyddol y rhyfel. 'Dylem deimlo'n falch,' meddai Guehenno yn *Dans la Prison* 'fod cenedl ormesol yn rhoi cymaint o bwys ar yr hyn a feddyliwn mae'n gwneud i ni gydnabod mor gyndyn a diatal yw'r meddyliau hynny.' Bu farw ym Mharis yn 1978 ond drwy gydol ei fywyd cadwodd gysylltiad â Llydaw a byddai'n treulio ei hafau bob blwyddyn yn Port Blanc.

Bellach rwyf yng nghar Renault moethus M. Remy ac mae'n mynd a mi yn ôl i ganol y dref ac yna i lawr y rhiw serth sy'n arwain heibio i eglwys St Leonard a'r *Rue des Vallées*. Ar y gwaelod mae'n troi i gilfan oddi ar y ffordd a diffodd peiriant y car. Awn allan a'r tu ôl i ni gwelwn y llechwedd serth ac uwch ei ben furiau'r dref a'r eglwys. 'Dyna'r union olygfa a welai'r *Chouans* wrth iddynt ymosod ar y dref,' meddai M. Remy. Un o'r ymosodiadau a ddisgrifir yn lliwgar gan Honoré Balzac yn *Les Chouans*. Ar draws y ffordd oddi wrthym, ar heol o'r enw *Rue Moulin les Pauvres* (Ffordd Melin y Tlodion), saif ffermdy Gibarry a fuasai yno yn amser y gwrthryfel ac y buasai Balzac yn gyfarwydd ag ef, meddai Joseph Remy. Saif y ffermdy ar y ffordd D112 yng nghysgod y dref yn union wrth ymyl arwydd sy'n dangos y ffordd i Vendel. Yma, meddai M. Remy, yr oedd y wasg seidr lle roedd rhai o'r *Chouans* yn cuddio a daeth y milwyr – gan dybio mai yma yr oeddynt yn cuddio – a dechrau troi'r wasg nes bod y gwaed yn diferu ohoni. Ceir cyfeiriad at y digwyddiad yn nofel Balzac. Wrth edrych yn ôl ar y dref gwelir amlinell bryniau Rille yn gefndir iddi – golygfa a ddisgrifir mor fanwl a godidog gan Balzac. Wrth ein hymyl, ar y dde mae un o'r llwybrau dyfnion hynny, eto a ddisgrifir mor fanwl gan Balzac yn ei nofel, *le chemin creux* yw'r term amdano, llwybr sy'n cafnu rhwng perthi uchel. Yma, yr ydym mewn man i wir werthfawrogi disgrifiadau Balzac o'r caeau. Caeau sydd fel pe baent wedi suddo rhwng y cloddiau a'r perthi uchel nes bod y wlad – yn nodweddiadol o lawer rhan o ganol Llydaw – yn ymddangos fel coedwig fawr. Mae sefyll yma ar y darn tawel hwn o ffordd heb yr un car ar ein cyfyl yn dwyn atgofion am y nofel a'i cymeriadau â'r llysenwau rhyfedd. Meddwl am fwthyn Galope-Chopine a'r arth o gymeriad Marche-à-terre, un o arweinwyr gwerinol y *Chouans*. Yn 1827, flynyddoedd wedi'r gwrthryfel, gwelodd Balzac ef yn arwain buwch yn hamddenol i farchnad Fougères. Hen ŵr y buasai rhywun o ddigwydd sylwi arno o gwbl yn dweud: 'Dyna hen fachgen gonest ardderchog'. A neb yn cofio iddo ef ei hun ladd dros gant o ddynion yn y gwrthryfel.

O ddarllen ei nofelau diweddarach cawn ein swyno gan fanylder disgrifiadol Balzac: creu llwyfan drwy ddisgrifio stafelloedd a dodrefn a gwisgoedd; disgrifiadau cefndir sy'n cyfleu darlun o gymeriad i hyrwyddo'n deall ninnau ohono, o'i safle cymdeithasol, o'i ddyheadau. Ceir yr un manylder disgrifiadol yn *Les Chouans* – ond mai caeau, coed, llwybrau, ffermdai, tyddynnod sydd amlycaf yn y nofel honno. Rwy'n casglu o oslef a sgwrs fy nhywysydd mai gŵr â'i dueddiadau tua'r dde ydyw a'i gydymdeimlad ag ymladdwyr y gwrth-Chwyldro, y *Chouans*. Ambell sylw, wedyn, hytrach yn ddilornus o gyngor y dref, cyngor sosialaidd, ac nid yw ef, fel llywydd y gymdeithas dwristaidd bob amser yn medru cyd-dynnu â'r aelodau, er iddo fod ei hun yn gynghorydd am gyfnod hir.

Awn yn ôl i'r car ac mae'n fy nghludo ar hyd y ffyrdd culion o gwmpas y dref tua'r gogledd-ddwyrain i gyffiniau St Germain-en-Cogles. Awn i fyny llwybr fferm a thrwy'r coed at gapel diarffordd o'r enw St Jacques a saif wrth ymyl llyn bychan. Drwy'r coed medrwn weld y Chateau de Marigny, lle trigai Marie-Anne, Iarlles de Marigny, chwaer hynaf François-René de Chateaubriand. 'Saif y castell mewn man dymunol . . . rhwng dau lyn, ymysg coed, creigiau a dolydd' meddai Chateaubriand yn ei *Mémoires*. Tra oedd yn casglu deunydd ar gyfer ei nofel bu Balzac yma hefyd a darganfod fod yn y castell, oedd bellach yn eiddo i Gilbert de Pommereul, teulu bonheddig ond a frwydrodd yn erbyn gwrthryfel y *Chouans*, domen o wybodaeth am arferion y wlad, gwisgoedd, ymadroddion y bobl, daearyddiaeth ac am y cyrcheodd a'r ymosodiadau. Gwnaeth Balzac ddefnydd helaeth o'r wybodaeth a cheir disgrifiadau ganddo o'r ddau lyn yn ei nofel.

Cawsom ychydig amser i hamddena o gwmpas y capel un o nodweddion hyfrytaf Llydaw yw ei chapeli diarffordd, ac nid yw hwn yn eithriad. Ac yma eto mae M. Remy yn fwrlwm o fanylion diddorol. 'Mae'r capel ar hen ffordd y pererinion i Sant Iago de Compostella [Galego neu Galicia, gogledd-orllewin Sbaen],' meddai. 'Yma hefyd y byddai pobl yn dod a'u plant i Gymundeb, neu fedydd, yng nghyfnod y Chwyldro, pan oedd erlid ar grefyddwyr.' Mae ffermdy wrth ymyl ac yno yn yr hen amser byddai'r pererinion yn lletya ar eu ffordd i Sant Iago. Ymhellach i'r gogledd, fymryn y tu hwnt i ffin Llydaw, mae tref St James sydd eto ar ffordd y pererinion. Felly, mae'n amlwg fod yr enwau James, Jacques, Iago, yn gyffredin ar y llwybrau hyn. Mae yma Groes a dywed M. Remy wrthyf mai Croes sy'n cyfeirio'r pererinion ar eu ffordd ydyw ac mai un o deulu'r Pommereul a'i cododd. Bu yma felin hefyd i ddarparu bwyd ar gyfer y pererinion, ychwanegodd.

Gan adael tawelwch y llyn a'r deri a'r capel bach awn ymhellach tua'r gogledd-orllewin, drwy bentref Antrain – pentref artistiaid er ei fod yn wag wedi prysurdeb yr haf, lle mae oriel ar ôl oriel i'ch denu – ac i St Ouen-la-Rouërie. Drwy'r pentre hwnnw a throi i fyny lôn fferm, er bod yr arwyddion yn dweud ein bod ar ffordd breifat. Ym mhen draw'r lôn yr ydym wrth ymyl hen gartref teuluol Armand La Rouërie. Tŷ mawr, *chateau* yn y dull Ffrengig, ac nid castell at bwrpas rhyfel mohono. Fel y buasai'r sgrifenwyr taith proffesiynol yn dweud, nid oes iddo arbenigrwydd. Ond y mae iddo gysylltiadau hanesyddol diddorol. 'Yr ydym o fewn dau ganllath i'r ffin â Normandi,' meddai M. Remy, gan gyfeirio at y dibyn ychydig o'n blaenau yn y coed. 'Yma y daeth La Rouërie wedi dod adref o ryfel annibyniaeth America a bu'n byw yma am y deng mlynedd nes cychwyn y gwrthryfel yn erbyn y Chwyldro.' Byw bywyd hamddenol y ffermwr bonheddig. Soniais o'r blaen nad oedd yn Llydaw – yn ots i weddill Ffrainc – dreth halen. Felly mewn lle fel y fan hon, gyda choedwig o gwmpas, yr oedd smyglo'n hwylus a phroffidiol a thebyg bod La Rouërie wedi ymhél â'r fasnach anghyfreithlon. Ac wrth gwrs, fel y dywed Joseph Remy, mae llwyddiant smyglo yn dibynnu ar allu pobl i gadw cyfrinach ac i ymddiried yn ei gilydd. Pobl ddelfrydol i godi yn erbyn y Chwyldro am y gwyddent sut i gau eu cegau. Fe welir hyn yn y darlun o werin ddrwgdybus a geir gan Balzac yn *Les Chouans* er nad yw'n egluro'r cefndir. Ffeithiau bach sy'n rhoi lliw i hanes y cyfnod ac yn help i'w ddehongli.

Dyma hefyd y wlad sy'n gefndir i *Quatre-Vingt-Treize* (Naw Deg a Thri) nofel Victor Hugo am y Chwyldro. Ynddi mae'r wraig Michelle Fléchard yn dweud wrth filwyr y Weriniaeth: 'Roedd tad fy ngŵr yn smyglo halen. Fe'i dedfrydwyd i'w grogi gan y brenin.' Mae'r nofel yn cychwyn i'r gogledd o'r man lle safwn ac mae'r stori wedi'i britho ag enwau fel Beauvoir, Huisnes, Ardevon, Tanis, Pontorson, Antrain a St Brice-en-Cogles ac mae'r crwydro a'r digwyddiadau yn croesi'r ffin i Lydaw nes cyrraedd uchafbwynt mewn castell a elwir yn La Tourgue yng nghoedwig Fougères. Lleolir La Tourgue yn y nofel ger Parigné sydd i'r gogledd-ddwyrain o Fougères ond mae'n debyg mai ar dŵr Mélusine, sy'n rhan o gastell Fougères, y seiliodd Hugo ei La Tourgue. Mae'n nofel a mwy o fynd iddi na *Les Chouans* Balzac ac mae ynddi rai disgrifiadau difyr i'r sawl sy'n ymddiddori mewn militariaeth. Un ohonynt yw eglurhad pam fod y drysau oddi ar risiau pob tŵr yn isel. Rhaid oedd i ymosodwyr blygu pen i fynd drwy'r drws a byddai gwegil yr ymosodwr – rhwng y pen a chorff yr arfwisg – yn cael ei noethi a byddai milwr yn llechu tu fewn y drws yn medru torri pen pob un i ffwrdd mor hwylus â phetai ganddo *guillotine*! Dyna a ddywed Victor Hugo, beth bynnag! Mewn blynyddoedd diweddar daeth *loose canon* yn ddywediad poblogaidd yn y Saesneg. Fe'i defnyddiwyd i ddisgrifio'r Dywysoges Diana ar ôl ei marw. Prin y buasai neb a ddarllenodd *Quatre-Vingt-Treize* gyda'i ddisgrifiadau o'r anrhaith a achoswyd gan ganon yn mynd yn rhydd ar fwrdd y *Claymore* yn medru cysoni'r fath ddywediad â'r Dywysoges Diana nac o ran hynny ag unrhyw berson o gig a gwaed! 'Dyma, hwyrach, y gwaethaf o ddamweiniau ar y cefnfor. Does dim mwy ofnadwy all ddigwydd i long ar y môr mawr o dan lawn hwyl. Mae gwn a dyr yn rhydd o'i angor yn sydyn yn troi'n fwystfil goruwchnaturiol annisgrifiadwy,' meddai Hugo. Wedyn mae'n bwrw ati ag afiaith i ddisgrifio'r annisgrifiadwy! Pennod i ddisgrifio'r canon yn rhuthro a chwyrlïo o gwmpas y bwrdd a phennod arall i ddisgrifio camp un o'r morwyr yn corlannu'r bwystfil.

Er mai *Les Chouans*, dybia i, yw'r enwocaf gwell gen i *Quatre-Vingt-Treize*. Mae'r stori'n haws i'w dilyn yn un peth. Hwyrach am mai *Les Chouans*, a gyhoeddwyd yn 1829, oedd nofel gyntaf Balzac. Cyhoeddwyd *Quatre-Vingt-Treize* yn 1874 pan oedd Victor Hugo ar frig ei grefft. Ac nid oedd Balzac ond dair blynedd yn hŷn na Hugo.

Ni ellid ymadael â Fougères heb sôn am gryddion y dref – yn arbennig a minnau yng nghwmni gŵr a fu, cyn ymddeol, yn gyfarwyddwr masnach ac allforio ffatri gwneud sgidiau. Daeth y teulu o ardal Saone a sefydlu busnes adeiladu yn y dref, ond wedi derbyn addysg brifysgol yn Rennes a threulio cyfnod byr fel athro a darlithydd yn hanes llenyddiaeth Ffrainc priododd Joseph Remy ferch teulu un o'r ffatrïoedd sgidiau niferus ac ymuno â busnes ei deulu-yng-nghyfraith. A minnau wedi cael cymaint o garedigrwydd ac amser ganddo mae'n anodd codi hen grach streiciau o'r gorffennol – er iddynt ddigwydd cyn geni Joseph – felly byddaf yn ddiplomataidd gan wneud fy ymchwil fy hun.

Cychwynnodd y diwydiant lledr yn Fougères o gwmpas 1850 gan dyfu'n rhyfeddol o gyflym. O fewn deng mlynedd ar hugain yr oedd poblogaeth y dref wedi dyblu i 21,000 erbyn 1900. Yr oedd deugain o ffatrïoedd sgidiau yn cyflogi 12,000 o weithwyr. Erbyn 1920 yr oedd cant o ffatrïoedd a Fougères oedd y dref ddosbarth gweithiol fwyaf yn Llydaw a phrif dref Ffrainc am gynhyrchu sgidiau. Codwyd tai newydd, theatr, coleg, gorsaf reilffordd ac ehangodd y dref. Daeth hyn oll â bywiogrwydd newydd gan greu dosbarth gweithiol a dosbarth canol newydd. A chrewyd gwrthdaro dosbarth a doedd neb yn fwy ymwybodol o hwnnw na'r llenor Jean Guehenno a fynegodd awydd y dosbarth gweithiol, diwydiannol i newid eu bywydau. Oedd, yr oedd yn fater o fara ond hefyd yn fater o anrhydedd; yn frwydr am gydnabyddiaeth a pharch. 'Mesurid hyd y pwythau a byddem yn cael ein talu yn ôl y rheini. Ond ni fyddai'r rheolwyr yn cyfri'r pwythau i gyd. Rhaid oedd dadlau am bob dimai,' meddai merch a weithiai yn un o'r ffatrïoedd ar droad y ganrif. Aeth y gweithwyr ar streic yn 1906 – streic a barhaodd fisoedd ac a fu'n garreg filltir mewn gweithredu diwydiannol yn hanes Ffrainc.

'Ar Dachwedd 16, ar safle'r gyfnewidfa lafur trefnwyd ceginau cawl comiwnyddol,' meddai *l'Humanité*, rhifyn dydd Iau, Tachwedd 29, 1906. '22 stof enfawr yn darparu bwyd i 1,500. Ar fore'r 27ain, gallwn dystio fod y gweithwyr i gyd yno. Dynion a merched oll am ragori ar ei gilydd mewn egni a phenderfyniad. Rhai yn mynd allan i'r goedwig i gasglu coed tân, eraill yn cerdded i fyny ac i lawr y stryd yn casglu arian, oherwydd mae'r boblogaeth oll y tu cefn i'r streicwyr, pawb wedi syfrdanu gan farusrwydd y perchenogion . . . Mae bywyd newydd ar ei ffordd ar gyfer y Llydawiaid gwrol sydd wedi cyrraedd pen tennyn eu hamynedd, a gwelwn yn eu llygaid rywbeth tebyg i fflach gwrthryfel . . .'

Datblygodd diwydiant twristaidd yn y dauddegau gan fanteisio ar y castell ac agosatrwydd y dref i St Malo, Mont St Michel a Vitré. Yr adeg honno roedd gorsaf drên yn Fougères ond ddim mwyach. Bu streic arall gan y gwneuthurwyr sgidiau yn 1932 ond bu honno'n fethiant llwyr – erfyn aneffeithiol yw streic pan fo'r diwydiant ei hun mewn sefyllfa fregus. Daeth adfywiad i'r economi yn y pum a'r chwedegau ond erbyn y saithdegau yr oedd y cyni yn ôl. Caeodd y ffatrïoedd un ar ôl y llall. Erbyn heddiw nid erys ond pum neu chwech yn cyflogi tua 700 o weithwyr. Ond erys y grefft ac mae'r dref yn parhau i wneud esgidiau i rai o'r tai ffasiwn enwocaf ym myd sgidiau merched ledled Ffrainc. Heddiw mae'r dref yn ffynnu eto ac yn cynhyrchu nwyddau electronig, nwyddau gwydr yn ogystal â'r holl ddarpariaethau angenrheidiol i dref ac iddi farchnad wartheg bwysig. Ar ben hynny, llwyddodd i fanteisio ar ei henw fel tref â chysylltiadau diwylliannol a hanesyddol ac i ddenu ymwelwyr sy'n gwerthfawrogi'r cysylltiadau hynny. Mae M. Joseph Remy yn lladmerydd brwd a gwybodus o blaid y fath ddatblygiadau. Cael cwmni dau ŵr mor wybodus yn hanes a llên Llydaw ar yr un dydd – mawr fu fy mraint.

*   *   *

Rwyf o ddifrif ar drywydd gwŷr a gwragedd llên heddiw ac wedi ffarwelio â Joseph Remy a dod o hyd i Gwen sydd erbyn hyn yn dechrau syrffedu hyd yn oed ar siopau Fougères; trown am y de tua Vitré (Gwitreg yn Llydaweg). Taith tua hanner awr hyd yn oed i yrrwr fel fi. Gwlad amaethyddol agored – rhagor o dyfiant India Corn – ac oedi am funud ar y *Tertres Noirs*, bryncyn manteisiol i gael golwg dros y dref. Yn wahanol i Fougères ni ddioddefodd Vitré o effeithiau'r rhyfel diwethaf ac o syllu arni oddi yma ymddengys yn batrwm nodweddiadol o dref ganoloesol a'i muriau'n gyfain o'i chwmpas a'r castell yn ymwthio'n heriol o'r graig tuag atom. Dyma gadarnle na lwyddodd Lloegr i'w oresgyn – er pob ystryw – yn Rhyfel y Can Mlynedd. Mewn hen strydoedd fel *Rue Poterie* neu *Rue Beaudrairie*, strydoedd â'u henwau'n coffáu hen grefftau, ceir syniad ardderchog o wedd a phensaernïaeth drefol y canoloesoedd. Mae'n dref i'w chrwydro'n hamddenol a darganfod pob math o nodweddion annisgwyl – megis muriau'r castell sy'n brawf o'i chyfoeth yn y canoloesoedd.

Ein nod, er hynny, yw *Les Rochers* – neu fel y cyfeirir ato erbyn hyn, *Les Rochers-Sévigné*. Rhaid manteisio ar bob cysylltiad llenyddol neu hanesyddol. Ac mae enw y Marquise de Sévigné yn werth manteisio arno. Mae arwyddion yn ein hannog i ddilyn cylchdaith 'llythyrwraig orau'r byd' o Vitré i'r castell lle treuliodd lawer o'i hamser rhwng 1654 a 1690. Oddi yma, ac o Vitré, anfonodd nifer fawr o'r 1,300 a mwy o'r llythyrau hynny o'i gwaith a oroesodd, llawer ohonynt at ei merch, Madame de Grignan, yn Provence. Mae'r coed uchel bob ochr i'r ffordd yn gysgod rhag haul tanbaid dechrau Medi. Cyrhaeddwn y castell – erbyn heddiw mae cae golff wrth ei ochr – a gadael y car yn y maes parcio a cherdded rhwng y coed derw tal – anarferol o dal – rhaid eu bod wedi'u tocio'n ofalus wrth iddynt dyfu i ddod i'r siâp yma. Ond wedi cyrraedd y lliddiardau haearn maent ynghlo. Bûm yn rhy hir yn Fougères ac ni chawn wneud dim ond crwydro o gwmpas y tu allan ac edmygu'r castell – tŷ annedd ydyw yn hytrach na chaer amddiffynol. Mae'n dlws a thaclus, y gerddi a'r lawntiau yn gymen a sgwâr. Rhyfedd meddwl fod y castell yn 300 oed pan ddaeth Madame Sévigné yma gyntaf. Mae'r tyrau a'r simneiau gyda'u hamrywiol gynlluniau yn ddeniadol a medraf weld y capel wyth ochr a godwyd yn 1671. Cyfeiriai o dro i dro yn ei llythyrau at y lle'n cael ei godi ond mae'n ymhyfrydu mwy yn y gerddi a'r coed. Roedd y coedydd hyn mor ddeniadol yn ei golwg fel na fedrai ymatal rhag crwydro ynddynt ddydd a nos. Ym mis Hydref 1671 dan leuad lawn mynnai gerdded trwyddynt rhwng un ar ddeg a hanner nos er bod bleiddiaid o gwmpas a rhaid oedd wrth dri gwarchodwr arfog i'w dilyn.

Nid Llydawes ydoedd; yr oedd yn enedigol o Burgundy, ond priododd yr uchelwr Llydewig Henri de Sévigné, gŵr a flinodd arni yn fuan ac a ymroes i'w fwynhau ei hun a mercheta ym Mharis gan adael ei wraig yn *Les Rochers*. Ni cheir unrhyw gofnod o'i hargraffiadau cyntaf o'r faenor. Oedd y coedwigoedd gyda'u bleiddiaid a'u anifeiliaid gwyllt eraill yn ymddangos yn wyllt a barbaraidd iddi? Wyddom ni ddim, ond buan y syrthiodd mewn cariad â'i chartref newydd ac â'r wlad o gwmpas – yn wyrdd a choediog, yn bantiau a bryniau. Bu farw ei gŵr yn Chwefror 1651 ym Mharis yn dilyn sgarmes

Les Rochers-Sévigné – a fu'n gartref i 'lythyrwraig orau'r byd'.

nad oedd – am unwaith – yn ymwneud â menyw arall. Yr oedd ef yn 32 a Madame de Sévigné yn ddim ond 25 pan gafodd y newydd am ei farw. Hi, meddir, oedd yr unig un i alaru ar ei ôl. Gyda chymorth ei hewythr yr Abad Coulanges cliriodd ddyledion ei gŵr afradlon a rhoi trefn ar y stad. Petai Henri wedi byw rai blynyddoedd yn hwy mae'n debyg y buasai wedi difetha'r stad am byth. Yr oedd ganddi ddau blentyn, mab a merch, ac mewn blynyddoedd i ddod ei llythrau at ei merch a roes anfarwoldeb llenyddol iddi a lle pwysig yn hanes Llydaw a Ffrainc y cyfnod. Dywedir yn fynych nad oedd ganddi lawer o gydymdeimlad â, na chariad at, Lydaw. Pan ddaeth uchelwyr Llydaw i Vitré ar gyfer Cynulliad Taleithiau Llydaw yn Awst 1671 yr oedd y digwyddiad yn ei phoeni'n fawr. Yn un peth byddai'r gost iddi hi yn sylweddol gan y disgwylid iddi ddarparu croeso a lluniaeth iddynt. Fel gwraig â phrofiad o uchel gymdeithas Paris gallai fod yn sarhaus o arferion uchelwyr Llydaw a'u gwragedd. Sonia am brynu deunydd i wneud gŵn i'w wisgo yn y boreau 'sy'n hardd iawn'. Â rhagddi: 'Ni wariais lawer, gan fy mod yn casáu Llydaw, a byddaf yn ddarbodus nes y dof i Provence,' meddai mewn llythyr at ei merch.

Cynhelid cyfarfodydd y cynulliad bob yn ailflwyddyn mewn gwahanol drefi a dinasoedd. Nid oedd iddynt lawer o rym: rhyw symbol o hen ryddid Llydaw yn fwy na dim ac esgus am fis o hwyl a chyfeddach. Trwy lwc fe aeth Madame de Sévigné i Vitré a cheir yn ei llythyrau ddarlun o'r llawenydd a'r rhialtwch. Disgrifiodd y gwleddoedd a rhoddodd ganmoliaeth hael i ddawnsio y Meistri de Locmaria a de Coetlogon a dwy Lydawes o *Breiz Izel* oedd 'yn rhagori o bell ar unrhyw beth a welais gan ddawnswyr gorau'r Llys [ym Mharis].' O'r diwedd ymwelodd aelodau'r cynulliad â hi yn *Les Rochers* a mawr fu'r canmol ac erbyn hyn – a'r garw wedi'i dorri – yr oedd hithau yr un mor frwd ei chanmoliaeth o arglwyddi Llydaw. Yr oedd cysgod y coed a'r gerddi o gwmpas ei chartref yn dynerach na gwres haul Awst yng nghanol Vitré yr wythnosau hynny.

Yn 1675 ceir newid mawr yn ei llythyrona a cheir ganddi ddisgrifiadau o wrthryfel y *Papier Timbré* a gychwynnodd yn Rennes ar 3 Ebrill y flwyddyn honno pan roddwyd treth newydd ar gytundebau cyfreithiol gan achosi prisiau nwyddau i godi'n gyffredinol. Dychwelodd Madame de Sévigné i *Les Rochers* yr hydref hwnnw wedi ysbaid ym Mharis a chanfod terfysg ben bwygilydd yn Llydaw – ysbeilio cestyll, crogi arglwyddi, anrheithio swyddfeydd y llywodraeth, taflu cerrig at lywodraethwr Llydaw, sef Dug Chaulnes a oedd yn gyfaill personol iddi. Y Llydawyr druain, meddai, heb fedru'r un iaith ond eu *patois*, yr oedd yn naturiol ddigon iddynt feio'r llywodraethwr am bwysau'r trethi newydd. Ond gwyddai hi mai y brenin oedd y drwg yn y caws, ei deithiau mynych, ei ddifyrru a'i wledda diddiwedd, ei blastai, ei hapchwarae a'i odinebu – i'r pyllau diwaelod hynny y diflanai eu harian. Tenantiaid Llydaw'n methu talu'r rhent a'r perchenogion tir yn methu talu'r hyn a ddisgwylid gan y llywodraeth a'r brenin. 'Mae Rennes yn anial; y cosbi a'r trethi'n ddidrugaredd; medrwn sgrifennu tan yfory petawn yn ailadrodd yr holl straeon enbyd a glywaf,' sgrifennodd at ei merch. Fe'i cyhuddwyd hi o ddiffyg cydymdeimlad â'r werin ac o fod yn ddi-hid o'u dioddfaint. Ac eto yr oedd dicter yn ei llythyrau. 'Maent wedi gosod treth o 100,000 coron i'w thalu gan y *bourgeois* ac oni thelir yr arian o fewn diwrnod fe'i dyblir, a daw'r milwyr i'w hawlio drwy rym,' sgrifennodd at ei merch. 'Alltudiwyd holl drigolion stryd gyfan a gwaharddwyd trigolion y dref rhag cynnig llety iddynt ar gosb o farwolaeth; a gwelir y trueniaid hynny, hen wyr a gwragedd wedi'u bwrw o'u gwelyau cystudd, a phlant ifanc yn crwydro yn eu dagrau y tu allan i'r dref heb wybod ble i droi, sut i gael bywyd, na ble y cânt gysgu . . . Cymerwyd 60 o'r *bourgeoisie* i'r ddalfa, ac yfory cychwynnir y crogi.' Ymhen ychydig mae'n ymateb yn goeglyd i lythyr oddi wrth ei merch: 'Yr wyt yn sgrifennu'n ddymunol iawn am ein trallod. Nid ydyw pethau cynddrwg ag yr oeddynt. Ni chrogir ond un yr wythnos yn awr, ymarfer i weinyddwyr cyfiawnder.'

Yr oedd yn berson llawen, yn mwynhau cwmnïaeth dda yn gymaint â llonyddwch ei chartref. Er ei bod yn weddw yn bump ar hugain oed nid ailbriododd er bod nifer o ddynion yn chwennych ei chael yn wraig – ac eraill am ei chael yn gariad. Gwrthododd bob un mewn ysbryd hwyliog. Carwn wybod a oedd yn sgrifennu ei llythyrau'n fwriadol ar gyfer cynulleidfa ehangach neu beidio. 'O'r dydd pan gychwynnodd sgrifennu, gwyddai fod ei llythyrau'n cael eu dangos, eu copïo, a'u casglu; mewn gair, fod ganddi ddarllenwyr.' Dyna farn sicr Jules Lemaitre yn ei *Les Contemporains*, casgliad o erthyglau a beirniadaethau papur newydd a gyhoeddwyd mewn amryw gyfrolau o gwmpas troad y ganrif hon. Ychwanegodd: 'Nid can mil o ddarllenwyr, ond hanner cant, neu gant, o bobl gofoethog, fonheddig, ddiwylliedig, segur. Pa wahaniaeth? Fwy neu lai yn ymwybodol sgrifennai ar gyfer cynulleidfa ddethol, ac o dipyn i beth cawn gyffyrddiad bach o'r sgrifennwr proffesiynol. Daeth yn 'sgrifennwr-llythyrau', hynny yw, newyddiadurwr.' Sgrifennodd am yr hyn oedd yn digwydd yn Llys y Brenin, am drefi, am lenyddiaeth a'r theatr, am fywyd yn Llydaw a Provence, am fywyd y wlad, rhyfel, drwgweithredoedd, ffasiwn, y teulu a materion personol – y math o bynciau sy'n parhau i gael eu gwyntyllu mewn papurau newydd hyd heddiw.

Yn ôl Lemaitre byddai pobl yn gofyn i'w gilydd, 'Ydych chi wedi darllen llythyr diweddaraf Madame de Sévigné?' Yr oedd ganddi arddull gynnes, glyfar, a hefyd y gorliwio, yr ormodiaith egni a sŵn a lliw sy'n nodweddu'r newyddiadurwr da. Roedd ganddi drwyn at y digri ac at stori dda, dychymyg grymus a gafael sicr o'i hiaith. Yr oedd iddi y peth cyffredin hwnnw a berthyn i'r newyddiadurwr llwyddiannus – diddordeb mewn syniadau a'r gallu i gyfleu syniadau pobl eraill yn wreiddiol, yn afaelgar. Medrai wneud y dibwys yn ddiddorol. Fel person nid oedd yn arbennig o glyfar, ond yr oedd ar yr un donfedd â'i darllenwyr – un arall o nodweddion y newyddiadurwr da.

Ugain mlynedd yn gynharach yr oedd Gaston Boissier o'r farn, oherwydd gwahaniaeth naws y llythyrau, ei bod yn sgrifennu rhai gan wybod y buasai'r derbynydd yn eu dangos i eraill, ond na ddisgwyliai mai dyna dynged y rheini a ddanfonai at ei merch. Gwyddai, er enghraifft, y byddai ei llythyron at ei chefnder cynllwyngar, Iarll Bussy, yn siŵr o gael eu darllen gan lawer – gan gynnwys y brenin. Dangosai yr Abad Coulanges ei llythyrau i eraill am ei fod yn ymhyfrydu yn nawn lenyddol ei nith a'i fod am ledaenu ei henw da. Ond yn ôl Boissier teimlai'n ddiogel i dywallt teimladau ei chalon i'w merch yn Provence. Rhyfedd o berthynas oedd honno, y ferch oeraidd heb gariad at ei mam a'r fam yn dotio at y ferch. Ac eto y ddwy ond prin adnabod ei gilydd . . . Weithiau bydd rhai yn gofidio na sgrifennodd ddim byd mwy uchelgeisiol – dim hunangofiant, na nofel. Ond fel llawer newyddiadurwr sy'n gampus am lunio colofn o 500 o eiriau, yn weddol am ddarn o 1,500 o eiriau ond yn anobeithiol am greu cyfrol hirfaith tebyg mai yr un fuasai ei thynged hithau.

Pennod 7

Tu hwnt i Nantes

'Fel pawb arall sydd wedi sgrifennu am Lydaw wnest ti ddim cyfiawnder â'r rhan o Lydaw sydd i'r de o aber afon Loire.' Dyna farn un Llydawr wedi darllen *Crwydro Llydaw* ugain mlynedd yn ôl. A phwysleisiodd Bernard Le Nail y dylwn dreulio amser yma, hefyd. Rwy'n amau fod ei gymhellion yn wleidyddol. Nid yw'r fro hon, na Nantes (Naoned yn Llydaweg) 'chwaith, yn rhan o'r uned ranbarthol, weinyddol a elwir yn Llydaw. Collwyd y frwydr yn y saithdegau pan sefydlwyd uned weinyddol o'r enw Loire-Atlantique. Ac mae cyfeillion o Lydaw yn awyddus i'm hatgoffa o hen ffiniau hanesyddol ei gwlad. Ac fe wnaf hynny'n llawen . . . fwy neu lai . . . gan y bydd yn rhaid gyrru o gwmpas Nantes i gyrraedd y darn hwn o Lydaw.

Mae'r ffordd o gwmpas Nantes yn arswydus, dal i fynd mewn ffydd a'm calon fel gordd a'r chwys yn diferu a 'nghefn yn glynu yn sedd y car. Ofn yn hytrach na gwres yr haul drwy ffenestri'r car sy'n achosi hyn, er ei bod yn ddiwrnod heulog. Y nod yw Pornic gan i mi gael cyngor ei fod yn lle dymunol a bod y bont ar draws genau afon Loire yn ei gwneud yn hwylus i groesi i St Nazaire ac i ymweld â mannau fel corsydd La Brière. Ac nid oes, bellach angen talu i groesi'r bont honno. Ond sut mae cyrraedd y lle? Mae Gwen, sy'n dehongli'r map ac yn cadw llygad ar yr arwyddion ffordd, yn tueddu i syrthio i gysgu. Rwyf innau'n ceisio cadw llygad ar yr arwyddion ffordd ac ar y lorïau enfawr sy'n taranu heibio i mi ar gyflymdra enbydus. Yna wedi cyfnod o chwysu ac ambell sylw blin am anallu merched i ddarllen mapiau, yn sydyn gwelaf arwydd – Pornic – ac yr wyf yn fodlon fy myd a gall Gwen fynd yn ôl i gysgu. Buan yr ydym oddi ar yr uffern wallgof yma ac yn teithio ar hyd ffordd dawel a chaf ymlacio a gyrru ar gyflymdra cydnaws â'm natur hamddenol fy hun. Gwelwn arwydd Port St Père ond yn fwy amlwg arwydd sy'n ein gwahodd i fynd i barc Saffari Affricanaidd. Mae fy nhymer ddrwg yn dychwelyd. Os wyf am weld lle felly fe af i Affrica; rwy'n dod i Lydaw i weld pethau Llydewig. Heblaw hynny, mae gan Lydaw ddigon o atyniadau cynhenid heb ddod ag anifeiliaid o Affrica yma. Disney i Baris, eliffantod i Port St Père – beth sydd ar bobl? Gwaeth. Clywais i'r lle ddod â merched o arfordir Ifori Affrica i ddawnsio yma yn eu dull traddodiadol – hynny yw, yn fronnoeth – ar gyfer adloniant brodorion Llydaw a Ffrainc. Byddai'r lle dan ei sang bob nos. Gwaeth fyth ni fyddent yn talu'r merched ond yn anfon y pres yn uniongyrchol i goffrau gweinidog diwylliant eu gwlad a chloi'r merched mewn gwersyll â ffensys trydan o'i gwmpas i sicrhau na fedrent ddianc. Wedi llawer o wrthdystio ac erthyglau yn y wasg anfonwyd y merched yn ôl i'w gwlad – bu gostyngiad sylweddol yn niferoedd yr ymwelwyr ac aeth y saffari i drybini ariannol. Y cam nesaf oedd dod â dolffins i'r lle – eto ar gost sylweddol gan fod y lle rai milltiroedd o'r môr a rhaid oedd pwmpio dŵr hallt i'r llynnoedd a grewyd ar gyfer y creaduriaid mwyn. Siawns go dda na fydd y cynllun hwn eto yn fethiant – ac eitha peth hefyd, ddyweda i.

Ymlaen â ni. A ninnau ar gyrion Pornic, wele glamp o arwydd yn ein gwahodd i ymweld â'r Gorllewin Gwyllt, fferm beison, wigwams (mae 'na gwm yn Sir Gaerfyrddin lle medrwch chi weld y rheini!) a cowbois, a salŵn lle medrwch gael stêc beison i swper. Pwy ddwedodd wrtho' i am ddod i lawr fan hyn? Dydw i ddim yn disgwyl gweld Lloegr yn gwrthsefyll Americaniaeth a'r diwylliant honedig sy'n cael ei wthio i bob cwr o'r byd, ond rwy'n disgwyl gwell ar gyfandir Ewrop. Gwyddom yn dda fod yr Unol Daleithiau am hybu'u delweddau a'u fersiwn nhw o hanes a rhamant gelwyddog y Gorllewin Gwyllt ar y byd ond roeddwn yn gobeithio y buasai Ffrainc yn ei wrthsefyll. Ond wele Disney yn Paris a'r Gorllewin Gwyllt yn Llydaw. Heb sôn am y blydi parc saffari. Rhaid aros noson yma o leiaf. Ychydig ymhellach ymlaen – ddeng kilometr o Pornic – gwelwn arwydd yn ein gwahodd i aros ar fferm *Le Marais Mainguy*. Dilynwn y lôn gul i lawr tua'r gors a chyrraedd fferm aflêr â tho coch sy'n f'atgoffa o barthau mwy deheuol Ffrainc. Y toeau crwn, coch sydd fel pe baent wedi'u gwneud o bibelli wedi'u llifio i lawr y canol ac yna'i gosod un hanner dros y llall. Virginia Creeper dros y muriau a stafell fwyta ar wahân lle mae pobl swnllyd a llawen yn gorffen cinio.

Af i'r stafell fwyta – mae'n amlwg ein bod yn rhy hwyr am fwyd ond ceisio lletty rydym, nid pryd. Mae un o'r cwsmeriaid yn gweiddi 'Natal-e-e!' a daw merch ifanc o'r gegin neu rywle a gofynnaf iddi a oes gobaith am stafell am noson neu ddwy. 'Wn i ddim,' meddai, 'fe af i ofyn i Maman. Os yw hi wedi dihuno o'i *siesta*.' Rhagorol! Rwy'n teimlo'n gartrefol ar unwaith! Os yw Maman wedi dihuno wedi'i *siesta*! 'Jyst y lle i ni,' meddwn wrth Gwen, 'mae rhywbeth yn dweud wrthyf fod hwn yn lle ardderchog.' Ac mae Maman wedi codi. Gwraig dwt tua thrigain oed yn siarad yn hamddenol a'i llais yn codi a gostwng fel tonnau'r môr. 'Jeannette ydw i,' meddai, 'galwch fi'n Jeanne.' Wedi i ni ddweud wrthi hithau am ein galw yn Gwyn a Gwen – sydd bob amser yn destun digrifwch – a'n bod yn dod o Gymru, dywedodd 'O, wel, galwch fi'n Sian, 'te.' Roedd rhywrai o Gymru wedi bod yn aros gyda hi ac wedi dysgu hynny iddi – er na ŵyr hi air o Saesneg, ac wrth gwrs, yr ydym y tu hwnt i ffiniau'r Llydaweg a dim gobaith bracsan tipyn yn yr iaith honno gyda hi. Heb weld ein hystafell na gwybod y pris yr ydym yn ffrindiau ac wedi penderfynu bod yn rhaid aros gyda'r Jeanne gartrefol. Aeth â ni i fyny grisiau allanol – fel mynd i'r llofft storws ers llawer dydd – a'r 'virgina creeper' bron â llenwi'n llwybr. Drws stabl ar ben y grisiau a rhyw fflat digon aflêr ei gynllun – dwy stafell wely a stafell 'molchi. Am 180 ffranc y noson i'r ddau ohonom, brecwast yn gynwysiedig, rwy'n teimlo bod gennym fargen yma. Dewiswn y stafell wely fwyaf, yr un â'r haul yn tywynnu i mewn iddi a lle mae'n bosib gadael hanner ucha'r drws ar agor os bydd yn rhy gynnes, a rhoi'r bagiau yn y llall. Yn y bore mae grisiau'n arwain yn syth i lawr i'r stafell frecwast. Mae'r adeiladau yn llai taclus na'r ffermydd eraill y buom yn aros ynddyn nhw ar ein taith buaswn yn angharedig yn disgrifio'r lle fel ychydig yn 'ramshackle' ond rwy'n teimlo mymryn o awyrgylch de Ffrainc yma. Hamddenol, ffwrdd â hi, ac mae'r ffermio'n mynd ymlaen o'n cwmpas. Ni welaf y perffeithrwydd crefft yma ag a geir yn y Llydaw Lydewig. Yr ydym ar ymyl y gors, ac fel un a aned ar gyrion Cors Caron, rwy'n gartrefol. Rwy'n mynd i fwynhau.

Gwen a Jeanne ar y fferm ger Pornic.

Awn am dro tua Pornic (Porneizh yw'r enw Llydaweg) ond gan ei bod yn braf penderfynu chwilio am draeth a chyfle am ychydig o liw haul. Mae'n ardal wahanol iawn i weddill Llydaw. Y tai â'r toeau coch. Ni cheir croesau o garreg ar ochr y ffordd, na rhai pren fel a welsom yng nghyffiniau Rennes ond rhai o haearn. Dilynwn y ffordd tua'r de, yn gyfochrog â'r glannau ond heb fod yng ngolwg y môr 'chwaith. Penderfynu troi i gyfeiriad traeth, *Plage Les Moutiers en Retz*. *Pays de Retz* yw enw'r ardal. Rhaid gofyn ystyr yr enw, *rets* yw rhwydi, ond beth yw *Retz*? Ond rywsut rydym yn cyrraedd traeth o'r enw *La Sennetière*. Mae lle braf i gerdded uwchben y traeth, ond nid oes gystal golwg ar y traeth ei hun. Llaid yn hytrach na thywod a cherrig a chreigiau di-lun.

Yma rydym yn agos i ffin ddeheuol Llydaw a'r *Marais Breton*, y gors Lydewig a'r Vendée. Yn y môr, fwy neu lai i'r gorllewin o'r lle'r eisteddwn mae ynys *Noirmoutier-en-l'Île*. Rwy'n teimlo cynnwrf bod mewn lle newydd, gwahanol, dieithr. Nid traeth gwyliau sydd yma, ond traeth lle mae pobl yn ffermio wystrys ac mae cregin gweigion ym mhobman a thractors yn mynd a dod. Serch hynny, fe gawn le cysurus yn wyneb haul hwyr y prynhawn. Ceisiaf gerdded allan i weld beth yn union mae'r gweithwyr yn ei wneud â'r sacheidiau o wystrys bychain y maent yn eu cludo allan i'r môr. Ond mae'r traeth yn lleidiog iawn ac rwy'n dechrau suddo, felly rwy'n troi'n ôl. Mae Gwen wedi darganfod mai dyma'r lle sy'n cael y cyfanswm mwyaf o haul yn Ffrainc, cystal bob tamaid â Provence a rhannau eraill o'r de a gwell na phobman arall. Mae'r traeth yn wag, neb ond ni, y tractors ac un neu ddau o bobl yn casglu ffrwythau'r môr yn y pellter, ac ambell hen gwpwl yn cerdded y llwybr uwchben. Wedi dwyawr o dorheulo ffarweliwn â'r traeth a theithio tua Pornic ond gan ddilyn y ffyrdd culion sy'n mynd trwy bentrefi gwyliau. Dyma'r arfordir a elwir *La Côte de Jade* (yr arfordir Jade – beth bynnag yw'r enw Cymraeg ar y lliw a'r garreg honno). Gan fod y tymor gwyliau trosodd mae'r lle'n dawel a dymunol. Ond ardal sydd i raddau wedi'i difetha a cholli ei chymeriad er mwyn plesio ymwelwyr. Arhoswn mewn caffi ac eistedd y tu allan – cwrw i mi a diod lemwn ffres i Gwen, sef dau lemwn wedi'u gwasgu i wydr, a dŵr a siwgwr wedi'u hychwanegu at y sudd. Mae Gwen yn taeru ei fod yn ardderchog 'rôl dwyawr o grasu yn yr haul. Mae gen i fwy o ffydd yn y cwrw. Ar draws y ffordd o'r caffi mae siop sy'n gwerthu papurau newydd, llyfrau ac anrhegion. Er nad ydym mewn rhan 'Lydewig' o Lydaw mae'r platiau wedi'u haddurno â lluniau o fechgyn a merched mewn gwisgoedd Llydewig, a'r blychau bisgedi ac arnynt enwau Llydaweg. Y ddelwedd Lydewig eto. Mae ar Gwen awydd cael papur Saesneg i'w ddarllen ac rwy'n prynu'r unig un sydd i'w gael yno, y *Financial Times*! Mae'r tai ar y ffordd tua Pornic yn wahanol iawn i weddill Llydaw. Gwelais dai cyffelyb ar lannau môr yn Portiwgal ac mae strydoedd bach sgwâr a thaclus rhyngom â'r môr. Mae arwyddion diddorol ar y ffordd. *La Fontaine aux Bretons* – ffynnon y Llydawyr, a wedyn *Plage de la Fontaine aux Bretons*. Yn ots i'r gred arferol fe fu'r Llydaweg ar un adeg yn iaith y rhan yma o Lydaw, hyd yn oed os oedd hynny'n go bell yn ôl.

Mae Pornic yn dref glan môr, tref o gwmpas porthladd pysgota, a thref a gadwodd ei chymeriad – nid fel gweddill yr arfordir. Mae'r gwestai crand a'r tai bwyta niferus yn tystio i brysurdeb y tymor gwyliau. Wrth fynd o gwmpas y porthladd gwelwn y swyddfa ymwelwyr ac rwy'n llawenhau gweld mai baner Llydaw, nid baner Ffrainc, sy'n chwifio uwchben. Awn i chwilota ychydig o gwmpas y dref. Mae'r castell yn arglwyddiaethu dros ganol y dref a'r grisiau a'r ffyrdd culion rhwng y tai yn rhoi llawer o gymeriad i'r dref. Mae Croes garreg syml wrth ymyl y castell – Croes yr Huguenots. Lladdwyd dros 200 o bobl o'r *Vendée* yma yng ngwrthryfel y Brenhinwyr yn erbyn y Weriniaeth wedi'r Chwyldro. Ac yma, wrth y Groes, y cawsant eu claddu. Gwnaed difrod mawr i'r castell yn ystod y cyfnod a buwyd wrthi drwy gydol y ganrif ddiwethaf yn ei adfer. Ond beth am y gŵr hwnnw oedd piau'r castell, Gilles de Rais, y cysylltir ei enw â chwedlau y *Barbe-Bleue* (Bluebeard)? Honnir yn yr ardal hon mai ef oedd y *Bluebeard* gwreiddiol, yr ysbrydoliaeth i opera Bartok am y gŵr yn lladd ei wragedd. Y mae'n un o'r chwedlau gwerin hynny sy'n wybyddus mewn sawl gwlad. Adroddid stori am ryw hen berchennog i Blas Glan-llyn, canolfan yr Urdd, oedd yn cyflogi morynion a'r rheini'n diflannu . . . Ond beth am Gilles de Rais?

Fe'i ganed tua 1404 ac fe'i dienyddiwyd yn 1440, wedi'i losgi wrth y stanc. Ymladdodd ochr yn ochr â Jeanne d'Arc a'r *Dauphin*, y

Brenin Louis XI wedi hynny, ddiwedd y Rhyfel Canmlynedd. Ymddiddorai mewn alcemeg a dewiniaeth ac yr oedd ganddo diddordeb ffiaidd a chreulon mewn bechgyn bach. Dywedir ei fod wedi cipio, cam-drin a llofruddio 150 o blant. Ond yn y broses o'i hailadrodd fe dyfodd y stori ar lafar gwlad i gynnwys yr elfen ei fod yn lladd ei wragedd. Tybiaf nad oes, yn ei achos ef, sail i'r chwedl honno.

Y mae yn Llydaw chwedl arall allasai fod yn sail i chwedl *Bluebeard* – sef honno am Conomor yn llofruddio Santes Triphine ger llyn Guerledan tua'r flwyddyn 550 O.C. Mae'r nofelydd Ffrengig J. K. Huysmans, a ymchwiliodd i stori Gilles de Rais ac yn ei defnyddio yn ei nofel *La Bas* (Isod), yn dweud hynny – 'Fel mater o ffaith nid Gilles de Rais oedd y gwir *Bluebeard* ond y brenin Llydewig, Conomor, y saif olion o'i gastell, sy'n dyddio o'r chweched ganrif, ar gyrrion Carnoet.' Mae stori Conomor a Triphine yn llawn yn *Crwydro Llydaw*. Ond yn fyr dyma sy'n digwydd ynddi. Mae Conomor yn ceisio lladd Triphine ar ôl canfod ei bod hi'n feichiog. Wrth ddianc o'r castell mae Triphine yn rhedeg drwy ddrws bychan sy'n arwain i seler ac yno mae'n gweld chwe elor, pump ohonynt yn gauedig a'r llall yn agored. A hithau ar fin rhedeg oddi yno mae'r pum elor arall yn agor a gwragedd blaenorol Conomor yn ymddangos o'i blaen. Mae pob un yn rhoi cyngor a chymorth iddi ddianc o'r castell. Ond yn y diwedd mae Conomor yn ei dal ac yn torri ei phen ymaith yn y fan lle saif capel Santes Trephine gerllaw Mur-de-Bretagne. Daw Sant Gildas ac ar ôl iddo weddïo'n hir mae'n llwyddo i ddod â phen a chorff Trephine ynghyd a dod â hi'n ôl yn fyw unwaith eto. Ond mae hi'n marw'n fuan wedyn ar enedigaeth ei mab Tremeur neu Trec'h Meur (Trech Mawr). Flynyddoedd wedyn mae Conomor yn cael hyd i Tremeur ac yn torri ei ben yntau ymaith. Cyn marw mae'r plentyn yn cymryd ei ben yn ei ddwylo a'i gario at feddrod ei fam lle mae'n gorwedd i farw. A dyma sy'n egluro pam mai Trephine yw nawddsantes plant bach, er y byddai'n fwy addas iddi fod yn nawddsantes gwragedd sy'n cael eu curo.

Fel llawer o chwedlau Llydaw mae'r stori'n fwy cymhleth na'r fersiwn glasurol arferol o stori *Bluebeard*. Yn y ffurf arferol mae'r arglwydd yn mynd i ffwrdd o'i gastell gan adael ei briod ar ôl. Mae'n rhoi holl allweddi'r castell iddi gan ddweud wrthi bod croeso iddi fynd i ble y mynn ag eithrio un stafell fach ym mhen draw rhodfa hir. Ond mae chwilfrydedd y wraig yn mynd yn drech na hi; mae'n mynd i'r stafell ac yno daw o hyd i wragedd blaenorol yr arglwydd, i gyd wedi'u llofruddio. Yn ei braw, mae'n gollwng yr allwedd i ganol y gwaed sydd ar y llawr ac er pob ymdrech mae'n methu golchi'r gwaed hwnnw oddi ar yr allwedd. Daw ei gŵr yn ôl, gweld ei bod wedi anufuddhau i'w orchymyn ac mae'n ei llofruddio hithau, hefyd. Mae'n chwedl gyfoes ar lawer ystyr ac yn ymdrin ag agweddau gwaethaf perthynas dynion a merched. Dynion sy'n mynnu profi ffyddlondeb eu gwragedd, dynion sy'n dreisgar at fenywod, menywod a fynn wybod holl gyfrinachau eu gwyr, a chael eu cosbi am hynny. Mewn un fersiwn Lydewig mae beichiogrwydd Trephine yn awgrym fod Conomor yn ei hamau o anffyddlondeb. Mae hefyd yn cyfleu ofn merched y canol oesoedd o feichiogrwydd am fod marwolaeth y fam wrth roi genediageth yn ddigwyddiad mor gyffredin. Mewn fersiwn arall o stori Conomor a Trephine mae Conomor wedi cael rhybudd y byddai ei fab yn ei ddisodli ryw ddydd. Wn i ddim faint o ddadansoddi seicolegol a fu ar chwedlau Llydaw. Fe wnaed tipyn o waith ar chwedlau'r Brodyr Grimm, ond mae angen mwy fyth o astudiaeth ar chwedlau Llydaw gyda'u holl gymlethdodau. Am y tro dyna ddigon o ddyfalu am Gilles de Rais. Os byddwch yma yn Awst medrwch weld portread theatrig o'i fywyd y tu mewn i adfeilion y castell.

Penderfynwn aros yn Pornic am fwyd. Nid yw Natalie, merch Jeanne ar ein fferm, yn darparu prydau nos, dim ond prydau canol dydd, felly awn i chwilio banc â thwll-yn-y-wal sy'n parchu fy ngherdyn ac, wedi cael arian – mae pethau fel hyn wedi gwneud teithio ar y cyfandir mor ddidrafferth – awn i fwrw golwg dros y tai bwyta ac o gwmpas y dref. Mae amser gennym i astudio pob bwydlen, cymharu prisiau, safle – yn y diwedd syrth y coelbren ar dŷ bwyta y tu cefn i'r brif stryd. Mae acen y ddynes sy'n gweini yn debyg i acen Jeanne – ei siarad yn bwyllog a'i llais yn codi a gostwng. Mae Pornic a'r cyffiniau yn ymhyfrydu yn eu croeso i ymwelwyr. Eisoes rwyf o'r farn eu bod yn bobl y tu hwnt o groesawus – a minnau ond wedi sgwrsio â Jeanne a gwraig y bwyty yma! Pryd o wystrys lleol – pwy ddwedodd mai dyn dewr oedd hwnnw fwytaodd y wystrysen gyntaf? – cig oen a chaws i orffen a rhaid wrth botelaid o Muscadet gan ein bod wedi cyrraedd ardal gwinllannoedd Llydaw. Nid oes ond dau bâr arall yn y tŷ bwyta: Almaenwyr neu bobl o'r Iseldiroedd yw un pâr ac mae'r gŵr yn bochio drwy blataid o ffrwythau'r môr ac yn sugno coesau'r cranc yn y modd mwyaf anwar.

Erbyn i ni ddod allan mae'n dywyll a cherddwn i lawr i'r porthladd bach i syllu ar adlewyrchiad enwau'r siopau a'r tai bwyta yn crynu yn y dŵr – 'pe bawn anllythrennog buasai Piccadilly yn nefoedd'. Mae'r lliwiau'n rhedeg i'w gilydd fel llun plentyn a gormod o ddŵr yn ei baent. Yn fodlon ein byd dychwelwn tua ffermdy Jeanne – ond ble mae'r lle? Mae'n dywyll a fedra i ddim gweld arwydd *Le Marais Mainguy* a sylweddolaf ein bod wedi teithio deuddeng milltir a dim ond deg cilomatr sydd rhwng y fferm a Pornic a ble uffarn mae'r blydi lle . . . Rhaid troi'n ôl, ond 'rydym ar gylchdro a ble 'dwy i i fynd 'nawr? Gweld arwydd Pornic a gyrru'n arafach a gofalus iawn, heibio i arwydd y fferm beison a'r cowbois a'r Indiaid, a – hwrê – o'r diwedd gweld arwydd y fferm. Nid oes ond sŵn y gwyddau ar y gors dan leuad ddigwmwl ac awn i fyny'r grisiau gan wthio rhwng y *Virginia Creeper* ac i'r gwely.

* * *

Caf fy neffro gan sŵn gwyddau ar y gors a gorweddaf i fyfyrio a syllu ar nenfwd y stafell. Dyw'r trawstiau ddim yn ffitio'n hollol i'w gilydd. Yn Keraloret neu un o'r ffermydd eraill yn Breiz Izel buasent yn berffaith. Penderfynu codi, cael cawod. Rwy'n poeni y bydd dŵr yn mynd i'r crac sydd rhwng y baddon a'r wal ac yn diferu i lawr ar Jeanne yn y gegin oddi tanof. Ceisiaf fod mor ofalus ag a fedraf; fuaswn i byth am greu anghyfleustra iddi.

Rwy'n gadael Gwen yn y gwely ac yn mynd allan i gerdded tua'r gors. Mae tarth ysgafn drosti a'r gwartheg ymhell allan yn ei chanol ac wedi ei phori'n grop. Gwartheg bychain o liw brown golau nid annhebyg i wartheg Jersey, gwartheg Limousin rwyf bron yn siŵr. Mae'r mes yn pingan ar y derw ac ail gnwd y mwyar duon yn dew. Mae'r ffosydd sy'n rhedeg yn llinellau syth ar draws y gors yn llawn hyd yr ymyl a'r borfa'n tyfu'n uchel hyd yr ymylon. Mae gwifren bigog bob ochr i'r ffosydd i gadw'r gwartheg rhag crwydro i berygl ac mae hynny'n gadael i'r borfa dyfu'n uchel tra bod pobman arall wedi'i bori'n lân. Mae clegar y gwyddau yn uchel, a rhes o hwyaid yn hedfan uwchben. Rwyf yma yng nghanol y gors, dim ond cors i'w gweld i bob cyfeiriad, y gwynt yn troi dail yr helyg – ac mae'n bryd dychwelyd am frecwast.

Erbyn i mi ddychwelyd mai Gwen wedi codi ac yn barod i fwyta ac yn y stafell frecwast mae hen record o Joan Baez yn canu'n dawel. Hen, hen record, oherwydd mae hi gennym ni gartref, record a brynwyd gennym dros ddeng mlynedd ar hugain yn ôl. Mae Jeanne yn hoff o ganu Joan Baez, cerddoriaeth ysgafn, swynol. Mae hi hefyd yn aelod o gôr lleol – fe wyddwn i'n syth ei bod hi'n wraig ddiwylliedig. Mae brecwast yn cynnwys galwyni o goffi, cacen a digonedd o fara a dau fath o jam – un o liw anarferol. Holaf Jeanne am y jam a dywed wrthyf mai jam cartref yw'r ddau a bod yr un â'r lliw – anarferol – wedi'i wneud o domatos a mefus. Gan na fynnaf frifo Jeanne dechreuaf fwrw i mewn i'r jam mefus a thomato, tra bod fy mhriod llai mentrus yn bochio i mewn i'r llall – rhywbeth diddychymyg fel mwyar duon ac afalau. Y mae blas rhyfedd i'm dewis i, ond fe'i canmolaf yn hael a chymryd rhagor. Mae Jeanne wedi'i phlesio'n ofnadwy. Awn i drafod anifeiliaid fferm a chaf gadarnhad mai gwartheg Limousin a welais ar y gors – ond mai Charolais oedd y gwartheg ar ei fferm hi cyn iddi hi a'i gŵr hanner ymddeol. Daw Jeanne o ardal y Vendée, yr ardal i'r de o ffiniau Llydaw. Dyma'r fro gorsiog a bortreedir yn nofel René Bazin, *La Terre qui meurt*. Fe sgrifennodd hefyd am Fougères –

oherwydd cydweithio'r Vendée â dwyrain Llydaw yn y gwrthryfel wedi'r Chwyldro. Cyfieithwyd *La Terre qui meurt* i'r Gymraeg gan T. Ifor Rees gyda'r teitl *Y Tir Sy'n Darfod* a'i chyhoeddi yn 1933 gan Wasg Aberystwyth.

Awn i siarad am ieithoedd yr ardaloedd hyn – *patois* yw'r gair a ddefnyddir gan y Ffrancwyr. Siaredir gwahanol ieithoedd Lladinaidd ledled Ffrainc. Ceir y Langue d'Oc, a siaredir yn ei gwahanol ffurfiau ar draws de Ffrainc, hen iaith y trwbadwriaid. 'Oc' am mai dyna'r gair a ddefnyddir am 'ie'. Ffrangeg swyddogol yw'r Langue d'Oil, sef yr iaith lle dywedir 'oui' am 'ie'. Chwaer agos i'r Ffrangeg swyddogol yw'r Gallo a siaredir yn nwyrain Llydaw. Yn ôl rhai Llydawiaid Llydaweg cynllwyn gan Baris yw'r busnes Gallo yma – ''drychwch, mae gan y Llydawiaid yma ddwy iaith – fedrech chi byth eu bodloni nhw, maen nhw'n amhosib.' Hyd y gwn i ni fu ymdrech i'w defnyddio fel iaith lenyddol hyd yn ddiweddar – cyhoeddodd Bertrand Cos y cyfarfûm ag ef yn Rennes – rywfaint ynddi. Mae cylchgrawn a gyhoeddir bob yn ail fis o'r enw *Le Lian* yn cynnwys defnydd yn ac am yr iaith yn ogystal â ffrwyth ymchwil am yr iaith ac am ieithoedd *Langues d'Oil* eraill. Mae'r ymchwil hwnnw yn cynnwys astudiaeth o ddylanwad y Llydaweg ar y Gallo. Fel y gellir disgwyl, yng nghefn gwlad yn unig y clywir rhywfaint o'r iaith yn cael ei siarad bellach ond y mae agweddau o'i diwylliant yn fyw – cystadlaethau adrodd storiau a barddoni yn ogystal â dawnsio, canu. Prin fu'r geiriau o'r iaith a ddefnyddiwyd mewn llenyddiaeth Ffrangeg a leolwyd yn y rhan yna o Lydaw a gorllewin Ffrainc. Ond mewn nofel fel *Les Chouans* gan Balzac ceir cyfeiriadau at y Llydawyr yn siarad iaith annealladwy i bawb arall. Tebyg mai y Gallo, nid Llydaweg, oedd yr iaith y cyfeiriai ati.

Ni wn faint o wahaniaeth sydd yna rhwng yr ieithoedd neu dafodieithoedd hyn. Dywed Jeanne wrthyf ei bod hi'n siarad iaith y Vendée sydd – mi dybiaf – yn debyg i'r Gallo, er na ŵyr hi. 'Byddaf bob amser yn siarad yr iaith gyda fy mam, pan fyddwn yn cyfarfod neu yn siarad ar y ffôn,' meddai. Pwysleisiodd y ffaith ei bod yn defnyddio'r iaith ar y ffôn fel petai angen gwybodaeth a hyder arbennig i ddefnyddio iaith ar y ffôn. Neu ryw wrhydri, efallai. Ond mae hefyd yn swil iawn am yr iaith. 'Pan oedden ni'n yr ysgol roedd yr athrawon bob amser yn dweud wrthon ni nad oedd yn beth neis i'w siarad,' meddai. Holais a oedd colofn yn y papur lleol yn yr iaith a dywedodd fod yna, ond ddim yn rheolaidd. A does dim un ym rhifyn yr wythnos hon. 'Ond mae'n siŵr y medrwch ddod o hyd i lyfr yn y *patois* yn un o'r siopau llyfrau yn y dref.' Fel mae'n digwydd, sylwais yn y siop bapurau ac anrhegion y diwrnod cynt ar nifer o lyfrynnau lleol â chloriau coch ond er i mi edrych drwyddynt ni ddeuthum o hyd i un ohonynt yn yr iaith. Rhaid chwilio eto.

Mae Jeanne – fel y bobl eraill a roddodd groeso i ni eisoes – yn ffynhonnell ardderchog o wybodaeth leol. Dywed wrthym am Gilles de Rais, ond fe wyddom am hwnnw. Dywed fod Lenin wedi treulio rhai misoedd yn Pornic ym 1910 yn cyfarfod sosialwyr Ffrainc – yn rhif 4, rue Mondesir – a bod Albert Camus

Rhif 4, rue Mondesir lle bu Lenin yn cyfarfod â sosialwyr Ffrainc.

La Maison des Brefs lle sgrifennodd Camus *La peste*.

wedi sgrifennu ei nofel *La Peste* (Y Pla) yn *La Maison des Brefs*, ond nad yw'r tŷ hwnnw yn werth ymweld ag ef bellach am ei fod bron yn adfail. Dim ffiars! Awn i ymweld â'r ddau le. Heddiw!

Mae'n cymylu felly penderfynwn fynd i grwydro'r ardal gyda'r bwriad o fynd i'r traeth yn y prynhawn os cwyd hi'n brafiach. Yn gyntaf awn i Pornic i chwilio'r man lle bu Lenin yn cyfarfod sosialwyr Ffrainc, rhif 4 Mondesir. Wedi chwilio tipyn a mynd i holi yn y swyddfa ymwelwyr – mae'r ferch yn gwybod yn syth ac yn fy nghyfeirio i'r tŷ. Mae mewn stryd gefn brin ganllath o'r man lle rydym. Awn yno. Tŷ teras cyffredin heb arwydd na dim i sôn am arhosiad y gŵr mawr yn y lle. Tybiaf mai tŷ haf ydyw gan nad oes unrhyw arwydd fod neb gartref ac mae'r styllod ar draws y ffenestri.

Tra 'mod i yn y swyddfa ymwelwyr holais hefyd am *La Maison des Brefs* a rhoddodd y ferch fap lleol i mi a dangos yn union ble mae'r tŷ. Mae gerllaw y lle cowbois ac Indians. Felly ymaith â ni hyd y lonydd culion, coediog, gwledig i chwilio. Dywedodd Jeanne fod *La Maison des Brefs* yn eiddo i'r cwmni cyhoeddi Gallimard ym Mharis. Byddai'r teulu yn rhoi allwedd y tŷ i awdur i fynd yno i weithio ar nofel neu ddrama. Deuthum ar draws castell *La Roche Balue* ger Fougères (anghofiais sôn amdano – beth bynnag, roedd ar gau ac ni chawsom fynd i mewn iddo) lle mae cyhoeddwr arall yn darparu ychydig gysur a hedd i lenorion tlawd. (Da fuasai i gyhoeddwyr Cymru ddarparu lleoedd o'r fath ar gyfer eu hysgrifenwyr!) Gwelaf arwydd *Le Chateau Gaillard* – Gaillard, Gallimard, ydw i'n dechrau drysu? Dilynnaf yr arwydd a dod i ffald fferm. Mae'r ffermwr yn egluro mai twmpath o bridd yw *Le Chateau Gaillard* ac mae'n dweud wrthyf sut i fynd i *La Maison des Brefs* ac nad oes gysylltiad rhwng Gaillard a Gallimard. Mae yntau'n fy rhybuddio nad oes llawer o ddim yno. Dyna ddwedodd Jeanne, hefyd, ond does dim yn tycio. Y tebyg yw i lawer o lenorion weithio yma, ond yr unig un y gwn i amdano yw Albert Camus, ac mae ef yn ddigon o enw i mi. Drwy'r lonydd culion â ni gan ddilyn y map unwaith eto a cheisio cyfuno'r hyn a welwn â'r hyn a ddywedodd y ffermwr wrthym. Heibio i'r lle

Cowbois ac Indians unwaith, ddwywaith – mae'r lonydd culion yma'n dwyllodrus – i lawr i bant coediog a wele ffermdy sylweddol i'r dde i ni, ganllath yn ôl o'r ffordd. Mae arwydd yn bygwth hel tresmaswyr oddi yma yn ddiseremoni. Nid yw'n egluro'n union sut y bwriedir gwneud hynny. Ond rhag ofn, rwy'n gadael Gwen yn y car gyda pheiriant y car yn dal i droi yn barod i ddianc os digwydd i ryw anghenfil o gi, neu ffermwr â gwn, ddod ar fy ôl. Mae sŵn tractor yn rhywle, ond wedi canfod ei fod yn mynd yn ôl a blaen mewn cae hanner milltir i ffwrdd af yn llechwraidd tua'r tŷ lle bu Camus. Mae tipyn o annibendod o gwmpas sy'n awgrymu bod rhywrai yn mynd a dod, ond mae'n weddol amlwg nad oes neb yn byw yma'n awr – *squatters*, hwyrach. Mae'n siŵr y bu'n lle da i sgrifenwyr. Lle tawel, coediog, digon o wyrddni, lliw llonyddu'r enaid. A ydyw glan y môr gyda'i donnau, ei lesni llachar a'i symud parhaus yn rhy aflonydd a chynhyrfus i lenor? Rwyf bellach wedi canfod dau encil llenorion yn Llydaw, y ddau yn nhawelwch bro amaethyddol, gyda lonydd culion, coediog i'w crwydro. Ydyw hyn yn fwriadol, tybed? Beth bynnag, os mai tref yn Algeria, gwlad enedigol Camus, oedd lleoliad ei nofel, yma, mewn ffermdy sy'n eiddo i'r teulu Gallimard y cafodd ei sgrifennu. Safaf o flaen y ty, tynnu llun neu ddau, a dianc. Ar y lonydd diarffordd hyn, am ychydig, cerddais yn llwybrau Albert Camus. Ffaith ddiddorol – ddigyswllt ond diddorol i mi – yw mai yn St Brieuc yng ngogledd Llydaw y mae bedd Lucien, tad Albert Camus. Bu farw yno yn 1914 ar ôl cael ei glwyfo yn y rhyfel.

Beth am ginio? Mae'r fferm Beison yn hysbysebu bod modd cael prydau bwyd yno – stêcs beison, wrth gwrs. Dydy Gwen ddim yn frwd o blaid y syniad ond awn at y *ranch*. Mae dau lond bws wedi cyrraedd o'n blaenau ond mynd o gwmpas wigwams y Navahoe maen nhw tra anelwn ninnau am yr *High Noon Bar*. Ysywaeth, mae'r *High Noon Bar* ar gau felly awn yn ôl i'r car a mynd tua Pornic gan fod yr haul allan. Nid ydym yn arbennig o newynog, wedi'r llwyth o gacenau a bara a jam – diddorol – a gawsom gan Jeanne.

Penderfynwn fynd am y traeth yn lle hynny. Awn tua traeth *Fontaine aux Bretons* sy'n lle braf, gwell o lawer na'r traeth pellach i'r deau y buom yn ymweld ag ef ddoe. Lle parcio eang uwch y traeth – sy'n awgrymu lle prysur yng Ngorffennaf ac Awst – ond mae'n dawel heddiw. Mae yma lwybrau, byrddau picnic ac mae'r tywod yn feddal a'r traeth, nad yw'n fawr, yn gysgodol. O leiaf nid yw yn nannedd gwynt y de-orllewin. Wedi prynhawn o ddiogi awn i gerdded y glannau. Mae cytiau pren bregus a llwyfannau hir yn mynd allan i'r môr bob hyn a hyn ar hyd y glannau. O'r rhain y bydd pysgotwyr yn gollwng rhwydi sgwâr a elwir yn *carrelets* i'r môr. Mae'n hawdd mynd i'r cutiau oddi ar y llwybrau, llwybrau'r tollmyn yn yr hen ddyddiau pan oedd smyglo mewn bri ond llwybrau i bobl ar wyliau yn ein hoes ni. Mae arwyddion cromlechi ar y map ond nid cromlechi syml mohonynt ond claddfeydd aml eu siambrau. Cerddwn ar hyd y llwybr i ffwrdd o Pornic a dod at gampwaith o gladdfa ger tŷ o'r enw Monval. Wedyn yn ôl i'r car ac ymlaen i'r gorllewin tua *Plage de la Joselière* ond cyn cyrraedd yno deuwn ar draws dwy gladdfa sylweddol – y *Mousseaux*, er enghraifft, sy'n 5,500 oed.

Gan barhau tua'r gorllewin mae un o faestrefi Pornic, sef Gourmalon, lle yn ôl y map y mae nifer o *Villas Remarquables*. Roedd Pornic yn lle gwyliau poblogaidd gan gyfoethogion Paris a Nantes ymhell cyn iddynt ddechrau heidio i La Baule a Le Pouliguen. Yr oedd gan Henri-Louis Cayssac a'i briod Anne-Marie villa yma a deuent am eu gwyliau i Pornic yn negawdau cynnar y ganrif... Pwy? Doedden nhw'n neb mewn gwirionedd, heblaw eu bod yn byw yn yr un bloc o fflatiau ag Alain-Fournier a Jacques Rivière yn Paris. Ac yr oeddynt yn gyfeillion – os dyna'r gair cywir – i Paul Leautaud (1872-1956). A chyn i mi glywed rhywun yn sibrwd 'a phwy yffach oedd Paul Leautaud', dywedaf air am un o gymeriadau hynotaf llenyddiaeth Ffrainc ein canrif ni.

Yr oedd yn fab anghyfreithlon i actores dlws ond di-ddawn a chofweinydd y *Comédie-Française*. Gadawodd ei fam ef bron yn syth wedi iddo gael ei eni ac ni chafodd lawer o ofal 'chwaith gan ei dad, Firmin Leautaud. Etifeddodd hoffter ei dad o ferched a'i gariad at y theatr. Er bod gan y tad ddawn a phresenoldeb llwyfan, oherwydd iddo gael ei eni mewn pentref anghysbell ar odre'r Alpau roedd ganddo acen annerbyniol i lwyfannau Paris. Ond oherwydd ei wybodaeth aruthrol o ddramâu Ffrainc – a'i frwdfrydedd – yr oedd yn gofweinydd penigamp. Roedd holl ddramâu Racine, Corneille a Molière ar ei gof – pob rhan, pob ystum, pob goslef heb gopi ar ei gyfyl. Cydnabud llu o actorion ac actoresau Ffrainc eu dyled iddo, yn eu plith Sarah Bernhardt. Drwy gael ei ddwyn yn achlysurol i'r theatr gan ei dad tyfodd gwybodaeth a chariad Paul Leautaud at fyd y ddrama. Cafodd waith fel beirniad theatr drosdro y cylchgrawn pythefnosol dylanwadol, *La Mercure de France*, ac yn 1907 a rhwng 1911 a 1920 ef oedd y beirniad sefydlog. Ysgrifennai dan y ffugenw Maurice Boissard – wedi'r cwbl yr oedd ganddo lawer o gysylltiadau yn y theatr. Ond pa un ai y byddai'n sgrifennu dan ei enw neu dan ffugenw roedd yn feirniad llym. Ac ni fyddai cyfeillgarwch personol yn menu dim arno. Os byddai drama neu berfformiad yn syrffed, dywedai hynny a sgrifennu am rywbeth arall. Pan gyhoeddodd ei gyfaill y bardd Paul Valery ei gyfrol *La Jeune Parque* yn 1917 fe'i darniwyd yn llym gan Leautaud. Er i'r adolygiad ymddangos dan ffugenw yr oedd yn amlwg pwy oedd yr awdur ac yr oedd Valery wedi cymryd ato yn ofnadwy. Ond ni fedrai Paul Leautaud ddeall agwedd ei gyfaill. Doedd cyfeillgarwch ddim yn rheswm dros fygu barn onest. Ac os oedd Valery yn gyfaill annwyl, yn gwmni i'w fwynhau ac yn ŵr o ddeallusrwydd i'w edmygu doedd hynny ddim yn rheswm dros gelu ei farn nad oedd barddoniaeth Valery yn ddim amgen na sothach mewn diwyg parchus! Er i Valery ddatgelu i André Gide iddo gael ei frifo'n ddrwg buan yr oedd yn ymweld eto â Leautaud yn swyddfa'r *Mercure*.

Yn ogystal â bod yn feirniad theatr ffraeth a phigog a gâi rwydd hynt i gythruddo pwy a fynnai gan ei olygydd Alfred Vallette, o Ionawr 1908 hyd ddiwedd yr Ail Ryfel bu ganddo swydd weinyddol ddi-nod yn swyddfa'r cylchgrawn. Yn ogystal â bod yn gylchgrawn llenyddol dylanwadol roedd y *Mercure* hefyd yn cyhoeddi llyfrau, a dyletswyddau Leauataud oedd anfon proflenni at awduron, gwneud yn siŵr fod cywiriadau wedi'u gwneud, anfon copïau adolygu i bapurau a chylchgronau eraill a chadw ymwelwyr achlysurol rhag tarfu ar y golygydd. Bychan oedd ei gyflog, ond nid oedd ei anghenion yn fawr. Ni phriododd er y bu ganddo nifer fawr o gariadon, rhai fel Madame Cayssac a oedd yn gyfoethocach nag ef ac yn cyfrannu at ei gynnal. Gwariai'r rhan fwyaf o'i arian ar anifeiliaid anwes a achubai yn strydoedd Paris – cathod a chŵn gan mwyaf, ond ar un adeg roedd ganddo fwnci, gafr, gwydd a mul yn ogystal.

Bu ei swydd yn y *La Mercure de France* yn ffynhonnell fuddiol iddo mewn modd arall. Cadwai ddyddiadur manwl am y llenorion y byddai'n eu cyfarfod o ddydd i ddydd – ei *Journal Littéraire*. Yn ystod yr Ail Ryfel bu Leautaud yn helpu myfyriwr o'r enw Robert Mallet oedd yn gwneud ymchwil ar y bardd Ffrengig Francis Jammes. Wedi'r rhyfel cafodd Mallet swydd cynhyrchydd a chyflwynydd rhaglenni radio. Cofiodd am y Leautaud ffraeth, difyr â'r llais llawen, soniarus ac aeth ato i geisio gwneud cyfweliadau gydag ef. Bu'r cyfweliadau, ar bob pwnc dan haul, o lenyddiaeth a llenorion at brofiadau personol – iawn – gan gynnwys ei rieni esgeulus a merched – yn aruthrol boblogaidd a daeth yr hen ŵr 80 oed yn seren dros nos. Byddai cymdeithasau yn newid noson eu cyfarfodydd rhag colli atgofion difyr, brathog, sinicaidd a gwybodus Paul Leautaud. Sgrifennid amdano mewn cylchgronau a roddai iddo'r un driniaeth â sêr amlycaf y byd ffilmiau. Ailgyhoeddwyd ei lyfrau cynnar. Paratowyd ei ddyddiaduron ar gyfer eu cyhoeddi er na welsant olau dydd hyd 1956, ychydig fisoedd wedi ei farw. Dyddiaduron am lenorion yn byw mewn tlodi yn amlach na pheidio, sylwadaeth fanwl, unigryw yn cwmpasu hanner canrif o fyd llên Paris. Gwariodd ei gyfoeth newydd ar fwydydd moethus i'w gathod a'i gŵn. Yr oedd yn rhy hen i fwynhau ei ffawd a'i ffortiwn newydd.

Pam rwy'n rwdlan am y dyn rhyfedd yma? Wn i ddim. Ond fe fu yma yn Pornic. Wn i ddim ym mha villa y bu'n aros yn haf 1914, a'r rhyfel newydd gychwyn. Teithiodd yma gyda'i anifeiliaid anwes – deg o gŵn a phedair cath – ar drên gorlawn o Baris: taith a barhaodd dridiau oherwydd yr oedi maith ymhob gorsaf, pobl gyffredin yn ceisio dianc cyn belled â phosib o faes y frwydr a'r awdurdodau'n ceisio cael milwyr i feysydd y gâd. Dau beth oedd yn gyffredin i Leautaud a Madame Cayssac, eu hoffter o anifeiliaid anwes – a chnuchio, wedi i Monsieur Cayssac fynd i gysgu. Roedd Cayssac wedi hen flino ar egni rhywiol diddiwedd ei wraig. Yn Pornic ni hoffai Leautaud sŵn y môr a oedd yn ei gadw'n effro'r nos; nid oedd chwedl Gilles de Rais yn ei ddiddori, 'chwaith. Y cwbl a roddai fwynhad iddo – heblaw Madame Cayssac – oedd gwylio'r cathod a'r cŵn yn prancio'n yr ardd a swyn enwau'r ardal yn Prefailles, La Bernerie, St Père-en-Retz. Ni fedrai ymddiried yn undyn byw – dim ond yr anifeiliaid anwes a roddai iddo eu hymddiriedaeth yn ddigwestiwn.

* * *

Yn ôl â ni i'r fferm am gawod a newid, a dychwelyd i Pornic am swper. Penderfynu bwyta yn un o'r tai ar y cei a mwynhau golygfa yn ogystal â bwyd. Mae Pornic yn lle llawer gwell nag yr oeddwn wedi'i rag-weld ar yr olwg gyntaf. Mae'r tywydd yn dda ac yr ydym yn dechrau darganfod traethau a llwybrau dirgel. Penderfynu fy mod yn mynd ar daith ar fy mhen fy hun yfory a gadael Gwen i gael mwy o liw haul ar draeth 'Ffynnon y Llydawyr'. Dros swper mae Gwen yn paratoi taith fydd yn mynd â mi y tu hwnt i ffiniau bro Retz i Clisson ac oddi yno i Le Pallet. Mae gan Gwen ryw hoffter neilltuol o astudio mapiau a chynllunio teithiau ar fy nghyfer er, a bod yn onest, rwy'n medru gwneud y gwaith lawn cystal fy hun. Mae'n rhestri nifer o drefi a phentrefi ar y ffordd y byddaf yn ei dilyn bore fory tra bydd hi'n ymlacio ar lan y môr.

* * *

Trannoeth a bore braf arall. Oedwn yn hir dros frecwast gan drafod dulliau amaethu a'r modd y gwelsom newid yng nghefn gwlad. Mae Jeanne yn pwyso arnaf – wedi canfod fy mod yn fab fferm ac yn ymddiddori yn y pethe – i ymweld ag amgueddfa Bourgneuf-en-Retz, un o drefi bychain mwyaf deheuol Llydaw. 'Yr ydym ni'n dau,' meddai wrthyf, 'wedi profi'r chwyldro amaethyddol a ddaeth wedi'r Ail Ryfel.' Gwir. Roeddwn i wedi dilyn yr oged y tu ôl i bâr o geffylau, a dysgu 'moelyd gwair a chribyn llaw a llwytho gwair rhydd i'r gambo. Cofiaf ddyddiau torri mawn ar Gors Caron, dyddiau dyrnu a mynd i gneifio i'r ffermydd mynydd. Cofiaf ddyfodiad y 'Ffergi bach' a'r ceffylau'n ffarwelio â'r caeau gwair a'r aradr, y rhychau tatw a'r rhychau maip. Rhyfedd mor debyg fu profiadau merch a fagwyd ymysg corsydd y Vendée a bachgen a godwyd ar gyrion Cors Caron. Mae Jeanne yn mynd i'r cefn a dychwelyd â phecyn teipiedig o'i hatgofion i'w dangos i ni. 'Ddim i'w cyhoeddi,' meddai, 'ond i'w rhoi i'r plant a'r wyrion i'w dysgu am yr hen etifeddiaeth, y ffordd o fyw a ddaeth i ben pan oeddwn i'n ferch ifanc.' Mae brecwast yn bryd diddiwedd yng nghwmni Jeanne. O'r diwedd, llwyddwn i dorri ar yr hel a'r cymharu atgofion, ac ymadael. Yn gyntaf galwn mewn siop yn *La Bernerie-en-Retz* (rwy'n hoffi'r *en-Retz* yma ar gwt pob enw) er mwyn prynu ffrwythau a chacennau i Gwen gael picnic ar y traeth, ac wedyn yn ôl â hi i'r *Fontaine aux Bretons*. Cystal cyfaddef fy mod yn poeni ychydig am adael Gwen ar draeth ar ei phen ei hun. Nid bod perygl iddi hi gan fod ambell fam a phlentyn yno eisioes, a dau neu dri o hen gyplau o gwmpas. Ond beth petawn i'n cael damwain ffordd a heb fodd i gysylltu â hi? Waeth i mi heb â hel meddyliau o'r fath. Ches i erioed ddamwain ar y cyfandir er gwaethaf sawl chwysfa banics mewn gwahanol wledydd. Portiwgal, er enghraifft; rwy'n siŵr mai dyna'r wlad fwyaf peryglus yn y byd i fodurwyr ac os llwyddais i ddod oddi yno'n fyw, prin fod angen poeni am fy niogelwch ar y ffordd y byddaf yn ei theithio heddiw. Ac eto mae rhyw ychydig o ofid yn troi a throsi yn fy meddwl.

Ffordd syth i Bourgneuf gydag arwyddion gwelliannau ac adeiladu hwnt ac yma. Rwyf yng ngolwg tir corsiog i'r deau o'r ffordd sy'n cyfeirio tua Machecoul. Ambell winllan Muscadet wedyn. Mae adfeilion hen gastell a godwyd yn yr unfed ganrif ar ddeg yma – un arall o gestyll yr enwog Gilles de Rais. Am ei gastell ar lan afon Sèvre, ger Tiffauges ymhellach i'r dwyrain, y ceir y straeon mwyaf arswydus amdano a dywedir bod pobl yn ymswyno hyd heddiw wrth gerdded dan ei furiau. Rhwng Machecoul a St Philbert-de-Grand-Lieu mae'r wlad yn amrywio. Mwy o winllannoedd, darn o goedwig – Forêt de Machecoul – a mwy o winllannoedd. Penderfynaf oedi am ychydig yn St Philbert gan fod yr enw'n gyfarwydd. Sylweddolaf yn sydyn pam; mae'r arwydd yn cyhoeddi fod y dref wedi'i gefeillio â Radur, ger Caerdydd, a minnau wedi gyrru drwy Radur bob dydd am flynyddoedd heb wybod bod St Philbert-de-Grand-Lieu yn Llydaw. Ond dyna ni, prin y buasai trigolion ffroenuchel Radur yn ymfalchïo yn y ffaith bod eu pentref wedi'i efeillio â thref mewn gwlad Geltaidd arall.

Mae'r eglwys yng nghanol y dref yn glamp o ogoniant. Ond adeilad diweddar yw ochr yn ochr â'r abaty sydd ger yr afon. Sefydlwyd yr abaty gan fynaich o ynys Noirmoutiers – i'r de-orllewin o Pornic, cefais gipolwg arni echdoe – yn y flwyddyn 819. Dihangodd y mynaich yn fuan wedi hynny oherwydd eu bod yn ofni bygythiad y Normaniaid (neu Wŷr y Gogledd hwyrach) a ffoi wedyn i Tournus yn Burgundy gan fynd ag esgyrn Sant Philbert gyda nhw. Felly abaty cyffredin fu yma am ganrifoedd er y bu'r gell dan eglwys yr abaty yn rhan o'r seintwar wreiddiol, gyda'i bwâu Rhufeinig a'u blychau a oedd unwaith yn cadw esgyrn Philbert. Gem o bensaernïaeth sy'n dangos y newidiadau rhwng y Rhufeinig a'r Romanesg. Gwnaed newidiadau sylweddol i'r eglwys yn yr unfed a'r ail ganrif ar bymtheg. Newid mwy diweddar eto yw'r blwch teliffon coch sydd wrth ymyl yr abaty – wedi dod o Radur pan seliwyd cyfamod y gefeillio yn 1986, greda i. Yr hyn sy'n eich taro gyntaf am y dref, er hynny, yw'r eglwys blwyf neogothig sydd yn gul ac yn uchel – mae ei meindwr yn 65 metr o uchder. Adeilad diweddar ydyw, er hynny; fe'i codwyd rhwng 1862 a 1869. Mae'n werth mynd mewn i weld y ffenestri hardd a luniwyd ddiwedd y ganrif ddiwethaf a ffenestri mwy diweddar yr arlunydd Jean-Jacques Gruber a luniwyd yn 1936. Heb sôn am geinder y pwlpud.

Wrth erddi'r abaty mae swyddfa groeso'r dref a thrwy'r swyddfa cewch ymweld â'r amgueddfa *La Maison du Lac* a gweld yr holl amrywiaeth o adar sy'n nythu neu'n mudo i, ac o, lyn y *Grand Lieu* i'r gogledd o'r dref. Yn ogystal â'r fideos o fywyd gwyllt ceir camerâu o gwmpas y llyn – llyn mwyaf Ffrainc yn y gaeaf – wedi'u cysylltu â'r amgueddfa sy'n caniatáu i chi wylio'r mynd a dod unrhyw adeg o'r dydd. Gan nad yw'n bosib mynd i ymyl y llyn mae'r camerâu fideo yn rhoi golwg unigryw o'r bywyd gwyllt i'r naturiaethwr. Mae'r amgueddfa hefyd yn cynnwys arddangosfa ddaearegol a chasgliad mawr o fwynau a ffosiliau. Saif Saint-Philbert ar lan afon Boulogne sy'n tarddu yn *Les Essarts* yn y Vendée a llifo i mewn i'r *Grand Lieu*. Mae'r afon wrth lifo ger cyrion y dref yn ychwanegu at ei chymeriad, pont sawl bwa ar ei thraws, a basgedi blodau ar y canllawiau. Pethau bach sy'n ychwanegu cymaint at harddwch bro a thref. Gwelir cychod a hwyaid a lili'r dŵr arni a cheir coed hyd ei glannau'n gysgod i gerddwyr a beicwyr. Gyda'r haul yn toddi'r tar dan draed mae cysgod y coed yn dderbyniol ac mae 'na seddau a byrddau i fwynhau seibiant neu bicnic; y tu hwnt i'r afon, yr ochr bellaf wrth y dref, mae gwersyll pebyll ac ambell babell er gwaethaf yr adeg o'r flwyddyn.

Rwy'n dilyn ffyrdd culion ar draws y wlad o un dref sydd ar y ffin – Saint-Philbert – i dref arall ar y ffin, sef Clisson. Mae'r ffordd yn syth ond mae'r ffin yn droellog. Ar draws afon Maine ac ymlaen i Clisson sydd ar lannau afon Sèvre. Sylwais lawer gwaith ar boteli Muscadet a'r enwau Sèvre et Maine arnynt. Mae yma winllannoedd sy'n croesawu ymwelwyr ar ochr y ffordd a chroeso i brynu'r gwin gwyn sych yn uniongyrchol oddi wrth y cynhyrchydd. Mae Clisson yn dawel, digon o le parcio ganllath o'r castell lle ganed y gŵr

Clisson, â'r castell uwch afon Sèvre.

sydd â'i enw yn gysylltiedig â'r lle, Olivier de Clisson (1336-1407), cwnstabl enwog Ffrainc a chynrychiolydd y brenin yn Llydaw – a gŵr a ochrodd gyda Ffrainc yn erbyn ei gyd-Lydawyr. Oherwydd dylanwad Olivier de Clisson, a'i safle ar y gororau, bu'r castell yn ddylanwadol yn rhyfeloedd a gwleidyddiaeth Ffrainc a Llydaw. Saif ar y graig yn warchodwr uwch dyffryn afon Sèvre, ei furiau dwbl yn gampwaith o amddiffynfa. Yn ystod y Chwyldro, yn 1793, meddiannwyd y castell am gyfnod gan y gweriniaethwyr dan y Cadfridog Kleber ac er iddynt gael eu taflu allan yn fuan wedyn, llosgasant y dref i'r llawr cyn ymadael. Ers i'r castell ddod i feddiant y cyngor rhanbarthol yn 1962 – a chyngor Loire-Atlantique wedi hynny – dechreuwyd ei adnewyddu o ddifrif. Fel y gwelaf mae'r gwaith hwnnw'n mynd rhagddo'n ddiwyd.

Wrth ymyl y castell mae marchnad dan do, ond gan nad yw'n ddiwrnod marchnad mae'n braf a chlaear i gerdded trwyddi. Y castell a'r farchnad yw'r unig adeiladau yn y dref i ddianc anrhaith 1793 y Chwyldro Ffrengig. Mae ambell gaffi a bwyty ar gyrion y farchnad a'r perchenogion yn ei defnyddio i ehangu eu cyfleusterau dros dro, drwy osod cadeiriau a byrddau yno. Af i gaffi sydd ar draws y ffordd gul o'r farchnad – *Cave à Bières* yw'r enw arno ac mae'n ymfalchïo yn yr amrywiaeth o gwrw y gellir ei archebu yma. Honnir bod cwrw o Loegr yma – er mai stwff wedi'i fragu yn yr Alban ydyw. Prynaf rywbeth ac enw iddo nas gwelais erioed o'r blaen – cwrw o'r Almaen neu'r Iseldiroedd. Mae'n dod â sleisen o lemon ynddo – ych! Dyma'r tro cyntaf a'r tro olaf i mi gael cwrw a lemon ynddo. Mae'n gaffi â thipyn o gymeriad i'w waith coed hynafol. Caffi sydd hefyd yn gwerthu baco ac mae'r amrywiaeth o sigaréts yn anferthol. Mae hefyd yn gwerthu cardiau crafu ac mae dynes wrth y bwrdd nesaf wedi ennill. Fel rheol yr unig bethau a brynaf mewn caffis fel hwn yw cardiau teliffon.

Wedi torri sychad a sionci mymryn af yn ôl tua'r maes parcio. Gwelaf sawl arwydd yn hysbysebu *Fest Noz* ac mae hyn yn fy mhlesio. Clywais fod yn y dref grŵp o ddawnswyr a cherddorion Llydewig o'r enw *Cercle Olivier de Clisson*. Rwyf ar ffin de-ddwyrain Llydaw ac yn ôl y gwybodusion ni fu'r Llydaweg yn iaith y parthau hyn erioed. Felly, mae arwyddion fel hyn o'r diwylliant Llydewig yn foddhad i mi. Boddhad, hefyd, gweld siop bwydydd lleol – *La Cave Gourmande* – ymysg adfeilion gyda choed a gwinwydd o'i chwmpas. Rhamantus iawn. Y mae i'r dref nodweddion rhamantus eraill. Cyfeiriais at y dinistr a ddioddefodd y dref yn 1793. Ailadeiladwyd y dref gan ddilyn cynlluniau a ffurfiau Eidalaidd – soniais eisoes am y toeau coch sy'n nodwedd o'r wlad i'r de o'r Loire fel ffermdy Jeanne. Aeth Clisson ymhellach. Gwnaed y cynlluniau ar gyfer ail-adeiladu'r dref ddechrau'r bedwaredd ganrif ar bymtheg gan y cerflunydd, y Barwn Frederic Lemot, a chwblhawyd y gwaith gan gyfaill iddo, llysgennad o'r enw Cacault. Sylwer ar doeau Clisson, yr eglwys, stad *La Garenne Lemot*, yr adeiladau a'r gerddi sydd i'r dwyrain i *La Sèvre*. Medrwch ymweld â *la Garenne Lemot* i fwynhau arddangosfa o ddylanwadau Eidalaidd pensaernïaeth yr ardal. Nid wyf yn adnabod Tuscanny na Tony Blair, ond rwy'n deall pam fod doctoriaid 'spin' y diwydiant gwyliau yn marchnata'r dref a'r ardal fel Tuscanny Llydaw. Er bod y wlad o amgylch yn wastad mae cymoedd culion ac ambell raeadr rhamantus yng nghyffiniau Clisson a gellir ymweld â nhw wrth deithio tua *Le Pallet*.

Oherwydd *Le Pallet* yw fy nod, heddiw. Deuthum bob cam o Pornic – dydy hi fawr o daith o ran hynny – i ymweld â bro geni Pierre Abelard. Ac i weld yr amgueddfa win. Cyfandirol iawn – o fewn yr un amgueddfa datgelir cyfrinachau gwneud gwin a cheir hanes bywyd athronydd a diwinydd – a chymeriad rhamantus ar ben hynny. Gwylio fideo am fywyd Abelard tra 'mod i'n sipian gwin. A fedrwn ddychmygu yng Nghymru amgueddfa am fragu cwrw ac yn rhoi hanes emynwyr mawr Cymru? Gwylio fideo am Williams Pantyelyn a drachtio peint o gwrw'r *Reverend James* ar yr un pryd. Arswyd y byd! Cewch bob math o adeiladau yn Sain Ffagan – ond dim tafarn... Ond yn Llydaw mae Abelard a Muscadet yn mynd law yn llaw – fel Muscadet a wystrys.

Rwyf wedi cyrraedd ar awr ginio ac mae'r amgueddfa ar gau felly does dim amdani ond crwydro o gwmpas yr adeilad. Adeilad newydd a gwinllan fach o'i gwmpas yw'r *Musée du Vignoble Nantais* – dydyn ni ddim yn bell o Nantes er bod y wlad yn dawel a hamddenol a neb ond fi yn disgwyl mynd i mewn i'r adeilad. O'r diwedd mae gwraig ifanc yn cyrraedd ac yn agor yr amgueddfa. Caf olwg ar ochr lai dyrchafol yr amgueddfa i ddechrau. Felly. Y Rhufeiniaid a blannodd y winwydden gyntaf yma yn yr ail neu'r drydedd ganrif. 'Ond wele'r moch...' Yn y ddegfed ganrif rhuthrodd gwŷr y gogledd, y Norsmyn, o'i lloches ar ynys Noirmoutier i'w maeddu. Felly, y Llychllynwyr nid y Normaniaid, fu'n tarfu ar fynaich Saint-Philbert-de-Grand-Lieu. Diddorol dysgu fod y Norsmyn wedi ymsefydlu ar ynys Noirmoutier a'i henwi yn Ynys Her. Wedi hynny dechreuodd y gwinllannoedd hyn – maent bron i gyd i'r de o'r Loire – fwynhau bri a chlod newydd dan Ddugiaid Llydaw, yn enwedig Jean V. A François II, yr olaf o'r Dugiaid, a oedd hefyd yn hoff o gwmni beirdd, cerddorion ac arlunwyr. Wrth gwrs! Llys Clisson oedd eu cyrchfan. Yma y byddent yn cael hwyl a sbri yn ystod yr haf a mwynhau'r gwinoedd lleol. Mae'r darnau'n syrthio i'w lle! Y *Berligout* oedd y winwydden a dyfid yno bryd hynny. Yn 1709 cafwyd gaeaf caled a dinistriwyd y gwinwydd i gyd ag eithrio y *Melon de Bourgogne* – coeden o Burgundy oedd wedi cael ei thrawsblannu i'r ardal ychydig cyn hynny. Yn dilyn trychineb 1709 daeth y *Melon de Bourgogne* yn llawer mwy poblogaidd a dyma'r winwydden a elwir bellach y *Muscadet*. Tua'r un adeg daethpwyd â'r *Folle Blanche* i'r ardal o ranbarth Charente, ac o'r winwydden honno y daw un arall o winoedd poblogaidd yr ardal, y *Gros-Plant*. Rwyf wrth fy modd yn dysgu am y gwinllannoedd hyn ac edrych ar yr offer cyntefig a ddefnyddiid i drin y tir a thocio'r coed a'r dulliau o wasgu'r sudd o'r grawnwin – ac y mae yma gasgenni hirion lle defnyddid y traed i wneud y gwaith. Rhywbeth arall – roedd gen i ryw syniad am hyn ond wyddwn i ddim o'r stori'n llawn. Tua 1881 daeth pryf bychan o'r enw Phylloxera o

America i'r cyfandir – a ddichon unrhyw beth da ddod o America? Roedd cynrhonyn y Phylloxera yn tyllu i wreiddiau'r winwydden gan achosi i'r goeden bydru a marw. Pydrodd y gwinwydd ar draws Ewrop. Yr hyn a wnaed oedd mewnforio gwinwydd yn ôl o America – o Ewrop yr aethant yno i ddechrau. Gwinwydd oedd yn medru gwrthsefyll y cynrhonyn melltigedig. Wedyn impiwyd brigau o winwydd lleol ar y bonyn Americanaidd ac felly yr adferwyd y gwinllannoedd.

Wedi dysgu am economeg y diwydiant a sut y cludid y gwinoedd yn yr hen amser ar longau hwyliau i'r *Port au Vin* (bellach y *Place du Commerce*) yn Nantes a chant a mil o bethau euthum â'm gwydr yn fy llaw i weld yr arddangosfa a'r fideo am Pierre Abelard.

Roedd Le Pallet yn un o'r mannau y byddai pererinion yr oesoedd canol yn oedi ar y ffordd i Sant Iago de Compostella – gyda gwin da yn eu haros nid yw'n syndod idynt hoffi'r lle gymaint. A fu cyfarfod y pererinion hynny yn ysbrydoliaeth i'r Abelard ieuanc? 'Fe'm ganed ar gyrion y corsydd Llydewig,' meddai yn ei *Historia Calamitatum* a luniodd wedi adfyd y deng mlynedd a dreuliodd yn abad ar fynachod anhydrin *Saint-Gildas-de-Rhuys*. Yr ydym mewn bro gorsiog ac i'r gogledd o Le Pallet mae y *Marais de Goulaine*. Ganed Abelard yn 1079 a phrofodd yn gynnar ei fod yn anghyffredin o ddisglair. Fe'i trosglwyddwyd o athro i athro a rhagorai ar bob un mewn deallusrwydd. Yr oedd yn flaengar yn nadenu dysg y ddeuddegfed ganrif, yn ehangu meddyliau a pharatoi'r ffordd i Sant Thomas o Aquinas ac eraill a ddaeth ar ei ôl. Yn angerdd ei chwilfrydedd am y gwir yr oedd ei fawredd, yn hytrach na'i lwyddiant yn cyrraedd pen draw y trywydd hwnnw. Yr oedd yn ddadleuwr miniog ac yn athro disglair. Ei ddawn fel athro a ddaeth ag ef i drafferthion enbyd pan syrthiodd mewn cariad â Heloise, ei ddisgybl enwocaf. Aeth pethau'n flêr pan ddarganfuwyd fod ei ddisgybl eiddgar yn feichiog. Aeth y ddau i Le Pallet lle ganed mab – Astrolabe. Ni fynnai Heloise briodi Abelard – rhag amharu ar yrfa'r athronydd a'r diwinydd disglair. Rhywbeth diweddarach yn hanes yr Eglwys Babyddol oedd gwrthod yr hawl i offeiriaid briodi. Os nad oedd disgynyddion gan offeiriad byddai'r Eglwys yn etifeddu ei gyfoeth pan fyddai farw – a chan mai plant teuluoedd cyfoethog oedd yn mynd i'r offeiriadaeth yn yr oesoedd canol, bu'r cynllun o gymorth iddi ymgyfoethgi. Nid oedd unrhyw sail ddiwinyddol dros orfodi offeiriad rhag mwynhau rhyw – dim ond ystyriaethau economaidd a thrachwant Eglwys Rufain.

Nid erys unrhyw olion o'r castell yn Le Pallet lle ganed Pierre Abelard a'r cwbl a saif i'n cysylltu â'i gyfnod yw gweddillion capel bach Santes Anna lle bedyddiwyd y baban. Heb fod nepell y mae ogof lle yr honnir i Heloise eni Astrolobe. Wedi hynny anfonodd ewythr Heloise, y Canon Fulbert, rai o'i ddynion i ymosod ar Abelard a'i sbaddu i'w gadw rhag temtasiynau cnawdol yn y dyfodol. Rhai garw oedd y saint 'slawer dydd. Yn 1122 condemniwyd Abelard gan dribiwnlys Soissons am ei gyfrol *Introduction à la théologie*. Treuliodd gyfnod anghysurus yn abad Saint-Gildas-de-Rhuys. Ar ddiwedd y cyfnod hwnnw yn dilyn ei *Historia Calamitatum*, sy'n ddogfen ddefnyddiol gan fod ynddi gymaint o hanes ei fywyd a manylion ei drafferthion gyda'r mynaich

Gweddillion capel Santes Anna lle bedyddiwyd baban Heloise.

anystywallt, y cychwynnodd y llythyrau rhyngddo a Heloise y soniais amdanynt ynghynt. Yn Saint-Gildas tra oedd yn ceisio pregethu cyfraith a threfn i'r mynaich y cyhoeddodd waith o'r enw *Sic et Non* – casgliad o wahanol gredoau'r 'tadau' ar faterion y Ffydd. Nid oedd y gwaith yn cynnig barn na sylwadau ar yr hyn a ddywedent – gadael i'r gwrth-ddweud a'r gwrthdaro adrodd eu hanes eu hunain, fel petai. Gwylltiodd Sant Bernard o Clairvaux yn gacwn. Condemniwyd Abelard gan synod o wŷr mawr yn Sens yn 1140, yng ngwydd y brenin Louis VII. Roedd Bernard yn ŵr uniongred, yn bersonoliaeth gadarn, ac Abelard yn cynrychioli'r meddylwyr eangfrydig. Yr oedd gwrthdaro'n anochel. Wedi'r condemnio yn 1140 cododd ei bac ac adeiladu cwt o wiail y tu allan i byrth tref Nogent. Dôi myfyrwyr a disgyblion ato o bob rhan o Ffrainc. Bu farw ddwy flynedd yn ddiweddarach, ond cafodd ddiwedd heddychlon i'w oes gythryblus diolch i'r gŵr mawrfrydig Pierre, Abad Cluny, a drefnodd gymod rhyngddo a Bernard. Yr un abad a drefnodd i'w gorff gael ei drosglwyddo i ofal Heloise, diweddglo hyfryd i un o straeon serch enwocaf y byd. Gorwedd y ddau abad, y ddau Pierre, yn yr un bedd, ym Mharis.

Dychwelais tua Pornic heb ddim i darfu ar fy nhaith ond cwmni dau fachgen ymbilgar a godais ger Aigrefeuille oedd yn ffawd-heglu wedi clywed bod angen gweithwyr adeiladu tua Geneston. Bechgyn heb grefft yn gweithio yn y gwinllannoedd neu ble bynnag y caent fodd i ennill ceiniog.

Mae'n gynnar a'r haul yn boeth felly teimlaf fod gennyf hanner awr i ymweld ag amgueddfa Bourgneuf-en-Retz cyn mynd i 'nôl Gwen o draeth *Fontaine aux Bretons*. Sylwaf ar y map fod yna benrhyn Sant Gildas i'r gorllewin o Pornic, arwydd arall o gysylltiad y Brythoniaid â'r rhan hon o Lydaw. Ond faint o'r dylanwadau hynny fydd i'w gweled yn yr amgueddfa, y *Musée du Pays de Retz*? Dim problem parcio. Lle i adael y car rownd y gornel o'r fynedfa. Baner Llydaw uwch y drws – dim baner Ffrainc, er bod baner y Gymuned Ewropeaidd fymryn i'r naill ochr. Mae mwy o sôn am Ewrop y Bobloedd, Ewrop y cenhedloedd bychain, o fewn ffiniau Ffrainc nag a gewch yn y Brydain Fawr or-ganolog. Mae hen injan dân ac offer arall wrth ochr y llwybr sy'n arwain tua'r drws. Mae taflenni gwybodaeth a'r ffurflenni sy'n eich gwahodd i ymaelodi â Chyfeillion yr Amgueddfa ar gael yn Llydaweg a Ffrangeg – ar ben, nid o dan, y cownter. Mae'r amgueddfa wedi'i lleoli mewn hen fynachlog y Brodyr Llwydion. Mae o faintioli sylweddol ar ffurf sgwâr gyda lle agored yn y canol lle gynt y bu lawnt a gerddi ond lle'n awr yr arddangosir offer amaethyddol. Af trwy'r stafell lle dangosir y fideo arferol ac yn syth i stafell ddosbarth mewn ysgol wledig, yn dyddio o tua 1900. Mae yma gasgliad da iawn o lyfrau Llydaweg – hen gopïau o *Gwalarn*, amryw o lyfrau a gyhoeddwyd gan *Al Liamm* a dylunwaith Langleiz ar y cloriau. Hen gyfrol o *An Ti Satanazet* gan Jakez Riou – rwy'n siŵr bod y Llydaweg yn cael llai o barch mewn sawl amgueddfa yng ngorllewin Llydaw. Mae yma arddangosfeydd daearegol ac archaeolegol wedi'u didoli i'w cyfnodau yn ogystal â gwisgoedd, siop liain, siop groser – ac ymlaen â mi at offer gwaith y bywyd tu allan. Mae arddangosfa o offer y caeau halen, sydd y tu hwnt i afon Loire. A chasgliad o offer pysgota. Mae yma gasgliad arddechog o erydr, erydr a dynnid gan ychain, rhai ungwys fel a gofiaf i, a'r rhai mwy modern a ddaeth wedyn. Mae yma nithiwr – un union yr un fath â hwnnw a gofiaf ar fferm Tynwaun. Mae yma oged bren; roedd un union yr un fath â hon gyda ni gartre a byddai fy nhad yn ei defnyddio weithiau pan fyddai am lyfnu'r tir yn ddyfnach nag arfer. Roedd yr oged bren yn drymach na'r un haearn. Rhyfedd fel y mae cynifer o offer fferm yn gyffredin rhwng gwlad a gwlad. Cynrychiolir holl amrywiol grefftau'r ardal yma – y casgennwr, y töwr, y gwneuthurwr briciau, gweithdy'r saer, y clocsiwr, y saer maen, y pobydd, offer y winllan, efail y gof . . . Mae yma hefyd gasgliad o gapiau milwrol. Ni welais erioed gynifer o grefftau'n cael eu harddangos mewn amgueddfa gymharol fychan. Diolchaf i'r merched yn y dderbynfa am y pleser a gefais wrth grwydro'r amgueddfa. Yr oedd yn cyflwyno darlun ardderchog o fywyd ardal hynod amrywiol – o ddaeareg miliynau o flynyddoedd hyd y taclau hynny y gwelais eu tebyg yn cael eu defnyddio yng Ngheredigion yn y pumdegau.

Yr wyf wedi bod yma am ysbaid dda a bydd Gwen yn dechrau poeni fy mod yn hwyr yn dychwelyd. Mae'n bump o'r gloch. Ond na, mae popeth yn dda ar draeth 'Ffynnon y Llydawyr' er rwy'n amau y bydd Gwen yn edifeiriol 'rôl cymaint o dorheulo. Galw'n y caffi am lasaid o'r sudd lemon i Gwen a chwrw i mi. Mae'r bachgen yn dechrau dod i'n hadnabod yn y caffi. Mae'n amlwg mai prin yw'r rheini sy'n archebu'r ddiod lemwn ac mae'n ein cofio bob nos. Yn ôl i'r fferm i newid ac ymolch ac allan am bryd yn un o'r tai bwyta ar ymyl y cei. Wedyn yn ôl i'r fferm am wely cynnar. Rwy'n cynefino â'r ffyrdd i'r fferm erbyn hyn – hyd yn oed yn y tywyllwch.

Pennod 8

Y Corsydd a'r Caeau Halen

Mae Jeanne yn ein sicrhau fod gennym ddiwrnod arall o heulwen ond bydd yn debyg o newid drennydd. Felly, rwyf am adael Gwen am ddiwrnod arall ar draeth 'Ffynnon y Llydawyr' a mynd dros bont Saint-Nazaire i grwydro ardal y *Brière* – o un cors i gors arall. Llwyddwn i gychwyn yn gynnar heddiw, heb ein rhwydo i unrhyw drafodaeth faith ar bwynt astrus gyda Jeanne. Dwedaf fy mod yn siomedig o weld lleoedd fel y Saffari Affricanaidd a'r lle cowbois ac Indians. 'Ond maen nhw'n dda ar gyfer ein busnes ni,' meddai Jeanne gyda gwên fodlon a phenderfynaf mai tynnu dadl ddiangen fyddai parhau gyda'r sgwrs yna. Felly awn yn gynnar tua'r traeth i Gwen gael mwy o haul ac af innau am Saint-Nazaire. Mae ffordd ddeuol dda i'r gogledd o Pornic, y corsydd i'r dde ac adeiladau a datblygiadau i'r chwith, sef ochr y môr. Cyn pen fawr o dro rwy'n gweld y bont fregus yr olwg ar draws afon Loire. Mae fel gwe pry copyn enfawr yn gwegian dros yr afon. Ydy hi'n ddiogel i 'nghar bach i? Mae lorïau mawr yn mynd trosti sy'n gwneud i mi amau rhagor am fy niogelwch. Mae'n siŵr o ddymchwel o dan bwysau'r rheina i gyd. Does dim amdani ond mentro 'mlaen; mae synnwyr yn dweud ei bod yn ddiogel hyd yn oed os nad yw 'nghalon – sy'n fy ngwddf – yn cytuno. Mae'n bont serth a chul, fel bwa tynn a'r saeth ar fin cael ei gollwng, dwy lôn ar y ffordd i fyny ac un ar y ffordd i lawr. Diolch byth am gyrraedd y pen draw yn ddiogel er na ches i ddim mwynhau dim o'r olygfa o'r pen uchaf – porthladd a lle adeiladu ac atgyweirio llongau Sant-Nazaire o fy mlaen a'r afon i fyny i gyfeiriad Nantes y tu ôl i mi. Dyw 'mhen i ddim yn dygymod yn rhy dda ag uchder.

Mae Saint-Nazaire yn un o'r trefi a ddinistriwyd yn yr Ail Ryfel. Soniais eisoes am y cyrch ar borthladd atgyweirio Saint-Nazaire ar Fawrth 28, 1942, gan 611 o Comandos o Ganada a Phrydain. Hwyliwyd yr hen long *Campbeltown* yn llawn ffrwydron yn syth at byrth dociau *Normandie* a'u chwalu. Yr oedd yn gyrch pwysig am fod y porthladd yn lloches llongau tanfor yr Almaen ac yn safle allweddol ym 'Mur Iwerydd' – ei rhes o amddiffynfeydd ar arfordir gorllewinol Ewrop. Ac yr oedd y llong ryfel, y *Tirpitz*, yn hela ymysg llongau masnach Prydain ym môr y gogledd. Petai honno wedi dianc i Fôr Iwerydd gallasai fod wedi difa llynges fasnach – ac ysbryd – Prydain yn y dyddiau duon hynny. Ond i fod yn effeithiol ym Môr Iwerydd buasai raid i'r *Tirpitz* wrth ddefnydd cyson o ddociau atgyweirio Saint-Nazaire. Dyna'r rheswm dros yr ymosodiad. Lladdwyd 144 o'r comandos a chymerwyd hanner y gweddill yn garcharorion rhyfel, ond bu llwyddiant y cyrch a gwrhydri pobl Saint-Nazaire yn cuddio'r comandos a ddihangodd yn drobwynt yn hanes y rhyfel. Mae'r ffilm *Attack On The Iron Coast*, a wnaed yn 1967 gyda'r actor Lloyd Bridges yn chwarae rhan y swyddog o Ganada, yn seiledig ar y cyrch. Ni cheir unrhyw gyfeiriad at wrhydri'r Llydawiaid yn y fflim.

O Saint-Nazaire, hefyd, yr hwyliodd y llong ryfel *Jean Bart* ar Fehefin 19, 1940. Gweithiodd yr adeiladwyr ddydd a nos am wythnosau i gael y llong oddi yno rhag iddi syrthio i ddwylo'r gelyn. Gyda hanner ei pheiriannau'n troi a'r holl ynnau mewn un twr hwyliodd i ddiogelwch Casablanca oriau cyn i'r Almaenwyr gyrraedd. Daliodd yr Almaenwyr ei gafael ar 'boced Saint-Nazaire' – o Le Croisic i Pontchateau – hyd Fai 11, 1945. Darniwyd a maluriwyd y dref gan fomiau didrugaredd Prydain yn yr wythnosau olaf hynny. Atgyfodwyd y dref wedi'r rhyfel a bellach Saint-Nazaire yw prif ganolfan adeiladu llongau Ffrainc ac un o'r mwyaf yn y byd.

*   *   *

Daw Saint-Nazaire ag enw'r gwleidydd Aristide Briand i gof. Yn Nantes y ganwyd ef (yn 1862) ond yn Saint-Nazaire y cafodd ei fagu ac â Saint-Nazaire y cysylltir ei enw. Yr oedd yn gymeriad lliwgar – yn Llydawr ar ochr ei dad a'i fam o fro'r Vendée. Dau ranbarth gwrthryfelgar, os ceidwadol. Roedd ewythr iddo yn un o beilotiaid afon Loire. Yr ewythr hwn a'i dysgodd i hwylio, ei gynefino ag arwyddion y tywydd a chreu ynddo gariad at y môr. 'Roeddwn am fod yn llongwr. Ond roedd fy rhieni . . . roedden nhw'n ffyrnig yn erbyn i mi fynd i'r môr,' meddai. A marwolaeth yr ewythr hwnnw a roddodd ddiwedd ar ei uchelgais. 'Un diwrnod cludwyd fy ewythr adref ar stretsier. Yr oedd wedi boddi . . . medraf ei weld o hyd . . . roeddwn wedi cael fy hytnoteiddio gan ei esgidiau mawr yn diferu dŵr . . . y sgidiau mawr hynny . . . medrwn eu gweld yn llenwi â dŵr ac yn ei dynnu i'r gwaelod,' meddai. Profodd rywbeth a oedd yn rhan o fywyd cynifer o deuluoedd arfordir Llydaw – trychinebau a cholledion arswydus cymunedau'r glannau yn eu ffyddlondeb i'r môr. Yr oedd yn ymwybodol o'r awyrgylch o dlodi, y trychineb parhaus fel cwmwl tragwyddol uwch trigolion trefi a phentrefi pysgota Llydaw. Ni chafodd gyfle i fynd ar y mordeithiau peryglus hynny oedd yn parhau am ddwy, tair blynedd. Ond profodd dymhestloedd eraill wrth geisio llywio llong Ffrainc drwy ddrycinoedd lu a hynny mewn gyrfa wleidyddol hynod hirhoedlog.

Fe'i magwyd mewn teulu tlawd oedd yn cadw tafarn yn Sant-Nazaire ond bu'n ffodus a chafodd gymorth ac anogaeth ysgolhaig oedd yn byw yn y dref – gwr o'r enw Genty. 'Byddem yn cerdded filltiroedd ar y traeth ac yn cael trafodaethau dwys. Beth bynnag y deuem ar ei draws ar ein teithiau – dyna fyddai'n sbarduno ei 'wersi'. Doedden nhw ddim yn wersi fel y cyfryw; apeliai'n gyson at fy neallusrwydd a'm dychymyg gan ddweud drosodd a throsodd, 'Gad i'r cof ofalu amdano'i hun'. Yn fynych byddai'n sefyll yno ar y traeth gan adrodd darnau hir o'r *Iliad* neu'r *Odyssey*, a darlunio brwydrau'r arwyr a llosgi Caerdroia tra'n sefyll ar ymyl y traeth. 'Wedi i ti dyfu,' dywedai wrthyf, 'fe fyddi'n ymweld â Marseilles ar lan Môr y Canoldir, crud ein gwareiddiad. Fe wrandewi'n astud ar y gweithwyr yn y porthladd, wrth iddynt sarhau a bygwth ei gilydd. Dim ond wedi hynny y cei di syniad o flas yr ymgomio ymysg arwyr Homer gynt'.'

Diolch i'r Athro Genty cafodd mab y dafarn dlawd o Saint-Nazaire – tafarn 'amheus' yn ôl ei elynion – ysgoloriaeth i barhau â'i addysg yn Nantes. Tra oedd yn ddisgybl yn Nantes daeth i gysylltiad â Jules Verne. Yr oedd yr awdur nofelau gwyddonol wedi cymryd gofal o fachgen croenddu o Martinique oedd yn yr un dosbarth â Briand. Bob prynhawn Sul byddai Verne yn mynd â'r bachgen am dro a byddai Aristide Briand yn mynd gyda nhw. A hyd yn oed pan fyddai'r bachgen gartref gyda'i deulu yn Martinique byddai'r teithiau prynhawn Sul yn parhau – gyda dim ond Briand a Verne. Yn un o nofelau llai enwog Verne – *Deux Ans de Vacances* (Dwy flynedd o wyliau), am griw o fechgyn yn cael eu llongddryllio ar ynys unig – seiliodd Verne yr arwr ar Ffrancwr ifanc, tebyg ym mhob ffordd i'r Aristide ifanc. Aeth cyn belled â'i enwi'n Briant! Yr oedd Verne wedi sylwi hyd yn oed bryd hynny ar eu teithiau prynhawn Sul bod deunydd arweinydd yn Aristide Briand.

O Nantes aeth Briand i Baris i astudio'r Gyfraith ond gan fanteisio ar bob cyfle i fwynhau bywyd i'r ymylon. Gweithiai fel clerc i gwmni o gyfreithwyr yn y nos i'w gynnal ei hun fel myfyriwr – a breuddwydio am wleidydda ac am fwrw ymaith ormes cyfalafiaeth. Byddai'n mynychu yn rheolaidd gyfarfodydd y Sosialwyr a'r pleidiau llafur ym mhob cwr o Baris. Gwelai Sosialaeth fel iachawdwriaeth problemau cymdeithas a berwai gan awydd i sicrhau tegwch a chyfiawnder i'r gweithwyr. Yn Llydaw, ei wlad ei hun, yr oedd am ymroi i drefnu'r gweithwyr. Dychwelodd i Saint-Nazaire a throdd at yr arweinwyr llafur. Doedd y Llydaw geidwadol, draddodiadol ddim yn ymddangos fel tir ffrwythlon i bregethu syniadau blaengar o'r fath. Ond yn Llydaw a'r Vendée – dau ranbarth ceidwadol, caeth i'w hen draddodiadau – yr oedd ei wreiddiau. Ni theimlai fod ganddo ddewis. Ceir straeon cynhyrfus am y gŵr athrylithgar hwn. Sefydlodd bapur wythnosol o'r enw *La Démocratie de l'Ouest* a gweithiodd yn ddibaid arno – fel golygydd a oedd yn sgrifennu llawer ohono dan ffugenwau, ac fel cysodwr ac argraffwr. Tyfodd y papur i fod mor boblogaidd nes iddo benderfynu ei gyhoeddi'n ddyddiol. Prynodd wasg argraffu gan fethdalwr ym Mharis – ond heb ystyried yr anawsterau o symud y peiriant o Baris i Saint-Nazaire. Datgymalodd Briand y wasg ei hun gan wneud nodiadau manwl a siartiau wrth wneud y gwaith, pacio'r cwbl a'i hanfon ar y trên i Sant-Nazaire, a rhoi'r cwbl wrth ei gilydd eto. Gweld y rhifyn cyntaf yn llithro o'r wasg argraffu hon, yn ôl Briand, oedd gorchest fwyaf ei fywyd. Yr oedd ganddo'r cyfrwng bellach i bwnio'i negeseuon i feddyliau ei ddarllenwyr. Yn anochel bu natur ymfflamychol *La Démocratie* yn fodd i dynnu llawer am ei ben a chyn hir roedd Briand yn gyfreithiwr y papur yn ychwanegol at ei ddyletswyddau eraill. Enillodd ei achos cyntaf gydag ystryw anarferol o gyfrwys. Llwyddodd i oresgyn o leiaf un sgandal rywiol. Yr oedd, fel llawer gwleidydd o'i flaen ac ar ei ôl, yn hoff o'r merched. Fe'i daliwyd yn ei fwynhau ei hun yng nghwmni merch ifanc mewn parc cyhoeddus ar gyrion Saint-Nazaire. Neu, o leiaf, dyna un fersiwn o'r stori. Yn ôl Briand a'i gyfeillion bu'n ysglyfaeth i gynllwyn gan ei elynion. Aed ag ef i'r llys, ac fe'i cafwyd yn euog. Apeliodd i'r Llys Uwch a chollodd. Apeliodd i'r tribiwnlys uchaf ym Mharis a'r tro hwnnw enillodd ac adferwyd ei enw da. Gyda chefnogaeth y Blaid Lafur fe'i hetholwyd yn aelod o Gyngor Tref Saint-Nazaire yn 1888. Yr oedd yn 26 oed ar y pryd. Yn fuan wedyn safodd am sedd seneddol, ond er iddo gael pleidlais dda, methodd.

Dychwelodd i drefnu undeb y gweithwyr. 'Yr oeddwn yn drafeiliwr dros syniadau sosialaidd,' meddai yn ddiweddarach wrth gofio'r blynyddoedd hynny. Cysylltir ei enw â chychwyn mudiad yr undebau llafur yn Ffrainc. Ym Medi 1892 fe'i dewiswyd i gynrychioli un-ar-ddeg o undebau llafur Saint-Nazaire yn negfed confensiwn y Gyngres Sosialaidd yn Marseilles. Yn y gyngres hon rhoddwyd cyfeiriad newydd i'r mudiad llafur yn Ffrainc. Roedd arweinwyr amlycaf y mudiad llafur yn y byd yn bresennol – Jules Guesdes, y mwyaf grymus o arweinwyr sosialaidd Ffrainc, Paul LaFargue, mab-yng-nghyfraith Karl Marx, Liebknecht o'r Almaen, Anseele o Wlad Belg . . . Gwr ifanc, heb fod yn 30 oed oedd Aristide Briand ond siaradodd yn y gynhadledd honno, yn bwyllog, yn rhesymol, yn ddadansoddol. Yr oedd arweinydd gweithwyr Saint-Nazaire bellach yn arweinydd gwleidyddol o bwys yn Ffrainc i gyd.

Aeth i Baris am ddiwrnod i drafod achos anarchydd a gyhuddwyd o ollwng bom mewn café yn y *Boulevard Magenta*. Ac ni ddychwelodd i Saint-Nazaire am dair blynedd! Aeth i ganol helynt y Capten Alfred Dreyfus, yr Iddew a garcharwyd ar gam ar honiad o werthu cyfrinachau milwrol Ffrainc i'r Almaen. Cyd-weithiodd Briand gydag aelodau o'r Blaid Sosialaidd i geisio ailagor yr achos a sicrhau rhyddhad Dreyfus. Rhwng 1894 a 1906 rhannwyd Ffrainc benbaladr gan 'helynt Dreyfus'. Gwrthwynebwyd ailagor ei achos gan yr Eglwys Babyddol asgell dde, uchel swyddogion y fyddin Ffrengig a chan elfennau gwrth-Iddewig – helynt a esgorodd ar y papur ffasgaidd *Action Française* i fod yn llais y gwrth-Dreyfusiaid. Ar yr ochr arall roedd yr asgell chwith, y gweriniaethwyr a'r gwrth-glerigwyr. Yn flaenllaw ymysg y rhain yr oedd Aristide Briand. Bu'r ymgyrchu'n gyfle i bregethu efengyl sosialaeth. Dros y blynyddoedd o ymgyrchu ar ran Dreyfus daeth sosialwyr, gweriniaethwyr a radicaliaid o bob safbwynt at ei gilydd. Daethant i adnabod ei gilydd, gwneud cysylltiadau newydd a dod i ddeall ei gilydd. Gwŷr eraill a ymladdai gydag ef yn y frwydr i ryddhau

Dreyfus oedd y llenorion Anatole France ac Emile Zola. Bu Zola, a'i erthygl enwog, '*J'Accuse*', yn y papur *L'Aurore*, yn allweddol yn yr helynt. Bu'r achos enllib yn ei erbyn yn fodd i roi mwy fyth o sylw i achos Dreyfus – a gwneud Ffrainc yn fwy rhanedig nag erioed.

Yn 1902 cafodd Briand ei ethol i'r senedd ar ran etholaeth Loire. Yr oedd yn sedd ddelfrydol iddo – Saint-Etienne y brif dref gyda'i ffatrïoedd, glofeydd ac undebaeth rymus. I Briand, llafur y gweithiwr oedd sail pob gweithgarwch dynol. Ac yr oedd y cyflogau am eu llafur yn annigonol i sicrhau hanfodion sylfaenol bywyd – yr oedd yn drosedd yn erbyn dynoliaeth, dadleuai Briand. O gofio effeithiau datgymalu'r undebau yn y 1980au, mae ailddarllen areithiau Briand yn y cyfnod hwnnw yn ddadlennol.

'I mi, gwrthdystio yw'r dull gorau o sicrhau heddwch, trefn a diogelwch. Pe meiddiwn, buaswn yn cynghori'r awdurdodau cyhoeddus nid yn unig i ganiatáu gwrthdystiadau, ond i'w trefnu! Wrth drefnu'r fath orymdeithiau rhaid i'r streicwyr wneud pob ymdrech i sicrhau disgyblaeth fel na cheir anhrefn. Wyddoch chi ble mae'r gwir berygl? ... Mae'r perygl nid mewn trefniadaeth ond mewn ynysu'r streiciwr unigol ... Pan gaiff ei ynysu, dyna pryd y bydd y bom yn ffrwydro yn y nos ac y gwelir fflach y gyllell yng ngolau'r lamp.'

Mynnai weithio o fewn y gyfraith, ond hefyd yr oedd o blaid y syniad o streic gyffredinol fel yr unig ffordd i sicrhau cyflogau ac amodau teg i'r gweithwyr. Er iddo adael *La Démocratie de l'Ouest* mewn dwylo diogel yn Saint-Nazaire ni chefnodd ar newyddiadura ac yr oedd yn un o sefydlwyr y papur comiwnyddol *l'Humanité*. Ef lywiodd y ddeddf yn datgysylltu'r Eglwys Babyddol oddi wrth wladwriaeth Ffrainc – tasg amhosib yng ngolwg pobl ofalus ddoeth y cyfnod. Ond roedd pobl ar y ddwy ochr, gan gynnwys rhai o feddylwyr disgleiriaf yr Eglwys ers dyddiau Félicité de Lamennais a'r gwrth-grefyddwyr a gafodd lond bol ar ymyrraeth yr Eglwys mewn gwleidyddiaeth, o'r farn ei fod yn gam i'w groesawu. Digwyddodd hynny yn 1905 a'r tebyg yw i'r rhaniadau a grewyd gan helynt Dreyfus fod â llawer i'w wneud â'r datblygiad.

Yn 1908 daeth yn Weinidog Cyfiawnder yn llywodraeth Clemenceau ac – er ei ddiarddel cyn hyn o'r Blaid Sosialaidd am gymryd swydd yn y llywodraeth! – dechreuodd ddiwygio amodau'r gweithwyr cyffredin, a rhoi'r hawl i weithwyr cyffredin fod yn aelodau o reithgor. Cyflwynodd yn llwyddiannus ddeddf a roddai bensiwn i'r gweithwyr – achos nifer o streiciau yn y gorffennol – yn 1909. Ddwy flynedd cyn Deddf Yswiriant Lloyd George.

Yr oedd ganddo lawer yn gyffredin â Lloyd George. Wedi i'r rhyfel dorri yn 1914, symudwyd Cabinet Llywodraeth Ffrainc yn gyfrinachol o Baris i Bordeaux. Yr oedd Briand yn aelod o'r Cabinet ac yn groes i'w ewyllys ymadawodd am Bordeaux. Ond wedi Brwydr y Marne a'r gobaith cyntaf y gellid ennill y rhyfel dychwelodd Briand i Baris ac aeth yn syth i faes y gad. Tra bu byw nid anghofiodd yr erchylltra a enynnodd ynddo atgasedd at ryfel a goleddodd weddill ei oes. Mae'n ein hatgoffa o'r hyn ddywedodd Lloyd George wrth C. P. Scott, golygydd y *Manchester Guardian*, ar Ragfyr 28, 1917. 'If people really knew, the war would be stopped tomorrow. But of course they don't and can't know. The correspondents don't write and the censorship would not pass the truth ... The thing is horrible beyond human nature to bear ...' Ond er cymaint y ffieiddiai ryfel, dangosodd – fel Lloyd George – grebwyll rhyfeddol o dacteg au rhyfel, a heriodd ei gadfridogion. Yn 1915 fe'i dewiswyd yn Brif Weinidog Ffrainc. Yn yr un flwyddyn, mewn cyfarfod yn Calais, llwyddodd Briand i berswadio Prydain – a Lloyd George o'r ddirprwyaeth Brydeinig oedd ei unig gefnogwr ar y dechrau – i anfon rhagor o filwyr i'r ffrynt ddwyreiniol yn Salonica. Ac yno, yn y diwedd, y torrwyd drwy rengoedd yr Almaen a'u gorfodi i geisio heddwch. Ond nid Briand a gafodd y clod am hynny; fe'i gorfodwyd i ymddiswyddo a chael ei ddisodli gan Clemenceau – a gafodd y clod am ddod â'r rhyfel i ben. Ond a fuasai'r rhyfel wedi dod i ben ynghynt petai Briand wrth y llyw?

Cysylltwyd ag ef droeon wedi iddo gefnu ar yr arweinyddiaeth gan ladmeryddion ar ran yr Almaen a'r Kaisar yn awgrymu fod heddwch yn bosib. Ond anwybyddwyd ei ymdrechion i sicrhau heddwch. O gofio'r holl filwyr a laddwyd ym misoedd olaf y rhyfel tybed a fuasai pethau'n wahanol petai ef o hyd yn Brif Weinidog Ffrainc.

Ni wahoddwyd ef i'r gynhadledd heddwch a gynhaliwyd ar Ionawr 18, 1919. Agorwyd y gynhadledd ym mhresenoldeb Woodrow Wilson, Lloyd George a Clemenceau, ond yr oedd llawer yn ymwybodol o absenoldeb Briand. Ni wrthwynebodd Gytundeb Versailles – gwnaeth un nodyn o feirniadaeth, sef na wnaed yn glir i bobl yr Almaen i'w gwlad gael ei threchu yn y rhyfel. Pwynt seicolegol bwysig yn ei dyb ef.

Yn 1920 yr oedd Poincare yn dod i derfyn ei saith mlynedd fel Arlywydd Ffrainc ac ymddangosai Georges Clemenceau fel ei olynydd naturiol. Ond er syndod, etholwyd Paul Deschanel – gyda chefnogaeth rymus Aristide Briand. Wedi tair blynedd yn y diffeithwch yr oedd Briand yn ôl. Ac yn ôl yn trafod gyda Lloyd George. Mewn cynhadledd yn Cannes ceisiodd Lloyd George ei ddysgu i chwarae golff – yr oedd Briand yn ei chael yn anodd i daro'r bêl fach. Ymddiswyddodd eto o'r llywodraeth, ond y tro hwn heb ymddeol o wleidyddiaeth. Bwriodd ei holl egni i mewn i weithio dros Gyngres y Cenhedloedd ac fe'i hanrhydeddwyd â'r Wobr Nobel am Heddwch yn 1926. Ar Ebrill 6, 1927, ddeng mlynedd union wedi i'r Unol Daleithiau ymuno yn y 'Rhyfel Mawr', anfonodd Briand neges at bobl America yn galw am gynhyrchu llai o arfau rhyfel, am heddwch ac am ysbryd o gyfeillgarwch parhaol rhwng y ddwy wlad. Daeth ymateb oddi wrth Ysgrifennydd Gwladol yr Unol Daleithiau, Frank B. Kellogg. Ym Mharis ar Awst 27, 1928, arwyddwyd y cytundeb a adnabyddir fel y *Kellogg-Briand Pact* gerbron cynrychiolwyr o bymtheg o genhedloedd. Un peth arall diddorol amdano oedd ei fod yn lladmerydd cynnar dros Ewrop Unedig a hyd yn oed ym mlynyddoedd y rhyfel yr oedd yn sôn wrth ei gyfeillion agos am ei freuddwyd o daleithiau unedig Ewropeaidd. Bu farw yn 1932 wedi cyfnod anarferol o hir fel gwleidydd amlwg.

* * *

Gan droi fy llygaid oddi ar graeniau a phorthladd Saint-Nazaire rwy'n dilyn y briffordd am ychydig. Rwy'n chwilio am unrhyw arwydd i'm cyfeirio tua *La Grande Brière*. Daw'r gair *brière* o *brie*, gair a ddefnyddir yn y rhan hon o Lydaw ac mewn rhannau o orllewin Ffrainc sy'n golygu llaid, neu dir gwlyb, corsiog. Cyn pen dim gwelaf arwydd yn cyfeirio at y *Parc Régional de Brière*. Troi oddi ar y ffordd ddeuol a dechrau dilyn fy nhrwyn. Rwyf wedi cyrraedd stad ddiwydiannol a gan nad oes arwydd, rwy'n parhau i fynd yn fy 'mlaen. Mae hyn bob amser yn syniad da yn Llydaw – ac yn Ffrainc. Wedi gweld arwydd sy'n eich cyfeirio at eich nod, fe ddewch yn fynych at groesffordd ac nid oes unrhyw gyfeiriad yno at y lle rydych chi am fynd iddo. Ewch yn syth ymlaen, mewn amgylchiadau felly, ac fel rheol fe gewch eich bod yn iawn. Nid yw pethau cystal pan ddewch i gyffordd-T di-arwydd. Mae llawer o'r rheini yn Sir Benfro, ac ambell un yn Llydaw hefyd. Beth bynnag, ymlaen â mi ar hyd ffordd lydan a ffatrïoedd ar bob llaw – a wele, rhes o gerrig mawrion ar draws y ffordd. 'Dim ffordd trwodd,' ys dywed y sylwebyddion rygbi. Yn ôl â mi a chymryd ffordd gul i'r dde, yr unig dro oddi ar y ffordd lydan rhwng y meini mawr a'r briffordd. Ffordd gul, coed ar bob ochr a ffosydd llawn. Dydw i ddim yn siŵr i ble rwy'n mynd. Buasai map wedi bod o help. Pam 'mod i'n gadael y map ar ôl yn y llety o hyd? Dof allan o'r coed ac i wlad sy'n debyg iawn i'r rhan o'r wlad y tu hwnt i'r Loire lle rwy'n lletya. Corsiog, tyddynnod ond bod yma amrywiaeth o doeau – rhai coch yr un fath â'r ochr draw i'r afon, rhai o hesg a rhai o lechi fel a geir yng ngorllewin Llydaw. Diddorol gweld y croesau haearn lliw arian, hwnt ac yma. Ac mewn ambell ardd, hefyd, oherwydd y mae hon eto yn gadarnle Catholigiaeth a bu'n ffyrnig deyrngar i'r hen drefn adeg y Chwyldro. Hawdd dychmygu'r

Un o gamlesi'r Grande Brière. Syndod gweld y dŵr mor lân a chlir.

werin leol yn teithio'n ôl a blaen ar draws y gors yn eu cychod dan drwynau'r gweriniaethwyr ac yn tanio o'u cuddfannau yn yr hesg. Yn union yr un fath â'r ochr draw i'r Loire. Faint o gysylltiad fu yna rhwng pobl y ddwy ochr i'r Loire, tybed? Erbyn hyn mae'r bont yn cysylltu'r ddwy ochr ond yn yr hen amser roedd afon lydan rhwng y ddwy wlad gorsiog. Roedd cwch yn arfer cysylltu Saint-Nazaire â Paimboeuf cyn adeiladu'r bont. Ond faint o debygrwydd iaith ac arferion sydd rhwng y ddwy fro? Mae angen mwy nag ambell ymweliad sydyn i wneud cymariaethau o'r fath, gwaetha'r modd.

Wedi rhagor o grwydro diamcan rwy'n mynd drwy bentrefi bychain, Marland, Saint-André-des-Eaux, Ker Anas – pentref yr hwyaid. Er bod yr ardal hon y tu hwnt i ffin ddwyreiniol yr iaith, y ffin yn ôl archwiliad Sébillot yn y ganrif ddiwethaf, mae amryw o enwau Llydaweg o gwmpas – Mesquer, Ker Anas, Kerhinet. Cyrhaeddaf La Chaussée Neuve, sy'n rhy fychan i fod yn bentref. Mae tŷ crempog to hesg yma, digon o le parcio, lle i logi cwch neu sedd yn y gert sy'n cael ei thynnu o gwmpas y lonydd gan gaseg ddiog. Ac mae yma amgueddfa! Amgueddfa arall!

Rwy'n dechrau blino ar amgueddfeydd ond fe af i mewn yn nes ymlaen. Penderfynaf fynd i gerdded. Rwy'n tybio fy mod reit i wala o fewn cyffiniau'r gors yma, er nad wyf wedi gweld llawer iawn ohoni mor belled. Clywais nad oes ond un ffordd o weld y gors enfawr hon – gadael y car a cherdded. Dyna a wnaf. Penderfynu cerdded tua'r gogledd gan ddilyn lon gul heibio i ffermdy. Mae'n amlwg wrth y dom ar y ffordd mai dyma lwybr y cart a'r ceffyl. Drwy'r coed derw ar ochr y ffordd gwelaf lwybr sy'n arwain at un o'r ffosydd niferus – neu gamlesi – sy'n torri ar draws y gors. Mae'r gwlith heb godi ymysg yr hesg ac mae dau was-y-neidr yn cwrsio'i gilydd. Mae sŵn cyffro oddi ar y llwybr wrth fy ymyl. Mae amryw o frogaod yn sboncio ar draws fy llwybr ond roedd sŵn y cyffro'n awgrymu creadur mwy. Rwy'n cyrraedd y gamlas ac mae llu o wyddau yn nofio'n hamddenol gyda'i gilydd. Ganllath i ffwrdd mae cwch modur llawn twristiaid yn dod yn araf tuag atynt. Ar y funud olaf mae'r gwyddau'n penderfynu symud o'r neilltu ac mae rhai yn mynd am y lan gan glegar yn hegar tra bod y lleill yn troi i gamlas, neu ffos, arall. Ffosydd yw'r rhain i sychu'r gors a darparu ffordd i gysylltu fferm a phentref yn yr hen ddyddiau. Ni cheir un heol ar draws yr erwau corsiog. Ac ym misoedd gwlyb y gaeaf, y *blains*, y cychod unigryw gyda'u gwaelod fflat yw'r unig ffordd i fynd o le i le wrth i'r sarnau ddiflannu dan ddŵr y gaeaf.

I'r gogledd-ddwyrain ohonof y mae pentre Île de Fedrun, lle seiliodd Alphonse de Chateaubriant (1877-1951) ei novel *La Brière*, a gyhoeddwyd yn 1923, gan ddod ag enwogrwydd i'r rhan hon o Lydaw. Saif y pentref oddi ar y ffordd ar ochr ddwyreiniol y gors sy'n arwain o Montoir-de-Bretagne. Gellir troi tua'r gorllewin yn Île d'Aignac neu yn Saint-Joachim – prif dref y gors.

'Ar bob ochr siglai'r brwyn uchel, cartref i aneirif adar gwyllt. Yma a thraw mae'r dryswch yn ymwahanu i ddatgelu pyllau llwydion yn disgleirio. Wedyn mae'r ynysoedd bach i'w gweld eto, mae'r hesg yn cau eto a chewch weld dyfroedd eraill. Ymddengys y *Brière* yn ddiddiwedd wrth iddynt ymgolli'n y niwloedd pellennig.'

Felly y disgrifiodd Chateaubriant y gors, y gors o 15,000 erw. Soniai am yr erwau o gors nas dofwyd, 'wedi'u llenwi â chân adar a thawelwch dyn, lle mae adenydd mawr gwynion yn curo yn yr awyr a chychod yn llithro'n ddiddiwedd rhwng y blodau ar y dŵr mewn awyr a gusenir gan yr haul . . .' Yr oedd Chateaubriant yn enedigol o Rennes ond bu fyw am flynyddoedd yn Piriac, tref fach glan môr ar benrhyn i'r gorllewin o'r gors ond yn ddigon agos i fedru dod i'w hadnabod yn dda. Yr oedd ganddo hefyd gartref yn Petit-Portail, ger Nantes. Yr oedd wedi ei swyno hefyd gan ramant gorllewin Llydaw ac yn 1928 cyhoeddodd lyfryn am Locronan (Lokorn yn Llydaweg). Yn ystod yr Ail Ryfel cyd-weithiodd Alphonse de Chateaubriant yn agored gyda'r Almaenwyr a sefydlodd wythnosolyn oedd yn gefnogol i'w hachos o'r enw *La Gerbe* (Yr ysgub). Llwyddodd i ffoi cyn diwedd y rhyfel a threuliodd ei flynyddoedd olaf yn byw dan enw ffug mewn mynachlog yn Kitzbuhel, Awstria, nes ei farw yn 1951.

Cyn lleied o newid a fu i'r gors ers i Chateaubriant sgrifennu ei nofel. Wedi cynaeafu'r gwair, mae'r hawliau pori yn gyffredin a gwartheg a defaid i'w gweld; mae'r cawn o'r gors yn do i'r tai ac ar un adeg yr oedd mwg y mawn i'w weld yn codi o lawer tyddyn. Erys yr hawl gan drigolion y deunaw pentref o amgylch y gors – a dim ond y nhw – i ladd mawn unwaith y flwyddyn.

Mae'r cwch modur yn ffrwtian ymaith i'r pellter; dychwel y tawelwch a daw'r gwyddau'n ôl i'r dŵr. Dim ond ambell grawc gan ŵydd flin a cheiliog yn y pellter i darfu'r llonyddwch. Trof am yn ôl gan ddilyn y gamlas i gyfeiriad arall. Mae mes ar lawr dan y coed derw ac yn y cae y tu cefn i'r tŷ crempog mae ceffylau. A dwy hwch yn y cae nesaf atynt. Buasai'r rheini'n hoffi mynd i hel mes. Rwy'n synnu gweld dŵr y gamlas mor lân ac mor glir. Tybed a oes blas halen arno? Dywed y daearegwyr mai ceufor oedd yma yn yr hen amser, yr un fath â'r Morbihan, ond iddo gael ei lenwi dros amser a chreu'r gors. Dof at ffos oddi ar y brif gamlas ac mae nifer o gychod wedi eu clymu wrth y lan. Cychod i'w llogi i grwydro i ganol y gors yn null trigolion y fro. Yn nes i lawr mae pompren ar draws y gamlas ac adeilad pren pwrpasol i fwynhau golygfa dros y gors. Y mae'n union fel y disgrifiodd Alphonse de Chateaubriant y lle, y niwl ysgafn dan haul Medi a'r gors 'ddi-ddiwedd yn ymgolli yn y niwloedd pellennig.'

Nid yw'r trigolion bellach yn torri'r brwyn i'w wau'n fasgedi na'i stwffio i wneud matresi i'w gwelyau, nac yn lladd mawn i'w werthu yn strydoedd Saint-Nazaire. Pobl ar wahan ydynt, serch hynny, yn ymfalchïo mewn cefndir a thraddodiadau gwahanol er bod llawer yn gweithio yn ffatrïoedd a gwaith adeiladu llongau Saint-Nazaire neu waith haearn Trignac. Dychwelaf i'r tŷ crempog. Penderfynaf hepgor cinio a chael potelaid o gwrw a hwyrach dynnu sgwrs gyda'r dafarnwraig. Ond mae'n sgwrsio â chwsmer arall sy'n cael pryd da. Sylwaf, er hynny, mor debyg yw'r acenion i eiddo Jeanne yr ochr draw i'r afon. Gofynnaf am gael mynd i mewn i'r amgueddfa, ac mae'n gofyn i mi a brynais docyn i fynd yn y gert a'r ceffyl. Dywedais mai ar droed y bûm yn teithio, ond mae'n caniatáu i mi fynd i mewn am ddim er nad wyf wedi talu am ddim ond fy nghwrw. Lle bach ydyw ond mae yma gasgliad ardderchog o offer torri mawn. Medraf, medraf ymffrostio i mi drin rhai o'r taclau hyn cyn i'r ffermydd ein hochr ni o Gors Caron dorri'r fawnen olaf ganol y pumdegau. A gwaith melltigedig o drwm ydoedd. Ni chofiaf drin dim cyn drymed â mawnen wlyb o ganol y gors. Cofiaf brynhawn cyfan yn taenu'r mawn i'w sychu – roeddwn i tua tair ar ddeg oed ar y pryd a'm breichiau'n torri dan y pwysau. Mae yma arddangosfa o offer y töwr cawn a darn o do gorffenedig ac arddangosfa o adar y gors – yn eu plith y gylfinir, neu chwibanogl a defnyddio'n gair ni amdani. Dyna'r aderyn a glywn ddydd a nos ym mlynyddoedd fy mhlentyndod a'r sain yn anad un a gysylltaf â blynyddoedd bore oes. Mae yma hefyd arddangosfa o wahanol bysgod y ffosydd a'r camlesi – hwythau fel yr adar wedi'u stwffio a'u gosod mewn blychau gwydr. A'r un modd amryw anifeiliaid, rhai ohonynt yn gwbl ddieithr i mi, a rhai fel y cadno yn gyfarwydd, neu fel y wiwer goch yn wybyddus i mi, hyd yn oed os na welais un yng Nghymru ers deugain mlynedd. Clywais yn ddiweddar bod amgueddfa newydd gael ei hagor yn Nhregaron. Hen bryd, hefyd. Mae yno gors odidog o ddiddordeb i ddaearegwyr, naturiaethwyr a haneswyr lleol. Cyn hir bydd neb ar ôl yn yr ardal sy'n cofio mynd i'r gors i ladd mawn, y codi mawn – dyddiau pan oedd cymdeithas a chymuned yn cydweithio a chyd-dynnu. Gymaint y mae Llydaw ar y blaen i ni Gymry mewn rhai pethau. Os nad oes bellach le i'r traddodiadau a'r hen ffyrdd o fyw – gadewch i ni o leia eu cofio a'u parchu. A dysgu amdanynt.

Ymadael â La Chaussée Neuve a dilyn y ffordd gul, drwy Marland, nes i mi weld arwydd i'm cyfeirio tua Guérande (Gwenrann yn Llydaweg). Er nad yw Guérande yn y Llydaw Lydewig mae arwydd dwyieithog ar gyrion y dref. Mae dwy faner ar furiau'r dref – baner Llydaw a Jac yr Undeb. Y mae'r dref wedi'i gefeillio â Dolgellau ond ni welais arwydd i ddangos hynny. Hwyrach i mi ei fethu. Yn ôl Balzac nid erys ond tair tref yn Ffrainc oll sy'n cadw eu nodweddion ffiwdal: Guérande, Vitré ac Avignon. Rwy'n amau cywirdeb ei honiad – mae'n amlwg nad oedd yn adnabod trefi mwyaf deheuol Ffrainc. Yr oedd teithio, wedi'r cwbl, yn feichus yn nyddiau Honore de Balzac a dylsem fod yn ddiolchgar iddo deithio cymaint ag a wnaeth. Ydyw, y mae Guérande yn batrwm o dref gaerog a hyd yn oed gyda'r geiriau camarweiniol yna yr oedd Balzac yn creu darlun sy'n cydio yn y dychymyg. Ni chaf fynd â fy nghar i mewn i'r hen dref ond mae digonedd o le i barcio y tu allan. Ger y porth mae amgueddfa sy'n hysbysebu arddangosfa o arfau'r oesoedd canol. Buasai Cadw a haneswyr Cymru wrth eu boddau, ond y mae yma hefyd arddangosfa o wisgoedd cribinwyr yr halen, y *paludiers*. Soniaf fwy amdanyn nhw yn nes ymlaen. Ond er nad yw'r gwyr sydd heddiw yn hel halen y mor a'i sychu yng ngwres yr haul yn y caeau bach yn gwisgo'r fath ddillad maen nhw'n werth i'w gweld. Saif Guérande ar ddarn o dir uchel ar gyrion dau ddarn o wlad nodedig – y Brière i'r dwyrain a'r caeau halen i'r de. A phobl arbennig yn gysylltiedig â'r ddwy ardal. Wrth gerdded i fyny'r ffordd sylwaf ar y llestri halen addurniedig o amrywiol faint yn y siopau. A'r addurniadau'n ddigamsyniol yn cyhoeddi Llydaw. Defnyddio'u diwylliant i hybu a marchnata'u cynnyrch a'u heconomi. Ymfalchïo yn eu harwahanrwydd – gwisg, gwlad, traddodiad, iaith, popeth yn cael ei ddefnyddio i gario'r neges. Dyma Lydaw a dyma gynnyrch Llydaw. Ac mae cydau o *Sel marin de Guérande* i'w gweld yn y siopau. Lle bynnag yr ewch, gwelwch gynnyrch lleol, mewn archfarchnad neu siop gornel. Rwy'n teimlo'n newynog ond does gen i ddim amser i eistedd am bryd – a byddai hynny, beth bynnag, yn difetha fy archwaeth am heno. Felly brechdan sydyn amdani. Dewisaf frechdan *pâté* a sylwaf ar gownter y stondin fod yna fwstard, pupur, sos, a halen. Halen môr Guérande, wrth gwrs. Ni fuasai'r stondin fach yn meiddio gwerthu halen o unlle arall.

Mae Eglwys Saint-Aubin – sefydlwyd yn 852 a'i hailgodi yn y drydedd ganrif ar ddeg – gyda'i hamrywiaeth godidog o ddulliau pensaernïol o'r Romanesg i'r Gothig i'r

Gothig Ysblennydd ... Ydwyf, rwyf ar gyrion y Llydaw Lydewig, y mae'r adeiladwaith yn fy atgoffa o hynny. Yn wahanol i drefi caerog fel St Malo ni ellir cerdded y muriau o gwmpas y dref ond mae llwybr lle'r oedd y ffos. Mae honno wedi ei llenwi ers amser ac fe blanwyd coed poplys yn gysgod. Yn ôl Balzac plannwyd y coed yn 1820 gan gyngor y dref – er gwaethaf gwrthwynebiad ffyrnig.

Ddeng mlynedd yn ddiweddarach, yn 1830, y daeth Balzac gyntaf i'r ardal hon er iddo dreulio cyfnod yn Fougères yn 1828. Daeth i Le Croisic a Guérande gyda'i gariad Laure de Berny a'u crwydro ar hyd yr arfordir a ysbrydolodd ei stori fer *Un Drame au bord de la mer* (Trychineb ger y môr) a gyhoeddwyd yn 1834. Rhoddodd ddarlun o'r arfordir rhwng Le Croisic a Batz, ochr y môr a'r creigiau a'r ogofeydd. 'Mae'r tir yma yn hardd yn unig yng ngolwg bodau uwch; buasai pobl ddideimlad ddim yn medru byw yma. Neb ond beirdd a chregin llong,' medd llefarydd y stori. Tebyg mai wedi'r ymweliad hwnnw y dechreuodd sgrifennu ei nofel *Beatrix*, hon eto wedi'i seilio ar yr ardal ac yn rhoi darlun manwl o Guérande y cyfnod. Yn ôl rhai sgrifennodd y nofel yn *Calme Logis*, hen dŷ dymunol gyda gardd goediog ger Batz. Mae'n westy bychan erbyn hyn ac yn parhau i arddel yr hen enw. Bum mlynedd wedi marw Laure de Berny, yng ngwanwyn 1841, yr oedd Balzac yn ôl yn y cyffiniau gyda merch arall oedd wedi mynd â'i galon, Héléne de Valette. Hi oedd perchen y *Calme Logis* a gyda hi bu'n crwydro eto y darn hwn o Lydaw, yn fwyaf arbennig dref Roche-Bernard ger aber afon Vilaine, ardal arall a ddarlunir ganddo, y tro hwn mewn amlinelliad o *Mademoiselle de Vissard*. Ond yn ôl at *Beatrix* a Guérande.

Mae Balzac yn fwy nag unrhyw awdur wedi dangos sut mae eiddo a bro – yr hyn sy'n cwmpasu person – yn adlewyrchu cymeriad.

Guérande – patrwm o dref gaerog.

Mae fel pe bai'n troi'r mân drugareddau yn ei ddwylo, gan anwesu'r dodrefn a'r addurniadau yn ei ddisgrifiadau, er cyfleu naws y tŷ a natur y rhai sy'n byw ynddo. Â cyn belled â disgrifio a chyfiawnhau ei ddisgrifiadau ei hun i'r darllenydd: 'Rhaid i'r cefndir ddod o flaen y portreadau. Rhaid i bawb deimlo fod pethau'n arglwyddiaethu dros bobl. Y mae gan henebau ddylanwad sydd yn amlwg ar y cymeriadau sy'n byw o'u cwmpas . . .' Ni chlywais erioed grynhoi'r cymeriad Llydewig yn well. Ceir yn *Beatrix* dudalen ar ôl tudalen yn disgrifio'r hen deulu Llydewig: – 'nid yw'n neb i unrhyw un yn Ffrainc, nac yn bwnc cyfnewid dau air ym Mharis, ond mae'n cynrychioli Llydaw i gyd yn Guérande. Yn Guérande, yr oedd y Barwn du Guenic yn farwn mawr Ffrainc; nid oedd undyn a safai'n uwch nag ef, neb ond y brenin ei hun.' Cymeriadau wedi'u darlunio'n fanwl gyda chryfder a sicrwydd un o bortreadau Rembrandt. Gasselin, y gwas pob gorchwyl. Mariott y gogyddes. A'r barwn Guenic, hen ryfelwr o'r Vendée a gafodd bensiwn o ddwy fil ffranc pan ailorseddwyd y frenhiniaeth. Y marchog de Halga, hen ymladdwr glew arall o'r Vendée. Nid pethau i hoelio'r sylw yw hanes Beatrix a Calyste; nid oes yma stori uniongyrchol na drama sy'n dal eich anadl. Ei phortreadau o gymeriadau ac arferion diflanedig – dyna'i gogoniant.

Gadael Guérande a chymryd y ffordd am Le Croisic. Nid yw'n ddim o daith ond, cyn cyrraedd y dref, na hyd yn oed y penrhyn, mae'r ffordd yn mynd ar draws y caeau halen. Rwy'n canfod lle hwylus i barcio'r car ac mae gwraig, un o deulu'r *paludiers* cadarn fel y gelwir pobl yr halen, wrth ymyl y ffordd yn gwerthu halen a llysiau. Rhaid cael llun ohoni er nad yw ei gwisg yn arbennig – dim ond gweld rhywun yn gwerthu halen y môr ar ochr y ffordd. Dros y canrifoedd bu halen yr ardaloedd hyn yn rhan annatod o hanes ac economi Llydaw. Roedd allforio halen yn bwysig i borthladd mor bell â Roscoff ac am ganrifoedd nid oedd y Llydawiaid – yn ots i weddill Ffrainc – yn gorfod talu treth halen. Rheswm da dros arferion anghyfreithlon fel smyglo. Soniais eisoes am hyn yng nghyswllt La Rouërie gan awgrymu fod a wnelo'r arfer rywbeth â llwyddiant cynnar y rhai a wrthwynebai'r Chwyldro yng nghyffiniau Fougères.

Gwraig ar ochr y ffordd yn gwerthu halen a chynnyrch lleol.

Cyfeiriais eisoes at ffilm o'r enw *Une Vie Saline* a welais yng Ngŵyl Ffilmiau Gydwladol Douarnenez am hen ŵr o'r enw Joseph Pereon oedd yn cynaeafu'r halen gan sboncio'n droednoeth ar hyd y 'llwybrau' sy'n gwahanu'r 'caeau' neu lynnoedd bychain a'i gribyn yn sgimio'r halen oddi ar yr wyneb wrth i'r haul anweddu'r dŵr. Y prynhawn yma does neb yn cribinio'r halen ac mae rhai o'r 'caeau' – mae'n well gennyf y gair cae na llyn – *oeillet* a ddefnyddir yn Ffrangeg – yn segur sych ers blynyddoedd a'r chwyn yn tyfu ynddynt. Ambell sbrigyn o gelyn y môr yn ymladd am ei einioes a'r chwyn sydd fel gwe pry copyn mawr yn dechrau cuddio'r tir. Ond yn anad dim craciau'r sychder, a does dim fel craciau i gyfleu'r syniad o adeilad neu dir yn darfod. Wrth ochr y caeau sychion, er hynny, mae ambell un sy'n amlwg yn cael ei ddefnyddio o hyd a'r halen yn bentyrrau taclus ar y llwybrau, talpau llachar gwyn yn yr haul. Mae'r syniad yn syml ond rhaid wrth ofal i gadw'r ffosydd yn lân i adael y môr i'r 'caeau' bychain wrth i'r llanw ddod i mewn. Yna cauir y ffosydd gan adael y dŵr ar ôl i greu llynnoedd bychain sgwâr. Bydd yr haul yn sychu'r dŵr gan adael yr halen. Ond ni ellir gadael iddo, rhaid cribinio'r halen yn ddyfal oddi ar wyneb y dŵr. Haws a glanach, mae'n debyg, na gadael iddo a rhofio'r halen allan yn awr ac yn y man.

Yr *oeillet* – neu gaeau halen.

Cyn cefnu ar y darn unigryw hwn o Lydaw penderfynaf gael un cip ar bentre pysgota Le Croisic a chael peth syndod o weld gwinllannoedd wrth ymyl y ffordd. Mae'n bentre sy'n gyfuniad o fywiogrwydd a hamdden. Hen gychod hwylio a chychod pleser a hen dai o gymeriad ac adeilad mawr melyn – y farchnad bysgota. A chaffis i hamddena'r prynhawniau. Cofiaf mai yn Le Croisic y ganed ac y bu farw Paul-Briand Desforges-Maillard (1699-1772). Ac yma y treuliodd lawer o'i fywyd hefyd yn sgrifennu barddoniaeth dan y ffugenw Mademoiselle Malcrais de la Vigne. Cyhoeddwyd ei waith yn *Le Mercure de France* a chanmolwyd ei awen gan lên-garwyr a llenorion – gan gynnwys Voltaire. Ond pan ddarganfuwyd y gwir rhoddodd hynny ddiwedd ar ei lwyddiant a doedd Voltaire ddim wedi ei blesio gan y newydd. Rwyf wedi gadael Gwen ar lan y môr y tu hwnt i afon Loire ac mae'r cymylau'n crynhoi. Felly rhaid cychwyn am bont Saint-Nazaire.

Ond erys digon o amser i deithio drwy La Baule. Mae gennyf ragfarn yn erbyn lleoedd 'ffasiynol' fel La Baule. Ond yn yr hydref pan fo'r dref yn dawel mae cyfle i edmygu'r gwestai ysblennydd, y tai godidog, y strydoedd llydain a'r pinwydd, y tamerisg ac un o'r traethau gorau yn Ffrainc. A chasino a ganmolir gan bobl sy'n mwynhau difyrion o'r fath. Nid oes yma lawer sy'n eich atgoffa eich bod yn Llydaw ond mae'n gyfleus os ydych am ymweld â lleoedd mwy diddorol fel La Brière ac yn medru fforddio aros yma. Ac i gofio mai yma y bu farw Abeozen – Fanch Elies (1896-1963). Cyfieithwyd amryw o'i storïau byrion i'r Gymraeg ac yr oedd yntau'n gyfieithydd diwyd o'r Gymraeg. Yr oedd yn feistr ar y Wyddeleg, y Gymraeg a Llydaweg Canol. Cyfieithodd y *Mabinogi* i'r Llydaweg a sgrifennodd gyfrol o hanes llenyddiaeth Lydaweg, *Istor lennegezh vrezhonek an amser-vreman* a gyhoeddwyd gan *Al Liamm* yn 1957. Fel amryw o wladgarwyr a charedigion y Llydaweg fe'i carcharwyd ar honiad o gydweithio gyda'r Almaenwyr a'i alltudio am gyfnod o Lydaw. Wedi dychwelyd i Lydaw ail-gydiodd yn ei lenydda.

*   *   *

Yna 'nôl â mi dros y bont i'r Pays de Retz (rwyf newydd ganfod mae Bro Raez yw'r enw Llydaweg ar yr ardal), tua Pornic ac i lawr i draeth y *Fontaine aux Bretons*. Mae'r tywydd wedi parhau'n heulog a thwym – diolch i'r drefn – neu fe fuasai Gwen am fy ngwaed. Mae hi'n eistedd ar y traeth ond wedi rhoi popeth yn y bag ac yn amlwg yn barod i fynd oddi yno ond heb fod yn ddiamynedd. Mae hi wedi cael rhagor o liw haul. Mae'n gas gen i ddioddef llosg haul ac os wyf am gael lliw iach i'm croen yna rwy'n barod i fod yn amyneddgar a gochelgar o faint o amser a dreuliaf yn yr haul. Awn yn ôl i ffermdy'r Marais-Mainguy am sgwrs gyda Jeanne i weld a oes gobaith aros am un noson arall. Mae hi'n ymddiheurol iawn, ond mae priodas drennydd ac mae'r wledd yn nhŷ bwyta'r fferm a'r stafelloedd i gyd wedi'u llogi ers misoedd. Mae Jeanne yn swnio'n ofnadwy o ddiffuant a thrist ond bydd rhaid i ni fynd yn y bore. Roeddwn wedi ffansïo treulio diwrnod yn Nantes, dychwelyd i Pornic, a theithio oddi yno tuag arfordir y gogledd. Ond dyna newid ein trefniadau. Taith i Nantes yn y bore, a thua'r gogledd oddi yno. Mae'r daith yn graddol dynnu i'w therfyn.

*   *   *

Brecwast arall sy'n cynnwys un arall o arbrofion Jeanne – jam gwsberis a fanila. Mae'r blas yn rhyfedd, ond mae'n siŵr na wna niwed i mi ac mae'n plesio Jeanne. Hwyrach nad oes neb ond fi wedi mentro ei brofi, erioed. Efallai y bydd Jeanne yn sôn amdanaf yn ei llyfr atgofion – y dyn rhyfedd o Gymru oedd yn hoffi ei jam cartref. Yr ydym am fynd i Nantes, ond mae Jeanne yn dweud wrthym am beidio prysuro. Yr amser gorau i gyrraedd Nantes yw tuag unarddeg o'r gloch y bore. Mae'r drafnidiaeth i mewn i'r dref yn tawelu rywfaint yr adeg honno, meddai, ac yn llai peryglus i yrwyr dibrofiad. Tri chwarter awr sydd ei angen i ni gyrraedd; felly, digon o amser i dynnu llun neu ddau a ffarwelio. Ac mae Jeanne yn rhoi darlun i mi o'i dwy famgu ar gyfer fy llyfr – mae hi'n gwybod erbyn hyn fy mod yn sgrifennu llyfr. Dwy hen greadures fileinig yn eu capiau traddodiadol. Rhaid i mi beidio colli'r llun a cheisio perswadio'r cyhoeddwr i'w gynnwys rhag ofn y dof y ffordd yma eto wedi i'r gyfrol gael ei chyhoeddi. Rwy'n falch i mi dreulio cymaint o amser yn y rhan hon o Lydaw – mae'r bobl mor gyfeillgar.

O'r diwedd yr ydym wedi pacio'r car. Mae'n addo glaw yn ôl Jeanne – ond cawsom ddyddiau braf yma – ac ymaith â ni tua Nantes.

Pennod 9

Diwrnod yn Nantes

Rwy'n poeni am yrru i mewn i Nantes (Naoned yn Llydaweg). Mae Bernard, sy'n byw yn Rennes – ac mae Rennes yn ofnadwy yn fy marn i – wedi dweud bod Nantes yn ddinas beryglus iawn i yrwyr. Yr un cysur a gefais oedd cyngor Jeanne i ni gyrraedd tuag un ar ddeg a byddai popeth yn iawn. Hamddena drwy'r *Pays de Retz* a chyrraedd y prysurdeb sydyn arferol wrth groesi un o'r pontydd niferus ar draws afon Loire ac agosáu at gyrion y dref. Yn 1793 anfonwyd Jean Carrier i Nantes i roi trefn ar y rhai oedd yn gwrthryfela yn erbyn y Chwyldro. Drwy wahanol ddulliau dywedir iddo foddi yn y Loire otanom 4,000 o wŷr, gwragedd a phlant. Cafodd yrfa ddisglaer, ond byr. Ymhen blwyddyn yr oedd yntau wedi ei anfon i'r *guillotine* am ei ran mewn ymosodiad ar Robespierre. Cyfnod erchyll oedd y cyfnod hwnnw.

Nid yw'r drafnidiaeth cynddrwg ag yr ofnwn. Mae'r arwyddion yn ddigon clir er bod yr holl ffyrdd fel pe baent ar bolion gan wau driphlith-draphlith fel gwe'r cor ac yn ymddangos yn frawychus. Gan mai anelu at ganol y ddinas yr ydym mae'r daith yn mynd rhagddi'n ddiffwdan. Mae rhesi o ffatrïoedd ar hyd glannau'r afon. Mae hon yn nodwedd gynyddol o Lydaw; arwydd ei bod yn ffynnu ond yn anharddu'r wlad ar ymyl y traffyrdd ac yn rhoi camargraff i rywun ar wîb drwy'r wlad. Mae hyd yn oed y draffordd o gwmpas Quimper ac o gwmpas Lorient ac ymlaen tua Vannes (Gwened) yn stribed o ffatrïoedd, archfarchnadoedd a gwestai o amrywiol safon. Wrth gwrs, ar y naill ochr i'r datblygiadau llinynnol hyn fe gewch bron yn ddieithriad wlad hamddenol braf ac ar y llall hen dref ddiddorol i'w mwynhau. Wrth sylwi ar ddatblygiadau Nantes cofiaf y bu gan Gymry o'r De ran yn adeiladu ffwrneisi haearn *Les Forges de Basse-Indre* yn y cyfnod 1821-1823 – un o'r gweithiau haearn pwysicaf yn Ffrainc ar y pryd. Clywais fod yn Nantes res o dai o'r enw *Maisons des Anglais* (!) am mai yno yr oedd y Cymry a adeiladodd y gwaith yn byw. Wn i ddim ble mae'r stryd honno – gwn am y *Boulevard des Anglais* ond mae honno'n stryd hir iawn ac yn anghyfleus i'r gwaith haearn a dur. Yn 1887 dechreuwyd cynhyrchu dur yno ac yn 1892 torrodd y cwmni fonopoli Cymru ar gynhyrchu alcam.

Wedi torri drwy'r cylch dieflig o drafnidiaeth sy'n gwau ac yn gwibio o gwmpas y dinas yr ydym mewn canol llonydd tawel. Dod i ganol y ddinas a phenderfynu mynd ar hyd un o'r strydoedd culion, heb fawr o gerbydau yn mynd ar hyd iddi, *Rue Jean-Jacques Rousseau*, a chael lle i adael y car wrth ymyl tŷ bwyta o'r enw *La Nouvelle Heloise*. Cyfleus iawn i'r canol.

Cerddwn yn ôl i'r canol ac edmygu y *Place de la Bourse*, y strydoedd a'r adeiladau hardd, y caffis hynafol, dinesig, siopau moethus ac ambell siop lyfrau enfawr. Ar hyd y *Cours Franklin Roosevelt* lle mae'r tramiau. Gan fod Rennes am gael system fetro – neu bod maer Rennes am gael un – roedd gennyf ddiddordeb pam nad yw Nantes, sy'n dipyn mwy na Rennes, am gael system gyffelyb. Mae'r ateb yn syml. Mae'r tramiau'n gwneud y tro, er mai dwy lein yn unig sydd yna. Mae'n dechrau bwrw glaw ac yr ydym yn ceisio cadw'n sych drwy wau a gwibio dan gangau'r coed. Cyrhaeddwn gyrion y castell – caer i ddigalonni'r ffyrnicaf. Mae'r rhannau hynaf dros fil o flynyddoedd oed – cychwynnwyd yr adeiladu yn 938. Ond yn 1466 yr adeiladwyd llawer o'r hyn a erys heddiw, a hynny gan François II, dug olaf

Llydaw. Parhaodd ei ferch, Anne o Lydaw (1477-1514), un o gymeriadau mwyaf poblogaidd hanes Llydaw, gyda'r gwaith o ehangu'r castell. Yn wir, cyfeirir yn fynych ato fel 'Castell Anne o Lydaw'. Onid yma y ganed hi? Etifeddodd Anne ddugaeth Llydaw a hithau ond unarddeg oed. Yn 1490 fe'i priodwyd drwy *proxy* â'r Archddug Maximillian o Hapsbourg ond ni chyfarfu'r ddau erioed a blwyddyn yn ddiweddarach diddymwyd y trefniant a gorfodwyd hi i briodi Charles VIII, brenin Ffrainc. Ymosododd Charles ar Rennes gan fygwth lladd pawb a dinistrio'r ddinas oni chytunai Anne i'w briodi. Fe gytunodd hithau, yn wyneb y fath fygythiad, ac yr oedd Llydaw wedi'i chlymu wrth goron Ffrainc. Buont byw yn ddigon bodlon nes i Charles farw yn 1498 ac ymhen naw mis yr oedd Anne wedi priodi ei olynydd, Louis XII, a pharhaodd yn dduges Llydaw ac yn frenhines Ffrainc hyd ei marw yn 1514. Ganed merch iddi, sef Claude, yn 1499. Yn bymtheg oed priododd François de Valois a ddaeth yn fuan wedyn yn frenin Ffrainc a hithau fel ei mam yn frenhines. Wedi rhoi genedigaeth i bump o blant bu farw yn 1524 yn 25 oed. Yn 1532, wyth mlynedd yn ddiweddarach, yn y castell hwn yn Nantes, arwyddwyd y cytundeb a unodd Ffrainc a Llydaw. Ond fel y nodais o'r blaen, cadwodd yr arglwyddi Llydewig fesur o annibyniaeth hyd at y Chwyldro.

Bron nad yw'r castell fel ag yr oedd yn nyddiau Anne, ac eithrio un o'r tyrau a faluriwyd pan aeth y ffrwydron a storid yno'n wenfflam yn 1800. Yma yn 1598 yr arwyddwyd y siartr crefyddol, *Edit de Nantes*, a roddodd ryddid i'r Protestaniaid addoli yn ôl eu cydwybod wedi hanner canrif o erledigaeth. Felly y mae i'r cadarnle hwn le pwysig yn hanes Llydaw. Mae crwydro'r castell enfawr, ei dyrau a'i gelloedd, fel crwydro coridorau hanes Llydaw yng nghyfnod y dugiaid. Ambell enw wedi'i naddu gan garcharor enwog – defnyddiwyd y castell fel carchar – y cyntedd mewnol a cherfiadau cyfoethog ar du allan stafelloedd Louis XII. Mewn rhan o'r castell ceir y *Musée des Arts décoratifs et d'art populaire régional* (Amgueddfa Gelf a Thraddodiadau Gwerin), sydd i bob pwrpas yn ddwy amgueddfa. Mae'r rhan draddodiadau gwerin a leolir ym mhrif stafelloedd y castell yn arbennig o wych, gyda'i chyfoeth o wisgoedd, dodrefn a darluniau.

Sôn am amgueddfeydd. Mae Nantes yn frith ohonynt. Mae'r casgliad o ddarluniau o'r drydedd ganrif ar ddeg hyd heddiw sydd yn y *Musée des Beaux-Arts* (Amgueddfa Celfyddydau Cain) yn Rue Georges Clemenceau cystal â dim a geir y tu allan i'r Louvre – Ribera, Murillo a Cruz o Sbaen, Guardi a Canaletto o'r Eidal, Rembrandt a Vermeulens o'r Iseldiroedd, Rubens, Kandinsky ... 700 o gampweithiau'n cwmpasu 700 mlynedd – casgliad y medrai unrhyw ddinas ymfalchïo ynddo. Wedyn mae Amgueddfa Thomas Dobrée gyda'i hen lawysgrifau, crochenwaith a gemwaith ar Place Jean V oddi ar Rue Voltaire, yr Amgueddfa Hanes Naturiol (*Musée d'Histoire Naturelle*), ac felly ymlaen ... Caf sôn am un neu ddwy arall maes o law.

Erbyn hyn mae'n bwrw glaw a does dim cot nac ymbarél gennym ac mae Gwen wedi penderfynu rhoi'r map o'r ddinas ar ei phen rhag gwlychu ei gwallt. Rwyf am fynd i fyny y Rue de Strasbourg am reswm nad yw ddim amgen nag egotistiaeth bur. Yn niwedd y saithdegau a thrwy gydol yr wythdegau arferwn gyfrannu erthyglau achlysurol i wahanol bapurau a chylchgronau yn Llydaw a weithiau i bapurau ym Mharis. Ond gan fy mod yn gweithio i'r BBC ar y pryd – ac yr oedd yr hen fodryb yn bur gaeth ar faterion o'r fath – byddwn, bron yn ddieithriad, yn sgrifennu dan ffugenw. Yr enw a ddefnyddiwn oedd Harri Roberts – prysuraf i nodi nad fi feddyliodd am y fath enw. Am flynyddoedd byddai'r erthyglau hyn yn ymddangos – weithiau byddwn yn cael fy nhalu, weithiau ni wyddwn a welsant olau dydd ai peidio. Yn fwy diweddar, wrth fyfyrio un bore yn y tŷ bach yng nghartref fy nghyfaill Loic yn Tregastel, deuthum ar draws pentwr o hen gylchgronau Llydewig. Yn un ohonynt – *Le Peuple Breton*, cylchgrawn plaid genedlaethol y chwith – yr UDB (*Union Démocratique*

Bretonne) – canfûm bortread a sgrifennais ar Ddafydd Elis Thomas yn fuan wedi ei ethol yn Llywydd Plaid Cymru. Ni welswn yr erthygl mewn print ac roeddwn wedi anghofio amdani. Yr oedd yr erthygl yn canmol ei allu ond yn bwrw mymryn o amheuaeth ar ei unplygrwydd. 'Y mae fel pe bai'n fwriadol ddadlau ei hun i dwll er mwyn dangos mor glyfar ydyw yn dianc ohono,' meddwn.

Ta waeth, ymddangosodd erthygl dan enw Harri Roberts yn rhifyn Ionawr 1988 o'r cylchgrawn *Breizh*, cyfnodolyn nad yw'n bod bellach. Daeth y syniad am erthygl yn ystod pythefnos o wyliau yn Llydaw, yr haf blaenorol. Yr oeddwn wedi mynd â dau lyfr gyda mi ar gyfer fy ngwyliau – dau lyfr na thybiwn y byddent yn ddiddorol, ond y buasai'n llesol i'm henaid i'w darllen. Diweddariad o *Laïs* Marie de France oedd y naill, cyfieithad i'r Saesneg o nofel Gatalaneg o'r enw *Tirant Lo Blanc* oedd y llall. Er syndod – a phoen cydwybod – roedd y ddwy gyfrol yn ardderchog. Ni fedrwn eu rhoi o'r neilltu. Mae gwaith Marie de France yn seiliedig ar hen straeon ar ffurf barddoniaeth gynnar yn y Llydaweg – bu Chaucer yn pigo yn yr un ydlan (gweler, er enghraifft, *The Merchant's Tale* a'r rhagymadrodd i'r *Frankeleyn's Tale*). Mae'r *Laïs* yn ymwneud ag ingoedd serch a'r modd y mae'r cymeriadau yn goresgyn y boen a'r trafferthion a ddaw yn sgil cariad. Ym mhob un mae Marie yn cydnabod mai y Llydawyr yw ei ffynhonnell ac mae'r straeon i gyd ond un wedi eu lleoli yn Llydaw ac amryw yn cyfeirio at rannau o Gymru – Caerllion-ar-Wysg, Caerwent – ac yn ymwneud ag Arthur a Thrystan ac Esyllt.

Ond yn y nofel *Tirant Lo Blanc* – Teyrn, Y (Marchog) Gwyn – a gyhoeddwyd yn Nhachwedd 1490 y mae fy niddordeb y funud hon. I ddechrau yr oeddwn wedi rhyfeddu mai Llydawr yw Tirant; cyfeirir ato fel wyr i Ddug Llydaw, a cheir llawer o gyfeiriadau eraill at Lydaw yn y nofel. Yn niwedd y stori cludir ei gorff i'w gladdu yn Nantes. Er mai gŵr o Catalunya yw prif awdur y nofel, Joanot Martorell, (rwy'n dweud prif awdur am iddo farw cyn gorffen y nofel a rhywun arall a

Arwydd ar sgwar yn Nantes a enwyd ar ôl cymeriad mewn nofel Gataleneg.

sgrifennodd y penodau olaf) mae'n amlwg ei fod yn gyfarwydd â'r fersiynau Llydewig o'r chwedlau Arthuraidd. Daw Arthur a'i chwaer, Morgane Le Fey, i'r stori. Mae'n amlwg, hefyd, ei fod yn adnabod Nantes, tref mor bwysig yn y Canol Oesoedd ag yr ydyw heddiw, a thebyg i Martorell ymweld â hi. Mae'n nofel garlamus wedi'i hysgrifennu gan ŵr oedd uwchlaw popeth yn farchog ac yn lladmerydd dros ffordd o fyw ag egwyddorion y gwŷr hyn. Eilbeth oedd llenydda iddo. Mae'n gymysgfa o James Bond a Dafydd ap Gwilym. Wedi llwyddo yn y dull Bondaidd gorau i ennill ei frwydrau – gwaedlyd a chynhyrfus, wrth gwrs – a lladd y dynion drwg mae'n ceisio hudo'r arglwyddes hardd. Ond, ac yntau ar fin cael llwyddiant yn y gwely, daw'r gŵr, neu'r tad, o rywle ac mae Tirant yn dianc neu'n cuddio dan y gwely yn null trafferthion Dafydd ap Gwilym.

Pwynt yr erthygl a luniais – yn gam neu yn gymwys – oedd bod i'r Llydawyr le canolog fel diddanwyr ledled Ewrop yn y Canol Oesoedd. Onide sut y gwyddai Marie de France a Joanot Martorell – y naill o ddiwedd y ddeuddegfed ganrif a'r llall o'r bymthegfed ganrif – gymaint am eu chwedlau? Ymhlith y rhai a ddarllenodd fy erthygl oedd fy nghyfaill Bernard Le Nail, a sylweddolodd rywbeth nad oeddwn i wedi ei grybwyll. Ymhen dwy flynedd byddai pum canmlwyddiant cyhoeddi *Tirant Lo Blanc*. Er iddi gael ei chyfieithu i Sbaeneg Castilian, Eidaleg, Romaneg, Ellmyneg a Ffrangeg (tua

1737), ni chafodd y nofel sylw mawr dros y canrifoedd – dyna dynged clasuron mewn ieithoedd llai. Nid oedd Bernard wedi clywed am y nofel a chysylltodd ag ysgolheigion ym Mhrifysgolion Llydaw, arbenigwyr mewn llenyddiaeth y Canol Oesoedd. Ni chlywsai neb ohonynt hwythau amdani, chwaith. Cysylltodd â chyfeillion yn Catalunya a darganfu fod cynlluniau ar waith i ddathlu'r nofel mewn modd teilwng, a hefyd arddangosfeydd, ffilm ac ati. Cysylltodd wedyn â Chyngor Nantes a chytunwyd y byddai'n briodol ailenwi sgwâr bach yn agos i ganol y ddinas yn *Place Tirant Lo Blanc* ar ôl yr arwr chwedlonol o Nantes. Chwiliwyd am gopi o fersiwn Ffrangeg 1737 a chafwyd un ym Mharis ac un arall, er rhyfeddod, yn Nantes. Rwy'n deall bod rhywun wrthi'n paratoi cyfieithad newydd i'r Ffrangeg er nad yw'r gwaith wedi'i orffen heb sôn am ei gyhoeddi mor belled. Y mae, wedi'r cwbl, yn globen o nofel o tua chwarter miliwn o eiriau.

Mae'r glaw mân yn disgyn yn gyson ac mae'r map ar ben Gwen yn wlyb domen. Ni fuasai unrhyw ddiben ceisio ei pherswadio i'w roi i mi. Ar ben hynny, dwyf i ddim yn siŵr a yw hi'n credu fy stori, neu o leiaf mae'n credu fy mod yn blentynnaidd ac egotistig – neu y ddau – am fy mod am weld y llechen. 'Beth bynnag,' meddai, 'mwy na thebyg bod fandaliaid wedi dinistrio'r arwydd.' 'Dydy pobl Llydaw ddim yn fandaleiddio,' atebais. Chwarae teg, rwyf innau'n dechrau blino cerdded drwy strydoedd Nantes yn y glaw. Ond rwy'n benderfynol ac i fyny yr awn hyd y Boulevard de Strasbourg, gan geisio pob modfedd o gysgod posib. Yna, yn sydyn, ger y sinema a'r *Café Les Acacias* mae cornel goediog, drionglaidd, *Place Tirant Lo Blanc – Chevalier Nantais – Héros Légendaire de Littérature Catalane.* Dringaf i ben bin sbwriel i edmygu'r llechen a saif ar fur hardd *La Demeure du Billiard,* siop sy'n gwerthu byrddau ac offer snwcer, rwy'n tybio, er y gallasai fod yn ganolfan chwarae'r gêm hefyd. Mae pobl yn syllu yn rhyfedd arnaf, yn sefyll ar y bin sbwriel yn y glaw yn tynnu llun y llechen. Gresyn am y glaw, buasai'n gornel ddymunol dan y coed petai'n hindda. O'r diwedd gwelais y gornel o Nantes y bu gennyf ran yn ei hailenwi er coffáu un o nofelau cynnar llenyddiaeth Ewrop. Gwaith nofelydd a wyddai cystal â Balzac, ganrifoedd yn ddiweddarach, sut i greu naws ac awyrgylch drwy ddisgrifiadau manwl, nodedig gofiadwy. Gwir dad y nofel bicaresg, er na welais neb erioed yn cyfeirio at ei gyfraniad i'r traddodiad llenyddol hwnnw. Nofel a ganmolwyd i'r cymylau yng nghlasur Miguel Cervantes, *Don Quijote.* Yn y bennod lle mae'r Offeiriad a'r Barbwr yn llosgi'r llyfrau a fwydrodd ben yr hen Don, syrth un gyfrol allan o'r pentwr ac mae'r Offeiriad yn cythru amdani. 'Duw a'm gwaredo,' meddai. 'Dyma *Tirant Lo Blanc*! Dere ag e 'ma, gyfaill, ar fy ngair fe ges i wledd o bleser a mwynhad yn hwn . . . Ar fy llw, gyfaill, dyma'r llyfr gorau o'i fath yn yr holl fyd. Mae yma farchogion sy'n bwyta ac yn cysgu, yn marw yn eu gwelyau, yn gwneud ewyllys cyn ymadael a phob math o bethau eraill na chewch hyd iddyn nhw mewn gweithiau cyffelyb eraill.' (Ni chynhwyswyd y darn hwn yn *Anturiaethau Don Cwicsot,* trosiad J. T. Jones, Porthmadog.) Peth rhyfedd yw sgrifennu – gall yr erthygl fwyaf diniwed a di-sylwedd ddenu ymateb annisgwyl weithiau. Mae hyd yn oed Gwen yn dechrau dangos diddordeb, er gwaetha'r gwlybaniaeth.

*   *   *

Rwyf wedi dweud wrth Gwen o'r dechrau fy mod, hefyd, am ymweld ag Amgueddfa Jules Verne. I'r werin gyffredin, Verne yw'r llenor enwocaf a ddaeth o Lydaw erioed, er prin bod llawer yn sylweddoli mai yn Nantes y ganed 'tad' y ffuglen wyddonol. Ond rhaid mynd yn ôl i'r car gyntaf gan ei bod yn rhy bell i gerdded i'r amgueddfa yn y Rue l'Hermitage. Saif uwchben y Quai Marquis d'Aiguillon, sy'n newid ei henw yn Boulevard de Cardiff yn fuan wedyn, gyda llaw. Lwc i mi astudio'r map cyn iddo wlychu. Ond yn gyntaf rhaid dychwelyd i'r Rue Jean-Jacques Rousseau i ddod o hyd i'r car. Dadlau mawr rhwng y ddau ohonom ynglŷn â'r ffordd i fynd yn absenoldeb map y gellir ei ddarllen a'i ddeall. Gwen yn benderfynol o fynd un ffordd a minnau am fynd y ffordd arall. Am unwaith rwy'n bendant 'mod i'n iawn ac yn mynnu mynd y ffordd honno er gwaethaf grwgnach huawdl fy ngwraig. Torri drwy strydoedd cefn a sawl arcêd siopa er mwyn cadw'n sych, gweld siop yn gwerthu *Kouign Aman* Llydewig drws nesa i siop yn gwerthu *kebabs* a siop recordiau fawr a sŵn cerddoriaeth Lydewig yn suo allan drwy'r drws. Dal i fynd, a dechrau amau mai Gwen sy'n iawn, ac mae'n dal i lawio. Ond yn wir, yn wir, roedd fy synnwyr cyfeiriad yn ddifai am unwaith ac rydym yn cyrraedd stryd yr hen Rousseau, a bron wrth ymyl y car. 'Fe fydden ni wedi bod yn llawer cynt petaen ni wedi mynd fy ffordd i,' grwgnachodd Gwen. 'Os na fydden ni wedi cyrraedd Anjou gynta,' meddwn innau.

Heibio i amgueddfa argraffu, *Musée de l'Imprimerie*, ac wedi hynny amgueddfa fôr y *Musée Naval Maillé Brézé*, sef yr amgueddfa gyntaf yn Ffrainc i'w lleoli ar long, hen long ryfel hwyliau o'r enw *Maillé Brézé*. Ymlaen hyd y Quai Ernest Renaud a'r Rue de l'Hermitage ac wele arwydd yn ein cyfeirio at y *Musée Jules Verne*. Wrth gwrs, mae'r lle ar gau dros awr ginio hir. A minnau wedi bod yn tindroi cyhyd o gwmpas y Boulevard de Strasbourg gallasem fod wedi gwneud gwell defnydd o'n hamser drwy fynd ymhellach i fyny hyd Rue de Verdun, ac ar hyd hono i edmygu Eglwys Gadeiriol Sant Pedr a'i thrysorau. Clamp o adeilad Gothig rhyfeddol, gogoneddus ar y tu mewn a'r tu allan, er y bu yma fangre Gristnogol yn y bedwaredd ganrif, ac mae ynddi feddrodau gwych, yr enwocaf yw un y Dug François II a'i ail wraig Marguerite de Foix. Pe gwyddwn fod yr amgueddfa yn mynd i fod ar gau tan ganol y prynhawn buaswn wedi parhau ar hyd Rue Georges Clemenceau, heibio i'r *Lycée* lle addysgwyd Verne ac ymlaen i'r *Jardin des Plantes* gyda'i choed magnolia a llwyni camelia lle saif cofgolofn iddo. Mae'n syllu ar fam ifanc sy'n darllen llyfr i fachgen astud. Wrth gwrs, bûm yno o'r blaen; dyna pam na fanteisiais ar y cyfle heddiw.

Felly dyma ni yn y glaw ymhen arall y ddinas, wrth ymyl cerflun arall, y Santes Anna a'r Forwyn Fair yn ferch ifanc wrth ei hochr, yn syllu dros yr afon, yr amgueddfa ar gau a heb unrhyw awydd mynd i'r Planetarium gerllaw – a diau y bydd hon ar gau hefyd. Mae llechen ar wal y stryd y tu cefn i mi, Rue Acadiens, i gofio'r Ffrancwyr a gludwyd gan y Saeson o Ganada rhwng 1775 a 1785 – un arall o benodau gwarthus hanes ein cymydog agosaf – a'u gwasgar ledled y byd. Aeth y Ffrancwyr i'r 'Byd Newydd' a sefydlu ffordd wladaidd, fugeiliol o fyw ond darniwyd y bobl a'r diwylliant gan y Saeson. Parhaodd effeithiau'r alltudio hwnnw ar feddyliau'r 'Acadiens' hyd y dydd heddiw. Wn i ddim beth oedd eu cysylltiad â Nantes – ond nhw oedd yr 'Acadiens' Ffrangeg eu hiaith a erlidiwyd o Ganada. Ymsefydlodd rhai yn Louisiana a rhoi i ni gerddoriaeth a choginio 'cajun'. Daw'r gair *cajun* o *Acadien*! I fyny'r stryd mae eglwys Sainte-Anne, ond nid wyf am chwilota rhagor o eglwysi. Mae'r *Bar les Tilleuls* (pisgwydd yw'r coed bob ochr i'r stryd, felly). Yr ydym mewn cornel dawel o Nantes a meddwl y buasai coffi bach yn llesol i Gwen. Awn ein dau i gael cipolwg ar y lle ond y mae'n llawn o ddynion a merched a mwg baco. Cyrchfan puteiniaid a phechaduriaid, yn ôl Gwen. Fe ddwedodd hyn am ddau westy yn Fouesnant rai wythnosau'n ôl, a thueddwn i gytuno â hi y tro hwnnw, ond dyw hwn ddim i'w weld cynddrwg. Wrth i ni droi oddi yno daw dyn dymunol yr olwg ar ein holau – perchennog y lle mae'n debyg – a mynnu bod stafell fwyta neis y tu mewn. Am ryw reswm cytunodd y ddau ohonom gymryd cyngor y gŵr dymunol ac i mewn â ni.

Roedd stafell fwyta lân a thaclus yn y cefn a nifer o bobl yn bwyta er bod ambell fwrdd yn wag. A gwraig ganoloed, radlon a chyfeillgar yn gweini. Gwraig y dyn dymunol yn y bar efallai. Un o'r lleoedd bwyta rhad ar gyfer gweithwyr ac ychydig – os dim – o ddewis. Darn o eog mewn saws *Armoricaine* sydd ar y fwydlen. Awr ginio bleserus, flasus – ac annisgwyl ddiddorol. O gwmpas bwrdd cyfagos mae criw o bobl ifanc frwd a hwyliog yn cael amser da ac yn siarad fel rhaeadrau. Gan ein bod ni wedi cyrraedd yn hwyr a hwythau heb unrhyw frys i adael, cyn hir dim ond ni sydd ar ôl ac mae Gwen a minnau wedi ymuno yn y sgwrs. Artistiaid ydyn nhw, eu hanner o Dde Affrica a rhai o Nantes, o Lydaw ac un neu ddau o rannau eraill o Ffrainc. Maen nhw'n rhan o gynllun cyfnewid, yn gweithio mewn parau i gynhyrchu gweithiau ar gyfer gŵyl sydd i'w chynnal yn ystod y mis hydref ar y thema *Fin de siècle à Johannesburg* (Diwedd y ganrif yn Johannesburg). Awn i sgwrs ddofn gydag un o'r arlunwyr o Dde Affrica, bachgen byr, tenau, gwallt tywyll o'r enw Wayne Barker sy'n gwbl groes i'r darlun sydd gennyf o ddynion gwyn y wlad honno – tal, gwallt golau â lliw haul iachus i'w crwyn. Ei 'efaill' yn y prosiect yw arlunydd o Ffrancwr o dras cymysg o'r enw Bruno Peinado ac mae'r ddau'n amlwg yn dod ymlaen yn ardderchog – y ddau'n hoffi trafod, dadlau ac yfed cwrw. 'Mae'n rhaid i ni gymryd cyfrifoldeb am ein gweithredoedd,' meddai Wayne, 'Does dim bys mawr i fyny yn yr awyr yn pwyntio atom ac yn dweud wrthym fod yn rhaid i ni wneud y peth hyn neu'r peth arall. Yr ydym ar ddiwedd yr ugeinfed ganrif ac mae'r byd yn dal i droi ac mae'n rhaid i ni ddal ar ein cyfrifoldeb.' Mae ei waith yn adlewyrchu'r athroniaeth yna meddai wrthyf. Nid wyf yn deall beth mae'n ei olygu ond ceisiaf edrych yn ddeallus. Mae'r ifanc, yn enwedig artistiaid ifanc, mor hyderus. Mae'n ardderchog cael pobl i gydweithio fel hyn. Does wybod beth all ddod o'r fath arbrawf – ac oni fentrwch, chewch chi byth wybod. Roeddwn yn siarad â David Petersen, y gof o San Clêr, am arbrawf a wnaeth ef yng Ngŵyl Lorient ddechrau Awst. Perswadiodd grefftwyr haearn o Gymru a Llydaw i gydweithio i wneud draig o haearn sgrap. Bu'n gythgam o brosiect ac yn bentost, ond fe lwyddwyd, a'r sôn diwethaf a glywais i am y ddraig yw ei bod wedi cyrraedd arddangosfa ym Mharis.

Mae Wayne a Bruno'n cydweithio ar ddarlun sy'n portreadu'r ddelwedd gyffredin o Dde Affrica ond sydd ar yr un pryd yn ymwrthod â'r neo-goloneiddio gan y gorllewin o Affrica a rhannau eraill o'r byd. Datganiad o wrth-Americaniaeth? 'Rhaid i chi ddod i weld yr arddangosfa pan fyddwn wedi gorffen,' yw'r cwbl â gaf allan o Wayne.

Deallaf eu bod yn gweithio mewn adeilad yn un o'r strydoedd cyfagos ond er i mi geisio cael gwahoddiad i gael rhagolwg o'u gwaith – dim lwc. Mae'n rhy gynnar i weld y gwaith ar hyn o bryd, dewch 'nôl ganol y mis nesaf. Cytunwn i wneud pob ymdrech ond gan wybod nad yw'n debygol. Ond mae'n amlwg y bydd yr ŵyl yn ddigwyddiad gyda ffilmiau, perfformiadau theatrig ac arddangosfa ffotograffig o bobl dduon De Affrica o dan apartheid. Defnyddir theatrau, sinemâu, amgueddfeydd a chanolfannau'r ddinas i lwyfannu'r holl weithgareddau.

Rwy'n falch gweld Nantes yn trefnu gŵyl o'r fath. Fel Lerpwl a Bryste, mae'n ddinas a elwodd o gaethwasiaeth. Teg nodi i'r cyfoeth ar gyfer codi stad y Penrhyn yn Arfon ddod o elw tyfu siwgr yn Jamaica – ac yr oedd siwgr yn gyfystyr ag un peth – caethwasiaeth. Daeth cyllid i ddatblygu nifer o weithiau haearn, alcam a chopr y de yn anuniongyrchol o gaethwasiaeth – drwy fuddsoddiadau gŵyr busnes o Fryste oedd wedi gwneud eu ffortiwn o'r fasnach felltigedig. Pan ymwelodd Arthur Young â Nantes yn 1788 yn ystod ei grwydro o gwmpas Ffrainc, nododd yn ei *Travels in France* iddo weld ugain o longau caethweision ac mai siwgr a chaethweision oedd prif nwyddau masnach y porthladd. Nid oedd masnach Nantes yn cymharu â'r cannoedd o longau oedd yn hwylio o Lerpwl a Bryste ond yr un oedd y daith drionglaidd. Cychwyn yn llawn nwyddau i'w cyfnewid yn Affrica am gaethweision; ymlaen gyda'r caethweision i ynysoedd y Caribî ac yn ôl i Loegr gyda siwgr a thriagl. Masnach broffidiol. Codwyd melinau siwgr o gwmpas Nantes ac, yn ogystal, y ffatri sy'n gwneud y bisgedi enwog *Petit Lu*. Yn y Canol Oesoedd arferid crasu'r bisgedi hyn ddwywaith i'w gwneud yn ddigon caled i gadw dros deithiau meithion. Y bisgedi hyn oedd yr unig fwyd a roddid i'r morwyr.

A'r prynhawn yn cyflym ddiflannu o'n blaenau ffarweliwyd â'r arlunwyr difyr a phenderfynodd Gwen eistedd am gyntun bach yn y car tra 'mod i'n mynd ar wib i ymweld â *Musée Jules Verne* – arwr llawer plentyn ysgol dros y blynyddoedd ac un y mae'r ffilmiau a wnaed o'i nofelau i'w gweld o hyd ar y teledu adeg y Nadolig. Fe'i ganed yn Nantes yn 1828 a bu farw yn Amiens – bro enedigol ei wraig – yn 1905. Ond fel y nodais eisoes wrth ymdrin ag Aristide Briand, treuliodd ran helaeth o'i oes yn ei ddinas enedigol. Mae'r amgueddfa sy'n ei goffáu yn gymharol newydd – fe'i hagorwyd yn 1978 – a saif mewn man braf uwch afon Loire. Hawdd dychmygu holl brysurdeb masnach y ganrif ddiwethaf yn tanio'i ddychymyg i greu ei nofelau rhyfeddol. I mewn â mi yn awchus ac mae yma lawer i ddifyrru plant ac oedolion. Gemau electronig i'r ifanc, darluniau o argraffiadau cyntaf amryw o'i lyfrau i foddio'r hŷn. A siawns i minnau ddysgu rhywfaint amdano.

Roedd Verne yn ei ystyried ei hun yn Llydawr ac yn Gelt. Onid yr un yw Verne â 'gwern' neu 'gwernen' sef y goeden *alder* o deulu'r fedwen sy'n tyfu ar lan afonydd? Daw'r enw o hen air Celtaidd *varna*, sef tarddiad *gwern* ac yn ôl y diweddar Jean Jules-Verne – wyr i'r nofelydd ac awdur cofiant iddo – mae'n enw teulu cyffredin yn rhanbarth y *beaujolais*. Ar ochr ei fam, yr oedd yn ddisgynnydd o 'N. Allott, Albanwr' a ddaeth i Ffrainc i wasanaethu Louis XI gyda'r Gwarchodlu Albanaidd a chael ei anrhydeddu yn 1462. Adeiladodd gastell a cholomendy – braint o law'r brenin ei hun – ger Loudun yn Anjou a rhoi iddo'i hun yr enw Allotte de la Fuye. Ond yn ôl at Jules Verne. Sylwaf yn awr fod y teulu wedi symud i rif 6, rue Jean-Jacques Rousseau, pan oedd Jules yn dair ar ddeg. Damo! A minnau newydd yrru o'r stryd honno. Gallaswn fod wedi mynd i weld y tŷ lle bu'n byw ynddo yn ei arddegau. Bryd hynny roedd y tŷ wrth ymyl cangen o afon Loire – sydd wedi'i llenwi ers llawer dydd – a byddai Jules a'r plant eraill yn cerdded ar hyd glannau'r afon, hyd y Rue Kervegan i ymweld â'u mam-gu yn y Rue Olivier-de-Clisson. Pan oedd y plant yn cerdded ar hyd y ffordd hon byddent yn gweld dociau *Île Feudeau* – nad yw'n ynys bellach – lle deuai'r cychod bychain a'u pysgod, eu crancod a'u cimychiaid a lle byddai'r gwerthwyr pysgod yn dadlau a chega. A dros ben y toeau gwelent fastiau'r llongau mawr fyddai'n hwylio o gwmpas yr Horn a rhannau pellennig eraill. Ond hyd yn oed flwyddyn cyn hynny ceisiodd redeg bant i'r môr. Cafodd waith fel gwas bach ar long o'r enw *La Coralie* oedd yn hwylio i India. Yn anffodus i Verne roedd y llong yn bwrw angor yn Paimboeuf cyn cychwyn ar ei thaith hir ac yr oedd fferi yn teithio yno'n gyson ar draws yr afon o Nantes a chyrhaeddodd ei dad mewn pryd i'w ddal a'i ddwyn adre. Bu maint y gosfa yr honnir iddo ei chael gan ei dad yn bwnc trafod am hir. Ymddengys, beth bynnag, iddo gymryd ei addysg o ddifrif wedi hynny. Er ei fod yn awyddus i greu gyrfa o sgrifennu aeth i Baris i astudio'r gyfraith – cyfreithiwr oedd ei dad – ac i ymhêl â llenydda ar yr un pryd. Sgrifennodd ddramâu a geiriau i gerddoriaeth ond heb lawer o lwyddiant. Y llenor a'r cyhoeddwr – a'r gweriniaethwr tanbaid – Jules Hetzel a'i cyfeiriodd tuag at sgrifennu llyfrau oedd yn gyfuniad o wyddoniaeth a ffuglen. A ffortiwn. Y llawysgrif gyntaf a gyflwynodd i Hetzel oedd *Cinq Semaines en Ballon* (Pum wythnos mewn balŵn). Roedd

Jules Verne.

Hetzel yn awyddus i gyhoeddi llyfrau i blant a derbyniodd y llawsygrif ar unwaith. A rhoi cytundeb i Verne sgrifennu tair cyfrol y flwyddyn. Yn 1862 oedd hynny. Cyn hynny cafodd gynnig taith am ddim i'r Alban gan gyfaill o Nantes o'r enw Alfred Hignard oedd yn berchen llongau. Cafodd ei swyno gan yr Alban – yn ogystal â'r ffaith fod ei gyndadau ar ochr ei fam yn dod o'r wlad. Gwnaeth ddefnydd o'i brofiadau mewn cyfrol o'r enw *Les Indes noires* (a gyfieithwyd dan yr enw *Child of the Cavern*) a gyhoeddwyd yn 1877. Ceir manylion y daith i'r Alban yn llawn mewn llawysgrif sydd o hyd heb ei chyhoeddi o'r enw *Voyage en Ecosse* sydd i'w gweld yn yr amgueddfa. Mae'n ddarn gwerthfawr o lenyddiaeth gymdeithasol ac anodd dirnad pam na chafodd y gwaith ei gyhoeddi. Wedi cyrraedd Lerpwl mae Verne a'i gyd-deithiwr, Aristide, brawd Alfred Hignard, wedi'u synnu gan dlodi'r dosbarth gweithiol, rhywbeth na fedrant ei ddirnad yn wyneb ffyniant amlwg y porthladd. Mae hyn yn ddadlennol gan fod y ddau'n gyfarwydd â bywyd porthladd. Ceir darlun cyffelyb ganddo o Gaeredin, hefyd. 'Canongate yw stryd gwarth Caeredin – ac mae'n arwain i'r castell brenhinol! Plant noeth, menywod troednoeth a merched mewn carpiau, cardotwyr a'u capiau yn eu dwylo, cloffion, i gyd yn gwthio, yn taro'i gilydd, yn baglu, a'u hwynebau llwglyd dan gysgod y tai crand.' Wnaeth Glasgow fawr o argraff arnynt 'chwaith ond cawsant wahoddiad i letya yng nghastell Oakley a bu hynny'n brofiad pleserus ac yn gyfle i fwynhau gwlad Walter Scott – roedd Scott yn arwr i gynifer o sgrifenwyr Ffrengig. Wedyn aethant ar y trên i Lundain a bu'r deuddydd a dreuliodd yno yn ffrwythlon i'w lenyddiaeth. Edmygai hynodrwydd rai o'r Saeson – nid damwain mai Sais yw Doctor Fergusson, arwr *Cinq Semaines en Ballon*, a bod y nofel yn cychwyn yn Llundain. Ond hefyd roedd yn eu ffieiddio am eu creulonderau a'u gwanc am arian. Er ei obsesiwn â Saeson ni ddysgodd siarad Saesneg.

Mae yn yr amgueddfa ddarluniau o'r *Geyser* mawr ar Ynys yr Iâ a roddodd iddo'r syniad ar gyfer ei ffuglen wyddonol *Voyage au Centre de la Terre* (Taith i ganol y byd). Yn rhyfedd, ni welaf gyfeiriad at unrhyw ymweliad o eiddo Verne ag Ynys yr Iâ ond bu ar un arall o'i deithiau am ddim gydag Aristide Hignard i Sgandinafia yn 1861. Daw'r darlun o Ynys yr Iâ ag atgofion. Yn 1991 sefais innau yn yr union fan yna, lle anghyfannedd os bu un erioed ac arogl swlffer uffernawl yn drwm yn yr awyr. Os na fu Verne yn Ynys yr Iâ fe ddaeth Arlywyddes Ynys yr Iâ, Vigdís Finnbogadóttir, i ymweld â'i Amgueddfa. Mae'r Arlywyddes wedi ymddeol bellach – wedi pymtheg mlynedd o arwain ei gwlad. Bûm yn sgwrsio a hi deirgwaith yn ystod fy ymweliad – dynes ddiymhongar a gwybodus am Gymru. Ac yn fy holi am yr Athro Gwyn Jones, cyd-gyfieithydd y *Mabinogi* i'r Saesneg a chyfieithydd rhai o'r *Sagas* o Islandeg i'r Saesneg. Hi gyflwynodd iddo anrhydedd uchaf Ynys yr Iâ – *Comander* yn Urdd Croes yr Hebog – am ei waith ar y *Sagas*.

Ond yn ôl at Verne. Yr oedd ei waith yn fynych yn rhyfeddol broffwydol. Yn ei nofel *De la Terre à la Lune* (O'r ddaear i'r lleuad) roedd wedi rhag-weld hyd, siâp a phwysau *Apollo 9*, y byddai'n cychwyn ar ei thaith o Florida ac y byddai'r astronots yn dychwelyd drwy ddisgyn i'r môr o fewn dwy filltir a hanner o'r fan lle glaniodd criw *Apollo 9* yn y Môr Tawel. Ac eto nofel ac iddi elfen o ddychan yw hon; mae'n feirniadol o ddyfeiswyr peiriannau distryw – 'ddim yn agos mor ddefnyddiol â pheiriannau gwnïo'. A beth a wnai dynion â'u holl arfau distryw pan ddeuai heddwch? Roedd yn gwybod am y datblygiadau gwyddonol diweddaraf ac yn eu deall yn drylwyr. Roedd hefyd yn wybodus am Ryfel Cartref America ac fe sgrifennodd nofel am y rhyfel, *Nord Contre Sud*, a gyhoeddwyd mewn dwy gyfrol yn 1887. Fel ei gyhoeddwr Hetzel, gwrthwynebai gaethwasiaeth.

Er bod ei nofelau'n cynnwys peth wmbreth o wybodaeth wyddonol roedd ei reddf a'i ddawn storïwr yn sicrhau bod yr wybodaeth honno'n cael ei chynnwys heb dramgwyddo rhediad y stori a heb drethu amynedd y darllenydd. 'Mae gennyf gof clir o'i gartref,' meddai'r gwleidydd Aristide

Briand flynyddoedd wedyn. 'Roedd pob stafell yn syml a thaclus iawn. Ar y waliau roedd sawl bwrdd du gyda fformiwlâu algebra arnynt – wedi eu paratoi ar gyfer y dyfeisiadau rhyfedd fyddai'n britho tudalennau ei lyfrau. Yr oedd yn gweithio gyda manylder llwyr, pob cyfrif i'r blewyn. Profwyd hynny gan fathemategwyr flynyddoedd wedyn.'

Yr oedd hefyd yn ymwybodol ac yn ofalus ei arddull lenyddol – sy'n syndod gan nad ystyrir ef ymysg y coethaf o sgrifenwyr Ffrangeg. Arddull sy'n gyhyrog ddeinamig, ei huniongyrchedd yn gweddu i storïwr ac yn rymus wrth drin ffeithiau. Roedd y bardd Guillaume Apollinaire yn ei edmygu'n fawr: 'Jules Verne! Y fath arddull! Dim ond enwau!' Os yw'r deyrnged yna bron fel parodi o arddull Verne, yr oedd, serch hynny, yn deyrnged ddiffuant. Roedd y nofelydd Michel Corday yn dweud iddo '. . . ein harwain o'n carchar hurt . . . Ysbrydolodd ynom ddymuniad i wybod mwy am y bydysawd, ennyn blas at wyddoniaeth, ac ymgysegru i fathau dynol o egni.' Synnai Corday na chafodd ei gydnabod yn ei ddydd fel llenor mawr. Ond mewn gwirionedd roedd gan ei gydoeswyr feddwl pur uchel ohono – yn eu plith y Llydawr arall hwnnw, Villiers de l'Isle-Adam, y caf sôn amdano eto.

O sôn eto am Aristide Briand, dylwn gyfeirio at y ffaith i Nantes roi i Ffrainc wleidydd nodedig arall – René Waldeck-Rousseau (1846-1904) – rhyddfrydwr o ran gwleidyddiaeth. Fel Briand dringodd yntau i fod yn brif weinidog Ffrainc a hynny yng nghyfnod cythryblus helynt Dreyfus. Llwyddodd yn rhyfeddol i gadw'r llywodraeth rhag chwalu er gwaethaf rhaniadau dwfn drwy'r wlad. Yr oedd, mae'n debyg, yn areithiwr arbennig danbaid. Dau wleidydd mor amlwg o'r un ddinas mewn cyfnod mor fyr.

Daeth yn bryd ymadael â'r diwrnod gwlyb yn Nantes a throi tua'r gogledd. Bu'n ddiwrnod annisgwyl o ddifyr. Ond wrth adael soniaf am ddau berson arall o Nantes. Synnaf fel y mae prif gyfansoddwyr Llydaw yn tynnu ysbrydoliaeth o'u gwlad ac ni fu Paul Ladmirault (1877-1944) a aned yn Nantes yn eithriad. Yr oedd ei ddawn yn amlwg yn gynnar a sgrifennodd ei opera gyntaf, *Gilles de Retz*, pan oedd yn bymtheg oed. Ym Mharis roedd yn un o hoff ddisgyblion Fauré. Mae rhestr ei gyfansoddiadau yn frith o gyfeiriadau at Lydaw – ei waith corawl *Âmes dans la forêt* (Eneidiau yn y goedwig); *Suite bretonne*; *Brocéliande au matin* (Broseliawnd yn y bore); *La Prêtresse de Korydwenn* (Offeiriades Ceridwen); a'i waith mwyaf athrylithgar *Messe brève bretonne* (Offeren fer Lydewig).

'A wyt ti'n gwybod pwy arall aned yn Nantes?' gofynnais i Gwen wrth setlo'n gyffyrddus yn y car. 'Yma y ganed y gartwnes Claire Brétecher.' Mae merched ffeministaidd ein teulu ni yn hoff o waith Brétecher ac ers blynyddoedd byddwn yn prynu cyfrolau o'i chreadigaethau benywaidd, niwrotig yn anrhegion Nadolig. Er mwyn i mi gael edrych arnyn nhw wedyn. A gyda hyn'na o wybodaeth ddibwrpas trof drwyn y car i ganol y draffordd sy'n chwyrlïo o gwmpas Nantes ac am Rennes a thua bro Trégor.

Pennod 10

Paimpol a Saint-Brieuc

Wedi cyrraedd y ffordd ddieflig o gwmpas Rennes cyfeirio tua Saint-Brieuc (Sant Brieg yn Llydaweg), a enwyd ar ôl y gŵr o gyffiniau Aberteifi a roddodd ei enw i bentref Llandyfriog, hefyd. Mae'r arfordir rhwng Dinard (Dinarz yn Llydaweg) draw i gyfeiriad Saint-Brieuc yn dod ag ambell atgof. Soniais yn faith am frwydrau yn ymwneud â Saint-Cast yn *Crwydro Llydaw* ac am y gerdd '*Emgann Sant-Kast*' sydd yn y *Barzaz Breiz*. Ond gan fy mod yn ei hoffi gymaint fe'i hailadroddaf.

Yr oedd dwy fyddin yn gorymdeithio i gyfarfod mewn brwydr – y Saeson a'r Ffrancod. Ym myddin y Saeson roedd carfan o Gymry, ac ym myddin Ffrainc, nifer o Lydawyr. Roedd y Llydawyr, bechgyn *Breiz Izel*, yn canu'n wrol wrth gerdded. Ond wrth iddynt ddod o fewn clyw sylweddolodd y Cymry eu bod yn deall y geiriau ac yn adnabod y dôn. Ac yn lle rhuthro am yddfau ei gilydd ymneilltuodd y ddwy garfan o Frythoniaid i ben bryncyn cyfagos i'w mwynhau eu hunain – gyda noson lawen neu *fest noz*, pwy a ŵyr? – a gadael i'r Ffrancwyr a'r Saeson fynd rhagddynt â'u brwydro. Gan fod mwy o Gymry ym myddin Lloegr nag o Lydawyr ym myddin Ffrainc, y Ffrancwyr a orfu. Beuwyd y Cymry gan y Saeson am eu gweithred fradwrus ond canmolwyd y Llydawyr gan y Ffrancwyr am yr hyn a ystyrient yn gynllwyn cyfrwys a buddiol.

Ar draws *Baie de la Frénaye* – i'r gorllewin o Saint-Cast – mae y *Fort La Latte*. Ymwelais â'r lle ddwywaith. Y tro cyntaf pan oeddwn yn gweithio i BBC Cymru ac yr oedd ffilm o'r enw *Letters from Patagonia* yn cael ei recordio yn y castell. Yn llyfr Bruce Chatwin – *Patagonia* – ceir cyfeiriad at gyfreithiwr o Bordeaux o'r enw Antoine de Tounens a deithiodd i Batagonia. Perswadiodd y brodorion mai ef oedd eu brenin a bu'n lordio 'fel brenin' drostynt am tua blwyddyn nes i lysgennad Ffrainc ddod o Buenos Aires a'i ddanfon adref i Bordeaux. Er i hyn ddigwydd wedi i'r Cymry gyrraedd Patagonia, hyd y gwn ni ddaethant ar ei draws. Beth bynnag, ar sail yr hanner tudalen a geir yn llyfr Chatwin comisiynodd BBC Cymru ffilm deledu oedd yn fath o ddatblygiad o'r stori. Mae'r 'brenin' yn ôl yn Llydaw (doedd a wnelo'r stori wreiddiol ddim â Llydaw heblaw bod de Tounens yn gyfaill i Villiers de l'Isle Adam ac ni ddefnyddiwyd hynny yn y ffilm beth bynnag). Yn ei gastell, mae'r cymeriad drwy gyfrwng ystryw cyfarwydd i gasglwyr stampiau ond ddim i mi, yn derbyn llythyron cyson o Batagonia – oddi wrth 'ei bobl'. Ni ddarlledwyd y ffilm yn Gymraeg nac yn Saesneg – er iddi ymddangos ar un o sianeli Ffrainc. Fel y dywedais nid yw safonau teledu Ffrainc yn uchel! Beth bynnag, yn y *Fort La Latte* y recordiwyd golygfeydd allanol y ffilm.

Cofiaf fynd yno i gael deunydd a lluniau cyhoeddusrwydd i *Letters from Patagonia* – ni chofiaf y teitl Cymraeg na'r un Ffrangeg – rywbryd ym mis Tachwedd tua 1988. Roedd y tywydd yn anarferol o braf ond yr oedd yn tywyllu'n gynnar ac nid oes drydan yn y castell. Cofiaf mai actor o Ffrancwr oedd yn chwarae'r prif ran a'i fod dros ei bedwar ugain. Felly, wedi ei gael i ben y tŵr – a rhaid llusgo'ch hun gerfydd rhaff i gyrraedd y pinacl uchaf! – ystyrid mai y peth callaf i'w wneud oedd ei adael yno am y dydd a dod â'i fwyd i fyny iddo a llwythi o gotiau mawr a thân nwy calor i'w gadw'n gynnes. Wedi'r holl ymdrechion, rwy'n falch fod y ffilm wedi cael ei gweld yn Ffrainc, o leiaf. Ond bu'n ychydig ddyddiau difyr yn crwydro arfordir hynod am ei rug a'i eithin a dod i adnabod y castell. Cofiaf y bu'n rhaid parcio gryn bellter o'r castell, er mae'n siŵr bod y criw ffilmio'n cael mynd â'u hoffer yn nes at y castell – heb sôn am roi reid i'r actor o Ffrancwr.

Yr un castell a ddefnyddiwyd ar gyfer y ffilm *The Vikings* gyda Tony Curtis a Kirk Douglas. Mae yn y castell amryw ddarluniau o'r ffilm honno'n cael ei gwneud ac un o ffilm Ffrengig am y gwrth-chwyldro. Ond pan fûm yno rai blynyddoedd wedi hynny ni welais unrhyw ddarluniau o *Letters from Patagonia*. Hwyrach bod y gweinyddwyr neu'r perchenogion neu pwy bynnag am anghofio'r bennod yna yn ei hanes. Ond ni ddylai cysylltiadau BBC Cymru â'r castell amharu ar fwynhad eich ymweliad. Ni chredaf i mi weld ei debyg yn unlle yn Llydaw. Fe'i hadeiladwyd yn y drydedd a'r bedwaredd ganrif ar ddeg ac er y bu ymgais i'w addasu ar gyfer anghenion milwrol yr ail ganrif ar bymtheg saif heddiw heb unrhyw newid sylfaenol i'r hyn ydoedd pan orffennwyd ei adeiladu. Y muriau yn dilyn y graig, dwy hollt yn y pentir a'i gwnâi bron yn amhosib i'w oresgyn, y tŵr nad yw'n arbennig o uchel ond gan fod yn rhaid eich llusgo'ch hun i'w ben gerfydd rhaff mae'n brofiad digon cynhyrfus. Popty ar gyfer gwneud pelenni i'r canonau – diddorol i mi, beth bynnag – a gweld y môr yn torri ar y creigiau islaw.

Gerllaw mae tref fach Matignon – enwocach am mai dyna enw cartref swyddogol Prif Weinidog Ffrainc ym Mharis. Ond i mi mae'n bwysicach am mai yma y ganed Paul Sébillot (1843-1918) un o'r casglwyr pwysicaf o lên ac arferion gwerin. Soniais amdano wrth ymdrin â Villemarqué ac am ei ddylanwad ar gasglwyr yn rhannau eraill o Ffrainc. Astudiodd lên gwerin y Llydaw Lydewig a Llydaw Uchel – lle na siaredid yr iaith. Sgrifennodd am y Gallo a gwnaeth arolwg o nifer y siaradwyr Llydaweg ac amlinellodd y ffin lle mae'r Llydaweg yn peidio a'r Gallo, neu y Ffrangeg, yn cychwyn. Roedd hefyd yn arlunydd galluog.

Ymhellach eto i'r gorllewin mae *Cap Fréhel*, y clogwyn uchaf ar arfordir gogleddol Llydaw ac un o'r darnau gwylltaf o arfordir yn yr holl wlad, tebyg i rannau o benrhyn Crozon. Darnau o graig wedi eu hollti oddi wrth y tir mawr gan greu clogwyni enbydus. Darn o wlad wyllt heb lawer o neb i'w weld o gwmpas, dim ond y grug a'r rhedyn a sŵn sugno a dwndwr tonnau mewn ogofâu enfawr otanoch. Yn ots i *Pointe de Dinan* ar benrhyn Crozon ni fentrais i ymyl y dŵr.

*   *   *

Yr ydym wedi cael cymaint o hwyl a chroeso yn aros ar y ffermydd nes ein bod wedi penderfynu gwneud hynny eto. Erbyn hyn mae gennym lyfryn bach sy'n cynnwys y cyfan – neu nifer dda – o'r *Fermes-Auberges et Auberges de Bretagne*. Mae Gwen wedi cymryd ffansi at le o'r enw *Ferme Auberge 'Au Char à Bancs'*. Cyrraedd cyffiniau Saint-Brieuc sydd fel pobman arall o gwmpas y trefi yma yn un uffern wallgof. Pam 'mod i'n cyrraedd y llefydd yma ar adegau prysur? Heblaw hynny, mae'r prynhawn yn tynnu 'mlaen. Dilyn y ffordd tua Guingamp (Gwengamp yn Llydaweg) a gweld arwydd *Ferm' Auberge*. Troi i ddilyn ffordd wledig gul sy'n arwain drwy wlad goediog. Cyrraedd croesffordd – dim arwydd, na sôn am y *Ferm' Auberge*. Gwen â'r mapiau ar ei chol a'r llyfryn bach wedi drysu'n llwyr. 'Cer i'r dde, na i'r chwith, na falle bydde'n well mynd yn syth 'mlaen!' 'Sgrifennodd R. T. Jenkins ysgrif o'r enw '*Braidd Gyffwrdd*' (gweler *Casglu Ffyrdd*) amdano'n mynd mewn bws o Hwlfforrdd i Dŷ Ddewi 'via Llandeloy'. Ond nid yw byth yn gweld Llandeloy a daw i'r casgliad nad 'oedd y fath le â Llandeloy – tir gwag, wedi reibio . . . oedd yr holl fro y buom yn chwyrlïo fel top ynddi'.

'Dydyn ni ddim yn chwyrlïo fel top ond 'rydyn ni ar goll. Mae Gwen yn penderfynu rhoi'r gorau i chwilio am y lle siarabang ac mae hi wedi sylwi ar fferm arall a allai'n hawdd fod yn addas i ni. *Auberge Crêperie à la ferme de Kerpuns*. 'Mae'n llawer nes i'r môr,' meddai Gwen. Esgus iawn ar ôl llwyddo i golli'r ffordd, meddyliaf, ond gwell tewi rhag iddi awgrymu i mi ddarllen y map fy hunan. 'Mae'n agos i Quemper Guezennec

(Kemper Gwezenneg yn Llydaweg),' meddai Gwen. Arswyd y byd, rydym bron cyrraedd Paimpol (Pempoull), felly, ond byddai'n ganolog i grwydro ardal Treger. Cyrraedd Quemper Guezennec. Rwy'n hoffi'r enw yna. (Dychmygu cyfarfod ffrind neu gydnabod y dyddiau nesaf. 'Ble 'dach chi'n lletya ar eich taith, deudwch?' 'Rhyw fferm fach ar gyrion hen dre Kemper Gwezenneg.') A'r enw'n llifo fel ffrwd garegog oddi ar fy nhafod.

Yn Quemper Guezennec y claddwyd y Tad Armans ar C'halvez (1921-1972), offeiriad oedd yn adnabyddus i lawer yng Nghymru ac yn awdurdod mawr ar ddwyieithrwydd – lluniodd ei draethawd doethuriaeth ar y pwnc *Un cas de bilinguisme: le pays de Galles*. Medrai amryw ieithoedd bychain gan gynnwys y Ffriseg, iaith y Basgiaid a'r Langue d'Oc a gwnaeth astudiaeth o addysg ddwyieithog yn y gwledydd a'r taleithiau hyn. Yr oedd yn genedlaetholwr pybyr, agored, ac yn 1968 pan oedd y Llydawyr yn protestio yn erbyn gwladwriaeth Ffrainc a'r FLB yn gosod ffrwydron dros y lle fe'i cymerwyd i'r ddalfa a dioddefodd gam-drin gan yr heddlu. Nid oes amheuaeth na phrysurodd y driniaeth ei farwolaeth yn Chwefror, 1972. Tynnodd wg yr eglwys a'r awdurdodau drwy sefydlu ysgol Lydaweg, *Skol Sant Erwan*, yn Plouezec (Ploueg ar Mor yn Llydaweg) yn y pumdegau a chael ei symud yn ddisymwth i Lannion i fod yn gaplan lleianod. Llai o gyfle i boetsian â'r iaith. Deuthum i'w adnabod yn weddol yn y chwedegau pan fyddai ef a'i gyfaill, y Tad Klerg, y ddau'n siarad Cymraeg ardderchog yn dod i'r Eisteddfod Genedlaethol bob blwyddyn. Parhaodd fy nghysylltiad â'r Tad Klerg mewn ffordd ryfedd. Pan sefydlwyd gwasanaethau Radio Cymru a Radio Wales a gosod y rhaglenni Cymraeg ar y Donfedd Uchel Iawn (VHF) nid oedd yn bosib clywed unrhyw raglen Gymraeg ar arfordir gogleddol Llydaw. Heblaw am *Caniadaeth y Cysegr*, yr unig raglen Gymraeg a barhaodd ar y Donfedd Ganol wedi'r rhaniad. Am flynyddoedd, sgrifennai y Tad Klerg lythyr bob blwyddyn yn tynnu sylw BBC Cymru at y golled i drigolion Llydaw. Y fi, druan, oedd yn gorfod ateb ei lythyron. Wedi sylweddoli ei fod yn fy adnabod dechreuodd sgrifennu yn bersonol ataf a byddai ein llythyron yn cynnwys tipyn o wybodaeth a newyddion am Gymru a Llydaw yn ogystal â thrafod radio yng Nghymru ac effeithiau'r datblygiadau newydd ar Lydaw.

Gobeithio y bydd lle yn y llety ger Quemper Guezennec. Darn o wlad agored, perllan afalau, a lôn at y ffermdy. Mae fel tŷ hir ond bod y prif adeilad wedi'i godi'n uwch i wneud tŷ deulawr. Digonedd o le i blant a lle chwarae *pétanque*. Pwy a wyr na chaf herio'r trigolion yn eu gêm genedlaethol ac arddangos y grefft a feithrinais yn Kerlouan 'slawer dydd.

Oes, mae yma le. A swper, cig 'come-back' mewn gwin coch, neu grempogau, wrth gwrs. Diflannodd yr hen 'come-back' o ffermydd Cymru. *Pintade* yw'r enw Ffrangeg arno, ond wn i ddim beth yw'r enw Cymraeg, heb sôn am yr enw Llydaweg. Fel 'come-back' yr anfarwolwyd ef yn un o ganeuon Idwal Jones, Llambed. Cael yr allwedd i'n 'stafell a thrafferth ofnadwy i agor y drws. Llwyddo o'r diwedd ac mae'n stafell ddiddos a glân a digonedd o le a gellir agor ffenestr yn y to i'r gwres ddianc. Methu cloi'r drws. Mynd am sgwrs ag un o'r merched ifanc sy'n brysur o gwmpas y gegin, un o blant y fferm mae'n amlwg, gan iddi alw ar ei mam. Canfod mai Jeanne Le Marlec yw enw'r wraig a Joseph yw enw'r gŵr. Tybed beth yw ystyr yr enw Marlec? Mae *marlonk* yn golygu, wel, 'mawr lwnc' sef person glwth. Ond mae'r bobl hyn yn denau ac yn iach yr olwg. Daw Jeanne ei hun, wedi'i harfogi â chyllell a scriwdreifar i weld beth sydd o'i le ar y drws. Mae'n wraig tua deugain oed, fywiog, bengoch, gyda llygaid direidus. Heb ddim lol, dengys bod ganddi gryn allu i drin y clo, ac o fewn llai na phum munud mae'r cwbl ar led. Tipyn o oel ar y cwbl ac mae'n dechrau rhoi'r cwbl yn ôl wrth ei gilydd. Popeth yn iawn nes canfod iddi roi'r cwbl yn ôl yn daclus ac eithrio'r bollt oedd i fynd drwy'r canol a rhaid tynnu popeth yn rhydd eto. 'Merde,' meddai yn flin, ac o sylweddoli iddi regi yng ngŵydd pâr parchus o wlad y Menig Gwynion, cochodd, chwerthin yn swil ac ymddiheuro. 'Doedd e ddim yn beth gweddus i'w ddweud.' 'Twt lol,' meddwn innau, 'os na ddwedwch chi ddim gwaeth na hy'na yn ein clyw . . .'

Un tro bûm yn cyfieithu un o ddramâu Tangi Malmanche, *An Intanvez Arzhur*, i'r Gymraeg. Yr oeddwn yn gwneud yn burion, ond cawn drafferth gyda'r ebychiad 'Gast!' a ddefnyddid yn fynych mewn golygfa dafarn ar ddechrau'r ddrama. Holais gyfeilles barchus o Lydawes ynglŷn â'r ebychiad a dywedodd wrthyf fod y Llydawyr, ysywaeth, yn tueddi i regi'n ormodol ac mai ystyr y gair, yn y cyswllt hwn, oedd 'putain' ac nid y rhywogaeth fenywaidd y ci. Cofiaf yn arbennig yr ebychiad '*Sapre mil gast!*' – sef yn Ffrangeg, '*Sacré mille putains*' – ac yn Gymraeg, os nad wyf yn camgymryd, 'sancteiddier mil o buteiniaid'! Beth amser wedi hynny yr oeddwn ar wyliau yng nghyffiniau Kerlouan ac wedi gorfod mynd ag un o'r plant at y meddyg oherwydd rhyw anhwylder bychan. Yn disgwyl eu tro yn y feddygfa roedd tair o wragedd sgaprwth yn siarad Llydaweg yn llawer rhy gyflym i mi fedru deall hanner yr hyn a ddywedent. Oni bai am y gair '*gast!*' oedd yn britho'u sgwrs. Ochr yn ochr â'r huodledd yna mae gair fel '*merde*' yn swnio'n ddiniwed.

Ar ôl '*merde*' neu ddau arall mae'r clo yn ôl yn daclus ac yn troi fel wats. Diolchais i Jeanne am ei chymorth ac mae'n bryd i Gwen a minnau fynd am ein swper. Mae cerddoriaeth Lydaweg yn suo'n dawel yn y stafell fwyta – mae'n amlwg bod Alan Stivell yn ffefryn mawr yma. Gŵr y tŷ, Joseph Le Marlec, sy'n gweini. Mae'n ŵr tal, tenau, mor werinol yr olwg fel y gallai'n hawdd fod o ganol Ceredigion. Mae llawer o fyrddau'r stafell fwyta'n llawn ac mae un byrddaid wrth ein hymyl yn siarad Llydaweg ag ef. Ac os yw Llydaweg yn ddigon da iddyn nhw . . . dechreuaf innau wneud yr un modd. Yr ydym yn agos iawn i Paimpol yma, ac yn ôl Sébillot, yn y ganrif ddiwethaf, Paimpol yw ffin ddwyreiniol yr iaith. Mae Joseph yn dweud ei fod o'r ardal ac mai Llydaweg yw ei iaith gyntaf. Mae'n hoffi cerddoriaeth Geltaidd ac mae ganddo gasetiau Albanaidd a Gwyddelig i'w chwarae yn y stafell fwyta. Ond dim Cymreig. Mae angen gwneud mwy i hybu'n cerddoriaeth yn Llydaw, mae'n amlwg. Rwyf wedi clywed cwyno sawl gwaith ar fy nhaith nad yw'n hawdd cael casetiau Cymraeg.

*   *   *

Mae'n fore glas, y môr a'r awyr cyn lased â'i gilydd a dim ond ambell gwmwl boliog gwyn. Rydym wedi cyrraedd Paimpol (Pempoull yn Llydaweg). Y porthladd a anfarwolwyd gan y

Cychod pleser ym mhorthladd Paimpol.

bardd a'r cantwr Théodore Botrel – a chan y nofelydd Pierre Loti. Gellid myfyrio, fel y gwnaeth un llenor Llydewig, pa fath o le fuasai Paimpol heddiw pe na bai Botrel wedi bod yn crafu ei ben am air i odli â *falaise* (clogwyn). Problem yr odl a esgorodd – mae'n debyg – ar y gerdd '*La Paimpolaise*', cân sy'n boblogaidd hyd heddiw ac y cyfeirir ati o dro i dro fel '*Marseillaise y Môr*'. Erbyn meddwl mai *Marseillaise* hefyd yn odli â *falaise*. Ond dyna fe, gwnaeth Botrel ei benderfyniad a Paimpol a elwodd. I ni, Gymry, mae'r nofel *Pêcheur d'Islânde* o waith Pierre Loti yn fwy adnabyddus. Beth pe bai Loti heb syrthio mewn cariad â merch pysgotwr o'r ardal – a honno wedi ei wrthod? A fuasai'r byd wedi cael y nofel a Paimpol wedi ennill anfarwoldeb? Gormodiaith ydy hyn'na ar fy rhan, gan y byddai Loti yn syrthio mewn cariad â phob merch dlws ymhob porthladd yn y byd – yn arbennig merched egsotig Môr y De ac ynysoedd Tahiti. Cafwyd dau gyfieithad Cymraeg o'r nofel. Y cyntaf oedd *Pysgotwr Ynys yr Iâ*, cyfieithad Nathaniel H. Thomas, bargyfreithiwr o Abertawe, a enillodd iddo wobr gyntaf yn Eisteddfod Genedlaethol Pont-y-pwl yn 1924. Yr ail oedd *Pysgotwyr Llydaw* gan John Elwyn Jones a gyhoeddwyd yn 1985. Chwarae têg, yr oedd angen cyfieithad newydd oherwydd y mae cyfieithad Nathaniel Thomas bron yn amhosib cael hyd iddo. Cysylltais â phob llyfrgell yng Nghymru i geisio copi flynyddoedd yn ôl. Roedd dwy lyfrgell sir yn honni bod ganddynt gopi ond yn methu dod o hyd iddo ac o'r diwedd cefais fenthyg un o Lyfrgell Salesbury, Coleg y Brifysgol, Caerdydd. Rai blynyddoedd wedi hynny, ar ymweliad â siop lyfrau Griff's yn Llundain, deuthum o hyd i chwe chopi – pob un wedi'i brisio 7/6. Hwyrach y dylwn fod wedi prynu'r cwbl. Bodlonais ar un. Mae ei ddisgrifiadau yn gyhyrog ac mae cyfieithad Nathaniel Thomas yn werth ei ddarllen. Tebyg fod yr un peth yn wir am addasiad John Elwyn Jones, ond ni ddarllenais hwnnw.

'Pierre Loti ydyw un o'r ysgrifenwyr mwyaf gwreiddiol yn llenyddiaeth Ffrainc,' meddai Morgan Watkin, Athro Ffrangeg Coleg y Brifysgol, Caerdydd, yn ei feirniadaeth yn Eisteddfod Pont-y-pŵl. 'Rhagora ar bawb yn ei oes, efallai yn ei ganrif, yn ei fedr i baentio gweledigaethau natur. Gweodd arddull briod iddo ei hun, arddull o wawn a gwawl yn pefru'n aml gan danbeidrwydd llachar.'

Nid Llydawr oedd Pierre Loti (1850-1923) er y gellid yn hawdd gredu hynny oherwydd iddo sgrifennu tair nofel am Lydawyr ac am y môr – *Mon Frère Yves* (1883), *Le Matelot* (1893) a *Pêcheur d'Islande* (1886). Ei enw iawn, gyda llaw, oedd Julien Viaud. Enw a ddefnyddiai ar gyfer sgrifennu oedd Pierre Loti. Fe'i ganwyd yn Rochefort-sur-Mer, sydd dipyn i'r deau o Lydaw, ei dad yn glerc cyngor y dref a'i fam o ardal y Vendée, yn Huguenot bybyr. Cofleidiodd y tad Brotestaniaeth y fam ac er mwyn creu argraff dda ar eu cymdogion Pabyddol byddai'r teulu'n biwritanaidd iawn eu buchedd. Felly cafodd fagwraeth ddigon di-liw. Nid oedd yn berson arbennig o ddiwyd yn yr ysgol ac nid ymddiddorai rhyw lawer mewn gwyddoniaeth. Arferai dreulio'i hafau gyda pherthnasau mewn pentref o'r enw Bretenoux yn rhanbarth Lot wrth droed mynyddoedd y

Pierre Loti mewn gwisg morwr.

Cêvennes. Y rheini oedd y mynyddoedd cyntaf a welodd yn ei fywyd.

'Treuliais lawer o hafau yn y pentref hwnnw,' sgrifennodd flynyddoedd wedyn, 'gan ymgartrefu i'r fath raddau fel y medrwn siarad y *patois* gyda'r pentrefwyr. Yr oedd dwy ardal fy mhlentyndod yn yr haul. Ni welais Lydaw, y wlad y mae llawer wedi ei thadogi i mi, nes fy mod yn ddwy ar bymtheg, ac ni chynhesais ati tan lawer iawn wedi hynny.' Y *Langue d'Oc*, neu un o'i thafodieithoedd, oedd y *patois* y cyfeiriai ati. Dangosodd awydd cynnar i lenydda ond nid oedd y teulu'n ddigon cyfoethog iddo fedru ymhêl â'r grefft yn llawn amser. Beth bynnag, ni fuasai'n dymuno hynny. Oherwydd i amgylchiadau'r teulu waethygu bu'n rhaid iddo droi tua'r môr i ennill ei damaid ac wedi cyfnod o addysg ym Mharis aeth i'r llynges a chychwyn fel cadet yn Brest. Roedd ei argraff gyntaf o'r Llydawiaid yn anffafriol.

'Byddai'r plant oedd yn bugeilio'r gwartheg ar ymyl y ffordd yn rhedeg am eu bywydau gan sgrechian wrth ein gweld yn dod,' meddai. 'Ymswynodd carfan o ferched bach wrth ein gweld gan weiddi'n anfoesgar, a chredaf i mi eu clywed yn defnyddio'r gair 'Korrigan'. Dylwn nodi mai 'Korrigan' yw'r enw am y cythreuliaid bach chwedlonol hynny sy'n ymrithio o gwmpas hen safleoedd y Derwyddon yn Llydaw.'

Tebyg mai yn y cyfnod hwn yr ymwelodd gyntaf â Paimpol, tref y daeth i'w hadnabod yn dda dros y blynyddoedd. Nid oes sicrwydd ai yma ynteu yn Tréguier y gwelodd y ferch y syrthiodd mewn cariad â hi – os bu i hynny ddigwydd o gwbl. Roedd yn dueddol o ramantu a thra roedd ar ei fordeithiau byddai ei atgofion yn cael lliw newydd.

Yn Hydref 1869, wedi iddo lwyddo yn ei arholiadau, cychwynnodd ar daith hir ar y *Jean Bart*, taith oedd i gyffwrdd â phob un o'r pum cyfandir. Ni ddangosodd lawer o addewid na brwdfrydedd dros yrfa forwrol ond pan dorrodd y rhyfel Ffranco-Almaenig yn 1870 yr oedd angen swyddogion ar Ffrainc a hwyliodd ar y llong ryfel *Decrés* a anfonwyd fel un o nifer o rai eraill i fygwth arfordir yr Almaen. Er ei fod yn ddyddiadurwr cydwybodol aeth ei nodiadau am y cyfnod hwn ar goll. Ond flynyddoedd wedyn, mewn cyfrol o'r enw *Les Derniers Jours de Pékin* (1902), sgrifennodd: 'O, y gaeaf hir yn 1870 a dreuliais ar y llong fach druenus honno, yn hwylio yn y stormydd, o gwmpas glannau Prwsia . . . y diflastod o sylweddoli oferedd ein gweithredoedd.' Ar Fedi'r pumed y flwyddyn honno bu storm enbyd ar hyd glannau Môr Iwerydd – suddodd y llong ryfel Brydeinig, *Captain*, oddi ar arfordir Sbaen. Ond llwyddodd y *Decrés* a Pierre Loti i ddychwelyd i borthladd Cherbourg.

Ni phrofodd Loti ddim o ramant bywyd y morwr y gaeaf hwnnw yn oerni llwydaidd Môr y Gogledd ond dysgodd lawer am amynedd a gwytnwch stoicaidd y morwyr wyneb yn wyneb â natur yn ei hanterth waethaf. Ni hwyliodd fyth wedyn i'r parthau gogleddol hyn a theg tybio mai i Lynges Ffrainc a'r gaeaf di-fudd hwnnw y mae'r diolch am realaeth a drama disgrifiadau *Pêcheur d'Islande*. 'Yng ngwaelod y pantleoedd yma yr oedd hi fwyaf tywyll, ac ar ôl pob ton a ddaethai heibio, edrychent yn eu hôl i weled ton arall yn dyfod – ton fwy, yn codi'n werdd, dryloyw drwyddi, fel pe'n dweud 'Gad i mi ddim ond dy ddal, a mi a'th draflyncaf'. Ond na, ni wnâi'r don ddim ond ei chodi i fyny, fel plufyn ar ysgwydd dyn! Yna teimlent hi'n symud yn araf otanynt gyda'i hewyn croch-ferw a'i rhu rhaeadrog . . .'

Y mae i Lydaw le pwysig yn natblygiad Pierre Loti fel nofelydd. Ym Medi 1877 yr oedd yn Lorient, ar long o'r enw *Tonnerre* yn gwarchod y glannau. 'Dim byd i'w wneud,' grwgnachai. Mae Llydaw'n iawn yn yr Hydref ond pan ddaw glaw a niwl y gaeaf, y coed di-ddail, y llety di-groeso. Roedd yn dlawd a doedd ei ffrindiau ddim yn ei werthfawrogi. Daeth yn gyfeillgar â hen ferch gyfoethog a'i thuedd at bechodau ieuenctid – gadawn lonydd iddi. Pwysicach oedd ei gyfaill Pierre Le Cor (neu Yves Kermadec – byddai Loti'n newid enwau pobl yn ei ddyddiaduron), llongwr o'r un oed ag ef. 'O'r ddau,' sgrifennodd yn ei ddyddiadur, 'Yves, wrth gwrs, yw fy ffefryn. Mae'n well gen i bobl gafodd ryddid i ddilyn eu hynt yn hytrach na phobl hanner-dysgedig fel fy nghyd-swyddogion. Beth bynnag, mae'n braf cael cydymaith sy'n llyncu'ch holl syniadau gydag edmygedd ac yn eich ystyried yn ŵr o athrylith.' Yr oedd gonestrwydd yn nodwedd o'i gymeriad. Ac eto yr oedd, mi dybiaf, yn gwbl ddiffuant yn ei hoffter o gymdeithasu â phobl syml, cymharol di-ddysg.

Aeth Le Cor â Loti i'w gartref i dreulio pedwar diwrnod o wyliau – Loti'n ffugio mai morwr cyffredin ydoedd – a chael amser da gyda'r werin Lydewig. Ni wn yn union ble y treuliodd y ddau eu gwyliau byr, ond brodor o ardal Rosporden oedd Le Cor ac yno mae ei fedd. Yn ystod yr ymweliad hwnnw y blagurodd ei gydymdeimlad â phobl Llydaw sy'n nodwedd o'i nofelau – yn arbennig *Pêcheur d'Islande*. Diddorol fod llenydda mor ddibwys yn ei olwg. Ni chyfeiria at ei sgrifennu yn ei ddyddiadur – ond wedi dychwelyd i Lorient wedi'r gwyliau byr gyda Pierre Le Cor, canfyddwn fod teligram yn ei aros yn ei hysbysu fod ei nofel *Aziyade* wedi ei derbyn gan y cyhoeddwyr Calmann-Levy. Cafodd flaendâl o 500 ffranc – yr union swm ag a dderbyniodd Flaubert am *Madame Bovary*. Bu ei ymdrechion llenyddol yn llwyddiant o'r cyntaf ond ni roddodd funud i ystyried cefnu ar ei yrfa forwrol. Yr oedd yn amlwg yn mwynhau bod yn rhydd o ofid dyled ond hwyrach ei fod hefyd yn sylweddoli gwerth ei brofiadau fel deunydd ar gyfer ei lenyddiaeth. Cyfeiriais at Joanot Martorell, awdur *Tirant Lo Blanc*, gan nodi mai marchog ydoedd yn anad dim. Eilbeth iddo oedd sgrifennu. Yr oedd hyn yn wir am Pierre Loti, a thebyg ei fod yn ymwybodol o hynny. Cynghorodd Alphonse Daudet ef mewn llythyr dyddiedig Mehefin 2, 1880, i ddal ati i sgrifennu am natur yn ei arddull farddonol a pheidio poeni am 'y stori'.

Aeth ei ddawn ddisgrifiadol ag ef i ddyfroedd dyfnion yn 1883. Cafodd Loti orchymyn i hwylio fel teithiwr o Brest ar y llong *Atalante*. Roedd ei ddyletswyddau i gychwyn ar ben ei daith yn Asia. Yr oedd rhyfel wedi cychwyn ym mhen draw'r byd, a thalaith Tongking wedi newid ei theyrngarwch oddi wrth Ffrainc i China. Oddi ar fwrdd yr *Atalante*, a gyrhaeddodd lannau Annam ar funud dyngedfennol, bu Loti yn llygad-dyst i ymosodiad di-drugaredd y milwyr Ffrengig ar gaer Thuan-An oedd yn amddiffyn y ffordd i'r brifddinas, Hué. Gyda chymorth cyfaill oedd ymysg y milwyr yn y frwydr anfonodd Loti ddisgrifiad o'r gyflafan i'r papur newydd *Le Figaro*. Sylweddolodd y golygydd nid yn unig fod ganddo ddogfen o bwys hanesyddol yn ei ddwylo, ond darn o lenyddiaeth. Ymddangosodd yr adroddiad mewn tri rhifyn ac nid tan yr olaf y cyhoeddwyd mai Pierre Loti oedd yr awdur. Enynnodd yr erthyglau atgasedd a ffieidd-dra'r darllenwyr at y modd yr ymosododd y milwyr Ffrengig ar y brodorion di-amddiffyn. Fel y gellid disgwyl, yr oedd y llywodraeth ym Mharis yn wyllt benwan – yn arbennig gan ei bod mewn trafferthion. Cafodd Loti orchymyn i ddychwelyd i wynebu'r storm. Yr oedd yn sicr fod gwarth yn ei aros. Hwyliodd am adref ar y *Corrèze*. Hyd yn oed ar y daith honno, yn poeni am ei dynged, ni fedrai ymatal rhag ymddiddori yn y llong, a oedd yn cludo nifer o filwyr clwyfedig.

Pan gyrhaeddodd Toulon, yn welw gan bryder ac yn disgwyl y gwaethaf, canfu fod ei ffrindiau llengar – dylanwadol – ym Mharis wedi bod yn eiriol trosto a'i fod wedi dianc bron yn groeniach. Yr oedd ei enw ar y rhestr o'r rhai oedd i'w rhyddhau o'r Llynges – pan fyddai hynny'n gyfleus i awdurdodau'r Llynges.

Gwnaeth Loti ddefnydd pellach o'r hyn a welodd ac a gofnododd i *Le Figaro* yn *Pêcheur d'Islande* – y bennod lle mae Sylvestre, bellach yn forwr yn Llynges Frenhinol Ffrainc, yn cael ei saethu: 'Yr oedd y dychryn, y gorffwylledd, neu beth bynnag yw'r gallu cibddall sydd yn penderfynu'r ysgarmesau annisgybledig yma, wedi ymaflyd yn y Chineaid, a hwy'n awr oedd yn cilio'n ôl. Yr oedd nawr ar ben arnynt. Yr oeddynt yn brasgamu, a'r chwe morwr, wedi ail-lwytho eu gynnau, a'r rheini'n ergydio'n gyflym, yn eu saethu i'r llawr fel y mynnent. Yn y glaswellt yr oedd pyllau cochion, cyrff drylliog, a phenglogau yn arllwys eu hymenyddau i ddwfr y blanfa reis.' Ac yn y bennod sy'n dilyn lle mae Sylvestre yn marw ar ei ffordd adref mae Loti eto'n tynnu ar yr hyn a welodd ar y *Corrèze* ar ei ffordd adref i wynebu ei dynged. Yr oedd Loti yn feistr ar iaith a sgrifennu darluniadol. Camp dod o hyd i'w debyg mewn unrhyw iaith. Ac eto ni hidiai fotwm am gelfyddyd nac arddull. Yr hyn a geisiai oedd natur a gwres cig a gwaed.

Tra roedd Pierre Loti ar ei ffordd adref a'i ofid am ei dynged fel cwmwl uwch ei ben, cyhoeddwyd ei lyfr *Mon Frère Yves* – oedd eisoes wedi ymddangos yn benodau yn y *Revue des Deux Mondes*. Yves oedd ei gyfaill, Pierre Le Cor, ac mae'r gyfrol yn llifo o hoffter at y Llydawr a thynerwch at ei hil. Os gwnaeth ei erthyglau yn *Le Figaro* unrhyw niwed iddo, gwnaeth *Mon Frère Yves* iawn am y cwbl. Ei ddarlun cynnes o'r morwr cydwybodol, y meddwyn bendigedig, y Llydawr gwych – y dyn, y môr, y llong. Fu Joseph Conrad erioed cystal â hwn. Hwyrach am nad oedd Conrad yn sgrifennu am ei bobl ei hun – nac yn ei iaith ei hun o ran hynny. Os nad oedd Loti'n Llydawr yr oedd yn sgrifennu am ŵr a ystyriai'n wir frawd. Am helynt y rhyfel a'r erthyglau yn *Le Figaro*, nid oedd yn Ffrainc fawr o frwdfrydedd o blaid y sgarmes. Mater i'r prif weinidog amhoblogaidd Jules Ferry yn unig ydoedd.

Ym Mawrth 1885, yr oedd Loti eto ar ei ffordd tua'r dwyrain pell, ond erbyn iddo gyrraedd yr oedd y rhyfel trosodd ac yr oedd Loti ar ei ffordd yn ôl i Ffrainc ar y *Triomphante*. Unwaith eto cafodd gwmni llawen Pierre Le Cor – ei frawd Yves. Yr oedd wedi dechrau sgrifennu *Pêcheur d'Islande* ac ym môr China, yng ngwres affwysol canol haf, gyda chymorth Pierre, y bu'n sgrifennu ei glasur am y Llydawyr a'u gwrhydri ym moroedd milain y gogledd. Ond yn ystod y misoedd twym aeth y Llydawr yn sâl a threfnwyd ei anfon adref ar ei union ar long arall. Yr oedd gwacter eto ym mywyd Loti ac ymroes i orffen ei nofel – roedd Llydaw a'i phobl yn anwylach iddo nag erioed ym mhellafoedd y dwyrain.

Fel llenor nid oedd ganddo ddim i'w ddweud y tu hwnt i'w ddisgrifiadau o bobl ac o dirwedd. Nid yw gwleidyddiaeth nac athroniaeth na chrefydd yn golygu dim iddo. Mae bywyd yn drist am fod pobl yn marw – yn arbennig y bobl y mae'n eu caru. Ac eto mae'r byd yn hardd, yn amrywiol, yn ofnadwy, yn dyner, yn gyfnewidiol. Ac mae pobl yn hardd – yn gorfforol hardd, yn foesol hardd. Neu'n anfoesol hardd. Mae'r cwbl 'run fath i Loti. Ni all beidio rhyfeddu at odidowgrwydd y cread. Oes 'na Dduw? Pwy a ŵyr! I Loti, digon yw'r byd a'i werin gyffredin. A'r disgrifiadau anghymharol. Pan gafodd ei dderbyn i Academi Ffrainc yn 1891 – gan guro Emile Zola yn hawdd am yr anrhydedd – dywedodd na fyddai'n darllen dim. Yr unig deimladau cryfion a goleddai oedd ei gasineb tuag at y Saeson. Yn 1899 teithiodd ar draws India, gan ddilyn taith a oedd, cyhyd ag a oedd yn bosib, yn osgoi holl diriogaethau Prydain. Disgrifiodd ei daith mewn llyfr a gyhoeddwyd gyntaf dan y teitl *L'Inde (sans les Anglais)*. Ar yr un pryd yr oedd yn hoff iawn o gathod. Gan fod y Saeson mor hoff o anifeiliaid buaswn yn disgwyl i Loti deimlo'n gynhesach at y Saeson. Ond nid yw Saeson mor hoff â Pierre Loti o bobl.

Yng nghanol Paimpol, yn y *Place du Martray*, mae'r tŷ – a godwyd yn yr unfed ganrif ar bymtheg – lle arferai Pierre Loti letya yn ystod ei ymweliadau â'r dref. Dyma hefyd y tŷ a ddisgrifia fel cartref Gaud, arwres *Pêcheur d'Islande* a chariad y morwr Yann. Ty o bren sydd bellach yn siop. Llwyddaf i gael lle i barcio yma wrth i rai o stondinau'r farchnad ddiflannu. Rwy'n ffodus. Taro i mewn i rai o'r siopau ac yna o gwmpas y porthladd. Mae'n llawn cychod pleser a nifer o gychod pysgota yn eu mysg. Un amser fe welid cynifer ag 80 o sgwners yn y porthladd, yn paratoi i hwylio tuag Ynys yr Iâ. 1895 oedd penllanw'r diwydiant ond gyda throad y ganrif yr oedd y dirywiad wedi cychwyn. Erbyn 1914 yr oedd y fflyd wedi gostwng i 20 ac i lawr i naw yn 1932. Erbyn yr Ail Ryfel daeth i ben yr arfer o hwylio i gyrion Ynys yr Iâ i bysgota. Ond mae olion y traddodiad yn fyw – sefydlwyd Coleg Cenedlaethol y Llynges Fasnach yn Paimpol yn 1963. Cerdded hyd y *Quai Duguay Trouin* a'r porthladd mewnol yn llawn cychod a'u hwylbrennau'n siglo'n hamddenol. Braf gweld basgedi crog o flodau ym mhobman ac un o'r gwestai, yr *Hotel des Chalutiers*, ar y *Quai Morand* gyferbyn yn fflam o liwiau. Troi i fyny'r *Rue de Labenne* er mwyn cael golwg ar *Le Musée de la Mer*, amgueddfa'r môr.

O'r tu allan mae'r amgueddfa'n ymddangos fel llong wedi ei throi wyneb i waered. Mae'r tu mewn, hefyd, ar gynllun llong. Wrth groesi'r trothwy mae neges yn crynhoi hanes y porthladd, ac yn dweud llawer am dynged pobl gyffredin ar draws y byd.

> '83 mlynedd o gyfoeth i rai;
> 83 mlynedd o drallod i'r teuluoedd a gollodd 2000 o ddynion'

Collwyd 100 o longau mewn 83 o flynyddoedd o hwylio i bysgota ar hyd glannau Ynys yr Iâ. Mwy nag un llong am bob blwyddyn. Mae yma rai o'r Croesau pren a arferid eu gosod ar furiau'r mynwentydd i goffáu'r gwŷr a gollwyd. Ym mhentref Pors-Even, ar y ffordd i mewn i fae Paimpol, pentref pysgota mwyaf prysur y rhan yma o arfordir Llydaw, mae mur o Groesau i gofio'r rhai a gollwyd. Mae yn yr amgueddfa luniau o bobl y seiliodd Pierre Loti ei gymeriadau arnynt, modelau o longau – gan gynnwys *curragh* (cwrwgl Gwyddelig) o'r math y tybir a ddaeth â Sant Budoc a Sant Tudwal i Lydaw. A chasgliad o fodelau a naddwyd gan y llongwyr yn ystod y misoedd hir digysur ym Môr y Gogledd. A'r sgidiau môr â'r gwadnau pren – defnyddio clocs hyd yn oed fel gwadnau i'r *wellingtons* mawr.

Mae yma fodel o'r llong hwyliau *Mad-Atao* a adeiladwyd yn 1938 ac a ddeuai i Gaerdydd â winwns Roscoff a dychwelyd â glo i Lydaw yn y blynyddoedd wedi'r ail ryfel. Bellach mae'r llong yn cael ei defnyddio gan ysgol forwrol y Llynges Fasnach yn Paimpol. Cofiaf fod gan Madeleine Le Guerch ddarlun yn ei chartref o'r *Mad-Atao*. Byddai hi'n llogi'r llong ar gyfer y Sionis pan ddechreuodd fel asiant iddynt. Pan welais hi ar ddechrau'r daith yr oedd newydd ddod o'r ysbyty ar ôl torri ei migwrn. 'Un prynhawn roeddwn yn eistedd yn yr ysbyty a chlywn ddwy wraig yn siarad â'i gilydd ac yr oedd un ohonyn nhw'n sôn llawer am y *Mad-Atao*,' meddai Madeleine wrthyf. 'Es atyn nhw a dweud, 'Esgusodwch fi, ond fedrwn i ddim help eich clywed chi'n siarad – roeddwn i'n arfer llogi'r *Mad-Atao*'. A dyma un o'r gwragedd yn ateb, 'Fy nhad adeiladodd y *Mad-Atao*!' Fe gawson ni brynhawn i'w gofio.' Wrth gofio geiriau Madeleine sylwais mai *Mad-Atao* oedd enw cylchgrawn cyfeillion yr amgueddfa.

Sylwi ar ddarluniau yn cofnodi ymweliad swyddogol Arlywyddes Ynys yr Iâ, Vigdis Finnbogadóttir, â Paimpol yn 1983. Mae llun ohoni yn cyfarfod hen bysgotwr o'r enw Tonton Yves oedd ar y llong bysgota *L'Aurore* a suddodd ger yr Ynys yn 1912. Hwn oedd yr eildro iddo gyfarfod â'r Arlywyddes gan iddo gael gwahoddiad swyddogol i ymweld â'r Ynys yn 1979. Ac mae baner Llydaw ochr yn ochr â baner Ynys yr Iâ y tu mewn i'r amgueddfa. Pan ymwelais ag Ynys yr Iâ yn 1991 darganfûm bod cofgolofn ger Reydarfjordur ar ochr ddwyreiniol yr Ynys i gofio'r Llydawyr a foddwyd. 'Dyma un o'r mannau lle byddai'r Llydawyr yn glanio,' meddai un o bobl yr ynys wrthyf, gan ychwanegu'n awgrymog, 'a gadael llawer o fabanod â gwallt tywyll a llygaid brown ar eu holau.' Darganfûm wedyn bod y pentref Faskrudsfjordur ym mhen uchaf y fjord wedi ei sefydlu'n wreiddiol gan bysgotwyr o 'Ffrainc' yn yr 1880au. Pysgotwyr o Paimpol, mae'n debyg.

Er bod yr arfer o fynd i bysgota ym Môr y Gogledd – ac yr oeddynt yn hwylio i bobman rhwng Norwy a glannau Gogledd America – ar drai, bu'r Rhyfel Byd Cyntaf yn ergyd farwol i'r diwydiant. Tra roedd y Llydawyr yn ymladd, ac yn cael eu lladd wrth y cannoedd o filoedd, yn rhyfel ofer ac erchyll 1914-1918 roedd llyngesau pysgota Norwy ac Ynys yr Iâ yn ehangu.

Wn i ddim am Norwy ond y Rhyfel Mawr oedd cychwyn yr adferiad yn economi a bywyd Ynys yr Iâ. Ceir disgrifiad o effaith y rhyfel ar amaethyddiaeth Ynys yr Iâ – yn arbennig magu ŵyn – yn un o nofelau saga Halldor Laxness, *Sjálfstaett fólk* (Pobl Annibynnol). (Ceir yn y gyfrol, hefyd, ddadleuon difyr parthed mesurau caeth a barddoniaeth rydd. Dylai pob Cymro sy'n ymddiddori yn y dadleuon dros ac yn erbyn barddoniaeth gynganeddol ei darllen oherwydd mae gan Ynys yr Iâ, hefyd, draddodiad hir a pharchus o ganu mewn mesurau caeth.)

Wedi'r rhyfel dechreuodd llongau ager o Boulogne, Dunkirk a Bordeaux fentro i'r gogledd pell a phan dorrodd yr Ail Ryfel Byd roedd llongwyr Llydaw a Paimpol wedi rhoi'r gorau iddi. A phwy all eu beio? Dim ond beirdd a nofelwyr fedrai weld rhamant yn y fath galedi.

Bellach, daw arian sylweddol o'r diwydiant ymwelwyr, ac mae'r hinsawdd o gwmpas arfordir Goelo – fel y gelwir y rhan yma o Lydaw – yn ddigon tyner i dyfu llysiau cynnar. A cheir tipyn o bysgota ynghyd â ffermio wystrys i sicrhau ffyniant a llewyrch yr ardal.

Soniais lawer am Pierre Loti a chyfeiriais droeon at Botrel – y ddau â chysylltiadau â Paimpol. Dylwn gofio hefyd am Armand Dayot (1852-1934) beirniad celf a sgrifennwr adnabyddus am arlunio a goffeir gan gofgolofn, a chei a enwyd ar ei ôl, ar ochr ddwyreiniol y porthladd mewnol. Ac yn Paimpol y ganed Marcel Cachin (1869-1958); a fu am ddeugain mlynedd – o 1918 hyd ei farw – yn olygydd *L'Humanité*, papur dyddiol y comiwnyddion. Roedd yn bleidiol i'r iaith ac yn gyfaill cywir i Yann Sohier. Nid syndod canfod, felly, fod yr amgueddfa mor groyw ei beirniadaeth o'r hen ddyddiau. Mae hen drefi pysgota Llydaw wedi magu cyfran dda o wrthryfelwyr. Diddorol sylwi bod stryd wedi'i henwi ar ôl Cachin yng nghyffiniau'r maes pêl-droed.

Awdur arall a ddefnyddiodd yr ardal yn gefndir i un o'i weithiau oedd Vercors (Jean Bruller). Nid yw *La Nuit et le Brouillard* (Y Nos a'r Niwl) yn un o'i nofelau enwocaf ond am ymdriniaeth gignoeth ar effeithiau'r Ail Ryfel Byd mae'n ysgytwol. Mae Pierre Cange, o Lezardrieux, yn dychwelyd o wersyll-garchar Hochswörth heb fedru cyfathrebu â'i hen ffrindiau na'i hen gariad. Yna, mae'n hwylio'n ddirybudd i Île de Brehat. Mae cyfaill yn chwilio amdano ac yn dod o hyd iddo, ac yno, am y tro cyntaf, mae'n datgelu ei brofiadau – holl erchyllterau a ddioddefaint y gwersyll carcharion. A'r gwaethaf, a'r hyn a dorrodd ei ysbryd a lladd ei enaid, oedd gorfod bwrw cyrff ei gydgarcharion marw – a rhai oedd eto'n fyw – i fflamau'r ffwrn. Dyn a ofidiai fod cynifer o flynyddoedd o'i flaen – blynyddoedd o edifeirio am yr hyn y gorfodwyd iddo'i wneud. 'Fel Hamlet,' medd y cyfaill, llefarydd y nofel, 'clywais gan ddrychiolaeth stori am y drosedd waethaf y gellid ei chreu: lladd enaid.

> 'Murder most foul, as in the best it is;
> But this most foul, strange and unnatural . . . '

'Gellir maddau popeth – llofruddiaeth, hwyrach. Ond enaid . . .'

I'r rhai sy'n mwynhau rhamant dyddiau'r rheilffyrdd cafodd yr hen lein a gysylltai Paimpol â Guingamp (Gwengamp yn Llydaweg) ei hailagor yn 1990, nid gydag injan stêm, mae'n wir, ond gyda pheiriant disel. Er hynny, mae'n daith ardderchog sy'n mynd drwy dref hyfryd Pontrieux (Pontrev yn Llydaweg). Agorwyd y lein gyntaf yn Awst 1894 a chafodd ei hailagor mewn pryd am sbloet o ddathlu yn 1994. Rhai da am ddathliadau yw'r Llydawiaid – a pham lai? Mae'n gyfle am gyhoeddusrwydd ac yn sbardun i adnewyddu diddordeb. Pan aeth yr injan stêm olaf ar hyd y trac yn 1971 – dair blynedd cyn cau'r lein – aeth ffotograffwraig o'r enw Madeleine de Sinety ar y daith. 'Gofynnais, yn swil, a gawn deithio yn yr injan,' meddai flynyddoedd wedyn. Ac fe gafodd, a chofnododd y ferch ifanc oedd wedi dwlu ar drenau – 'am fy mod i'n ferch, chawn i ddim chwarae â threnau pan oeddwn i'n fach' – fynd ar y daith mewn steil a thynnu faint a fynnai o luniau. Erbyn heddiw mae Madeleine de Sinety yn ffotograffydd enwog yn byw yn Maine, Unol Daleithiau America, ond yn 1996 dychwelodd i Lydaw a mynd eto ar y daith gyda'i chamera. Chwiliodd am y dynion oedd yn gweithio ar y trên yn 1971 ac aildynnu eu lluniau yn yr un sefyllfaoedd â'r tro cynt. Cyhoeddwyd y lluniau mewn cyfrol o'r enw *Deux minutes d'arrêt – Guingamp-Paimpol* gan *Rue des Scribes Editions*, Rennes, sef cwmni cyhoeddi Bertrand Cos.

*   *   *

Mae gennyf awydd bwrw'n ôl tua Saint-Brieuc ond gan osgoi ffordd yr arfordir a chymryd y ffordd arall, mwy uniongyrchol, sef y D6, er mwyn ymweld eto â theml ryfedd Lanleff. Er mai Lanleff yw'r pentref lleiaf yn rhanbarth *Côtes-du-Nord* – tua 80 o drigolion – mae arwyddion digon clir i gyfeirio'r teithiwr ato, a hynny oherwydd y deml. Nid yw ond tua tair milltir o Quemper Guezennec a'r fferm lle'r ydym yn lletya. Adeilad crwn, a oedd un adeg yn fwy, ond mae'r canol crwn gyda'i fwâu gosgeiddig yn gyfan o hyd. Bu'r adeilad yn un o ddirgelion yr oesau. Mae'r adeiladwaith yn amlwg o'r cyfnod Romanesg a bellach daethpwyd i'r casgliad i'r deml gael ei hadeiladu yn niwedd yr unfed ganrif ar ddeg – sef cyfnod y Croesgadau – a'i bod ar batrwm y Feddrod Sanctaidd yn Jerusalem. Y mae ei chynllun yn anarferol, er nad yn unigryw, yn Llydaw ac yn bleser i'r llygad.

Ymlaen wedyn nes cyrraedd y ffordd ddeuol sy'n cysylltu Guingamp (Gwengamp yn Llydaweg) â Saint-Brieuc. Lle arall sydd ar batrwm trefi mawr Llydaw. Fe ddewch yn sydyn o wlad amaethyddol hamddenol i'r cylch gwallgo o fodurwyr yn mynd fel cythreuliaid. Archfarchnadoedd a blociau o fflatiau uchel digon hyll – er, a bod yn deg, nid ydynt cynddrwg oddi mewn. Yn sicr ni ellir eu cymharu â'u tebyg yn Llundain. Pan adeiladwyd y fflatiau cyntaf ar y cynllun hwn – yr *Unité d'Habitation* a gynlluniwyd gan Le Corbusier – yn Marseille wedi'r rhyfel gwnaed ymdrech i sicrhau y byddent yn gyffyrddus gyda chyfleusterau hwylus. Roedd caffis iddynt, pyllau nofio – yr adnoddau i alluogi cymunedau i ddatblygu. Treuliais amser yng nghartrefi ffrindiau sy'n byw mewn fflatiau o'r fath yn Brest ac yn Rennes a'u cael yn ddymunol a chysurus. Ond nid

Teml ryfeddol Lanleff.

felly ym Mhrydain. Efelychwyd yr hyn a wnaed yn Marseille gan Lundain y pumdegau ond heb y gofal am y manion, heb sicrhau y ceid y cyfleusterau a'r cyfle i gymdeithasu sy'n hanfodol i greu cymuned drefol. Ac mae ansawdd y gwaith bob amser yn well yn Ffrainc yn gyffredinol – ac yn sicr yn Llydaw. Rwy'n byw mewn tŷ ar gynllun dymunol mewn man braf. Ond mae iddo ddrysau nad ydynt erioed wedi cau'n berffaith a ffenestri sy'n swnian pan fo storm. Crefftwaith blêr, dihitio yw'r rheswm amdano a fedra i wneud dim ond dioddef neu gael drws neu ffenestr newydd sbon. A thebyg y byddai drws neu ffenestr newydd yr un fath ymhen blwyddyn ped awn i'r gost a'r drafferth o'u newid. Nid felly y tai a'r fflatiau yn Llydaw. Popeth yn cau ac yn ffitio fel maneg. Does ryfedd fod pobl yn gofalu am y fflatiau hyn, er mai wedi eu rhentu y maent gan amlaf.

* * *

Wrth nesáu at ganol Saint-Brieuc mae'r drafnidiaeth yn hamddenol a gwâr. Rwyf ar drywydd un o lenorion anghofiedig Llydaw, Villiers de l'Isle-Adam. Deuthum o hyd i gyfrol wedi'i hysgrifennu amdano gan ei gefnder, yr Is-Iarll Robert du Pontavice de Heussey, a chyda'r llyfr dan fy nghesail rwyf am ddarganfod mwy amdano. I ddechrau rwyf am ddod o hyd i fan ei eni. Wedi'r cwbl, mae'n rhaid bod unrhyw ŵr a fedyddiwyd yn Philip Auguste-Mathias Villiers de l'Isle-Adam wedi ei eni mewn lle nodedig. Cip sydyn drwy'r gyfrol ac wele gyfeiriad at faenordy bychan ag un tŵr – pwysleisir mai *un* tŵr oedd iddo. Ffaith allweddol mae'n amlwg, ond wn i ddim pam. Maenordy â'i olygon tua phorthladd Légué a bae aflonydd Saint-Brieuc, meddai'r llyfr. Rydym yng nghanol y dref, wedi llwyddo'n wyrthiol i gael lle i barcio er ei bod yn ddiwrnod marchnad a'r ddau faes parcio'n llawn stondinau, a gweld grŵp pop sy'n dynwared Elvis Presley y tu allan i far. Mae Elvis yn fyw, ac yn canu y tu allan i far yn Saint-Brieuc! Mae rhai tai hynafol o gwmpas y canol, siopau i ddenu ymwelwyr a strydoedd

Villiers de l'Isle-Adam, a'r gofeb iddo yn Saint-Brieuc.

culion a sgwariau cywrain, ond bu'r cynllunwyr trefol bondigrybwyll yn creu annibendod, hefyd. I ddechrau, rhaid dod o hyd i borthladd Légué. Does yna yr un arwydd, felly rhaid gofyn, a chawn ein cyfeirio i lawr heol serth tua'r harbwr.

Cyrraedd y porthladd mewn llai na phum munud, porthladd bychan mewn cwm cul lle mae afon Gouet yn cyrraedd y môr. Uwch ein pennau mae pont anhygoel o uchel a phont arall, is, otani. Mae Saint-Brieuc yn dref o bontydd, ond mae'r uchaf yn syfrdanol a sŵn y cerbydau'n bwhwman ymhell, bell, yn yr entrychion. Does fawr o fywyd yn y porthladd a'r unig beth i dynnu fy sylw yw Catamaran crand. Ond mae yma ddau fryn i ddringo i fyny i weld a fedraf ddod o hyd i'r 'maenordy cyffredin gydag un tŵr'. Awn i fyny'r ochr sydd bellaf o'r dref a mynd ar goll mewn stâd o dai. Mae bae aflonydd Saint-Brieuc yn amlwg gynhyrfus, y cesig gwynion yn marchogaeth yn rhesi trefnus tua'r glannau. Ond ni welaf unrhyw argoel o faenordy ag un tŵr – nac un â dau dŵr, na thri tŵr. Mae gennym olygfa dda o'r bryncyn yr ochr draw sy'n nes i'r dref ond does dim argoel o'r lle fan honno, chwaith. Yn ôl i lawr i'r cwm a phenderfynu mai gwell fyddai holi. 'Esgusodwch fi, fedrwch chi ddweud wrtha i ymhle mae'r tŷ lle ganed Villiers de l'Isle Adam?' Mae'r fenyw'n edrych arnaf fel petai cyrn ar fy mhen. 'Y bardd a'r llenor enwog? A gafodd ei eni yn Saint-Brieuc?' gofynnais eto. 'Ewch i brynu llyfr yn Plerin, fe gewch wybod fan'ny,' ateba'r fenyw'n swta. Dydw i ddim eisiau mynd i blydi Plerin, ond waeth heb â dadlau â hon. Gwenaf, a diolch yn foesgar.

I fyny'r ochr arall o'r cwm, ar hyd lôn gul wledig. Cyrraedd y top a chrwydro o gwmpas. Gweld tŷ gweddol grand ag arwyddion bygythiol – 'Cadwch draw, ci rheibus ac ati, ac ati.' Does dim tŵr iddo, felly nid hwn yw'r lle. Crwydro o gwmpas eto a rywsut yr ydym ar y ffordd y daethom ar hyd iddi wrth gyrraedd Saint-Brieuc ddwy awr ynghynt. Doedden ni ddim wedi sylwi ein bod yn croesi'r bont syfrdanol uchel wrth rasio i mewn i'r dref bryd hynny. Ond rwy'n gwybod hynny nawr. Felly yn ôl i ganol y dref a phenderfynu gofyn yn y swyddfa ymwelwyr. Cael hyd i le parcio eto – mae stondinau'r farchnad yn diflannu ac mae mwy o le nawr. Mae Gwen yn dewis mynd i grwydro ar ei phen ei hun. Felly rwy'n mynd fy hunan i'r swyddfa ymwelwyr. 'Wyddoch chi lle ganed Villiers de l'Isle-Adam, y bardd a'r llenor enwog o Saint-Brieuc?' 'Wrth gwrs, allan drwy'r drws, cymerwch y stryd gyferbyn, ar draws y sgwâr bach ac fe welwch y plac ar y wal. Fedra i ddim cofio pa rif ond mae e ar y gornel . . .' 'Ond roeddwn i'n meddwl iddo gael ei eni ger porthladd . . .' O, yffach, beth yw'r ots. Allan â mi i ddilyn y cyfarwyddiadau . . . i fyny'r stryd, ar draws y sgwâr a dechrau edrych ar y muriau. Ar hyd y stryd, rownd y bloc ac yn ôl i'r man lle cychwynnais ond heb weld y llechen. Cynnig arall, rownd y bloc, a bloc arall. Dyma'r rhan o ganol y dref a gafodd ei difetha gan y cynllunwyr. Mae band jazz yn gorymdeithio drwy'r dref a merched gyda nhw yn rhoi balwns coch i bawb. Llwyddaf i osgoi cymryd balŵn coch. Elvis wrth y bar a band jazz yn y stryd . . . Mae fy wyneb cyn goched â'r balŵns diolch i'r haul cynnes a'r holl grwydro diamcan. Dychwelyd i'r swyddfa ymwelwyr – ond nid i ofyn eto – buasai hynny'n ormod – ond i ailddilyn yn ofalus y cyfarwyddiadau a gefais. I fyny'r stryd, ar draws y sgwâr, a syllu eto ar enwau'r strydoedd. Rue Saint-Guillaume. Wyddwn i ddim bod yna Sant Gwilym. Rhaid i mi ddweud wrth Gwilym, fy nai. A! wrth gwrs, Guillaume Pinchon, Esgob Saint-Brieuc rhwng 1220 a 1234, ac yno ar gornel y stryd hon a Rue Saint-Benoit wele'r llechen sy'n cofnodi mai yma y safai'r tŷ lle ganed Villiers de l'Isle-Adam. Swyddfa cyfreithiwr sydd yma nawr ac mae'n amlwg y bu yma ailadeiladu ers geni'r llenor a'r bardd.

Edrych eto ar lyfr yr Is-Iarll Be-chi'n-galw a gweld 'mod i wedi camddarllen – nid Villiers oedd wedi ei eni yn y maenordy â'r un tŵr uwch dyfroedd aflonydd bae Saint-Brieuc, ond ei dad-cu oedd wedi marw yno. Rwy'n meddwl 'mod i'n gywir, oherwydd er darllen ac ailddarllen y paragraffau perthnasol dydw i ddim yn siŵr o hyd. Beth bynnag, er mor gwmpasog yr arddull mae'n amlwg i mi bellach nad yno y cafodd Villiers ei eni, eithr mewn tŷ a safai lle mae'r swyddfa cyfreithiwr sydd o'm blaen y funud hon. Yn ôl y llyfr sydd gennyf, fe'i ganed yn Nhachwedd 1838; roedd yn gannwyll llygaid ei rieni ac ef oedd y bachgen oedd yn mynd i atgyfodi ffortiwn ac enw da hen deulu oedd wedi llithro ers y cyfnod pan oeddynt ymhlith teuluoedd mwyaf ysblennydd Ffrainc. Tuedd rhieni yw ceisio cadw eu plant rhag ansicrwydd llenydda a chelf a'u hannog i swyddi a galwedigaethau 'diogel'. Nid felly Villiers. Yr oedd ei fam a'i dad a'i fodryb i gyd yn gefnogol i'w ddyheadau llenyddol. Gwerthwyd y tŷ yn Saint-Brieuc a'r maenordy ag un tŵr – oedd yn eiddo i'r teulu – a wedi i Villiers gwblhau ei addysg symudodd y teulu i Baris. Yr oedd tua deunaw oed ar y pryd. Erbyn ei ugeiniau cynnar yr oedd wedi llwyddo i wario ffortiwn fychan ac yn byw'n afrad a bohemaidd ymysg llu o gyffelyb gyfeillion llengar. A phan fu farw ei fodryb diflannodd hynny o arian cyson a ddeuai i Villiers – a chyfran o incwm gyson ei rieni, o ran hynny. Er gwaethaf popeth llwyddodd ei rieni i fyw'n gymharol gysurus tan y diwedd ond tlawd a thruenus – er digon balch – fu bywyd Villiers. Ysgrifennai yn ddiwyd a chyhoeddwyd cyfrolau o'i waith, yn farddoniaeth, straeon byrion a dramâu. Yr oedd yn dechrau mwynhau canmoliaeth a sylw pan fu farw yn 51 oed yn 1889. Petai wedi byw yn hwy, mae'n debyg y buasai wedi cael cyfnod o gysur a hapusrwydd. Fel bardd yr oedd ar flaen yr ysgol Symbolaidd – er hwyrach mai ei angerdd a'i hwyl yn fwy na'i waith a gafodd yr effaith fwyaf ar ei gyfeillion a'i gyd-oeswyr. Ymysg ei gyfeillion yr oedd Charles Baudelaire a ddylanwadodd yn gynnar arno ac yn ei dro bu Villiers yn ddylanwad ar Stéphane Mallarmé. Ym myd y ddrama disgrifiodd un beirniad ef fel rhagflaenydd i Ibsen – 'Rhagwelodd ei ddrama *La Révolte* a ymddangosodd yn 1870 bopeth a oedd gan Ibsen i'w ddweud yn *Y Tŷ Dol* yn 1879.' Ni chyhoeddwyd y ddrama *Axel*, gwaith mawr ei fywyd, tan ar ôl ei farw, ond bu fyw'n ddigon hir i weld cydnabod fel campwaith ei gyfrol o storïau byrion, *Contes cruels* (Straeon coeglyd). Gellir cymharu ei straeon byrion gorau ag unrhyw un heblaw Chekhov. Ar ei orau, mae'n rhoi mwy o foddhad na Maupassant. Ond tra bod Maupassant yn parhau mewn bri mawr o hyd a chyfieithiadau o'i waith yn hawdd i'w cael mewn amryw ieithoedd, mae Villiers wedi'i anghofio hyd yn oed yn ei wlad ei hun. Yr oedd yn casáu popeth modern – gwyddoniaeth (ond roedd yn edmygwr o arddull lenyddol Jules Verne) a chynnydd. Mynegai ei atgasedd mewn dychan oedd weithiau'n fileinig. Yr oedd yn edmygwr mawr o Edgar Allan Poe ac yr oedd ganddo ddawn i urddasoli'r erchyll. Medrai ddisgrifio natur a theimladau – cynhesrwydd yr haul, lleithder noson niwlog ym Mharis, harddwch machlud – bron cystal â Pierre Loti.

Medrwch chwilota'n ofer am gyfeiriadau ato mewn casgliadau a beirniadaeth ddiweddar. Ac eto hanner canrif yn ôl roedd beirniaid yn cyhoeddi'n hyderus bod ei safle yn llenyddiaeth Ffrainc yn sicr. Hwyrach i'r beirniad a'r llenor Anatole France roi ei fys ar y broblem: 'Er holl wychder ei ddoniau ni chafodd Villiers ffafr y cyhoedd, ac ofnaf, hyd yn oed wedi ei farw, na ddarllenir ei lyfrau ond gan ychydig iawn. Y maent yn llawn eironi creulon. Yr eironi hwn, yn fynych yn boenus ac annelwig, yw'r rhwystr.' O bori mewn llyfrau sy'n ymdrin â llên fe gewch ambell un yn honni mai ef oedd y llenor Llydewig mwyaf erioed – tra bod eraill yn ei anwybyddu'n llwyr.

Yr oedd yn berson rhyfeddol o egsentrig. Soniais am ei gyfeillgarwch ag Antoine de Tounens, y gŵr a dwyllodd frodorion Ariannin mai ef oedd brenin Patagonia. Nid oes amheuaeth nad oedd Villiers o dras pendefigaidd, ac aeth i gyfraith ar y pwnc i gynnal – neu adfer – ei enw da. Ac yn 1863, yng nghanol storm o gyhoeddusrwydd, cynigiodd am y swydd o frenin Gwlad Groeg! Mae'n fy atgoffa o'r stori am Waldo Williams yn cynnig am swydd prifathro Coleg y Brifysgol, Aberystwyth, yn y flwyddyn cyn iddo raddio. Yn wahanol i Waldo, roedd Villiers o ddifrif!

Yng ngardd gyhoeddus Saint-Brieuc ar Fai 30, 1914, dadorchuddiwyd cofeb i Villiers de l'Isle-Adam gan y llenor a'r casglwr Anatole Le Braz. Yr oedd yn amlwg fod gan Le Braz feddwl uchel ohono oherwydd mewn anerchiad a wnaeth yn 1921, gan gyfeirio at amryw o'r Llydawyr hynny a enillodd fri mawr y tu hwnt i'w gwlad – Chateaubriand, Lamennais, Renan – cyhoeddodd mai y mwyaf Celtaidd ohonynt oll oedd Villiers. Bu ewythr i Villiers, Victor, yn rheithor Ploumilliau a bu'n diwtor Lladin i Le Braz. Hwyrach bod gan Le Braz deimladau cynnes yn ei galon tuag at y teulu. Dylwn nodi fod yn y dref gofeb i Le Braz, hefyd, lle portreadir ef yn gwrando ar hen wraig sy'n adrodd un o'i storïau iddo. Saif ar y Rond-point Huguin. Caf sôn fwy am Le Braz wrth ymweld â Port Blanc (Porz Gwenn yn Llydaweg).

Nid oes angen cerdded ond ychydig o ganol y dref i gyrraedd Eglwys Gadeiriol Saint-Etienne, gyda'i chorneli tywyll a'i muriau hynafol – rhai ohonynt o'r drydedd ganrif ar ddeg, ond y rhan fwyaf o'r ganrif ganlynol – a beddrod Sant Guillaume. Adnewyddwyd llawer o'r Gadeirlan ddiwedd y pumdegau ar gyfer dathliadau'r pum canmlwyddiant. O'i chwmpas ceir nifer o dai hynafol gyda'r ail lawr yn gysgod i'r palmentydd, yn arbennig o gwmpas y *Place du Martray*.

Mae Saint-Brieuc yn dref a dyfodd yn gyflym. Adeg y Chwyldro Ffrengig roedd y boblogaeth o gwmpas 7,000. Heddiw, y mae dros 50,000 ac mae'r cynnydd cyflym wedi creu mwy o dyndra gwleidyddol a chymdeithasol nag a geir mewn llawer o leoedd yn Llydaw, ond er bod diwydiant o gwmpas y dref ar gynnydd llwyddodd i achub llawer o'r hen grefftau traddodiadol.

Bu'n ddiwrnod difyr, ond braf ffarwelio â phrysurdeb y dref a dychwelyd i dawelwch trefi a phentrefi bychain Goelo a Thregor.

Crempogau i swper a chael potelaid o seidr cartref gyda nhw. Mynd am dro o gwmpas y ffermdy cyn noswylio. Does unlle fel cefn gwlad Llydaw gyda'r nos, dim ond golau'r lleuad, amlinell y coed ar gefndir o ddüwch nos a sŵn dafad yn cnoi cil. Dim un sŵn arall, dim trafnidiaeth, dim byd ond tawelwch sy'n diosg rhuthr y dydd a pharatoi'r corff am gwsg. Mae un o ferched y fferm wrth y drws, wedi sleifio allan am sigarét. Siaradwn am ychydig ac mae'n dweud wrthyf iddi fod yn gweithio am fis mewn gwesty yng Nghaerdydd fel rhan o brofiad gwaith, ond nid yw'n cofio enw'r lle. Dweud nos da a throi am y gwely. Y mae'n llety cysurus, y croeso'n ddiffuant, ddi-lol.

* * *

Bore heulog arall a brecwast mawr. Mae'r prydau boreol mawr yn sicrhau nad oes awydd y nesaf peth i ddim amser cinio, gan roi mwy o amser i grwydro. Mynd ar hyd ffordd gul drwy ddyffryn coediog o'r fferm sy'n mynd â ni'n syth i Pontrieux (Pontrev). Yma y ganed Maodez Glanndour neu Loeiz ar Floc'h (1909-1986), bardd, llenor, offeiriad a, chyfieithydd y Beibl i'r Llydaweg. Yr oedd ei

Yr afon sy'n llifo drwy Pontrieux.

dad yn gyfreithiwr yn y dref. Wrth groesi'r bont ar draws yr afon sylwaf fod arnaf angen petrol ac mae'r garej Elf yn gyfleus iawn. Mae yma gasgliad o hen geir Renault yn sglein i gyd. Treulio deng munud hamddenol i'w hedmygu nhw'n iawn a chael sgwrs gyda'r perchennog. Does gen i ddim llawer o amynedd â cherbydau – maen nhw'n ddrud, yn colli eu gwerth yn gyflym – y cwbl ydw i ei angen yw rhywbeth i 'nghludo'n ddi-feth o un man i'r llall a mynd cyn belled â phosib ar alwyn, neu litr, o betrol. Ond pan welaf rywbeth sy'n perthyn i'r oes o'r blaen wedi ei gadw'n berffaith, daw ias o bleser er gwaethaf pob atgof am fy ngherbyd cyntaf, hen Fforden heb wresogydd na chyffrai ar fore gwlyb.

Cael ysbaid ar y sgwâr – neu driongl – yng nghanol y dref. Mae yma fasgedi lu o flodau a chofeb i'r rhai a gollwyd yn y Rhyfel Cyntaf – gwraig ar fin gosod torch o flodau a fedd. Y tu cefn iddi mae colofn ac arni enwau'r rhai a syrthiodd. Mae'n dawel, gyda'r tymor gwyliau ar ben, er gallaf gredu y byddai'n brysur yma yn Awst. Mae yma amryw o weithdai ac orielau celf a chroeso i ymweld â nhw, pob un heb orfod talu dimai am y fraint. Crochenwyr, cerfwyr pren a charreg – hen grefftau 'slawer dydd yn cael eu harfer a'u haddasu gyda dychymyg a dawn. Siop hen bethau, hefyd. Mae pont arall ar draws afon Trieux yng nghanol y dref a dau gwch, un bob ochr. Mae un yn llawn blodau a'r llall yn amlwg yn cael ei ddefnyddio weithiau ac mae muriau'r hen dai yn cael eu golchi gan y dyfroedd sy'n codi a gostwng gyda'r llanw. Bob blwyddyn ar y Sul wedi Gorffennaf 14, bydd y trigolion yn gorymdeithio liw nos yng ngolau eu ffaglau heibio i gerflun Gwyryf y Ffynhonnau, a'r eglwys a'r ffynnon ithfaen gyferbyn, a heibio i'r gofeb i'r rhai a syrthiodd yn rhyfel 1914-1918.

Ymysg yr harddwch a'r tawelwch – lle mwy cydnaws â natur bardd neu arlunydd – dylwn gofio mai dyma dref enedigol Yves le Trocquer (1877-1938), peiriannydd a gwleidydd. Ef gynlluniodd argae Guerledan ac un o'r rhai cyntaf i ymddiddori yn y posibiliadau o harneisio llif trai a llanw i greu ynni.

Penderfynu mynd yn union tua'r gogledd ar hyd y D787 er mwyn dilyn yr afon, fwy neu lai, a mwynhau'r olygfa o goedydd ac aber a chychod o bob math ac oedi i syllu ar bont grog Lézardrieux. Ac ar yr holl gychod wrth ei hangor yn yr aber. Yma y magwyd y cyfansoddwr Paul Le Flem (1881-1984). Ac yntau'n blentyn amddifad 12 oed cafodd gartref gan berthnasau yma yn Lézardrieux. Bu'n fyfyriwr yn Brest, ond methodd ei arholiadau morwrol ac aeth i astudio cerddoriaeth yn y Conservatoire ym Mharis. Siomedig fu ei waith yno hefyd a throdd at athroniaeth a dod yn athro yn y pwnc yn Moscow. Yno cyfarfu â Rimsky-Korsakov a'i hanogodd i ailgydio mewn cerddoriaeth a chyfansoddi. Bu'n feirniad cerdd i bapur newydd ym Mharis, yn arweinydd corws yr *Opéra-Comique* a chôr-feistr eglwys Saint-Gervais. Ond daliodd at ei wreiddiau a'r gerddoriaeth a glywodd ym mro ei febyd fel y dengys teitlau cynifer o'i gyfansoddiadau – *Crépuscule d'Armor* (Cyfnos Armor), *Le Chant des genêts* (Cân y banadl), *La Clairière des fées* (Llannerch y Tylwyth Têg), *Le Rossignol de St Malo* (Eos St Malo), *La Magicienne des mers* (Dewines y moroedd) ac mewn gwaith fel *La Maudite* (Y ferch ddamniedig) ar thema Ker Ys a'r ferch ddieflig, Dahud. Yr oedd yntau'n aelod o gymdeithas ddiwylliannol *Ar Seiz Breur*. Cafodd fywyd hir ac yr oedd yn parhau i gyfansoddi pan oedd yn 95 oed. Bu farw yn Tréguier.

Troi tua'r gorllewin wedi cyrraedd Lézardrieux ac ar draws y darn gwlad sydd rhwng aber Trieux ac afonydd Guindy a Jaud sy'n cyfuno'n afon neu aber Tréguier, neu Tric'horn i ddefnyddio'r hen enw Llydewig. Fy nôd yw Tréguier (Landreger yn Llydaweg). Mae aber Tréguier eto'n llawn cychod, llawer yn gychod pleser, ond cychod pysgota hefyd. Sylwaf ar yr enw *Café Pesket* – rwy'n hoffi hwn'na. Mae'r Llydawyr yn dda am ddefnyddio geiriau o'u hiaith fel enwau caffis a bwydydd ac ati. Cofiaf daro ar gaffi o'r enw *An Diskuiz* (Y dadflino). Un arall o'r enw *Jabadao* (enw ar ddawns Lydewig fywiog sydd hefyd yn golygu randibw). Gresyn na wnawn ni Gymry ddefnyddio'n hiaith gyda doniolwch a dychymyg y Llydawiaid.

Gyrru i fyny i ganol y dref fechan gyda'i sgwâr eang yng nghysgod y Gadeirlan anferthol – 'yr ymdrech wallgo i greu'r ddelfryd amhosib mewn ithfaen' fel y dywedodd Ernest Renan. 'Nid oes unlle lle meistrolwyd ithfaen, y mwyaf anodd o gerrig, yn well gan benseiri duwiol,' meddai Maurice Le Lannou, y daearyddwr o Plouha a ddaeth yn Athro yn y *Collège de France*. A oes eiriau a all ddisgrifio campwaith sy'n un o'r enghreifftiau godidocaf o besaernïaeth Gothig yn Llydaw? Y clwystai sy'n wyrth o drin carreg – manwl, gosgeiddig, cain. Y clochdy a'r meindwr agored – os oes gennych yr egni a phen i ddygymod ag uchder gallwch gerdded i ben y tŵr (nid y meindwr!) ym misoedd yr haf. Mae'r olygfa oddi yno, yn ôl a glywais gan nad wyf yn hoffi uchder, yn aruthrol. Y tu mewn i'r Gadeirlan mae mwy eto o gelfyddyd a thrysorau i'w hedmygu. Y reredos Fflemaidd sy'n darlunio Dioddefaint Crist a luniwyd yn y bymthegfed ganrif, yr organ ddaeth yma o Abaty Bégard wedi i'r abaty honno gael ei dinistrio adeg y Chwyldro Ffrengig, a chorff yr eglwys y mae'n rhaid oedi'n hir i'w hedmygu. Ac, wrth gwrs, ni ellir anwybyddu y cerflun pren o Sant Erwan ym mraich ddeheuol Croes yr Eglwys. Mae'r sant o Minihy, ger Tréguier, yn ôl yr arfer, wedi ei ddarlunio'n sefyll rhwng y cardotyn a'r gŵr cyfoethog. Mae'n gwrthod cynrychioli'r gŵr cyfoethog ac yn derbyn achos y cardotyn. Erwan (1253-1303) yw nawddsant y cyfreithwyr. Yn ôl a glywais ef yw'r unig gyfreithiwr a ganoneiddiwyd erioed. Un o'r chwedlau am Erwan yw iddo fynd, wedi ei farw, at ddrysau Paradwys. Gofynnodd Pedr iddo beth oedd ei waith ar y ddaear. 'Cyfreithiwr,' atebodd Erwan. 'Dere i mewn ar unwaith,' meddai Pedr, 'fu yna yr un cyfreithiwr ar gyfyl y lle yma erioed!' Bydd cyfreithwyr o bob rhan o'r byd yn dod i Bererindod Gydwladol Sant Erwan ar Fai 19. Darganfûm bod cymdeithas o gyfreithwyr yng Nghanolfan Sant Erwan (Yves, y ffurf Ffrengig o Erwan, a ddefnyddir ganddyn nhw) yn Jerusalem yn amddiffyn Palesteiniaid y mae Gwladwriaeth Israel yn dwyn eu tiroedd.

Wrth ymyl y Gadeirlan yn y *Place du Général Leclerc* mae cofeb i'r rhai a syrthiodd yn y Rhyfel Cyntaf. Gwaith a elwir *La Douleur*, campwaith Francis Renaud (1887-1973), y cerflunydd o Saint-Brieuc, portread o weddw yn eistedd yn synfyfyriol alarus. Cyfeiriais, wrth sôn am René Quillivic, at y thema sy'n nodwedd o gofebau rhyfel Llydaw, cofebau nad ydynt yn mawrygi na chlodfori rhyfel ond yn cyfleu hiraeth a galar mewn gwlad a gollodd chwarter miliwn o wyr ifanc. Ychydig dros dair miliwn oedd poblogaeth Llydaw. Mae *La Doleur* yn nodweddiadol o symlrwydd clasurol gweithiau Renaud.

Ni cheir yr un unfrydedd barn ynglŷn â cherflun arall a saif ym mhen uchaf y *Place du Martray*, yr ochr arall i'r Eglwys Gadeiriol – sef yr un i goffadwriaeth Ernest Renan a ddadorchuddiwyd yn 1903. Gwaith y cerflunydd Jean Boucher (1870-1939), gŵr a aned yn Cesson. Nid yw Boucher yn gerflunydd y cofir amdano gyda llawer o anwyldeb yn Llydaw. Yn 1911 dadorchuddiwyd yn neuadd y dref, Rennes, gofeb a luniodd i 'ddathlu' uniad Ffrainc a Llydaw – cerflun o ferch yn cynrychioli Llydaw yn penlinio gerbron dyn oedd yn cynrychioli Ffrainc. Yn oriau mân y bore ar Awst 7, 1932, daeth cenedlaetholwyr yn ddirgel, bu ffrwydriad ac roedd y cerflun yn ddarnau mân. Nid dyna dynged y gofeb i Ernest Renan ond nid yw'n waith a gaiff edmygedd di-feirniadaeth. Dyma ddisgrifiad un sgrifennwr ohono: 'Gwr tew, anghenfil corfol, mewn cot fawr a thrywsus crychiog o'r math y buasai cigydd yn eu gwisgo ar brynhawn Sul. Mae'n gorweddian ar fainc mewn osgo feddw. Y tu ôl iddo saif merch denau, un fraich uwch ei phen, yn dal brigyn palmwydd. Y dyn tew yw Ernest Renan . . . y ferch denau yw Duwies Rheswm yn ffugio bod yn seren pantomeim.'

A'r Gadeirlan ganoloesol yn syllu mewn rhyfeddod arno. Bu'r gofeb yn achos cynnen am reswm arall. Yr oedd Renan yn ŵr o feddwl agored ac wedi cefnu ar yr Eglwys Babyddol. Yr oedd ei waith mawr *Vie de Jésus* (Bywyd Iesu) a gyhoeddwyd yn 1863, yn ymdrin â'r Iesu fel sylfaenydd crefydd

Tu mewn i Eglwys Gadeiriol Treguier.

La Douleur, cofeb Francis Renaud i'r rhai a syrthiodd yn y Rhyfel Mawr.

Cofeb Boucher i Ernest Renan.

newydd ac nid fel Mab Duw – cabledd ym marn Pabyddion y cyfnod. Yn eu golwg hwy, roedd codi cofeb yn union o flaen Cadeirlan Tréguier yn weithred y tu hwnt o bryfoclyd. Ac eto, roedd yn un o ddynion disgleiriaf ei gyfnod a'i enw hyd heddiw'n gyfarwydd i ddiwinyddion ac athronwyr.

Ganed Ernest Renan (1823-1892) mewn tŷ ar gornel y stryd sydd ar y goriwaered o'r Gadeirlan – sef y stryd sydd bellach yn dwyn ei enw. Mae'n stryd sy'n llawn cymeriad yr hen ddyddiau er mai siop drin gwallt, siop hen bethau, siop grefftau ac ati a welir yno heddiw. Tai a godwyd ddiwedd yr unfed ganrif ar bymtheg a dechrau'r ail ganrif ar bymtheg. Ac yn nhŷ hardd, rhif 20, y ganed Renan, er nad oedd, mae'n debyg, mor ddeniadol bryd hynny. Pren brown-goch sydd i'r ochr sy'n wynebu'r ffordd, ond mae'r ochr sy'n wynebu'r ardd yn y cefn o gerrig o wahanol faintioli wedi'u gosod yn gelfydd yn null traddodiadol crefftwyr Llydaw. Rhestrwyd y tŷ yn adeilad o ddiddordeb hanesyddol yn 1944, fe'i cyflwynwyd i'r wladwriaeth gan wyrion Ernest Renan yn 1946 a'i droi'n amgueddfa yn 1947. Ar y chwith, wedi mynd i mewn drwy'r drws, mae stafell yn llawn llyfrau – rhai ar werth a rhai, gweithiau Renan, yn cael eu dangos. Gellir mynd i'r cefn ac allan i'r ardd neu i fyny i'r stafell ar y trydydd llawr lle treuliodd ei blentyndod – oddi yno ceir golygfa ar draws y dref dros afon Jaudy a'r wlad oddi amgylch. Mewn stafell arall ail-grewyd – gyda'r union daclau a dodrefn – ei stydi yn y *Collège de France* lle bu'n athro ac, ym mlynyddoedd olaf ei fywyd, yn weinyddwr y coleg.

Ond yn ôl i'r cychwyn, oherwydd nid teg gadael llonydd i Renan gyda hyn'na o eiriau. Wedi'r cwbl, yn rhan olaf y bedwaredd ganrif ar bymtheg ef oedd y llenor â'r gynulleidfa fwyaf o ddarllenwyr o blith holl sgrifenwyr yr iaith Ffrangeg. Er cymaint enwogrwydd a phoblogrwydd Victor Hugo, yr oedd apêl ei ddeallusrwydd a'i lên yn gyfyngedig i drigolion Ffrainc. Darllenid gwaith Renan, ar y llaw arall, ledled y byd, yn arbennig yng ngwledydd y grêd Gristnogol. Roedd ei *Vie de Jésus* yn arbennig o boblogaidd yn yr Almaen ac yn cael ei ddarllen gan y bobl gyffredin yn gymaint, os nad yn fwy, na chan y deallusion.

Fe'i ganed ar Chwefror 28, 1823, yma yn nhref fechan Tréguier. Tref, bryd hynny, yn wir o hyd, â'i bywyd yn troi o gwmpas yr Eglwys Gadeiriol a'r môr. Roedd ei dad yn gapten llong fasnach. Un diwrnod yng Ngorffennaf 1828 dychwelodd ei long o St Malo hebddo. Tystiai'r criw nad oeddynt wedi ei weld ers rhai dyddiau a daethpwyd o hyd i'w gorff ar draeth Erquy fis yn ddiweddarach. Mewn llyfryn o atgofion er cof am ei chwaer Henriette a gyhoeddwyd ym Medi 1862 mae Ernest Renan yn mwy na lled-awgrymu iddo wneud amdano'i hun.

'Pa fodd y bu iddo farw? Ai drwy un o'r damweiniau hynny sydd mor gyfarwydd ym mywyd y morwyr? A fu iddo'i anghofio'i hun yn un o'r breuddwydion am yr annherfynol, sydd, i'r hil Lydewig, yn fynych yn ymylu ar y trymgwsg tragwyddol? A deimlai ei fod yn haeddu ei orffwys? A eisteddodd ar graig, gan ymdeimlo iddo ymdrechu digon, gan ddweud, 'Y garreg hon fydd fy ngorffwysfan dragwyddol. Yma y gorweddaf, oherwydd mai hon yw fy newis fan!' Wyddom ni ddim. Fe'i claddwyd yn y tywod lle daw'r môr i olchi trosto ddwywaith y dydd.'

Mewn man arall disgrifiodd ei dad fel Llydawr da, teimladwy, di-drefn, cwbl anghymwys i fod yn ddyn busnes. Tebyg mai drwy fyfyrio ar fethiannau ei dad y daeth Renan i'r casgliad – cwbl gyfeiliornus – mai rhai sâl ym myd busnes yw'r Llydawiaid. 'Ni fu cenedl o ddynion mwy anaddas i ddiwydiant a masnach,' meddai yn y *Souvenirs d'enfance et de jeunesse* (Atgofion plentyndod a ieuenctid). Wedi marw'r tad roedd y teulu'n wynebu tlodi. Prentisiwyd y brawd hynaf, Alain, ym Mharis. Ei chwaer, Henriette, ddeuddeng mlynedd yn hyn nag Ernest, a ysgwyddodd y cyfrifoldeb o gynnal y teulu a dileu dyledion y tad. I gychwyn, cafodd waith fel athrawes yn Tréguier ac wedi hynny ym Mharis. I'r Eglwys y bwriadwyd Ernest Renan a chafodd ei anfon i'r feithrinfa yn Tréguier lle dangosodd allu arbennig, a lle cafodd addysg gynnar ardderchog. Wedyn, drwy gysylltiadau ei chwaer ym Mharis cafodd ysgoloriaeth i

Saint-Nicholas du Chardonnet. Yr oedd yn bymtheg oed. Cafodd bob cefnogaeth yno – onid oedd o'r un fro â Lamennais a Chateaubriand? Ni fu farw o hiraeth am Lydaw er iddo honni y bu farw'r Llydawr ynddo yn ystod y blynyddoedd hynny. Ond datgelwyd gorwelion newydd iddo.

'Darganfûm lenyddiaeth gyfoes. Dysgais nad braint a berthynai i'r Eglwys yn unig oedd dysg. Roedd fy athrawon yn Tréguier yn llawer mwy gwybodus mewn Lladin a mathemateg na fy athrawon newydd ym Mharis. Ond roedden nhw dan glo yn eu celloedd tanddaearol. Yma, ym Mharis, roedd awyr y byd y tu allan yn llifo'n rhydd. Torrodd gwawr syniadau newydd arnaf... Hyn, efallai, yr hiraethwn yn ofer amdano yng nghilfachau tywyll, eglwysig, Tréguier!'

Yn ôl y llyfryn a sgrifennodd Renan er cof am ei chwaer roedd ganddi hithau amheuon cynnar am ei ffydd Gristnogol – cyn iddi gychwyn fel athrawes yn Tréguier hyd yn oed, heb sôn am fynd i Baris. Yr oedd yn ofid iddi bod ei brawd yn cychwyn ar lwybr fyddai'n ei arwain tua gyrfa Eglwysig. Ond ni cheisiodd hi ddylanwadu arno. Parhaodd i gynnal ei mam a'i brawd. Yn 1841 ymadawodd â Pharis i fod yn athrawes i blant yr Iarll André Zamoyski yng Ngwlad Pwyl. Am ddeng mlynedd teithiodd Ewrop gyda'r teulu yn gweithio'n ddiwyd ac yn cynilo i helpu ei theulu ac, yn arbennig, ei brawd Ernest. A dysgu, yn ôl ei brawd, sut i ddygymod ag agweddau ffôl a phlentynnaidd yr Eglwys Babyddol. Erbyn 1845 yr oedd yr ingoedd o amheuon a boenai ei chwaer yn aflonyddu arno yntau. Cafodd waith fel athro mewn coleg Pabyddol, ond nid oedd ei gydwybod yn caniatáu iddo wisgo'r glog offeiriadol a chymerodd swydd mewn ysgol breifat. Enillodd wobr am draethawd ar hanes yr Ieithoedd Semitaidd yn 1847. Erbyn 1850 yr oedd ei erthyglau mewn cyfnodolion fel *Journal des Débats* a'r *Revue des Deux Mondes* yn tynnu sylw ac yn creu incwm iddo.

Yn 1856 priododd Cornélie, nith yr arlunydd Ary Scheffer – rhywbeth nad oedd wrth fodd ei chwaer er i'r ddwy ddod yn gyfeillion wedyn. Roedd Cornélie yn fwy cymeradwy yng ngolwg ei fam fywiog na'r Henriette ddiwyd. Yn 1860 aeth Renan, ei wraig a'i chwaer ar daith i ymweld â Jerusalem a mannau cysegredig yn Palesteina. Aethant rhagddynt i fynyddoedd Lebanon. Oddi yno dychwelodd Cornélie adref. Yn fuan wedyn trawyd Henriette ac Ernest gan y malaria. Bu farw Henriette tra roedd Ernest yn hanner-ymwybodol yn ei salwch. Fe'i claddwyd hi mewn pentref ym mynyddoedd Syria a dychwelodd Renan i Baris ar ei ben ei hun. Yn ystod ei daith cwblhaodd y drafft cyntaf o'i *Vie de Jésus*. Cyhoeddwyd y gwaith yn 1863 gan dynnu storm o anghymeradwyaeth o du'r Eglwys Babyddol. Ond o fewn pum mis yr oedd y gyfrol wedi gwerthu 60,000 o gopïau. O fewn deunaw mis yr oedd y gyfrol wedi'i chyfieithu i unarddeg o ieithoedd gan sicrhau iddo incwm a'i galluogodd i fyw'n gyffyrddus weddill ei oes.

Hyd yn oed cyn cyhoeddi ei waith ar fywyd yr Iesu, roedd wedi corddi'r dyfroedd yn drwyadl. Yn 1862 cafodd ei ethol i Gadair Hebraeg a Ieithoedd Semitaidd y *Collège de France*. Pan ddaeth yn bryd iddo roi ei anerchiad cyntaf – ar y pwnc o gyfraniad y cenhedloedd Semitaidd i hanes gwareiddiad – bu raid iddo aros am ugain munud am dawelwch, cymeradwyaeth fyddarol yn gymysg â gwrthwynebiad chwyrn. Er iddi bwysleisio pwysigrwydd anfesuradwy undduwiaeth y Semitiaid cyfeiriodd at yr hyn a alwai'n ddylanwad angheuol Islam ar wareiddiad. Cyfeiriad wedyn at y Chwyldro, gan ennyn llid un garfan o'r dorf. Dywedodd air am ddatgysylltu'r Eglwys oddi wrth y Wladwriaeth – Llydawr arall, Aristide Briand, a gafodd y dasg o gyflawni hynny flynyddoedd yn ddiweddarach. Yna y paragraff lle cyfeiriodd at yr Iesu fel dyn. 'Cyflawnwyd y gweddnewidiad o Iddewiaeth, un mor ddwfn ac mor arbennig nes ei bod mewn gwirionedd yn greadigaeth, gan ddyn, â'r hwn na ellir cymharu'r un dyn arall, er yn y lle hwn dylid barnu popeth ar sail wyddonol gadarn, y buaswn yn anfodlon gwrth-ddweud y rheini y gwnaed cymaint argraff arnynt gan ei gymeriad unigryw a'r hyn a gyflawnodd nes ei alw'n Dduw.' Roedd y myfyrwyr wrth eu boddau a'r Catholigion yn gandryll. Bedwar diwrnod wedyn cafodd ei wahardd o'i swydd. Gwahoddodd fyfyrwyr oedd am ddysgu Hebraeg i ddod ato am wersi preifat a gwnaeth hynny am ddwy flynedd. Pan ddaeth yr ail storm yn dilyn cyhoeddi *Vie de Jésus* nid oedd obaith iddo ddychwelyd i'w swydd. Yr oedd wedi cerdded ffordd bell – o'r Eglwys Babyddol bron iawn hyd ddrws yr Undodiaid. O'r Duw Iesu at y Dyn Iesu.

Pan gyhoeddodd Ffrainc ei rhyfel yn erbyn yr Almaen yn 1870 yr oedd Ernest Renan yn Tromsoe, ym mhellafoedd gogleddol Norwy yng nghwmni'r Tywysog Jérome-Napoléon. (Yn ystod y daith honno daeth i gysylltiad â thrigolion Lapland – y bobl gyntefig, grwydrol. 'Teimlais rai o'm hatgofion cynnar yn byw eto yn wynebau rhai o'r plant a'r gwragedd ac mewn rhai o'u harferion a nodweddion eu cymeriad.') Bu'r rhyfel yn ergyd iddo. Yr oedd undod gwladwriaethau Ewrop, gyda Ffrainc a'r Almaen yn arwain, yn ddelfryd ganddo. Gyda'i gilydd medrent arwain y byd. Fel diwinydd roedd yn gyffyrddus ymysg yr Almaenwyr. Ac yntau'n ŵr ifanc ym Medi 1845 ysgrifennodd at un o'i athrawon: '. . . rwy'n benderfynol o fod yn Gristion; ond ni fedraf fod yn Babydd uniongred. Pan welaf feddylwyr annibynnol ac eofn fel Herder, Kant a Fichte, yn galw'u hunain yn Gristnogion, hoffwn innau wneud hynny hefyd. Ond a fedraf wneud hynny yn y ffydd Babyddol sydd fel bollt haearn? ac ni fedrwch ymresymu â bollt haearn . . . Cyffesaf wrthych fy mod wedi darganfod ymysg rhai sgrifenwyr Almaenig y gwir fath o Gristnogaeth wedi ei haddasu ar ein cyfer ni.' Ac yn awr wele genedl Herder, Goethe a Kant yn ddim amgen na minteioedd o feddwon rheibus yn ysbeilio'i wlad – a'i gartref.

Yr oedd yn gyfnod o iselder yn ei hanes a'r feddyginiaeth oedd ymroi i'w waith a'i sgrifennu. Yn 1879 cafodd ei ethol i'r *Académie Française* gan deyrnasu'n rasol fwyn dros y gymdeithas honno a thros bob math o gymdeithasau diwylliannol a dysgedig eraill yn Paris. Yn 1884, yr oedd yn ôl yn y gorlan, wedi'i benodi'n weinyddwr – prifathro yn ein termau ni – ar y *Collège de France*.

Ond yn ôl i Lydaw. Dangosodd adnabyddiaeth o'i dras Frythonig mewn traethawd hir dan y teitl *Essai sur la poésie des races celtiques* a ymddangosodd gyntaf yn un o'r cyfnodolion a gyfrannai iddynt ac wedi hynny mewn casgliad o'i ysgrifau newyddiadurol dan y teitl *Essais de Morale et de Critique* a gyhoeddwyd yn 1859. Yn y traethawd hwn mae'n ymdrin yn bennaf â'r hen chwedlau – Y Mabinogi, chwedlau Arthur, Trystan ac Esyllt . . . Mae'n draethawd diddorol a gwybodus ac ymysg ei ffynonellau ceir cyfeiriadau at waith y fferyllydd a'r hanesydd o Ferthyr, Thomas Stephens. Mae'n cyfeirio at y naws o gydymdeimlad sydd yn *Y Mabinogi*, eu hynawsedd digyffro, ond uwchlaw popeth eu pwysigrwydd yn dwyn cymeriad y ferch i mewn i lên yr Oesoedd Canol 'a oedd cyn hynny yn llym ac yn galed'. Daeth yr hen chwedlau Brythonaidd, meddai, â *nuances* cariad gan drawsnewid ffurf holl dueddiadau llên. 'Un o nodweddion rhyfeddaf *Y Mabinogi*,' meddai, 'yw tynerwch y natur fenywaidd a anadlwyd iddynt.' Yn 1997 awgrymodd rhywun mai merch a sgrifennodd *Y Mabinogi*. Nid aeth Renan cyn belled, ond hawdd credu y gallasai'r syniad apelio ato. I'r graddau bod gan Lydaw – Gwlad y Saint – nawddsant, merch, sef Santes Anna, yw honno. Un diwrnod, rwy'n addo i mi fy hun yr amser i hamddena uwch y traethawd yma a rhai o'i draethodau eraill.

Ond ni ddarllenais ddim mor swynol a thyner â'r *Souvenirs d'enfance et de jeunesse* – ac eithrio hwyrach gyfrolau'r nofelydd a'r ffilmiwr o Provence, Marcel Paignol. A dim sy'n arogli mor drwm o'i fywyd cynnar. 'Bûm mewn cysylltiad â'r oesau cyntefig,' meddai. 'Yr oedd y gorffennol pell yn fyw o hyd yn Llydaw hyd y 1830au. Yr oedd byd y bedwaredd ganrif ar ddeg a'r bymthegfed ganrif yn pasio'n ddyddiol o flaen llygaid trigolion y trefi. Yr oedd cyfnod y mewnfudiad o Gymry (y bumed a'r chweched ganrif) yn eglur amlwg i lygad y cyfarwydd. Yr oedd Paganiaeth i'w gweld o hyd dan haen o Gristnogaeth, yn fynych mor denau nes bod yn dryloyw.'

Fe ddaw, meddan nhw, awr yn ein hanes ni oll pan sylweddolwn ein bod yn heneiddio. I

Ernest Renan daeth yr awr un nos o Fedi yn Sicily yn 1875. Roedd y niwl yn crynhoi dros y gwinllannoedd a lliwiau'r môr yn dyfnhau a dwyster y dydd yn llai llethol. Nid oedd ond 52 ond roedd y crydcymalau wedi dwyn ei ystwythder a cherdded wedi mynd yn boen. Daeth ei henaint yn gynnar, ond roedd Renan yn fodlon ar hynny. Sgrifennodd ychydig ddalennau – atgofion cynnar plentyndod. Cyhoeddwyd rhai o'r penodau mewn cylchgronau. Nesaodd fwyfwy at gorlan ei wlad. Yn 1880 gwahoddwyd ef i lywyddu yng nghinio blynyddol y Llydawiaid yn Paris, y *Diner Celtique*. Daeth y gwahoddiad oddi wrth Narcisse Quellien (1848-1902), bardd Llydaweg, yn enedigol o La Roche-Derrien, fymryn i'r de o Tréguier. Dyna ddechrau arfer blynyddol o gyfarfod yn Awst yn nhref enedigol Renan a chynnwyd eto fflam ei gariad at fro ei febyd. 'Rhoddodd Quellien estyniad o ddeng mlynedd dda i'm bywyd,' meddai Renan. 'Syrthiodd hanner canrif oddi ar f'ysgwyddau wrth ailgynnau hen atgofion.' Dechreuodd dreulio'i hafau ym maenor Rosmapamon, ger Louannec, i'r gorllewin o Tréguier. Yn 1883 cyhoeddwyd y *Souvenirs*. Aeth y gyfrol fel tân gwyllt drwy Ffrainc a thu hwnt. Ymddynt ceir y nodyn telynegol yna y mae'r cyhoedd yn ei werthfawrogi mewn gŵr enwog. Nid ydynt na hunangofiant na chyffes, ond yng ngeiriau Goethe, y cyfeirir atynt yn ei ragair, ymgom hir ag atgofion ydynt, yn tarddu o'r trueni greddfol sydd ynom am yr oll a fydd yn mynd gyda ni pan fyddwn farw, a'r gobaith greddfol y bydd i ryw ran o'r galon ein goroesi.

Rwy'n hoffi meddwl amdano'n crwydro'r Dwyrain Canol, crud tair o'r crefyddau mawr, i geisio gwahanu'r gwir oddi wrth y mytholeg, ac yna'n dychwelyd i Lydaw. Yn ôl i wlad lle, gymaint ag yn unman yn y byd, y mae ffaith a chwedl a myth wedi'u gwau'n un tapestri cyfrin. Gwlad y meini a'r cromlechi a'u cyfrinachau amhosib. Gwlad Derwyddaeth a hen baganiaeth. Gwlad y Saint a'r Babyddiaeth a impiwyd ar yr hen grefyddau.

'Cafodd y storïau hynny effaith ar fy nychymyg o'r cychwyn,' meddai. 'Mae'r capeli y soniais amdanynt bob amser yn anghysbell a safant yn unig ar y rhosydd diffaith neu ymysg y creigiau llwm... Edrychwn drwy ddrws bregus y capel a syllu ar y ffenestri lliw neu'r delwau pren bychain ar yr allor. Cael fy mwrw i freuddwydion dyfnion, di-ddiwedd. Yr oedd gwedd baentiedig ryfedd ac ofnadwy y saint hyn, mwy Derwyddol na Christnogol, yn anwar a dialgar, gyda mi fel hunllef. Er mai Saint oeddynt, yr oeddynt er hynny yn ddarostyngedig i wendidau rhyfedd iawn.' Mwy o Dderwydd nag o Gristion. Geiriau sy'n dwyn i gof *Fuchedd Samson* – yr hynaf o fucheddau'r saint a or-oesodd. 'Ac mewn gwirionedd Illtud, o'r holl Frythoniaid, oedd y mwyaf medrus yn yr Ysgrythurau, sef yr Hen Destament a'r Newydd, ac mewn athroniaeth o bob math, geometreg yn benodol a rhethreg, gramadeg a rhifyddeg, ac ym mhob un o'r damcaniaethau athronyddol. Ac o dras yr oedd y doethaf o ddewiniaid a chanddo wybodaeth o'r dyfodol. Bûm yn ei fynachlog ysblennydd.' Y doethaf o ddewiniaid... yn rhag-weld y dyfodol – mor awgrymog! A oedd cronicwr Samson yn dweud fod Illtud yn Dderwydd ac yn Gristion? Tybir mai yn Llydaw y ganed Illtud. 'Illtud o waed Llydaw dir' meddai Lewys Morgannwg. A oedd hen ddylanwadau cyntefig yn ei gynhysgaeth? Illtud, yr athro mawr, y pennaf ddylanwad ar Samson, Gildas, Peilyn... pob un yn allweddol yn nyddiau cynnar yr Eglwys Geltaidd yn Llydaw. Ac ym muchedd Gildas, yr un a sgrifennwyd gan y Mynach o Rhuys, hon eto yn hen ac fel Buchedd Samson o'r cyfnod cyn i Wyr y Gogledd anrheithio Llydaw, fe geir y disgrifiad â ganlyn o Gildas yn cychwyn fel disgybl wrth draed Illtud: 'Yr oedd y Bendigaid Gildas... wedi ei osod dan hyfforddiant meistr (sef Illtud) mewn ysgol o ysgrythur ddwyfol a'r celfyddydau rhydd (*liberalium artium*). Wedi bwrw golwg ar yr wybodaeth a ddarperid yn y ddau fath o addysg, ei ddymuniad oedd cael ei addysgu yn hytrach yn yr ysgrythurau dwyfol.' Nid yw Renan yn manylu ar y mater. Ond fel hanesydd dywedid fod ganddo synnwyr cyfriniol i ddyfalu hyd wreiddyn y mater. Dywedid fod rhywbeth anarferol gyntefig a hynafol yng ngwraidd ei ddychymyg hyblyg – ai y dychymyg hwnnw oedd yn synhwyro'r posibiliadau hyn?

Cofio cyngor y meddyg yn Roscoff i M. Betham-Edwards (*Literary Rambles in France*, 1907): 'Dylech groesi i'r Ile de Batz yfory mewn pryd i'r gosber a gweld y Derwyddesau. Mae'r bobl hyn yn wahanol i bawb arall yn Llydaw; ânt i'r Offeren ac fe'u gelwir yn Babyddion, ond eu gwir grefydd yw'r Dderwyddiaeth buraf.' Ac yr oedd y gynulleidfa yn wahanol i ddim ag a welsai hi o'r blaen, oll yn eu du, y gwragedd fwy fel cynhadledd o leianod na gwerin gwlad. '. . . mor rhyfedd eu hymddangosiad fel ei bod yn anodd credu nad oeddem yn ymuno mewn defod ddwys yn hytrach na gwasanaeth cyffredin ar y Sul,' meddai Betham-Edwards.

A sylwer fel y dilynodd Stéphane Strowski (1880-1954) gyffelyb drywydd yn ei draethawd ar seicoleg a chymeriad y Llydawiaid, *Les Bretons, essai de psychologie et caractérologie provinciales*. 'Y saint a sefydlodd Gristnogaeth yn y Llydawiaid, a thrwy hynny eu trawsnewid. Yr oedd eu holl gymeriad yn adlewyrchu y grym cymellgar hwn. Ond ni chafodd y cymeriad hwn ei greu; yn hytrach fe'i datblygwyd, a'i ddatblygu o dueddiadau cynhenid y bobl hyn: y synnwyr o ddirgelwch ac ymwybod o'r goruwchnaturiol; y gogwydd at y gred fod enaid i bob peth . . . Cyfrannodd hyn oll i esblygiad ysbryd newydd gyda'i sefydliadau moesol a chrefyddol. Ni allai hyn, wrth reswm, ffurfio cymuned glòs na rhoi sefydlogrwydd iddi. Cyflawnwyd hynny drwy barhad cof cyffredin o'r saint wedi eu marw.'

Yr oedd gan Renan ei weledigaeth o'r Llydaw Geltaidd. Sylwn eto ar gynnwys y bennod honno o'r *Souvenirs*, 'La Fille du teilleur de lin', sef stori ei fam am ferch y gweithiwr llin, merch yr uchelwr tlawd a syrthiodd mewn cariad â'r offeiriad golygus. Wedyn y portread o'i ewythr Pierre, y meddwyn a'r chwedleuwr difyr; fel y mae chwedl Ker Ys yn troi a throsi yn ei ddelweddau ac yn enwedig mewn un bennod, honno dan y teitl '*Saint-Renan*' – ond sydd yn plymio i ddyfnder yr enaid Llydewig.

Dywedir yn fynych iddo greu darlun o Lydaw drist, niwlog. Hawdd canfod dyfyniadau i brofi hynny yn ei weddi ar yr Acropolis: 'Fe'm ganwyd . . . ymysg bobl dda a rhinweddol y Cimeriaid sy'n trigo ar lan môr pruddglwyfus, garw gan greigiau a fflangellir yn fythol gan y storm. Prin yr ydym yn adnabod yr haul yn y wlad hon, ei blodau yw'r gwymon, planhigion y môr, a'r cregin lliwgar sy'n crynhoi yn y cilfachau cudd. Mae'r cymylau'n ddi-liw, ac y mae i lawenydd, hyd yn oed, ei dristwch yma . . .' Daeth y brawddegau hyn yn adnabyddus oherwydd i'r sgrifenwyr llyfrau taith eu dyfynnu drosodd a throsodd a rhoi i Lydaw ddelwedd gwlad drist, dan gymylau diddiwedd, lle nad oes haul yn gwenu. Wrth gwrs, nid yw'n ddarlun sy'n gwneud cyfiawnder â Llydaw. Oherwydd mae'r haul yn tywynnu'n gyson yn y gornel ogleddol hon fel ym mhob rhan arall o Lydaw. Hwyrach nad oedd Tréguier, mwy nag unlle arall, yn lle a fyrlymai o hwyl a sbri yn oes Renan; eto roedd yn dref fach fywiog, brysur, a mwy o fywyd ynddi na llawer tref arall yn Ffrainc yn yr un cyfnod. Ac yr oedd pobl – os nad teulu Renan – yn ymgyfoethogi yno.

Fe'i darlunir fel gŵr mwyn, moesgar, hoff o wledda. Hyd yn oed pan ddywedai rhywun rywbeth wrtho oedd yn amlwg yn groes i'r graen ymateb Renan fyddai rhywbeth tebyg i, 'Wrth gwrs, wrth gwrs, mae'r hyn a ddwedwch yn gywir . . . ond oni fuasech yn cytuno â mi . . .' Anodd cysoni'r gŵr cwrtais hwn â'r gŵr a dynnodd yr Eglwys Babyddol a holl sefydliad eglwysig Ffrainc am ei ben. Mae'n amlwg y medrai Lydaweg yn berffaith er bod ei dad-cu ar ochr ei fam o Gasconi. Ac eto, yn ei sgwrs ag Anatole Le Braz (*Pererindodau*, tud 179) mae Ambrose Bebb yn canfod na fynnai Renan gefnogi'r ymgyrch i ddod â'r Llydaweg yn bwnc i mewn i'r ysgolion. Ofni am undod y Weriniaeth, dyna'i reswm dros atal ei gefnogaeth.

* * *

Cyn ymadael Tréguier gair am un arall o wŷr enwog y dref fach yma. Yma y ganed, ac y claddwyd, y nofelydd a'r athronydd Henri

Pollès (1909-1994). Er i'r teulu symud i Nantes pan oedd yn ddeg oed parhaodd ei gysylltiad â Tréguier drwy dreulio ei wyliau ysgol yn Coat-Ivy, cartref ei fam-gu yn Rue Colvestre, ger Neuadd y Dref. Cafodd lwyddiant gyda'i nofel gyntaf *Sophie de Tréguier*, portread chwerw-felys o fywyd y dref ar ddiwedd y ganrif, cyfrol a fu mor llwyddiannus nes peri iddo gefnu ar ei astudiaethau athronyddol ym Mharis ac ymroi i lenydda. Nofel arall o'i waith a ysbrydolwyd gan Tréguier a'i thraddodiadau yw *Sur le fleuve de sang vient parfois un beau navire* (Ar afon o waed weithiau y daw llong hardd) epig o stori, cignoeth am yn ail â'r telynegol, am Tréguier yng nghyfnod y rhyfel 1914-1918 a enillodd iddo wobr yr *Académie Française* a phrif wobr nofel cymdeithas sgrifenwyr Gorllewin Ffrainc. Yr oedd yn llenor mewn sawl cyfrwng ac ni roddodd o'r neilltu ei ddiddordeb mewn athroniaeth, 'chwaith. Ymysg ei weithiau eraill gwelir teitlau fel *Psychanalyse du communisme*, *Journal d'un raté* (Dyddiadur gŵr aflwyddiannus) a *Journal d'un homme heureux* (Dyddiadur gŵr llwyddiannus). Yr oedd hefyd yn gasglwr llyfrau ac yn 1984 cyflwynodd ei lyfrgell o 10,000 o gyfrolau i lyfrgell ddinesig Rennes.

*   *   *

O Tréguier tua'r gogledd. Os paentiodd Ernest Renan ddarlun o Lydaw fel gwlad tan gwmwl lle na bydd yr haul yn gwenu mae Llydawiaid heddiw'n benderfynol o unioni'r cam. Amlinellir cylch-daith sy'n eich tywys o La Roche Derrien gan ddilyn yr afon drwy Tréguier nes cyrraedd ceg yr aber, yna dilyn yr arfordir nes cyrraedd Port Blanc (Porz Guenn yn Llydaweg) ac yn ôl drwy Penvenan, Camlez a Langoat i'r man cychwyn. Enw'r cylch yw *Circuits de la côte des ajoncs d'or* (cylch arfordir yr eithin aur). Dyma ateb y bobl cysylltiadau cyhoeddus i'r ddelwedd y bu Renan yn gyfrifol am ei chreu. Heb os, mae'n baradwys y cerddwyr. Nid 'mod i am gerdded llawer neu wnawn ni byth gyrraedd pen ein taith.

Meindwr cam eglwys Plougrescant.

Fymryn i'r gogledd o Tréguier mae Plouguiel – Priel yw ffurf Lydewig yr enw – y pentre lle ganed Jarl Priel (1885-1965). Fe'i bedyddiwyd yn Charles-Joseph Trémel ond defnyddiai'r enw Jarl Priel pan sgrifennai yn y Llydaweg. Yr oedd yn fachgen disglair ond oherwydd tlodi aeth i'r môr. Rywsut cyrhaeddodd Rwsia a chael gwaith fel athro Ffrangeg yno. Bu'n gyfieithydd i gatrawd o Rwsia yn Algeria yn 1916. Cafodd lwyddiant yn sgrifennu yn y Ffrangeg – storïau byrion, nofelau a rhai dramâu ac yr oedd yn gyfrannwr i gylchgronau pwysig y cyfnod fel *Mercure de France*. Cyfieithodd rai o weithiau Nobokov (gan gynnwys *Lolita*!) a Gogol i'r Ffrangeg. Yn 1942, ac yntau'n 57 oed, dechreuodd lenydda yn y Llydaweg gyda drama o'r enw *An dakenn dour* (Llymaid o ddŵr). Wedi hynny bu'n sgrifennu'n gyson yn Llydaweg – dramâu, nofel, straeon byrion a hunangofiant mewn tair cyfrol. Cyfieithwyd un o'i ddramâu, *Ar Spontailh* (Y Bwgan Brain), i'r Gymraeg gan Sylvia Prys Jones (Gwasg Carreg Gwalch, 1982) – drama sy'n cynnwys amrywiol elfennau: gwraig yn taro bargen gyda'r Diafol, enaid coll wedi'i dynghedu i grwydro'r moroedd ac – yn llai cyfarwydd – dyn yn cael ei greu o wellt. Mae'n elfen sy'n mynd yn ôl i chwedl y Golem, creadigaeth y Rabbi Loew, dyn o wellt sy'n amddiffyn Iddewon Prague yn yr unfed ganrif ar bymtheg rhag erledigaeth grefyddol. Elfen ddylanwadol yn *Gwas y Dewin*, Goethe, a *Frankenstein* Mary Shelley, yr opera *Golem* gan John Casken, a hyd yn oed *Superman* ein hoes ni. Mae'r tebygrwydd rhwng y chwedl Iddewig wreiddiol ac elfen creu y dyn o wellt yn *Ar Spontailh* yn awgrymu bod Priel yn ystod ei deithiau wedi ymdrwytho'n ddwfn yn llên a chwedloniaeth dwyrain Ewrop.

Oedi ym mhentre Plougrescant (Plougouskant yn Llydaweg) yn bennaf i weld Eglwys Sant Gonery gyda'r meindwr cam. Y mae yn wir yn gam iawn – yn llawer mwy cam nag y gellir ei gyfleu mewn unrhyw ddarlun. Dywedir fod y meindwr yn syth pan godwyd ef gyntaf yn 1612 ond i bwysau'r plwm a gwendid yn y trawstiau beri iddo wyro i un ochr. Yn 1962 fe'i hailadeiladwyd ond cadwyd y gwyriad, er nad oedd cynddrwg ag yr oedd. Y tu allan i'r eglwys ceir calfaria a adeiladwyd yn yr unfed ganrif ar bymtheg sydd hefyd yn bwlpud; ni chofiaf weld un debyg ac eithrio'r un fawr sydd yn hen bentref Tregastel. Mae pâr arall yn crwydro o gwmpas yr eglwys ac maen nhw wedi cael allwedd i fynd i mewn. Ac i mewn â ninnau, hefyd. Yng nghorff yr eglwys ceir darluniau o hanes y Creu, Adda ac Efa, y Ffoi i'r Aifft. Ceir cofadail yr Esgob Guillaume de Halgouet, Esgob Tréguier, a orffennwyd yn 1599, dair blynedd cyn iddo farw, ynghyd â cherflun o'r Forwyn Fair y credir iddo gael ei lunio yn y bedwaredd ganrif ar ddeg. Daeth y sant Goneri o Ynys Prydain – mwy na hyn'na ni wn. Yr oedd ei fam, Santes Elibouban, yn byw ar ynys Loaven a phan ddaw'r gwanwyn arferir mynd ag esgyrn Goneri neu ei ddelw trosodd i'r ynys 'i ymweld â'i fam'.

Mae'n eglwys sylweddol ac ôl ehangu tros y canrifoedd arni; saif mewn darn eang o dir gydag ambell goeden gysgodol wrth ei hymyl. Gyferbyn mae siop sy'n gwerthu llestri pridd, rhai gleision hardd, wedi'u llunio gan grefftwr lleol. Mae cynnwys y siop yn awgrymu bod yma fusnes ymwelwyr llewyrchus yng Ngorffennaf ac Awst.

Troi tua glan y môr. Ychydig iawn o dywod melyn meddal sydd yma. Arfordir sy'n cael ei weithio. Ond ar fore heulog o Hydref a'r awel o'r tir, mae'n dangnefeddus. Dim sŵn ond ambell aderyn, su'r pryfetach a chri gwylan bellennig. Pam nad oes mwy o wylanod? Ai am fod yn well ganddynt y mannau poblog gyda'u sbwriel? Mae gwersyll pebyll y tu ôl i mi ond ei fod bron yn wag. Buasai gwersylla yma mewn tywydd fel heddiw yn ddymunol. Mae ynys gyferbyn, darn o wyrddni yng nghanol y creigiau a'r gwymon, gyda graean a ffosydd naturiol rhyngddynt. Rhoi cynnig ar gerdded allan ati, ond mae'n amhosib. Fel yn Pornic mae yma ffermydd wystrys. Mae tri o ddynion graenus yn gosod sachau rhwydi llawn wystrys ar y pontydd bach ymysg y gwymon. Gair neu ddau gyda'r dynion wystrys wedyn yn ôl a mi tua'r ffordd lle mae Gwen yn eistedd ar garreg yn mwynhau'r haul. Panics! Nid yw

Ffermio wystrys ger Plougrescant.

allweddi'r car gen i! Ydw i wedi'i gollwng nhw wrth sboncio ymysg y graean a'r pyllau? Os ydw i fedra i byth dragwyddol ddod o hyd iddyn nhw! Mynd at y car. Mae'r drysau wedi'u cloi – ac mae'r allweddi yng nglo'r injan! Sut ar y ddaear y gwnes i hyn'na? Fel rheol mae gan Gwen allwedd sbâr ond a ddaeth â hi gyda hi i Lydaw? Gweiddi arni a gofyn a yw'r allwedd ganddi. Diolch byth, y mae hi, a dyna chwysfa sydyn drosodd.

Gerllaw'r man lle rydym wedi parcio mae tri adeilad. Un yn eiddo i Yves Guillouzic, un arall i Christian Le Coadou a'r trydydd i'r brodyr Doucheme. Fy ngwahodd fy hun i ymweld â lle Yves Guillouzic ac i mewn i sgubor o le yn llawn tanciau o grancod maleisus a wystrys a phob math o bysgod cregin a dŵr y môr yn llifo trwyddynt. O'r diwedd rwy'n gweld dyn sy'n gweithio yno ac af ato i ofyn ei ganiatâd i wneud yr hyn rwyf eisoes yn ei wneud ac mae'n groesawus iawn.

Sylwaf fod Yves Guillouzic yn hysbysebu ei fod yn gwerthu gwinoedd Nantes – y Muscadet wrth reswm. Cydymaith clasurol y wystrys a ffrwythau'r môr. Dymuno'n dda i'r gŵr caredig yn y sgubor grancod a wystrys a phenderfynu mynd ymhellach ar hyd cylchdaith yr 'eithin aur'. Moduro ychydig, a throi eto i lawr tua'r arfordir. Nid traethau i orweddian arnynt, ond traethau i'w cerdded a rhyfeddu at ynysoedd bychain a llwybrau cyfrin drwy'r grug a rhwng creigiau twmpathog, cochlyd. Gadael y car a cherdded a cherdded. Mae ffurfiau'r creigiau yn ei gwneud yn amhosib peidio ag ildio i'r demtasiwn i grwydro – pa beth a welwn nesaf? Nid creigiau fel y rhai rhyfedd hynny a drawsblannwyd gan yr iâ ar ben draw gogledd Leon o gwmpas Kerlouan ond pethau naturiol â'u gwreiddiau'n ddwfn yn y tir. O na bai gennym ddyddiau i grwydro a cherdded i'r ynysoedd bychain.

Arfordir i'w gerdded llawn llwybrau cyfrin.

Penvénan. Diddorol cynifer o'r straeon a gynhwysir yn *Légendes de la mort* (Chwedlau'r meirw) a gasglodd Anatole Le Braz yma yn Penvénan ac yn Port-Blanc. I lawr ar hyd y ffordd – *Rue Anatole Le Braz*, pwy arall? – nes cyrraedd y pentref glan môr. Heddiw, dan haul cynnes ac awyr ddilychwin hydref, mae'r pentre'n berffaith. Mae'r ynysoedd, sy'n hanner cylch o gwmpas y porthladd, yn torri garw'r gwyntoedd gogleddol ac mae yna seddau i eistedd a mwynhau'r cynhesrwydd a'r olygfa. 'Ifern Plouvouskan ha Baradoz Porz-Gwenn' medd hen ddywediad Llydaweg. Y creigiau wrth geg yr aber ger Plougrescant yw Plouvouskan. Ar ddiwrnod fel heddiw maen nhwythau'n ddigon paradwysaidd, hefyd. Ond does unlle fel y porth gwyn gyda'i draeth o gerrig gwynion. Ar draws y ffordd o'r môr mae'r tŷ lle treuliai Anatole Le Braz ei hafau a chyhoeddir y ffaith mewn arysgrif wedi'i naddu ar y garreg uwch y drws, ond oherwydd traul amser nid yw'n hawdd ei darllen. Ar y graig gyferbyn saif tŵr bychan o ithfaen a chroes arno a thu mewn

Yn anffodus, neu'n ffodus, rwyf wedi trefnu mynd i Port Blanc i gyfarfod Madame Dominique Besançon sy'n awdurdod ar Anatole Le Braz. Dilyn y ffyrdd culion ar hyd yr arfordir nes cyrraedd y dref fach lle treuliai Le Braz ei hafau a lle bu'n cynaeafu llwythi o chwedlau a hanesion. Ond mae amser gennym gan nad wyf wedi trefnu i'w gweld cyn diwedd y prynhawn. Felly cyfle i oedi a chael pryd bach mewn man o'r enw Bellinec. Mae'n amlwg yn lle poblogaidd yn yr haf gan fod yma ddau dŷ bwyta – er bod un ar gau. Ymlaen eto ac ar ymyl traeth arall â'r enw swynol Bugélès canfod bwthyn wedi'i amgylchynu gan binwydd â charreg fawr o'i flaen a'r arysgrif arni yn cyhoeddi mai dyma noddfa'r *résistance* a milwyr y cynghreiriaid yn Nhachwedd 1943. Mae'n draeth sylweddol ond graean yw'r tywod; mae yma olygfa ryfeddol o'r arfordir. A thu hwnt i'r ffordd, darn corsiog. Mae'r ffordd gul yn mynd rhagddi drwy goedlannau o binwydd – gan osgoi temtasiwn sawl ffordd sy'n arwain i un o'r traethau bychain – ac ymlaen nes cyrraedd

Tŵr ar y graig ar draeth Port Blanc.

Golygfa baradwysaidd.

iddo ceir delw o'r Forwyn Fair. Cael golwg ofalus o gwmpas y graig fawr a chanfod ffordd i ddringo i'w phen am olwg nes o'r tŵr. I fyny â mi, tynnu llun â fy nghamera hynafol a dod i lawr – haws dringo na disgyn, ond wedi peth straffaglu cyrraedd y ddaear yn ddiogel. Paradwysaidd yn wir oedd hi ar Anatole Le Braz yn dod yma bob haf i sgwrsio â'r hen wŷr a gwragedd a chasglu'r doreth chwedlau ac atgofion o arferion 'slawer dydd. A phobl yn dod yma o wledydd eraill i geisio cyfarfod y gŵr mawr – oherwydd yr oedd yn ffigur rhyngwladol uchel ei barch.

Ac i'r lle gogoneddus hwn y daeth George Bernard Shaw ym mis Hydref, 1911. Cyfeiriais eisoes at Shaw'n dod yma gan obeithio cyfarfod Le Braz ond yn lle hynny yn cyfarfod Augustin Hamon (1862-1947) y gŵr oedd yn byw yn *Ty-an-Diaoul* a rhoi iddo'r hawl i gyfieithu ei holl weithiau i'r Ffrangeg. Fel y dywedais wrth gofnodi fy sgwrs gyda Jacques Gury, nid yw'r stori o reidrwydd yn gywir, ond mae'n well gennyf gredu fersiwn Gury. Mae dau beth yn bendant: fe fu Shaw yma yn Hydref, 1911, ac ymroes Hamon yn gydwybodol at y gwaith.

Pennod 11

Anatole Le Braz a gorllewin Tregór

Yn ei ddydd roedd Anatole Le Braz (1859-1926) yn enwog ymhell y tu hwnt i ffiniau Llydaw a Ffrainc. Roedd ei enw'n adnabyddus ym Mhrydain – yn Lloegr yn fwy nag yng Nghymru – ac yn yr Unol Daleithiau. Yma, ym mro Tregór, anodd osgoi taro ar gyfeiriadau ato, cofeb neu lechen neu stryd wedi'i henwi ar ei ôl. Cysylltir ei enw â Llydawyr enwog eraill. Roedd Victor, ewythr i Villiers de l'Isle Adam yn offeiriad yn Ploumilliau, yn gyfaill i'w dad a dysgodd Ladin i'r Anatole ifanc. Cyfeiriodd yr Americanes Amy Oakley yn ei chyfrol *Enchanted Brittany* (Efrog Newydd, 1930) at Le Braz fel un o hoff ddisgyblion Ernest Renan. 'Pan draddododd Le Braz ei ddarlith gyntaf yn Lannion daeth Renan bob cam o Baris i'w glywed,' meddai Mrs Oakley.

Ganwyd Le Braz yn Saint-Servais, ger Callac, wrth droed bryniau Menez-Arrée ac ar ymyl coedwig Duault, lle roedd ei dad yn athro ysgol. Mae'r tŷ lle'i ganed wedi ei ehangu ers hynny ac mae bellach yn swyddfa'r maer a swyddfa'r post. Ddwy flynedd wedi geni Anatole cafodd ei dad brifathrawiaeth ysgol Ploumilliau sydd tua deng milltir i'r de-orllewin o Lannion. Yno y daeth i gysylltiad â'r Abbé Villiers de l'Isle Adam. Yn eglwys Ploumilliau ceir delw enwog o'r Ankou (yr Angau Llydewig), sgerbwd gyda phladur yn un llaw a phâl yn y llall. Yr oedd unwaith bâr o ddelwau o'r fath ac mewn angladdau gosodid hwy un bob ochr i'r elor. Mae amryw draddodiadau am yr Ankou (yr Angau) yn yr ardal. Os digwyddai rhywun deimlo'n ddigon cryf i ddymuno marwolaeth cymydog neu gydnabod byddai'n gweddïo am ymyrraeth yr Ankou. Yn ôl Emile Souvestre yr oedd hefyd gapel yn y cyffiniau wedi'i gysegru i *Notre-Dame de la Haine* (Morwyn Fair yr Atgasedd!) lle gellid gweddïo i gyffelyb berwyl. Does ryfedd i Le Braz ymddiddori cymaint mewn marwolaeth a straeon am y meirw. Cafodd ei addysg uwchradd yn Saint-Brieuc ac wedyn bu'n fyfyriwr ym Mharis. Ei swydd gyntaf oedd fel athro yn Quimper, lle daeth i adnabod François-Marie Luzel (Fanch An Uhel yn Llydaweg), y casglwr o Plouaret. Yr oedd Luzel yn archifydd Quimper bryd hynny a dylanwadodd yn drwm ar Le Braz. Hyd ei ymddeoliad yn 1924, bu Le Braz yn athro ym Mhrifysgol Rennes. Yn ystod 1914-1918 cafodd ei anfon i'r Unol Daleithiau i ddarlithio ar ddiwylliant Ffrainc fel rhan o'r ymgyrch i annog America i ymuno yn y Rhyfel.

Ond o bobman, â Port-Blanc y cysylltir ei enw yn bennaf, ac yno yr af am sgwrs gyda Dominique Besançon. Mae hi'n byw ychydig y tu allan i Penvénan mewn tŷ o'r enw Ty-Guenn, gyda chymar sy'n arlunydd. Mae hi'n ifancach nag a ddisgwyliwn, tua phymtheg ar hugain hwyrach, pryd-tywyll a siriol. Awn i'r bwthyn am wydraid o win a sgwrs. Clywed iddi gael ei magu ym Mharis ond bod ei mam o Roscoff. Yr oedd ei thad-cu a nifer o'i chefnderwyr yn Sioni Winwns a gyda'm diddordeb i yn y garfan ddifyr honno, mae'n amlwg y medrwn ddod ymlaen yn burion. 'Fe gychwynnais fy ymchwil i fywyd a gwaith Anatole Le Braz pan oeddwn yn y brifysgol a syrthio mewn cariad ag e,' meddai. Mae hi eisoes wedi sgrifennu un llyfr amdano ac ar y bwrdd mae proflenni cyfrol o waith Le Braz, *La Légende des Saints Bretons*, y mae hi'n ei golygu ar gyfer ei gyhoeddi. Ni chyhoeddwyd y gwaith hwnnw yn ystod bywyd Le Braz nac ar ôl hynny – felly bydd y gwaith hwn yn gweld golau dydd am y tro cyntaf yn y gyfrol newydd hon.

'Yn ei ddydd yr oedd enw Le Braz yn adnabyddus yn yr Unol Daleithau, Canada, Lloegr ac ar draws Ewrop. Yr oedd yn weriniaethwr, yn awyddus i weld pobl yn medru darllen a sgrifennu eu hiaith eu hunain ac am weld parhad diwylliant a hunaniaeth y Llydawyr. Yr oedd yn frwd dros ddwyieithrwydd – blaengar iawn bryd hynny. Os yw'r Llydawiaid am fod yn rhydd mae'n rhaid iddyn nhw fedru darllen ac ysgrifennu'r ddwy iaith – dyna oedd ei safbwynt. Yr oedd yn edmygwr mawr o'r Cymry. Yn ei olwg ef roedd Cymru'n fodern, yn wleidyddol ac yn ddiwylliannol, ac yr oedd am weld Llydaw'n dilyn esiampl Cymru. Medrai'r Cymry siarad a defnyddio Cymraeg a Saesneg ac yr oedd y syniad o weld dau ddiwylliant yn croesffrwythloni'i gilydd yn ddelfryd iddo. Serch hynny, roedd yn ein gweld fel Ffrancwyr yn gyntaf a Llydawyr yn ail. Credai fod Lloegr yn parchu diwylliant Cymru, a dymunai weld Ffrainc yn dangos yr un parch at Lydaw.

'Roedd yn wahanol i Villemarqué. Brenhinwr oedd Villemarqué ac yr oedd ganddo agenda – sydd i'w gweld yn ei nodiadau eglurhaol yn y *Barzaz Breiz*. Hiraethu am Lydaw ac addysg yr ysgolion Pabyddol cyn y Chwyldro yr oedd Villemarqué. Gwelai'r addysg drychinebus a gaed yn ysgolion y wladwriaeth gan yr athrawon a drosglwyddid o rannau eraill o Ffrainc i addysgu'r Llydawiaid. Ym marn brenhinwyr fel Villemarqué, bwriad llywodraeth Ffrainc oedd lladd y Llydaweg.'

Yn 1870, am y tro cyntaf, cafodd pob plentyn yn Ffrainc yr hawl i addysg elfennol am ddim. Yn ganolog i'r addysg hon yr oedd y Ffrangeg a'i llenyddiaeth; doedd dim lle i grefydd o fewn yr ysgolion. Mae addysg yn hanfodol i ddemocratiaeth, meddai'r wladwriaeth. I bob plentyn a fedrai lwyddo yn ei arholiadau roedd prifysgol a gyrfa ar ei gyfer. Sylfaen i ddemocratiaeth os nad tegwch ieithyddol i Lydaw a'r cenhedloedd ethnig eraill yn Ffrainc. Creu Ffrainc unedig oedd y nod. Ond nid felly y bu – holltwyd Ffrainc yn ddwy. O safbwynt y cyfoethog roedd yr ysgolion elfennol yn tanseilio'u breintiau traddodiadol nhw. Hefyd, y dosbarth cyfoethog oedd y dosbarth crefyddol. Trodd y werin i wrthwynebu crefydd a daeth gwrthglerigaeth yn un o brif bolisïau'r Gweriniaethwyr. Roedd athrawon yr ysgolion elfennol yn wrth-glerigol ac yn addysgu'r plant i goleddu barn isel o grefydd ac i ystyried yr offeiriaid fel gelynion y bobl. Adweithiodd y cyfoethog drwy sefydlu ysgolion uwchradd i addysgu eu plant eu hunain, gan ddarparu addysg grefyddol – a gwrth-ddemocrataidd! Caniatawyd hyn gan y Gweriniaethwyr – wedi'r cwbl roeddynt yn pregethu rhyddid i bawb – a sefydlwyd rhwydwaith o *écoles libres*, sef ysgolion crefyddol preifat i bob pwrpas, ar gyfer y dosbarthiadau canol ac uwch. Roedd rhai gyrfaoedd, yn arbennig uchel-swyddogion yn y fyddin a'r llynges, fwy neu lai wedi'u neilltuo i fechgyn yr ysgolion hyn. Crewyd gwlad wedi ei hollti ar sail dosbarth. Roedd yr arweinwyr yn cael eu haddysgu gan yr eglwys a'r bobl gyffredin gan athrawon gweriniaethol, gwrth-glerigol a oedd, ran fynychaf, yn Gomiwnyddion. Roedd y naill garfan yn ddrwgdybus o'r llall. Cofier fel y rhannwyd y wlad gan helynt Dreyfus – yr eglwys, y fyddin ac elfennau Ffasgaidd a gwrth-Semitaidd yn ei erbyn; sosialwyr a gwrth-glerigwyr o'i blaid. Pan syrthiodd Ffrainc ddechrau'r Ail Ryfel Byd gwelwyd am y tro cyntaf wir effaith y rhaniad hwn – ni fedrai'r swyddogion a'r milwyr ymddiried yn ei gilydd.

Rhoddwyd gwedd Lydewig i'r sefyllfa gan Dyfnallt a oedd yn adnabod Llydaw yn dda yn y cyfnod rhwng y ddau ryfel yn ei erthygl, 'Trychineb Llydaw' yn *Baner ac Amserau Cymru* (Mawrth 7, 1945): 'Ychydig a ŵyr, efallai, mai hen ystryw y Ffrancod i ladd y Llydaweg yw penodi Ffrancod yn athrawon yn ysgolion Llydaw, ac yn fwy aml na dim Comiwnyddion yw'r rheini – materolwyr, gwrth-eglwyswyr a gelynion popeth Llydewig.'

Nid felly y gwelai Le Braz na Luzel y sefyllfa. Er iddo gael ei eni i deulu o fânuchelwyr yn Plouaret, trôdd Luzel yn weriniaethwr ac mae ei safbwynt gwleidyddol yn awgrymu pam yr ymunodd mor frwdfrydig i ladd ar gasgliadau 'an-wyddonol' Villemarqué.

'Roedd Villemarqué am ddarlunio Llydaw fel gwlad a aeth yn aberth i Ffrainc,' meddai Dominique. 'Roedd y Derwyddon yn wych, roedden nhw'n odidog, fe fuom ni'n rhydd – ond ddim mwyach. Ac er mwyn cyfleu y syniad o wychder yr hen amser gynt fe 'heneiddiodd' ychydig ar yr hen gerddi a gasglodd – mae Donatien Laurent yn dweud bod hynny'n wir – drwy daflu hen eiriau o'r Gymraeg i mewn iddynt.'

Troes y sgwrs i drafod agwedd Le Braz tuag at yr Eglwys. 'Ni wrthwynebai'r Eglwys Gatholig fel y cyfryw,' meddai Dominique, 'ond yn hytrach roedd yn gwrthwynebu'r hyn a wnaeth yr Eglwys. Yr oedd yn gweld diwylliant yr eglwys fel diwylliant yn erbyn rhyddid – diwylliant a ddefnyddid i lyffetheirio rhyddid y bobl.' Ai dyna fuasai safbwynt ei dad, tybed, ac yntau'n athro ysgol? Yr oedd Marcel Paignol yn ei atgofion o'i blentyndod yn Ne Ffrainc yn sôn am wrthglerigaeth ei dad, athro ysgol arall. Gwir fod tad Anatole Le Braz yn gyfaill i'r offeiriad plwyf, yr Abad Villiers de l'Isle Adam, ond gall cyfeillgarwch personol yn fynych fod yn ddyfnach na rhaniadau gwleidyddol. 'Nod Le Braz oedd rhoi ar gof a chadw dreftadaeth y Llydawiaid a gadael iddyn nhw eu hunain ddewis beth i'w gadw neu wrthod,' meddai Dominique. "Boed i'r chwedlau hyn gael ei pereneinio fel mewn amdo gan un ohonoch chi fel na ballo'r cof amdanynt' – dyna ddwedodd am *Légendes de la mort* yn 1902.

'Ac yr oedd ganddo nod arall, dehongli Llydaw i'r byd y tu allan. Mae crefydd Llydaw yn hen iawn – mae'i gwreiddiau mewn credoau hŷn na Christnogaeth a'r Eglwys Babyddol – ac mae'r eglwys wedi methu torri'r cysylltiad hwn â'r gorffennol. Wyddoch chi bod hunanladdiad yn gyffredin ymysg Llydawiaid?'

'Do, fe glywais rywbeth am hynny . . .' atebaf innau, 'Ond mae'n gyffredin yng Nghymru, hefyd, yn enwedig yn y gymuned amaethyddol . . .'

'Ie, ond roedd yn gyffredin yn amser Anatole Le Braz, hefyd,' meddai Dominique. Y tro hwn, rwy'n deall arwyddocâd yr hyn mae hi'n ei ddweud. Wrth gwrs, hunanladdiad yw'r pechod mwyaf yng ngolwg yr Eglwys Babyddol – pwynt technegol am na ellir, yn ymarferol, dderbyn Maddeuant neu Ollyngdod wedi'r weithred. Deddfodd yr Eglwys Babyddol ar y pwynt yn yr Oesoedd Canol am fod hunanladdiad mor gyffredin nes bod yn broblem gymdeithasol. Felly, hyd yn oed mewn cyfnod pan oedd Pabyddiaeth Llydaw yn ei anterth roedd y werin yn anwybyddu deddf yr Eglwys, yn cymryd eu bywydau eu hunain ac yn eu bwrw'u hunain i Uffern dragwyddol? Waw!

'Yn hollol!' medd Dominique. 'Roedd Anatole Le Braz wedi gweld mai paganiaeth gyfriniol oedd crefydd y Llydawiaid er gwaethaf yr haen denau (tryloyw oedd gair Renan) o Babyddiaeth a wisgwyd amdani. Mae hunanladdiad yn ddiwylliant hen iawn. I'r Llydawr – ac rwy'n siŵr ei fod yn wir am y Celtiaid eraill – mae hunan-barch yn sylfaenol, yn hollbwysig; gwell colli bywyd na cholli hunan-barch ac urddas . . .'

'*Le Cheval d'Orgueil* ..!' meddwn innau.

'Yn hollol!' meddai Dominique. 'Mae i'w weld yn llyfr Per-Jakez Helias. Pan fo dyn yn colli hunan-barch – colli swydd, colli urddas, methu wynebu trafferthion bywyd – hunanladdiad yw'r cwbl sydd ar ôl. Mae'n dweud wrtho'i hun – 'dydw i ddim yn haeddu byw, mae'n well i mi farw!' Yr unig eglurhad posib yw bod yr hen baganiaeth Geltaidd yn gryfach ac yn ddyfnach na dysgeidiaeth yr Eglwys – o hyd.'

Saib o dawelwch myfyriol tra bod Dominque yn cynnau sigarét arall. Beth am rannau eraill o Ffrainc? Methais ganfod cymaint ag un cyfeiriad at hunanladd yng nghyfrol Emmanuel Le Roy Ladurie, *L'Argent, l'amour et la mort en pays d'oc* (Arian, cariad a marwolaeth ym mro'r Oc – de Ffrainc) na'r un o'i gyfrolau eraill sy'n ymdrin â hanes cymdeithasol y werin yn Ffrainc.

Ond mae Dominique ar garlam eto: 'Elfen arall sy'n gyson drwy'r straeon a gasglodd Le Braz yw nad marwolaeth yw diwedd bywyd a bydd yn rhaid i chi, ryw ddydd, dalu'ch dyledion. Sydd eto'n rhywbeth Celtaidd iawn. A gwell talu'r dyledion hynny cyn marw nag yn y byd a ddaw.'

Rwy'n deall yn berffaith yr hyn mae hi'n ei ddweud. '. . . ymddengys bod penyd wedi gwneud argraff fawr ar Lydaw,' meddai Stéphane Strowski wrth ymdrin ag effaith y saint ar Lydaw. Ac mae addoliad y Meirw yn rhan o *psyche*'r Llydawiaid. Cofiaf am Jean-Marie Cueff – hen Sioni Winwns digon materol – yn sôn wrthyf yn un o dafarnau Tiger Bay fel y byddai'n treulio Dygwyl y Meirw, pwysicach o lawer yn ei olwg na'r un offeren nac oedfa. Cofio mynd i dŷ Marie Le Goff drannoeth ei marwolaeth a'r ddefod o eistedd wrth y gwely yn hel atgofion. Cofio ffilm Tierry Compain, *Le Village au Cimitière*, am drigolion pentref heb fod ymhell oddi yma, yn paratoi'r fynwent ar gyfer Dygwyl y Meirw. Sgrifennais amdano ar y pryd: 'Dim ond ymysg pobl ddefosiynol y mae eu Pabyddiaeth o hyd yn costreli rhyw elfennau cyfriniol o'r cyn-Gristnogol y gellid bod wedi gwneud y fath ffilm.' A chlywais ddweud droeon mai ffurf o addoliad y meirw yw'r pererindodau (y *Pardons*).

'Does dim ofn marwolaeth ar y Llydawiaid – 'dim ond ofni'r boen', meddai un o'r dynion yn ffilm Compain. Fel llawer o Lydawiaid profodd Anatole Le Braz yr ing o golli rhai annwyl drwy gydol ei fywyd – nid syndod bod marwolaeth yn obsesiwn ganddo. Bu farw ei fam pan oedd yn ddwy a hanner, bu farw ei gariad pan oedd yn ugain oed, yn 1901 bu farw naw o'i berthnasau pan suddodd llong oddi ar arfordir Tréguier. Bu farw ei wraig gyntaf yn 1906. Collodd fab yn y Rhyfel Cyntaf. Bu farw ei ail wraig yn 1919 a hwythau ond wedi bod yn briod bedair blynedd. Bu'n briod deirgwaith – Americanes oedd ei drydedd wraig.

Bu'r prynhawn a dreuliais yn ymgomio gyda Dominique yn ddadlennol. 'O blith y Celtiaid, y Llydawyr hwyrach yw'r rhai a gadwodd yn ei ffurf gyflawn chwilfrydedd hynafol yr hil am Farwolaeth. Nid oes yr un pwnc sy'n eu hudo fwy, nid oes un yn nes atynt, yr un mwy cyfarwydd.' Geiriau Anatole Le Braz oedd y rhain. Sgrifennai yn Llydaweg, ond sgrifennodd fwy o lawer yn Ffrangeg. Diddorol, ac yntau'n amlwg yn caru'r iaith. A oedd yn rhag-weld tranc yr iaith, er bod, bryd hynny, dros filiwn yn ei siarad? A ragwelai bwysigrwydd cyfieithu o'r Llydaweg i'r Ffrangeg cyn i'w niferoedd ddisgyn er mwyn goleuo'r cenedlaethau i ddod a bwydo'r ymwybod gwlatgarol? Dyna'n union a wnaeth y Gwyddyl. Gellir dadlau y dylem ninnau Gymry wneud yr un peth. Er na ddirywiodd y Gymraeg i'r un graddau, y mae prinder cyfieithu i'r Saesneg o lawysgrifau a llyfrau Cymraeg wedi golygu bod haneswyr na fedrant Gymraeg yn camddehongli hanes ein gwlad a neb yn trafferthu i'w cywiro. Mae'n bwnc dyrys, ond yn achos Llydaw mae prawf amser yn awgrymu i Anatole Le Braz wneud y penderfyniad cywir.

*   *   *

Ailgychwyn ein taith ar hyd arfordir bro Trégor. Mae'r tywydd ar ei orau a ninnau'n tynnu tua diwedd ein hymweliad â Llydaw. Waeth gen i beth ddwedodd Ernest Renan am wlad drist dan niwl a chwmwl, mae bro Trégor a Port-Blanc yn lesni i gyd – diwrnod arall o awyr glir a môr tawel. Ymlaen hyd Perros-Guirec (Perroz-Guirec yn Llydaweg a gellid ei gyfieithu i'r Gymraeg fel Penrhos-Curig). Wnawn ni ddim oedi'n hir yn Perros-Guirec. Mae mwy o dai yma nawr nag a gofiaf pan fuom yma o'r blaen. Dyma'r dref glan môr fwyaf yng ngogledd Llydaw a'i marina hwylio'n fforest o fastiau. Medrwch gerdded yn hwylus o ganol y dref i draeth Trestraou, sy'n chwarter milltir o hyd, gyda'i westai moethus, clybiau, casino a chanolfan gynadleddau . . . Rhag swnio fel petawn yn annog pawb i gadw bant o'r lle mae taith gerdded odidog ar hyd y glannau o Perros-Guirec i Ploumanach. Gan ei bod yn dilyn darn o arfordir sy'n wynebu'r dwyrain yr amser gorau i'w cherdded yw yn gynnar, gynnar yn y bore pan fo'r haul ar yr ochr dde i chi. Yn y darn hwn mae lliwiau'r creigiau coch ar eu godidocaf – ac wedi'u cerfio'n ffurfiau rhyfedd gan wynt, glaw a môr. Mae'r ithfaen goch yn garreg feddal sy'n rhychio gydag amser. Wedi prysurdeb masnachol Perros-Guirec, tirwedd swrealaidd Ploumanach. Yn Ploumanach y glaniodd Curig, y mynach o Gymru a hwyliodd yma mewn cafn o garreg, ac mae cell sy'n wynebu'r môr yn goffadwriaeth iddo.

Heddiw, rydym i gyfarfod â hen gyfaill, Loic Le Guillouzer, cyfarwyddwr astudiaethau ENSSAT (*Ecole Nationale Supérieure de Sciences Appliqués et de Technologie* – Ysgol Genedlaethol Uwch mewn Gwyddoniaeth Gymhwysol a Thechnoleg) yn Lannion. Yn ymyl Trégastel mae ei gartref ac yn y gorffennol bu i ni fel teuluoedd gyfnewid tai dros wyliau haf. Er i sawl blwyddyn fynd heibio ers i ni aros yma ddiwethaf – y rheswm dros i ni orfod rhoi'r gorau i drefniant mor ardderchog oedd fod gwraig Loic yn gweithio yn y diwydiant ymwelwyr a minnau gyda'r BBC felly roedd dewis wythnosau gwyliau fyddai'n gyfleus i bawb yn amhosib. Ond rydym wedi cadw cysylltiad o hyd. Mae tŷ modern, cadarn ganddynt yng nghanol cae braf, tŷ â digon o lyfrau a lluniau – amryw o luniau gan ei chwaer sy'n arlunydd ac yn rhedeg busnes. Mae'r Llydawiaid mor amryddawn. Pan fydden ni'n aros yno byddai gennym gyfrifoldeb am dair iâr oedd yn dodwy fel 'dwn i ddim beth, gast ddu a gwyn o'r enw Breizh a dau dderyn bach mewn cawell. Bu trychineb yn achos un o'r adar cawell. Un diwrnod roeddem wedi rhoi'r cawell allan dan y coed a daeth aderyn gwyllt a phigo un o'r rhai bach i farwolaeth.

Hyd yn oed bryd hynny roedd pentref Trégastel-Plage yn brysur gyda'r drafnidiaeth rhwng Trebeurden a Perros-Guirec yn mynd drwy'r lle yn chwim a chyson. Ond gyda hen bentref Trégastel – Trégastel Bourg (Ar Vourc'h Tregastell yn Llydaweg, rwy'n credu) yn dawel, hynafol, ac yn llawn trigolion lleol croesawus, yr oedd yn berffaith i ni. Hefyd, ym mhen draw'r cae yr oedd llwybr yn mynd â ni i lawr i ddyffryn cul, coediog ac o'i ddilyn deuem allan i ffordd na wn i ble yr oedd hi'n mynd ond gwyddwn fod y nofelydd Llydaweg Jakez Conan yn byw gerllaw.

Cofiaf un flwyddyn yn arbennig – ni chofiaf y dyddiad yn union, dim ond ein bod yno pan glywsom am farw Richard Burton – ac yr oedd Alan Stivell yn perfformio mewn cyngerdd ar y maes pêl-droed. Roedd Loic yn un o'r trefnwyr ac wedi addo cyfweliad i mi gyda Stivell. Hwn oedd y tro cyntaf i Stivell berfformio yn Llydaw ers sawl blwyddyn, ond cyrhaeddodd yn hwyr ac ni ches fy nghyfweliad. Ond cawsom noson o fwynhau gweld eilun y Llydawyr yn perfformio o flaen ei bobl – caneuon o Lydaw, Cymru, yr Alban ac Iwerddon. Mor gadarn a sicr ei wreiddiau, ond fel yn achos ei gyd-Lydawiaid yn y celfyddydau eraill, nid llyffethair yw gwreiddiau i Stivell. Rhoddant gadernid i gynnal canghennau ei dalent wrth iddynt ledu a thyfu'n uwch. Yr hen ffefrynnau *An Alarc'h* a *Kan ar Chistr*, gafodd y gymeradwyaeth fwyaf y noson honno. Gan ei bod yn oeri a'r plant yn aflonyddu bu raid gadael yn gynnar, ond wedi cyrraedd y tŷ medrem glywed bywiogrwydd grisial y delyn fach yn torri drwy'r nos. Roedd Loic, bryd hynny, yn aelod o grŵp lleol o'r enw *Kornifiched* – enw Llydaweg lleol ar aderyn môr. Grŵp da hefyd – mae casét a wnaethant gen i o hyd – yn ceisio efelychu, meddai Loic, grŵp mwy adnabyddus o'r enw *Bleizi Ruz* (Bleiddiaid Coch). Ar yr un caset mae dau ddyn yn canu'r *Kan ha Diskan* – ond doeddwn i ddim yn hoffi'r rheini gymaint. Doedd y *Korniched* ddim yn perfformio gyda Stivell y noson honno, ond fe'i gwelais ar lan môr Trégastel noson arall a'r gynulleidfa'n ymuno i roi dawns i'r gerddoriaeth.

Roedd llwybrau diddiwedd ac aroglau eithin a rhedyn yn gymysg â gwymon a heli wrth gerdded i siopa ben bore. Darganfod llwybr arall oedd yn mynd â ni at lyn a gwarchodfa natur fechan. Bob nos roedd yn rhaid i mi fynd â Breizh yr ast am dro. Y drefn oedd gadael iddi hi benderfynu ble y mynnai fynd. Bron bob tro byddai'n dewis llwybr gwahanol, ond yn ddieithriad pen y daith fyddai'r *Bar du Calvaire* yn hen bentref Trégastel ac yno byddai'n gorwedd dan y bwrdd yn siglo'i chynffon tra byddwn i'n cael sgwrs a llymaid gyda'r ffyddloniaid. Roedd yn drefniant di-ail gan fod pawb yn adnabod yr ast a hithau'n fy nghyflwyno i'r trigolion. Un noson cawsom ein tynnu i dŷ cyfagos am lymaid a *fest noz* fyr-fyfyr. Roedd y tŷ'n hynafol gyda lle tân anferthol, fel organ fawr, a rhan o gromlech yn y mur. O ba gloddfa y daeth hon; a ddaw rhywun neu rywbeth i 'ymweld' weithiau? Roeddwn i'n rhy swil i ofyn.

Calfaria unigryw – a hyll – Tregastel.

Y mae yn Trégastel galfaria unigryw. Hen beth hyll o gerrig afrosgo gyda chilfachau ac ynddynt allorau bychain a delwau o bren neu gerrig – rhai wedi colli pen neu fraich neu fysedd. Mae'n bosib cerdded i'w phen gan fod math o lwybr yn troelli o'i chwmpas – a rhybudd rhag gadael i blant bach ddringo'n rhy uchel. Mae'n uchel, er na ellir dringo at y Groes sydd ar ei phen. Pan oeddem yn lletya yn nhŷ Loic roedd yn gamp cadw Trystan a Gildas – yn arbennig Gildas nad oes ganddo unrhyw ofn uchder – rhag rhedeg i'w phen a minnau'n cael haint rhag iddyn nhw gwympo. Un prynhawn aethom i gyd i gerdded ar hyd y llwybr o ben draw'r cae, drwy'r goedwig, ac allan i'r ffordd yr ochr draw. A methu ffeindio'r llwybr i ddod 'nôl! Cerdded yn ôl a blaen, cyfarfod cerddwyr yn dod o'r cyfeiriad arall, y rheini'n dweud wrthym fod y llwybr tua chilometr o'n blaenau. A thrwy'r adeg medrem weld y galfaria ar draws y cwm ond y ffordd yn parhau i fynd ymlaen heb ddod dim nes ati, nag i'r pentref. Yn sydyn dyma Ffion – oedd tua phedair oed bryd hynny – yn dweud 'Rydw i wedi ffeindio'r llwybr, ydw wir, addo, rwy'n cofio'. Ac er y syndod mwyaf i ni i gyd, roedd hi'n iawn.

Roedd hi'n wythnos gerddorol yn Trégastel er na soniodd Loic am ddim ond cyngerdd Alan Stivell. Y noson wedi cyngerdd Stivell roedd band dur o India'r Gorllewin. Petai ni ddim ond wedi meddwl buasai'n bosib i ni fod wedi mynd i'w cyngerdd – ond cawsom eu clywed yn ymarfer ar y traeth, cystal â'u clywed yn eu cynefin. Roedd Ffion, o waed India'r Gorllewin, yn werthfawrogiad i gyd. A ellid cael dau ddiwylliant mor annhebyg i'w gilydd â'r Llydawiaid a phobl India'r Gorllewin? Yn nhŷ Loic deuthum o hyd i bentwr o gylchgronau Llydewig – soniais eisoes am ddod o hyd i bortread a sgrifennais o Ddafydd Elis Thomas. Deuthum o hyd i adroddiad a sgrifennais i'r cylchgrawn *Breizh* (Chwefror 1981) am ymweliad Derek Walcott â Chymru. Nid oedd Walcott, o ynys Saint Lucia, yn adnabyddus bryd hynny ond erbyn hyn fe'i cydnabyddir fel y bardd gorau sy'n sgrifennu yn yr iaith Saesneg. Cefais ysgytwad gan rywbeth a ddwedodd am anwybyddu... anghofio... hanes. Anghofio hanes a chreu eich hanes eich hunain. I bobl â gorffennol mor ofnadwy o annheg â phobl India'r Gorllewin, onid dyna'r unig beth posib? Golchi'r cof o bopeth a ddigwyddodd i'ch cyndeidiau? Roedd y syniad yn wefreiddiol i un y mae hanes a gorffennol yn obsesiwn iddo. Pe na bai gennym orffennol, neu yn barod i'w anwybyddu a fuasem fel Cymry yn fywiocach a mwy egnïol? Pe bai Cymru'n cael ei rhyddid a fuasai hyn'na'n rhoi dalen lân i ni gychwyn eto a'n gwneud yn genedl ifanc, fywiog, yn cychwyn o gychwyn diorffennol? Mae'r Unol Daleithau yn wlad ifanc, ddeinamig ac ar ei gorau yn wlad ddiddorol. Eto mae eu phobl yn mynnu chwilio'u gwreiddiau. Tybed oes gan Loic farn ar y mater. Roeddwn wedi sylwi bod ganddo gasgliad o lyfrau gan Americanwyr – llyfrau Jack Kerouac yn Ffrangeg, Truman Capote, rhai o lyfrau Dee Brown gan gynnwys *The Fetterman Massacre*. Treuliodd beth amser yn yr Unol Daleithau a sgrifennodd draethawd ymchwil ar un o'r hen genhedloedd.

Ym mha fae bychan y buom yn dringo creigiau a nofio ynddynt yr hafau hynny? Bae Saint-Anne rwy'n meddwl. Dywedodd Loic nad oes unrhyw draeth yng nghyffiniau Trégastel lle mae nofio'n berygl. Y llanw'n llifo'n ddi-gyffro rhwng yr ynysoedd a'r creigiau a'r crancod yn dod wysg eu hochr i chwilio am gilfach arall wrth i'r llif nesáu a llinellau euraidd yn frithwaith amryliw dan y dŵr . . . Mae hyd yn oed y creigiau'n llyfn yma. Bro arall lle mae cerrig wedi'u gollwng gan hen oesau'r iâ – pentyrrau ohonynt, rhai'n flêr, rhai'n drefnus. A'r llonydd a gawn wrth i'r plant fynd o gwmpas eu pethau – hel crancod gyda'u rhwydi, dringo creigiau a neidio oddi arnynt i dywod mor feddal â chandi fflos. Cofiaf gastell bach ar ynys gyferbyn, dau dŵr crwn a phorth ar y traeth yn arwain ato a choed derw a phinwydd o'i gwmpas. Castell ffug canoloesol, o'r enw Costaérès, fu'n eiddo i beiriannydd o wlad Pwyl o'r enw Bruno Abakanowiczac. Cyfaill iddo oedd Henryk Sienkiewicz, hefyd o wlad Pwyl, awdur y nofel odidog *Quo Vadis* (I Ble'r Ei Di?) am Rufain dan reolaeth lwgr Nero yn y ganrif gyntaf Oed Crist. Mae Paul a Pedr ymysg y prif gymeriadau wrth i Gristnogaeth ledu'n ddirgel ymysg tlodion a chaethweision y ddinas. Llosgir Rhufain ar orchymyn Nero ond bwrir y bai ar y Cristnogion a'u taflu i'r llewod neu eu croeshoelio. Cafodd y nofel, a gyhoeddwyd tua 1895, werthiant byd-eang a dod a Gwobr Nobel am Lenyddiaeth i'w hawdur. Gwnaed ffilm ohoni yn 1951 gyda Peter Ustinov fel Nero. Tuag 1899 y dechreuodd Sienkiewicz ddod ar ei wyliau blynyddol i Lydaw, felly ni sgrifennwyd dim ohoni yma. Y tebyg yw iddi gael ei sgrifennu pan oedd Sienkiewicz yn aros gydag Abakanowicz yn un arall o'i blasdai, yn Champigny-sur-Marne.

Yr oedd Trégastel yn berffaith am wyliau gyda'i llwybrau dirgel, perthi llawnion, traethau, eglwysi . . . a marchnad fawr bob bore Llun a'r lle'n fywyd a hwyl ac arogleuon crempog, gwymon, sigaréts a selsig. A stondinau hen bethau – Gwen wrth ei bodd. Cofio prynu pastai gig oedd yn blasu'n gwbl wahanol i'r disgwyl ac a barodd am ddeuddydd. Un arall o ryfeddodau traeth Trégastel yw'r *aquarium* sydd fel pe bai mewn ogof naturiol, lle wrth fodd unrhyw blentyn. Pysgod â wynebau dynol, llyswennod y môr, cimychod, crancod anferth – un o'r *aquariums* gorau yn Ffrainc medden nhw. Cofio râs hwylio 24 awr ac eistedd ar ymyl craig bron iawn yn medru cyffwrdd y cychod wrth iddyn nhw dacio. Am ddeuddydd roedd y traeth a'r maes parcio fel gwersyll pebyll mawr a phabell fwyd yn y canol yn darparu wystrys, ffrwythau'r môr, cregin gleision a Muscadet.

Canodd y ffôn un noson a rhywun yn siarad Saesneg gydag acen Canada yn holi amdanaf. Guirec Konan, mab y llenor Jakez Konan, yn gofyn a fuaswn yn hoffi dod am sgwrs gyda'i dad. Wrth gwrs, wrth gwrs. Pryd? Buasai'n ffonio'n ôl i ddweud ond yn y cyfamser cawsom sgwrs am bob math o bethau gan gynnwys casét *Kornifiched*. Dywedais fy mod wedi ei hoffi'n fawr, ond piti am y ddau hen begor yn canu'r *kan ha diskan* ar yr ail ochr. Aeth y ffôn yn dawel am funud. 'Fi yw un ohonyn nhw,' meddai'r llais o'r ochr arall. Agor fy hen geg a rhoi 'nhroed ynddi! Er i ni ddal ati i sgwrsio roeddwn yn gofidio fod Guirec wedi digio gan fy sylw difeddwl. Yn enwedig gan na ffoniodd, yn ôl ei addewid. Ni ffoniodd fore trannoeth, 'chwaith, felly chwiliais yn y llyfr ffôn ac fe ffoniais i. Cefais sgwrs â Madame Konan a gwahoddiad i ddod draw yn y prynhawn. Dywedais y byddwn yn dilyn y llwybr drwy'r cwm coediog a dywedodd wrthyf am droi i'r dde wedi cyrraedd y ffordd ac fe ddeuwn at eu tŷ wedi chwarter awr o gerdded. Byddynt yn fy nisgwyl tua dau o'r gloch.

A minnau ond wedi cyrraedd pen draw'r llwybr daeth fan fawr i'm cyfarfod, aros, a gŵr ifanc yn gofyn – 'Chi yw Gwyn Griffiths?'. Guirec, gŵr byr pryd-tywyll, hynod debyg i Max Boyce, wedi dod i'm cyfarfod. Ymddiheurodd am fethu ffonio, rhyw broblem wedi codi yn y busnes – busnes garddio tirwedd yn ôl yr arwydd ar ochr y cerbyd. 'Roeddwn i jyst yn gobeithio 'mod i ddim wedi ypsetio chi ormod gyda'r hyn wedes i am y *kan ha diskan*,' meddwn innau.

'Chi'n gweld, mae'n sain anghyfarwydd i ni Gymry, braidd fel disgwyl i Lydawiaid werthfawrogi Cerdd Dant – mae e fel wermod i'ch clustiau chi.' 'O, wn i ddim,' meddai Guirec, 'rwy'n eithaf mwynhau Cerdd Dant.' Dyna pryd y sylwais ar y sticeri ar ei fan – S4C, Rwy'n Caru Cymru, Eisteddfod Genedlaethol Llangefni (tipyn o ôl haul ar hwnnw) . . . Erbyn hyn roeddem wedi cyrraedd cartref Jakez Konan. Croeso brwd a siarad Llydaweg drwy'r adeg. Roedd yn amlwg fod ganddo wybodaeth bur dda o'r Gymraeg – yn medru ei ddarllen, beth bynnag. Cafodd ei eni yn yr ardal hon – canfod bod ei dad, Erwan-Vari Konan (1886-1960) yn sgrifennwr a bu ei ferch, Ivona, hefyd yn llenydda yn Llydaweg. Lladdwyd Ivona a'i mam pan gawsant eu taro gan gar wrth gerdded ar y palmant yn Québec yn 1973. Roedd Ivona yn 39 oed. Pryd hynny y dychwelodd Jakez i Lydaw wedi ugain mlynedd yn Montreal ac ailbriodi. Sgwrsiem yn rhydd a hawdd yn Llydaweg. Yr oedd yn ymwrthod ag unrhyw ddefnydd o'r Ffrangeg a phan gaem drafferth gyda gair byddem yn rhoi cynnig ar ddefnyddio'r un gair mewn tafodiaith arall ac felly buom wrthi am ddwyawr dda. 'Wel, dyma'r gair yn nhafodiaith Kerne . . .' 'Iawn, rwy'n deall, mae'n debyg i'r gair Cymraeg yn nhafodiaith Sir Benfro . . .' Roeddwn wedi darllen rhan o'i gyfrol o storïau *Lannevern e Kanv* ac wedi sylwi ar rymusrwydd syml ei arddull. Does gen i ddim amynedd gyda'r arddull flodeuog y mae'r Ffrancwyr – a'r Cymry, hefyd, mae gen i ofn – mor hoff ohoni,' meddai. Gwyddwn fod ganddo brofiad o weithio fel newyddiadurwr, sy'n egluro'i farn am arddull. Ychydig wedi i ni gael ein sgwrs cyhoeddwyd nofel o'i waith, *Kenavo, Amerika*, am ddeuddyn o'r Unol Daleithiau ar grwydr yng Nghanada wedi i ryfel niwclear ddinistrio rhan helaeth o ogledd America. Fisoedd wedyn soniais wrth Loic am y sgwrs a gefais gyda Jakez. Nid oedd yn syndod ei fod am osgoi defnyddio'r Ffrangeg – ond a oedd Canada wedi ei rhannu mor glir a phendant fel y gellid osgoi unrhyw gysylltiad â defnydd o'r Saesneg? Chwerthin wnaeth Loic. 'Roedd yn gweithio i gwmni Seisnig,' meddai, 'Mae Jakez yn medru Saesneg cystal â ti!'

Torrwyd ar ein sgwrs pan ddaeth ymwelwyr o Ganada – gŵr a gwraig oedd eto'n siarad Llydaweg. Wedi ffarwelio â nhw ail-gydiais yn fy sgwrs gyda Guirec. Berniadai'r Cymry am fethu ceisio ateb economaidd i'n problemau. 'Dim ond un cwmni sy'n gwneud chwisgi Cymreig – mae tri yn gwneud *chouchenn* yn Trégor,' meddai. Cytunais fod gan Lydaw lawer gwell trefn cynhyrchu a marchnata bwydydd lleol o archfarchnadoedd i siopau bychain – yr holl ffatrïoedd bychain sy'n cynhyrchu jam, mêl, a'r un modd y llysiau a'r bwydydd traddodiadol. Pe gellid uno Cymru a Llydaw unwaith eto, fe fyddai gennym yffach o genedl oedd barn Guirec. Cytunais. Aethom yn ôl i ben y llwybr yn y fan, ei ferch fach bump oed yn gwmni. Hi'n siarad Llydaweg a dyna fu iaith ein sgwrsio am ran olaf ein taith.

*   *   *

Prin fu'r dyddiau cymylog yr haf hwnnw ond cawsom ddigon i'n cadw rhag treulio pob dydd ar y traeth a'n hannog i grwydro. Daethom o hyd i gapel bach gwladaidd Saint-Gorgon a godwyd yn y bymthegfed ganrif a chromlech Kerguntuil a'r gladdfa gerllaw iddi. 'Gwladaidd', *rustique*, oedd gair Gabriel Vicaire (1848-1900), y bardd o lannau'r Saône a dreuliodd hafau olaf ei fywyd yn crwydro Trégastel a La Clarté – cyfaill Le Braz a Charles Le Goffic. Yr oedd yn frogarwr ond roedd ei fro ef, Bresse, wedi colli ei lliw a'i chymeriad a'r merched wedi diosg y peisiau oedd mor debyg i wisg merched y Swistir. Hwyrach mai dyna pam y carai Lydaw gymaint, am fod y bobl yn eu hen wisgoedd a'r hen arferion yn fyw. Yn ei fro ef roedd y lindys yn blingo'r perllannoedd fel melltith ac yn gosb ar y bobl a gefnodd ar ei hen arferion a'u hen ffordd o fyw.

Soniais am y meini a'r cerrig a gerfiwyd gan y ddrycin. Hwnt ac yma o gwmpas Trégastel bu llaw dyn yn cerfio hefyd, y mwyaf trawiadol yw un enfawr o'r enw *Le Père Eternel* (y Tad Tragwyddol), cerflun o

Dduw'r Hen Destament wedi'i naddu o'r graig. O gwmpas penrhyn Île Renote wedyn, dyna'r creigiau cochion ym mhobman, y maen hir fel nodwydd fawr, y garreg siglo a gwres yr haul yn tynnu sawr o'r rhedyn a'r pinwydd i gymysgu â blas yr heli.

Bob nos, wrth fynd am dro gyda Breizh yr ast fach, byddwn yn mynd heibio i eglwys Santes Anna – eglwys a adeiladwyd yn y drydedd ganrif ar ddeg ond a addaswyd ac yr ychwanegwyd ati yn y canrifoedd wedi hynny. A'r esgyrndy a godwyd yn yr ail ganrif ar bymtheg gyda'i to crwn yn cwtsio yn ei chesail. Un noson wrth gerdded heibio clywais ddeuawd o'r enw Apocalypse – organ a chlarinet yn cyflwyno noson o gerddoriaeth jazz crefyddol. Yma y claddwyd y bardd a'r llenor Llydewig a'r casglwr, Charles Le Goffic (1863-1932), dadansoddwr enaid y Llydawiaid. Ac yn yr un lle ei wraig a'u merch.

Yn Lannion y ganed Charles Le Goffic (ystyr Goffic yw gof bychan), yn fab i Jean-François Le Goffic, llyfrwerthwr ac argraffydd – Llydawr a fyddai, yng ngeiriau Anatole France, 'yn argraffu'r *gwerzioù* (baledi) arwrol a'r *sonioù* (telynegion) lluniaidd'. Yn ôl France byddai'r offeiriaid a'r gwyr lleyg, y werin ac ysgolheigion yn cyfarfod unwaith y flwyddyn yn nhŷ Jean-François am wledd a chanu drwy'r nos ar ugain casgenaid o seidir. 'Ac yntau wedi'i wreiddio ymysg y gwyliau hyn o farddoniaeth boblogaidd, fe aned Charles Le Goffic yn fardd,' meddai Anatole France wrth adolygu *Amour Breton* (Cariad Llydewig) ei gyfrol gyntaf a gyhoeddwyd yn 1889. Barddoniaeth galar a gofid a dagrau. Ond heb fod wrth fodd pawb o'i gydnabod y dyddiau hyn. 'Rydym ni Lydawyr yn hoffi llyfr ac enaid iddo. Medrwn hepgor y galon,' oedd sylw'r bardd Llydaweg Narcisse Quellien. Dichon nad oedd ei waith cynnar yn brin o deimlad ond mae unrhyw beth sy'n dwyn atgof o draethau gweigion, banadl ar weundir, deri a chreigiau, cymoedd cysgodol gwyrdd, yn amheuthun ynddo'i hun. Aeth Le Goffic rhagddo i fod yn sgrifennwr cynhyrchiol ac yn aelod o'r *Académie Française*. Ond bro ei febyd oedd ei

Charles Le Goffic.

ysbrydoliaeth. Defnyddiodd Costaérès fel lleoliad *Le Crucifié de Keralies* (Yr un a Groeshoeliwyd yn Keralies) i'w nofel gyntaf a sgrifennodd lu o erthyglau am Lydaw a gyhoeddwyd mewn cyfrol o'r enw *L'Ame bretonne* (Yr Enaid Llydewig) a gyhoeddwyd mewn pedair cyfrol rhwng 1902 a 1924. Yr oedd yn gyfeillgar â Maurice Barrès – y llenor asgell dde fu'n ddylanwad ar Saunders Lewis – a chydweithiodd Le Goffic â Barrès i sefydlu'r cyfnodolyn *Les Chroniques* ac ynddo y cyhoeddwyd gyntaf lawer o'r cerddi a ymddangosodd yn *Amour Breton*. Treuliodd y ddau wythnosau gyda'i gilydd yn crwydro'r arfordir o gwmpas Trebeurden, Tregastel, Lannion a Morlaix yn ystod Awst 1886. Gwnaeth Barrès enw iddo'i hun drwy ymweld ag Ernest Renan yn Rosmapamon, ac ar sail sgwrs ddeng munud ar garreg y drws sgrifennodd lyfryn dychanol *Huit jours chez M. Renan* (Wythnos yng nghartref M. Renan).

Ond digon o hel atgofion am ddyddiau a fu o gwmpas Trégastel. Er i Joseph Conrad sgrifennu stori fer, o'r enw 'The Idiots', am bedwar o blant anffodus o'r ardal. Mae ei ddisgrifiadau o'r wlad a'i chaeau yn dda ond fedrwn i erioed ddygymod â'i arddull glogyrnaidd. Ymlaen tua Lannion (Lanuon yn Llydaweg) am ginio gyda Loic. Wedi cael hyd i le parcio – mae Lannion yn dref brysur – awn i'w gyfarfod yn y coleg, adeilad urddasol a fu unwaith yn ysbyty. Mae'r cyntedd yn cael ei adnewyddu ac mae'n anodd cael hyd i dderbynfa ond mae Loic yn cyrraedd. Mae'n deneuach nag rwy'n ei gofio, iach dros ben. Mae wedi trefnu mynd a ni am ginio mewn bwyty bychan yng nghanol y dref. A threfnu i ni gyfarfod ffrindiau iddo, Edith a Pierre Lavanant, y ddau yn siaradwyr Llydaweg, athrawon sy'n ymddiddori'n fawr mewn sgrifenwyr – Llydaweg a Ffrangeg – sy'n hanu o, neu'n byw, ym mro Trégor. Mae Loic yn bendant mai Lannion yw'r lle gorau am addysg Lydaweg i'r plant ac yma y ceir yr un ysgol Lydaweg sy'n cael ei chynnal gan y wladwriaeth. Er hynny, mae'r canran sy'n cael addysg Lydaweg, fel ymhobman arall, yn isel. Ond gwelant obaith yn y diddordeb newydd mewn cerddoriaeth a dawnsio Llydewig. Ac mae'r *fest-noz* yn fwy poblogaidd nag erioed. Clywed bod ŵyr i Charles Le Goffic yn fferyllydd yn Comana – gresyn na wyddwn hyn ynghynt, buaswn wedi trefnu mynd yno. Ysywaeth mae'n taith yn dirwyn i ben. Sgwrsio am Anjela Duval – bydd yn rhaid mynd i weld y lle roedd hi'n byw ynddo – a Plouaret, o'r lle y daeth y casglwr François-Marie Luzel (An Uhel). Mae ganddynt ddiddordeb mawr yn ein teithiau a'n profiadau – Loic yn sôn am ferlota o gwmpas Tredudon, lle buom yn aros yn gynnar yn ein taith. Cytunwn nad oes unlle'n debyg i ffermydd Llydaw am lety. Ac os nad yw sefyllfa'r iaith yn galonogol, mae gwaith i'r bobl ifanc a Llydaw'n ffynnu'n well na gweddill Ffrainc. Mae un o fechgyn Loic yn gweithio yn Trégastel – ym musnes y teulu – a'r llall ym Mharis. Mae'r ddau, fel eu tad, yn medru Llydaweg.

Mae Loic yn ein gwahodd yn ôl i'r coleg i weld rhai o'r prosiectau sydd ar waith yno.

Mewn un adran mae tri o fechgyn ifanc yn paratoi Geiriadur Llydaweg Llafar ar gyfrifiadur. Cael sgwrs a chyfle i chwarae gyda'r cyfrifiadur yng nghwmni Hervé Gourmelen, bachgen o gyffiniau Callac. 'Rydyn ni'n ynganu'n Llydaweg yn gliriach na phobl o ardaloedd eraill,' meddai Hervé, yn amlwg yn tynnu coes y lleill. Wedi teipio gair Ffrangeg i mewn, daw'r gair yn Llydaweg i'r sgrîn ac mae llais merch yn ei ynganu. 'Rwyf i ar fy ngwasanaeth milwrol,' meddai Hervé, 'ond gan nad wyf i am fynd i'r Lluoedd Arfog rwy'n gweithio ar y prosiect yma. Llawer mwy diddorol a buddiol!' Dywedodd Loic wrthyf fod y coleg wedi cael arian Ewropeaidd i ddatblygu'r system ac, wrth gwrs, mae'n gynllun y gellir ei addasu i ieithoedd eraill. 'Beth am y Wenedeg a thafodieithoedd yn gyffredinol?' holais. 'Oes yna broblem?' 'Mae problem gyda thafodiaith Gwened wrth gwrs,' meddai Hervé. 'Dydyn ni ddim wedi mynd i'r afael â honno eto.' Mae pobol Gwened yn acennu'r sillaf olaf mewn geiriau amlsillafog ond yn y tafodieithoedd eraill, ran fynychaf, acennir y goben – fel yn y Gymraeg. Un o'r camau nesaf fydd datblygu dull o gyfieithu cymalau a brawddegau. 'Rydym mewn cysylltiad â Briony Williams sy'n gwneud gwaith arloesol tebyg gyda'r Gymraeg ym Mhrifysgol Caeredin.' (Gwaith ymchwil yn Gymraeg gyda chyfrifiaduron yng Nghaeredin? Beth sy'n digwydd yng Nghymru? Rwyf wedi clywed bod pawb yn cael arian o Ewrop at brosiectau diwylliannol – pawb ond y Cymry Cymraeg.) Mae hwn yn arbrawf ymarferol gyda iaith llai ei defnydd i ddatblygu cynllun y gellir ei addasu at ddefnydd ieithoedd mwy. Pwy ddwedodd nad oedd y Llydawiaid yn bobl fusnes? 'Mae Humphrey (Wmffra) Lloyd Humphreys yn helpu – yr unig berson y gwyddom ni amdano sydd wedi gwneud gwaith o ddifrif ar lefareg a seineg,' ychwanega Hervé. Wmffra, awdurdod mwyaf Cymru ar y Llydaweg ac sydd ar fin ymddeol o'i swydd yng Ngholeg Dewi Sant, Llanbedr Pont Steffan.

Ers y chwe-degau pan sefydlwyd canolfan ymchwil Ffrainc i dele-gyfathrebu (CNET) yn Lannion a gorsaf dilyn llwybrau lloerennau ger Pleumeur-Bodou mae'r dref wedi llamu rhagddi ym myd electroneg. Ac mae ENSSAT – sydd o dan adain Prifysgol Rennes – yn manteisio ar y datblygiadau hyn. Pan ddeuthum i adnabod Loic gyntaf yr oedd ganddo gysylltiadau â Choleg Politechneg Pontypridd (Prifysgol Morgannwg, bellach) – gan gyfnewid myfyrwyr rhwng y ddau sefydliad. Pan holais a oedd y cysylltiadau hynny'n parhau cyfaddefodd nad oeddynt, gwaetha'r modd. 'Mae'r darlithwyr yr oeddwn i'n ymwneud â nhw ym Mhontypridd i gyd wedi ymddeol, ond mewn gwirionedd yr ydym wedi bwrw 'mlaen ac mae'n safonau ni wedi codi a – gyda phob parch – nid yw safonau Prifysgol Morgannwg bellach i'w cymharu â safonau ENSSAT,' meddai. Wedi ffarwelio â Loic, diolch a llongyfarch Hervé a'r bechgyn eraill ar eu gwaith, penderfynu cael tro o gwmpas y dref cyn dychwelyd i Quemper Gwezenneg.

Er bod Lannion yn wynebu'r mileniwm newydd yn hyderus ni chollodd ei hen ramant. Saif ar ben uchaf aber Léguer, a blas heli a'r wlad yn cymysgu ag arogleuon y dref â'r pontydd yn rhoi cymeriad iddi. I fyny o'r afon – a'r meysydd parcio – ar hyd y *Rue des Augustines* serth a dyma ni yng nghanol yr hen dref gyda'r strydoedd hynafol a'r sgwariau bychain fel hen bobl yn hel clecs a chwedleua ymysg ei gilydd – a dewis o siopau *pâtisserie*. Un o hoff arferion Gwen a minnau ganol y prynhawn yw taro i un o'r siopau hyn i fwynhau teisen fach a chwpaned o goffi. Maen nhw i gyd yn darparu byrddau a chadeiriau ar gyfer eu moethau amheuthun. Wrth ymyl yr eglwys sydd ar ben uchaf y *Rue des Augustines* deuthum ar draws cerflun Jean Boucher i goffadwriaeth Charles Le Goffic. Yr un Boucher y rhoddwyd bom dan ei gerflun yn Rennes ac a luniodd y gofeb 'ddadleuol' i goffáu Ernest Renan yn Tréguier. A fedra i weld dim o blaid y golofn hon i Le Goffic. Mae'n wir bod Boucher yn enedigol o ddwyrain Llydaw, ond mewn gwlad â hen draddodiad o gerfio cerrig, rwy'n siŵr y gellid bod wedi cael rhywun o anian mwy cydnaws â chymeriad Charles Le Goffic i lunio cofeb iddo. A pham defnyddio marmor estron yng ngwlad yr ithfaen, lle mae crefftwyr a ŵyr sut i drin y garreg honno?

*   *   *

Ailgydio yn y daith yn Plouaret (Plouared yn Llydaweg). Mae'n brynhawn Sul a chanol y dref fel y bedd. Yma y ganed François-Marie Luzel (1821-1895) – Fanch An Uhel – ac mae'n amlwg fod y dref yn falch ohono. Gwelaf gofgolofn i'w goffadwriaeth o flaen yr eglwys, ac un stryd, un sgwâr ac ysgol oll wedi'u henwi ar ei ôl. Sylwaf mai yr hen Jean Boucher (eto!) a luniodd y gofeb. Cerflun pen-ac-ysgwyddau o Luzel wedi'i osod ar ben dau lyfr trwchus, a'r diffyg cydbwysedd yn awgrymu simsanrwydd. Mae cymeriad i'r wyneb, er hynny. Fe'i ganed ym maenor Keramborgne (Keramborn yn Llydaweg) yn fab fferm gefnog – ni fedraf ddarganfod a saif unrhyw olion o'r lle ac mae canol y dref yn gwbl wag a neb i mi ei holi. 'Treuliais fy mhlentyndod, nes fy mod yn bedair ar ddeg, mewn hen faenor Lydewig o'r enw Keramborgne . . . yn ystod y gaeaf, wedi swper, cynheuid tân mawr ar aelwyd enfawr y gegin, a gyda'r storïwr ar ei stôl yn y lle gorau

Cof-golofn Luzel yn Plouaret

wrth tân . . .' Felly y cofiai nosweithiau ei blentyndod. Brenin y storïwyr oedd hen ŵr dall o'r enw Garandel o Vieux-Marché (Kozh-Varc'had yn Llydaweg) a elwid y *Kompagnun Dall* (cydymaith dall). Cafodd Luzel ei addysg uwch yn Rennes a threuliodd gyfnod fel athro ysgol ond mewn casglu chwedlau a chopïo llawysgrifau hen ddramâu crefyddol a drysorwyd hwnt ac yma hyd ffermdai bro ei febyd yr oedd ei ddiddordeb. Yn 1863 cyhoeddwyd un o'r dramâu, *Santez Tryphina hag ar Roue Arzur* (Santes Tryphina a'r Brenin Arthur). Tua'r adeg honno y cychwynnodd y ffrwgwd rhyngddo â Villemarqué. Bu Luzel yn llythyra'n gyson â Ernest Renan cyn cyhoeddi *Santez Tryphina* ond yn sgil hyn cafodd fwy fyth o anogaeth gan yr athronydd i fwrw 'mlaen â'i gasglu. Cafodd awgrymiadau ganddo, hefyd, sut y dylai gofnodi'r hyn a gasglai. Yn y bennod 'Saint-Renan' yn ei *Souvenirs d'enfance et de jeunesse* mae Renan yn cyfeirio at Luzel fel myfyriwr cydwybodol a thrylwyr.

Cefnogodd Renan ei ymdrechion a chafodd gymorth y wladwriaeth i fynd i gasglu llên gwerin am y ddwy flynedd 1868 ac 1869. Dyna'r adeg y cychwynnodd y ddadl am ddilysrwydd y *Barzaz Breiz* o ddifrif ac ymunodd Luzel yn y feirniadaeth o Villemarqué. Un o'i gyfraniadau dadleuol oedd ei gyhoeddiad *De l'authenticité du Barzaz-Breiz* (Am ddilysrwydd y *Barzaz Breiz*) a gododdd storm na thawelwyd mohoni am dros ganrif – ddim nes cyhoeddi ymchwil Donatien Laurent. Ar sail ei gefndir gellid disgwyl i Luzel fod yn bleidiol i'r hen drefn frenhinol, ond beth bynnag am hynny yr oedd yn weriniaethwr yn bur gynnar yn ei fywyd. Rhwng 1874 a 1880 bu'n gyfrannwr cyson i'r *L'Électeur du Finistère* a *L'Écho de Morlaix*, a'i erthyglau'n ffyrnig o bleidiol i'r safbwynt gweriniaethol. Treuliodd gyfnod fel ynad yn Daoulas. Yn 1881, wedi marw R. F. Le Men, y gŵr a roes y wermod yn nadl y *Barzaz Breiz*, penodwyd Luzel i'w olynu yn swydd archifydd Finistère yn Quimper. Am y tro cyntaf yn ei fywyd roedd gan Luzel swydd oedd wrth fodd ei galon ac yno yr oedd pan ddaeth i gysylltiad ag Anatole Le Braz. Yr oedd yn gasglwr llên gwerin gwyddonol drylwyr. Dywed Per Denez iddo gasglu 87 o ddramâu, 177 o ganeuon a 250 o chwedlau gwerin, llawer heb weld golau dydd a hynny a gyhoeddwyd bron yn ddieithriad yn gyfieithiadau i'r Ffrangeg. Ymysg ei ffynonellau oedd Marc'harid Fulup (1837-1909), hen wraig gorfforol analluog – roedd ei braich chwith wedi'i pharlysu – fyddai'n pererindota ar ran eraill. Oherwydd hynny, roedd ganddi stôr o ganeuon a chwedlau o fröydd Cornouaille a Leon (Finistère yn gyfan felly) yn ogystal â Trégor. Dywedir bod ganddi ar ei chof 200 o ganeuon a 150 o straeon. Yn ogystal â hynny roedd chwaer Luzel yn parhau i fyw yn Plouaret ac roedd ganddi hi gasgliad da o ganeuon a chwedlau ar ei chof a chlust astud am unrhyw ddeunydd newydd.

Ni chafodd Luzel yr un bri ag a gafodd Villemarqué a hwyrach bod elfen o eiddigedd ym meirniadaeth y gŵr o Plouaret. Yr oedd safbwyntiau gwleidyddol y ddau yn wahanol iawn, a hwyrach bod a wnelo hynny rywfaint â'r cweryl hefyd. Ond ni ellir amau nad oedd Luzel yn gasglwr cydwybodol a gwyddonol. Yr oedd gan Villemarqué agenda arall, ond nid teg y cyhuddiadau iddo ffugio'r cwbl. Bu'r ddau farw yr un flwyddyn.

Wrth ymyl yr eglwys mae cerflun rhyfedd – Galo-Rufeinig hwyrach – o'r ail neu'r drydedd ganrif O.C. Anghenfil gwrywaidd yn damsang rhywbeth tebyg i ddraig fenywaidd. Darganfuwyd ffigurau tebyg yn nwyrain Ffrainc ond does neb, hyd y gwn i, yn siŵr beth ydynt na beth yw eu harwyddocâd.

Tua ddwy filltir i'r de o Plouaret saif maenordy Guernanchanay, enghraifft hyfryd o adeilad yn null pensaernïol y Dadeni. Yma y bu byw Guillaume de Coatmohan a sefydlodd goleg Tréguier ym Mharis yn 1325, y coleg a ddaeth ddwy ganrif wedi hynny yn *Collège de France*.

* * *

Taith fer o Plouaret i Le Vieux-Marché (Kozh-Varc'had yn Llydaweg) a'r nod yw ymweld â Traôn-an-Dour lle ganed ac y bu byw Anjela Duval (1905 – 1981) ar hyd ei hoes. Oedi ar sgwâr y pentref – *Plazenn Anjela Duval* – a gofyn y ffordd i'w chartref. 'Mae'n gymhleth,' meddai gŵr oedrannus wrthyf. 'Dilynwch y ffordd tua Tregrom a holwch fan'ny.' Ar draws y rheilffordd a thrwy'r wlad werdd, goediog, a ger Tregrom gofyn y ffordd i ffermwr ar gefn ei dractor. Cael cyfarwyddiadau ganddo yntau ac ymhen dim o dro yr ydym ger y bwthyn lle bu byw un o feirdd enwocaf y ganrif yn Llydaw. Parcio ychydig i fyny'r ffordd a cherdded i lawr y cwm cul coediog at y tŷ. Rwy'n teimlo'n swil yn chwilota'r llefydd bychain, preifat hyn. Mynd at y drws ac at fachgen bach sy'n galw ar ei fam yn syth – gwraig ifanc serchog, groesawus sy'n amlwg yn gyfarwydd ag ymwelwyr. 'Ond rhaid i chi siarad â fy nhad-yng-nghyfraith. Mae e'n gwybod llawer mwy am Anjela Duval na mi,' meddai. Daw ei gŵr hefyd o rywle a chawn sgwrs dda a gweld y ffynnon lle byddai Anjela Duval yn tynnu dŵr a'r darn o'r tŷ a arferai fod yn feudy. Erbyn hyn mae'r bwthyn wedi ei adnewyddu'n llwyr ac mae'n fwy cysurus na phan oedd hi'n byw yma. Mae'r teulu presennol yn perthyn i deulu Anjela Duval er nad wyf yn glir sut yn union. Unig blentyn oedd Anjela Duval i bob pwrpas. Bu farw brawd yn ddeng niwrnod oed a chwaer yn ddeuddeg oed cyn geni Anjela. Ni phriododd – mae ganddi gerdd, *Karantez Vro* (Cariad Bro), yn sôn am ddewis rhwng dau gariad, caru gwlad neu garu gwr. Ond ni fynnai gyfnewid ei gwlad, ei bywyd, ei rhyddid am gyfoeth nac anrhydedd. Ychydig o ysgol a gafodd. Oherwydd salwch roedd yn wyth oed yn dechrau ac yr oedd yn gadael yn ddeuddeg oed i weithio ar y tyddyn gyda'i rhieni. Wedi marw ei thad yn 1941 a'i mam ddeng mlynedd wedi hynny daliodd i dyddynna ar ei phen ei hun bron hyd ddiffygio.

Nid yw'r traddodiad o farddoni yn gryf ymysg merched Llydaw, sy'n ddiddorol o gofio cynifer o ferched fu'n cynnal traddodiad llafar eu gwlad – Marc'harid Fulup, Marie-Louise Le Pallec, Marie Huilliou, Mari Kastellin, Katrin Guern, y Chwiorydd Goadec, y Chwiorydd Reminiac, Mélanie Houédry . . . a'r holl wragedd fu'n adrodd chwedlau wrth Anatole Le Braz. Ond prin yw'r merched fu'n barddoni, ac mae rheswm da dros hynny. 'Chês i ddim diwrnod o ysgol erioed,' meddai Marie Le Goff wrthyf droeon.

Y tyddyn lle bu byw Anjela Duval.

Clywais y geiriau 'O, na, doedd Mam ddim yn medru darllen na sgrifennu' fwy nag unwaith gan Lydawiaid canol oed. Diwylliant llafar oedd eu diwylliant, a chael a chael fu hi i Anjela Duval lwyddo i bontio'r hen ddiwylliant llafar a thraddodiad barddol yr ugeinfed ganrif. Yr oedd hi dros ei hanner cant yn dechrau barddoni – rai blynyddoedd wedi marw ei rhieni. Guillaume (neu Gwilherm) Dubourg (1928 – 1988) a aned yn Tregrom ac a ddychwelodd yn gurad i'w fro enedigol yn 1955 oedd un o'r rhai a roddodd anogaeth gynnar iddi. Iddo ef y dangosodd ei cherdd gyntaf. I un na chafodd ond ychydig o ysgol – a dim addysg yn ei hiaith ei hun – roedd hwn yn gam mawr. Un arall a roddodd anogaeth iddi oedd y Tad Marcel Le Clerc – Marsel Klerg – yr un offeiriad a sgrifennai ataf i gwyno na fedrai dderbyn Radio Cymru yn y saithdegau. Un arall eto oedd Ivona Martin, trysorydd *Ar Bed Keltiek* – y cylchgrawn a olygid gan Roparz Hemon. Ac yn y cylchgrawn hwnnw, yn 1962, y cyhoeddwyd ei cherdd gyntaf. Roedd fel argae yn torri a chyhoeddwyd llif o gerddi ganddi yn *Barr-Heol, Al Liamm, Imbourc'h, Bleun Brug*. Ar ôl diwrnod o lafur ac yn hwyr i'r nos y byddai'n cyfansoddi ei barddoniaeth ac yn tynnu ysbrydoliaeth a delweddau o'i gwaith bob dydd yn nyffryn coediog y Léguer. O'r tir cysegredig – y tir yw'r unig beth yn y byd sy'n werth byw a marw trosto, meddai mewn un gerdd. Cyhoeddwyd *Kan an Douar* (Cân y Ddaear), ei chyfrol gyntaf o farddoniaeth, gan *Al Liamm* yn 1973. Sgrifennodd ei hatgofion am flynyddoedd y rhyfel – *Envorennoù brezel* – yn *Barr Heol, Kaier al Louarn* (Llyfrnodion y Llwynog) yn *Hor Yezh* a chasgliad o hen atgofion, *Tad-koz Roperz Huon*, yn *Al Liamm*, ynghyd â phytiau eraill o ryddiaith. Sgrifennai am natur, am y wlad, ac am ormes – gormes Ffrainc ar Lydaw, gormes y Ffrangeg ar y Llydaweg. Yr orfodiaith i ddefnyddio'r Ffrangeg, yr iaith nad oedd yn gysurus ynddi. Gweld anrhaith y perthi a'r wlad:

> 'Gwelout kleuziou va Bro – framm ha stern ar Brioù kelt -Rac'het didruez ha diskiant . . .'

(Gweld cloddiau fy ngwlad – patrwm a threfn y gwledydd Celtaidd – / Sarnwyd yn ddidostur ac ynfyd . . .)

Gweld y tir yn tyfu'n wyllt eto, y ffermdai'n mynd i ddwylo estron am ddyrnaid o bapur. A'i chefnogaeth o'r F.L.B. (*Front de Libération de Bretagne*), wedyn. 'Arferwn wrthwynebu trais,' meddai. 'Bellach, rwyf o'i phlaid. Dywedaf fod trais yn gyfiawn pan fetha pob dull arall.' Mewn cerdd *Noz an Anaon* (Noswyl y Meirw) mae'n galw ar ysbrydion y meirw i warchod y T.D.B. (*Talbenn dieubidigezh Breizh*, sef yr F.L.B.). Yn ei hangladd gorymdeithiai aelodau o'r F.L.B. fu yng ngharchardai Ffrainc dan y baneri *Gwenn ha Du* y tu ôl i'w helor i'w gorffwysfan olaf.

Yn Rhagfyr 1971 darlledwyd rhaglen deledu amdani a ddangoswyd drwy Ffrainc. Rhaglen mewn cyfres o'r enw *Les Conteurs* (Y storiwyr). Cafodd y rhaglen ymateb syfrdanol a daeth Anjela yn enwog dros nos, drwy Ffrainc fel yn Llydaw. O ganlyniad daeth tyddyn Traon-an-Dour yn gyrchfan pererinion, Llydawiaid wrth reswm, ond daeth pobl o bob rhan o Ffrainc i'w gweld a gwrando arni'n siarad. Pobl fusneslyd, pobl â'u chwilfrydedd yn ddiffuant – a Llydawiaid ifanc a gawsant eu hysbrydoliaeth ganddi. Cyhoeddwyd detholiad o'i gwaith wedi'i gyfieithu i'r Saesneg ynghyd â bywgraffiad ohoni yn yr Unol Daleithiau yn 1992. Yn fwy diweddar, yn 1995, cyhoeddwyd detholiad dwyieithog, Ffrangeg a Llydaweg, ynghyd â darluniau dyfrliw gan Jacques Philippot, *Gant ar Mareoú-bloaz / Au fil des saisons* (Ar hyd y tymhorau) o'i gwaith. Y cyfieithydd i'r Ffrangeg oedd Per-Jakez Helias. Hyd y gwn, ni chyfieithwyd ond dwy neu dair o'i cherddi i'r Gymraeg.

Gadael y teulu croesawus a throi yn ôl tua'r pentref ar hyd y ffyrdd culion a chloddiau o goed cyll, mieiri a derw. Dyw'r perthi y gofidiai Anjela gymaint amdanynt ddim wedi diflannu i gyd. Bu'n brynhawn tawel a theimlaf yn euog am darfu ar y teulu croesawus – bron na theimlwn fy mod yn tarfu ar Anjela Duval ei hun.

*   *   *

I'r gogledd o Le Vieux-Marché, ar y ffordd tua Plouaret, mae 'capel y saith sant' (*Chapelle des Sept Saints*), un o'r straeon rhyfedd, cydwladol, y deuir ar eu traws o dro i dro yn Llydaw. Tua chanol y drydedd ganrif O.C. clowyd saith o Gristnogion o Ephesus mewn ogof ar orchymyn yr Ymerawdwr Rhufeinig Decius. Ddwy ganrif yn ddiweddarach agorwyd yr ogof a deffrodd y saith o'u trymgwsg. Fel y gellid disgwyl, roeddynt yn newynog a dychwelodd y saith i Ephesus i brynu bwyd. Gan na ddefnyddid yr arian oedd ganddynt yn eu meddiant bellach, tynnwyd sylw pobl atynt wrth iddynt geisio prynu bwyd. Tyfodd yr arfer o addoli'r merthyron a elwid yn Saith Cysgadur Ephesus yn gyflym drwy Asia Leiaf. Yn Nhwrci, heb fod ymhell o adfeilion Ephesus, gellir gweld yr ogof lle honnir i'r merthyron gael eu cau. Cymysgwyd stori Saith Merthyr Ephesus â stori saith sant gwreiddiol Llydaw – Samson, Brieg, Peilyn, Malo, Tudwal, Padarn a Corentin.

Ar y pedwerydd Sul o Orffennaf bob blwyddyn cynhelir pererindod flynyddol i'r capel – yr unig un o'i bath yn Ffrainc – gan Gristnogion a Moslemiaid. Cychwynnwyd yr arfer gan athronydd o'r enw Louis Massignon (1883-1962), awdur nifer o gyfrolau ar gyfriniaeth crefydd Islam ac Athro Cymdeithaseg Islamig yn y *Collège de France*.

Yr oedd yn eciwmenydd o argyhoeddiad dwfn; ei nod oedd dwyn ynghyd brofiadau gwahanol grefyddau, megis addoliaeth y saint oedd yn gyffredin iddynt. Yn ganolog i'w ystyriaethau yr oedd y Ffydd Gristnogol a phroblem Islamiaeth i'r meddyliwr o Gristion. Yn ôl rhai roedd ei gydymdeimlad mawr â chrefydd Islam yn peri iddo gymylu'r gwahaniaethau rhwng y ddwy grefydd. Mewn gwirionedd, yr oedd ei ymwybyddiaeth o werth Islam yn peri iddo ddymuno gweld Cristnogion yn dysgu oddi wrthi. Ar yr un pryd dymunai weld Moslemiaid yn treiddio'n ddyfnach i'w treftadaeth a chyrraedd hyd eu llwybrau eu hunain gyflawnder y gwirionedd. Yr oedd yn ŵr a garai bererindodau ac nid syndod iddo ddarganfod yn Llydaw, ac yma yng 'Nghapel y Saith Sant', lawer oedd yn gydnaws â'i natur a'i ddyheadau. Yn ôl Massignon, adeiladwyd y capel gwreiddiol gyda chromlech yn gell otano cyn y flwyddyn 567. Gerllaw'r capel ceir ffynnon wedi'i hamgylchynu ag ithfaen a'r dŵr yn llifo ohoni i saith cyfeiriad. O gofio arwyddocâd cysegredig ffynhonnau yn y cyfnod cyn-Gristnogol dyma fangre sy'n llwythog o gysylltiadau cyfriniol, ysbrydol; man lle crisialwyd yr hyn oedd yn gysegredig i ddyn am filoedd o flynyddoedd. Llydaw hen, a'i gorffennol tragwyddol.

Pennod 12

Morlaix a Souvestre

Canu'n iach i fro Trégor a throi eto tua Penn-ar-bed – neu Finistère a defnyddio'r ffurf Ffrengig. Ailgychwyn y daith o Lannion ac ymhen ysbaid mae'r ffordd yn dilyn pwt o arfordir, sef darn o Saint-Michel-en-Grève hyd Plestin-les-Grèves a Saint Efflam. Rwyf bob amser yn cofio'r darn hwn fel darn o arfordir drewllyd a llygredig. Ar un adeg roedd yn annioddefol ond erbyn hyn mae e ryw gymaint yn well. Yn ôl a glywais y gwrtaith a ddefnyddir ar y tir sy'n gyfrifol amdano ac oherwydd ffurf a safle'r bae ni all y llanw olchi'r llygredd ymaith. Mae trwch o wymon ar y traeth er pob ymdrech gan y ffermwyr ac eraill i'w gario oddi yno. Mae hyn yn drueni oherwydd mae yma draeth eang o dywod caled – ar drai mae'r môr yn mynd allan tua milltir a hanner – a gyda'r pinwydd a'r creigiau yn gefn mae'n ddeniadol i'r llygad os nad i'r ffroenau. Rwy'n awgrymu y dylsem roi tro bach i Locquirec – un arall o'r lleoedd a sefydlwyd gan Curig. Y rheswm dros yr ymweliad yw i ni dreulio pythefnos mewn fflat yn y dref fach, rywbryd yng nghanol yr wythdegau. Rwy'n hoff o ail-ymweld â lleoedd y bûm ynddyn nhw o'r blaen – ta waeth am helbulon rhyfedd a throeon trwstan.

Wedi i ni gyrraedd Locquirec y tro hwnnw, roeddem i fynd i siop y cigydd i nôl yr allwedd. Cyrraedd ar ddiwrnod marchnad pan oedd stondinau ffrwythau, cigoedd, carpedi, a gwinoedd yn ychwanegu lliw a sawr i'r promenâd. Cawsom hyd i'r siop gigydd yn ddidrafferth a chael ein cyfeirio i adeilad uchel, nid adfeiliedig ond bod angen ei drwsio a rhoi cot dda o baent iddo. Hen *annexe* yr *Hôtel de Bretagne* a saif ochr draw'r ffordd. I fyny i'r fflat uchaf oll a cheisio agor y drws. Methu troi'r allwedd yn y clo. Dychwelyd i siop y cigydd ac egluro'r broblem. 'Dim ond yr allwedd hon sydd gennym ni,' meddai'r cigydd. Daeth ei wraig gyda ni i roi cynnig i weld beth ellid ei wneud. Dim lwc. Roedd yn ffodus bod digon o amser gennym. Roeddem wedi hwylio ar y cwch dros nos o Plymouth i Roscoff; er hynny roedd y plant yn aflonyddu. Gwraig y cigydd yn cynnig mynd â mi i weld perchennog y fflat a ffwrdd â ni i bentre bach o'r enw Hellès gan adael Gwen a'r plant ar y traeth. Dechrau poeni o ddifrif o glywed gwraig y cigydd yn dweud bod y perchennog ar fin mynd ar ei wyliau i'r Swistir a beth oeddem ni'n mynd i'w wneud os oedd e wedi mynd? Dechrau gwych i'r gwyliau. A sut fflat oedd hi, beth bynnag, ar ben y fath adeilad diraen yr olwg? Er mawr ryddhad, roedd y perchennog a'i wraig gartref. Edrychodd yn syn ar yr allwedd, gan ddweud mai hon ydoedd hi ac na chafodd drafferth gyda hi o'r blaen. Rhoddodd gwraig y cigydd ei phig i mewn a dweud iddi hithau geisio agor y drws ac iddi hithau fethu. Dywedodd y perchennog y deuai yn ôl i'r fflat gyda mi a gwraig y cigydd i'r fflat. Cyrraedd Locquirec – lle'r oedd Gwen yn ceisio darbwyllo'r plant na fyddai cinio yn hir – ac i fyny'r grisiau tywyll at ddrws y fflat. Rhoddodd y perchennog yr allwedd yn y drws – a'i agor ar unwaith! O am deimlo'n ffŵl! Roeddem wedi bod yn gwthio'r allwedd yn rhy bell i mewn i dwll y clo. Y tu mewn roedd y fflat fwyaf dymunol a golygfa odidog o'r ffenestr ar draws y traethau a mastiau'r llongau hwyliau yn brigo'r bae. A gan fod y perchennog gyda ni dangosodd bob cilfan a chornel a'n dysgu sut i ddefnyddio'r peiriant golchi llestri.

Erbyn dau o'r gloch roedd stondinau'r farchnad wedi diflannu a rhywun gyda thrap a phoni yn mynd â phlant am dro o gwmpas y dref. Roedd digonedd o draethau gwynion i ni eu mwynhau a'u crwydro a'r llanw'n treiglo i mewn yn ara bach gan lenwi'r ffosydd heb chwalu'r campweithiau o gestyll – ddim am beth amser, o leiaf. Mae'n dref ddigyffro gyda llwybrau'n dilyn y glannau, a llwyni uchel persawrus. Gwesty mwyaf y dref yw'r *Hotel des Baines* a'i faes parcio helaeth a rhodfa raean hir yn arwain ato. Fûm i erioed y tu mewn i'r gwesty, dim ond ei edmygu o hirbell. Dywedodd Madeleine Le Guerch, o Roscoff, wrthyf mai i'r *Hotel des Baines* y daw cymdeithas y perchenogion Daimlers am eu sasiwn flynyddol. Pan oedd perchennog blaenorol y gwesty – sef cefnder Madeleine – am werthu'r gwesty ac ymddeol roedd y gymdeithas yn mynnu dychwelyd ato am nad oedd gwesty arall yn Llydaw â rhodfa ddigonol i barcio deg ar hugain o Daimlers gyda'r urddas dyledus. Erbyn hyn mae cefnder Madeleine wedi gwerthu'r gwesty. Tybed a yw'r Daimlers yn parhau i ddod yma bob gwanwyn?

Mae crwydro Locquirec yn brofiad difyr. I ba gyfeiriad bynnag yr ewch fe ddewch o hyd i draeth ac yn fynych cewch drafferth i ganfod eich ffordd yn ôl – mae'n benrhyn bach twyllodrus. Ac mae syllu draw ar Lannion, Trébeurden a'r Île Grande yn un o atyniadau'r penrhyn. Er nad oes siop lyfrau yma fe welwn mewn siop sy'n gwerthu taclau pysgota, potiau coffi a rhoddion o bob math fod yma lyfrau drudfawr am Lydaw, gan gynnwys argraffiadau hardd o *Légendes de la Mort* Anatole Le Braz ac un o gasgliadau Luzel, *Contes Populaires de la Basse-Bretagne*.

Mae eglwys Locquirec yn haeddu ymweliad gyda'i thŵr hynafol – ail ganrif ar bymtheg – y darluniau sy'n addurno bwâu'r gangell a chroes yr eglwys a'r cerfiadau o Ddioddefaint Crist y tu ôl i'r Brif Allor.

Gan i ni droi i Locquirec cystal parhau ar hyd yr arfordir creigiog a mwynhau tawelwch y ffyrdd culion draw i Plougasnou. Ni ellir osgoi pentre *Saint-Jean-du-Doigt* (Sant-Yann-ar-Biz yn Llydaweg). Saif mewn cwm cul lai na milltir o'r môr. Fymryn yn nes i'r mor mae'r cwm yn lledu a cheir cyfle i weld y tonnau a'u brigau gwynion yn gorymdeithio'n rhesi tua'r traeth. Soniais yn *Crwydro Llydaw* am ddirgelwch dod ag asgwrn bys Ioan Fedyddiwr i'r gornel bellennig hon. Oherwydd y fath grair gwerthfawr – a gedwid yn eglwys Sant Meriadeg yn wreiddiol – daeth y pentre'n gyrchfan pererinion ac ym 1440 cychwynnodd y Dug Jean V adeiladu eglwys fyddai'n gartref teilwng i'r darn asgwrn. Heblaw hynny ceir wrth yr eglwys ffynnon ac iddi ddŵr sy'n iacháu doluriau'r llygaid. Cerddodd y Dduges Anne ran o'r ffordd o Morlaix i *Saint-Jean-du-Doigt* gyda chlocsiau am ei thraed, a'r gweddill yn droednoeth – gall clocsiau fod yn hynod anghyffordus – i dalu gwrogaeth i'r bys yn ystod pererinhod *Tro Breizh*, sef taith i ymweld â chadeirlannau saith sant Llydaw. Ar y pryd roedd y Dduges – oedd hefyd yn Frenhines Ffrainc – yn dioddef anhwylder ar y llygaid a chafodd wellhad wedi iddi eu golchi yn ffynnon yr eglwys. Fel arwydd o werthfawrogiad cyflwynodd Anne rodd i'r eglwys bob blwyddyn o 1505 hyd ei marw yn 1514, sy'n egluro pam bod hon yn eglwys mor odidog. I gael gwellhad rhoddir y darn asgwrn yn y dŵr a defnyddio'r dŵr wedyn i olchi'r llygaid. Ond does wiw rhoi'r clod i gyd i ddyfroedd hen ffynnon baganaidd – rhaid dwyn rhyw elfen ddigamsyniol Gristnogol i'r ddefod. Dyna fy nghred i, beth bynnag. Ac o sôn am baganiaeth a Christnogaeth yn toddi i'w gilydd rhaid cyfeirio at Bardwn *Saint-Jean-du-Doigt* – y Pardwn Tân. Fe'i cynhelir ar Fehefin 24, ac fel rhan o'r ddefod cynheuir coelcerth wrth y Galfaria. Defod hŷn na Christnogaeth â'i gwraidd mewn haul-addoliaeth pan gynnid tanau i ddathlu canol haf. Erbyn hyn aeth yr arfer yn angof ym mhobman yn Ffrainc – ac eithrio yn Llydaw a rhai ardaloedd ym mynyddoedd y Pyrenées.

Troediwch yn ofalus wrth grwydro'r pentre oherwydd mae'n atynfa i arlunwyr – yr adeiladwaith Eidalaidd o gwmpas y ffynnon, a'r eglwys yn ei Gothig Ysblennydd. Ac yn ogystal â bys Ioan Fedyddiwr mae esgyrn un o freichiau Sant Maodez a darn o benglog Sant Meriadeg yn nhrysordy'r eglwys – un o'r trysordai cyfoethocaf yn Llydaw. Enw gwreiddiol y pentre oedd Traoun Meriadeg, ond fel llawer tref a phentref arall bu raid i'r hen Gelt ildio'i le i sant oedd yn fwy cymeradwy gan Rufain.

*   *   *

Ar gyrion Morlaix (Montroulez) ceir un o'r canolfannau siopa hynny sydd mor gyffredin ar gyrion trefi mawr a dinasoedd Llydaw. Oddi yno i ganol y dref yr ydych yn mynd i lawr ar eich pen, fel petai. Mae'r hen gei gyda'i dai a'i westai yn ddeniadol a rhamantus a phont y rheilffordd – 191 troedfedd o uchder, 923 troedfedd o hyd – fry yn yr entrychion fel pe bai'n llethu'r tai islaw. Yn 1943 ceisiodd Awyrlu Prydain ei ddinistrio ond heb lwyddiant. Atgyweiriodd yr Almaenwyr y difrod i'r bont o fewn pythefnos. Ond lladdwyd 80 o Lydawiaid, llawer ohonynt yn blant, a dinistriwyd *Rue Ange-de-Guernisac*, un o'r harddaf o'r hen strydoedd a difrodwyd rhan o eglwys Saint-Melaine. Er hynny, adnewyddwyd y stryd a'r eglwys yn wyrthiol ac mae yma amryw o heolydd a llwybrau i'w cerdded os ydych yn egnïol, a golygfeydd godidog yn dâl am yr ymdrech. Mae'n daith enbyd i mi, i fyny o'r *Place de Viarmes*, hyd y *Rue du Fil* i fyny grisiau'r *Venelle des Fontaines*, ar hyd y *Rue Sainte-Marthe* tua'r *Place des Jacobins*. Yma, yn hen eglwys Urdd Sant Dominic a fu wedi hynny yn wersyll milwrol mae amgueddfa ac ynddi oriel o ddarluniau gan nifer o arlunwyr enwog, oriel i goffáu Gustave Geffroy (1855-1926), newyddiadurwr, nofelydd ac, yn anad dim, beirniad celf. Er mai ym Mharis y ganed ef, ac yno y bu farw, yr oedd ei rieni o Morlaix. Yr oedd yn frwd o blaid yr arlunwyr argraffiadol, Monet yn arbennig. Gymaint y parch i'w farn fel beirniad celf fel cyfrannodd nifer o'i gyfeillion ddarluniau pan fu farw, i sefydlu'r oriel hon er cof amdano. Ymysg y darluniau sydd i'w gweld ynddi mae gweithiau gan Monet, Bonnard, Cézanne, Eugène Boudin, Jean-Julien Lemordant, arlunydd nenfwd theatr yn Rennes a aned yn St Malo, a Mathurin Méheut yr arlunydd o Lamballe. Sgrifennodd ddwy gyfrol am Lydaw, *Pays de l'Ouest* (1897) a *La Bretagne* (1905). Ailargraffwyd yr ail yn 1981. Yr oedd ganddo feddwl mawr o wlad ei dadau.

Un adeg roedd Morlaix yn borthladd pwysig – a'r drydedd dref mewn pwysigrwydd yn Llydaw. Byddai ei marsiandïwyr yn teithio i'r Iseldiroedd, Sbaen, Denmarc a Phrydain. Roedd hyd yn oed yr uchelwyr yn ymwneud â masnach yn Morlaix a dylanwadodd hynny ar gelfyddyd y dref – fel y gwelir ym mhoblogrwydd y bensaernïaeth Gothig Ysblennydd. Cafodd y dref sawl sgarmes gyda'r Saeson. Yn niwedd y bymthegfed ganrif pan oedd Morlaix yn ffynnu fel porthladd masnach – roedd Jean Coetanlem a môr-ladron eraill yn prysur ddilyn esiampl eu cydwladwyr yn St Malo. Ni fedrent ymatal rhag ymosod ar bob llong Seisnig a welent. Roedd Coetanlem – gŵr a fedrai amryw ieithoedd – yn ei ystyried ei hun yn frenin y moroedd ac un o'i gyrchoedd enwocaf oedd ar Fryste yn 1484 pan hwyliodd o gwmpas Land's End, trechu llynges Lloegr ym Môr Hafren, gan anrheithio ac ysbeilio'r ddinas a llosgi rhan helaeth ohoni i'r llawr. Ond mae cof hir gan y Saeson ac, yng Ngorffennaf 1522, ar ôl clywed bod uchelwyr Morlaix wedi ymgasglu yn Guingamp a'r werin yn eu mwynhau eu hunain mewn ffair yn Noyal-Pontivy, hwyliodd fflyd fawr o longau o Loegr i fyny'r aber a gadael byddin niferus ar eu holau. Ganol nos, pan oedd y dref yn dawel daeth y Saeson yn llechwraidd o'u cuddfannau yn y coedwigoedd o gwmpas y dref, gan ysbeilio a lladd yn ddidrugaredd. Yn y bore aeth rhai o'r Saeson yn ôl i'r llongau, ond roedd nifer wedi aros i feddwi'n gaib yn seleri'r dref. Llwyddodd rhai o drigolion Morlaix i ddianc a mynd i Guingamp am gymorth. Daeth Arglwydd Laval â mintai o filwyr ar frys i Morlaix a bu dial ofnadwy eto – nes oedd ffynnon yn y *Quai de Beaumont* yn llifo o waed y Saeson. Adroddir stori am forwyn yn y *Grande Rue* yn agor y llifddorau a gadael i'r afon lenwi'r selar a phan ruthrodd y Saeson lloerig i mewn i chwilio am ddiod, boddwyd pedwar ugain ohonynt yn y man a'r lle. Wedi darganfod beth wnaeth y forwyn fe'i taflwyd hi allan drwy'r ffenestr i'w dal ar bicellau'r Saeson y tu allan. Canlyniad y sgarmesoedd hyn fu adeiladu caer ar graig yng ngheg yr aber – gyferbyn â Carantec – o'r enw *Chateau du Taureau*. Ni fentrodd y Saeson yn agos i Morlaix am yn hir wedyn. Rhaid bod gwell dealltwriaeth rhyngddynt bellach gan fod y Saeson yn prynu tai haf yn yr ardal.

Ganwyd nifer o lenorion enwog yn Morlaix. Soniais eisoes am Tristan Corbière wrth ymweld â Roscoff, ond yma yn Morlaix y ganed ef. Yma y ganed yr ieithydd a'r hanesydd Celtaidd Léon Fleuriot (1923-1987) – un o'r rhai a roes fywyd newydd i astudiaethau Celtaidd yn Llydaw. Hon hefyd yw tref enedigol Louis Le Guennec (1878-1935) – defnyddiai'r ffurf Lydaweg Loeiz ar Gwenneg, hefyd. Gwelir darluniau o'i waith yn *Helynt y Pibydd* – cyfrol o chwedlau gwerin Llydaweg a droswyd i'r Gymraeg gan Geraint Dyfnallt Owen. Dyma dref Yves le Fèbvre (1874-1959), bargyfreithiwr, sosialydd milwriaethus a nofelydd. Am un o'i gyfrolau, *La Terre des Prêtres* (Tir yr offeiriaid), dywedodd Ambrose Bebb ei fod yn llyfr 'sydd yn ddiddorol ac eto'n ofnadwy, ac, fe obeithiaf, yn rhy galed ac annheg'. Un o feirdd iau y dref yw Kristian Keginer a anwyd yn 1952. Am ei gyfrol gyntaf o farddoniaeth, *Un dépaysement*, dywedodd Paol Keineg, y bardd a'r dramodydd o Quimerc'h, ger Chateaulin, '. . . y gellir ei gymharu â Dylan Thomas neu Tristan Corbière, ei gydwladwr, ond iddo'i hun a neb arall y perthyn llais Keginer'. Nid oedd Keginer ond ugain oed pan gyhoeddwyd y gyfrol honno! Cyhoeddid gwaith Keineg a Keginer gan yr un wasg – P. J. Oswald, Honfleur. Llenor arall o Morlaix yw Michel Mohrt (1914-), ysgrifwr a nofelydd â mwyafrif ei weithiau wedi'u cyhoeddi gan Gallimard, Paris. Roedd ei nofel gyntaf, *Mon Royaume pour un cheval* (Fy nheyrnas am geffyl), a gyhoeddwyd yn 1949, yn portreadu drwy lygad dau berson, erchyllterau'r rhyfel o dan ormes yr Almaen a'r blynyddoedd wedyn.

Daw sôn am y rhyfel â mi at y gŵr dadleuol ofnadwy hwnnw, Fanch (neu Francis) Gourvil (1889-1984). Mae Robin Chapman yn ymdrin â Gourvil yn ei gyfrol *Dawn Dweud – W. Ambrose Bebb* (Gwasg Prifysgol Cymru, 1997). Cyfeiria'n benodol at daith Bebb drwy Lydaw yn 1939, y daith a gofnodir yn *Dydd-Lyfr Pythefnos*, a'r defnydd a wnaed o'r gyfrol i erlid gwladgarwyr Llydewig a charedigion yr iaith a'r diwylliant gan yr awdurdodau Ffrengig wedi i'r Almaenwyr gilio. Ac, wrth gwrs, y cwestiwn o bwy a drosodd *Dydd-lyfr Pythefnos* i'r Ffrangeg i'w ddefnyddio at y pwrpas hwnnw. Mae'r dystiolaeth a gyflwynir gan Mr Chapman yn awgrymu mai Gourvil oedd y cyfieithydd. Mae Thierry Guidet yn ei gyfrol *Qui a tué Yann-Vari Perrot?* yn fwy pendant mai Gourvil a'i cyfieithodd. Dywed iddo gael cadarnhad oddi wrth y Canon Francois Falc'hun fod Gourvil wedi cyfieithu rhannau o lyfr Ambrose Bebb a'u hanfon at Duparc, Esgob Quimper. Pwrpas hynny, mae'n debyg, oedd tynnu sylw'r Esgob at ddaliadau paganaidd Olier Mordrel, un o'r cenedlaetholwyr asgell-dde y bu Bebb yn ei gyf-weld ar gyfer y gyfrol.

Cyfeiria Bebb droeon at Gourvil yn *Llydaw* (Foyle, 1929). 'Yr wyf yn gyfarwydd iawn ag ef erbyn hyn, ac yn ei gyfrif yn un o'm cyfeillion gorau yn Llydaw,' meddai. 'Ond y peth a'm synna'n fwyaf ynddo ydyw ei wybodaeth o'r Gymraeg, a'i fedr i'w llefaru.' Soniai'r Americanes Amy Oakley (*Enchanted Brittany*): '. . . Quimper may be more overwhelming in its visual appeal . . . yet Morlaix is the traditional center of song and story in the oft-praised dialect of Léon. Dear is the Léon tongue to the bards who frequent the book-shop of *Ti Breiz*, kept by Francis Gourvil, one of their number, an authority on the Breton language.' A'r un modd y soniai Bebb am ymweld â siop lyfrau Gourvil. 'Canu ydyw hoff waith Gourvil, a cheidw draddodiad y bardd crwydr yn ei flaen, trwy fyned o fan i fan tros Lydaw benbaladr i ganu.' Dysgodd Gymraeg ym Methesda, Arfon. Wedyn meddai Bebb ymhellach: 'Nid Pabydd tanbaid, brwdfrydig, mohono, a chyfeddyf nad yw'r offeiriaid mor danllyd o blaid y Llydaweg ag y gallent fod. Er hynny, y mae'r dyb ganddo iddynt, a'u cymryd at ei

Fanch Gourvil.

gilydd, wneuthur mwy o'i phlaid na neb arall.' Cyflwynodd Bebb ei gyfrol *Pererindodau* (Gwasg Gee, 1941) 'I'm Cyfeillion yn Llydaw; ac yn arbennig i Francis Gourvil'. Yn ystod taith y *Dydd-lyfr Pythefnos*, cyfarfu Bebb â Gourvil am y tro olaf, pryd y daw'r Cymro i'r casgliad 'bod fy nghyfaill Gourvil yn credu bod y Mudiad Llydewig . . . rywsut . . . dan nawdd Hitler!'

Câf yr argraff fod Gourvil yn un â'i lygad am gyfle. Mae Mr Chapman yn cyfeirio at yr hyn gynhwysir am Gourvil yn y bywgraffiadur o lenorion a ieithwyr Llydaw, *Geriadur ar Skrivagnerien ha Yezhourien*, 'bu'n . . . un o erlidwyr effeithiolaf cenedlaetholwyr Llydaw'. Mae hyn yn ddiau yn wir. Torrwyd y newydd bod erlid echrydus ar wladgarwyr Llydewig wedi i'r Almaenwyr gilio mewn erthygl gan Dyfnallt Owen yn *Baner ac Amserau Cymru* (Mawrth 7, 1945). Rhoddodd hyn gychwyn i gyfres o lythyrau ac erthyglau, rhai gan Gymry, llawer yn ddienw gan Lydawyr. Ymysg y llythyrau o Lydaw yr oedd un oddi wrth 'Llydawr III o Morlaix' yn amddiffyn gweithredoedd yr awdurdodau Ffrengig. Daeth y llythyr drwy law J. Gerlan Williams a fu am gyfnod hir yn genhadwr Protestannaidd yn Quimper ac a oedd yn hynod am ei ddiffyg cydymdeimlad ag arferion y Llydawiaid – cyfeiriais ato yn *Crwydro Llydaw*. Clywais o ffynhonnell sicr mai Gourvil oedd 'Llydawr III', sef awdur y llythyr a dderbyniodd *Y Faner* o law'r Parchedig Williams. Ceisiais gadw meddwl agored ar y mater hwn – ac fel y dywedais eisoes, nid oes amheuaeth na fu i rai Llydawiaid gydweithio â'r Almaenwyr – ond mae hanes wedi dangos bod y llythyr yn ddigywilydd gelwyddog. Ar fater darlledu yn y Llydaweg dywed: '[Y rheswm] nid yw Radio-Rennes wedi darlledu dim yn Llydaweg ar ôl y Rhyddhad ydyw fod y peiriant eto heb ei adfer i'w lawn rym ar ôl i'r Almaenwyr ei ddinistrio pan yn ymadael.' Wedyn: 'Heb un eithriad nid oes neb wedi ei gondemnio i farw, nac i benydwasanaeth, nac i dymor o garchariad, os nad mewn rhyw fodd neu'i gilydd wedi cydlafurio â'r Almaenwyr drwy fradychu ei gydwladwyr neu ymuno â'r byddinoedd a oedd yn ymladd yn erbyn y Cynghreiriaid a'r F.F.I. . . . gallaf sicrhau Cymru nad oes unrhyw fath o erledigaeth yn Llydaw ac na theimlwn y dylid dangos cydymdeimlad â'r rhai fu'n ein gwasgu mor drwm a chreulon. Y rhai sydd yn deilwng iawn o gydymdeimlad pawb ydyw teuluoedd y cannoedd a boenydiwyd ac a laddwyd gan yr Almaenwyr ac y taflwyd eu cyrff yn bendramwnwgl i'r ffosydd hirion a dyfnion a ddarganfuwyd ar ôl i'r gelyn gael ei yrru ar ffo.'

Gourvil, a J. Gerlan Williams, oedd yr unig ddau i amddiffyn yr awdurdodau Ffrengig. Cyhoeddwyd llythyrau gan amryw Lydawyr, rhai fel y meddyg Yann Ezel (1908-1967) o Douarnenez a dreuliodd gyfnod mewn carchar-wersyll cyn cael ei ryddhau yn ddigyhuddiad. Ond roedd y mwyafrif dan ffugenwau – a phob un yn tystio nad oedd Gourvil a Williams yn dweud y gwir. Yn rhifyn Ebrill 24, 1946, gwelwyd llythyr oddi wrth 'Llydawr IV' yn rhoi enghreifftiau o'r poenydio a ddioddefai'r Llydawiaid yn y gwersylloedd. 'Yn Gwened... bu diffyg maethu bwriadol: poenydiwyd eraill trwy losgi eu cyrff yma ac acw gyda phytiau sigarennau wrth eu croesholi; yn Chateaubriant mabwysiadwyd aferion sadistaidd megis gorfodi hen wŷr i redeg ar eu traed a'u dwylo, a hyd yn oed fwyta eu tom eu hunain.'

Yn cydredeg â'r llythyron hyn cafwyd erthyglau pellach gan Dyfnallt a chyfres o adroddiadau cynhyrfus gan Dewi Watkin Powell (Y Barnwr Powell wedyn) a aeth fel gohebydd ar ran *Baner ac Amserau Cymru* i'r llys yn Rennes pan oedd Roparz Hemon ar brawf. Cydnabyddai Hemon mai adroddiadau Dewi Watkin Powell a'r diddordeb yn ei achos yng Nghymru a'i cadwodd rhag ei ddedfrydu i farwolaeth. Cafodd ei ryddhau ond â'i freintiau cenedlaethol wedi eu colli am ddeng mlynedd. Aeth i Iwerddon ac yno yn Nulyn y bu farw yn 1978. Yn *Baner ac Amserau Cymru* (Ebrill 3, 1946) soniai Mr Powell am ymweliad â gafodd wrth swyddog gwybodaeth y llywodraeth, M. Le Nen, ac wrth 'Gourville (sic), golygydd y *Ouest France* a ddaeth bob cam o Morlaix i'm gweld.' (Gohebydd *L'Ouest-Eclair* oedd Gourvil.) Ymhlith datganiadau Gourvil a ddyfynnid gan Mr Powell oedd hwn: 'Nid yw'r bobl gyffredin am ddysgu'r iaith (sef Llydaweg) yn yr ysgolion. Y cenedlatholwyr yn unig sydd am hynny.' Os felly, holai Mr Powell, sut y gellid egluro bod deiseb a drefnwyd yn 1938 yn dangos bod mwyafrif mawr yn y Llydaw Lydaweg o blaid dysgu'r iaith yn yr ysgolion. Gwrthod ateb a wnaeth Gourvil. Yr oedd cyfaill mawr Ambrose Bebb wedi'i werthu ei hun gorff ac enaid i'r sefydliad Ffrengig.

Ond a oedd wedi ei werthu ei hun flynyddoedd cyn hynny? Yn *Dydd-Lyfr Pythefnos* mae Bebb yn sôn am gyfarfod athro ysgol ifanc o'r enw Joachim Darsel yn Locquirec. Dywed Robin Chapman yn ei lyfr i Ambrose Bebb dderbyn llythyr oddi wrth Darsel yn Rhagfyr 1945 yn dweud bod Gourvil wedi derbyn swydd gyda'r '*Deuxième Bureau*, gwasanaeth cyfrin Ffrainc, yn cyfieithu erthyglau a llythyrau Llydaweg at aelodau blaenllaw o'r gwahanol fudiadau gwleidyddol a diwylliannol.' Dywed Mr Chapman fod Gourvil wedi dal swydd gyffelyb yn y Rhyfel Cyntaf ac mae'r *Geriadur ar Skrivagnerien ha Yezhourien* yn cadarnhau iddo fod yn gyfieithydd ieithoedd Celtaidd i sensor y Lluoedd Arfog yn Pontarliers a Dijon. Roedd cloffni arno o'r crud, felly nid oedd raid iddo ymrestru yn y rhengoedd. Un nodyn gyda llaw, a all fod yn berthnasol neu'n amherthnasol wrth fynd heibio: cyfeiriais eisoes at nofel dditectif Didier Daeninckx, *Meurtres pour mémoire*. Mae ganddo ddisgrifiad o gymeriad o'r enw Lécussan, Cyfarwyddwr Archifau Gweinyddol yn Toulouse, ond un a fu'n frwd o dan Lywodraeth Vichy yn anfon Iddewon i'r ffwrneisi nwy. Cydweithio â Ffrainc yn erbyn y Llydawyr wedi'r rhyddhad a wnaeth Gourvil. Cydweithio â'r Almaenwyr yn ystod y rhyfel a wnaeth y cymeriad yn nofel Daeninckx. Daeth llwyddiant i'r ddau wedi'r rhyfel ond yr hyn a'm trawodd i oedd y disgrifiad o Lécussan – ei droed-glwb a rhythm unochrog ei gerddediad. Ni chyfarfûm erioed â Gourvil ond cofiaf y disgrifiad o'i gerddediad cloff a glywais gan un oedd yn ei adnabod. Hefyd, yn y nofel ceir cyfeiriadau at Lydaw. Enwir Trébeurden a Lannion – y ddau le yn bur agos i Morlaix. Nid oedd reswm dros ddewis y lleoedd hyn o safbwynt y stori – oni bai bod yr awdur am gyfeirio'n meddyliau at Lydaw. Ac fel y soniais eisoes mae mwy nag un cyfeiriad yn y nofel at Max Jacob, er nad oes ynddi ddim i egluro pwy oedd Jacob, ymhle y ganed ef a sut neu ymhle y bu farw. Gan nad wyf yn Ffrancwr wn i ddim pa mor adnabyddus yw'r manylion hyn am Max Jacob y tu hwnt i ffiniau Llydaw. A ydw i'n tynnu gormod o'r cyfeiriadau hyn? Ai cyd-ddigwyddiadau diarwyddocâd ydynt? Os felly, maent braidd yn niferus. Cyhoeddwyd *Meurtres pour mémoire* yn 1984, yr un flwyddyn ag y bu farw Gourvil.

Wedi diwedd y rhyfel cafodd Gourvil waith fel ysgrifennydd y cyngor a sefydlwyd i erlid

Llydawiaid y tybiwyd iddynt fod yn ymwneud â gweithrediadau gwrth-Ffrengig. Daeth llwyddiannau lu i'w ran ar ôl hynny. Cafodd ei ddyrchafu'n llywydd y *Société d'Etudes Artistiques et Littèraires du Finistère* yn 1944. Cyflwynwyd gradd doethur Prifysgol Rennes iddo yn 1960 am draethawd hir, *La Villemarqué et le Barzaz-Breiz*. Mae'n waith llym, annheg o feirniadol o Villemarqué, fel y profodd gwaith ymchwil Donatien Laurent. Tystir i'w ddiwydrwydd a'i adnabyddiaeth o Lydaw mewn llu o gyhoeddiadau – mae ei ysgolheictod a'r wybodaeth o darddiad enwau lleoedd a geir yn y gyfrol *Noms de famille bretons d'origine toponymique* (cyfenwau Llydewig yn seiliedig ar enwau lleoedd) yn rhyfeddod. Ysywaeth, bradychodd lawer o'i hen gyfeillion a bu ganddo ran yn y driniaeth erchyll a gafodd oddeutu 3,000 o'i gyd-Lydawiaid yn y gwersylloedd-carchar yn dilyn rhyddhau Llydaw o law'r Ellmyn.

* * *

Dywedais eisoes bod Llydaw yn un o wledydd cyfoethocaf y byd mewn llên gwerin. Mae'n anodd didoli'r chwedlau gan fod cynifer ohonynt, ac mae'r categorïau ohonynt yn niferus. Cyfeiriais at gasgliad Anatole Le Braz o chwedlau am y meirw. Mae'r chwedlau hynny weithiau'n ymwneud â'r môr, weithiau â'r wlad. Ceir chwedlau am Arthur, Marchogion y Ford Gron a'u boneddigesau, Trystan ac Esyllt. Chwedlau, wedyn, sy'n ymwneud â'r Tylwyth Têg. Hen chwedlau sy'n cynnwys rhyw gof am ddigwyddiad o'r gorffennol pell, fel Ker Ys, am foddi dinas dan y môr. A'r chwedlau am y saint sy'n fynych o ddiddordeb arbennig i ni Gymry am fod llawer ohonynt yn ein cysylltu'n uniongyrchol â Llydaw. Cyfeiriais at lawer o'r straeon hyn yn *Crwydro Llydaw* gan gynnwys crynodeb o amryw ohonynt. Y saint yw arwyr mawr chwedloniaeth Llydaw – nhw sy'n gwaredu'r wlad o ddreigiau sy'n rheibio'r wlad, ac mae'n nhw'n trechu'r Diafol bob cynnig. Mae'n wyrth bod pechod ar ôl wedi'r holl golbio a ddioddefodd y Gŵr Drwg gan saint Llydaw! Ddim yn anfynych, hefyd, fe geir hanesion am ambell hen sant yn cael y trechaf ar y Bod Mawr ei hun – mewn ffordd ddiniwed a direidus, wrth gwrs. Prawf pellach o fel y bu i saint-addoliaeth â'i arlliw o baganiaeth ddal gafael yn Llydaw drwy babyddiaeth. Yn ôl Jung, mytholeg yr arwr yw'r mwyaf cyffredin yn y byd. 'Y mae iddi batrwm cyffredin, er iddi gael ei datblygu gan grwpiau ac unigolion heb gysylltiad uniongyrchol â'i gilydd,' meddai. 'Mae prawf cynnar o nerth yr arwr i'w gael yn y mwyafrif o fythau yr arwr ... mae'r ffigurau hanner-dwyfol hyn yn cynrychioli'r holl *psyche*, yr unaniaeth ehangaf a mwyaf cyfansawdd y gall gwerin ei ddyfeisio.'

I Albert Le Grand (1599-1644) a anwyd ac a fu farw yn Morlaix y mae'r diolch bod chwedlau'r saint wedi aros yn rhan o ddiwylliant y Llydawiaid. Ef a gasglodd y chwedlau a glywodd ar dafodau'r werin a'u diogelu yn y gyfrol *Buhez ar Zent* (Bucheddau'r Saint) – cyfrol a ddaeth, yng ngeiriau Ambrose Bebb, yn 'Feibl' y Llydawiaid, 'a ddarllennir ganddynt y bore weithiau, a'r hwyr yn gysonach fyth'. Mae Albert Le Grand ei hun yn rhan o chwedloniaeth Llydaw. Dywedid y byddai'r saint yn dod o Baradwys i ymweld ag ef i'w helpu i sicrhau bod manylion eu bywydau'n gywir! Er hynny fe'i beirniadwyd a'i gyhuddo o fod yn hanesyddol anniogel. Lol, wrth gwrs. Rhan o draddodiad llên gwerin Llydaw ydynt a dylid cydnabod Albert Le Grand am yr hyn ydyw – casglwr llên gwerin cyntaf ei genedl. Mae'r gyfrol yn gyforiog o chwedlau, arferion a rhyfeddodau.

Wedyn, dyna Emile Souvestre (1806-1854), un arall o blant Morlaix. Souvestre, a wnaeth i chwedlau gwerin Llydaw yr hyn a wnaeth Villemarqué i'w faledi a'i chaneuon gwerin, eu poblogeiddio a'u dwyn i sylw'r byd. Yr oedd yn fab i beiriannydd pontydd a ffyrdd yn Morlaix ac ar ôl cael ei addysg uwch yn Pontivy a Rennes mentrodd tua Pharis. Bu'n newyddiadurwr, gyrfa a ddilynodd drwy ei oes rhwng sgrifennu nofelau a chasglu chwedlau gwerin. Er iddo gael peth amlygrwydd ym Mharis dychwelodd i Lydaw ac yn 1834 cyhoeddwyd erthygl o'i waith, '*Poésies populaires de la Bretagne*', yn y cyfnodolyn *Revue des Deux Mondes*. Bu hwn yn ddigwyddiad pwysig yn ei hanes a dros y ddwy flynedd ganlynol datblygodd yr erthygl yn gyfrol – *Les Derniers Bretons* (Y Llydawyr olaf). Bu'r cysylltiadau oedd ganddo ym Mharis yn gymorth a chafodd lwyddiant pellach gyda *Le Foyer Breton* (Yr aelwyd Lydewig). Sgrifennodd Goethe eiriau i'r perwyl fod yr hyn nad yw'n swyno yn farw. Os felly, mae gwaith Souvestre mor fyw ag erioed. Gwelais gyfrol Saesneg, *Breton Fairy Tales*, a gyhoeddwyd gan Gollancz heb fod lawer o flynyddoedd yn ôl a'r mwyafrif o'r storïau ynddo yn gyfieithiadau o gasgliadau Souvestre. Mae Llydaw'r canrifoedd a fu yn fyw yn ei weithiau – ef, y gŵr a glywodd am ryfeddodau'r aderyn a siaradai, y goeden yn canu a'r dyfroedd aur. Teithio ar gefn ceffyl neu mewn cwch a wnâi Souvestre, gan gofnodi'r hyn a glywai yn Llydaweg a'i gyfieithu i'r Ffrangeg. Heddiw, ar ddiwedd yr ail fileniwm, mae teithio Llydaw yn llawer haws ond fe ddewch o hyd wyneb yn wyneb â hen adeiladau ac arferion nad ydynt yn perthyn i'n hoes fodern ni. Heddiw mae Llydaw yn fodern, ei ffyrdd yn hwylus, ei threfi'n llewyrchus. Mae yma fwy o raen nag sydd ar Gymru – ym mhob ffordd, heblaw am yr iaith sy'n nychu ac yn dihoeni am resymau sydd y tu hwnt i allu'r Llydawiaid i'w goresgyn. Ac ni ddylid digalonni am honno, chwaith. Mae gobaith mewn gwlad mor gyndyn i ddal at ei gwreiddiau a'i gorffennol.

Ar draws gwlad wastad, gwlad y llysiau cynnar, gydag ambell gip ar y môr a'r Kreisker â'r Eglwys Gadeirlan yn Saint-Pol-de-Léon yn nod, dychwelwn tua Roscoff. Bore yfory bydd marchnad yn Roscoff ac yn y prynhawn y cwch a Chymru . . .

*   *   *

Un tro bach o gwmpas marchnad Roscoff tra'n bod ni'n disgwyl awr ymadael. Mae'r *Chez Janie* ar gau – rwyf newydd glywed am fethdaliad y perchenogion. Tor-priodas wedi gyrru'r hwch drwy'r siop. Prin y gallasai dim arall fod wedi achosi'r fath drychineb. Oni fu'r gwesty'n llawn drwy'r haf a'r un modd y bar a'r patio o'i flaen? Fe ddaw rhywun arall a bydd y gwesty'n llwyddo eto. Mae fan wen yn aros gyferbyn â mi. Gŵr cydnerth iach a gwên fel haul canol dydd a'r aur yn ei ddannedd yn fflachio. André Quemener, Sioni Winwns a arferai fynd i'r Alban cyn rhoi'r gorau i'r fasnach a chanolbwyntio ar ffermio. 'Nawr oeddwn i'n meddwl amdanat ti. Glywaist ti am y ffeit rhwng Pontypridd a Brive wedi'r gêm wythnos ddiwethaf ..?' Rwyf cystal â bod adref, ym mhob ffordd.Abad Cluny 163

Hen borthladd Roscoff pan oedd y llanw i mewn a chapel Santes Barbe yn y pellter.

MYNEGAI

Abad Falc'hun 72
Abad Sieyes 138
Abaty Le Releq 71
Abelard, Pierre 106, 161-63
Abeozen, gw. Elies, Fanch
Affaires Etrangères 35
Al Liamm 28-29, 67, 69, 105
Amgueddfa a Labordy Môr, Sefydliad Bioleg Roscoff 5
Amgueddfa Bourgneuf-en-Retz 158
Amgueddfa Castell Cyfarthfa 77
Amgueddfa James Miln Le Rouzic 94
Amgueddfa Saint-Degan 101
Amoco Cadiz 20, 21
'An Diri Dir' 68
An Dour en-dro d'an Inizi 58
An Here 33
Ankou 10, 45, 74
Anne o Lydaw, 178, 230
An Oriant gw. Lorient
An Ti Satanazet 60, 163
Antrain 143
'An Tri Manac'h Ruz' 81
An Uhel, Fanch (François-Marie Luzel) 224-25
Armor 11
Ar Baganiz 20
Ar Bed Keltiek 48
Ar Berniou Pez gw. Tas de Pois
Ar En Deulin 91
Ar Falz 110
Ar Faou gw. Le Faou
Ar Faouez gw. Le Faouet
'Argoed' 77
Ar Gonideg gw. Le Gonidec
Ar Gwr y Goedwig 29
Ar Men 1, 33 (gweler hefyd le Men, R.F.)
Ar Men, Archifydd-Finistère 82
Armor 77
Ar Seiz Breur 51-52, 105
Arzano 98
Arzel Even, gw. Jean Piette
Auberge de Kerizac 76-77

Auberge du Stang 48-49
Audierne 56
Aubert, O. L. 109
Au Pays des Pardons 134
Au Large 89-96
Auray 89-96
Auschwitz 53-54
Autret, Monsieur 11-12
'Au Vieux Roscoff' 10
A *Vagabound Voyage Through Brittany* 108

Bae an Anaon gw. Baie des Trépassés
Bag-noz 45
Baie des Trépassés 44
Balzac 133, 142-43, 173-74
Baner ac Amserau Cymru 30-31, 215, 233-34
Barbe-Bleue 151-52
Barbie, Klaus 66
Barenton 117
Barrès, Maurice 222
Barrillon 35
Bart, Jean 128
Barzaz Breiz 52, 79-83, 215, 225
'Battling Malone' 29
Batz, Île de 173
Bazin, René 153-54
Bebb, W. Ambrose 9, 74, 79, 86, 114, 130, 232
Bécherel 132-33
Bédier, Joseph 105
Beg ar Raz gw. Pointe du Raz
Beirdd Simbolaidd Ffrainc 10
Bellaing, Vefa de 105
Bellinec 212
Bernard, Emile 84
Berthou, Yves a Hervelina 63, 71-72
Besançon, Dominque 212, 214-17
Betham-Edwards, M. 208
Beyer, Mich 70
Bezen Perrot 64, 66
Bigoudenn, 59, 75
Blois, Aymar de 81
Bonnard, Pierre 84

Bon-Repos, 107-109
Botrel, Théodore 84-86, 91, 190
Boucher, Jean 202
Bourbeillon, Olivier 63
Bowen, Euros 10
Bowen, Zonia 31, 105
Brasparts 74
Brec'h 100-101
Breiz Atao 110
Breizh 71, 179
Brenin Morvan 77
Brennilis 73-74
Brest 13, 65
Bretécher, Claire 185
Breton, André 47
Briand, Aristide 166-69
Brière 165
Brittany Ferries 1, 14-16
Brizeux, Auguste 98
Broseliawnd 115-19
Bruller, Jean gw. Vercors
Brune, Cadfridog 100
Buhez ar Zent 67, 235
Bzh . . . des Bretons, des Bretagnes 63

Cachin, Marcel 195
Cadoudal, Georges 99-101
Cadoudal, Julian 100
Caerleon, Ronan 23-24
Camaret 42, 47-48
Camus, Albert 154
Canolfan Hanes a Diwylliant Pontypridd 1-2, 50
Caouissin, Henry 52
Caouissin, Ronan gw. Ronan Caerleon
Caradog o Lancarfan 106
Carhaix 69, 76
Carnac 90, 93-94
Carnhuanawc, gw. Price, Thomas
Cartier, Jaques 127
C'halvez, Tad Armans ar 188
Chamaillard, Ernest de 84, 89
Champ des Martyrs 100-101
Chapelle des Sept Saints 228
Chapman, Robin 232, 234

Chardronnet, Joseph 24, 31
Charles II 35-38
Charles VIII 178
Chartier, Emile 46
Chase, Mr a Mrs Lewis 108, 134
Chateaubriand, François-René Auguste de 119-124, 128-30, 140
Chateaubriand, René-Auguste de 122
Chateaubriant, Alphonse de 171
Chateau de Marigny 143
Chateaulin 60
Chateau de Keroual 35-38
Chez Janie 1-2
Chirac, Jaques 52
Chouans 82, 99-101, 141-43
Chétien de Troyes 118
Clemenceau 168-69
Clisson 159-161
Clisson, Olivier de 160
Coetanlem, Jehan 127, 231
Collège de France 204-206
Combourg 120-21, 123
Commana 72
Comorre 73
Compagnie des Indes 97
Conleau 103
Conomor 152
Contes et legendes de Bretagne 81
Contes populaires des anciens Bretons 79
Corbière, Edouard 10
Corbière, Tristan 9-11, 231
Corre, Anne 9
Corrèze 21
Coulanges, Abad 147
Coz, Bertrand 115
Cranou 69
Creston, René-Yves 52, 72
Crwydro Llydaw 23, 28

Daeninckx, Didier 64, 234
Dalc'homp Sonj 2
Dasson ur Galon 91
Daudet, Alphonse 54-55
Daudet, Leon 55
Davies, Brian 1-2

Davies, Dr Thomas 54
Dayot, Armand 195
De Excido Brittaniae 106
De l'auscultation mediate 54
Denez, Per 28, 55
Denis, Maurice 84
Diana, Tywysoges Cymru 36
Dihunamb 91
Dinan 133
Diwan 22, 71, 112
Dol-de-Bretagne 123-25
Don Quixote 104
Dorival, Bernard 84
Dossen 17
Douarnenez 55
Dramau o'r Llydaweg 20
Drancy 53, 64-5
Drezen, Youenn 29, 52, 58, 60, 66
Dreyfus, Alfred 167
Drouet, Juliette 140-41
Du Bourg, Yann Bouessel 8
Duges Orleans 35
Duges Portsmouth 36
Duguay-Trouin, René 128
Dupuy, Yann-Fulub 70
Dydd-Lyfr Pythefnos 86, 91, 232, 234
Duval, Angela 225-7

École de Pont-Aven 85
École Julian 84
Edilarge 33
Elies, Fanch 29, 52, 176
Enez Arz gw. Île d'Artz
Enez Groe, gw. Île de Groix
Enez Menec'h, gw. Île aux Moines
Enez Siek, gw. Île de Sieck
Enez Sun, gw. Île de Sein
Enez Vaz, gw. Île de Batz
Erwan 202
Essai sur la poésie des races celtiques 206
Expo du Youdig 74
Ezel, Yann 233

Féte des Fleurs d'Ajoncs 85-86
F.L.B. (Front de Libération de Bretagne) 227
Filiger, Charles 89

Finistère 5, 26
Fort La Latte 186-187
Fougères 135-145
France, Anatole 56, 168, 199
François II 177
Franklin, Benjamin 91
Furnez Breizh 98

Gabriel, Jaques 114
Gabriel, Jaques-Ange 114
Gallo 154
Gaugin, Paul 31, 83, 84-89
Gaulle, Charles de 24, 65
Gavr'inis 103
Geffroy, Gustave 231
Géographie Littéraire de Bretagne 104
Geiriadur ar Skrivagnerien ha Yezhourien
   234-35
Gildas 106
Gillard, Tad. Henri 118
Gladstone, William Ewart 96
Glanndour, Maodez (Loeiz ar Floc'h) 29, 44,
   200
Glenmor 68
Goalabre 103
Goodbye Johnny Onions 3, 8
Gostling, Frances M. 134
Gouarec 107
Goulien 42
Gourlaouenn, Marc'harid 67, 111
Gourvennec, Alexis 14-15
Gourvil, Francis (Fanch) 232-235
Grall, Xavier 58
Grand Bé 129
Grignan, Madame de 146
Grimm, y Brodyr 81
Guehenno, Jean 143-44
Guerande 56, 172-74
Guerledan 108
Guest, Charlotte 79
Guidet, Thierry 66, 232
Guilcher, Andre 34
Guilcher, Goulven 34
Guillou, Gilbert 14
Guillou, Julia 86-87

Guillouzic, Yves 211
Gury, Jacques 20, 133-135
Guisseny 19
Guillevic, Eugène 29, 93-94
Guimiliau 63
Guingamp 196
Guivarch, Alan 3, 5
Gwaien, gw. Audierne
Gwalarn 30, 52, 58, 105
Gwele-klos 74
Gwened, gw. Vannes
Gwengamp, gw. Guingamp
Gwenn ha Du 58
Gwenrann, gw. Guerande
Gwernig, Youenn 29, 67-69
Gwimilio, gw. Guimiliau
Gwiseni, gw. Guisseny
Gwitreg, gw. Vitré
Gŵyl y Gwymonwyr 87-88
Gwynn, Nell 36-38

Haan, Jacob Meyer de 88
Habasque, Celine 25
Hachette 33
Hamon, Augustin 134-35
Helia, Marie 63
Helias, Per-Jakez 29, 56, 58, 72
Heloise 106, 162
Hemon, Louis 29-30
Hemon, Roparz 29-30, 52, 66, 105, 227
Herrieu, Loeiz 91-92, 105
Heussey, Robert du Pontavice de 197
Histoire de Gil Blas de Santillane 104
Histoire de la Résistance 65
Historia calamitatum 106, 162-63
Hoche, Lazare 99
Hôtel des Voyageurs 85-86
Hôtel Le Brittany 2
Hubert, Francis 101
Howard, Blanche Willis 87
Huelgoat 29, 31, 62-75
Hugo, Victor 131, 140-41
Humphreys, Humphrey Lloyd 223
Huon, Ronan 28-9, 33, 56, 67, 105
Huon, Tudual 28

Iarll d'Herbais 16
Île aux Moines 103
Île d'Artz 103
Île De Batz 10
Île de Groix 91, 98
Île de Houat 55
Île de Sein 44-45, 65
Île De Sieck 17
Île des Morts 48
Île Longue 48
Île Treberon 48
Institut Culturel De Bretagne (Skol Uhel ar Vro) 1, 111
Itroun Varia Garmez 58

Jacob, Max 52, 54, 64
Jeanne 151, 153-54, 176
Jegou, Dodik 127
Jeunesse Agricole Chrétien 12, 16, 90
Jones, John Ceredigion 30
Jones, Sylvia Prys 210
Journal Littéraire 157
Judual 73

Kakous 22
Kalloc'h, Yann-Ber 91, 98
Kamdro En Ankeu 92, 105
Kameled gw. Camaret
Kamp Etrekeltiek ar Vrezhonegerien 28, 105
Kan an Douar 29, 227
'Kan-Aouen Eisteddvod' 79
'Kan-bale Juluan Kadoudal' 100
Kannerezed an noz 74
Karaez, gw. Carhaix
Karnag, gw. Carnac
Kastell Paol, gw. Saint Pol De Leon
Keginer, Kristian 232
Keineg, Katell 5
Keineg, Paol 5, 232
Kellogg, Frank B. 169
Kelorn 27
Kemper, gw. Quimper
Kemper-elle gw. Quimperle
Kemper Gwezenneg, gw. Quemper Guezennec
Keraloret 19-22, 27

Keranforest 23
Kerangoff 32
Kerdreux 46
Kerestat 15-17
Kergariou, Joseph-Francois de 81
Kerisnel 15
Kermaria, gw. Locmaria
Kerleano 99
Kerlouan 19-20, 25
Kerouac, Jack 31, 68
Keroual, Louise Renée de Penancoet de 35-38
Kerrain, Herve 70
Kersavater 27
Kervarker gw. Villemarqué, Théodore Hersart de la
Kiberen, gw. Quiberon
Klerg, Tad Marsel 188, 227
Kitchener, Arglwydd 134
Knochen, Helmut 64
Konan, Guirec 220
Konan, Jakez 220-21
Konk-Leon, gw. Le Conquet
Korneg Koz 56
Korrigan 44
Kozh-Varc'had, gw. Le Vieux-Marche
Krann-Vihan 70-71
Kroazou 26

La Baule 175
La Belle Angèle 84
La Brière 171
la Chalotais, Louis-René de Caradeuc de 132, 136
La Chanson de Roland 125
La Chesnaie 131-32
La Côte de Jade 151
L'Action Française 55, 167
La Démocratie de l'Ouest 167
La Dépêche de Brest 56
Ladmirault, Paul 185
La Doleur 51, 116, 202-203
Ladurie, Emmanual Le Roy 216
Laennec, René-Theophile Hyacinthe 54
La Fayette, Marquis Gilbert de Motier 136, 138

Lagatyar 47
La Grande Brière 169
La Grande Tribu 69
Laïs Marie de France 118, 179
La Légende des Saints Bretons 214
La Maison des Brefs 155
La Maison des Johnnies 3, 9, 39
La Mercure de France 157, 210
Lampaul 63
Lampaul-Ploudalmezeau 38
Lamennais, Félicité-Robert de 130-32
Lamennais, Jena-Marie 131
Landerne, gw. Landerneau
Landerneau 16
Landevennec 39
Landouzan 23
Landreger gw. Treguier
Langlais, Xavier de 28, 52, 105
Langleiz, gw. Xavier de Langlais
Langolen 49
Lanleff 196
Lannion 40, 222-24
Lanuon, gw. Lannion
La Peste 155
La Petite Chouannierie 96
Larmor-Baden 104
La Rouërie, Marquis Charles-Armand Tuffin, 136, 138, 143-44
La Terre qui meurt 153
La Tour de Plomb 21-2
La Trinité 101
Laurent, Donatien 81-82, 225, 234
Laval, Charles 84, 89
La Villeon, Emmanuel de 140
Lawrence, T. E. 134
Leautaud, Paul 156-57
La Bihan, Jean-Pierre 38
Le Bouis 41
Le Bras, Christian 70
Le Braz, Anatole 45, 75, 82, 85, 134, 199, 212, 214-17, 235
La Chasse-Marée 33
La Chateau Gaillard 155
Le Cheval Couche 58
Le Cheval d'Orgueil 29, 56-58

Le Christ Jaune 83
Le Cloitre Saint Thegonnec 72-73
Le Coadou, Christian 211
Le Conquet 34
Le Cor, Pierre 191-92
Le Corbusier 196
Le Croisic 173-74
Ledenez Ruiz, gw Rhuys
Le Diable Boiteux 104
Le Faou 39
Le Faouet 76
Le Febvre, Yves 232
Le Figaro 192-3
Le Flem, Paul 52, 201
Légendes de la Mort 75, 216
Le Goff, Marie 5, 17-18
Le Goffic, Charles 222
Le Gonidec 34, 54
Le Grand, Albert 235
Le Guennec, Louis (Loeiz ar Gwenneg) 232
Le Guerch, Madeline 1-8
Le Guillouzer, Loic 40, 218-19, 223-24
Le Lan, Annick 74-75
Le Lannou, Maurice 202
Le Lian 154
Le Livre d' Or des Saints de Bretagne 24, 31
Le Marais 125
Le Marais Mainguy 150
Le Men, R. F. 225
Le Minor, Gildas 59
Le miroir qui revient 65
Lemordant, J. J. 86
Le Nail, Bernard (Bernez An Nailh) 110-120, 133, 179-80
Le Nail, Jacqueline 110-120, 133
Lepage, Madame Corinne 94-95
Le Pallet 161-62
Le Perchoir du Perroquet 108
Le Peuple Breton 178-79
Le Plage 46
Le Pouldu 87-89
Le Roman de la Table Ronde 105
Le Sage, Alain Rene 104
Les Amours Jaunes 11

Les Bretons 98
Les Chouans 142, 144
Les Chroniques 222
Les Derniers Bretons 103
Les Entretiens au bord de la mer 46
Les Forges de Basse-Indre 177
Les Forges de Paimpont 116
Le Silence de la Mer 48, 64-65
Les Immemoriaux 31
Les Poemes de Morvan le Gaelique 53
Les Poétes Maudits 11
Les Reposoirs de la Procession 47
Les Rochers-Sevigne 146, 147
Les Travailleurs de la Mer 131
Le Télégramme 1, 23
Le Terrain Bouchaballe 53
'Le Tribut de Nominoe' 81
Le Vieux-Marché 225
Lewis, Rhys 5, 9
Lewis, Saunders 15
Lézardrieux 201
L'Humanité 56, 90, 110, 145, 168, 195
L'Imprimerie de Verdun 64
L'Isle-Adam, Villiers de 197-99
Lloyd George, David 168-69
Locmaria 23
Locmaria Berrien 67, 69
Locquirec 229-30
Loire 170
Lokltaz, gw. Saint Gildas de Rhuys
Lokmariaker 103
Lorient 49, 97-98
Lost Marc'h 42, 46
Lotei, gw. Lothey
Lothey 60
Loti, Pierre (Julien Viaud) 190-95
Loudéac 108
Louis XII 178
Louis XIV 35
Luzel, Francois-Marie 22, 81-83, 214, 224-25
Llanelli 5
Llanofer, Arglwyddes 79, 96
Llydaweg 112-13, 223-24
Llys Llanarth 96

Mabinogion 79
Mad Atao 8, 194
Maenor Levazen 87
Maison Marie Henry 87
Maisons Côte Ouest 72
Malivel, Jeanne 51
Malmanche, Tangi 20-23, 29, 62, 189
Mallarmé, Stephane 11
Malraux, Andre 24
Maner Kernod, gw. Manoir de Kernault
Manoir de Coecilian 47
Manoir de Kernault 77
Manoir de Rest 22
Manoir du Plessis 78
Maquis 64-65
Marais Breton 151
Marc'heg Arvor 16
Maria Chapdelaine 29
Marie de France 118, 179
Mari Stuart 9
Martorell, Joanot 104, 179-80
Massignon, Louis 228
Masson, Emile 31, 133
Maufra, Maxime 46
Mémoires d'Outre-Tombe 119-21
Mémoires d'un homme de lettres 55
Meneham 26
Menez-Ham, gw. Meneham
Menez Mikael, gw. Montagne Saint-Michel
Menhir de Champ-Dolent 123
Mercheroux 14, 17
Mespaul 13
Meyrac, Albert 82
Meurtres pour mémoire 64, 66, 234
Michel, Henri 65
Milice 64
Milin, Cecile 24
Mille et une Lettres d'amour à Victor Hugo 141
Minstrelsy of the Scottish Border 81
Mistral, Frédéric 39-40
Montagne Saint-Michel 73
Montroulez, gw. Morlaix
Mont St. Michel 125
Morbihan 76

Morgat-Crozonn 39-47
Morgad a Krozon, gw. Morgat-Crozon
Morice, Charles 11
Morlaix 4, 9, 10, 12-13, 231
Mur-de-Bretagne 108-109
Musée de la faïence Jules Verlingue 50-52
Musée de la Mer 194
Musée de l'Imprimerie 181
Musée des Arts décoratifs et d'art populaire régional 178
Musée des Beaux-Arts 178
Musée des Champs 72
Musée d'Histoire Naturelle 178
Musée du Pays de Retz 163
Musée du Vignoble Nantais 161-62
Musée Jules Verne 181
Musée Manoir de Jaques Cartier 127
Musée Naval Maille Breze 181
Museon Arlaten 39-40
Mynyddoedd Arrée 72

Nantes 10, 177-85
Naoned gw. Nantes
Newman, Bev 70-71, 89
Nizon 78, 83
Noirmoutier-en-l'Île 151

Oakley, Amy 214
Olier, Youenn 56
Olivier, Henri 12
Olivier, Olivier 1
Olivier, Joseph 4, 6-7
Olivier, Michel 4, 6-7, 14
Orain, Adolphe 81
Ouest France 1, 5, 33, 58, 98
Owen, Dyfnallt 30-31, 233

Paimboeuf 170
Paimpol 8, 189-95
Paimpont (Coedwig Broseliawnd) 115-119
Parc Armorique 72
Paris 53-55
Park an Arvorig, gw. Parc Armorique
Paroles d'un Croyant 130
Pêcheur d'Islande 190

Peilyn 11, 106
Pempoull gw. Paimpol
Pen Ar Bed, gw. Finistere
Penguern, Jean-Marie de 81
Penhors 58
Penmarc'h 75
Pension Glouanec 84
Pereon, Joseph 175
Peron, Pierre 52
Perret 108
Perros-Guirec 56, 216
Perrot, yr Abad Yann-Vari 54, 64
Perroz-Guirec, gw. Perros-Guirec
Picasso 52
Pieta 83
Piette, Jean 56
Pitt, William 100
Plabennec 22, 71
Place Lacaze Duthiers 9-10
Place Tirant Lo Blanc 180
Pleiben gw. Pleyben
Pleiber, Y Tad Albert 19
Pleyben 62-63
Plouared, gw. Plouaret
Plouaret 224-25
Ploueg ar Mor, gw. Plouezec
Plouescat 19
Plouezec 188
Plougerne gw. Plougerneau
Plougerneau 20
Plougolm 12
Plougouskant, gw. Plougrescant
Plougrescant 209-11
Plouguiel 210
Plouhinec 51
Ploumanac'h 217
Plouneour-Menez 63, 73
Plounevez Porzay 10
Plozevet 51, 116
Poésies Populaires de la Bretagne 235
Pointe de Dinan 42
Pointe de Penhir 44
Pointe des Espagnols 48
Pointe du Grand-Mont 106
Pointe du Raz 33, 44

Police Nationale Française 64
Polles, Henri 209
Pont-an-Abad, gw. Pont l'Abbe
Pont-Aven 83-87
Pontivi 13
Pontrev, gw. Pontrieux
Pontrieux 200-201
Pont l'Abbé 58, 75
Porneizh, gw. Pornic
Pornic 149-152, 156
Port-Blanc 85, 134-35, 212-13
Portier, Abad Joseph 124
Porz-Gwenn, gw. Port Blanc
Porz-Kloz 63, 66-67, 71-72, 75
Pouldreuzic 56
Pouldruzig, gw. Pouldreuzic
Powell, Dewi Watkin 30-31, 234
Price, Thomas 79, 96-97
Priel gw. Plouguiel
Priel, Jarl (Charles-Joseph Tremel) 29, 210
Prigent, y Teulu 5, 24
Pysgotwr Ynys yr Iâ 190
Pysgotwyr Llydaw 190

Quatre-Vingt-Treize 140, 144
Queffelec, Henri 31, 44
Queffelec, Yann 31
Quellien, Narcisse 207
Quemener, Andre 235
Quemper Guezennec 187-88
Quenecan 107
Qui a tué Yann-Vari Perrot? 66
Quiberon 99
Quillevic, Rene 51
Quimper 21-22, 48-55, 58-59
Quimperlé 78

Rade de Brest 32, 48
Radio Breiz Izel 5
Radio Cymru 4
Radio Paradis 4
Rais, Gilles de 151-52
Ranson, Paul 84
Remy, Joseph 136
Renan, Ernest 12, 24, 49, 202-208
Renaud, Francois 51, 202-203

Rennes 2, 65
Resistance 92-93
Rezabeck, Karl 118
Rhuys 104
Rio, Apollonia 96-97
Rio, François-Alexis 79, 96-97, 103
Rio, Michel 109
Riou, Jakez 60-61
Rimbaud, Arthur 11
Rivière, Georges-Henri 39-40, 46, 72
Roazhon, gw. Rennes
Robbe-Grillet, Alain 32-33, 46, 65
Rooke, Syr George 98
Roscoff 1-3, 6, 8-11, 14-17
Rosko, gw. Roscoff
Roskogoz 10
Rostrenen 107
Roudour 70
Roue, Gerard 12
Rous, Marie 23
Roux, Pierre-Paul, gw. Saint-Pol-Roux
Rozmor, Naig 3, 8, 9
Rudel, Yves-Marie 3

Saint Brieuc 10, 186, 197-200
Saint Fiacre 77
Saint Gildas-de-Rhuys 103, 106
Saint Jean Balanant 25
Saint Jean-du-Doigt 230
Saint Jean-Trolimon 62
Saint Malo 1-2, 15, 125-131
Saint Martin Des Champs 11
Saint Nazaire 65, 165-69
Saint Ouen-la-Rouerie 143
Saint Philbert-de-Grand-Lieu 159
Saint Pol De Léon 2, 4, 8, 11-12, 106
Saint Pol-Roux 47-48
Saint Rivoal 72
Saint Segal 72
Saint-Suliac 82
Saint-Suliac er ses traditions 81
Saint Thégonnec 63
Sainte Anna de la Palud 10, 55
Samson o Dol 106, 124
Sand, George 81

Sant Brieg, gw. Saint Brieuc
Sant Fiakr, gw. Saint Fiacre
Sant Judicael 116
Sant Tegoneg, gw. Saint Thegonnec
Sant Yann-ar-Biz, gw. Saint Jean-du-Doigt
Sant Yann Balanant, gw. Saint Jean Balanant
Sant Yann-Dromilon, gw. Saint Jean-Tromilon
Santez Anna Ar Palud, gw. Sainte Anne De La Palud
Santec 4-5
Santes Trephine 152
Satre, Angèle 84
Scaer 67
Schuffenecker, Emile 84
Scott, Walter 81
Sebillot, Paul 81-82, 187
Segalen, Victor 31, 104
Seguin, Armand 89
Senedd Llydaw 136
Serusier, Paul 84, 88
Sévigné, Henri de 146
Sévigné, Madame 146-48
Shaw, G. B. 134
S.I.C.A. 12-15
Simon, y Teulu 22-24
Sioni Winwns 1-3, 5-6, 14, 16
Sizhun ar Breur Arturo 58
Skol Ober 67, 111
Sohier, Yann (Yann ar Ruz) 52, 110
Sombreuil 99-100
Sorbonne, Prifysgol 5
Souvestre, Emile 44, 81, 103, 235-36
Stivell, Alan 68, 83
Stockley, Kristina a Derek, 19, 21, 27-28
Strassburg, Gottfried von 44
Strollad 'Ar Vro Bagan' 19
Surcouf, Robert 127-29

Taldir 66
Tangi, Lan 70, 90
Tas de Pois 44
Tavarn Ty Elize 74
T.D.B. (Talbenn dieubidigezh Breizh)—F.L.B. 227

Thepaut, Jean 64
Thomas o Lydaw 44
Ti ar Boudiked 75
Ti Artizaned Vreizh 73
Tirant Lo Blanc 104, 179-80
Tir na N-og 28
Traon-an-Dour 225-27
Trebuchet, Sophie 140
Tredudon-le-Moine 63-65
Tregarvan, Ysgol 39, 40
Trégastel 218-20
Tréguier 12, 51, 116, 201-209
Trehorenteuc 118
Tremalo 83
Treompan 38
Trezenik, Leo 11
Tristan hag Isold 105
Tristan und Isolt 44
Tristrams saga ok Isondar 44
Tronoen 62
Ty Pierre 1

Un Dornad Plu 29, 66
Une Vie Saline 56, 175
Union Democratique Bretonne 178-79
Un recteur de l'Île de Sein 44
Unvaniezh Skrivagwerien Vreizh 8
Vachell, H. A. 86
Valery, Paul 157
Vannes 102-103
Vaugien, Ursule Feydeau de 78-79
Veillées Bretonnes 22
Veneti 102

Vercors 48, 64, 142, 195
Verlaine, Paul 11
Verlingue, Bernard 50-52
Verlingue, Jules 50-52
Verne, Jules 166-67, 181-85
Vicaire, Gabriel 221
Villemarqué, Theodore Hersart de la 77-83, 97, 215, 225
Vitré 145-46
Voltaire 36
Vosper, Curnow 77, 108
Vuillard, Edouard 84

Waldeck-Rousseau, Rene 185
Warren, Syr Borlase 99
Wells, H. G. 135
Williams, Briony 223
Williams, J. Gerlan 233
Williams, Maria Jane 79
Williams, Rita 31
Wilson, Woodrow 169
Wylie, Robert, 84, 86

Yannig an Aod 45
Y Chwyldro 138-39
Yuen Elez 73-74
Y Fenni 96, 97
Yod Kerc'h 28
Young, Arthur 182
Y Tir Sy'n Darfod 154

Zola, Emile 168